国家社科基金
GUOJIA SHEKE JIJIN HOUQI ZIZHU XIANGMU
后期资助项目

国家社科基金后期资助项目(17FZX003)研究成果

当代中国孟学研究

王其俊 著

山东大学出版社
SHANDONG UNIVERSITY PRESS
·济南·

图书在版编目(CIP)数据

当代中国孟学研究/王其俊著. —济南:山东大学出版社,2021.11
ISBN 978-7-5607-7152-6

Ⅰ. ①当… Ⅱ. ①王 … Ⅲ. ①孟轲(约前 372-前 289)—哲学思想—研究②孟轲(约前 372-前 289)—人物研究 Ⅳ. ①B222.55

中国版本图书馆 CIP 数据核字(2021)第 216395 号

策划编辑　李　淼
责任编辑　李　淼
美术编辑　王秋忆

出版发行　山东大学出版社
社　　址　山东省济南市山大南路 20 号
邮政编码　250100
发行热线　(0531)88363008
经　　销　新华书店
印　　刷　济南乾丰云印刷科技有限公司
规　　格　720 毫米×1000 毫米　1/16
　　　　　35 印张　607 千字
版　　次　2021 年 11 月第 1 版
印　　次　2021 年 11 月第 1 次印刷
定　　价　140.00 元

国家社科基金后期资助项目
出版说明

后期资助项目是国家社科基金设立的一类重要项目，旨在鼓励广大社科研究者潜心治学，支持基础研究多出优秀成果。它是经过严格评审，从接近完成的科研成果中遴选立项的。为扩大后期资助项目的影响，更好地推动学术发展，促进成果转化，全国哲学社会科学工作办公室按照“统一设计、统一标识、统一版式、形成系列”的总体要求，组织出版国家社科基金后期资助项目成果。

全国哲学社会科学工作办公室

目 录

绪　论

一

孟子是战国时代著名的思想家，中国儒家学说的重要代表人物之一。他继承、发展了孔子创立的儒家学说并将它推向一个新的发展阶段，奠定了儒学在中国古代思想发展史中的重要地位，对促进中华优秀传统文化的发展做出了重要贡献。孟学研究是中国古代哲学史、思想史研究的一个重要分支，是中华优秀传统文化研究的一项重要内容。新中国成立以来，中国学界对孟学进行了全面、系统、深入的探讨，取得了丰硕成果和显著成就。21 世纪以来，当代孟学研究呈现出前所未有的繁荣兴盛局面。

本书所谓“当代”，是指 1949 年新中国成立至 2016 年这一历史时期。① 本书论述的范围为大陆学界的研究成果，不包括台湾、香港、澳门和海外的学术成果。② 所谓“孟学”，有狭义、广义之分。有的学者认为，“孟子研究包括孟学、孟学史两大部分”③。笔者认为，狭义的孟学是指孟子思想或学说；孟学史是指对孟子思想产生、发展、演变、流传、影响等的研究。这表明，孟学研究当包括孟子思想研究和孟学史研究。广义的孟学是指孟子思想及其产生、发展、演变、流传、影响、研究的学说。从广义上看，孟学的内涵包括三个层面：一是孟子思想产生的普遍原因、特殊原因、思想渊源、孟学体系、整体结构、内在联系、基本特征以及孟子与先秦诸子的关系；二是孟子思想在中外的流传、影响，即指中外历代思想

① 有的学者指出：“目前，国内学界关于此一中国历史发展的‘长时段’（1949 年至今）之研究和编纂的学术成果（如学术专著或教材）大多数是以‘当代中国史’或‘中华人民共和国史’冠名的，高等院校设置的此一研究方向或专业，大多数是以‘当代中国史’或‘中华人民共和国史’冠名的。”参见齐鹏飞：《中华人民共和国历史分期问题研究述评》，《中国人民大学学报》2009 年第 5 期。本书采用学界将“1949 年至今”称为“当代”的观点。

② 有的论著对港台学者在 1949～2006 年发表的孟学研究论文、孟学研究论著等做了较全面的概述，参见王其俊主编：《中国孟学史》下册，山东教育出版社 2012 年版，第 812～885 页。为避免重复，本书论述范围为中国大陆学术界。

③ 梁涛、杨海文：《20 世纪以来的孟学史研究》，《文史哲》2012 年第 6 期。

家、政治家、学者对孟学的诠释、疏证、继承、发展和研究；三是孟子思想与中外思想家的比较。在这里，孟学的三个层面是相互连接、相互依赖、相互融合的。本书就是从广义上理解和使用“孟学”这一概念的。当然，有的论者将“孟学”称为“孟子学”“《孟子》学”等。譬如有的学者认为，“一般而言，孟子学是指以《孟子》为文献基础，对孟子的理论学说予以关注、阐释、研究或继承的论说或学术活动”①。笔者认为，《孟子》一书是保存和研究孟子思想的主要资料。历代学者、思想家对《孟子》一书的注疏、诠释，与对孟子思想的继承、发展、引申、改造和研究是紧密相连、不可分割的。从广义上理解，“孟学”“孟子学”“《孟子》学”三者的内涵是基本一致和相通的。

当代中国孟学研究是一个系统整体，它包括五个相互联系、相互作用的部分或子系统，即孟学整体研究、孟学专题研究、孟学流传影响研究、孟学中外比较研究、孟学普及研究。这五个部分或子系统涵盖了当代中国孟学研究的主要内容和各个方面。每一部分或子系统又包括若干层次。譬如孟学专题研究，又包括孟子哲学、政治、社会、经济、伦理、教育、美学、心理、文学思想研究等次一级的子系统。这五个部分或子系统是一个紧密联系的整体。简言之，整体研究是在专题研究的基础上，对孟学的整体、综合通观和把握；孟学专题研究是整体研究的基础，是孟学研究的核心内容；孟学的流传影响研究、中外比较研究和普及研究是孟学功能的重要表现。

学界在马克思主义的辩证唯物主义、历史唯物主义原理指导下，采取史论结合、范畴分析、历史分析、系统论、比较研究、文化学、社会学等方法，对孟学的产生背景、思想渊源、思想体系、整体结构、内在联系、基本特征、学派归属、与先秦诸子的关系、在后世的流传演变和发展、历代思想家对孟学的诠释和疏证、孟子与中外思想家的比较，以及孟学与齐学、鲁学、上博简、郭店楚墓儒简和中国古代文化的关系，孟学与现代社会的关系，孟学普及等，都做了全面、深入的探讨，取得了丰硕成果和显著成就，当代孟学研究呈现出日趋繁荣兴盛的局面。据笔者统计，当代出版各类孟学研究著作 200 余部，发表孟学研究论文 2000 余篇。20 世纪 80 年代以来，学界发表的 20 余篇论文从不同的层面、角度对当代中国孟学研究做了回顾、述评、综述和总结。这些述评、综述和总结大致分为三个方面：一是对 1949 年至 20 世纪 80 年代末孟学研究的回顾和总结；二

① 兰翠:《唐代孟子学研究・导言》,北京大学出版社 2014 年版,第 1 页。

是对20世纪90年代至2016年孟学研究的回顾和总结；三是对当代中国孟学研究的总体回顾和总结。

关于1949年至20世纪80年代末的孟学研究的回顾和总结。刘树勋、郭兰芳、傅永聚、张奇伟、谷方等学者回顾、综述了新中国成立后40年的孟学研究基本状况，概述了关于孟子阶级属性、哲学思想、人性论、仁政、民本、恒产论、历史观、天命观、教育等思想的不同观点和争论，初步总结了孟学研究的成绩和不足。① 由于这一阶段的孟学研究尚处于初步研究阶段，学术界提出了许多不同观点并展开了争论。从总体上看，上述述评、综述与当时的孟学研究状况是相适应的。

关于20世纪90年代至2016年孟学研究的回顾和总结。王晓敏综述了自20世纪90年代中期以来学术界对孟子民本思想内涵、特点、本质、源流等问题的研究和评价。② 万光军从思孟学派的存在、简帛两种五行等五个方面，评述了学术界对出土简帛与孟学关系的不同观点，指出出土简帛对孟子思想的研读有重要推进，使部分共识得以深化、部分争议得以澄清。③ 王灿梳理、综述了20世纪80年代以来孟子心性论的逻辑架构、性质、内涵等研究状况，评述了对孟子心性论逻辑架构正面评价、负面或消极评价的几种观点，将对孟子心性论的性质研究概括为几种类型，评述了关于孟子性善论内涵的多种观点。④ 笔者连续撰文述评了30多年来学界对孟子"民本思想的内涵、基本内容、思想渊源、历史意义、现代价值和局限等"⑤ 研究，述评了近十几年来孟子伦理思想的整体研究，即"仁义等道德规范的内涵及相互联系、道德形上学思想、德性伦理的逻辑层次、仁学思想体系的理论基础——恻隐说、伦理与生态等思想的交叉和渗透、伦理思想的现代价值"，以及"人学研究、义利观研究、理想人格研究、道德修养研究、美德与腐败的争论等几个方面"。⑥

---

① 这几篇论文是刘树勋:《孟子研究综述》,《国内哲学动态》1981年第6期;郭兰芳:《建国以来孟子研究中的几种基本观点》,谢祥皓编:《孟子思想研究》,山东大学出版社1986年版,第422～432页;傅永聚:《孟子研究四十年(1949～1989)》,《齐鲁学刊》1989年第6期;张奇伟:《建国以来孟子研究回顾》,《哲学动态》1989年第11期;谷方:《中国哲学史研究的四十年》,《中国哲学史研究》1989年第4期。

② 参见王晓敏:《20世纪90年代中期以来"民本"问题研究述评》,《宝鸡文理学院学报》(社科版)2007年第5期。

③ 参见万光军:《出土简帛与孟子研究新进展》,《泰山学院学报》2009年第2期。

④ 参见王灿:《新时期孟子心性论逻辑架构研究综述》,《乐山师范学院学报》2011年第2期;王灿:《新时期孟子心性论性质和内涵研究综述》,《辽东学院学报》(社科版)2011年第1期。

⑤ 王其俊:《三十年来孟子民本思想研究述评》,《海岱学刊》2015年第1期。

⑥ 参见王其俊:《近十几年来孟子伦理思想研究述评》,《孔孟学报》2016年总第94期。

关于当代中国孟学研究的总体回顾和总结。许多学者概述、总结了当代中国孟学的整体研究、孟学史研究以及思孟学派、孟学史实、仁政思想、性善论、文学思想等专题研究。杨泽波述评了新中国成立以来的孟子学术专著和孟子生平事迹的研究，认为大陆学者的孟学研究应摆脱“西学化倾向”已形成一个基本的共识。① 李华、王志民梳理了20世纪以来的孟子研究成果，将新中国成立以来的孟学研究划分为1949～1976年、1977～2007年两个阶段，重点述评了近30年来大陆的孟学研究，认为这一阶段的特点一是涌现新的研究热点，二是孟子研究在传统领域的继续深化，成果斐然；述评了郭店楚简与思孟学派。② 笔者在“孟学研究概况”“中国思想通史、通论论孟”“孟学研究论著”三个专题中，概述了1949～2008年国内陆续成立的孔孟儒学学术团体、研究机构、孟学研讨会，述评了20世纪80年代以来的各类中国思想通史、通论著作和几部中国儒学史专著对孟学的探讨和研究，述评了20世纪90年代以来出版的多部孟学专著，评析了上述研究表现出的相互争辩、共识增多、刻意求新、方法多元的基本特征及不足。③ 梁涛、杨海文概括了20世纪以来“孟学研究的基本情况”，梳理了20世纪以来从汉唐至清代的孟学史研究学术专著，评析了孟学史研究的成就和不足，认为“孟学研究取得长足的进步和大量成果，孟学史研究却相对滞后”，“研究孟学义理性著作的较多，关注孟学考据性著作的较少”，“今后孟学史研究要获得突破性的发展，就须特别注重：多学科结合、史论结合、宏观微观结合、古今结合，尤其强调传统资源对当代社会的人文提升。有史料、有观点、有主线、有关切，方是孟学史研究今后的发展方向”。④ 笔者连续撰文述评了当代孟学史实研究、孟子性善论和仁政思想研究，认为“孟学史实是孟学研究的基础，自古以来为历代学者所关注。大陆当代学术界对孟学史实，即孟子的名字、里居、家世、父母、生卒、弟子、生平、游历、时代、著作、渊源、学派归属等做了系统、全面的梳理、考察、探讨和研究，在许多重要问题上取得了共识”⑤；述评了当代孟子性善论研究，认为学界“对孟子性善论的研究经

① 参见杨泽波：《二十世纪孟子研究中“西学化倾向”的发展和趋势》，《传统文化与现代化》1999年第3期。

② 参见李华、王志民：《二十世纪以来大陆孟子与思孟学派研究综述》，山东师范大学齐鲁文化研究中心、美国哈佛大学燕京学社编：《儒家思孟学派论集》，齐鲁书社2008年版，第431～482页。

③ 参见王其俊：《中国大陆当代孟学研究述评》，《孔孟学报》2011年总第89期。

④ 参见梁涛、杨海文：《20世纪以来的孟学史研究》，《文史哲》2012年第6期。

⑤ 王其俊：《大陆当代孟学史实研究述评》，《中原文化研究》2013年第3期。

历了一个从初步研究到不断探索再到逐步繁荣兴盛的过程”，评述了学界在上述不同阶段对性善之“性”的含义，性善论的内涵、逻辑结构、道德形上根据、性质及贡献，性善论与人格修养、教育、礼法以及性善说在儒家人性论发展史上的意义等问题的探讨，评述了当代性善论研究的成就及不足①；还梳理、评析了学界对孟子“仁政思想的阶级属性、基本内容、内在结构、目的、实质、历史意义、现代价值和局限”② 等问题的探讨。聂永华从《孟子》语言艺术特色及其修辞技巧的运用、论辩艺术及其气势风格、文章的逻辑性及文体特征等方面，简要回顾了百年来《孟子》文学研究状况，评说其得失，瞻望未来的研究趋向。③ 熊浩莉概述了 20 世纪《孟子》比喻形式与喻体选材、比喻特色、比喻研究概况，等等。④

除上述所列外，许多学者还梳理、总结了 20 世纪或改革开放以来中国经济思想史、哲学思想史、社会思想史、伦理思想史、美学史等研究概况、主要成就、存在问题，并对未来的研究做了展望⑤，其主要内容涵盖了当代关于孟子经济、哲学、社会、伦理、美学等思想的研究。

总之，上述学者从不同的层面、角度，概述了 70 多年来当代中国孟学研究的基本状况，述评了思想通史、孟学专著的主要学术观点，梳理了孟子哲学、政治、经济、文学等思想的专题研究，总结了当代孟学研究的主要成就、基本经验，预测和前瞻了孟学研究的未来发展趋势，提出了许多改进深化孟学研究的合理建议和积极措施。这无疑是对当代孟学研究重要成果和经验的一定概括和总结，具有重要的理论价值和学术价值，为我们进一步全面、系统地梳理、总结当代中国孟学研究提供了有益的启示和借鉴。

笔者认为，学界对当代中国孟学研究的梳理、归纳和总结，尚存在一

---

① 参见王其俊:《大陆当代孟子性善论研究述评》,《孔孟学报》2014 年总第 92 期。

② 王其俊:《大陆当代孟子仁政思想研究述评》,《中原文化研究》2014 年第 5 期。

③ 参见聂永华:《20 世纪〈孟子〉散文艺术研究述论》,《齐鲁学刊》2002 年第 6 期。

④ 参见熊浩莉:《〈孟子〉比喻研究综述》,《重庆社会主义学院学报》2005 年第 4 期。

⑤ 这些论文主要有程霖:《20 世纪的中国经济思想史研究——以学术著作为主的考察》,《中国经济史研究》2004 年第 4 期;丁立群:《近 20 年中国哲学研究评析》,《求是学刊》2003 年第 1 期;张志强:《时代 · 传统 · 中国哲学——时代课题与中国哲学史研究三十年来的演进逻辑》,《中国哲学史》2008 年第 3 期;陈来:《中国哲学研究三十年回顾(1978～2007)》,《天津社会科学》2008 年第 1 期;杨国荣:《回归智慧——近 30 年中国哲学研究概览》,《华东师范大学学报》(哲社版)2008 年第 6 期;李翔海:《30 年来中国哲学的研究》,《光明日报》2009 年 1 月 6 日;田毅鹏、陈宁:《中国社会思想史研究三十年》,《社会科学战线》2008 年第 6 期;焦国成、郭忻:《改革开放三十年来中国伦理思想史研究》,《道德与文明》2008 年第 5 期;黄柏青:《中国美学史研究三十年》,《甘肃社会科学》2009 年第 2 期;肖群忠:《中国伦理思想史研究的回顾与展望》,《道德与文明》2011 年第 1 期;等等。

定的不足，这主要表现在两个方面：

一方面，由于学者们的选材及研究角度的不同，对当代孟学研究的梳理和总结还缺乏全面性。这里的全面性，就是指全面、系统、全方位地展现当代孟学研究。通观当代孟学研究，其主要内容包括五个方面：一是孟学的整体研究；二是孟子的哲学、政治、社会、经济、伦理、教育、美学、心理、文学思想等专题研究；三是孟学的流传、影响研究；四是孟学的中外比较研究；五是孟学的普及研究。就孟学的专题研究来看，譬如孟子哲学思想研究，主要内容包括孟子哲学思想性质、哲学范畴和命题、认识论、朴素辩证法、主体哲学、哲学结构、天人关系、天命观、心性学说（心性学说内涵、逻辑架构、现代意义、时代价值）等；又如孟子政治思想研究，主要内容包括孟子政治思想的阶级属性、内涵、理论基础、主要特征、仁政思想、民本思想、深远影响、现实意义等；再如孟子文学思想研究，主要内容包括孟子文学批评、鉴赏的原则和方法、散文的艺术特色、论辩的修辞艺术手段研究、“以意逆志”和“知人论世”的内涵及基本特征研究等。除此之外，孟子社会、经济、伦理、教育、美学、心理等思想的专题研究也应作如是观。由此看来，上述学界对当代中国孟学研究的梳理和总结，不能不说还缺乏一定的全面性，尚不能全面、完整地反映当代中国孟学研究的全貌。

另一方面，由于研究目的不同和论著篇幅的限制，学者们对当代中国孟学研究的梳理和总结还缺乏系统性。这里的系统性，就是指把当代中国孟学研究视为一个由若干部分、因素、层次构成的相互联系、相互影响的系统整体。这就要求我们紧紧把握住“四个整体”：一是将当代中国孟学研究与时代主潮及政治、经济、意识形态的发展视为一个紧密联系的整体，探讨、理清它们之间的关联性；二是将当代中国孟学研究与中华优秀传统文化研究视为一个紧密联系的整体，揭示孟学研究在中华优秀传统文化研究中的地位；三是将当代中国四个阶段的孟学研究视为一个紧密联系的整体，揭示其不断深化、繁荣的发展态势；四是将孟学整体研究、专题研究、流传和影响研究、中外比较研究、普及研究视为一个紧密联系的整体。具体而言，孟学整体研究是当代孟学研究的前提和理论基础，专题研究是孟学研究的核心内容，流传影响研究、中外比较研究和孟学普及研究是孟学功能的重要表现。

由此看来，要对当代中国孟学研究做出全面、系统、客观、科学的评价，既要梳理思想通史、断代思想史、学术专著的孟学研究，又要归纳各类论文集、学术论文、普及著作对孟学的探讨。上述学者对当代中国孟学研究的梳理、归纳、总结，反映了当代中国孟学研究的若干部分、因素、层次、侧面，但从总体上看还缺乏一定的全面性、系统性，尚存在许多薄弱环节和不足。为了构建中华优秀传统文化传承发展体系，弘扬中华优秀传统文化，促进社会主义先进文化建设，增强对中华优秀传统文化、革命文化和社会主义先进文化的自信，促进我们坚守中华文化立场、传承中华文化基因，对当代孟学研究进行全面、系统的梳理、归纳，客观、科学地概述当代孟学研究的主要内容、基本状况、成就特点、基本规律、研究方法，总结当代孟学研究促进社会发展的积极意义、经验教训，展望未来孟学研究的发展趋势，当是十分必要和及时的。

二

当代中国孟学研究的分期和特征是什么？本书的主要内容有哪些？笔者对此做一概述。

（一）当代中国孟学研究的分期和特征

在1949～2016年的60多年间，当代中国孟学研究大致划分为四个阶段：一是1949～1976年的初始阶段；二是1977～1990年的过渡阶段，简称“20世纪80年代”；三是1991～2000年的发展阶段，简称“20世纪90年代”；四是2001～2016年的兴盛阶段，简称“21世纪以来”。这样，从初始阶段到过渡阶段和发展阶段，再到兴盛阶段，反映了当代中国孟学研究逐步深化、提高的历史发展过程和轨迹。

党的十一届三中全会的召开，确立了“解放思想，实事求是”的思想路线，这标志着中国进入社会主义现代化建设的新时期。改革开放近40年来，中国的经济、政治、文化和社会主义建设都取得了前所未有的辉煌成就，社会科学各领域的研究逐步得到恢复、发展和深化，作为中国哲学研究重要内容的中国儒学和先秦儒学研究亦取得了丰硕成果。其中，孟学研究获得了长足的进步。学界出版了数以百计的中国思想通史、中国儒学史、孟学断代史、孟学专著和发表了数以千计的孟学研究论文，对孟学做了全方位、多角度、多层面的研究和探讨。特别是21世纪以来，孟学研究呈现出前所未有的兴盛局面。

本书对当代中国孟学研究分期的划分依据主要包括两个方面：一方面是当代中国社会科学研究的社会环境和学术环境；另一方面是当代孟学研究“四个阶段”不同的学术特征，包括孟学研究的主要内容、研究范式、研究领域等的变化、转换和扩大等。

1. 当代中国社会科学研究的社会环境和学术环境

卜宪群在总结改革开放30年的中国古代史研究时指出："史学研究从来都与其所处时代的环境不可分离，中国古代史也不例外。所谓时代环境主要有两个方面：一是该时代的社会变化对史学研究产生的影响，二是该时代的学术环境对史学研究产生的影响。前者反映的是学术与社会的关系，后者反映的是学术自身的内在发展逻辑。"① 笔者认为，这一概括并不仅仅限于史学研究，它同样适用于其他领域的社会科学研究。当代中国孟学研究既与当代中国社会的政治、经济、意识形态的发展变化紧密相连，又与当代中共党史研究、中华人民共和国史研究、中国思想史（包括政治思想史、经济思想史、哲学史、伦理学史、社会学史、美学史、教育思想史、心理思想史、文学史等）、中国文化史、中国儒学史等社会科学研究紧密相连。尽管当代中国孟学研究与上述社会科学研究在研究角度、范围、理论、方法诸方面存有明显的差异，但它们之间也具有许多相通性、同步性、统一性。当代中国孟学研究与上述社会环境和学术环境是紧密相连、相互影响的。它不能脱离上述社会环境和学术环境而孤立存在。我们将当代中国孟学研究置于上述社会环境和学术环境下，审视、探讨、梳理当代中国孟学研究的发展过程和历史轨迹。这样，当代社会环境和学术环境就成为我们确立当代中国孟学研究分期的依据之一。

基于当代社会政治、经济、意识形态等社会环境和当代社会科学研究的学术环境对当代中国孟学研究的影响，借鉴、吸取学界对当代社会环境、学术环境阶段的划分，当是十分必要的。

第一，学术界对当代社会政治、经济、意识形态等社会环境分期的划分。所谓当代社会政治、经济、意识形态等社会环境的分期，主要是指新时期中共党史的分期、中华人民共和国历史分期、改革开放史分期等。学界的上述分期基本反映了当代社会政治、经济、意识形态等社会环境，许多论文对此做了深入的探讨。尽管学界对上述分期有一定争论②，但对从1949年中华人民共和国成立至1978年党的十一届三中全会召开这一阶段（即"改革开放前三十年"）的认定和划分，许多学者基本取得了共识。学术界普遍认为，"中共十一届三中全会作为一个伟大的转折点被载入历史，它开创了我国社会主义现代化建设的新局面，使中国进入了改革开放的新

---

① 卜宪群：《改革开放30年的中国古代史研究》，《社会科学管理与评论》2008年第4期。

② 齐鹏飞指出："目前关于60年'国史'的分期，国内学界主要存在有'二分法'、'四分法'、'五分法'、'六分法'、'七分法'、'八分法'等观点，其中具体的'时段'划分之上、下限又各有不同。"（《中华人民共和国历史分期问题研究述评》，《中国人民大学学报》2009年第5期）

的历史时期”①。对改革开放后的分期，许多学者做了近似的划分。②

第二，学术界对当代学术环境阶段的划分。学术界对“学术环境”的内涵做了许多探讨。③ 笔者认为，当代学术环境就是指当代不同历史阶段内社会科学研究的各种客观条件。新中国成立 70 多年来，不同历史阶段的学术环境发生了深刻的变化，对当代社会科学研究和孟学研究无疑产生了重要影响。学术界对从 1949 年中华人民共和国成立至 1978 年党的十一届三中全会召开（即“改革开放前三十年”）这一阶段的认定和划分，基本取得了共识。在这里，当代学术环境的分期主要是指十一届三中全会以来社会科学研究对各个研究领域发展历程的探讨、回顾和划分。几十篇（部）学术论文（著）对当代学术环境的分期做了一定划分。④

上述学界对当代中国社会环境、学术环境分期的划分，涉及当代中共

---

① 《北京党史研究》编辑部：《改革开放新时期历史阶段划分的探讨》，《北京党史研究》1998 年第 3 期。

② 李捷认为，“在 1980 年至 1990 年中共党史人物研究繁荣发展的第一个十年里，一些重要领域和方面都在孕育着新的突破，为下一个十年的发展打下了坚实的基础”，“1991 年至 2000 年，是中共党史人物研究繁荣发展的第二个十年”，“2001 年到现在（2010 年），是中共党史人物研究繁荣发展的第三个十年”（《三十年来中共党史人物研究回顾》，《光明日报》2010 年 7 月 12 日）。

③ 有的学者认为，学术环境的内涵包括“学术研究环境”“政策环境”“人际环境”（梁仲明：《关于营造大学和谐学术环境的一些思考》，《中国大学教学》2008 年第 1 期）；有的认为，学术环境包括“学术生存环境、学术制度环境、学术人际环境”（荆建华：《论学术环境与高校教师的主观幸福感》，《教育科学文摘》2011 年第 6 期）；《国务院办公厅关于优化学术环境的指导意见》将学术环境的内涵归纳为“科研管理环境”“宏观政策环境”“学术民主环境”“学术诚信环境”“人才成长环境”五个方面（中国政府网，2016 年 1 月 13 日）。

④ 陈劲松将 1979 年以来中国社会学史研究 30 年的进程划分为三个阶段：“1979 年至 1989 年为起步阶段，1990 年至 1999 年为争鸣阶段，2000 年至今为深化阶段”（《共识、分歧与趋势：中国社会学史研究三十年》，《河北学刊》2009 年第 1 期）；秦平、郭齐勇将 30 年来的中国哲学研究划分为三个阶段：“第一阶段约为 1978 年至 1990 年”，“第二阶段约为 1991 年至 2000 年”，“第三阶段为 2001 年至 2008 年，是以社会层面的‘国学热’与学术层面的‘中国经典的现代诠释’为背景，重建‘中国文化’的根源性与‘中国哲学’学科的自主性或主体性的时期”（《中国哲学研究 30 年的反思》，《哲学研究》2008 年第 9 期）；张亚光将新中国成立 60 年来中国经济思想史研究划分为四个阶段：“中国经济思想史研究的奠基初创阶段（1949～1977）”、“中国经济思想史研究的继承拓荒阶段（1978～1987）”、“中国经济思想史研究的深化发展阶段（1988～1999）”、“中国经济思想史研究的综合创新阶段（2000～2008）”（《建国 60 年中国经济思想史学科的发展》，《贵州财经学院学报》2009 年第 6 期）；王志清将改革开放 30 年唐诗研究的分期划分为三个阶段：“普及期与兴奋期（1978～1989）”、“纵深期与高潮期（1990～1999）”、“新变期与深化期（2000～2008）”（《改革开放 30 年唐诗研究的态势及走向》，《辽宁师范大学学报》[社科版]2009 年第 1 期）；燕国材将中国心理学史研究 30 年划分为“初步创始阶段（1978～1990）”、“开拓探索阶段（1990～2000）”、“深化研究阶段（2000～ ）”三个阶段（《中国心理学史研究三十年》，《南通大学学报》[教育科学版]2009 年第 3 期）；等等。

党史、中国国史、改革开放史、文化发展史和哲学、政治学、经济学、社会学、伦理学、美学、心理学、文学、儒学等社会科学研究的各个领域。尽管上述各学科研究的对象、方法和具体依据有所不同，分期年代的上、下限有一定出入，但从总体上看社会科学研究各个领域所处的社会环境、学术环境则是大体相同的，各个学科分期的划分也是相通的。这样，将当代中国以及改革开放以来社会科学研究的分期划分为四个阶段，即1949～1976年、1977～1990年、1991～2000年、2001年至今，已成为许多学者的共识。笔者对当代中国孟学研究分期的划分，正是借鉴、吸取了学界的这一成果和共识。

2. 当代孟学研究四个阶段不同的学术特征

这一问题主要包括不同阶段孟学研究的主要内容、研究范式，以及研究领域的变化、转换、扩大等。

（1）第一阶段（1949～1976）。1949年中华人民共和国成立以来，孔孟儒学丧失了作为统治思想的历史地位。从新中国成立至1966年的17年间，学界发表了几十篇有代表性的学术论文，出版了十余部中国思想通史、《孟子》译注等著作。[①] 这些论著对孟子其人、其书、思想体系以及在后世的影响等，都做了初步探讨和研究，提出了不同的观点，并展开了一定的学术争鸣。笔者对这一阶段的孟学研究已做述评。[②] 总之，这一阶段的孟学研究凸显了孟子阶级属性研究，多判定其是剥削阶级的思想家；研究范式多偏重于强调“以阶级斗争为纲”，凸显唯物主义与唯心主义的“两军对战”模式；研究领域多偏重于孟子的哲学思想、政治思想，判其为主观唯心主义思想家。这一阶段内的孟学研究具有鲜明的时代印记，笔者将其称为孟学研究的“初始阶段”。

（2）第二阶段（1977～1990）。改革开放以来，孟学研究同社会科学各学科的研究一样逐步得到恢复和发展。大陆各地陆续成立了孔孟儒学研究的学术团体、研究机构，各种类型的孟子思想学术研讨会相继召开。20世纪80年代，学界陆续出版了30余部中国思想通史、人物评传、论

① 这些著作主要有刘及辰：《先秦诸子的思想方法与思想体系》，新潮书店1951年版；杨荣国：《中国古代思想史》，人民出版社1954年版；侯外庐、赵纪彬、杜国庠：《中国思想通史》，人民出版社1957年版。断代史主要有杜国庠：《先秦诸子思想概要》，生活·读书·新知三联书店1955年版；杨宽：《战国史》，上海人民出版社1955年版。专题思想史主要有冯友兰：《中国哲学史新编》第一册，人民出版社1962年版；任继愈主编：《中国哲学史》第一册，人民出版社1963年版；胡继窗：《中国经济思想史》，上海财经大学出版社1962年版；杨伯峻译注：《孟子译注》，中华书局1962年版；等等。

② 参见王其俊：《中国大陆当代孟学研究述评》，《孔孟学报》2011年总第89期。

文集、孟学论著等著作，发表了孟学研究论文 200 余篇。[①] 这一阶段的孟学研究主要表现于两个方面：一方面是孟学研究全面展开。许多论著论述了孟子思想的若干方面。学界对孟子的生平、时代、著作、阶级属性、哲学、政治、经济、伦理、社会、美学、心理、逻辑等思想，以及与先秦诸子的关系、历史地位、后世影响等都做了一定的探讨。另一方面是百花齐放，百家争鸣。学者们对孟子思想的许多方面都提出了不同的观点和认识。其中，值得关注的是关于孟子哲学思想性质的争论。严北溟指出："从时代背景和孟子的思想、言论、主张各方面看，不仅足以证明他的新兴地主阶级立场，也证明他的哲学观点是倾向于唯物主义的"，"孟子的'性善论'不管在理论上有着多大的局限性，他的论证方法自有其合理的一面，不能用'超阶级的'、'抽象的'、'先验论的'等帽子把它打入主观唯心主义的冷宫"。[②] 束景南不同意严北溟的观点并提出与其商榷。[③] 严北溟又撰文对各种指责一一做了回应，认为抓住《孟子》书中片言只语，就望文生义地给他戴上各种"帽子"，不是一个历史唯物主义者应有的态度。[④]

学界相继出版的十余部中国哲学通史著作初步论述了孟子的哲学思想、历史地位、后世影响等。此外，中国政治、伦理、美学、教育、心理等通史和断代史著作对孟子的其他思想亦做了一定探讨。

从总体上看，这一阶段的孟学研究逐渐从唯物主义与唯心主义的两军对战模式转移到客观评价孟学、努力吸取孟学精华而为社会主义新文化服务的新研究范式，但尚未脱离"两军对战"研究范式的影响，新旧研究范式的转移尚处于过渡之中。如果说第一阶段（1949～1976）内对孟学的贬斥、批评、否定占据主要方面，那么，在这一阶段内客观肯定孟学精华和价值则具有逐年增多的趋向。研究内容和研究领域从第一阶段凸出孟子阶级属性、哲学、政治思想的研究逐步扩大到经济、社会、教育、伦理、美学、心理、文学等其他领域。因此，笔者将这一阶段的孟学研究称为"过渡阶段"。

（3）第三阶段（1991～2000）。国内许多孔孟儒学学术团体、研究机构相继成立。国际孟学研讨会相继召开。1994 年、1996 年、1997 年，先

---

① 据山东师范大学齐鲁文化研究中心编《齐鲁文化研究论著编目（1901～2000）》（中国社会科学出版社 2003 年版）、中国知网、中国国家图书馆网中相关数据统计。

② 参见严北溟：《从评价孟子谈哲学的党性问题》，《哲学研究》1980 年第 9 期。

③ 参见束景南：《也谈孟子哲学的评价问题——与严北溟先生商榷》，《哲学研究》1981 年第 4 期。

④ 参见严北溟：《再谈孟子评价与哲学党性问题》，《哲学研究》1981 年第 7 期。

后在邹城召开了新中国成立以来的首次孟子学术思想国际研讨会、两次中韩国际孟子学术研讨会，中外学者深入探讨了孟子的政治、伦理、教育等思想及其历史价值、国外影响等，这对促进中外孟学研究的交流和弘扬中华民族优秀传统文化产生了积极的作用。

在这一阶段内，学界出版了10余部中国思想通史①、几部中国儒学史②、20余部孟学论著和普及著作③。孟学研究获得的主要成就表现为下述几个方面。一是思想通史对孟学做了比较客观的评价。这些思想通史将孟学置于中国思想发展的历史过程中，全面考察孟学的地位、影响。二是中国儒学史对孟学体系及其在中国儒学史上的地位、贡献做了新的探讨。其中，赵吉惠等主编的《中国儒学史》是中国大陆第一部全面、系统论述儒学产生、发展、演变史的专著，全面、系统考察了孟子对孔子学说的继承发展，孟子辟杨墨、斥许行以及在中国儒学史上的地位；刘蔚华、赵宗正主编的《中国儒家学术思想史》是国家哲学社会科学“八五”规划重点课题，深入探讨了孟子的儒学体系及其在儒学发展中的地位与作用；姜林祥主编的《中国儒学史》全面、系统概述了孟子的生平、时代，深入论述了孟子的仁政、性善论、修心论、道德人格论等，对孟学的地位、价值做了客观的评价。三是许多孟学论著全面、系统地探讨了孟学体系并做出了新的评价。翟廷晋《孟子思想评析与探源》、杨国荣《走向内圣之境——孟子评传》、杨泽波《孟子性善论研究》《孟子评传》、王其俊《亚圣智慧

---

① 中国思想通史主要有杨鑫辉《中国心理学思想史》（江西教育出版社1990年版），陈定闳《中国社会思想史》（北京大学出版社1990年版），赵靖主编《中国经济思想通史》第1卷（北京大学出版社1991年版），李书有主编《中国儒家伦理思想发展史》（江苏古籍出版社1992年版），牙含章、王友三主编《中国无神论史》（中国社会科学出版社1992年版），郭墨兰主编《齐鲁文化》（华艺出版社1997年版），胡寄窗《中国经济思想史》上卷（上海财经大学出版社1998年版），等等。

② 中国儒学史主要有赵吉惠、赵馥洁、郭厚安、潘策主编《中国儒学史》（中州古籍出版社1991年版），刘蔚华、赵宗正主编《中国儒家学术思想史》（山东教育出版社1996年版），姜林祥主编《中国儒学史·先秦卷》（广东教育出版社1998年版）。

③ 孟学论著和普及著作主要有谭承耕《〈论语〉、〈孟子〉研究》（湖南教育出版社1990年版），翟廷晋《孟子思想评析与探源》（上海社会科学院出版社1992年版），廖名春《孟子智慧》（延边大学出版社1992年版），杨国荣《走向内圣之境——孟子评传》（广西教育出版社1994年版），杨泽波《孟子性善论研究》（中国社会科学出版社1995年版），何晓明《亚圣思辨录——孟子与中国文化》（河南大学出版社1995年版），王其俊《亚圣智慧——孟子新论》（山东人民出版社1996年版），王成儒《亚圣风范——孟子的智慧》（四川教育出版社1996年版），蒋国保、余秉颐、李季林《孟子外传·孟子百问》（安徽人民出版社1997年版），张奇伟《亚圣精蕴——孟子哲学真谛》（人民出版社1997年版），刘鄂培《孟子大传》（清华大学出版社1998年版），董洪利《孟子研究》（江苏古籍出版社1998年版），杨泽波《孟子评传》（南京大学出版社1998年版），山东邹城市孟子学术研究会编《孟学研究》（山东人民出版社1998年版），等等。

——孟子新论》、刘鄂培《孟子大传》、董洪利《孟子研究》等，引起了学术界的关注和好评。四是400余篇学术论文采用多样的研究方法，对孟学做了深入、全面的探讨。五是郭店楚墓儒简与孟学关系研究是学界关注的一个重要课题。国内召开了几十次各种类型的学术研讨会，发表了一批有影响的论著，就郭店儒简与孟学的心性观、道德观、天道观等进行了深入的探讨，对孔孟之间的儒学发展轨迹有了进一步清晰的认识。

这一阶段，孟学研究范式的变化主要表现于两个方面：一方面，以《孟子》文本诠释为基础，深入诠释孟子思想的内涵，挖掘孟学对当代社会的启示和价值；另一方面，摆脱了唯物主义与唯心主义“两军对战”的研究范式，将孟学整体研究与专题研究紧密结合在一起，使两者相互影响、相互促进，促进了孟学研究领域的变化、转换和扩大。这主要表现在以下几个方面：一是凸显对孟子主体哲学、哲学时代价值、哲学结构、心性论、天人关系、认识论等问题的研究；二是凸显对孟子仁政、民本思想的内涵、主要特征、后世影响、重要贡献的研究；三是凸显对孟子社会结构、社会分工、社会控制、社会稳定、社会变迁、社会福利、土地制度、经营管理、积极意义的研究；四是凸显对孟子伦理思想的基本性质、基本内容、基本特点以及伦理思想与政治、经济、军事等思想的相互渗透、作用的研究，深入揭示了仁义礼智、理想人格、义利观、道德修养的内涵；五是在重视《孟子》注释的基础上，日趋重视对《孟子》的通俗介绍和解说，呈现出将译注与介绍解说相融合的趋向，等等。20世纪90年代，是改革开放后孟学研究获得深入发展的第二个十年，笔者将这一阶段称为“发展阶段”。

(4) 第四阶段 (2001～2016)。进入21世纪以来，社会科学研究随着社会主义现代化建设的不断发展而呈现出前所未有的兴盛局面。大陆许多科研机构、高等院校陆续成立了儒学研究团体、研究机构。2000年10月，山东师范大学齐鲁文化研究中心被确立为教育部省属高校人文社会科学重点研究基地。2005年9月，山东大学儒学研究中心成立，它是一个学术性、专业性、开放性的学术实体，“争取形成孟子学说研究和儒学与现代文明研究两个亮点，并逐步做成本中心的特色”①。2010年4月，山东大学成立了儒学高等研究院。2011年6月，安徽省孟子思想研究会成立；

① 《山东大学儒学研究中心简介》，庞朴主编：《儒林》第2辑，山东大学出版社2006年版，第308页。

2014 年 3 月，黑龙江孟子思想研究会成立；2015 年 11 月，河南省孟子儒学文化研究会成立；等等。

进入 21 世纪以来，学界陆续召开了各种类型的孟学及儒学研讨会，对深化孟学研究和促进学术交流发挥了积极作用。这些学术研讨会主要有：2005 年在邹城市召开“孟子思想暨邹鲁文化研讨会”，2006 年召开“儒学全球论坛（2006）孟子思想的当代价值国际学术研讨会”，2007 年山东师范大学齐鲁文化研究中心与有关单位在山东济南联合举办了“儒家思孟学派国际学术研讨会”。安徽省孟子思想研究会联合有关学术机构、团体，在 2011～2016 年连续举办了四届全国孟子思想研讨会，出版了《孟子与当代文化建设》（安徽人民出版社 2013 年版）等论文集。2013 年，山东大学、华东师范大学、德国波恩大学等单位联合举办了孟子文化国际研讨会，以寻求跨文化背景下的孟子研究交流为目标，力求通过不同国家、不同民族、不同地域间学者的交流，让东西方的“孟子”实现跨文化间的对话与融合，从而推动中华传统优秀文化的现代化转型与国际化应用。2014 年在邹城召开了“孟子思想与邹鲁文明国际学术研讨会”等。上述研讨会深入探讨了孟子的心性学说、天人关系、仁政民本思想、伦理思想、孟学与郭店楚墓儒简的关系、孟子与邹鲁文明、孟子思想的当代价值、孟子思想在国外的传播和影响等。这些研讨会的召开对促进孟学研究的兴盛发挥了积极作用。

21 世纪以来，学界出版了 20 余部学术通史、孟学论集、孟学论著①

---

① 中国思想通史主要有王处辉主编《中国社会思想史》（中国人民大学出版社 2002 年版），谢遐龄主编《中国社会思想史》（高等教育出版社 2003 年版），蔡方鹿《中华道统思想发展史》（四川人民出版社 2003 年版），燕国材主编《中国教育心理思想史》（山东教育出版社 2004 年版），张立文主编《中国学术通史・先秦卷》（人民出版社 2004 年版），万江红《中国历代社会思想史》（社会科学文献出版社 2005 年版），魏义霞《七子视界——先秦哲学研究》（中国社会科学出版社 2005 年版），黄忠晶《中国社会思想研究》（中央党校出版社 2007 年版），陈望衡《中国古典美学史・先秦卷》（武汉大学出版社 2007 年版），孟天运《先秦社会思想研究》（人民出版社 2012 年版），等等。儒学通史、儒学史主要有崔大华《儒学引论》（人民出版社 2001 年版），尚斌、任鹏、李明珠《中国儒学发展史》（兰州大学出版社 2008 年版），黄宣民、陈寒鸣主编《中国儒学发展史》（中国文史出版社 2009 年版），王博《中国儒学史・先秦卷》（北京大学出版社 2011 年版），等等。孟学著作主要有杨海文《浩然正气——孟子》（江西教育出版社 2008 年版），刘培桂主编《孟子志》（山东人民出版社 2009 年版），李长泰《孟子公共理性思想研究》（中南大学出版社 2013 年版），刘淑丽《仁义的修为：体味〈孟子〉》（海燕出版社 2014 年版），何铁山《汉字学视域下的〈孟子〉》（浙江大学出版社 2015 年版），等等。

和40余部孟学普及著作[1]，发表了700余篇孟学研究论文。孟学研究达到了前所未有的高度，呈现出繁荣兴盛的局面。

除上述研究成果外，“孟子文献集成”丛书由山东人民出版社陆续出版。该“丛书属大型古籍整理类项目，搜集、整理、涵盖了《孟子》一书从汉代至晚清民国时期的所有版本，甄选了1200种版本，付诸影印，是迄今为止《孟子》选本最为权威、最为全面的集成类丛书。《孟子文献集成》项目是国内首次将历代孟子版本集中规划、影印出版的文化项目，是孟子文献的首次大规模集中。项目聘请中外现阶段最著名的孟子研究专家组成专家委员会，在选目、选本方面具权威性。项目在操作过程中，除着眼于传统孟子版本外，还着重于稀见版本的搜集，并收入了流失于海外的孟子版本、明代至晚清民国时期传教士编著或解释的孟子版本、少数民族地区的孟子版本等”[2]。

这一阶段孟学研究的主要成就表现为四个方面：一是各类思想通史将孟学置于中国哲学、政治学、社会学、伦理学、教育学、心理学、美学等发展的历史过程中，全面考察孟学的地位、影响、贡献和价值；二是崔大

① 孟学普及著作主要有王成儒等《〈孟子〉之谜》（四川教育出版社2001年版），张铁民《人世大关怀：〈孟子〉今读》（百花文艺出版社2001年版），徐克谦《孟子现代版》（上海古籍出版社2001年版），李申译著《孟子全译》（巴蜀书社2001年版），周淑萍主编《十三经辞典·孟子卷》（陕西人民出版社2002年版），余国庆解读《孟子解读》（黄山书社2007年版），王亚丽等《孟子》（中国社会科学出版社2003年版），金良年撰《孟子译注》（上海古籍出版社2004年版），周文德、杨晓莲《〈孟子〉数据库》（巴蜀书社2003年版），张国风编著《孟子·仁者思辨》（中国社会出版社2004年版），王其俊《孟子解读》（泰山出版社2004年版），王其俊编著《〈孟子〉智慧名言故事》（齐鲁书社2004年版），徐洪兴撰《孟子直解》（复旦大学出版社2004年版），孙通海编著《孟子精粹解读》（中华书局2005年版），韩士钧编著《孟子妙语》（百花文艺出版社2005年版），么峻洲《孟子说解》（齐鲁书社2006年版），万丽华、蓝旭译注《孟子》（中华书局2006年版），秦榆编著《孟子学院：孟子的仁政思想》（中国长安出版社2006年版），熊逸《孟子他说：用历史擦亮思想》（陕西师范大学出版社2006年版），鲁国尧、马智强注评《孟子注评》（凤凰出版社2006年版），周德波编著《孟子一日一谈》（哈尔滨出版社2006年版），蔡希勤编注《孟子说》（华语教学出版社2006年版），乌恩溥《名家讲解孟子》（长春出版社2007年版），蔡景仙主编《孟子慷慨人生》（内蒙古人民出版社2008年版），刘长江《孟子的智慧》（远方出版社2009年版），周淑萍《大家精要——孟子》（云南教育出版社2009年版），徐洪兴《〈孟子〉精读》（复旦大学出版社2010年版），梁涛编著《孟子解读》（中国人民大学出版社2010年版），巩玉峰、盛勇主编《孟子研读》（山东大学出版社2011年版），陈清华《孟子智慧》（中央广播电视大学出版社2011年版），姚淦铭《孟子智慧》（山东人民出版社2013年版），孟祥才《孟子传》（齐鲁书社2013年版），曾振宇校注《孟子诠解》（山东友谊出版社2012年版），吕红梅《孟子及〈孟子〉思想探微》（知识产权出版社2015年版），罗志霖《孟子今读新解》（四川大学出版社2015年版），胡承楷编著《〈孟子〉一本通》（中国言实出版社2015年版），赵杏根《孟子教读》（东南大学出版社2016年版），韩非编著《孟子全解》（中国华侨出版社2016年版），王其俊《孟子品读》（山东大学出版社2016年版），等等。

② 《孟子文献集成》编纂委员会编：《孟子文献集成》，“内容简介”，山东人民出版社2016年版。

华《儒学引论》、黄宣民和陈寒鸣主编《中国儒学发展史》、王博《中国儒学史·先秦卷》等儒学史，全面、深入探讨了孟子对孔子的继承、发展，客观地审视、评价了孟子在中国儒学史、思想史上的地位和贡献。学者普遍认为，儒学在中国历史上产生了重要影响，与孟子的贡献是密不可分的；三是孟学论著对孟学体系做了新的诠释和评价，提出许多新的观点；四是几十部孟学普及研究著作努力把握孟学的整体性、系统性，融学术性、实用性、可读性于一体，紧密结合各种学术理论和社会实际问题，采用通俗易懂、生动形象的语言，引导读者深入理解、掌握孟学的精髓，展现了富有中国特色、风格、气派的普及著作和文化产品的魅力；五是学术论文拓展了孟学专题研究的广度和深度；六是新的论著深入探讨了孟学与齐鲁文化的关系，拓展了孟学研究的新领域。

在这一阶段内，孟学研究范式的变化主要表现于两个方面。一方面，凸显对孟学的现代诠释。这一现代诠释同改革开放以来的中国哲学研究一样，“以社会层面的‘国学热’和学术层面的‘中国经典的现代诠释’为背景”①，将孟学研究推向一个新的高度。这一现代诠释包括两个层面：一是许多论著参照、借鉴西方诠释学的理论方法，深入诠释了《孟子》文本。其中，李凯《孟子诠释思想研究》深入探讨了孟子对《诗经》《尚书》及诸子言论的诠释，并从本体论、方法论、诠释实践三个方面论述了孟子诠释思想的特点、方法、思路，进而探讨了孟子诠释思想对后世的影响及其与西方诠释学的异同。二是几十部孟学普及著作与20世纪90年代兴起的社会层面的“国学热”相互影响、呼应，有的依《孟子》原书编排和偏重于从学术上解读、阐释孟学，有的将孟学归纳为若干专题，紧密联系当代各种社会实际问题，对孟学予以现代诠释。另一方面，研究方法多样化。坚持马克思主义辩证唯物主义和历史唯物主义的科学方法，采用诠释学、文化学、社会学、系统论、比较学、训诂学、汉字学、生态学等以及政治学与哲学、政治学与伦理学、生态学与伦理学的交叉等方法，从新的角度、层面对孟学做了全新的探讨。

孟学研究领域的变化、转换、扩大表现在以下三个方面。一是凸显孟子人本思想研究。许多论著深入探讨了孟子人学的内涵、主要特征，以及孟子人学对儒家仁学的创造性发展和对建构马克思主义人学的意义等。与学界“重建‘中国文化’的根源性与‘中国哲学’学科的自主性或主体性”② 研究相呼应，深化孟子人本思想研究，涉及孟子人禽之辨、道德修

① 郭齐勇：《中国哲学发展的一个甲子年》，《中国社会科学报》2009年9月8日。

② 秦平、郭齐勇：《中国哲学研究30年的反思》，《哲学研究》2008年第9期。

养方法、道德价值等若干层面。二是拓宽了孟子哲学思想研究的视域，凸显了对孟子德性论的思维理路、实践哲学及其特征、心性学说的内涵、逻辑架构、现代意义、天人关系等思想的研究，提出了许多深刻的见解。三是中外孟学研究的交流日趋多样化。在 20 世纪 90 年代，尽管许多论著论述了孟学在东西方国家的流传、影响，但中外孟学研究的交流仍是一个薄弱环节。21 世纪以来，学界召开了各种类型的国际孟学研讨会，中外学者就孟学展开了对话与交流。其中，值得关注的是，近年来国外许多汉学家关注、研究孟学的热情与日俱增，加强了与中国学者关于孟学的对话、交流。《孟子研究新视野》就是这一对话、交流成果的结晶。该书主编认为，“对于孟子的研究，不同文化体系的人们会根据他们不同的生活和思维方式做出自己的回答。这些回答回响着悠久的历史传统的回声，又同时受到当代人和当代语境的取舍与诠释”①。此外，杨颖育指出：“通过比较和对比研究的方法对英语世界的《孟子》研究做全景式描述。单纯的国内《孟子》研究，作为一种单一的价值自我认定，极有可能导致一种自我禁锢。从他者视角，对英语世界《孟子》的多个译本以及各种《孟子》研究专题著作的研究，追溯变化发展的历史语境和不同时代的学科研究范式，凸显文本接受过程中文化基因的差异性冲突与妥协，实现互为镜像式的文化对话，从而实现真正意义上的文学对话与共同发展，这种动态文化生成观是比较文化与比较文学视角下的研究意义和价值。”② 由此看来，21 世纪以来的孟学研究取得了令人瞩目的成就，呈现出前所未有的繁荣局面，笔者将它称为“兴盛阶段”。

总之，本书将当代中国孟学研究划分为初始阶段、过渡阶段、发展阶段、兴盛阶段，这紧密相连的四个阶段展现了当代孟学研究的发展历程和历史轨迹，既与当代不同历史发展阶段的社会环境、学术环境相互适应和一致，又与不同阶段孟学研究的主要内容及孟学研究领域的变化、转换、扩大等相互适应和一致。

（二）本书主要内容

自新中国成立以来，学界出版了关于孟学研究的思想通史、儒学史、断代史、孟学专著、孟学论文集、孟学普及著作等论著 200 余部，发表孟学论文 2000 余篇，其主要内容大致划分为五个方面：孟学整体研究，孟学专题研究，孟学流传、影响研究，孟学中外比较研究，孟学普及研究。

---

① 臧克和、顾彬、舒忠主编：《孟子研究新视野·序》，华龄出版社 2013 年版，第 2 页。

② 杨颖育：《英语世界的〈孟子〉研究》，“内容简介”，人民出版社 2014 年版，第 1 页。

这五项内容基本涵盖了当代中国孟学研究的各个方面。

1. 孟学整体研究

孟学是一个由若干相互联系、相互作用的部分或子系统构成的系统整体。孟学整体研究，就是指对孟子其人、孟子其书、孟子思想及其在后世流传影响的全面、系统、综合研究。其具体内容包括孟子的生平事迹、所处时代、游历诸国、著作、思想渊源，孟子的思想体系及其主要特征，孟子在中国儒学史、思想史上的地位、贡献等，它是相对于对孟学某一部分、专题（譬如哲学、政治、经济、伦理、教育、美学、文学、心理等思想）的研究而言。在这里，整体研究与专题研究，既相互联系、相互影响，又相互区别、相互制约。孟学整体研究是在专题研究的基础上，对孟学的整体、综合通观和把握。孟学专题研究是整体研究的基础，离开专题研究，整体研究就缺乏坚实的基础，而成为空中楼阁；只有在整体研究的指导下，专题研究才能得到深化和提高。当代中国孟学整体研究的论著主要划分为三类：一是思想通史，二是孟学专著，三是孟学论文集和学术论文。这些论著从不同的角度和层面对孟学做了深入的整体探讨。其中，孟学专著相对于其他论著而言，更多地显示出全面性、系统性的特点。

2. 孟学专题研究

孟学专题研究是相对于孟学整体、综合研究而言，它是对孟学某一部分、子系统、要素、层面的研究。据笔者统计，当代学界出版、发表了几十部中国思想通史和2000余篇学术论文。这些论著多是对孟子哲学、政治、社会、经济、伦理等思想的专题探讨。这些专题研究既是当代孟学整体研究的基础，又是当代孟学研究的一个重要组成部分，对深化孟学研究和中国传统文化研究发挥了积极的作用。在这里，孟学的专题研究又由若干因素、层次所构成。譬如孟子政治思想研究，又可划分为两个层面。一是从整体上研究孟子政治思想。这是政治思想专题研究的高级层次，已出版的中国古代政治思想史就属于这类研究。二是研究孟子政治思想的某一个专题、侧面。它属于孟子政治思想专题研究的次级层次。这种高级层次和次级层次的研究都属于孟学专题研究。对孟子哲学、社会、经济、伦理、美学、心理、文学等思想的专题研究，亦当作如是观。本书的第三章至第八章，即《孟学专题研究（一）》至《孟学专题研究（六）》，依次对孟子的哲学、政治、社会、经济、伦理、教育、美学、心理、文学思想研究做出梳理、总结和述评。

3. 孟学流传、影响研究

孟学流传、影响研究兼涉中外。前者主要指历代著名思想家、政治家、学者对《孟子》一书的注疏、释解和对孟子思想的继承、发展、引申、改造、研究等。后者指孟学在东西方国家的传播、影响。就前者而言，在孟子去世后的2000多年间，孟学的流传、影响大致经历了以下几个阶段：先秦是孟学作为诸子之学的流传时期，两汉是孟学初步崛起时期，魏晋南北朝是孟学流传的衰微时期，隋唐是孟学地位逐渐提高的时期，宋代是孟学发展的勃兴时期，元明是孟学政治地位日益提高时期，清代是孟学流传的鼎盛时期，近代是孟学研究的初兴时期，当代是孟学研究的逐步兴盛时期。这种划分既与中国儒学的产生、发展、流传相统一，又与孟学产生、发展、流传、影响的历史过程相统一。从20世纪90年代起，许多孟学论著对孟学的流传、影响做了深入的探讨。本书将从下述五个方面做出梳理和总结：一是孟学流传、影响研究概述；二是汉唐时期的孟学流传、影响研究；三是宋元明清时期的孟学流传、影响研究；四是近代的孟学流传、影响及当代价值研究；五是国外的孟学流传、影响研究。全面梳理、总结孟学流传、影响研究，对我们坚守中华文化立场和传承中华文化基因，将具有一定积极意义。

4. 孟学中外比较研究

孟学中外比较研究，就是将孟学置于中国古代思想史、世界思想史的更高一级系统、层次中探讨孟学与中外思想家的异同、得失及其对人类文化发展的独特贡献。与中国思想家的比较研究包括：孟子与先秦诸子的比较（与孔子、曾子、子思、荀子等儒家代表人物和郭店楚墓儒简的比较，与墨家、道家、法家、农家等不同派别的比较）、孟子与后世思想家（韩愈、王阳明、朱熹、戴震、焦循、康有为等）的比较。与外国思想家的比较研究包括：孟子与普罗泰戈拉、苏格拉底、柏拉图、亚里士多德、莱布尼茨、康德、尼采、海德格尔、弗洛姆、列维纳斯等思想家和基督教的异同比较研究。通过上述比较，吸取中外思想家的长处和优秀文明成果，取长补短、择善而从，有利于参与世界文化的对话交流，不断丰富和发展中华文化。

5. 孟学普及研究

孟学普及研究，是指为了传播孟学基本知识和中华优秀传统文化而编著的通俗著作。当代中国社会政治、经济发生了深刻变化，世界各类文化日益交融，广大人民群众的文化素养、道德素质日益提高。为了适应广大社会成员学习、弘扬中华优秀传统文化的迫切要求和传承几千年来的中华民族精神支柱的强烈愿望，当代学界出版了几十部关于《孟子》的译注、解读、说解、通说、选注、读本、语录、讲座、名言录、故事、传记、妙语、必读、旁通、他说、图解、入门、问答、快读、现代读、点评、经典百句、人生箴言录等普及著作。这些著作大多采用通俗易懂、生动形象的语言和为广大读者喜闻乐见的形式，深入浅出地介绍了孟子的事迹、思想、传播、影响等，具有较强的说服力、感染力，展现了富有中国特色、风格、气派的普及著作和文化产品的魅力。

上述五个方面的孟学研究是一个相互联系、相互影响的系统整体。孟学的整体研究是在专题研究的基础上，对孟学的整体、综合通观和把握，是专题研究的前提和理论基础。专题研究是在整体研究的基础上，对孟学某一部分、子系统的探讨和研究，是孟学研究的核心内容。孟学流传影响研究、中外比较研究和孟学普及研究是孟学追求高尚人格、修身养性、协调家庭、安定社会、治国安邦、化民成俗、顺应自然、天人协调等多种功能和影响的重要表现。在上述基础上，我们进而梳理、归纳、总结当代中国孟学研究的成就、存在的问题等。

三

本书坚持辩证唯物主义、历史唯物主义的基本原理，采用划分类别、突出重点、以时间为序的撰写原则和方法。

划分类别，就是以类别和专题研究为主线，将当代孟学研究的主要内容划分为孟学整体研究、专题研究、流传影响研究、中外比较研究、普及研究五个方面，每一方面又包括不同的层次、因素和内容。按问题的类别划分，做纵向论述，有利于系统描述、梳理各个不同历史阶段孟学研究的发展过程和历史轨迹，总结其主要成就、基本特征，以增强本书的系统性、理论性和逻辑性。

突出重点，就是突出不同阶段内对孟学研究的主要内容和关注的焦点问题的述评和总结。由于当代孟学研究与时代主潮及政治、经济、意识形态等社会环境、社会科学研究的学术环境紧密相连，所以随着社会环境、学术环境的变化，学界在不同阶段内关注的主要问题和焦点问题亦发生一定的变化。从总体上看，孟学整体研究和孟子哲学、政治、伦理、文学思想等专题研究是学界关注的重点。笔者将以较多的篇幅对其做出述评和总结，梳理具有新材料、新方法、新观点、新结论和产生较大影响的论著。其中，学界普遍关注的问题还包括：1961～1964 年前后，学界对孟子思想的阶级属性、哲学思想和认识论基本性质的争论；1980 年前后，对孟子阶级属性、哲学思想、人性论、仁政学说的争论；21 世纪初，关于儒家伦理是“腐败之源”还是“德性之端”的争论；近年来，关于孟子“性善论”是“本善”还是“向善”，孟子性善论的形上根据是“心”还是“天”，孟子性善论是对“以故言性”“以情才代性”的批判还是主张“以才论性”“因情定性”的争论。近十多年来，孟子心性学说、伦理思想以及个体、社会及天人和谐等问题的研究成为人们关注的热点，人们努力从孟学和传统文化中汲取精华，以实现自我完善、社会和谐以及人与自然互利共生、和谐健康地发展。孟学日益成为人们矫正社会时弊的借鉴和建设社会主义精神文明的宝贵文化资源。学界关注的问题，将是本书述评的重点。突出不同历史阶段内孟学研究的主要问题和关注的重点问题，将有利于深化不同观点的相互争鸣，揭示所探讨问题的本质。

以时间为序，就是以历史发展顺序为线索。当代中国孟学研究经历了一个日趋深化的发展过程，具体划分为四个阶段：一是1949～1976年的初始阶段；二是1977～1990年的过渡阶段；三是1991～2000年的发展阶段；四是2001～2016年的兴盛阶段。这四个阶段的孟学研究是一个紧密联系的整体，不同阶段的孟学研究具有前后相承的延续性和规律性。这一划分，将有利于揭示不同历史阶段孟学研究的发展过程、历史轨迹，总结不同阶段孟学研究的主要成就、基本特征，揭示当代孟学研究范式的转变和孟学研究领域的变化、转换和扩大。

划分类别、突出重点、以时间为序的撰写原则和方法，彼此之间是相互联系、交叉在一起的。坚持这一撰写原则和方法，正确处理三者之间的关系，对顺利完成本书的撰写，深化当代孟学研究是至关重要的。

据笔者统计，当代中国发表关于孟学研究的相关论著200余部、孟学研究论文2000余篇。近十几年来，随着郭店楚墓儒简等地下文物的出现，许多论著运用新的文献资料，阐述孔孟之间的儒学，孟子学术渊源的研究获得了新的进展。许多论著采用多样的研究方法，如系统论、历史学、文化学、诠释学、汉字学等方法，揭示了孟学的新特点、新内涵、新特质，提出了许多新观点、新结论，言之成理，持之有故。上述具有创新性、采用新方法、得出新观点和新结论的众多论著，为我们梳理、述评、总结当代中国孟学研究提供了丰富资料和宝贵经验，奠定了坚实基础。总之，在前人和当代学者的激励、启示下，笔者努力运用历史文献与哲学思辨相结合的方法，坚持历史与逻辑相一致、学术史与思想史相一致的原则，坚持史论结合、综合分析，全面、准确把握第一手资料，力求全面、系统、科学地梳理、总结当代中国不同历史阶段内孟学研究的主要成绩和特点，科学地描述当代孟学研究的历史过程和轨迹，述评孟学研究的各类成果，探寻孟学研究范式的转换，总结孟学研究的基本规律、经验教训，努力融学术性、理论性、实用性于一体，揭示当代孟学研究促进当代社会发展的借鉴意义，探讨孟学研究进程与社会进程的互动关系及经验教训，从而增强对中华优秀传统文化、革命文化和社会主义先进文化的自信。

笔者深深地体会到，本书的撰写是不断学习先哲贤达和当代学者的卓识高见的过程，亦是不断提高自己对孟学认识的过程。先哲贤达和当代学者从不同的角度、层面对孟学的整体、专题等的有益探讨，促进了当代孟学研究的日趋深化和繁荣，为笔者的学习、梳理提供了丰富资料、有益借鉴和宝贵经验。有幸为深化当代孟学研究尽绵薄之力，当是笔者的孜孜追求。因学识所限，本书尚存在许多缺陷和不足，恳请学者、同人不吝赐教。

第一章　孟学整体研究（一）

孟学是由若干相互联系、相互作用的部分、层次、因素构成的系统整体。孟学整体研究，是指对孟子的生平事迹、所处时代、思想渊源，孟子的思想体系及其主要特征、时代价值，孟子在中国儒学史、思想史上的地位、贡献等问题的全面、综合研究，它是相对于对孟学某一部分、专题（譬如政治、经济、哲学、伦理、教育、美学、文学、心理等思想）、要素的研究而言。整体研究与专题研究，既相互联系、相互影响，又相互区别、相互制约。整体研究是在专题研究的基础上，对孟学的整体、综合通观和把握。只有在整体研究的指导下，专题研究才能得到深化和提高。当代中国孟学整体研究的论著主要包括三类：一是中国思想通史；二是孟学专著；三是孟学论文集①和孟学论文。这些论著从不同的角度和层面对孟学做了深入的整体性综合探讨。笔者按时间发展的顺序，对上述论著的整体研究做一梳理、述评。

第一节　孟子生平事迹、著作、渊源等史实研究概述

笔者对大陆当代孟学史实研究做了系统述评，认为“所谓‘孟学史实’，主要是指孟子的名字、里居、家世、父母、生卒、弟子、生平、游历、时代、著作、渊源、学派归属等。孟学史实是孟学研究的基础，自古以来为历代学者所关注”，“自 1949 年以来，当代学者继承、吸取前人的研究成果，对孟学史实作了系统、全面的梳理、考察和研究，学术界的共识愈来愈多。这些共识主要有：关于孟子的名字。多数学者从赵岐《孟子题辞》之说，孟子‘名轲，字则未闻’。关于孟子的里居。自司马迁称孟子为‘邹人’以来，当代学者多赞同司马迁之说……关于孟子的家世、父

① 从已出版的多部论文集的主要内容来看，每一部论文集虽然围绕一个主题，但由于作者众多，各篇论文之间往往缺乏内在必然的联系。因此，本书将孟学论文集和孟学论文归为一类。

母。《孟子》一书未载孟子家世……周广业的《孟子出处时地考》认为：'孟子父名字失考。'孟子父母的名字难以获得确证。关于孟子的家世、父母，学术界多分别从赵岐、周广业之说。关于孟子的生卒……学者们通常赞同谭贞默的《孟子编年略》关于孟子生于周烈王四年（前372年），卒于周赧王二十六年（前289年），享年84岁之说”。关于孟子的师承……学术界普遍……赞同司马迁“关于孟子‘受业子思之门人’（《史记·孟子荀卿列传》）之说。关于《孟子》一书的作者，当代学者普遍认为《孟子》是由孟子本人和万章、公孙丑等高足弟子共同记述而成，其中主要作者是孟子本人”。“关于《孟子外书》……学术界多赞同赵岐之说。今传《孟子外书》是明代姚士粦所伪造，梁启超斥之为‘伪中出伪’（梁启超《〈汉书·艺文志·诸子略〉考释》）。《孟子外书》是伪书，已经是学术界的定论和共识，它不能成为研究孟子思想的资料”。①

拙文还述评了“孟子生平事迹、所处时代研究”和“孟学渊源、学派归属研究”，认为“学术界对孟子生平事迹的研究多关注的是孟子游历诸国的时间和顺序……主要观点大致有二：一是先梁后齐说；二是两次游齐说”，“两次游齐说，即孟子分别在齐威王末年和齐宣王初年游齐”，“自20世纪90年代以来，许多孟学论著持孟子两次游齐说”，此说“更贴近历史事实和符合孟子思想的实际”。“20世纪80年代以来，大陆学术界逐步深化了对孟子时代背景的研究”，有的“论述了孟子思想产生的普遍原因，概述了战国时代的政治结构、经济结构、意识形态结构，认为它们是孟子思想产生的最基本的社会历史条件或普遍原因，也是孟子思想产生、发展的最现实的社会土壤……孟子所处邹国地理环境、家庭环境的影响以及坎坷经历、思想渊源等是其思想形成的特殊原因”。

关于孟学渊源、学派归属研究。拙文认为孟子“思想渊源于古史传说中的原始氏族遗风，即原始氏族首领遗风、原始人道主义、民主精神和原始道德观念……将孟子的思想渊源概括为：远称先王，近学孔子”。有的学者探讨了孟子与邹鲁文化的渊源。李华认为，孟子“不仅其本身的言行举止就已经带有了深深的地域文化烙印，他的成长过程也受到了邹鲁文化的深刻影响”②。关于学派归属研究。拙文述评了承认思孟学派和质疑思孟学派的两种不同观点，认为“孟子本人并不承认子思是孔子之道的传人。后人将子思、孟子归在一起而谓之思孟学派似显牵强。我们认为，还

① 参见王其俊：《大陆当代孟学史实研究述评》，《中原文化研究》2013年第3期。

② 李华：《“成于洙泗师友之传”——论孟子与邹鲁渊源》，《齐鲁文化研究》2010年第1辑。

是称子思之儒、孟氏之儒更为妥贴而符合历史事实”[①]。近年来，有的学者指出：“荀子把子思和孟子作为思想接近的儒者并论，并非即言思、孟是一个学派。事实上，子思学派和孟子学派是相互独立的学派，在孟子学派出现之后，子思学派很可能仍然独立存在。孟子学于子思门人而后自收门徒，自创学派，从韩非子分言‘子思之儒’和‘孟氏之儒’即可知二者在历史上是分别出现、各自独立存在的。”[②] 本书认为，学界关于是否存在思孟学派的争论有利于深化孟学研究和梳理孟学发展的历史轨迹，这是没有异议的。在所谓思孟学派历史面貌尚未厘清的情况下，还是称子思之儒、孟氏之儒更为妥帖。

第二节　1949～1976年的孟学整体研究

一、中国思想通史的整体研究

1949～1976年，许多中国思想通史对孟子思想做了初步整体探讨。这些论著主要有：刘及辰《先秦诸子的思想方法与思想体系》、杨荣国《中国古代思想史》、杜国庠《先秦诸子思想概要》、侯外庐等《中国思想通史》等。

（一）刘及辰《先秦诸子的思想方法与思想体系》

作者在第二章《儒家发展大师孟子》中，利用四节的篇幅依次阐述了“孟子的社会环境及其思想方法”“孟子的性善论”“孟子的伦理思想”“孟子的政治经济思想”。“序言”概述了本书的写作方法，将先秦儒家的三位代表人物孔子、孟子、荀子分别称为“儒家宗师”“儒家发展大师”“儒家发展殿将”。

该书概述了孟子的生平及所处的社会环境，论述了孟子的“心”“性”“天”“命”观，认为孟子所谓的“天”是指万物所具有的自然（非外力所能为的自然）之理，“心”是存诸人的自然物，“性”是存诸人心的自然物所具有的自然之理。孟子以为人和禽兽之不同，是因为人能以心性践其形性，而禽兽则不能做到这一点。孟子言人之性是以心性为主的，给它染上

---

① 参见王其俊：《大陆当代孟学史实研究述评》，《中原文化研究》2013年第3期。

② 黄维元：《子思学派思想研究》，山东人民出版社2015年版，第27页。

了贵族阶级意识的色彩，使它变成了一种道德素质，即所谓“性善”；孟子言“命”所表现的必然性比孔子说的“亡之，命也夫”一语所表现者更为肯定而有力多了，他的“性善”概念所含的自然性比孔子的“仁”更加明确、更加坚强地结合在每一个人的身内了，孟子的性善以天道之自然为根据，系以人心为主，但天命却又有时成为性善的障碍物。这里很鲜明地存在着两个矛盾：其一是性所顺承的自然性和善所赋予性的主观性间之矛盾；其二为自“性善”所引申的诸德（总称之为人道）和社会发展现实事物间之矛盾。该两个矛盾，几乎渗透着孟子思想的全部内容。在他的思想当中，不是由前一个矛盾暴露出以主观性限制自然性的优越性之孟子思想的阶级性，便是由后一个矛盾暴露出代表贵族阶级利益的儒家思想之非现实性。

该书还论述了孟子的伦理、政治、经济思想，辨析了孟子的仁义礼智的关系，肯定了孟子政治思想的积极作用。作者运用阶级分析的方法剖析孟子思想，在当时的社会条件下具有一定的积极意义。作者探讨了孟子心、性、天、命等范畴，提出了许多新的见解，譬如认为孟子所言“命”所表现的必然性比孔子更为肯定而有力。作者揭示了孟子心、性、天、命等范畴的内涵，与当时判定孟子是宗教天命论者的传统观点有一定的区别。当然，作者认为孟子“名轲，字子舆”，“据说他是子思的学生”之说是欠妥的。又如该书在引述了《孟子·滕文公下》“晋国亦仕国”章后，认为这“一段话是以狭隘的伦理躯壳限制住了他的‘革命’精神，即把他的‘闻诛一夫纣矣，未闻弑君也’这一革命精神，变成了泯却人民斗志的所谓‘钻穴隙’‘不由其道’这一行动上的无能……孟子这‘钻穴隙’‘不由其道’的思想，特别其‘亲亲’思想，不消说，在我国政治上流毒甚深”①。显然，该书将“钻穴隙”和“不由其道”误认为是孟子的主张，这就曲解了孟子的原意。孟子说：“不由其道而往者，与钻穴隙之类也。”（《孟子·滕文公下》）孟子主张士人出仕要以礼义为原则，不能违背礼义而去谋求官职。“钻穴隙”“不由其道”的行为，恰恰是孟子所不齿的。

（二）杨荣国《中国古代思想史》

该书概述了孟子的事迹，论述了孟子对子思思想的发挥、孟子维护种族统治的仁义和仁政、孟子批驳杨墨的旨意等，认为孟子有两大“造说”，“从述闻中已把公侯伯子男‘造说’成五等爵次，并且还造说有所谓‘方

① 参见刘及辰：《先秦诸子的思想方法与思想体系》，新潮书店1951年版，第22～38页。

里而井，井九百亩，其中为公田，八家皆私百亩，同养公田’的井田制度”。孟子的两大“造说”是从经济、政治上维护周统的，认为孟子对奴隶制王国的自由民是特别维护的，孟子重视自由民而轻视“氓”或“野人”。

该书认为，孟子发挥了子思的“反求诸其身”。孟子向内面做功夫即回复并扩充固有善性的方式有两种：一种是消极的，即“不动心”“寡欲”；另一种是积极的，即如何养心，它包括“求放心”“存夜气”“思诚”“养浩然正气”。前者是“在于把为外物所迷惑了的心收拾起来，而使之趋于纯一，这是内观功夫的初步”；后者即是把良知、良能进一步扩充，有所思索和养育，来发挥先验的仁义礼智善性，这是内观功夫的发展与完成。孟子对子思的内观功夫“作了进一步的发展，且扩大了它的影响”。

该书认为，“孟子的言仁义，对于当时被奴役的人民只是一个欺骗，骨子里却在于借仁义来加强统治者的宗族的团结”；孟子“言利”和他的内观工夫矛盾。孟子主张内观的工夫，就得“寡欲”“思诚”“养浩然正气”，这许多都是不能以利言的。因此，“孟子反对言利而高谈仁义”。孟子批驳杨墨，一是由于他和子思一般的“材剧志大”，故不免有点说话夸大；二是孟子要从反对杨墨的夸大宣传中来号召当时的儒家和保守分子联合起来进攻杨墨。换言之，他维护族有的奴隶制局面。①

总之，该书是杨荣国研究古代思想史的学术著作，代表了他在新中国成立之前形成的独特的学术观点和关于中国儒家学说的学术见解，是新中国成立初期出版的不多见的学术专著。该书采纳了前人的许多积极的研究成果，提出了许多独特的见解。尽管有些观点现在看起来有许多值得商榷之处，但在20世纪50年代初期对中国古代思想家系统探讨的开创之功是值得肯定的。当然，该书认为孟子的两大“造说”是从经济、政治上维护周统的。“孟子的言仁义，对于当时被奴役的人民只是一个欺骗”，“孟子反对言利而高谈仁义”，等等。这些评说并不符合孟子思想的本意，是值得商榷的。从总体上看，该书坚持了思想史是唯物主义与唯心主义斗争史的传统观点，对孟子思想的评价否定多于肯定，这是与当时的社会政治环境紧密相连的。

（三）《杜国庠文集·先秦诸子思想概要》

收入《杜国庠文集》的《先秦诸子思想概要》，是我国较早运用马克思主义观点研究古代社会思想的专著之一。作者概述了孟子的身世、思想

---

① 参见杨荣国：《中国古代思想史》，人民出版社1954年版，第161～183页。

构成，认为孟子倾向于形而上学，而荀子则倾向于唯物主义，因此孟子遂为宋明道学家们所崇拜，称为“亚圣”且被认为独承儒家之正统。荀子《非十二子》中批评“子思倡之，孟轲和之”等语，主要是针对他们的唯心主义形而上学的倾向说的。孟子的思想可用“道性善，言必称尧舜”来概括。道性善表现了他的哲学倾向，言必称尧舜则表现了他的政治理想。孟子“尽心知性知天”的“心”“性”“天”三者，是关于同一事物的三种不同表现。由此而导出：性出于天，心本于性，心有善端，所以性也是善的。孟子在存养方面的“扩充心”“求放心”“养浩然之气”“养心莫善于寡欲”等主张，“几乎无一不和宋尹学派的见解平行的”，“孟子受了宋尹的影响，而把孔子‘性相近’的见解发展为性善说，因而给予‘仁义礼智’等德目以先天的根据，其备受后儒尤其宋明道学家的崇拜，不是偶然的”。孟子理想的仁政，“是他‘按往旧造说’的理想政治……敢于说‘残贼之人，谓之一夫。闻诛一夫纣矣，未闻弑君也’。这固然由于他同情于人民，但也由于人民已经比春秋末叶更有力量”。①

该书探讨了先秦诸子思想及其发展规律，认为“先秦诸子的思想互相制约，互相依存，家与家之间，派与派之际有着某种斩不断的葛藤”，认为孟子的思想可用“道性善，言必称尧舜”来概括。道性善表现了他的哲学倾向，言必称尧舜则表现了他的政治理想。当然，该书认为“孟子倾向于形而上学”，“荀子《非十二子》中批评‘子思倡之，孟轲和之’等语，主要是针对他们那种唯心主义的形而上学的倾向说的”等。这些评说与当时的社会环境、学术环境紧密相连，无疑打上了时代烙印。

（四）侯外庐、赵纪彬、杜国庠《中国思想通史》第一卷

该书第十一章《思孟学派及其唯心主义的儒学思想》中，论述了“由孔门的曾子支派到思孟学派的发展”、“思孟学派儒学的唯心主义的放大”、“中庸的唯心主义思想”、“孟子的社会观、阶级论及其进贤说”、“孟子的政治思想、孟子的天道论、性善论及其形而上学的体系”、“思孟学派的‘无类’逻辑”，等等。

该书认为，“思孟学说乃渊源于曾子。但曾子之走入内省论一途，只是在‘言必称师’的祖述形态上开其端绪。到了子思、孟轲，就更进一步，完成了儒学的唯心主义的放大”。“思孟学派的儒学是放大了的唯心主义的儒学”；“孟子反对利、反对富，是有原则的”，“孟子的阶级立场是很

① 参见《杜国庠文集》，人民出版社1962年版，第23～30页。

明显的。他不主张在贫富关系上破坏以往的阶级制度”[①]；“孟子既然一方面感到周制难以恢复，另一方面又为新产生的矛盾所苦恼，因而对于当时的现实政治，根据他的理想，提出他的批评”。“孟子的仁政理想……是企图恢复周制的论调。怎样能恢复古制呢？孟子想出了两种政治：一种是仁政，一种是王政”；孟子的“民贵君轻”思想“在一定的条件之下有着重视人民的因素”。[②] 孟子的天道论“无疑地是和子思的天论一致的”，“在孟子的天论中减少了天的主宰性的成分”，其“性善论是孔子的‘能思’与道德情操的放大”，“显然是形而上学的唯心主义”，他的“性善论以‘耳目之官不思’为恶的根源，以‘心之官则思’为存义养心的先天根据，并导出了‘养心莫善于寡欲’的存养之法”。孟子“完成了先验主义的形而上学体系”；思、孟在逻辑思想方面“实则全然为一种‘无故’、‘乱类’的恣意推论”，“孟子据其先验论的比附逻辑，也导出了和子思同样的结论。这就是说，孟子也同样以自己的先验观念为根据，而达到神秘主义的天人合一论”，“使比附逻辑与先验主义相结合，正是孟子阶段的特点”。[③]

该书出版于20世纪50年代，对中国古代思想家做了全面、整体论述。张岂之评论该书时指出：“《中国思想通史》最显著的特点是：将中国思想史建立在中国社会史的基础上，这样，思想就有了社会基础。《中国思想通史》除力图展示历史与逻辑的统一，还注意关于社会思潮与思想史学派的研究。”[④] 这一评论是公允的。该书将中国思想史与中国社会史紧密结合在一起，论述了孟子的哲学思想、社会观、政治思想、天道论、性善论、逻辑思想等，肯定了孟子思想的许多积极因素。譬如认为孟子的“民贵君轻”思想在一定条件下有着重视人民的因素，孟子的天论中减少了天的主宰性的成分，等等。但该书受当时社会历史条件的影响，具有明显的时代文化特征，判定孟子的“儒学是放大了的唯心主义的儒学”“孟子则把感性认识与理性认识绝对地分裂开来，更从阶级性方面，把感性认识规定为小人所从的‘小体’，为恶的根源，而把理性认识规定为大人所独受的‘心之官’，为大人之所以异于禽兽和庶民的关键”，“孟子的性善论，显然是形而上学的唯心主义”，“孟子在认识论及伦理学上是先验主义

---

① 参见侯外庐、赵纪彬、杜国庠：《中国思想通史》第一卷，人民出版社1957年版，第369、377、383、386页。

② 参见侯外庐、赵纪彬、杜国庠：《中国思想通史》第一卷，人民出版社1957年版，第389、391～392页。

③ 参见侯外庐、赵纪彬、杜国庠：《中国思想通史》第一卷，人民出版社1957年版，第394～397、399、412～413页。

④ 张岂之：《侯外庐先生中国思想史研究的特色与贡献》，《光明日报》2016年1月6日。

者”，在孟子的逻辑方法里，“虽然貌似‘模拟’，而实则全然为一种‘无故’、‘乱类’的恣意推论”，等等。[①] 笔者认为这些观点与当时社会环境、学术环境的影响是分不开的，现在指出其不足之处并不困难，但对此不能苛求前人。当然，许多学者对该书的上述观点提出了不同的看法，譬如刘坚承认为，荀子非难孟子“僻违无类”，不足以证明孟子逻辑思想就是“无类逻辑”。孟子对类的认识与其应用是统一的，“不能把孟子论辩中的譬喻等同于类比推理而后加以无类逻辑的责难”，“得出什么孟子的逻辑思想是无类逻辑或什么乱类的‘恣意推论’等等主观结论”。[②] 赖志明认为，“孟子的逻辑思想整体上可以称之为伦理的、政治的逻辑”，孟子的辩论有很多出色的表现，“也必然会因逻辑推理欠严谨而出现一些逻辑错误。但是，我们不要因为这些逻辑错误而忽视对孟子逻辑思想的研究，甚至将孟子的逻辑思想贬称为‘无类逻辑’或‘好辩逻辑’，视为一钱不值”。[③] 笔者认为，这些评述是中肯的，值得赞同的。此外，该书还将《孟子·万章下》“为贫者”章的论述做了主观的引申，认为“这是说贫贱的人应该永远是不变的。孟子对于统治阶级的地位是十分关心的，他说出一番贵族所以为贵族的理论，叫做‘良贵’论”；又将《孟子·告子上》“欲贵者”章曲解为“‘贵’是统治阶级，统治阶级是天生的，不是人人可以随便取得的。因此，孟子依据他的人类性的理论，划分出统治阶级和被统治阶级的绝对鸿沟……天生的形体就决定了人的阶级的命运”。[④] 显而易见，这是形而上学地运用阶级分析方法的结果，不能不说是背离了孟子的本意。

二、学术论文的整体研究

1949～1966年，许多学者对孟学做了初步的整体研究。杨向奎论述了孟子的性命之学、政治思想，认为“孟子在性命之学上是一个把主观唯心主义和客观唯心主义结合在一起的思想家”，孟子在政治思想方面“有一定的唯物主义看法。首先他从人民的生活方面考虑问题，他说必须给人们以必需的生产资料”，孟子“强调了劳心与劳力的区别，也认为劳力者应当是被统治者，同时他也承认劳力者是社会生产事业的担当者，没有他们人类就没法生活，国家也没法维持”。总之，孟子“导致儒家宗教化”，

---

① 参见侯外庐、赵纪彬、杜国庠：《中国思想通史》第一卷，人民出版社1957年版，第377、387、397、399、410页。

② 参见刘坚承：《驳“孟子‘僻违无类’”说》，《重庆师院学报》1984年第1期。

③ 参见赖志明：《从孟子“好辩”看其逻辑观》，《湛江师范学院学报》1999年第4期。

④ 参见侯外庐、赵纪彬、杜国庠：《中国思想通史》第一卷，人民出版社1957年版，第386～387页。

但其“王政理想，终究是号召减轻人们的负担的，对于推动社会发展来说，有一定的积极意义”。①

梁启雄评析了孟子的性善论、道德论、人生观、政治论、社会观等，认为“性善论完全是一套先验唯心主义的说法，是专以理智的想象为立论的基础”，“性善论虽然不能成立，却还具有一定程度的积极意义”；“仁义是孟子道德论的核心思想……是建筑在封建等级社会的基础之上的”。当他用仁义反对剥削和不义之战时，又有“针砭时弊的进步意义”；“孟子的人生态度是积极入世的”；他的政论是“根据社会上的人民情况或客观实际而说的”，富于民本思想而具有唯物主义的意味；孟子的社会观“虽然肯定了以等级制度为主干的阶级统治”，但确实具有“一定的民主观点”。孟子“富于人民性的思想在先秦诸子中是不多见的，也是具有进步意义的”。②

该文比较客观地评价了孟子思想的积极方面，在当时片面抨击、否定孟子思想占据主导地位的社会环境、学术环境下，上述客观评述是难能可贵的。当然，该文认为孟子的“性善论完全是一套先验唯心主义的说法，是专以理智的想象为立论的基础”，是欠妥的。

总之，在1949～1976年，学界在马克思主义原则指导下，孟学整体研究取得了一定的成就，主要表现为以下几个方面：

第一，初步开展了孟学的全面整体研究。从刘及辰《先秦诸子的思想方法与思想体系》对孟子的社会环境及其思想方法、性善论、伦理、政治、经济思想的述评和杨荣国《中国古代思想史》对孟子事迹和思想的考察论述，到杜国庠《先秦诸子思想概要》对孟子思想渊源和思想构成的论述，再到侯外庐、赵纪彬、杜国庠《中国思想通史》对孟子思想的探讨，这些思想通史初步论述了孟子思想、孟子与先秦诸子的关系等。有些论文论述了孟子的道德观、政治论、社会观、辩论方法等。从总体上看，这一阶段的孟学整体研究尚处于起步阶段。

第二，初步提出了不同的观点。学界在孟子的生平、时代、著作、政治、经济、哲学、伦理、社会、逻辑思想、与先秦诸子的关系、对后世的影响等问题上，初步提出了不同的观点和认识。譬如刘及辰认为，孟子的性善“以天道自然为根据，系以人心为主，但天命却又有时成了性善的障碍物。这里很显明地存在着两个矛盾”③。上述对孟子性善论的评说，将孟子的性善论贬斥为先验唯心主义，是抽象的、超阶级的。这种观点在学

① 参见杨向奎:《孟子的思想》,《文史哲》1957年第9期。

② 参见梁启雄:《孟子思想述评和探源》,《新建设》1961年第8期。

③ 刘及辰:《先秦诸子的思想方法与思想体系》,新潮书店1951年版,第29～30页。

术界产生了重要影响。孟子的性善论不能得到公允的评价，不能不说与这种观点的影响有一定关系。

总之，这一阶段的孟学研究取得了一定的成绩，有的论著对孟学做了客观的评价。但对孟学的贬斥、批判和否定在学界占据主导地位，研究范式多偏重于强调唯物主义与唯心主义的“两军对战”；研究领域多偏重于孟子的哲学思想、政治思想，判其为主观唯心主义思想家。这一阶段内的孟学研究具有鲜明的时代印记，我们将其称为孟学研究的初始阶段。

第三节　20 世纪 80 年代的孟学整体研究

在这一阶段内，对孟学做出整体研究的论著主要有：童书业《先秦七子思想研究》、刘蔚华《孟轲》、王其俊《孟学新探》等。

一、童书业《先秦七子思想研究》

该书由齐鲁书社 1982 年出版。其中，《孟子思想研究》篇划分为：前论、政治思想、伦理思想、“性善”论与教育思想、宇宙观、余论。作者概述了孟子的生平、所处时代、阶级属性等，认为“孟子基本上已站在新兴地主阶级的立场上，但同时还带有浓重的贵族色彩。他具有两面性，主要一面是新兴地主阶级的立场。他的思想中具有较大的开明成分”。孟子继承了孔子的思想，以发挥、改造使它更适合当时的时势。同时也吸收当时杨墨等学派的某些思想，再加上自己的创造，从而构成了一个伟大的思想体系。

该书指出：孟子的“中心思想乃是政治思想，在这方面，他有突出的贡献”。孟子的教育思想是其政治思想和伦理思想的一部分，他的伦理思想也附属于其政治思想。孟子的宇宙观是其伦理思想和“性善”论的引申……孟子政治思想的核心是“王道”论。“王道”就是“圣王之道”。“圣王”是孟子理想中的善良统治者，他能实行孟子的理想，解救人民的痛苦。孟子认为当时最严重的社会问题是土地问题，解决了这个问题，就可以“王天下”。该书还述评了孟子“省刑罚，薄税敛”、井田制度、尚贤和禅让主张、“民贵君轻”论、反对兼并战争等主张。

该书认为，孟子的伦理思想大体继承孔子，而加以发挥，最重要的概念是“仁义”。他在伦理思想上是动机论者，与墨家相反，他反对功利——效果。孟子的这种反功利主义，其实也是当时时势的反映。由于孟子主张“王道”政治，所以不能不主张“性善”。孟子所谓“性善”，只是说性有善端，即所谓“四端”，并不是说人的性是纯然善的，不需要修养了。对善端加以扩充，就能成为圣人。

孟子既然主张人的天性是善的，人出于天，那么天道自然也就是善的了。孟子似乎认为人的性善就是天道的表现，从而产生了天人合一论。他的宇宙观是唯心论的，与性善论、伦理观念相互联系，由于人的善性出于天道，而伦理又是善性的表现，其修养论也显示出一种“神秘主义”。孟子的心、性和天、命是一回事：在自然为“天”“命”，在人身为“心”“性”，“心”“性”出于“天”“命”。孟子融合了道家的思想，形成了儒家“神秘主义”的天道观。这种思想开汉代董仲舒一派思想的先河。孟子所说的“性”并不完全是伦理的，“性”有时是指人的情欲本能，而把伦理的“性”称为“命”。孟子反对杨墨，主要是因为杨墨之道和儒家所主张的宗法封建伦常不合。孟子反对杨墨，是拿旧的伦理来反对新的伦理。此外，童氏还评论了孟子与告子、农家的辩论。①

总之，该书较全面地述评了孟子的政治、伦理、性善论、教育思想和宇宙观等，提出了许多深刻的见解。譬如认为孟子的“中心思想乃是政治思想，在这方面，他有突出的贡献”；孟子政治思想的核心是“王道”论。这一评述是中肯的。又如该书认为，孟子所谓“性善”，只是说性有善端，并不是说人的性是纯然善的，不需要修养了；孟子所说的“性”并不完全是伦理的，它有时是指人的情欲本能。当然，由于该书撰写时间是在20世纪50年代末60年代初，无疑受到当时社会环境、学术环境的影响。譬如认为，告子性论是唯物论的，孟子的性善论则是唯心论的，两者的斗争是唯心论和唯物论的斗争；孟子反对杨墨，是拿旧的伦理来反对新的伦理；孟子和许行一派的辩论，更表现了代表统治剥削阶级思想的儒家理论和代表农民阶级思想的农家理论的斗争。笔者认为，这些观点无疑是受到当时“两军对战”研究范式的影响。

二、刘蔚华《孟轲》

刘蔚华论述了孟子的时代、生平、思想体系、历史地位等，认为孟子是孔子思想在战国时期最有影响的继承者、解说者和传播者。孟子的思想具有一定的保守性，但他不属于没落奴隶主阶级的代表。他的“王道”、仁政、恒产、重民等主张，其实质属于封建政治和经济的范畴，他奉行的

① 童书业：《先秦七子思想研究》，齐鲁书社1982年版，第87～107页。

是一条温和的改良主义路线。

作者认为，孟轲“对孔子思想做了系统的阐发，既有继承，又有改造，形成了一个新兴地主阶级的改良主义和主观唯心主义的思想体系”。孟轲提倡“王道”、仁政，出发点和目标在于得天下、治天下、王天下，让“圣王”代表的封建阶级取得全面的统治。孟子设想的井田制表明自给自足的自然经济成了他建立封建制度经济基础的理想蓝图。“孟轲的王道、仁政思想是从自耕农中上升为中小地主阶级的社会理想”，“孟轲主张重民、尊贤，是他的王道、仁政思想的延伸，应当说这是新兴地主阶级的一种进步思想”，“孟轲在本体论上是客观唯心主义。当他通过性善论进入认识论领域时，便形成了他主观唯心主义的认识路线。性善论是他架设在天人合一的本体论和认识论之间的一座桥梁”，他“把人的生物性排除在人性概念之外了。这是他比告子高明的地方。但由于他是唯心主义地解决这个问题，不可能把人的生理属性同社会属性正确地划分开来，便不得不求助于天命来弥补其理论上的矛盾”。[①] 该文认为，孟子提出的修养方法是“摈弃闻见之知，禁绝耳目之欲……从提倡禁欲主义进而否定人的感性经验”，“提倡反省自我，强恕而行……夸大了主观意志对行为的支配作用，完全把人的思想和行为的外在决定论原则给否定了，颠倒了存在与意识的关系，宣扬了唯意志论”，他的哲学体系基本上是主观唯心主义的，但存在客观唯心主义的一部分内容；孟子对孔子思想的改造主要表现为从反对“用田赋”到“制民之产”，由鼓吹礼治到宣扬仁政，从尊君到轻君，从畏天命、重人事到尽心、知性、知天，“孟轲的哲学体系保留了孔子客观唯心主义的内容，但其主导方面是主观唯心主义的。天人合一本质上是合一于人，合一于自我的”。[②]

总之，该文对孟子的思想做了较全面的整体评价，肯定了孟子“王道”、仁政、重民、尊贤等思想的积极方面；但该文认为，“孟子的哲学体系保留了孔子客观唯心主义的内容，但其主导方面是主观唯心主义的”，孟子从提倡禁欲主义进而否定人的感性经验，摈弃闻见之知，禁绝耳目之欲等，这些观点曲解了孟子哲学思想的性质，将孟子的“寡欲”视为禁欲主义，否定了孟子耳目之官对声色臭味的正确认识，无疑是欠妥的。

此外，拙著《孟学新探》收录了笔者 20 世纪 80 年代撰写的 14 篇论

---

① 参见刘蔚华:《孟轲》,刘蔚华、赵宗正主编:《山东古代思想家》,山东人民出版社 1985 年版,第 159～171 页。

② 参见刘蔚华:《孟轲》,刘蔚华、赵宗正主编:《山东古代思想家》,山东人民出版社 1985 年版,第 175～184 页。

文，包括《孟子与士阶层的崛起》《孟子的天命范畴和天命观》《孟子的认识论范畴及基本性质》《孟子论个体的发展》《孟子论个体的需要》《孟子的个体价值观》《孟子游历诸国概述》《先秦儒家的道德理想》《先秦儒家天人和谐统一观》等，对孟学做了整体探讨和研究。这是笔者研究孟子思想第一阶段的成果汇编。

总之，这一阶段的孟学整体研究，取得了一定的进展，从新的角度探讨了孟子的思想体系、历史地位等。这主要表现在：有的论者将孟学看成是一个由个体论、社会论、天人论三个子系统构成的系统整体，认为这有利于把握孟子思想体系的整体全貌和深入地揭示孟学的深刻内涵，对孟子的政治、伦理等思想做了新的评价；有的对判定孟子坚持唯心主义天命观、先验认识论、抽象人性论、英雄史观、历史循环论等传统观点提出商榷，譬如对孟子的认识论的评价，有的指出孟子坚持的是重视感官活动和强调心官思维的朴素唯物主义认识论。这一阶段的孟学整体研究还出现了一个可喜的现象，即肯定孟学的积极方面、积极因素有逐年增多的趋向。许多论著对孟学采取了多角度的分析，既肯定了孟学的积极因素，又指出孟学的不足方面，进一步改变了新中国成立以来抨击、否定孟学占主导地位的局面。从总体上看，这一阶段孟学整体研究的范式逐渐从唯物主义与唯心主义的“两军对战”模式转移到客观评价孟学、努力吸取孟学精华而为社会主义新文化服务的新研究范式。但新旧研究范式的转换处于过渡之中，在一定程度上尚未脱离旧有研究范式的影响。

第二章　孟学整体研究（二）

第一节　20世纪90年代的孟学整体研究

学界出版的几部中国儒学史对孟学做了新的深入的整体探讨。笔者述评了赵吉惠、赵馥洁、郭厚安、潘策主编的《中国儒学史》，认为“该书以认真、求实的态度对孟子思想作了较客观的分析和评价，论述周密，富有新意，是20世纪90年代以来对孟学作出较客观评价的论著之一，对深化孟学研究具有积极的意义”；述评了刘蔚华、赵宗正主编《中国儒家学术思想史》，认为“该书采用了系统方法，探讨了孟子的儒学思想体系，对长期以来判定孟子坚持主观唯心论、先验认识论等传统观点，提出了质疑”；评析了姜林祥主编《中国儒学史·先秦卷》，认为“该书剖析了孟子的人禽、心性、性命之辨，提出了许多新的见解，譬如认为孟子并不完全排斥‘利’，在义利关系上，不同的对象应有不同的侧重点。又如孟子主张‘寡欲’，但决不主张禁欲，等等”①。

在20世纪90年代，许多学者对孟学进行了全面、系统的整体研究，提出了许多深刻的见解。其主要标志是学界出版了20余部有分量的孟学专著。笔者对谭承耕《〈论语〉〈孟子〉研究》、翟廷晋《孟子思想评析与探源》、杨国荣《孟子评传——走向内圣之境》、王成儒《亚圣风范——孟子的智慧》、拙著《亚圣智慧——孟子新论》、董洪利《孟子研究》、刘鄂培《孟子大传》、杨泽波《孟子评传》等孟学专著做了述评，认为“上述孟学研究论著各具特色，有的全面系统，观点新颖；有的转换视角，论述深透；有的推陈出新，雅俗兼顾。从总体上看，这些论著对孟学做了深入的探讨，将大陆当代的孟学研究推向了一个新的阶段”②。为节省篇幅，

① 王其俊：《中国大陆当代孟学研究述评》，《孔孟学报》2011年总第89期。

② 王其俊：《中国大陆当代孟学研究述评》，《孔孟学报》2011年总第89期。

笔者不再赘述。

总之，20 世纪 90 年代是改革开放后孟学研究获得发展的第二个十年。学界出版的十几部儒学史、孟学专著对孟学做了全面、系统的整体研究，提出了许多新的观点，将孟学整体研究推向一个新的发展阶段，呈现出新的景象。其主要成就表现于下述三个方面：

第一，充分肯定了孟子对孔子思想的继承、发展和在中国儒学史上的地位。赵吉惠等主编《中国儒学史》将孟子对孔子思想的继承、发展概括为四个方面，将孟子在中国儒学史上的地位概括为五个方面。① 刘蔚华、赵宗正主编《中国儒家学术思想史》认为，孟子对孔子思想的继承、发展表现在个体、社会两个方面：该书将前者概括为四个方面，将后者概括为两个方面。② 这就积极肯定了孟子对孔子思想的继承、发展和在中国儒学史上的承上启下的重要地位。这一探讨将新中国成立以来关于孟子对孔子思想的继承、发展和在中国儒学史上重要地位的研究推向一个新的高度，显示出全面性、系统性的特点。

第二，对孟学体系做了新的探讨和评价。有的学者舍弃了 1949 年以来将孟学体系划分为政治、经济、哲学、伦理、教育等分门别类的考察方式，注重从新的角度、层面探讨孟学的内在整体联系。笔者认为，可将“孟子思想视为由个体论、社会论、天人论三个相互联系、相互作用的子系统构成的系统整体。这三个组成部分分别探讨人与自身、人与社会、人与天的关系问题。孟子致力追求的个体人格的完善、社会的协调、天人的和谐以及三者之间的和谐，构成了其思想的主要内容”③。杨泽波从“王霸之辨、经权之辨、义利之辨、舜跖之辨、人性之辨”入手，对孟学做了新的探讨。至于杨国荣《孟子评传——走向内圣之境》，笔者谓其“通过对孟子天人之辨、主体自由与超验之命、群己关系、义利之辨、人格理想等问题的探讨，勾勒了孟子思想走向内圣之境的历程，从而使儒家的内圣走向获得了其历史的源头。作者以‘走向内圣之境’为主线，将孟子的天人论、认识论、义利观、社会批判论、人性论等贯通起来，在广阔的视野上揭示描述了孟子走向内圣的历史轨迹，读来令人耳目一新”④。

第三，孟学研究范式的重要转换。许多论著摆脱了唯物主义与唯心主

① 参见赵吉惠、赵馥洁、郭厚安、潘策主编：《中国儒学史》，中州古籍出版社 1991 年版，第 112～138、144～149 页。

② 参见刘蔚华、赵宗正主编：《中国儒家学术思想史》，山东教育出版社 1996 年版，第 206～210 页。

③ 王其俊：《孟子思想体系新论》，《孔孟学报》1994 年总第 68 期。

④ 王其俊：《中国大陆当代孟学研究述评》，《孔孟学报》2011 年总第 89 期。

义“两军对战”的研究范式，从整体上深入诠释孟子思想的内涵，从新的角度、层面探讨孟学的整体结构，论述孟学在后世的影响，挖掘孟学对当代社会的启示和价值，等等。

当然，这一阶段的孟学研究也存在着一定的不足。譬如有的学者认为，孟子重义贱利，他的性善论是一种先验的人性论，孟子割裂了思维器官与感觉器官的关系，强调思维器官要脱离感觉器官而独立发挥思维的作用，坚持唯心主义世界观和先验的认识论，主张“修其天爵，不求人爵”，等等。这些观点是片面的，违背孟子的本意。

第二节　21 世纪以来的孟学整体研究

一、思想通史的孟学整体研究

21 世纪以来，学界出版了多部中国思想通史，涉及中国儒学史、道统思想史等，对孟学做了新的整体研究。这些学术专著主要有：崔大华《儒学引论》，蔡方鹿《中华道统思想发展史》，张立文主编《中国学术通史·先秦卷》，尚斌、任鹏、李明珠《中国儒学发展史》，黄宣民、陈寒鸣主编《中国儒学发展史》，王博《中国儒学史·先秦卷》，等等。

（一）崔大华《儒学引论》

该书甲篇“先秦儒学”概述了孟子之贡献。主要内容包括：道德根源的追溯与修养实践的转变、行法俟命、仁政的原则。

关于道德根源的追溯与修养实践的转变。该书认为，孟子“将人的道德行为追溯到、还原为人的某种固有的心理现象，显示出具有不学而能的自然本能的性质，具有不为某个外在目的而存在的绝对的性质”。孟子的“义理是作为人的‘类’的共有的……义理是将人与动物区别开来的‘类’标志”。孟子的“人性善”“仁义礼智根于心”等哲学思想、道德信念，虽然从来没有被科学地和逻辑地证明过，但一直在儒家的理论发展和道德实践中表现着积极的作用。孟子在道德实践中把自我反思、对内在精神的发掘当作主要的甚至是唯一的，从而对外在的、功利的目的和行为之道德价值表示轻蔑和否定。他在人性自身中发掘了某种绝对的、独立的道德根源，在人的道德实践中把对伦理道德规范（“心”）自我反思、自我体认的道德修养方法凸显为、提升为道德完成的首要途径；同时也强化突出了原始儒学道德实践中具有非目的性、义务的特征，使儒家道德净化为一种没有外在目的的义务道德。“相对于原始儒家思想，孟子思想表现出了自己新的特色，新的方向。”

关于行法俟命。该书认为，在孟子思想的超越和社会层面上，他表现出和孔子原始儒学的某种差别或发展，即由“知天命”到“行法俟命”，由“礼治”到“仁政”的变化。孟子的“事天”“修身俟命”的思想“又在这种超越的追求中增加在理性自觉基础上的世俗道德实践特质，儒学的非信仰的宗教性和非宗教的伦理道德色彩都同时更加巩固和鲜明起来……在人类的文明史上，这是有效地、较好地解决引起人类最深刻的精神困惑或危机的方式或观念体系之一，是儒学对人类的重大贡献”。

关于仁政的原则。该书指出：孟子强调的不是“居下位者”对“礼”的遵守，而是统治者对发源于自身的“不忍之心”的“不忍人之政”或仁政的贯彻施行。孟子的“仁政”思想“蕴涵着某种具有批判的和民本的精神的内容”。他“对居统治地位者提出的道德要求（可称之为定位原则）、关于变置社会统治权力的道义条件（可称之为变位原则）以及不同社会地位的人之间的义务原则（可称之为异位关系原则）的思想观点，都更鲜明地表现了这种精神”，即分别表现为“在位者当有仁”“失职者则变位”“义务对等”。“孟子思想在社会层面上的这些思想观点，是儒家思想中最富有批判性和民主性色彩的理论观点，并且也是以后在儒家思想指导下的中国社会政治实现成长变迁和自我调节机制的理论原点。”① 儒家思想的生命力和实践范围都从孟子这里得到进一步的开拓。

笔者认为，该书的特色有四：

第一，肯定了孟子对儒学的贡献。该书认为，孟子是孔子之后第一个推进儒学理论发展之人和第一个对儒学的久远存在贡献新的理论活力之人，“孟子对孔子儒学理论发展的最主要之点，就是他对儒学道德实践主体的个人的内在精神世界作了深入的发掘。深化和扩展了孔子思想学说中心性层面上的‘仁’的观念和范畴”，“孟子在心性的和超越的层面上对孔子的儒学思想，有较多的承接与发展”，孟子将儒学道德实践主体的个人的精神世界做了全面的拓展和发掘，将“仁”根植于人心之中，将它视为人内在的主体精神，将追求真、善、美精神生活的需要视为人的精神世界。该书的上述评价切合孟子在中国儒学史和中国古代思想史上的贡献之实际。

---

① 参见崔大华：《儒学引论》，人民出版社 2001 年版，第 57 页。

第二，肯定了孟子性善论的积极价值和意义。长期以来，孟子的性善论往往被某些论著贬斥为先验唯心主义人性论，其价值和意义不能得到公允的评价。该书认为“孟子的‘性善’论是对人的存在的价值最充分的肯定，赋予以‘仁’的道德理想和实践为根本内容的孔子儒学一个绝对的前提”①。这一评价是公允的、合理的，客观肯定了性善论激励人们向善、向上的存在价值。

第三，客观评价了孟子的天命观。长期以来，孟子的天命观是学术界争论、探讨的一个重要问题。有一种观点认为孟子的天命是决定人世间一切事物的有意志的最高主宰。这就曲解了孟子的天命观。该书认为，孟子的“莫之为而为者，天也；莫之致而至者，命也”，“求之有道，得之有命”之“天”、“命”，“都是指一种独立于人的主观努力之外的、超越于人之本性固有的外在客观必然性……‘天’意指这种客观必然性的实在，‘命’是这种客观必然性的表现”。孟子的“‘知天命’不再是单纯理性的认识过程和结果，而成为一种道德实践的过程和结果”。② 该书的这一理解，正确诠释了孟子天命的内涵，对纠正学界的片面理解无疑是有益的。

第四，以定位原则、变位原则、异位关系原则诠释孟子“仁政”所蕴含的批判和民本精神的内容，这一视角颇有新意。学界往往是从君臣、君民关系的层面、角度论述孟子的仁政思想和仁政原则。该书通过对这三个原则的诠释，认为它“是儒家思想中最富有批判性和民主性色彩的理论观点，并且也是以后在儒家思想指导下的中国社会政治实现成长变迁和自我调节机制的理论原点”③。这一评说是公允的。

（二）蔡方鹿《中华道统思想发展史》

该书概述了孟子的生平、时代、仁政学说、人性论，论述了孟子的“以仁义为道”“仁政与王道”“心性论”“开道统说之端绪”，认为“孟子不仅提出由尧舜以至周公、孔子的圣人之道传授的统绪，而且以自孔子之后圣人之道的继承者自居，以弘道为己任。这就为韩愈的道统说奠定了基础。由此而体现出孟子及其思想在道统发展史上的重要地位”。该书认为，“孟子把仁义连用，以仁义为主，以礼服从于仁义，这是对孔子思想的发展，使儒家的仁义之道进一步丰富完善”。孟子仁义之道的内涵，“除以孝悌来界定外，孟子还以人心、人路来表示”。此外，“孟子把仁与人合称，

---

① 崔大华：《儒学引论》，人民出版社 2001 年版，第 50～51 页。

② 参见崔大华：《儒学引论》，人民出版社 2001 年版，第 54 页。

③ 崔大华：《儒学引论》，人民出版社 2001 年版，第 57 页。

作为道的规定性”。仁不仅是人心，也是人的本质属性，从而突出了道的人本主义原则，即以仁为核心的道德理性原则。孟子从重仁义出发，“倡仁义与利的对立”，强调义的价值重于生命，即“舍生而取义”。他重视仁义的价值，在历史上熏陶教化了无数志士仁人，集中体现了中华民族的伟大精神境界。该书指出“孟子以仁义之道、仁义之心推衍而来的仁政说，以及教育论，把道、政、学三者融为一体。其道主要指仁义之道，其政指仁政，其学指儒家人伦教育。道、政、学三者都贯穿着儒家的仁义之道。三者合一，一以贯之，体现了孟子道论对社会的影响”。① 笔者在述评该书时指出：“该书较全面、客观地论述了孟子仁义之道的内涵以及与仁政、王道、心性的密切联系，评价了孟子在中华道统发展史上的地位、作用和影响，是近年来对孟子思想作出较公允、客观评价的论著之一，反映了作者对孟学的深入探讨。但该书论孟稍有瑕疵。如作者说孟子‘名轲，字子舆’……前代学者经考辨认为所谓‘字子舆’系附会讹传。至于作者称孟子‘倡仁义与利的对立’，也不合孟子本义。”②

（三）陆玉林《中国学术通史·先秦卷》

该书在第二章第四节“孟子学术思想”中，概述了孟子的生平事迹，论述了其仁政论、心性论、人格论，评价了孟子的学术贡献，认为“孟子的学术贡献，主要是将孔子所讲的德政提升为王道仁政，将仁义安置于内在心性，发挥‘士志于道’的精神而将其提升为‘至大至刚’的理想人格”。

该书认为，孟子将孔子德政学说系统化为仁政王道理论。他“秉承了德政理论一贯具有的道德理想主义精神”。他在观察三代历史时认为，“仁义道德是根本，最高权力的合法性在仁义道德……既是对汤武革命顺天应人的伦理化解释，又是将政治牢牢建立在伦理原则之上”。这一思想“包含着对传统的君权神授或得之于天的思想的修正”。孟子仁政王道思想之理论核心主要是统治者的道德修行和以得民心为政事处理的中心两个方面。孟子仁政王道思想的要义，是推仁恩于天下，使民众心服而归附。③

关于心性论。仁政的基础是每个人都具有“不忍人之心”。孟子将仁政的社会性和根本性的依据落实到人的内心。仁义礼智四种道德规范都是善，人心本善；“不忍人之心”是内在自然生发的，与外在功利无关，是

---

① 参见蔡方鹿：《中华道统思想发展史》，四川人民出版社 2003 年版，第 186～190 页。

② 王其俊：《中国大陆当代孟学研究述评》，《孔孟学报》2011 年总第 89 期。

③ 参见陆玉林：《中国学术通史·先秦卷》，人民出版社 2004 年版，第 132～139 页。

纯粹的伦理之善；“四端”之心是人之所以为人的内在规定，没有“四端”就不成其为人。仁政的终极依据是先天的、普遍性的、纯粹的善。“四端”就是性。孟子的性善所讲的性，就是人先天具有的或者说与生俱来的本性，是先天所定的。心有先天的善端，上推一步就是性善，外发出来便是仁义礼智，在社会上扩充开去便是仁政。孟子的性善之性，虽然是先天的，但实际上带有社会性。孟子讲性善、心善，因而对恶的解释，则是从外在环境和人之不能识大体来解释。“反求诸己”是儒家修养论的一贯主张。它涉及仁义礼智与心的关系，也牵涉心与物的关系。孟子心性论和“反求诸己”的总纲就是《孟子·尽心上》“尽其心”章。孟子的心、天、性是统一的。天是心、性的根源，心、性即是天。“事天”与“立命”以存心养性为根本，天和命可以说是性之所自出。人在现实生活中的处遇非人力所能左右。①

关于人格论。孟子认为人皆有恻隐、羞恶、辞让、是非之心，人皆有善性，常人与圣人之性是一样的。就性而言，人是平等的，每个人都能成为尧舜。从人的本性和可能性讲，“人皆可以为尧舜”，而现实之中人与人之间则有大人与小人之分，圣人、君子与凡民之别。之所以有这种区别，乃是“从其大体”与“从其小体”之别。人应当志于仁义而成为大人。士无论穷达，都要志于仁义，“尊德乐义”。孟子所挺立的是一种强烈的主体意识，是自觉选择和不因环境而改变自己的主体精神。人能否“志于道”、扩充其本心和不受外在环境的影响，还要靠自我的选择……进而培养“浩然之气”，成为顶天立地的大丈夫。孟子的人格论以尧舜为最高的典范，也有善、信、美、大、圣、神的层次之分。孟子的仁政思想、性善论和人格论乃是相通合一的。孟子讲性善，称尧舜，说仁政，反霸道，既为仁义理论确立心性的基础，又将仁义之道推而为治国之道，复以仁义为标准批判各家之说。②

该书从孟子的仁政论、心性论、人格论三个方面论述其学术贡献，对孟子的许多观点、命题做了实事求是的诠释，提出了许多新的观点。譬如在评论仁政论中指出：孟子“‘省刑罚，薄税敛，深耕易耨’的保民主张中，归根到底是对民众之生存权利的尊重与满足。生存权实为生命权的一部分，孟子反对暴政、虐政……核心也是生命问题”。在评论孟子的性善论时指出：孟子的“性与命之区分，其实是伦理性的人性与自然人性之区分……将自然人性从其性论中排除出去，而强调伦理性的人性”。这其实

---

① 参见陆玉林:《中国学术通史·先秦卷》,人民出版社 2004 年版,第 140～146 页。

② 参见陆玉林:《中国学术通史·先秦卷》,人民出版社 2004 年版,第 147～153 页。

也借助于自然人性。孟子的人性为善，在于强调人之主动性与主体性。评论孟子重视“思”的言论时认为，“‘思’，广而言之是思考、思索，详而言之，则反思、反省之意，即向人之内心、本心上求”。在论述孟子关于“善、信、美、大、圣、神”诸层次时认为，“圣人，就是德业照于四方而能化育万民；神人，就是圣人而又能出神入化之人……最高的典范就是尧舜那样能达到出神入化境界的人”。① 上述见解是公允的，对纠正将孟子关于“神”的境界视为神秘主义和将孟子的“大丈夫”视为其最高人格典范等片面观点，无疑具有积极的意义。当然，该书有的观点是值得商榷的。譬如该书指出：“孟子认为仁义礼智根于心，心与物或我与物之间，心、我是根本。仁义之事、仁政之行，系由心生，广而言之，则物由我生”，“万物皆备于我”，“事在于我，万物无外于我，人自应求之于内心、求之于我”。② 该书将孟子的“心与物或我与物”关系解释为“物由我生”“万物无外于我”是不正确的。此言“万物”并不是指独立于“心”之外的客观万物，而是指根植于“心”中的仁义礼智，这突出强调了仁义礼智的主体性。但并不能据此判定这是孟子对“心与物或我与物”关系的全部回答。孟子并没有否认外部客观世界的存在及其对它们的认识。以“物由我生”“万物无外于我”判定孟子的“心与物或我与物”关系，不能不说是片面的。又如该书认为，孟子“仁政的基础是每个人都具有‘不忍人之心’……仁政的终极依据，是先天的、普遍性的、纯粹的善”。孟子性善论所讲的性，其实“就是人先天具有的或者说与生俱来的本性”，“心有先天的善端，上推一步便是性善，外发出来，便是仁义礼智，在社会上扩充开去，便是仁政”。③ 这一观点认为孟子的仁政建立在“先天的善端”的基础上，是对孟子仁政的误解。实际上，人皆具有的“不忍人之心”只是仁政的心理基础之一，它并非是“先天”的、“与生俱来”的，而是“孺子将入于井”（《孟子·公孙丑上》）这一外界事物作用于人的感官，在“乍见”的基础上而产生的一种同情他人的心理情感。孟子的仁政恰恰是建立在爱民、贵民、惠民、富民、利民的民本思想的基础上。仁政的终极依据并不是“先天的善”，而是顺从民意、“得其民”“得其心”的“所欲与之聚之，所恶勿施”（《孟子·离娄上》）的现实的“善政”。有的论者指出：“对于孟子而言，性善论只是实行仁政的可能条件，民本论才是其

---

① 参见陆玉林：《中国学术通史·先秦卷》，人民出版社 2004 年版，第 138、142～148、153 页。

② 参见陆玉林：《中国学术通史·先秦卷》，人民出版社 2004 年版，第 145 页。

③ 参见陆玉林：《中国学术通史·先秦卷》，人民出版社 2004 年版，第 140～142 页。

根本原因。”[1] 这一评说是公允的。

（四）尚斌、任鹏、李明珠《中国儒学发展史》

该书概述了孟子的生平事迹，论述了孟子的儒学思想、儒学贡献、儒学地位。

该书认为，孟子的儒学思想包括天命观、人性论、德治思想、历史观；孟子承认天可以作孽，但天降祸患可以避免，人为招致的灾殃无可逃脱；孟子推崇天出于政治的需要，试图借天意让仁者居于高位，实现仁政主张。该书较正确地诠释了孟子人性论的内涵，指出孟子区分了人的自然生理属性与社会道德属性，认为“前者只是‘性’，后者才是‘人性’，孟子在人与动物的比较中界定‘性’与‘人性’”；孟子的“人性”，就是“人之所以异于禽兽者”。恻隐之心、羞恶之心、辞让之心、是非之心是人之所以为人的本质所在，亦即人性的具体内容。孟子所说的“性”“是指人之感官和肢体的生理欲求，即人同于动物的自然属性”，而“人性”则是集中表现为能把人与动物区别开来的仁义礼智等善德，“孟子对人的道德属性与自然属性即‘人性’与‘性’是有严格区分的，‘性’与‘人性’是泾渭分明、不容混淆”。孟子所主张的是“人性”善，而非“性”善。孟子继承、发展了孔子“富民”“惠民”的思想，提出了一整套“德治”思想，包括行仁政、正君心、修德性等。当然，孟子思想中有不少空想的成分，他的德治思想是不可能实现的。他的思想在一定程度上反映了人们的愿望和要求，不仅在当时具有积极的意义，而且对后世产生重要影响，进一步完善了儒家的外王之学。孟子的历史观是唯心主义的：一是用仁爱的观念解释历史。他认为历史上发生过的血流漂杵不是事实。他对历史的解释是随意的，其致命的弱点是用主观的意向去衡量、涂抹历史。二是没有历史发展的观点。把历史的发展简单地归结为“五百年必有王者兴”。这种理论实际上是宿命论。他对社会现实的批判是勇敢的，但他的社会批判精神被唯心史观淹没了。

关于孟子对儒学的贡献，该书将它概括为五个方面：建立了系统的儒学体系；使儒学成为战国时期的显学；将孔子的“仁”推进到“义”，在“爱人”普遍原则的基础上解决了如何具体地爱人的问题；丰富和发展了儒家的政治学说，提出一套仁政学说；强调了理想人格的培养。

该书评论孟子的儒学地位时指出：孟子是儒家的一位集大成的思想

---

① 梁涛编著:《孟子解读·导论》,中国人民大学出版社 2010 年版,第 32 页。

家。他对中国封建社会做出的贡献不亚于孔子。孟子作为新兴地主阶级的思想家，其思想主张对巩固发展新兴封建制度，实现全国统一，起了进步的推动作用。在封建社会中，其仁政思想对反对暴政和横征暴敛，也产生了积极影响。其井田制设想为后世进步思想家限制土地兼并、缓和阶级矛盾提供了依据。他的“人皆可以为尧舜”的倡导，被后世发展为不迷信任何权威的理念。当然，孟子思想存有局限。譬如“他的‘劳心者治人，劳力者治于人’把劳心与劳力对立起来，而且强分高低，为统治阶级剥削人民制造了借口，对后世产生了极其不良的影响”。在义利问题上，他主张仁义至上、排斥功利，“他的仁义思想对强化封建纲常起了巨大的作用，孔孟之道作为中国封建社会的精神支柱影响极为深远”。①

总之，该书论述了孟子的儒学思想、儒学贡献、儒学地位，提出了许多深刻的见解。譬如较正确地诠释了孟子人性论的内涵，认为“孟子对人的道德属性与自然属性即‘人性’与‘性’是有严格区分的。二者泾渭分明、不容混淆。这有助于正确地把握其伦理观乃至整个哲学思想体系”；“孟子的德治思想在一定程度上反映了人们的愿望和要求……进一步完善了儒家的外王之学”；全面、系统概括了孟子对儒学的五项贡献，评述了孟子的儒学地位，指出他是儒家的一位集大成的思想家，对中国封建社会做出的贡献不亚于孔子。其思想主张对巩固发展新兴封建制度，实现全国统一，起了进步的推动作用；等等。当然，该书亦有值得推敲之处。譬如认为孟子的儒学思想包括天命观、人性论、德治思想、历史观，这无疑是正确的，但并不全面。该书认为，“孟子对历史的解释是随意的，用主观的意向去衡量历史、涂抹历史，没有历史发展的观点”，“孟子的‘劳心者治人，劳力者治于人’把劳心与劳力对立起来，而且强分高低，为统治阶级剥削人民制造了借口”，等等。笔者认为，上述观点是片面的、缺乏根据的。所谓孟子“没有历史发展的观点”，事实恰恰相反，孟子既承认“自然环境、人口的变迁和社会生产状况、物质生活条件的变化”，又承认人类社会“朝代更替、政权转移和制度、习俗、道德等方面的变化”，“孟子对社会变迁的内容、原因、方式的探讨，在中国古代思想史上深化了人们对社会发展的认识，表现出这位新兴地主阶级思想家对人类社会发展的深邃思考”。② 孟子关于人类社会发展的观点和社会分工说，恰恰是对人类社会发展规律的深刻认识，是不应该被否认的。判定孟子的“社会分工

---

① 参见尚斌、任鹏、李明珠：《中国儒学发展史》，兰州大学出版社 2008 年版，第 58～67 页。

② 参见王其俊：《论孟子的社会变迁思想》，《东岳论丛》1994 年第 2 期。

说”是“为统治阶级剥削人民制造了借口”，未免有些偏颇。孟子的劳心劳力的分工主张并不是把两者对立起来，而是认为两者互相联系、互相依赖，两者在社会发展中都是不可或缺的。

（五）黄宣民、陈寒鸣主编《中国儒学发展史》

该书论述了思孟学派及其对儒学发展的贡献。笔者侧重于评述该书中关于孟子对儒学发展的贡献。

该书概述了孟子的生平事迹、弟子、著作等，认为“由孔子经过曾子而到思、孟的一条发展线索……‘到了子思、孟轲，就更进一步，完成了儒学唯心主义的放大’。总之，子思、孟子是在继承前儒家思想学说的基础上创立自己的学派并从某一方面发展了孔子儒学的”①。

该书依据荀子对思孟学派的批评，认为思孟学派的特点是：“‘法先王’是子思、孟子共同的思想宗旨”，“‘材剧志大’是子思、孟子人格特性的真实写照”，“‘闻见博杂’本是子思、孟子能够形成发展起一个相对独立的儒家学派的必要条件”，“‘僻违而无类，幽隐而无说，闭约而无解’是对思孟学派的尖锐批评，而思孟学派也确有神秘主义色彩”，“‘案往旧造说，谓之五行’亦为思孟学派的重要特点”。②

该书认为，“思孟学派对孔子思想的继承和发展”主要表现于“对孔子‘仁’与‘礼’学说的继承和发展”和“对‘中庸’思想和‘天人’之学的进一步阐明与发挥”两个方面。该书指出，“思孟之学就是从对‘仁’和‘礼’学说做进一步阐明和发挥而展开的，其中保持了孔子以来政治与伦理紧密联结的儒家特色”，“思、孟还以古代先王为具有中庸之德的典范……效法先王就成为达到中庸之道的一个最佳途径……最终都要达到‘诚’的境界，这样才能真正合乎中庸之道”，“孟子对‘天命’学说也有所发挥，从而构成思孟天人之学的有机组成部分”，“‘中庸’思想和‘天人之学’构成思孟学派最有特色的思想理论内容，而思孟之学对于后世最有影响的也就在这两方面”。③

另外，该书还评述了孟子对《诗》《书》《礼》《乐》《易》《春秋》的称引和论述，指出“孟子传‘六经’之学更见称于史”，“孟子认为孔子所作的《春秋》和《诗》一样是一个划时代的标志”。④

---

① 黄宣民、陈寒鸣主编：《中国儒学发展史》，中国文史出版社 2009 年版，第 259～260 页。

② 参见黄宣民、陈寒鸣主编：《中国儒学发展史》，中国文史出版社 2009 年版，第 260～261 页。

③ 参见黄宣民、陈寒鸣主编：《中国儒学发展史》，中国文史出版社 2009 年版，第 264～268 页。

④ 参见黄宣民、陈寒鸣主编：《中国儒学发展史》，中国文史出版社 2009 年版，第 269、272 页。

有些学者从整体上评述了该书的学术贡献，如葛荃评论说：该书“汇集思想史研究专家最新研究成果并具有突出的学派特色，这是同类著作中不多见的，因而颇值得重视……撰述群体继承并发展了侯外庐学派的优秀学术传统，显示了突出的学派特色”①。笔者认为，上述学者的整体评价是公允的、客观的。该书从四个方面论述了“思孟学派及其对儒学发展的贡献”，“显示了突出的学派特色”，对孟学做了客观的评价，较突出的有下列几点：一是认为“子思、孟子是在继承前儒思想学说的基础上创立自己的学派并从某一方面发展了孔子儒学的”；二是认为荀子对孟子的批评“尚不足以完全概括思孟学派的思想特色，尤未能指出子思、孟子在继承和发展孔子儒学方面的成就以及他们的思想在儒学发展史上所起的承上启下的重要作用”；三是孟子的仁政学说“充实和丰富了孔子‘仁’学的内容，使之随应着社会时代的变化而有所发展”；四是孟子对“‘六经’之学的传习很有作为，进一步扩大了儒学的传播，订正思孟学派对‘六经’之学的传习方面很有作为。这进一步扩大了儒学的传播”。② 这些观点持之有故，言之成理，凸显了对孟学的客观评价。

当然，该书的某些观点是值得商榷的。譬如该书认为，由孔子经过曾子而到思、孟的一条发展线索，“‘到了子思、孟轲，就更进一步，完成了儒学唯心主义的放大’”，这一观点明显继承了侯外庐等著《中国思想通史》的观点。从 1957 年出版的侯外庐等著《中国思想通史》到 2009 年出版的《中国儒学发展史》，学界对孟学的探讨和认识已发生深刻的变化。这一观点在 21 世纪的孟学研究中已越来越少见，并受到许多学者的质疑。又如该书从荀子对孟子的批评中归纳出思孟学派的几个特点，缺乏可靠的根据。学界对是否存在“思孟学派”仍有许多争论。荀子只是将子思、孟子放在一起批评而不是将他们视为一个学派。再如该书引述了孟子关于天命的言论，判定孟子“神秘莫测的命运之天以其意志主宰着人世间的一切，人只有顺承天意才能有所作为”③，这就将孟子的天命视为神秘的意志之天。笔者曾经指出：“孟子在前人基础上逐步剔除了天命的人格神含义，用它表示对自然、社会、道德领域等问题的理性认识，从而使天命具有了自然意义、社会意义和伦理意义。但在战国时代，传统天命观仍有一

---

① 葛荃：《极具学派特色的中国儒学史研究成果——评黄宣民、陈寒鸣主编三卷本〈中国儒学发展史〉》，《理论与现代化》2011 年第 6 期。

② 参见黄宣民、陈寒鸣主编：《中国儒学发展史》，中国文史出版社 2009 年版，第 260、264、266、269 页。

③ 黄宣民、陈寒鸣主编：《中国儒学发展史》，中国文史出版社 2009 年版，第 260、268 页。

定影响。尽管它在孟子思想体系中不占主导地位，但具体分析这一情况，对从整体上把握孟子的天命观和天人关系都是不可缺少的”，从“孟子引称的有关天命的言论不难看出，他并非是将天命视为神秘的主宰，而是对原义或予以引伸，或予以新的阐释，或表示了对原义的不同看法，目的是增强自己立论的说服力。我们应当将孟子的真实用意与古籍或他人所言的意志之天命区别开来……孟子仍受到传统天命观的一定影响。但如果夸大了这种影响而看不到孟子关于天命的自然意义、社会意义、伦理意义而判定他宣扬意志之天命，显然不是实事求是的态度”。①

（六）王博《中国儒学史·先秦卷》

该书列入汤一介、李中华主编《中国儒学史》。第五章《孟子》依次划分为七节：“孟子的思想世界”、“良心的发现与性善论的提出”、“与告子的辩论”、“养心、养气与尽心”、“论天道与圣人”、“仁政”、“经典之学”。

该书“孟子的思想世界”一节，概述了孟子的生卒、师承、著作等，认为《孟子》七篇的篇名“梁惠王、公孙丑、滕文公、离娄、万章、告子、尽心，这是一个纯粹的人的世界”，可分为君主、历史人物、告子等对手、公孙丑等弟子几类，“这些正好可以与孟子思想世界中最主要的内容相对应”。其一，“君主是儒者生命中不可或缺的角色，这是政治生活的象征”，“孟子在君主面前显示出了相当的傲气……始终没有把自己安放在臣的角色之中，他想做的是王者师”。其二，历史是孟子思想世界中的第二个方面。孟子“五百年必有王者兴，其间必有名世者”（《孟子·公孙丑下》）之说，“不仅是对历史的描述，更是对未来的信念。作为天道在时间之中的呈现，历史绝不是过去的东西，它是通向未来的。因此对历史的关注并不意味着留恋过去，而是思考和寻找着未来的路”。他的“先王之道”中，“先王无疑指向着历史，道则表现着规矩、秩序等”，“以尧舜为代表的先王是历史中的生命典范，以仁政为核心内容的道则是理想秩序的象征，两者是合为一体的”，孟子的“率由旧章，或者遵先王之法，并不就是回到过去，而是回到道本身。效法尧舜，其本质是效法体现在尧舜生命中的道……历史和道已经合二为一”。其三，对手的存在。它们可以分为三类：杨墨、农家许行、儒家内部的告子。其四，“在孟子的世界中，不能忽略的是他的弟子们”。

① 参见王其俊：《亚圣智慧——孟子新论》，山东人民出版社 1996 年版，第 326、328 页。

该书认为，“所谓良心的发现，是指认识到心之良善的本质，并在此基础上建立起道德的生命和世界”，“良心即仁义之心”，它是“以仁义为本质的心”，“仁义并不是外在的，它是心所固有之物”。孟子的恻隐、羞恶、辞让、是非之心是“同一个良心或者本心在不同情境中的表现”。“孟子性善论的提出，首先是从辩正性的意义开始”，“当孟子把某些天赋的内容称为命的时候，他实际上是把它们从性中排除了出去。而经过了这种排除之后，在性之中剩下的就是仁义礼智等内容……人性是指人所特有的东西，这也是人能够确立自己独特性的关键”。

关于“养心、养气与尽心”。该书认为，“在儒家和中国思想史上，良心的发现是影响极其深远的事情”，孟子的“良心当然是天赋的……但此天赋的良心并非是一个完成的东西……它是以‘端’的形态存在的”，“恶是因为缺乏存养的工夫而放其良心的结果”。怎样在变化的环境中保持住本心、善端，就要存心、养心、不动心、养气。“孟子要求着确立心在生命中的主导地位”，正确处理大体与小体的关系，小体所产生的欲望要受心的节制。“心和耳目等的区分，对应的正是心和气的分别。人的生命，由大体和小体组成，也就是由心和气构成”，本着心对于耳目的主导态度，“生命不能由气来主导，气必须受到心的辖制。在心的辖制之下，良心转化此血气为向善的力量，孟子称此为浩然之气”，“是良心扩充之后弥漫于生命整体的一种状态”；他的“养心和养气的说法，其实质是相同的，但其角度有异。养心偏重在强调对欲望的克制以及善端的扩充，养气则主要指此心扩充之后所引起的生命的变化，尤其是此种变化在形体上的体现，其中包含着变化气质的意味”。

关于“论天道与圣人”。该书认为，“孟子同样明确地在圣人和天道之间进行了连接”，孟子“用诚来理解天道，这绝对是儒学史也是整个古代思想史上的新说”，其“实质是把天道和人心连接起来，从而开辟出一种全新的天道观”。孟子用反身明善来限定诚，“这是对于生命内部善之本性的发现”，诚“其实就是透过人性之善所呈现出来的生命真实无妄的状态，也就是良心的无遮蔽状态”，“人道的全部就在于通过思的方式来发现生命之中的善性，并表现在获于上、信于友、悦于亲等人伦实践之中，此即所谓思诚，由思而诚。因此，思诚并不完全是内心的活动，它从内心开始，展开在修身齐家治国平天下的生活世界之中”。“孟子所说‘万物皆备于我矣’，也只有在诚的前提下才能获得理解。对应着不诚则无物，诚则万物皆备于我。只有在反身之中发现生命中最真实的东西，才能意识到仁义礼智等都内在于我。”

关于“仁政”。该书指出：“孟子的一大贡献是明确地提出了‘仁政’的观念，儒家道德政治的理想由此变得更加清晰”，“仁政是一个包含着从法律措施、经济措施，一直到礼乐教化等多方面内容的原则”，“这是一个以爱民保民为核心，从人心入手、落实到制民之产的‘与民偕乐’的政治”；“义利之辨一直是儒家的一个主题，孟子则将这一主题延续到政治的领域，成为其政治思想的一大关键”。孟子的“构成仁政的几项最基本因素：爱民保民、制民之产、经界与井田，以及人伦教化”。“仁政的结果是积极的王天下……仁政是通向王天下的政治，因此也被称为王政”，“孟子关于仁政的学说给中国的政治哲学提供了一个典范，也给现实的政治指出了一个方向，在历史上发生了重大的影响”。

关于“经典之学”。该书认为，“孟子同样地延续着孔子注重经典的态度，并对经典系统中的《诗》《书》表现着特别的兴趣”，“在关于孟子与经典关系的问题上，首先应该注意的是孟子在经典面前所表现出来的诠释态度”。孟子提出了“以意逆志”的解释《诗》的重要方法，仔细地权衡“以意逆志”之“意”，不如“理解为‘文意’更恰当一些。说《诗》者通过文意来融化文字，进而把握作者之志。在这个过程中，文字被超越了，读者会进入到一个道和意义的世界”。孟子对经典的理解，概括起来可归纳为以下几点：一是“尊崇并以之为著书立说的根据”；二是“重志意而轻文字”；三是“用生命去融化经典”。该书指出，“在早期儒家经典之学中，孟子的一大贡献是对《春秋》重要性的认识”，“孟子对《春秋》的理解，除了对孔子之义的强调之外，另一个重点是突出它的批判功能”。①

总之，该书对孟学做了深入客观的论述和评价，富有新意，是 21 世纪以来对孟学做深入整体探讨的专著之一，深化了当代的孟学研究。笔者认为，该书具有以下特点：

第一，选择新的切入点论述孟子的思想世界。该书从君主、历史人物、告子等对手、公孙丑等弟子等几个方面论述孟子的思想世界，认为这些可以与孟子思想世界中最主要的内容相对应。在当代中国 60 多年的孟学研究中，这一新的切入点是别具一格、富有新意的。

第二，提出许多新的观点。在孟学研究中，学术界对孟子的许多观点存在着争论。该书提出的新观点主要有如下三方面。一是历史和道合二为一。孟子主张效法先王，崇尚“先王之道”，不少学者斥之为复古倒退。该书认为，孟子的遵先王之法，效法尧舜，其本质是效法体现在尧舜生命

① 参见王博：《中国儒学史·先秦卷》，北京大学出版社 2011 年版，第 307～363 页。

中的道，历史和道已经合二为一。孟子与弟子的对话表现出了明显的以道释史、以道正史的特点。二是孟子用诚来理解天道，把天道和人性连接起来，开辟出一种全新的天道观。三是“以意逆志”的“意”，不如理解为“文意”更恰当一些。说《诗》者通过文意来融化文字，进而把握作者之志。长期以来，学术界对“以意逆志”之“意”的解释存在着是作者之“意”还是说诗者之“意”的争论。该书将“意”理解为“文意”，为正确理解孟子的“以意逆志”说，又提供了一个新的视角。该书将孟子对经典的理解概括归纳为尊崇并以之为著书立说的根据、重文意而轻文字、用生命去融化经典三项。

除上述外，李申《简明儒学史》（中国人民大学出版社 2006 年版）以及傅永聚、韩钟文主编《二十世纪儒学研究大系》（中华书局 2003 年版）对孟学及 20 世纪的孟学研究亦做了一定的述评。《二十世纪儒学研究大系》共 21 卷，每卷由“导言”“正文”“论著目录索引”三个部分组成。该丛书在各分卷中，评述了 20 世纪包括孟子思想在内的儒家代表人物研究的状况，这无疑有利于人们在儒学研究的百年历程中审视孟学研究发展变化的历史轨迹。

二、孟学专著的整体研究

21 世纪以来出版的学术专著主要有：杨海文《浩然正气——孟子》、刘培桂主编《孟子志》等。

（一）杨海文《浩然正气——孟子》

该书第一章为《其人其书的人文凭吊》，第二章为《道德理想主义的心田守望》，第三章为《文化守成主义的诗意栖居》。

关于《其人其书的人文凭吊》。该书评析了关于“孟母教子”的故事传说，概述了孟子与梁惠王的交锋、与齐宣王的辩难、与滕文公的论治，缅怀了孟门弟子，评析了《孟子》的篇章和《孟子外书》，认为《孟子》的篇名未尝没有意义。该书认为对于《孟子外书》的真伪，无论是怀疑派还是肯定派，把《孟子外书》的研究工作做得更细致些总是没有坏处的。

关于《道德理想主义的心田守望》。该书辨析了“在人禽异类的临界点上”，论述了孟子的人禽之辨，认为分别彰显了仁与智的扬雄、戴震跨进了孟子的“心”，而拈出了“天性”二字的王安石则碰到了孟子的“性”。由此看来，要寻找人禽异类既稀少又隐蔽的那个临界点，不能故步自封。该书对“孟子是稷下先生吗?”做了辨析，认为钱穆先生和白奚教授将孟子当成稷下先生是对的，进而评析了孟子与淳于髡、宋钘、告子等人的辩论，阐述了孟子的“性善论为何如此鞭逼有力”、性善论、权变、理想人格、王道、“穷人经济学”等，认为孟子“以心善言性善”。

关于《文化守成主义的诗意栖居》。该书评论了孟子的礼乐观、距杨墨、以意逆志等，主张去同情地体察孟子对于《诗》《书》文化的眷恋，去真心地倾听孟子对文化守成主义的呼唤。作者指出，孟子的“‘距杨墨’不是可有可无的，而是十分必要的。儒学其所以能够在诸子蜂起的战国时代脱颖而出，我以为，孟子之‘距杨墨’起到了转折性作用；儒学其所以能够在佛老称雄的唐宋时期发扬光大，我以为，孟子之‘距杨墨’展示了枢纽性功能”，“孟子是一种光芒，被他批过的杨墨之学同样也是一种光芒，他们的思想——今天依然还能够照耀着我们走过人生中某段崎岖的道路”。①

总之，该书以通俗易懂的流畅语言对孟子思想做了多角度、多层次的揭示，读来令人耳目一新。

（二）刘培桂主编《孟子志》

该书被列入《齐鲁诸子名家志》，共有八篇。第一篇记述了孟子的生平、家世、生平活动、弟子；第二篇记述孟子的著作，论述了《孟子》外书、佚文与节文；第三篇论述了孟子的思想学说，主要内容包括道性善、尽心知性知天、仁政王道、得天下英才而教育之、仁义孝悌、知言；第四篇论述了孟子的中外影响；第五篇记述了孟子林墓祠庙府第，包括孟子林墓、孟庙、孟母林墓、孟府；第六至八篇主要包括孟母三迁遗址、孟子周游列国遗迹、孟氏后裔、古代孟子研究、近现代孟子研究等。

该书遵循《齐鲁诸子名家志》的要求，客观、通俗地记述了孟子的生平、思想学说，以及与孟子有明确关系的人、事、物等，给读者提供了一部全面了解孟子及其思想的志书。但该书稍有不足。譬如该书第二篇，在第一章中介绍了《孟子》一书的作者、篇章结构、主要内容与文风、历代流传及版本校勘，这无疑是必要的；但该书却以四倍于该章的篇幅叙述《孟子》外书、佚文与节文，这就给人以喧宾夺主之感。我们知道，《孟子》一书是研究孟子思想的可靠资料，该书理应全文著录《孟子》七篇，作者将“《孟子》节文（七卷）”和“明太祖朱元璋命刘三吾删去的《孟子》88 章”作为附录二、附录三，并在“编者注”中做了说明：“本附录

① 参见杨海文：《浩然正气——孟子》，江西教育出版社 2008 年版，第 82、102、111、291 页。

（指附录三——引者注）与《孟子节文》合在一起，即为《孟子》全文”。这种编排，在客观上割裂了《孟子》一书原来的篇章结构。又如第四篇历史影响，在第二章国外影响中，划分了三节：第一节，东亚；第二节，东南亚、南亚；第三节，欧美。该章的文字不足5000字，内容太少，与其他章相比，显得比例失调。总之，从总体上看，该书是自1949年以来中国学界出版的第一部具有特色、图文并茂的《孟子志》。

除上所述外，有些学者从整体上探讨了孟子文化精神、思想体系和“富有斗争精神的新儒学”。杨海文全面论述了孟子文化精神，认为它是“孟子思想体系之所以形成与发展的内在动力；它既蕴涵于孟子思想体系之中，又跟孟子思想体系相对独立”。他还指出，孟子文化精神的实质性内涵“一重是以‘道’为中心的道德理想主义，另一重是以‘文’为主题的文化守成主义”。“孟子思想体系由道德形上学、实践伦理学、王道政治学三部分构成，立性善之旨、倡五伦之序、行仁政之道分别是这三个部分的主题思想。”① 李葆华认为，“孟子思想体系以仁义礼智为核心，分为做人与行政两个大的方面，并且都以仁义礼智为出发点和归宿点，相关涉及人的价值及人与人之间交往的准则，并论及关于天人关系、教育理念等一系列重要思想，构成中国古代做人与行政的基本蓝图的框架”②。

陈学凯、鲁建辉论述了“孟子在不断论战中建立起一种富有斗争精神的新儒学”，认为“孟子面临社会、人性和儒学都处于严重危机的时代，诸子学说争鸣不息，暴戾之气横行天下，正道隐匿不彰。孟子迫不得已而高举起复兴儒学的战旗，拒杨朱、斥墨翟，批驳张仪、公孙衍之流，在不断论战中建立起一种富有斗争精神的新儒学。孟子的战斗儒学以‘仁者无敌’为思想核心与最高境界，通过修习知言、养气、具情性、正心这四个层次的功夫，历经相应的四种无敌举措而达于至仁之境。孟子正是藉此冲出了战国乱世的思想迷雾，一扫杨墨之流的精神偏执，进而廓清了动乱时代的浊恶风气，在精神领域里重建并回归原始儒学仁义礼智之大道”。③

总之，21世纪以来的孟学整体研究取得了新的进展，促进了孟学研究的繁荣。其主要成就表现于下述几个方面：

第一，中国儒学史等学术论著，对孟学做了全面、深入、系统的研究和探讨。从崔大华的《儒学引论》，尚斌、任鹏、李明珠的《中国儒学发

① 参见杨海文：《孟子文化精神的整体通观》，《学术研究》2000年第2期。

② 李葆华：《孟子思想体系构成纲要》，《辽宁师范大学学报》（社科版）2005年第4期。

③ 参见陈学凯、鲁建辉：《孟子新识：战斗的儒学》，《南开学报》（哲社版）2013年第3期。

展史》，到黄宣民、陈寒鸣主编的《中国儒学发展史》，王博的《中国儒学史·先秦卷》，再到杨海文的《浩然正气——孟子》、刘培桂主编的《孟子志》，这些论著对孟学产生的普遍原因、特殊原因、时代背景、孟子的生平和著作、孟学与先秦儒墨道法农等诸家的关系，以及孟学在后世的发展、演变、流传和影响等，做了全面、系统、深入的探讨，历史地展现出孟学的产生、发展、流传和影响，促进了当代的孟学研究。其中，刘培桂主编的《孟子志》是自 1949 年以来的第一部《孟子志》。该书按照编纂《齐鲁诸子名家志》的统一要求，“采用志、记、传、述、图、表、录诸体，以志体为主，图、表或置卷首，或随文插入有关篇章”①，是一部具有特色、图文并茂的孟子志书。

第二，对孟学体系做了新的概括和评价，提出了许多新的观点。这些新的视角和新的观点主要有：一是崔大华《儒学引论》以定位原则、变位原则、异位关系原则诠释孟子“仁政”所蕴含的批判精神和民本精神的内容；二是王博《中国儒学史·先秦卷》认为，《孟子》一书“是一个纯粹的人的世界”，可分为君主、历史人物、告子等对手、公孙丑等弟子几类，“这些正好可以与孟子思想世界中最主要的内容相对应”；三是杨海文提出孟子文化精神是以“道”为中心的道德理想主义和以“文”为主题的文化守成主义②；四是陈学凯、鲁建辉认为，孟子“建立起一种富有斗争精神的新儒学”，指出“孟子把‘仁者无敌’做为战斗儒学的核心，使其成为战国学术的思想精华。孟子毕生宣扬推广战斗儒学，期冀人们通过不断地奋斗，复归于美好的世界”。③ 这一观点高扬了孟子批判社会弊端和邪恶而追求“美好的世界”的战斗性、批判性、进步性。在孟子那里，他目睹当时连年的战争和统治者的暴政给人民造成的民有饥色、野有饿殍、妻离子散、怨声载道的严重苦难，怀着同情百姓苦难的深厚情感，激烈抨击统治者的暴虐行径。为了捍卫儒家学说，孟子与先秦诸子展开了激烈的论争，辩告子，斥杨墨，责法家，鞭挞纵横捭阖、摇唇鼓舌的张仪、公孙衍之流是仰人鼻息、“以顺为正”的“妾妇之道”；孟子在上述批判的基础上，又怀着极大的政治热情，宣扬仁政，尊王贱霸，极力追求君仁臣义、民贵君轻、君民同乐、百姓亲睦的美好理想社会。这既显示了孟子兼善天下、与民由之的强烈历史责任感、使命感，又展现了孟子崇尚仁义、仁者无敌、刚正不阿、藐视权贵的高尚独立人格。上述论者以“战斗儒学”概

① 刘培桂主编：《孟子志·编纂说明》，山东人民出版社 2009 年版，第 9 页。

② 参见杨海文：《孟子文化精神的整体通观》，《学术研究》2000 年第 2 期。

③ 参见陈学凯、鲁建辉：《孟子新识：战斗的儒学》，《南开学报》（哲社版）2013 年第 3 期。

括孟子思想，凸显了孟子思想批判邪恶、追求美好的战斗性、批判性、进步性，无疑是十分贴切的。

第三，孟学研究范式的转换和研究领域的扩大。21 世纪以来，学界的孟学整体研究已脱离了唯物主义与唯心主义“两军对战”的研究范式。孟学研究范式的转换和研究领域的扩大主要表现为多学科交叉研究日趋增多。学界将哲学、政治学、文献学、考据学、历史学、文化学、方志学等学科结合起来，出现了一批新的成果。譬如杨海文将哲学与文化学方法结合在一起，深入探讨了孟子文化精神①；又如刘培桂主编《孟子志》将哲学与方志学研究方法结合起来，既论述了孟子的思想学说，又采用孟子林墓、孟庙、孟母林墓、孟府、孟母三迁遗址、孟子周游列国遗迹、地方史志、碑刻等资料，生动、形象地再现了孟学在后世的影响。

通观当代中国孟学的整体研究，在 1949～1976 年，孟学整体研究尚处于起步阶段，初步提出了许多不同的观点。虽然不少论著肯定了孟学的积极因素，但对孟学的贬斥、批判、否定却占据主导地位。20 世纪 80 年代，孟学整体研究获得了新的发展。许多论著深入探讨了孟学体系，有的针对“孟子坚持唯心主义天命观、先验认识论、抽象人性论、英雄史观、历史循环论”等传统观点提出了商榷和质疑。许多论著对孟学采取了多角度的分析，既肯定了孟学的积极因素，又指出孟学的不足方面，进一步改变了片面否定、抨击孟学的倾向。孟学整体研究出现了一个可喜的变化，肯定孟学的积极因素、积极意义有逐年增多的趋向。这一阶段的孟学研究处于过渡阶段。20 世纪 90 年代是改革开放以后的第二个十年，孟学整体研究获得了较大的进展，取得了丰硕的成果。这主要表现为：一是十余部中国儒学史、孟学专著对孟学体系做了全新、深入的探讨，充分肯定了孟子对孔子思想的继承、发展，客观评价了孟学在中国儒学史、中国思想史上的地位；二是对孟学体系做了新的探讨和评价。许多孟学专著对孟学体系做了新的整体研究，提出了若干新观点、新结论，将 1949 年以来的孟学整体研究推进到一个新的阶段——发展阶段。21 世纪以来，孟学整体研究取得了新的进展并促进了孟学研究的繁荣。其突出表现为：一是中国儒学史等学术论著，对孟学做了全面、深入、系统的研究和探讨；二是对孟学体系做了新的概括和评价，提出了许多新的观点；三是孟学研究范式的转换和研究领域的扩大。

通观当代中国孟学整体研究，其主要成就可以概括为以下两点：

---

① 参见杨海文：《孟子文化精神的整体通观》，《学术研究》2000 年第 2 期。

第一，凸显孟学体系构成的研究。中国当代的孟学整体研究突出表现在对孟学体系基本架构认识的不断深化。学界关于孟学体系构成的主要观点大致有以下几种：一是孟学体系由政治、经济、哲学、伦理、教育、美学、文学、教育等思想所构成①；二是孟子形成了一个新兴地主阶级的改良主义和主观唯心主义的思想体系②；三是杨国荣“通过对孟子天人之辨、主体自由与超验之命、群己关系、义利之辨、人格理想等问题的探讨，勾勒了孟子思想走向内圣之境的历程，从而使儒家的内圣走向获得了其历史的源头”③；四是“孟子思想是由个体论、社会论、天人论三个相互联系、相互作用的子系统构成的系统整体……孟子致力追求的个体的和谐、社会的和谐、天人的和谐以及三者之间的和谐，构成了其思想的主要内容”④；五是将孟子思想列为王霸、经权、义利、舜跖、人性等五辨，有利于把握孟子思想的特色和原貌⑤；六是从君主、历史人物、告子等对手、公孙丑等弟子等几个方面论述孟子的思想世界，这些正好可以与孟子思想世界中最主要的内容相对应⑥；七是孟子思想体系由道德形上学、实践伦理学、王道政治学三部分构成⑦；八是孟子思想划分为人生和政治两大部分，人性学说是两者之间的枢纽⑧；等等。其中，从 1949 年至 20 世纪 80 年代，许多论著多坚持第一种观点；从 20 世纪 90 年代至 2016 年，随着孟学研究的深化，许多论著陆续提出、论证、坚持第二至第七种观点。这表明，随着社会的发展，学界从新的角度、层面审视孟学体系构成，展现了孟学体系的丰富内涵。

---

① 1949 年至 20 世纪 90 年代出版的谭承耕《〈论语〉、〈孟子〉研究》、童书业《先秦七子思想研究》、刘蔚华《孟轲》及赵吉惠等主编《中国儒学史》论述了孟子的天命观、性善论、伦理观、仁政学说、辟杨墨、斥许行；姜林祥主编《中国儒学史》论述了孟子的仁政、性善论、修心论、道德人格论；翟廷晋《孟子思想评析与探源》探讨了孟子的天道观、认识论、人性论、历史观、伦理观、仁政论、审美观、价值观、名实观；王成儒《亚圣风范——孟子的智慧》探讨了孟子的譬喻哲学、王道政治、经济思想、民本思想、性善法则、修养原理、天道哲学、知论程序、中庸方法、价值判断、教育构想、美学识见；刘鄂培《孟子大传》论述了孟子的“性善论”与“良贵”说、“民本”思想、国家社会学说和经济学说、道德观及精神境界说、心、性、天、命及“天人合一”观、认识论、教育和美学思想等；尚斌、任鹏、李明珠《中国儒学发展史》认为孟子的儒学思想包括天命观、人性论、德治思想、历史观等。这些论著基本属于同一类别。

② 参见刘蔚华：《孟轲》，刘蔚华、赵宗正主编：《山东古代思想家》，山东人民出版社 1985 年版，第 159～171 页。

③ 王其俊：《中国大陆当代孟学研究述评》，《孔孟学报》2011 年总第 89 期。

④ 王其俊：《亚圣智慧——孟子新论》，山东人民出版社 1996 年版，第 3 页。

⑤ 参见杨泽波：《孟子评传》，南京大学出版社 1998 年版，第 9 页。

⑥ 参见王博：《中国儒学史 · 先秦卷》，北京大学出版社 2011 年版，第 310～311 页。

⑦ 参见杨海文：《孟子文化精神的整体通观》，《学术研究》2000 年第 2 期。

⑧ 参见李葆华：《孟子思想体系构成纲要》，《辽宁师范大学学报》（社科版）2005 年第 4 期。

第二，凸显孟学在中国儒学史、思想史上的地位和贡献。孟子对孔子儒学理论的发展、贡献是确立孟学在中国儒学史、思想史上的地位和贡献的重要内容。20 世纪 80 年代，刘蔚华将孟子对孔子思想的发展、改造概括为四点：一是从“用田赋”到“制民之产”，维护不同的经济关系；二是由鼓吹礼治到宣扬仁政，维护不同的政治制度；三是从尊君到轻君，对国君态度的变化；四是从畏天命、重人事到尽心、知性、知天。① 20 世纪 90 年代，赵吉惠等主编《中国儒学史》将孟子对孔子学说的继承和发展归纳为天命观、性善论、伦理观、仁政学说四个方面，将孟子在中国儒学史上的地位概括为建立系统的儒学体系、排斥异端使儒学成为显学、阐发性与天道、提出仁政主张、强调理想人格的培养五个方面。② 刘蔚华、赵宗正主编《中国儒家学术思想史》认为孟子对孔子思想的继承、发展表现在个体、社会、天人三个方面。③ 21 世纪以来，崔大华《儒学引论》从道德根源的追溯与修养实践的转变、行法俟命、仁政的原则，概述了孟子的贡献。④ 陆玉林《中国学术通史·先秦卷》认为孟子的学术贡献主要是将孔子的德政提升为王道仁政，将仁义安置于内在心性，发挥“士志于道”的精神而将其提升为“至大至刚”的理想人格。⑤ 黄宣民、陈寒鸣主编《中国儒学发展史》从“仁”与“礼”学说和“中庸”思想、“天人”之学两个方面论述了孟子对孔子的继承、发展。王博《中国儒学史·先秦卷》依次论述了孟子的思想世界、良心的发现与性善论的提出、与告子的辩论、养心、养气与尽心、论天道与圣人、仁政、经典之学。上述论著虽然论述的角度、层面有所不同，但其相同之处皆在于肯定了孟子高扬人禽区别和人之主体性的性善论、崇尚仁义的理想人格、“塞于天地之间”的“浩然之气”、“以民为本”的仁政论、尊王贱霸的王道论、“民贵君轻”的君民关系说、心性与天命、“尽心、知性、知天”的天人合一观、尧舜之道历代相传的道统说等方面的积极意义和价值，肯定了孟子对孔子的继承、发展，客观地审视、评价了孟学在中国儒学史、思想史上的地位和贡献。学者们认为，孟子是对儒学的发展做出了重要贡献的著名思想家，

---

① 参见刘蔚华：《孟子思想研究》(上、下)，《齐鲁学刊》1985 年第 2、3 期。

② 参见赵吉惠、赵馥洁、郭厚安、潘策主编：《中国儒学史》，中州古籍出版社 1991 年版，第 111～149 页。

③ 参见刘蔚华、赵宗正主编：《中国儒家学术思想史》，山东教育出版社 1996 年版，第 206～210 页。

④ 参见崔大华：《儒学引论》，人民出版社 2001 年版，第 48～57 页。

⑤ 参见陆玉林：《中国学术通史·先秦卷》，人民出版社 2004 年版，第 132 页。

“孟子是第一个对儒学的久远存在贡献新的理论活力的人”①。

我们也应看到，当代孟学整体研究还存在着一定的不足。譬如1949～1976年，学术界抨击、否定孟学的观点占据主导地位。20世纪80年代，有的论者认为孟子把天看成是有意志、有德性的主宰力量，批判孟子从提倡禁欲主义进而否定人的感性经验，摈弃闻见之知，禁绝耳目之欲等。20世纪90年代，有的论者认为，孟子“名轲，字子舆”，孟子重义贱利；孟子的性善论是一种先验的人性论；孟子割裂了思维器官与感觉器官的关系；等等。笔者相信，随着孟学研究的深化，这些偏颇的观点当会得到纠正和改变。

① 崔大华:《儒学引论》,人民出版社2001年版,第48页。

第三章　孟学专题研究（一）
——哲学思想研究

孟子哲学思想是孟学体系的一个重要组成部分，亦是学界长期关注、探讨的重要问题之一。自新中国成立以来，学界围绕着孟子哲学思想的性质、哲学范畴和命题、认识论、历史观、朴素辩证法、主体哲学、心性论、天人关系、天命观、认识论、内在结构、时代价值、重要影响等方面展开了深入的探讨，提出了许多新的观点和见解，促使孟子哲学思想研究呈现出繁荣兴盛的局面。

在这里，孟子哲学思想研究与当代中国哲学研究是紧密相连的。尽管二者的研究范围、对象等有一定区别，但二者基本上是同步的和紧密联系的。前者不能脱离后者而孤立存在，并深受后者的制约和影响。许多学者从整体上对当代中国哲学研究的历程、成就等做了深入的探讨和总结。方克立总结、回顾了20世纪中国哲学研究的历程，展望了中国哲学在21世纪的发展趋势，认为“中国哲学自身的特点和发展规律更加明确和突出”，“研究方法和研究视角的多元化”，“中国哲学将进一步走向世界”。[①] 陈来从方法、态度、资源、理解、制度、主体几个方面，对30年来中国哲学研究的变化、进展、成绩、前景、不足等做了宏观的回顾和总结。[②] 杨国荣指出：“自1978年至2008年，新历史时期的中国哲学史研究已经历了30个春秋。较之20世纪后半叶的第一个30年（1949～1978），在20世纪末至21世纪初的这30年中，中国哲学史研究无论在深度抑或广度上都发生了引人瞩目的变化。”[③] 秦平、郭齐勇认为，1978年改革开放以来的30年中国哲学界的发展大致经历了三个阶段，尤其是中国哲学研究的范

① 参见方克立：《二十世纪中国哲学研究的回顾和展望》，《中国社会科学院研究生院学报》1996年第5期。

② 参见陈来：《中国哲学研究三十年回顾（1978～2007）》，《天津社会科学》2008年第1期。

③ 杨国荣：《回归智慧——近30年中国哲学研究概览》，《华东师范大学学报》（哲社版）2008年第6期。

式已逐渐从两军对战，转移到以中国经典诠释为基础、致力于探索中国哲学的真实内涵、意义等新的研究范式。[①] 这些论述为笔者梳理当代中国孟子哲学思想研究提供了宝贵借鉴。

第一节　1949～1976年的孟子哲学思想研究

在这一阶段内，学术界对孟子哲学思想的研究主要划分为两大类：一是哲学思想通史的整体研究，二是孟学论文的专题研究。

一、哲学思想通史的整体研究

1949～1966年，学术界出版的有代表性的哲学思想通史有：冯友兰《中国哲学史新编》、任继愈主编《中国哲学史》等。

（一）冯友兰《中国哲学史新编》第二册

该书第十二章《孟轲——儒家思想向唯心主义的发展》论述了孟子的时代、哲学、政治思想等。

该书认为，孟子思想的“一个主要贡献是他从人类的道德生活中得来的对于人类精神生活的理解和体会”。作者分析了《孟子·尽心上》“尽其心”章、“莫非命”章、“求则得之”章、“万物皆备于我”章、“行之而不著”章，认为这是孟子“唯心主义哲学体系的一个轮廓”[②]，是孟子对于人类精神生活的理解、体会和反思。作者指出，孟子的“浩然之气”可能与《管子·内业》《楚辞·远游》所说的“精气”有联系。该书探讨了孟子的哲学思想，提出了许多深刻的见解。譬如该书对“浩然之气”的深刻分析，指出：懂得了孟子的“浩然之气”，“才可以懂得中国文化和中华民族的精神”。当然，由于历史的原因，该书的有些观点是值得商榷的。该书通过对《孟子·尽心上》“尽其心”等五章的分析，认为“这是孟子唯心主义哲学体系的一个轮廓”[③]。这一观点是背离孟子本意的。

（二）任继愈主编《中国哲学史》第一册

作者论述了孟子的仁政学说、义和利、劳心和劳力、性善说、主观唯

---

① 参见秦平、郭齐勇：《中国哲学研究30年的反思》，《哲学研究》2008年第9期。

② 冯友兰：《中国哲学史新编》第二册，人民出版社1962年版，第88～90页。

③ 冯友兰：《中国哲学史新编》第二册，人民出版社1962年版，第90～94页。

心主义的哲学体系——尽心知性知天、与杨朱许行等人的辩论等。鲍博对该书作了实事求是的评说，认为该书“以马克思主义为指导，系统地、完整地研究、撰写专门的中国哲学通史，具有首创之功”，“反映了新中国成立后，中国哲学史所走过的道路，它曾起过它的历史作用。作为教科书，它教育过整整一代哲学工作者；作为学术著作，它代表了那个时代的研究水平”。① 笔者对该书做了述评，指出该书认为“孟子的性善说是其仁政学说的理论基础，他的人性论是先天道德观念论，是唯心主义的学说和抽象人性论。告子关于道德（仁义）起源的问题上，具有一些唯物主义观点，与孟子的唯心论是对立的。在反对孟子先天道德论的斗争中起了积极作用。该书认为孟子把他的世界观、人性论、仁政学说紧密地组织在一起，形成先秦唯心主义哲学的一个重要派别。孟子表面上排除了比较原始的拟人化的宗教迷信形式，但保留了‘天命’决定社会、人事的宗教内容。他宣扬天命观念，可以起着麻痹人民反抗意识的作用。孟子的唯心主义浩然之气学说，是给宗教思想保留地盘。孟子的寡欲和养气都是对于唯物主义学派，特别是宋尹学派，进行唯心主义的歪曲和改造。孟子的寡欲是教人摈除物质要求，安于命运。该书对孟学的评价，曾长期影响学术界对孟学的探讨，它无疑具有当时时代的鲜明特征”②。上述评论既肯定了该书的学术贡献，又指出其时代局限性。在对孟子哲学思想的评价上，该书在一定程度上肯定了孟子思想的积极方面和贡献，但由于受当时社会环境、学术环境的影响，认为“孟子把他的世界观、人性论、仁政学说紧密地组织在一起，形成先秦唯心主义哲学的一个重要派别”③，等等。这一观点，无疑具有当时的时代特点，对此又不能苛求前人。

二、孟学论文的专题研究

在这一阶段内，学界发表了几十篇研究孟子哲学思想的论文，主要内容包括其哲学思想的基本性质、认识论两个方面。

（一）孟子哲学思想的基本性质

对这一问题的研究，主要有四种不同的观点。

第一，主观唯心主义。汤一介考察了孟子的天命观、人性论、社会历

① 参见鲍博：《一部具有首创之功的优秀教材——评任继愈教授主编的〈中国哲学史〉》，《中国电力教育》1988 年第 1 期。

② 王其俊：《中国大陆当代孟学研究述评》，《孔孟学报》2011 年总第 89 期。

③ 任继愈主编：《中国哲学史》第一册，人民出版社 1963 年版，第 145～146 页。

史观，认为孟子的哲学思想是对西周以来宗教唯心主义的发展，是战国初年以来“气一元论”唯物主义思想的反动。他的哲学思想是一个比较完整的主观唯心主义体系。孟子的天命观是通过孔子而继承西周以来的宗教唯心主义，是从人的观点来看天命，在某种程度上修正了西周的天命观，为进一步解决人在社会中的作用提供了一定前提。他的“万物皆备于我”是说事物的是非、善恶、美丑标准具在人心，世界万物以人的主观为其标准和存在的根据，人的主观意识是第一性的，客观事物及其规律则是人的主观意识所派生的。孟子发展宗教唯心主义并把宗教的“天”变成伦理的“天”而提出天人合一的理论，一是由于阶级根源，二是由于认识根源。孟子所代表的封建领主贵族已在某种程度上成为社会发展的保守力量，为保存本阶级的利益，就幻想用道德力量来对抗经济发展的规律，其走向主观唯心主义就不足为怪了。①

第二，客观唯心主义。包遵信认为，孟子承认在人之上还有一个有意志、有人格的“天”。这个天可以主宰人类命运，“孟子所说的天，是一个至高无上的有意志有主宰的上帝，则属铁案无疑”，从天道观的角度看，“孟子思想是客观唯心主义”。②

第三，具有一定的唯物主义因素。翟廷晋探讨了孟子天道观的主导方面、唯物主义因素及主要矛盾，认为孟子言“天”具有有意志、人格主宰、道德义理、自然之天等多种含义。孟子的天道观虽基本上是唯心主义的、有神论的，但是其中也包含了某些唯物主义因素。孟子天道观中的主要矛盾是表现在他的天道观宿命论与他的民意可以改变天命的神学之间的矛盾。③

第四，主观唯心主义和客观唯心主义结合在一起。杨向奎认为，孟子发展了孔门的心性之学，是一位将主观唯心主义和客观唯心主义结合在一起的思想家，他的思想体系完整，脉络分明，少有自相矛盾的地方。④

（二）孟子的认识论

学界对孟子认识论的评价也存在着两种对立的观点：一是唯心主义认识论；二是朴素唯物主义认识论。

汤一介认为，从认识根源上看，孟子的思想一是继承孔子，二是在反

---

① 参见汤一介：《孟子的哲学思想》，《新建设》1961 年第 7 期。

② 参见包遵信：《孟子认识论的唯心主义本质》，《江汉学报》1964 年第 5 期。

③ 参见翟廷晋：《孟子天道观若干问题初探》，《学术月刊》1962 年第 4 期。

④ 参见杨向奎：《孟子的思想》，《文史哲》1957 年第 9 期。

对宋尹的过程中发展了孔子思想中的唯心主义因素。孟子的“养心”是一种神秘的道德修养。他的哲学思想一定程度上带有人民性、民主性的色彩。孟子的唯心主义认识论是为其形而上学的唯心主义体系服务的。孟子认为人们的认识根本不必依靠感官对外界进行考察，感性认识是靠不住的，所以他从根本上反对通过感性认识达到理性认识。孟子的“耳目之官不思”章说的是靠耳目不能得到知识，而且只能扰乱自己，只有靠心才可以得到知识。就孟子的社会历史观来看，它是建立在道德决定论的基础上的。①

张德钧全面探讨了孟子的认识论，针对汤一介提出的孟子“反对人们向外在的客观世界探求知识”，孟子“认为宇宙万物的道理本来就存在于人的主观意识中”，“靠耳目不能得到知识，而且只能扰乱自己，只有靠心才能得到知识”的观点，认为这样评述孟子哲学“实搀杂了过多的主观成分”。他指出：《孟子》书中反映出的认识论见解是具有朴素唯物主义思想的。作者将那些判定孟子坚持唯心主义认识论的主要依据，如“良知”、“良能”、“尽心知性知天”、“万物皆备于我”、“诚者，天之道”等做了认真的辨析，认为“良知”“良能”和“尽心知性知天”这两条讲的是道德范围以内的事。孟子承认在道德范围的“良知”“良能”外，还主张必须“学”然后能，必须“虑”然后知的。孟子主张对于社会历史事物的知识是必须通过见闻和学习才能获得。孟子主张必须面向客观世界才能认识客观世界及其规律。孟子关于“大体”“小体”的论述，并不是有人理解的孟子“认为人们的认识根本不必依靠感官对外界进行考察，感性认识是靠不住的”，“只有靠心才能得到知识”。孟子在这里是不自觉地揭示出了关于感性认识和理性认识两者的不同特点。②

王之榜、冯贵贤对张德钧的观点提出商榷，批评张德钧对孟子“良知”“良能”等命题的理解和诠释，认为孟子所讲的“良知”“良能”和心之“四端”，都是人们先天所生的观念。孟子坚持了从心到物的唯心主义路线，强调“必须坚持哲学史上唯物主义和唯心主义斗争的原则”，认为孟子的“仁义”指的不是客观存在的标准，而是人心中所先天具有的主观精神。孟子以内心的善性来作为衡量事物的标准，这显然是主观唯心主义。③

---

① 参见汤一介：《孟子的哲学思想》，《新建设》1961 年第 7 期。

② 参见张德钧：《孟子的认识论》，《文汇报》1962 年 2 月 15～16 日。

③ 参见王之榜、冯贵贤：《孟子认识论的唯心主义本质——谈哲学史的方法论兼与张德钧先生商榷》，《文汇报》1964 年 4 月 23 日。

包遵信对张德钧的观点提出商榷，认为“孟子的认识论是一种先验主义的唯理论……它本质上与认为‘存在就是被感知’的典型主观唯心主义并无二致”，“孟子‘非由外铄我也，我固有之也’，这是断定孟子认识论是先验主义的铁证，不容我们作丝毫曲解”，孟子“只承认理性认识的绝对可靠，而否认感性认识是理性认识的基础，从而将二者绝对地对立起来”，“一般人现在说孟子是主观唯心主义的，也还是‘言之成理，持之有故’的科学论断，不能轻易推翻”。①

总之，在这一阶段内，从冯友兰《中国哲学史新编》对孟子哲学思想的论述，到任继愈主编《中国哲学史》对孟子哲学思想的探讨，再到许多论文对孟子哲学思想性质和认识论的争论，学界对孟子哲学思想研究取得了一定的成绩。譬如冯友兰指出“孟轲对于人类精神生活的概括的叙述和深刻的分析，是人类精神生活在中国的深刻的反思”。张德钧针对汤一介关于孟子“反对人们向外在的客观世界探求知识”，孟子“认为宇宙万物的道理本来就存在于人的主观意识中”等观点，认为这是“实搀杂了过多的主观成分”，认为孟子的认识论见解是具有朴素唯物主义思想的，等等。在当时否定、抨击孟子思想占主导地位的社会环境、学术环境下，张德钧提出不同的观点，这是需要有一定勇气的，是值得称赞的。从总体上看，这一阶段判定孟子哲学思想是主观唯心主义、客观唯心主义和唯心主义认识论的观点几乎呈现“一边倒”的局面。许多论者对孟子的哲学思想予以猛烈的抨击，譬如有人认为，孟子“所谓‘非由外铄我也，我固有之也’，这是断定孟子认识论是先验主义的铁证，不容我们作丝毫曲解”；有人批评张德钧“把孟子现代化的做法，只会模糊孟子思想的本来面目，贬低马克思主义哲学的革命意义，并使关于孟子的研究工作陷于混乱境地”②；等等。

在1966～1976年的“文化大革命”中，为适应当时的社会政治形势，出版界出版了若干批判孟学的书刊。宋仲福、赵吉惠、裴大洋著《儒学在现代中国》对当时的学术状况做了全面、系统的评析③，兹不赘述。

许多学者对这一阶段的中国哲学史研究做了回顾和总结。有的学者指出：“新中国成立后的前三十年，中国哲学史研究主要承袭苏联哲学的研究范式，被禁锢在唯物与唯心、辩证法与形而上学两分法极端教条式的思

① 参见包遵信：《孟子认识论的唯心主义本质》，《江汉学报》1964年第5期。

② 王之榜、冯贵贤：《孟子认识论的唯心主义本质——谈哲学史的方法论兼与张德钧先生商榷》，《文汇报》1964年4月23日。

③ 参见宋仲福、赵吉惠、裴大洋：《儒学在现代中国》，中州古籍出版社1991年版，第325～351页。

维桎梏里。”[①] 笔者认为，这一总结也适用于对此阶段孟子哲学思想研究的评价。学界对孟子哲学思想的否定和批判与当时的社会环境、学术环境是紧密相连的，不能不受到当时“两军对战”模式的影响和制约。

第二节　20 世纪 80 年代的孟子哲学思想研究

20 世纪 80 年代，是改革开放的第一个十年。国内的社会科学研究进入了一个新的历史时期，孟学研究也跨入了新的历史征程。学界对孟子哲学思想的研究主要划分为两大类：一是哲学思想通史的整体研究；二是孟学论文的专题研究。

一、哲学思想通史的整体研究

在这一阶段，孟学研究在新的历史时期内逐步恢复和发展，出版了若干部中国哲学思想通史等著作，对孟子的哲学思想做了一定的整体探讨。

（一）孙叔平《中国哲学史稿》（上）

该书论述了孟子的生平、著作、天命论、性善论、王道论、社会分工论、知识论等，认为孟子和孔子一样，“不鼓吹有人格的上帝，但相信有决定一切的‘天命’”；孟子“把自己一生开倒车的行为叫做‘强为善’，而用‘若夫成功则天也’来安慰自己”，表现出“唯心主义的天命论”；孟子是“言性善的空谈家，硬说‘万物皆备于我’，引导人们去‘清心寡欲’、‘反身求诚’。这本来是道德论，应用到认识论上，就变成‘万物的知识本来都在我心里’了，这是露骨的主观唯心主义……孟子对认识论虽没有什么贡献，但个别论点还是他从事教学中的体会，多少有点道理”。[②]

该书对孟子思想的评价有若干失实之处。譬如将孟子视为唯心主义的天命论者，这表明作者对孟子的天命没有做深入具体的分析，以“天命”决定一切代替了孟子对天命的正确认识。该书指责孟子是狂妄的“士君子”的典型，因为孟子的“万物皆备于我”是指“万物的知识本来都在我心里”了。这些观点是偏颇的，是值得商榷的。至于该书称孟子是“鲁国

---

① 夏金华主编：《改革开放四十年中国哲学的历史进程》，上海人民出版社 2018 年版，第 13 页。

② 参见孙叔平：《中国哲学史稿》（上），上海人民出版社 1980 年版，第 123～135 页。

邹邑人”，却又说“孟轲晚年在邹国”著书立说。[①] 这一说法，既前后矛盾，又违背历史事实。当时的邹与鲁是两个诸侯小国，而不是鲁国的“邹邑”。

（二）辛冠洁、李曦编《中国古代著名哲学家评传》第一卷

该书概述了孟子的生平、时代、政治、经济、哲学思想，认为孟子是“属于封建地主阶级中比较温和、保守的一派”。

该书认为，“孟轲哲学思想的主要内容是性善论和主观唯心主义的哲学体系”，“孟轲所谓人性善，就是说人性中先验地具有善良的道德品质”，孟子的仁、义、礼、智“四种道德规范都是先天具备，为人所固有的……后天的学习和努力，不过是先天固有道德的扩充和完善”，“浩然之气是一种神秘的精神力量”，无限夸大精神、意志的作用。

该书认为，孟子“‘仁政’学说的理论根据是性善论，而性善论归根结底又以孟轲的主观唯心主义世界观为基础”。在世界观上，他是孔子“‘天命’论的继承者”，“他虽然还没有摆脱唯心主义‘天’的桎梏，但是把‘天’的视、听、意志，还原为‘民’的视、听、意志。由听命于天，转到听命于民，这在当时无疑是进步的思想”。孟子提出“尽心知性知天的一套唯心主义原则”和“一套唯心主义体系”。“在认识论上，孟轲是一个唯心主义先验论者”，从其“主观唯心主义的思想体系来看……认为一切感官的认识都是不可靠的”，“否认感官对认识的作用，而把理性、思维看做是天所赋予人们的神秘力量，这就是一种道地的唯心主义先验论”，“尽心、知性、知天的先验论、天才论和历史循环论构成孟轲的唯心主义的哲学体系”。

该书在结束语中强调：孟子作为一个哲学家、思想家，应该还他以历史的本来面目，给予恰当的评价，孟子“无限夸大了‘心’和思维的作用，他的主观唯心主义的哲学体系、性善论、历史循环论，都是违反科学的。他的政治思想也富于幻想，多半是不切实际的；但是他的‘民贵君轻’的重民的政治思想则是进步的”，等等。[②]

该书肯定了孟子哲学思想的某些积极方面，但对孟子哲学思想的评价仍受到哲学史唯物主义与唯心主义斗争历史传统观念的影响，对孟子的天命观、历史观、认识论等评价都是偏颇的。笔者曾撰文论述了孟子的天命

① 参见孙叔平：《中国哲学史稿》（上），上海人民出版社 1980 年版，第 122～123 页。

② 钟肇鹏：《孟轲》，辛冠洁、李曦编：《中国古代著名哲学家评传》第一卷，齐鲁书社 1980 年版，第 288～305 页。

观及认识论，对该书的偏颇观点提出了商榷和质疑。①

（三）冯契《中国古代哲学的逻辑发展》上册

该书论述了“儒法之争与子思、孟子”、“王霸、义利之辩”、“性善说与先验主义”、“‘养浩然之气’与天人合一论”、“知言”、“孟子对‘性’（本质）范畴的考察”等。

该书认为，孟子是新兴地主阶级的思想家，“性善说是孟子的天道观、认识论和伦理学的根本主张。孟子发展了孔子的仁智统一学说，他的性善说是伦理学与认识论的统一、人道与天道的统一”。孟子对“今人乍见孺子将入于井”的论证，“从某种普遍存在的经验来推论出人人有天赋道德，实际上包含有逻辑上不能容许的跳跃……这是一种先验主义的论证方法”。②

该书认为，“孟子在认识论上是个先验论者……知识、才能和德性都是先天就有的。这是在唯心主义立场上讲认识论和伦理学的统一”。在孟子看来，认识的能力（“良知”“良能”）、认识的内容（仁义）以及判断是非的标准都是天赋的。“孟子把理性（心）看作是本原的、第一性的东西，并且极度夸大了精神力量……达到的‘上下与天地同流’的境界。这就陷入神秘主义的幻觉了。”孟子的“尽心、知性、知天”是“神秘主义和主观唯心主义的天人合一论”。孟子的“万物皆备于我”是“荒谬的唯我论”。“孟子以‘先知先觉’自居，声称‘夫未欲平治天下也，如欲平治天下，当今之世，舍我其谁也?’（《孟子·公孙丑下》）。在孟子身上我们可以看到，唯心主义哲学是能使人变得非常狂妄的。孟子同孔子、子思一样，最后导致天命论。”“孟子讲天赋观念，在认识论上主张先验主义。”“孟子是一个历史唯心论者。在与别人论战时，他实际上常常离开‘知人论世’来‘以意逆志’，批评就变成主观主义的。”③

该书概括说：“孟子以性善说为核心的体系是唯理论的先验论的体系。他的天道观、认识论、伦理学都是唯心主义的。但是也不能否认其中有一些合理的见解”。孟子的“性”大体相当于“本质”。他用“类”“故”

---

① 参见王其俊《试论孟子的天命范畴》(《东岳论丛》1985年第4期)、《论孟子认识论范畴体系》(《湖南师大学报》[哲社版]1985年第4期)、《关于孟子哲学思想的几个问题——与裴大洋同志商榷》(谢祥皓编:《孟子思想研究》,山东大学出版社1987年版)、《试论孟子认识论的基本倾向》(《齐鲁学刊》1987年第5期)等。

② 参见冯契:《中国古代哲学的逻辑发展》上册,上海人民出版社1983年版,第170～171页。

③ 参见冯契:《中国古代哲学的逻辑发展》上册,上海人民出版社1983年版,第171～172、180～183页。

“理”的逻辑范畴来揭示“性”，试图对人类区别于动物的本质、善的所以然之故以及人如何由自发而变为自觉几个方面进行考察，从而“把人性问题的研究推进了一大步”。“孟子正是用这种先验主义方法来构造他的哲学体系的。他从对象（人及其社会活动）抽象出人性的概念（以为人的类的本质在于理性，理性能把握理义，使人成为自觉）；随即把这一概念形而上学化，建立他的性善说和唯心主义的天人合一论，并进而用性善说和天人合一论来解释人类的一切活动，以为人的道德、知识、才能都是从天性中推演出来的，而人的最高使命就在于‘反身而诚’，以求‘知天’、‘事天’。孟子的先验主义比孔子更为鲜明和系统化。”①

该书肯定了孟子思想的积极方面以及在历史上的重要影响，譬如认为“孟子培养理想人格的力量，高度推崇理性的自觉与意志的坚定的力量，对培养民族正气起了积极的作用”。孟子用“类”“故”“理”的逻辑范畴来揭示“性”，试图对人类区别于动物的本质、善的所以然之故以及人如何由自发而变为自觉几个方面进行考察，从而把人性问题的研究推进了一大步，等等。方克立先生指出，该书“贯彻了实践唯物主义辩证法的理论和方法，理论分析深刻透辟，逻辑上圆融一贯，文笔简洁流畅，受到中外学术界的普遍好评”②。萧萐父、郭齐勇指出，“这部著作以其思路的隽永、论证的谨严和评断的精审，使读者耳目一新”③。笔者认为，上述学者对该书的总体评价是公允的。但是，该书关于孟子思想的某些观点是值得商榷的。譬如该书认为“孟子的天道观、认识论、伦理学都是唯心主义的”，“孟子在认识论上是个先验论者。知识、才能和德性都是先天就有的”，孟子的“尽心、知性、知天”是神秘主义和主观唯心主义的天人合一论，孟子的“万物皆备于我”是荒谬的唯我论，等等。现在指出这些观点的失实之处，并不困难。这与 20 世纪 80 年代不合理地抨击孟子思想的偏颇观点是紧密相连的，不能不说是受到当时“两军对战”模式的影响。

（四）方克《中国辩证法思想史·先秦》

该书在第三篇第四章《思孟学派的形而上学思想》中论述了孟子的哲学思想。

---

① 参见冯契：《中国古代哲学的逻辑发展》上册，上海人民出版社 1983 年版，第 184、188～189 页。

② 方克立：《二十世纪中国哲学研究的回顾和展望》，《中国社会科学院研究生院学报》1996 年第 5 期。

③ 萧萐父、郭齐勇：《通观全过程，揭示规律性——读冯契新著〈中国古代哲学的逻辑发展〉》，《哲学研究》1984 年第 4 期。

该书认为，孟子是封建地主阶级的保守派，是由奴隶主贵族转化而来的地主阶级的代表人物。同时，指出“在政治上陷于保守以至复古倒退的思孟学派，在思想上就不可避免地要陷入唯心主义的泥坑。他们把天命论与抽象的人性论结合起来，建立了一整套主观唯心主义的哲学体系”，“孟轲继承了孔丘和子思的中庸思想，又有他自己的特点。孟轲的保守加改良的政治倾向，决定了他在思想上的折衷主义倾向”，“思孟学派的形而上学又表现在历史观上，思孟学派历史观的特点是历史倒退论和历史循环论”，“在历史观上提出了所谓‘五百年必有王者兴，其间必有名世者’的历史循环论”，这是“典型的形而上学”；“孟轲在逻辑学方面又是有名的诡辩家。这是他们的形而上学在论理方面的表现。孟子向称‘好辩’，但他往往乞灵于诡辩术”。孟子的诡辩主要有“偷换主体、无理取闹”，“完全是用偷换概念的手法来进行诡辩”，但“在若干具体场合，孟轲也说过一些具有辩证思想的话，是我们应该加以肯定的”，等等。[①]

该书肯定了孟子思想中的积极因素和存有一定的辩证法思想。有的学者指出：该书“为中国哲学史研究开拓了新领域，进行了新探索，做出了新贡献”，同时又指出该书研究方法的局限性。[②] 该书认为孟子坚持主观唯心主义哲学体系、历史倒退论和历史循环论，在逻辑学方面是有名的诡辩家，等等。笔者认为，这些观点是偏颇的。譬如孟子激烈抨击那些鱼肉百姓的统治者是“暴君污吏”，恰恰是其民本思想的重要表现，而不是“咒骂当时的封建君臣”；又如将孟子的“五百年必有王者兴，其间必有名世者”及“天下之生久矣，一治一乱”斥为“历史循环论”“典型的形而上学”，颇有望文生义之嫌。笔者辨析了孟子“五百年必有王者兴，其间必有名世者”的著名命题和“天下之生久矣，一治一乱”的社会变迁方式，认为“孟子的社会变迁思想反映了人类社会不是停滞的，而是在治乱交替中由低级向高级发展的，表现出这位新兴地主阶级思想家对社会发展规律及过程的深邃理性思考”[③]。再如该书认为孟子“口之于味”章“把属于人类生理本能的东西和属于意识形态方面的东西混同起来，加以类比，来证明他的性善论，完全是一种诡辩”[④]。这一指责缺乏根据。事实上，孟子恰恰把人口目耳鼻的自然生理欲望与人之所以为人的本质属性

① 参见方克：《中国辩证法思想史·先秦》，人民出版社1985年版，第338～347页。

② 参见唐明邦、余金华：《中国哲学史研究方向的新发展——读方克〈中国辩证法思想史〉先秦卷》，《求索》1986年第2期。

③ 王其俊：《亚圣智慧——孟子新论》，山东人民出版社1996年版，第299页。

④ 方克：《中国辩证法思想史·先秦》，人民出版社1985年版，第347页。

“性善”区分开来，强调仁义礼智是人的善的本性和以仁义礼智制约声色臭味。这不仅与告子“生之谓性”“食色，性也”的观点划清了界限，而且深化了对人本性的认识，在中国思想史上具有积极的意义。

（五）杨宪邦主编《中国哲学通史》第一卷

该书第九章论述了“孟轲的唯心主义哲学”，概述了孟子的生平，认为孟子是我国著名的政治思想家、唯心主义哲学家，是代表由没落奴隶主阶级转化而来的新兴地主阶级上层利益的政治思想家和哲学家。

该书论述了孟子“‘天人合一’的哲学思想”，指出：“孟轲继承了孔丘的唯心主义天命观，肯定在自然界和人类社会之上存在着‘天’。他认为‘天’的权威不可抗拒”，他“没有把‘天’和‘神’直接等同起来，而是把它作为一种非人力所能支配的盲目的力量。他认为人世间一切事情，都是由‘天’和‘命’所决定的”，他还“宣扬君权天授。他说君主传授王位给谁，不是由君主自己决定的，而是‘天与之’”。孟子“把人的艰苦锻炼说成是神秘主义的‘天’所主宰的，显然是唯心主义的虚构”。孟子“用体力劳动与脑力劳动的分工为统治与被统治的阶级关系辩护……用以论证剥削和压迫制度的天经地义”，“他宣扬唯心主义天才论的真正目的，正在于要他这样的‘天才’来统治人民，而人民必须崇拜‘天才’，服从天生的‘贤人’、‘圣哲’的统治”；“在天和人的关系上，孟轲主张天人合一。他宣称仁、义等道德规范是‘天’的原则，同时又是人的本性。于是‘天’和人在仁义的基础上完全一致起来了……他进一步得出了唯我论的结论说：‘万物皆备于我。’就是说，宇宙万物都存在我的心中”，这是“十足的主观唯心主义的观点”。他的“养浩然之气”“片面发挥和膨胀了人的主观能动作用”，“企图从内心修养论证宗法制度的‘天’永恒不变。由此构成了主观唯心主义哲学体系”。①

该书肯定了孟子哲学思想的某些积极方面和对后世的重要影响。譬如认为孟子主张历史上担当“大任”的人，都要经过一个艰苦锻炼的过程，这是历史经验的正确总结，具有不可移易的真理性。但由于受当时社会环境、学术环境的影响，判定孟子的社会分工论是“用以论证剥削和压迫制度的天经地义”，“宣扬唯心主义天才论”和“构成了主观唯心主义哲学体系”等，这无疑受到当时片面否定孟子思想的偏颇观点的影响。至于所谓孟子“字子舆”之说，亦为讹传。

---

① 参见杨宪邦主编：《中国哲学通史》第一卷，中国人民大学出版社1987年版，第230～233页。

除上述外，北京大学哲学系中国哲学史教研室编《中国哲学史·上册》、肖萐父和李锦全主编《中国哲学史·上卷》、任继愈主编《中国哲学发展史·先秦》等哲学思想通史，从整体上论述了孟子的哲学思想。笔者评述了这三部哲学思想通史的基本观点及得失。譬如评析肖萐父、李锦全主编《中国哲学史·上卷》时提出，“该书在一定程度上肯定了孟子思想中的积极方面，但从总体上看仍难以避免当时强烈的政治文化色彩的影响，对孟子思想多采取了贬斥和批判。其中，对孟子性善论、认识论、历史观的评价也多有偏颇之处”，“肖萐父、李锦全主编《中国哲学史纲要》（外文出版社 2000 年版），设专章阐述了‘孟轲对儒家哲学的深化’，删除了上述《中国哲学史》中论述孟子思想时所使用的大批判式的过时语言，采取了平实的语言论述孟子思想。但令人不解的是，经过近 20 年的社会变化，学术界对孟子思想的认识和评价发生了较大的变化，然而《中国哲学史纲要》却仍重复《中国哲学史》中的传统观点，对孟子思想缺少新的探讨和概括”。又如评析任继愈主编《中国哲学发展史·先秦》时认为，该书“对孟子思想进行了全面、认真的评析和探讨，肯定了孟子思想的积极方面，较客观评价了孟子在中国儒学和封建社会的地位及影响等，但作者难以避免当时社会环境和政治色彩的影响，认为告子与孟子关于人性的辩论反映了唯物主义与唯心主义的斗争，对孟子性善论、哲学思想的总体评价有些观点是值得商榷的”。①

总之，在这一阶段内，许多哲学思想通史在一定程度上肯定了孟子哲学思想的积极因素和积极贡献，这从一个侧面反映了当时社会科学研究水平的进步和提高。当然，在当时的社会条件下，不少论著对孟子哲学思想予以不合理的贬斥，否定了孟子哲学思想的积极贡献。在研究方法上，仍未摆脱唯物主义与唯心主义“两军对战”模式的影响。不少论著曲解了孟子“万物皆备于我”的思想观点，有人对此提出质疑和怀疑，却受到批评和指责，这不能不说是与当时的社会环境、学术环境有一定关联的。

二、孟学论文的专题研究

在 20 世纪 80 年代，学界发表了几十篇研究孟子哲学思想的论文。其主要内容包括孟子哲学思想的性质、特点、哲学范畴和命题、认识论、辩证法等几个方面。

---

① 参见王其俊:《中国大陆当代孟学研究述评》,《孔孟学报》2011 年总第 89 期。

（一）哲学思想的性质、特点研究

自1949年新中国成立以来，孟子哲学思想的性质是学界争论的一个重要问题。20世纪60年代前后，发生过一场争论。[①] 20世纪80年代，学界对孟子哲学思想的性质又展开了一场争论。严北溟撰文论述了孟子的政治态度、井田制、仁政、王道思想、辟杨墨等，认为“所有这些思想、主张，都是从实际出发，反映了新兴封建地主阶级对发展生产的兴趣及其政治经济利益，也体现着历史前进的客观规律，本质上都属于朴素的唯物主义思想的范畴”。该文针对学界判定孟子哲学思想是主观唯心主义的观点，认为“决不能用片言只语代替全面分析，不应望文生义地去误解或有意曲解一个哲学家的思想实质”。[②]

束景南逐一评析了严北溟所列举的五条证据，认为“严先生却只零星地从孟子思想中找出若干政治上的进步性来代替哲学上的唯物主义，而却回避了最足以反映孟子社会政治思想是唯心主义的那些重要观点”[③]。严北溟又撰文指出，束景南“只是抓住《孟子》书中片言只语，就望文生义地给他戴上各种帽子，有什么‘历史循环论’、‘英雄史观’、‘人性决定论’、‘天命观’、‘内心修养可外平天下说’和‘剥削制度天然合理论’等等”，并对束景南的各种指责一一做了回应，认为“孟子对人性问题的探索，在今天还有它重要的学术价值，未可以主观唯心主义和抽象人性论等贬词而一概予以抹煞。至于束同志对与孟子性善说有关的一些命题如‘万物皆备于我’、‘浩然之气’、‘尽心知性知天’等等的解释和评价，也有很多失实和欠妥之处”[④]。

这场关于孟子哲学性质的争论和对孟子哲学思想的评价，在学术界产生了较大反响。对严北溟先生的观点，有的赞同，有的异议。笔者指出：“严北溟对孟学的评价实际上是对建国以来判定孟子是主观唯心主义传统观点的质疑和挑战，亦是对学术界‘左’的倾向的批评。”[⑤] 围绕着孟子哲学思想的性质，许多学者展开了争论，主要观点大致划分为以下几种。

其一，孟子哲学思想是主观唯心主义。赵润琦概述了孟子仁政思想的主要内容，论述了孟子仁政学说的哲学基础，认为“在其哲学基础中充满

---

① 参见本书第一章第二节。

② 参见严北溟：《从评价孟子谈哲学的党性问题》，《哲学研究》1980年第9期。

③ 束景南：《也谈孟子哲学的评价问题——与严北溟先生商榷》，《哲学研究》1981年第4期。

④ 严北溟：《再谈孟子评价与哲学党性问题》，《哲学研究》1981年第7期。

⑤ 王其俊：《中国大陆当代孟学研究述评》，《孔孟学报》2011年总第89期。

着唯物史观的合理因素与主观唯心主义体系的矛盾……把其哲学思想中唯物史观的合理因素与其主观唯心主义体系区别开来”①。

其二，孟子哲学的基本倾向是客观唯心主义。裴大洋认为，“肯定他的哲学的基本倾向是客观唯心主义的同时，也承认其有主观唯心主义的因素，甚至在某些方面还有一些朴素唯物主义的成分”②。刘鄂培、羊涤生认为，“孟子哲学的最高范畴是天……他的哲学属于客观唯心主义，这是毫无疑问的”③。

其三，孟子哲学思想是朴素唯物主义。游唤民认为，“孟子的宇宙观并没有停留在主观唯心主义上，而是向朴素唯物主义和朴素辩证法转化，最后朴素唯物主义和朴素辩证法占居了主导地位”④。笔者亦持类似的观点，并对裴大洋的观点提出商榷。⑤

其四，孟子哲学思想以唯心主义为主，兼有唯物主义思想。孙国珍认为，“孟子不是一个纯粹的唯物论者和唯心论者，而是一个以唯心主义为主，兼有唯物主义思想的哲学家”⑥。苗润田认为，孟子“既有唯心论的先验论，也有唯物论的反映论……先验论占了主导的方面，从而决定了其认识论的唯心主义的基本性质”⑦。

除上述外，魏宗禹论述了孟子哲学思想的特点，认为孟子“尊重和推崇理性的精神”，“理性的特点贯穿在孟子的全部哲学思想中……把天道观、人性论和仁政等思想结合起来、联系在一起而形成唯心论体系”，其意义“一方面是他强调理性自觉，说明他重视人的能动作用；一方面是他将理性自觉绝对化，成为一个理性主义者”，构成了“先验论的唯理论体系”。⑧

笔者认为，上述几种不同的观点反映了当时学界对孟子哲学思想性质的基本认识。承认孟子哲学思想性质是朴素唯物主义的论者，并没有否认

---

① 赵润琦：《孟子的“仁政”学说及其哲学基础——兼向严北溟先生求教》，《西北大学学报》（哲社版）1983年第4期。

② 裴大洋：《孟子的哲学是客观唯心论》，《陕西师范大学学报》（哲社版）1984年第2期。

③ 刘鄂培、羊涤生：《孟子的哲学是主观唯心论，还是客观唯心论？》，谢祥皓编：《孟子思想研究》，山东大学出版社1986年版，第32～43页。

④ 游唤民：《简论孟子的哲学思想》，《湖南师院学报》1984年第4期。

⑤ 参见王其俊：《关于孟子哲学思想的几个问题——与裴大洋同志商榷》，谢祥皓编：《孟子思想研究》，山东大学出版社1986年版，第52～62页。

⑥ 孙国珍：《要全面评价孟子哲学思想》，谢祥皓编：《孟子思想研究》，山东大学出版社1986年版，第44～51页。

⑦ 苗润田：《简述孟子认识论的唯物主义因素》，谢祥皓编：《孟子思想研究》，山东大学出版社1986年版，第68～72页。

⑧ 参见魏宗禹：《论孟子哲学思想的特点》，《山西大学学报》（哲社版）1985年第2期。

其思想体系中的唯心主义因素；承认孟子哲学思想性质是主、客观唯心主义的论者，也没有否认其思想体系中的唯物主义因素，所不同的是哪一个方面在孟子哲学思想体系中占据主导地位。对孟子哲学思想性质的评价和探讨，仍采用唯物主义与唯心主义“两军对战”的研究范式，这无疑具有当时的时代特点。

（二）哲学范畴、命题研究

学界对孟子哲学范畴、命题的初步探讨，与哲学界开始重视中国传统哲学范畴的研究是紧密相连的。汤一介认为，“研究中国传统哲学的范畴体系是研究中国哲学史的重要任务，它是揭示中国传统哲学发展的规律及其特点和发展水平的根本途径……研究中国传统哲学的范畴体系必须对概念、范畴的涵义作科学的分析，要看到概念、范畴涵义的发展和其间的相互联系，并应对中外哲学概念、范畴进行比较分析”①。汤一介的观点在学界引起较大的反响。1981 年 10 月，参加杭州全国宋明理学讨论会的部分学者对汤一介一文予以座谈讨论。1983 年 6 月，40 余位学者在《中国哲学史研究》编辑部召开的夏季学术讨论会上，就中国哲学范畴、概念和思潮发展规律研究的方法论问题展开了讨论。在这一学术环境下，许多学者探讨了孟子的天命、“尽心知性知天”和“万物皆备于我”等哲学范畴与命题。

关于天命。商聚德认为，“孟子接受了传统的天命决定一切的观念，在世界观上基本属于客观唯心主义体系。但他也作了某些修改，其中也包含某些积极的因素”②。孙开太认为，“孟子天道观的性质是复杂的……既有客观唯心主义，又有主观唯心主义，最后则用‘天人合一’把两者结合在一起，但其主要倾向则是主观唯心主义的”③。笔者认为，“天命是孟子哲学的核心范畴。他继承、发展了前人的积极成果，剔除了天命人格神含义，赋予天命以自然之天、社会趋势之天命、伦理之天命的含义，用它表示自然界、人类社会、伦理观念存在的自然过程及其发展的必然性，进而将天命视为人们认识、利用、掌握的对象，而不是顶礼膜拜的主宰”④。

邹渠认为，“‘尽心、知性、知天’是孟子提出的一个重要的道德修养公式，也是他为解决天人关系的一个重要命题。长期以来，这个命题被看

① 汤一介:《论中国传统哲学范畴体系的诸问题》,《中国社会科学》1981 年第 5 期。
② 商聚德:《孟子哲学思想十题》(上、下),《河北大学学报》(哲社版)1980 年第 3、4 期。
③ 孙开太:《试评孟子的天道观》,《思想战线》1985 年第 1 期。
④ 王其俊:《试论孟子的天命范畴》,《东岳论丛》1985 年第 4 期。

成是主观唯心主义的典型公式……但是，却应看到它在当时的历史条件下所包含的合理因素和否定神学天命观的积极作用”[①]。

除上述外，有些论者还探讨了孟子的义利、穷达、中权等范畴。

（三）认识论研究

在 20 世纪 80 年代，学界对孟子的认识论进行了新的探讨。许多论文肯定了孟子对认识论的贡献。王棣棠认为，“孟子的唯心主义认识论对中国哲学史上唯心主义认识路线的发展，具有严重的影响，应该进行严肃认真的清理和批判”，“孟子的唯心主义哲学体系中掺杂了一定的唯物主义的东西”。[②]

笔者较全面诠释了孟子的天、物、命、性、心、行等认识论范畴，针对学术界有人判定孟子的认识论是“一种地道的唯心主义先验论”[③] 的观点，论述了孟子认识论的基本倾向，阐述了孟子关于耳目感官与心官的不同功能及联系，认为“孟子在认识过程中将耳目感官与心官视为一个既有区别、又有联系的统一体……就其基本倾向而言，并不是有人判定的唯心主义先验论，而是既重视感官作用，又强调理性思维的朴素唯物主义反映论”[④]。

（四）辩证法研究

王国炎探讨了孟子朴素辩证法思想，认为“孟子的思想中，充满着辩证法和形而上学的矛盾……孟子思想中的辩证法是零碎的、杂乱的、未成体系的，带有浓厚的自发性和朴素性，这种朴素辩证法是孟子对当时自然科学、生产实践特别是对当时社会现实的深刻反映”[⑤]。徐儒宗认为，“孟子继承了《中庸》和《易传》的理论，对孔子提出的中庸思想作了进一步发挥和灵活运用”，孟子“认识论和方法论上的‘执两用中’思想”“‘中和’思想在仁政学说中的运用”“事物发展观上的‘时中’思想”“行为修养上的‘中行’思想”“经权常变”等中庸思想，“尽管有其局限，但较之

---

① 邹渠：《试论孟子“尽心、知性、知天”思想的历史意义》，《四川大学学报》（哲社版）1981 年第 4 期。

② 参见王棣棠：《略论孟子对认识论的贡献》，《东岳论丛》1980 年第 4 期。

③ 钟肇鹏：《孟轲》，辛冠洁、李曦编：《中国古代著名哲学家评传》第一卷，齐鲁书社 1980 年版，第 298～299 页。

④ 王其俊：《试论孟子认识论的基本倾向》，《齐鲁学刊》1987 年第 5 期。

⑤ 王国炎：《论孟子的朴素辩证法思想》，《江西大学学报》（社科版）1983 年第 1 期。

后世那些死守教条、执一不通的陋儒，无疑高明得多”。①

总之，学界对孟子哲学思想性质、哲学范畴和命题、认识论、朴素辩证法等做了进一步的探讨。关于孟子哲学思想性质的争论。严北溟批评有的论者抓住《孟子》书中片言只语，就望文生义地给他戴上“历史循环论”“英雄史观”“人性决定论”“天命观”“内心修养可外平天下说”“剥削制度天然合理论”等各种帽子，却把孟子那些富有人民性、民主性的思想倾向扣上一顶主观唯心主义的帽子而一概予以否定。② 对孟子哲学思想的性质，许多学者展开了争论，大体有以下几种观点：一是主观唯心论，刘蔚华持此观点③；二是主观唯心主义和客观唯心主义的混合物，吴琼持此观点④；三是基本倾向是客观唯心主义，乔长路、裴大洋等持此观点⑤；四是游唤民认为“孟子由主观唯心主义向朴素唯物主义和朴素辩证法转化，最后朴素唯物主义和朴素辩证法占居了主导地位”⑥；五是严北溟认为其基本倾向是朴素唯物论，笔者所撰《关于孟子哲学思想的几个问题》《论孟子认识论范畴体系》《试论孟子认识论的基本倾向》等文亦提出孟子哲学思想是朴素唯物论。

关于孟子的哲学范畴、命题研究。对孟子“万物皆备于我”“尽心知性知天”“天命”等范畴、命题基本存在着四种不同的观点：一是孟子“尽心知性知天”表现了客观唯心主义的天命观；二是“尽心知性知天”是主观唯心主义命题，它以唯心的形式肯定了人的主观能动性，夸大了人的精神作用，以主观来吞没客观，使人的自我精神绝对化；三是孟子的“尽心知性知天”是调和客观唯心主义与主观唯心主义的天人合一，其主要倾向则是主观唯心主义；四是孟子表现出朴素唯物主义的天命观。

总之，20 世纪 80 年代是中国改革开放的第一个十年，孟学研究处于一个研究范式从旧向新转变的过渡阶段。因此，肯定孟子哲学思想的积极意义和价值呈现出逐年增多的趋向。不少论著仍坚持否定、抨击孟子哲学思想的传统观点，就不足为怪了。这与当时的社会环境、学术环境是紧密相连的。

---

① 参见徐儒宗：《论孟子的中庸思想》，《东岳论丛》1990 年第 4 期。

② 参见严北溟：《从评价孟子谈哲学的党性问题》，《哲学研究》1980 年第 9 期；《再谈孟子评价与哲学党性问题》，《哲学研究》1981 年第 7 期。

③ 参见刘蔚华：《孟子思想研究》（上、下），《齐鲁学刊》1985 年第 2、3 期。

④ 参见吴琼：《论孟轲哲学思想中性善论与天命论的矛盾》，《中国哲学史研究》1981 年第 3 期。

⑤ 参见乔长路：《关于孟轲哲学思想的几个问题》，《哲学研究》1981 年第 12 期；裴大洋：《孟子的哲学是客观唯心论》，《陕西师范大学学报》（哲社版）1984 年第 2 期。

⑥ 游唤民：《简论孟子的哲学思想》，《湖南师院学报》1984 年第 4 期。

第三节　20 世纪 90 年代的孟子哲学思想研究

在这一阶段内，学界发表的 30 余篇论文对孟子哲学思想进行了深入的探讨。其主要内容划分为两大类：一是孟子哲学思想的整体研究；二是孟子心性论、天人关系、认识论、时中权等专题研究。

一、孟子哲学思想的整体研究

许多论文从整体上论述了孟子的哲学思想，主要内容包括孟子的主体哲学、哲学结构、时代价值等。

颜炳罡提出，孟子“建构了主体哲学。他是我国历史上较早地对人性即主体性展开讨论的哲学家”，“孟子认为：人是社会的主体，作为社会主体的人与禽兽是不同的。作为类存在的人有其共同性即人性、主体性”，“仁、义、礼、智等道德规范并不是外于我的异在，而是与我同在”；孟子的“天”“是一既自然又必然、既现实又理想、既此岸又彼岸、既内在又外在的复合体。‘上下与天地同流’是其自由理想人格的极致，是主体道德价值的充分实现”；“孟子的道德王是道德主体与政治主体的一致。‘道德王’或‘王道德’一直是孟子的追求和理想”，“孟子则以心性为起点，步步上升为亲亲、仁民、爱物，以至与天合一”。[①]

黎红雷探讨了孟子的哲学结构，认为“孟子逐步展开出‘心性天合一’的本体论、‘存心养性’的伦理论和‘仁心仁政’的管理论，构成了自己的哲学思想体系”[②]。

张光成论述了孟子遗留的三个哲学问题：其一，“反求诸己的哲学方向”；其二，“天人合一与神秘主义”；其三，“浩然之气——物质与精神的关系问题”。他指出，“孟子所讲的浩然之气”是“精神的亦是物质的……是建基于天道的精神学说，是从天道升华出的人道，是从本体论升华出的伦理学”。[③]

史炳军从主体意识的觉醒论述了孟子哲学的时代价值，认为“对主体意识的高度重视，是孟子哲学的一个重要特色”，“从对心性的重新透视中把儒学从伦常主义转向个体主义，从而使儒学以其特有的入世精神和对个

① 参见颜炳罡：《论孟子的主体哲学》，《孔子研究》1994 年第 1 期。

② 黎红雷：《本体·伦理·管理——孟子哲学结构新探》，《中国哲学史》1998 年第 2 期。

③ 参见张光成：《孟子遗留的三个哲学问题》，《社会科学》2000 年第 6 期。

体意志的充分肯定，成为百家争鸣中的显学”，“孟子从其重人的哲学前提出发，抨击霸道，主张王道，重视人的全面发展，由性善论而得出的仁政论，毕竟具有时代的进步意义”。①

二、孟子哲学思想专题研究

这一研究主要包括心性论、天人论、认识论、时中权等。

（一）心性论

心性论是孟子关于心、性关系的学说，亦是其哲学思想的一项重要内容。为了全面、正确评价孟子的心性论，就必须厘清孟子心性的内涵、逻辑架构与持养方法、对孔子学说的继承和发展等。在这一阶段内，学界对上述问题做了一定的探讨。

关于心、性的内涵及二者关系。一种观点认为，孟子的心具有体用两种含义。马振铎认为，“孟子的心概念有时以体言，有时以用言。以体言，心是人的一个器官……孟子所说的‘心之官则思’的‘思’，也是如此，它不仅指知性的思维活动，也泛指心的一切活动”，“以用言之心在不同场合具有不同的涵义”，“‘心’通过‘思’而产生、得到种种思想、观念、情感、意向、志趣，这些又经由实地践履转化为人的种种行为，包括政治行为”②。另一种观点认为，孟子“揭示‘心’的内涵为仁、义、礼、智‘四端’，又从‘四端’中引出‘性’的概念，认为性在于心……‘心’是‘天之所与我者’，因而‘性’也就是人所固有的本质，即‘人性’”③。

关于心与性的关系。有的学者认为，二者关系包括两个层面：一是心性不是两物，性只是心的一种能力，并指出孟子认为心天生具有两种本能，其一是“良知良能”；二是心性不是一物，心除了性之外，还有另一种本能物欲，它也是心与生俱来的一种本能。孟子并不一般地否定物欲，而物欲则有可能使心产生恶念、恶意和邪恶情感。孟子提出的心性修养学说都是围绕养性和寡欲展开的。④

何晓明认为，“孟子的‘心性’之说，是一个逻辑严密、结构宏大、内涵丰富的理论体系”，孟子又着力探求“存心养性”之道，将其“心性”

---

① 参见史炳军:《从主体意识的觉醒看孟子哲学的时代价值》,《西北大学学报》(哲社版)1995年第2期。

② 参见马振铎:《孟子的“自为”之学和心说》,《孔子研究》1995年第4期。

③ 何晓明:《孟子“心性”论剖析》,《桂林市教育学院学报》1995年第1期。

④ 参见马振铎:《孟子的“自为”之学和心说》,《孔子研究》1995年第4期。

说提高到认识论与本体论、人生观相结合的高度，提出“尽心、知性、知天、立命”，“天人合一于‘诚’是孟子‘心性’说的最高理论境界，达到这一境界，便会有‘万物皆备于我矣’的人生自由感”。①

（二）天人论

天人论，即探讨天与人的关系，是中国古代传统文化的一项重要内容。据近人的归纳，中国古代对天人关系的回答，大致有二：一曰天人合一，一曰天人相分。20 世纪 90 年代，学界发表的 10 余篇论文深入地探讨了孟子的天人论。其主要内容包括“天”“命”范畴的内涵和天人合一两个方面。

1.“天”“命”范畴的内涵

学界普遍认为，孟子的“天”“命”范畴具有多重含义，二者是紧密联系在一起的。综合有关论述，主要观点表述如下：

第一，唯物主义的天命观。梁韦弦针对有人将孟子的天命观判定为唯心主义的传统观点，提出“孟子视天为自然，而不是超自然的主观精神，孟子把这类自然物视为世界之本源；在对成败盛衰、吉凶祸福的认识上，孟子也强调客观因素而否定天意，其‘天命观’的主导方面是唯物主义的”②。

第二，“天”“命”范畴的多种含义。何晓明认为，“孟子心中的‘天’，有三层不同的内涵：其一，自然之天；其二，意志之天（或曰主宰之天）；其三，道德之天”，“对于‘自然之天’，他提出‘顺天’；对于‘意志之天’，他提出‘畏天’；对于‘道德之天’，他提出‘知天’。顺天、畏天、知天，都涉及了人与天的关系问题。对于人与天的关系，孟子的基本观点是‘天人相通’……在中国思想史上，独树一帜，对其后儒学，尤其是宋明理学的‘天人合一’论，产生了深远的影响”。③ 张奇伟认为，“孟子的‘天’范畴具有多种含义，在一点上是同一的：外在于人。孟子对‘天’下了一个非常深刻和精辟的定义：‘莫之为而为者，天也。’‘天’是一种属性，而非实体。这一定义深刻精辟，抓住了‘天’的本质规定性……孟子的‘天’主要指的是实现王道之努力中和修养成圣之人生历程中的种种必然性，既指盲目的必然，更指理性的必然”④。

---

① 参见何晓明：《孟子“心性”论剖析》，《桂林市教育学院学报》1995 年第 1 期。

② 梁韦弦：《孟子天命观新论》，《松辽学刊》（社科版）1992 年第 4 期。

③ 参见何晓明：《孟子“天”论剖析》，《齐鲁学刊》1995 年第 1 期。

④ 张奇伟：《“莫之为而为者，天也”——孟子“天”范畴新解》，《中国哲学史》1999 年第 4 期。

2. 天人合一

孟子的天人合一就是指天人的和合相配及协调统一。刘鄂培认为，孟子天人合一观的主要内容包括性善论、“万物皆备于我”、“天命”与人的主体能动性、“民贵君轻”说、“仁民爱物”五个方面。他指出孟子天人合一观“贯穿于孟子的人性论、道德论、天命观、政治观、自然观等重大问题之中。因此，‘天人合一’观是孟子的宇宙观、方法论，是孟子学说的中心思想”，“从哲学上说，是以人为本的天人和谐、均衡、统一的宇宙观。同时，又是从宏观上、从整体上来把握世界的思惟方式”。①

朱林将孟子天人合一说的积极意义概括为三个方面：一是“提高了人的地位，突出了人是主体的思想”；二是“在‘天人合一’基础上提出的‘尽心知天’理论与今天对于人的理解仍有合拍之处”；三是“‘天人合一’的思想经过合理地批判改造，可以为马克思主义哲学所接受”。②

（三）认识论、时中权

1. 认识论

认识论是孟子哲学思想的一项重要内容。如何判定孟子认识论的性质，自新中国成立以来，学界进行了长期的争论。在 20 世纪 90 年代，学界关于孟子认识论性质的主要观点有二：一是唯心主义先验论；二是唯物主义反映论。

第一，唯心主义先验论。孙开泰论述了孟子“良知”“良能”的先验论、唯心论的唯理论、“内省”“养心”的唯心主义认识途径等问题，认为“孟子通过‘内省’、‘养心’的途径……而达到‘知天’的‘天人合一’的境界。这正是从心到物、从感觉和思想到物的认识路线，是典型的主观唯心主义的认识论，但并不排除其在具体问题上有唯物主义的因素”③。夏甄陶认为，“孟子继承了孔子‘生而知之’的先验主义，引申、发挥出一种普遍的、先验主义的‘良知’、‘良能”，形成了一条主观唯心主义的认识路线”④。

第二，唯物主义反映论。梁韦弦指出：“孟子认识论的基本倾向应该是唯物主义的……孟子的性善论不是将人的道德看成是先天固有的，而是强调人形成道德的能力或内在条件是先天潜在的”，“他并不否认接受教

① 参见刘鄂培：《论孟子的“天人合一”观与后工业社会》，《湖南社会科学》1992 年第 1 期。

② 参见朱林：《孟子“天人合一”思想述论》，《江西社会科学》1992 年第 5 期。

③ 孙开泰：《试评孟子的认识论》，《管子学刊》1991 年第 1 期。

④ 夏甄陶：《孟子认识论思想批判》，《社会科学战线》1992 年第 1 期。

育、实践磨炼等向外学的途径，他所讲的‘尽心’、‘知性’、‘知天’、‘万物皆备于我’、‘反身而诚’等，说的是人应充分利用自身所具有的认识能力去认识人类自身和自然的规律”。[①] 刘鄂培认为，“孟子在认识论中……提出了系统的、完整的反映论，可知论对中国哲学认识论的发展起到了重大影响作用。孟子的认识论丰富多彩，在中国哲学史上占有重要地位”[②]。

2. 时中权

“执中有权”是孟子哲学思想的一项重要内容，亦是其一种重要的论辩方法，在历史上曾产生重要的影响。许多论文论述了“执中有权”的内涵、价值、理论意义和局限等。

王以宪论述了“执中有权”的内涵，认为“‘中庸’是儒家最高的道德标准和行为规范。‘权’是违反常礼常规的临机应变的方法。孟子把‘执中’与‘行权’辩证地统一起来，主张以‘执中’为根本原则，以‘行权’为一种行动策略，以求对‘执中’有所补益。孟子‘行权’范围涉及政治、经济、伦理诸方面，而最能体现其‘执中行权’的则是他对周礼的扬弃，把孔子的‘仁—礼’理论体系改造为‘仁—义’体系……‘执中行权’是改良而非变革，但从思维方式上为后世大师对儒学改造提供了有力的武器”[③]。杨泽波认为，孟子经权思想的内涵包括三个方面：一是“孟子主张反经也主张行权”。二是“反经与行权的关系”。“既要反经，又要行权，二者是有矛盾的。”“行权”是要“背反”于经的。孟子主张，只有圣贤才能行权。“行权”的标准是义。三是“行权标准与价值衡定原则”。[④]

关于“执中有权”的价值、理论意义和局限。有的指出：“孟子倡导的‘执中行权’，从思想观念上讲只是不彻底的改良而非根本性的变革，然而从思维方式上讲，求通变而不固执于一，这就给儒学带来了一定的活力，使它能随着时势的发展变化而变化；也给儒学大师改造儒学提供了有力的武器”[⑤]；有的认为，“孟子经权学说的理论意义，是有助于避免绝对主义和相对主义”，“他强调‘反经’胜过‘行权’。中国传统政治有独断论的倾向，其主要原因在于政治决策，但与孟子的影响似乎也有或远或近

---

① 参见梁韦弦：《孟子认识论的基本倾向》，《吉林大学社会科学学报》1991 年第 3 期。

② 刘鄂培：《论孟子的认识论——反映论、可知论——兼论从孟子到王夫之中国古代认识论的唯物传统》，《船山学刊》1996 年第 2 期。

③ 王以宪：《论孟子的“执中行权”思想》，《江西师范大学学报》（哲社版）1992 年第 4 期。

④ 参见杨泽波：《孟子经权思想探微》，《学术论坛》1997 年第 6 期。

⑤ 王以宪：《论孟子的“执中行权”思想》，《江西师范大学学报》（哲社版）1992 年第 4 期。

的关系”①。

总之，20 世纪 90 年代孟子哲学思想研究取得了新的进展。主要成就表现于以下几个方面：

第一，在整体研究上深化了孟子主体哲学、哲学结构、哲学时代价值的探讨。从新中国成立至 20 世纪 80 年代，学界多偏重于对孟子哲学思想进行唯物主义与唯心主义的定性，对其主体性的研究并没有引起足够的重视。20 世纪 90 年代，学界开始重视孟子主体哲学的研究，这就扩大、开辟了孟学研究的新领域。有的指出：孟子主体哲学的内涵包括“主体性的设立”“主体价值的实现”“道德主体与政治主体”三个层面。孟子主体哲学的核心是心性之学，尽心知性知天和存心养性事天是这一哲学的内在逻辑，天则是其全部理论的形上根据。“孟子以心性为起点，步步上升为亲亲、仁民、爱物，以至与天合一。”②

关于孟子的哲学结构。有的提出：孟子以“心性天合一”的本体论、“存心养性”的伦理论和“仁心仁政”的管理论，构成了其哲学思想体系③；有的认为，孟子构成了反求诸己—尽心知性知天—养浩然之气—成大丈夫人格的整个儒家哲学框架。总之，上述新见对人们正确把握孟子思想的整体结构，无疑具有深刻的启示作用。

关于孟子哲学的时代价值。有的指出：对主体意识的高度重视，是孟子哲学的一个重要特色。孟子第一次在中国哲学史上把主体的作用提高到一个新阶段。他对主体力量和意识的强调，在中国哲学史上产生了深刻影响，对形成后期儒学的入世精神起了重要作用，从而使儒学成为百家争鸣中的显学。

第二，在专题研究上，深化了心性论、天人论、认识论、时中权等研究。

其一，心性论。学界对孟子心性之内涵的认识，主要观点有二：一是孟子的“心”有时以体言，有时以用言。二是“心”的内涵为仁、义、礼、智“四端”，从“四端”中引出“性”的概念。性在于心，“心”是“天之所与我者”，因而“性”也就是人所固有的本质，即“人性”。

其二，天人论。它主要包括“天”“命”范畴的内涵和天人合一两个层面。“天”“命”的内涵，大致有下列几种观点：一是“孟子的天，是一个既自然又必然、既现实又理想、既此岸又彼岸、既内在又外在的复合

---

① 参见杨泽波：《孟子经权思想探微》，《学术论坛》1997 年第 6 期。

② 颜炳罡：《论孟子的主体哲学》，《孔子研究》1994 年第 1 期。

③ 参见黎红雷：《本体·伦理·管理——孟子哲学结构新探》，《中国哲学史》1998 年第 2 期。

体。‘上下与天地同流’是其自由理想人格的极致，是主体道德价值的充分实现”[①]。二是孟子把天作为一个普通的认识对象，否定了它的主宰性和不可知性。[②] 三是孟子视天为自然，而不是超自然的主观精神，把这类自然物视为世界之本源，其“天命观”的主导方面是唯物主义的。[③] 四是孟子的“天”是一种属性，而非实体。孟子哲学之“天”主要指实现王道之努力中和修养成圣之人生历程中的种种必然性，既指盲目的必然，更指理性的必然。[④] 五是孟子的“天”有自然之天、意志之天（主宰之天）、道德之天三层不同的内涵。[⑤] 上述从不同角度、层面对孟子“天”“命”内涵的探讨，为深入探讨孟子的天人关系奠定了一定的理论前提。

关于天人合一。许多论文探讨了孟子天人合一的思想来源、内涵、实质、积极意义、局限性及历史影响。有的指出：孟子是最早系统地提出天人合一思想的哲学家，试图把谋求人与自然、社会和谐统一视为主旋律，认为人和自然界存在着一种统一性。有的学者将孟子天人合一观的主要内涵概括为性善论、“万物皆备于我”、“天命”与人的主体能动性、“民贵君轻”说、“仁民爱物”五个方面，认为天人合一观是以人为本的天人和谐、均衡、统一的宇宙观，它是从宏观、整体上来把握世界的思维方式，是中华民族古代的世界观和思维方式。有的认为，孟子天人合一思想提高了人的地位，突出了人是主体的思想，经过合理批判和改造可以为马克思主义哲学所接受。有的针对把孟子养浩然之气、天人合一的思想看作神秘主义的观点，认为“孟子伦理上的人格学说和政治上的仁政学说，都是以天人合一的本体学说作为根本哲学依据的。孟子所讲的浩然之气一是客观的存在；二是它如无所不在的精气，在人之外亦在人之内，是精神的亦是物质的。浩然之气是建基于天道的精神学说，是从天道升华出的人道，是从本体论升华出的伦理学”[⑥]。

当然，有的论者认为，孟子的“劳心者治人，劳力者治于人”，“这一方面表现了孟子轻视劳动实践外，更重要的是为封建统治者统治人民制造理论根据”。[⑦] 这一观点是值得商榷的。实际上，孟子的社会分工论是对

---

① 参见颜炳罡：《论孟子的主体哲学》，《孔子研究》1994 年第 1 期。

② 参见史炳军：《从主体意识的觉醒看孟子哲学的时代价值》，《西北大学学报》（哲社版）1995 年第 2 期。

③ 参见梁韦弦：《孟子天命观新论》，《松辽学刊》（社科版）1992 年第 4 期。

④ 参见张奇伟：《“莫之为而为者，天也”——孟子“天”范畴新解》，《中国哲学史》1999 年第 4 期。

⑤ 参见何晓明：《孟子“天”论剖析》，《齐鲁学刊》1995 年第 1 期。

⑥ 张光成：《孟子遗留的三个哲学问题》，《社会科学》2000 年第 6 期。

⑦ 参见朱林：《孟子“天人合一”思想述论》，《江西社会科学》1992 年第 5 期。

人类社会发展规律的一定概括，体力劳动者创造的物质财富与脑力劳动者创造的精神财富都是促进社会发展的必不可少的重要条件。孟子揭示的这一社会发展的客观事实，正是孟子对社会发展理性认识的反映。有的学者认为，“荀子代表了儒学的‘外王’走向，孟子创‘心性’之学，代表了儒学的‘内圣’走向。孔子是内外兼顾，仁礼并重，孟子则是重内轻外，专注‘心性’”①。笔者认为，称孟子重视“内圣”，注重“心性”，这是符合其思想本意的；但称其“重内轻外，专注‘心性’”未免偏颇。实际上，前人对此已做了颇精到的论述。韩愈称：孟子“所以正心诚意者，欲将以有为也”（《韩昌黎集·原道》）。章学诚说：“夫子为东周，而孟子王齐梁。”（《文史通义·内篇三·辨似》）罗根泽指出：“孟子之学，修身治国经世致用之学也。其论心性体相，为修齐治平之资助焉尔。”② 由此看来，孟子既重视“心性”，又重视“外王”。他讲修身，谈心性，都是为“有为”“王齐梁”“经世致用”和治国平天下的根本目的服务的。

其三，认识论。对孟子认识论的评价，主要划分为两种意见：一是孟子的认识论是唯心主义先验论，但同时存有唯物主义的因素；二是孟子坚持唯物主义反映论，同时存有唯心主义的因素。比较上述两说，笔者认为，前说基本延续了1949年以来的传统观点，将孟子的“良知”“良能”“尽心、知性、知天、立命”“万物皆备于我”等命题视为孟子坚持唯心主义认识论的主要依据，认为孟子主张只有理性认识才靠得住，而否认感性认识的作用，其认识途径是完全脱离实际的和从闭门修养、内心反省上下功夫。其养心之道，是要人放弃物质欲望，安于受剥削受压迫的生活，等等。这些评述，不能不说曲解了孟子的本意。后说将孟子的上述命题、概念等予以新的诠释。有的引用赵岐、焦循之说，认为“孟子这段话的主旨是在教人们在生死福祸的问题上发挥主观能动性，其认识是基本合理的”③。比较上述两说，后说更切合孟子认识论的本意，是客观公允的。

---

① 何晓明：《孟子“心性”论剖析》，《桂林市教育学院学报》1995年第1期。

② 罗根泽：《孟子评传》，商务印书馆1932年版，第86～87页。

③ 梁韦弦：《孟子认识论的基本倾向》，《吉林大学社会科学学报》1991年第3期。

第四节　21世纪以来的孟子哲学思想研究

一、孟子哲学思想的整体研究

孟子哲学思想的整体研究，可划分为两大类：哲学思想通史、孟学专著，学术论文。

（一）哲学思想通史、孟学专著的整体研究

在这一阶段内，对孟子哲学思想做出整体研究的哲学思想通史、孟学专著主要有：冯达文、郭齐勇主编《新编中国哲学史》上册，魏义霞《七子视界——先秦哲学研究》，宋志明《中国古代哲学通史》，等等。

1. 冯达文、郭齐勇主编《新编中国哲学史》上册

该书在第四章《早期儒家的性命说与孟子对儒学的深化》中，论述了“孟子依‘不忍人之心’确立的性善论”“孟子‘存心养性’的道德修养学说”“孟子以‘仁心’行‘仁政’的治国理想”。

（1）孟子依“不忍人之心”确立的性善论。该书认为，“孟子承续了孔子、子思一脉的思想并使之得以深化与发展的突出之点，是把孔子提出的‘仁’的观点诉诸‘不忍人之心’，由‘不忍人之心’论‘性善’，由‘性善’论‘天’与‘命’”。孟子“以‘心’为认知器官……它能够作理性思考，可以分辨真伪，作出正确判断。在认知的范围内，在感性与理性的比较中，孟子显然更认同理性”；“孟子的主要贡献特别是他对后人影响至深的，是他的以性善论为特征的心性论”；孟子“正是借‘天命’与‘心性’的分立，得以更好地深化孔子道德修养意识，强化‘仁学’作为‘为己’之学的价值，更且得以依理想的道德追求编织理想社会，又以理想社会为参照批判丑陋的现实政治”。①

（2）孟子“存心养性”的道德修养学说。孟子强化“仁学”作为“为己”之学、“成人”之学的价值，“主要表现在他提出的‘存其心，养其性’的修养方法和培养浩然之气的高尚人格追求中”。孟子的道德规范多讲“仁义礼智”四德，又以“仁义”为主，礼、智是“从属于‘仁义’的道德范畴”。孟子强调“反求诸己”的道德自律意识，同其“心性论”有

① 参见冯达文、郭齐勇主编：《新编中国哲学史》上册，人民出版社2004年版，第91～97页。

着密切的联系，这就“凸显了这种修养作为‘成己’的要求的自律性”。孟子“道德修养的目的是形成理想的人格”，即“养浩然之气”，它指的是人的一种“精神状态”“气概”“风度”“高尚人格”。①

（3）孟子以“仁心”行“仁政”的治国理想。该书认为，“孟子以理想的道德追求编织理想社会，以理想社会为参照批判丑陋的现实政治，集中表现在他的‘仁政’学说里”。该书依次论述了“‘民贵君轻’的治国理念”“‘得民得心’的王道学说”“‘先义后利’的价值取向”“‘劳心劳力’的分工主张”“孟子对现实政治的批判精神”，认为孟子的“仁政”“在治国目的论上不具现实性。然而在作为治国的手段与方法上却具有重要的意义”。他的得民心的基本原则是“所欲与之聚之，所恶勿施”（《孟子·离娄上》），并提出了获得民心的各种具体措施。孟子的义利之辨“涉及物质利益与精神价值的关系问题”，孟子“把精神价值置于人生追求的首位，却成为以后传统知识阶层的基本信念”。关于“劳心劳力的分工主张”。孟子的论述主要包括“劳动分工的必要性”“劳动成果交换的必要性”两个方面。孟子的“劳心劳力说”“包含着一定的真理”，“它认识到并且充分肯定了管理分工的必要性和合理性”，这“除了涉及知识、技能的区分之外，还隐含有在教养上的区分”，“孟子毕竟过分强调了精神追求的意义而鄙视平民的地位及其实利追求的社会历史价值。在面对社会走向平民化、功利化的时代，孟子的价值理想不可避免要遭到冷遇”。关于“孟子对现实政治的批判精神”。“孟子的社会理想虽然无法实现，但孟子借此理想审视、批判现实的丑恶政治走向，却对后世产生了深远的影响”，“孟子透过对现实丑恶政治的批判，成为‘社会良心’的代言人”。②

该书是近年来对孟子哲学思想做出较客观评价的著作之一，提出了许多深刻的见解。譬如认为孟子以“心”为认知器官，它能做出理性思考，可以分辨真伪，做出正确判断。在认知的范围内，在感性与理性的比较中，孟子显然更认同理性。又如认为孟子所谓“王何必曰利”，并不是真的不要利，而是从国家的根本利益出发，强调统治者要带头讲义，从而取得先义后利的效果。再如孟子的劳动分工说包含着一定的真理，它充分认识到并且充分肯定了管理分工的必要性和合理性，等等。当然，该书的个别观点亦有值得商榷之处。该书指出：孟子认为仁义礼智之“善性”是每个个人生而有之的，本质上是指的这种“善性”的先验性。笔者认为，孟子的“善性”是人之所以为人的本质属性，它是划分人“类”与禽兽之

① 参见冯达文、郭齐勇主编：《新编中国哲学史》上册，人民出版社 2004 年版，第 97～100 页。

② 参见冯达文、郭齐勇主编：《新编中国哲学史》上册，人民出版社 2004 年版，第 102～108 页。

“类”根本区别的重要标准之一。人是与犬马“不同类”的人“类”，人类具有的仁义礼智善性是“幼而学之，壮而欲行之”（《孟子·梁惠王下》），“教人以善”，“教以人伦”（《孟子·滕文公上》），即经历后天教化和践行培养而成的，而不是先验的或生而具有的。

2. 魏义霞《七子视界——先秦哲学研究》

该书对孟子哲学思想的探讨划分为“个案探究”“对话交流”“学术链接”三个部分。

（1）正命论——孟子本体哲学研究。该书认为，“正命论构成了孟子本体哲学的基本内容，也展示了孔孟思想的异同以及孟学的精神实质”。其主要内容包括下述三个方面：其一，“天命论——与孔子思想的一致性及儒家做派”。“孟子对天命深信不疑，宣称人的命运处在天的统辖之下。”孔孟的天命论“大同小异，一脉相承……都没有脱离客观唯心主义的窠臼”。其二，“天命人命论——不同于孔子的独特内蕴和心学路标”。孟子“在天命中加入人命的成分，由最初的宣扬上天决定人的命运的天命论走向了鼓吹人决定自身命运的人命论”。其三，“正命论——尽心知性而事天立命”。孟子的“正命论构成了孟子本体哲学的基本内容”。其理论创新表现为：一是“天命中人为因素的逐步增加使其向主观唯心论倾斜，最终以尽心、知性、知天的主观唯心论收场，人为因素变成了影响乃至决定命运的主宰力量”；二是“在正命论中加入了人性论的内容，这样做的结果是使冥冥之中的主宰——天命由朦胧的若有若无变得真切现实起来，也使待命之方更有操作性和针对性”；三是“尽心的途径和方法在‘万物皆备于我’的天人合一中开启了认识方法与道德修养合二为一的价值路线和致思方向”。①

（2）王道与仁政——孟子政治哲学研究。该书认为，“政治哲学不仅是孟子整个思想体系的核心，而且与其本体哲学、人性哲学密切相关”，并从“霸道与王道——政治理想和价值旨归”“王道与仁政——行政原则和政治路线”“仁政与教化——仁政手段和礼乐教化”“教化与井田——经济措施和社会分工”“王道、仁政与天命、人性——政治哲学的核心地位及其意义”五个方面做了论述。该书认为，“王道、仁政不仅限于孟子的政治哲学，而且浸透在本体哲学、人性哲学等方方面面……是王道、仁政架起了联结孟子的政治哲学与本体、人性哲学的桥梁，是以王道、仁政为主要内容的政治哲学为孟子的本体、人性哲学注入了特殊意蕴和独特魅

① 参见魏义霞：《七子视界——先秦哲学研究》，中国社会科学出版社2005年版，第43～55页。

力”，“由于王道、仁政乃至民心向背的参与，孟子的天命论由孔子以冥冥之天为主宰的客观唯心论转向了天命即人命的主观唯心论”。①

（3）孔孟之道意指什么——孔子与孟子思想比较。该书从本体哲学、认识哲学、人性哲学、政治哲学等方面比较了孔孟思想的异同。在本体哲学上，“孔子始终坚持客观唯心论，孟子则由客观唯心论向主观唯心论倾斜”；在认识哲学上，孔孟“在某种程度上显现了不可知论与可知论之差。从对人的认识能力鉴定上看……孔、孟的思想呈现出等级与平等之别。从待命的方法上看……两人在本体哲学领域的客观唯心主义与主观唯心主义的贯彻和展开，同时流露出消极与积极、等待与进取的不同态度”。②

（4）仁——在孔子与孟子之间。该书认为，仁是孔孟共同关注的焦点。两者思想既有“相似处和相同点”，又有“相异性和不同处”。其一，“相同的价值目标和理想追求”。这主要表现在“价值目标和人生追求——仁义道德而非物质利益”“概念内涵和行为规范——爱人而非人情淡漠或尔虞我诈”“政治路线和社会理想——德治仁政而非暴政力政”三个层面。它们“所显示的价值目标、人际关系和政治路线反映了孔孟的共同理想和一贯追求”。其二，“不同的思维走向和理论意蕴”。两者关于仁的明显区别表现为：一是“仁之何来——仁的身份证明与本体”；二是“仁为何物——仁的存在状态与内外”；三是“仁之何为——人的践履方式与先后”。其三，“孔孟思想的异同与命运”。③

（5）孔孟与韩非——儒家与法家治国方略比较。该书指出，孔孟与韩非的差异表现为：其一，“道德主义、功利主义——不同的价值理想、治国方略和行政路线”。其二，“德治仁政、奉法而治——两千年的历史公案”。儒法两家的分歧主要集中在法先王还是法后王的“指导思想之分”、文行忠信还是以吏为师的“施政方针之别”、表率引导还是法术威慑的“操作措施之差”、倡导中庸之道还是强调固定统一的“思维方式之异”、追求简约还是追求详尽完备的“行文追求之殊”五个方面。其三，“等差偏袒、平等废私——不同的社会功效、客观影响和历史命运”。④

除上述外，该书还论述了先秦本体哲学研究、语言哲学研究、人性哲学研究、历史哲学研究、法哲学研究。其中，在“先秦人性哲学研究”中比较了孟子的性善说与荀子的性恶论，指出“在关注其不同点的同时不应

① 参见魏义霞：《七子视界——先秦哲学研究》，中国社会科学出版社2005年版，第227、229页。
② 参见魏义霞：《七子视界——先秦哲学研究》，中国社会科学出版社2005年版，第292～293页。
③ 参见魏义霞：《七子视界——先秦哲学研究》，中国社会科学出版社2005年版，第296～306页。
④ 参见魏义霞：《七子视界——先秦哲学研究》，中国社会科学出版社2005年版，第327～336页。

否认其相同点，在强调其相同点的同时也不应掩盖其差异点。这才是理智的态度和方法”①。

笔者认为，该书以新的视角对先秦七位思想家做了多方位、多层次的深入探讨，读来令人耳目一新。许多学者肯定了该书的特色，指出其主要特色是“对先秦哲学的研究分别在个案研究、比较研究和宏观研究三个维度展开”，“以人物与学派为经纬线，在个案研究、比较研究和宏观研究的相互印证中对先秦哲学进行全方位、多视角的深入研究，个性与共性互动，史料与论证结合；既有对具体观点、命题、人物、学派的分析、透视，又有彼此之间的比较、整合；既注重不同流派之间的不同主张和特色，又兼顾各家之间的联系和统一。这对于推动先秦哲学的研究无疑具有积极意义”。② 有的学者赞扬该书“视角独特、特色鲜明，使人耳目一新”③，等等。笔者赞同上述学者对该书的整体评价。

此外，笔者认为该书对孟子哲学思想做了深入、系统的整体研究，探讨了孟子的本体哲学、政治哲学、人性哲学，比较了孟子与孔子、荀子、韩非思想的异同，从新的角度和层面审视了孟子的哲学思想，提出了许多新的观点和认识。该书的鲜明特色表现为：其一，将先秦七子视为一个既相互联系又相互区别的统一整体，对先秦儒、墨、道、法四个著名学派做了多方位、多层次的深入探讨，在论述他们相异点的同时又不否认其相同点，在强调其相同点的同时也不否认其差异点，既看到他们的同中之异，又看到他们的异中之同，从整体上展现了先秦诸子思想发展的历史脉络，深化了先秦诸子思想研究。

其二，将孟子置于先秦儒家、先秦诸子两个更高级的系统中，既考察孟子与孔子、荀子儒家代表人物的异同，又考察孟子与先秦墨、道、法家的异同。在孟子与先秦儒、墨、道、法四个著名学派的紧密联系和相互区别中，考察孟子本体哲学、政治哲学、人性哲学等，这就在更广阔的视野和更高的层次上审视孟子哲学思想，“在审视同中之异与异中之同的双向互动中，全景展示和深入挖掘异同背后的思维方式和价值取向”④。这既深化了孟子哲学思想研究，又展现了先秦诸子相互诘辩、相互争鸣、相互汇通、相互吸取的百家争鸣的繁荣景象。

---

① 魏义霞：《七子视界——先秦哲学研究》，中国社会科学出版社2005年版，第451页。

② 参见马庆玲：《简评〈七子视界：先秦哲学研究〉》，《光明日报》2007年5月12日。

③ 李天珠：《解读中国哲学的活水源头——评〈七子视界：先秦哲学研究〉》，《燕山大学学报》（哲社版）2008年第1期。

④ 马庆玲：《简评〈七子视界：先秦哲学研究〉》，《光明日报》2007年5月12日。

其三，观点鲜明，新意迭出。该书提出的许多观点令人耳目一新。譬如认为孟子的政治哲学是其“整个思想体系的核心”，论述了孟子的王霸之辨，深入探讨了孟子的政治理想和价值旨归、行政原则和政治路线、行政手段和礼乐教化、经济措施和社会分工。多年来，学界有一种偏颇观点认为性善论是孟子思想体系的核心，孟子的政治思想是建立在先验性善论的基础之上的。该书关于“孟子的政治哲学是其‘整个思想体系的核心’”的观点，对纠正上述偏颇观点是有积极意义的。又如该书全面、系统比较了孔孟之仁的异同，使人更全面地把握孔孟思想的相似处、相同点及其相异性、不同处。多年来，学界多偏重于识二者之同，而疏于辨二者之异。该书对孔孟之仁异同的全面比较，对促进先秦儒学研究当有积极意义。

当然，笔者对该书的某些观点，不敢苟同。譬如该书认为，孟子的“莫之为而为者，天也；莫之致而至者，命也”是客观唯心论，与孔子的天命论无异。他的“天视自我民视，天听自我民听”在天命中加入了人命的成分，其天命论的理论走势急剧向主观唯心主义倾斜。这一认识无疑延续了新中国成立以来的传统观点，是值得商榷的。自 20 世纪 80 年代以来，许多学者对上述传统观点提出辨析和商榷。譬如梁韦弦针对有人将孟子的天命观判定为唯心主义的传统观点，指出孟子视天为自然，而不是超自然的主观精神，把这类自然物视为世界之本源；在对成败盛衰、吉凶祸福的认识上，孟子也强调客观因素而否定天意，其天命观的主导方面是唯物主义的。① 张奇伟辨析了孟子“莫之为而为者，天也”的命题，认为孟子的“‘天’是一种属性，而非实体。这一定义深刻精辟……表现了孟子高超的理论思维能力”，“在孟子哲学中，‘天’主要指的是实现王道之努力中和修养成圣之人生历程中的种种必然性，既指盲目的必然，更指理性的必然”。② 笔者认为，上述论者对孟子天命论的辨析是客观的，值得称道。

又如该书在阐释《孟子·告子上》“钧是人”章时指出：“孟子坚信，‘心之官则思’，心具有思维的功能，目的是让人在面对各种名利和欲求时用道德理性来加以审视和把握，从而对应得和应舍做出选择”，“孟子之所以尽心是为了加强道德修养的主观自觉，用道德理性来约束人的生理欲望，以免被物欲所蒙蔽而使善良本性丧失殆尽”。但在论述孟子的“知性”时又认为，“孟子对人的耳目口鼻四肢以及由此产生的寒而欲暖、饥而欲食的生理需求始终持淡漠和否定态度”，“孟子对待人性的根本态度和主要

---

① 参见梁韦弦：《孟子天命观新论》，《松辽学刊》（社科版）1992 年第 4 期。

② 参见张奇伟：《“莫之为而为者，天也”——孟子“天”范畴新解》，《中国哲学史》1999 年第 4 期。

做法是保养本心之善，而具体方案即摒弃物质欲望、远离物利”。[①] 笔者认为，该书的上述观点是前后矛盾的。既然承认孟子“对各种名利和欲求时用道德理性来加以审视和把握”，“用道德理性来约束人的生理欲望”，怎么又得出孟子对人的“生理需求始终持淡漠和否定态度”，对待人性的“具体方案即摒弃物质欲望、远离物利”呢？实际上，孟子并没有否认人的自然生理欲望，而是主张自然生理需要、社会生活需要和追求真善美精神生活需要的和谐统一，强调以理性思维的“心之官”制约“耳目口鼻”等感官，以仁义礼智的高级精神生活需要制约声色臭味的自然欲望。显而易见，该书关于孟子“用道德理性来约束人的生理欲望”的观点是符合孟子本意的，而判定孟子对人的“生理需求始终持淡漠和否定态度”，孟子对待人性的“具体方案即摒弃物质欲望、远离物利”的观点则是偏颇的。

3. 宋志明《中国古代哲学通史》

该书认为“孟子既是儒家思想坚定的捍卫者，也是儒家思想的发展者”，“孟子主要在仁学（或称内圣学）的维度上，发展了儒家思想，可以说是第一个关切安身立命之道的儒家先师。行仁政、人性善、天道诚、求放心，这四点构成孟子关于安身立命之道的基本架构”。

关于“何谓理想之治”。该书认为，孟子的仁政学说主要内容包括下列几个方面：一是“实现仁政必须以‘义’为施政理念”；二是“实现仁政必须选择王道施政路线”；三是“仁政的经济诉求是‘制民之产’”；四是“仁政的政治诉求是‘民为贵’”。其仁政学说鲜明的特色是“贯穿着‘以民为本’的原则”。

关于“怎样看待人性”。该书认为，“孟子的仁政主张以性善论为理论依据……性善论不是关于人性的事实判断，而是关于人性的价值判断，只是说人可以是善的，应该是善的”，“性善论不是就现实的人性而言，而是对理想的人性而言。对于现实的人性来说，人性善是一种超越自我的内在根据”。

关于“性善的根据何在”和“自我怎样完善”。该书认为，“孟子提出性善论，为内在超越找到了内在根据；提出天道诚，确立了内在超越的形上指向”，孟子“把义理之天作为人性善的终极依据”，“修养论或工夫论是孟子哲学的最后一个理论环节”，其心性修养包括“尚志”“养心”“养气”三个要点。[②]

---

① 参见魏义霞：《七子视界——先秦哲学研究》，中国社会科学出版社 2005 年版，第 52、441 页。

② 参见宋志明：《中国古代哲学通史》，中国青年出版社 2016 年版，第 145～154 页。

该书“内容简介”指出：“本书结构层次分明，采用宏观、中观、微观相结合的方式，讲述从春秋末年起到1840年鸦片战争止的中国古代哲学……本书的创新性在于，作者力图……写出表达自己所思、所想、所见的有个性、有见识的中国哲学史教材，里面有很多创新的想法和理论。”① 笔者认为，该书对孟子哲学思想的研究，主要有下列特色：

第一，选择新的切入点探讨孟子安身立命之道的基本架构。该书认为，这一基本架构由“行仁政、人性善、天道诚、求放心”构成，并对这一架构的内在逻辑联系做了深入的论述。在近年的孟学研究中，这一论述超越常谈，颇有新意。

第二，客观评价了孟子的仁政学说。该书深入探讨了孟子仁政学说的内在结构，将孟子的仁政学说视为由“以‘义’为施政理念”，“王道施政路线”“仁政的经济诉求”“仁政的政治诉求”构成的系统整体，避免了以往对孟子仁政思想的泛泛而论，凸显了孟子的仁政学说“贯穿着‘以民为本’的原则”的鲜明特色。

第三，深化了孟子性善论研究。多年来，学界的一个传统观点认为，孟子的人性善是先天生而具有的。这一观点往往禁锢了人们对孟子性善论的深入探讨，否定了孟子性善论的积极意义。该书指出：“人性善是指人所共有的类本性，是相对于兽性而言的”，“性善论不是关于人性的事实判断，而是关于人性的价值判断”，“性善论的深刻之处在于，它强调人性首先应当是人的社会属性，而不是人的自然属性”。这一概括深有见地。这表明，孟子的人性善是区别于禽兽之性的“类”概念，它是人类所共有的善的本性。该书的这些观点和论述，对于纠正某些对性善论的误解（譬如有的认为，孟子赞成告子关于饮食、男女是人的本性的观点），无疑具有积极意义。

（二）孟学论文的整体研究

这一阶段的学术论文的整体研究，主要探讨了孟子哲学的基本内容和贡献、孟子德性论的思维理路和哲学主体性思维、孟子的实践哲学及其特征、《诗经》在孟子哲学建构中的作用等。

沈顺福论述了孟子哲学的基本内容和贡献，认为孟子的哲学思想包括：一是“价值与人道”；二是“本体的性及人性论的悖论”；三是“仁内义内说：语言的陈述性与价值性”；四是“本体、感通与推恩”。“孟子系

① 宋志明：《中国古代哲学通史》，“内容简介”，中国青年出版社2016年版。

统地总结了先秦儒家的道德形而上学思想，指出：作为价值的善、美是人类本来就拥有的本性……孟子模糊了价值与本体（德性）之间的界限，以价值为本体。”①

肖雁探讨了孟子德性论的思维理路，认为“孟子是中国历史上明确提出‘德教’概念并进行较为详尽论证的第一人”，“仁心和性善是孟子仁政的前提，以德行仁，以德服人，是孟子仁政的路径。从性、天统一的德性论，到‘德教’、‘成德’的德性生成论，再到以德行仁的仁政学说，呈现出了孟子道德形上学的基本理路和环节”。② 王秀江论述了孟子哲学主体性思维，认为“孟子哲学的思维特点带有很强的主体性色彩。在对人性的分析上，孟子采取了从人内在的心理情感上追溯善的根源的方法；在做人的价值原则上，他坚守人的主体性、自主性；他对人的修养问题强调‘反求诸己’。孟子哲学的主体性思维方式对当今中国的发展具有一定的启发意义”③。

张彦修论述了孟子的实践哲学及其特征，认为“孟子的哲学思想自始至终充盈着立足于现实世界的实践精神”，“孟子的实践哲学凝练出高扬主体价值、主体与客体高度统一、人性与实践有机结合等鲜明的特征”，它“从实践主体的确认和仁政王天下实践目标的设定，到仁义道德的打造和先天善性的扩充，是一个严密、精致、具有个性特征哲学体系，在中国古代哲学的发展过程中有着特殊的价值和深远的影响”。④

詹石窗、刘晓艳论述了“《诗经》在触发孟子哲学思想从隐潜状态显示出来和在其哲学范畴的建构中具有不可替代的作用”，“《诗经》对孟子哲学思想体系的整体建构和不断完善乃具有重要的启迪作用；《诗经》作为一种载体，成为孟子表达政治哲学的文学寓言”。⑤

二、孟子哲学思想的专题研究

孟子哲学思想的专题研究主要包括心性论、天人关系、哲学命题、经权观和通变观。

① 沈顺福：《论孟子哲学及其贡献》，《管子学刊》2007年第1期。

② 参见肖雁：《孟子德性论的思维理路与儒家哲学认识和把握世界的基本方式》，《管子学刊》2007年第1期。

③ 王秀江：《孟子哲学主体性思维之探索》，《天中学刊》2006年第1期。

④ 参见张彦修：《孟子的实践哲学及其特征》，《史学月刊》2007年第8期。

⑤ 参见詹石窗、刘晓艳：《〈诗经〉在孟子哲学建构中的作用》，《哲学研究》2009年第3期。

（一）心性论

孟子的心性论是关于心、性内涵及二者关系的理论或学说。学界将它称为心性之学或心性思想等，二者内涵是基本一致的。

21 世纪以来，孟子的心性论是学界深入探讨的一个重要问题。有些论者将孟子的心性论视为或等同于其性善论。有的指出："在孟子的思想体系中，心性论占有极其重要的地位，是其整个思想大厦的基石。'性善论''人性论'和'心性论'三者实在是很难区分清楚，故学术界往往以'心性论'概言之。"① 笔者认为，孟子的心性论是关于心、性关系的学说。它包括心性的内涵、两者关系及逻辑结构、价值及意义等几个层面。探讨孟子的心性论，不可避免地涉及其性善论，这是没有疑义的。从两者紧密联系的角度和层面上看，将心性论视为性善论，似有一定道理。但心性论与性善论毕竟有一定区别，并不能简单地将两者画上等号。这些区别大致归纳为下述几个方面。一是前者是孟子探讨心与性关系的学说，后者是孟子探讨人的本质的学说。二是两者的内涵不同。前者的"性"包括人的自然生理欲望之"性"和人内在的道德品质之"性"，后者的"性"只是指人内在仁义礼智道德品质之"性"，性善论之"性"并不包括人的自然生理欲望之"性"。三是两者逻辑结构不同。前者心与性的关系主要包括以"心"制约、调节人的自然生理欲望和以"心"认识、反观、体察人内在的仁义礼智本性等几个层面，后者包括四心、四端、四德三个层面。四是探讨范围不同。前者主要探讨人与自身同时也包括人与他人、人与自然（万物之性）的关系，后者主要探讨人与自身的关系。五是研究内容及所属学科不同。一般而言，前者属于哲学，后者则属于伦理学。

基于上述认识，笔者在本书第六章《孟学专题研究（四）——伦理思想研究》中述评孟子的性善论研究。

通观学界对孟子心性论的探讨，其主要内容包括心性论的内涵、逻辑架构、现代价值等。

1. 心性论的内涵

从新中国成立至 20 世纪 90 年代，学界流行着一种贬斥孟子心性论的观点。有的认为"孟子首创心学，其特色是先验主义的人性论、道德论、认识论和主观唯心主义的本体论结合在一起的思想结构"②。这一观点，以"先验主义""主观唯心主义"判定孟子心性论。21 世纪以来，学界对

① 王灿：《新时期孟子心性论逻辑架构研究综述》，《乐山师范学院学报》2011 年第 2 期。

② 吴乃恭：《大儒列传——孟子》，吉林文史出版社 1997 年版，第 154 页。

孟子心性论的研究发生了深刻的变化。其重要表现就是许多学者对孟子的心性论予以积极正面的评价，多角度、多层面地揭示了孟子心性论的内涵。关于孟子心性论之“性”的内涵，学界普遍赞同张岱年先生“孟子所谓性，指人之所以为人的特性，而非指人生来即具有的一切本能”[①] 的观点，认为它是人区别于动物的标准。孟子将人的自然生理欲望排除在人的本性之外，是对人的本性认识的深化。

综合学界对孟子心之内涵的表述，主要观点如下：

第一，心的内涵为仁、义、礼、智“四端”。何晓明认为，孟子“揭示‘心’的内涵为仁、义、礼、智‘四端’，又从‘四端’中引出‘性’概念，认为性在于心，因而‘性’也就是人所固有的本质，即‘人性’”[②]。彭富春亦持类似的观点，提出“孟子认为人与动物的区分在于人有一自然给予的心灵。人的心灵不仅是认识性的，而且是道德性的。此心具体化为四心，也就是恻隐之心、羞恶之心、辞让之心和是非之心”。[③]

第二，心有思的特质。王德旭认为，“孟子所言的‘性’是站在人文立场而言的，而非指人的自然性，‘性’是指‘性’的本善性，但其路径却有两个：一为先天的；一为修养性的。孟子所言的‘心’有‘思’的特质，由此有了向善的可能性，使其具有主体性。孟子的‘心’、‘性’合一是心与性的最佳状态，心与性的复杂关系，与‘天人合一’、‘体用不二’的思考模式是一致的”[④]。

第三，心的内涵是主体与本体的合一。唐娜认为，“孟子思想系统中的‘心’是主体与本体的合一，其展开自身意义的活动就是‘尽心’的实践——即由德行彰显德性的主体活动”[⑤]。

第四，心的含义主要指心理意识活动。戴兆国通过借助现代哲学对心理活动本质的理解和认识，主张要避免以追求形而上学化的方式来对心进行注解，认为孟子的心的含义主要指心理意识活动，“后世学者在注解《孟子》‘心’概念的过程中，出现了将其形而上学化的倾向”[⑥]。

第五，心分为人心与本心。沈顺福认为，“孟子之心分为人心与本心。

---

① 张岱年：《中国哲学大纲》，中国社会科学出版社1982年版，第187页。

② 何晓明：《孟子的心性说及其当代价值》，庞朴主编：《儒林》第3辑，山东大学出版社2006年版，第7～17页。

③ 彭富春：《论孟子的心性论》，《清华大学学报》（哲社版）2010年第4期。

④ 王德旭：《对孟子心性论的再解读——兼论对儒家思想的一种解读方式》，《淮北煤炭师范学院学报》（哲社版）2010年第4期。

⑤ 唐娜：《主体与本体的合一——孟子“尽心”说新诠》，《武汉大学学报》（人文科学版）2008年第4期。

⑥ 戴兆国：《〈孟子〉“心”概念辨析》，《华东师范大学学报》（哲社版）2015年第1期。

人心是欲望。欲望具备些许理智，不可等同于思维之心。本心即仁、义、礼、智四端，为人性。它是人类生存的基础，即本。人心与本心皆无意志内涵和功能。'尚志'指仁义之性，亦区别于意志。'尚'即养性、任性自然。孟子反对依赖于意志的主观故意。在孟子那里，本心之性远甚于理智性的人心"①。

第六，仁义礼智之心指人的心智。王小健认为，"孟子以仁义礼智之心作为人之为人、人禽之辨的根本，这种人性论自提出后就因其先验性而受到质疑。但现代人类学倾向认为文化在人由古猿到智人的进化过程中起了主导作用，它最终导致了人类心智的形成。心智指的是人类生物体的某类倾向定势，主要指人类创造并使用象征性符号的能力，以及与之相伴的人类道德的倾向性，它意味着没有独立于文化的人性……没有文化的人类不能称其为人。正是在这个意义上孟子才将仁义礼智之心作为人性的根本。仁义礼智之心是先验的，但由于它是在人类的文化实践中形成的，因而又是经验的，只有在相应的文化中才能被感知"②。

第七，心是指心灵，包括认知的心和道德的心。彭富春在诠释孟子"心之官则思"时认为，"心灵才是人与动物相区分的根本界限。只有确定了这个根本界限，其他的界限也才能够得到划分。当然，孟子所理解的心并非只是一个单纯认知的心，而且也是一个具有道德的心。这就是说，心灵不仅能认识事物的本性，而且也能指引人类的行为，尤其是能去规定人与人之间的关系。它包括了思想意识乃至精神等"③。

2. 心性论的逻辑架构

进入 21 世纪以来，学界在探讨孟子心性内涵的基础上，又深入探讨了孟子心性论的逻辑架构。这是 21 世纪以来孟子哲学思想研究深化的重要表现。其主要观点如下：

第一，人性结构包括义理当然性之性、生物性之性。杨海文认为，"孟子完整的人性结构包括义理当然性之性、生物性之性两个部分，前者居于关键地位。通常所说的'性善论'，实际说的就是义理当然性之性是善的"④。

第二，知识论、宇宙论、人生论建构成孟子心性学的思想体系。单纯认为，孟子在孔子"仁道"思想的基础上，"通过'知言'的知识论、'浩

---

① 沈顺福：《人心与本心——孟子心灵哲学研究》，《现代哲学》2014 年第 5 期。
② 王小健：《文化与人性：再论孟子的心性论》，《齐鲁学刊》2016 年第 2 期。
③ 彭富春：《论孟子的心性论》，《清华大学学报》（哲社版）2010 年第 4 期。
④ 杨海文：《孟子心性论的逻辑架构》，《南昌大学学报》（社科版）2002 年第 3 期。

然之气’的宇宙论和‘配义与道’而‘养气’的人生论建构了一个‘心性学’的思想体系。在这个思想体系中人的道德权利被赋予了终极性的价值内涵——道义”①。

第三，心性论的构架包括理论前提、实践旨归、实现途径。张应杭认为，“性善说是孟子心性理论的基础或理论前提，从这一前提出发，孟子不仅提出了理想人格的具体范式，而且进一步探讨了实现这一理想人格的现实途径”②。杨冬梅认为，孟子心性学说的理论起点是“人性本善”；孟子心性学说的终极目标是“把义与仁并列，将‘居仁由义’作为实践中人格范式的基本准衡”；孟子心性学说的实践要经是“理性自觉的原则和意志坚定的品性乃是实现理想人格的必要前提和条件”，心性理想的实现途径“一是‘养心寡欲’，二是‘苦其心志’”。③

第四，心性之学的三个支点。丁为祥认为，“人性本善的天道依据”、“知性知天的超越指向”、“人文关怀的历史积淀”是孟子心性之学的三个支点。这三个支点“实际上都是一个并未得到确保的开放性体系……实际上也就既需要人之实践抉择来具体承当，同时也必须一定的信仰蕴涵来作为其天人合德之最后弥合”。④

3. 心性论的现代意义

对这一问题的认识，主要表现于下述几个方面。

第一，有利于“当代人走出文化困境并重新确立心性与德性方面的理想”和探讨“人的全面发展”。张应杭认为，“孟子的心性理论特别是人格范式思想虽有极大的理论偏颇和消极作用，但对民族精神和民族心理也产生过积极的影响。孟子心性理论对于道德之于人的尊严之意义的强调，对于当代人走出文化困境并重新确立心性与德性方面的理想，有重要而深远的启迪意义”⑤。唐娜指出：“孟子的‘尽心’说为我们现在所普遍关注的自我实现和‘人的全面发展’这一课题提供了不可多得的传统资源。”⑥

第二，开创了儒家的主体性知识论、政治哲学和法哲学传统。单纯认为，孟子的心性学“更多地讨论‘物性’在人的‘心知’中被赋予的人文

---

① 单纯：《论孟子的权利与责任思想——反思孟子心性论的人文价值》，单纯、于建福主编：《国际儒学研究》第22辑，九州出版社2014年版，第234～252页。

② 张应杭：《论孟子的心性说及其现代意义》，《华东师范大学学报》（哲社版）2002年第1期。

③ 参见杨冬梅：《孟子心性学说的逻辑构架及理论蕴藉》，《阴山学刊》2014年第1期。

④ 参见丁为祥：《孟子心性之学的信仰维度——儒家道德善性的追根溯源与深层检讨》，《人文杂志》2015年第9期。

⑤ 张应杭：《论孟子的心性说及其现代意义》，《华东师范大学学报》（哲社版）2002年第1期。

⑥ 唐娜：《主体与本体的合一——孟子“尽心”说新诠》，《武汉大学学报》（人文科学版）2008年第4期。

价值，从而揭示出人的普遍而公平的道德权利。这种以承认人的主体性和道德意识为前提的知识论和宇宙观将人的道德权利从万物的自然权利中区别出来，是具有儒家特色的人权观”①。

除上述外，有的还探讨了孟子心性学说与王道、义命学说的关系。张美宏认为，“王道理想是孟子政治哲学的核心”，“居仁由义是王道理想得以向现实转化的基本思路。孟子把人纯粹的道德意识演绎于其内在的心性之上；在政治哲学上他通过内释心性为‘外王之道’构建理论根基。在内修心性的既定前提下，以‘反求诸己’为进路，展开反求诸‘外王之道’的理论构想，使王道理想的落实在理论上最终由潜在性转变为现实性”。②

总之，学界关于孟子心性论的研究获得了新的进展，主要成绩表现于下述三个方面。

首先，深化了孟子之“心”的内涵。从新中国成立至 20 世纪 90 年代，学界关于孟子之心的内涵主要包括思维认知之心、道德之心、心理情感之心等。21 世纪以来，进一步拓展了对孟子之心内涵的研究。这些内涵除上述诸义外，还包括主体与本体合一之心、人心与本心之心、心智之心、心灵之心诸义。这些探讨，颇有新意。譬如“心智之心”，指的是“文化学习能力和道德倾向性，它意味着没有独立于文化的人性”，它是“在人类的文化实践中形成的，因而又是经验的，只有在相应的文化中才能被感知”。③ 又如“心灵之心”，它包括“认知的心和道德的心”，“心的本性是思考”，“心灵才是人与动物相区分的根本界限……它包括了思想意识乃至精神等”。④ 这些多角度、多层次的探讨，拓展、丰富了孟子之心的内涵。学者们普遍认为，孟子的心具有多种含义，包括哲学层面的认知之心、道德层面的仁义礼智之心、心理学层面的心理意识活动情感之心、政治学层面的“不忍人之心”、文化学层面的心智之心等。实际上，上述多层含义是彼此相通、蕴含和包容的。上述论者在探讨孟子所言心的某一个层面时，并没有否认其他层面的含义。这从一个侧面表现出学界日益增多的包容性。当然，不同观点的争辩对促进学术研究的深化，也是不可或缺的。

其次，深入探讨了孟子心性论的逻辑架构。从新中国成立至 20 世纪

---

① 单纯：《论孟子的权利与责任思想——反思孟子心性论的人文价值》，单纯、于建福主编：《国际儒学研究》第22 辑，九州出版社 2014 年版，第 252 页。

② 参见张美宏：《孟子王道理想的心性向度》，《管子学刊》2007 年第 1 期。

③ 参见王小健：《文化与人性：再论孟子的心性论》，《齐鲁学刊》2016 年第 2 期。

④ 参见彭富春：《论孟子的心性论》，《清华大学学报》（哲社版）2010 年第 4 期。

90 年代末，鲜有论文论述孟子心性论的逻辑架构。进入 21 世纪以来，学界开始重视对这一问题的探讨。其主要观点大致如下：一是包括义理当然性之性、生物性之性；二是包括知识论、宇宙论、人生论三个层面；三是包括理论前提、实践旨归、实现途径三个层面，或者包括理论起点、终极目标、实践途径等层面；四是包括人性本善的天道依据、知性知天的超越指向、人文关怀的历史积淀三个层面；五是包括性善论、尽心知天、天人合一三个层面；等等。上述不同的表述，有许多层面是相通、包容的。许多论者在探讨孟子心性论逻辑架构的基础上，又进而论述了逻辑架构各个层面之间的关系，深化了人们对孟子心性论的认识。其中，有的论者探讨了孟子心性之学的信仰维度，认为孟子心性之学的三个支点的成立与实现，“既需要人之实践抉择来具体承当，同时也必须一定的信仰蕴涵来作为其天人合德之最后弥合”①。这一观点，颇有新意。钱穆先生论述孟子的性善论时多次指出，孟子的性善论“启迪吾人向上之自信”且“鞭促吾人向上之努力”②，“孟子主张人性善，此乃中国传统文化人文精神中，惟一至要之信仰。只有信仰人性有善，人性可向善，始有人道可言。中国人所讲人相处之道，其唯一基础，即建筑在人性善之信仰上”③，“在中国文化传统之基本信仰上讲，中国人是信仰性善的”④，“不朽论和性善论，此两论题互相配合，才能发挥中国道德精神之最高的涵义，这实在是中国思想对整个人类社会的最大贡献。我们必须从此两理论出发，乃能把握到中国道德精神最深沉的源泉”⑤。钱穆先生的论述肯定了中国人对性善论的信仰及其在中国传统文化中的重要价值和积极意义，亦从一个方面揭示了孟子信仰在其思想中的重要地位。笔者在探讨孟子理想时曾指出：“理想作为一种特殊的社会意识现象，它是人们立足于一定的社会实际，对现实的某种反映和对未来美好事物发展目标的想象及预见。对现实生活及其发展规律、趋势的理性认识，是构成理想的基本内容和首要因素。这种理性认识的有无、多少、深浅，就使理想有高与低、合理想象与主观虚构、立足现实与超脱人世、自觉追求与盲目信仰的区别。”⑥ 上述论述深入揭示了“孟子道性善，言必称尧舜”（《孟子·滕文公上》）的内涵和主旨，揭

① 丁为祥：《孟子心性之学的信仰维度——儒家道德善性的追根溯源与深层检讨》，《人文杂志》2015 年第 9 期。

② 钱穆：《孟子研究》，开明书店 1948 年版，第 80 页。

③ 钱穆：《民族与文化》，（台北）东大图书公司 1985 年版，第 25 页。

④ 钱穆：《中国文化丛谈》第二册，（台北）三民书局 1949 年版，第 230 页。

⑤ 钱穆：《中国历史精神》，（台北）东大图书公司 1990 年版，第 121 页。

⑥ 王其俊：《孟子理想初探》，《东岳论丛》1986 年第 5 期。

示了信仰在孟子思想体系中的重要地位。在探讨孟子的心性之学时，应当与探讨其道德理想、社会理想结合起来。不论是孟子对“人皆可以为尧舜”（《孟子·告子下》）、“尽心知性知天”（《孟子·尽心上》）最高道德理想境界和天人合一境界的追求，还是致力实现天下统一、君仁臣义、君民同乐、风尚淳朴、百姓亲睦的美好理想社会，皆表现出积极进取、朝气蓬勃的精神面貌，这无疑与孟子的理性信仰有着紧密联系。孟子的理性信仰是其对人格完善、社会和谐、天人合一孜孜追求的重要动力。多年来，理性信仰在孟子心性论及整个思想体系中的重要地位和作用，并未得到学界的重视。上述学者对孟子心性之学的信仰维度的探讨，恰恰弥补了这一缺憾。

最后，积极肯定孟子心性学说的现代意义。学界认为，孟子的心性学说有利于重新确立人的道德主体性，提高人类的精神价值，开拓生命新境界和探讨人的全面发展，开创了儒家的主体性知识论、政治哲学和法哲学传统。这些积极正面的评价，充分肯定了孟子心性学说对促进人的全面发展、提升人的精神境界、激励人们追求真善美的现代价值和意义，对促进社会主义新时代文化繁荣发展具有积极意义。

总之，学界采用新的研究范式，将孟子心性学说的内涵、逻辑架构、现代价值视为一个紧密联系的整体而予以深入的诠释和探讨，从而使孟子心性之学的研究达到了一个新的高度。

（二）天人关系

学界对孟子天人关系的探讨，主要内容包括天、命范畴的内涵和天人关系两个方面。

1. 天、命范畴的内涵

正确阐释孟子天、命范畴的内涵是探讨其天人关系的理论前提和基础。孟子的天、命范畴是紧密联系在一起的。学界普遍认为孟子的天、命具有多重含义，主要观点如下：

第一，天命具有自然之天、感叹之天、道德之天、天命之天等多重含义。杨海文认为，“‘天’字在《孟子》文本中有着多重涵义，既有自然之天、感叹之天，又有道德之天、天命之天。与孟子思想密切相关的是后二者”①。

第二，天具有物理、目的、价值三个层面的意义。蒙培元认为，天的

① 杨海文：《孟子的性命之辨及其内圣走向》，《河北学刊》2001年第2期。

物理意义，指“天是自然界”和“自然界有其运行规律或秩序”。天的目的意义，“与人类的目的性活动有关，但又不能以人的目的性取而代之，直接说成是人的目的”。“孟子提出了大体与小体、天爵与人爵、天道与人道的关系问题，都是讲天的价值意义的，或者说，是从价值的意义上讲天即自然界与人的关系的”，孟子是“从生命价值出发谈论人的问题的。其价值来源不是别的，就是天”。关于“命”。“孟子既承认‘义命合一’之命，又承认‘义命分立’之命”，命“具有二重性。”①

第三，不能将天命混为一谈和随意互换使用。陈代波认为，“孟子对天、命的定义不同，二者在孟子哲学中的角色和地位不同，人对天和命的态度也不相同”，“不能把天和命混为一谈，更不能随意互换使用”。②

第四，天命表达一定的社会发展趋势、一种无法解释的命运说、人的性理禀受于天命。任素月认为，孟子的“天更多的时候被表达成事物的客观发展规律，或者是一种超验的现象；但孟子也提出了发挥人的主观能动性去把握天命的光辉思想，认为在天命面前人是可以积极有为的”③。

第五，天主要指道德之天。斯洪桥认为，“孟子的天人关系思想主要体现在‘天人合一’思想上，也即是‘天人合德’的思想。通过剖析孟子的天人观，可以了解孟子的天人思想并不是现代理解的所谓生态思想，而是一种人生道德的境界状态”，“孟子通过‘以天论德’，在道德境界上来论证‘天人合德’的天人关系，开创了中国古代天人关系之德性—心性路线。‘天人合德’的境界就是‘天地境界’”。④

第六，天命是构筑孟子主观唯心论的理论基石。魏义霞认为，孟子“对天命的这种全新理解，不仅构筑了孟子主观唯心论的理论基石，而且拉开了孟子与孔子本体哲学的学术分野”⑤。

2. 天人关系

学界普遍认为，孟子的“天”具有多层含义，因而也对应着多种天人关系。有的认为，“在自然之天面前，人可以认识和利用自然规律为人类服务；在主宰之天面前，民心向背可以对天的意志产生影响；在命运之天面前，人也不是完全无能为力，只要行仁义就是‘正命’；在道德之天面

---

① 参见蒙培元：《孟子哲学的基本问题是天人关系问题》，庞朴主编：《儒林》第3辑，山东大学出版社2006年版，第88～97页。

② 参见陈代波：《试论天、命在孟子哲学中的不同角色和地位》，《哲学研究》2014年第11期。

③ 任素月：《浅析孟子天命观》，《长春师范大学学报》2015年第5期。

④ 参见斯洪桥：《论孟子天人观及其境界意蕴》，《社会科学家》2013年第3期。

⑤ 魏义霞：《孟子正命论初探》，《燕山大学学报》（哲社版）2002年第4期。

前，达到了天人合一的最高境界”①。有的指出，天具有物理、目的、价值三个层面的意义，因而天人合一也具有物理、目的、价值三个层面的合一。在这一阶段内，学界论述较多的是人与自然之天、道德之天的天人合一。前者反映了孟子对人与自然关系的认识，后者反映了孟子对道德境界的认识。

（1）人与自然之天的关系。孟子对人与自然之天关系的回答，是其天人关系思想的一个重要组成部分。许多论文深入探讨了人与自然之天关系的内涵及现代价值。

第一，人与自然之天关系的内涵。学界对这一问题的概括和表述，主要包括下述几种观点。一是人与自然外物是一个和谐共生的有机体。周淑萍指出：“孟子认为人类与自然外物的关系更是密不可分，人与自然外物是一个和谐共生的有机体”，“人类更应当‘爱物’，协调好人与自然的关系，使人与自然处于和谐共生的有机体中，反映出孟子朴素的生态智慧”②。二是包括“自然环境变迁的思想，‘爱物’与‘时养’的思想，生态美的思想以及天人合一、以人为本的思想”③。三是“仁民而爱物”是“孟子的生态伦理定律”。“这对保持人与自然的和谐、维护生态平衡和促进社会的可持续性发展具有十分重要的意义。”④ 薛晓军认为，孟子“爱物”生态伦理思想体系的内涵包括“自然环境的历史变迁与生态的动态平衡”“人类与自然平等相处”⑤ 等方面。魏玉东认为，“孟子的生态和谐思想的核心命题是‘仁民爱物’，把‘仁民’和‘爱物’联系在一起，从大系统的角度来审视人与大自然的关系”⑥。四是宗教生态学。刘伟认为孟子的宗教生态思想主要包括“承认宗教神圣的存在及其权威”，“重视宗教仪式、宗教环境和宗教体验”，“对自然万物应取之以时、用之有节，遵循自然规律”，“个体之间应相互尊重，不剥夺他人生命，承认个性选择”。⑦

第二，人与自然之天关系的现代价值。学界普遍从“人与自然和谐共生”的视角，探讨了孟子关于人与自然关系思想的现代价值。周淑萍概述了当代人类赖以生存的自然环境受到严重破坏的各种表现，认为“孟子所倡导的尊重自然外物的生长规律，保护和促进自然外物的生长，同时执守

① 朱苒：《对孟子天人关系的探讨》，《辽宁教育行政学院学报》2006 年第 1 期。

② 周淑萍：《论孟子自然观及其现代价值》，《兰州大学学报》（社科版）2001 年第 6 期。

③ 蒲沿洲：《论孟子的生态环境保护思想》，《河南科技大学学报》（社科版）2004 年第 2 期。

④ 任俊华：《孟子的生态伦理思想管窥》，《齐鲁学刊》2003 年第 4 期。

⑤ 薛晓军：《新论孟子的环境意识与当代环保》，《内蒙古民族大学学报》2008 年第 5 期。

⑥ 魏玉东：《孟子的生态和谐意识及其历史启示》，《沈阳师范大学学报》（社科版）2010 年第 5 期。

⑦ 参见刘伟：《孟子的宗教生态思想——从宗教生态学之视角》，《孔子研究》2015 年第 5 期。

中道、不走极端的思想，反对治理自然之灾‘以邻国为壑’的思想，无疑对我们今天改善周边乃至全球生态环境，达到‘天人调适’，有着启迪和教育作用”①。宋丹认为，“‘爱物’体现了孟子对人世万物的关怀，是孟子生态观的直接反映”，“在孟子看来，人与天地万物是一个有生命联系的整体，人只有‘爱物’，只有与天地万物和谐相处，才能达到一种和谐圆满的生命状态，实现人类自身更好的发展”。②

（2）人与道德之天的天人合一。许多学者探讨了孟子关于人与道德之天的天人合一的内涵，认为它主要是谈人的道德境界问题，而不是生态问题。杨泽波指出：“孟子天人合一思想主要谈的是道德境界问题……不宜将孟子有关环境的论述作为其天人合一思想的主要部分，把孟子打扮成一个战国时代的环境保护主义者，也不宜将天人合一视为神秘主义。”③ 他还提出：“儒家属于一种道德境界的天人合一。这种道德境界的天人合一源于儒家特有的‘以天论德’的思想传统，在这一传统影响下，儒家的道德学说便有了超越性，这种超越性也就是儒学的宗教性。”④ 斯洪桥认为，“天人合一”的实质是“天人合德”，近年来，“很多学者从生态学的角度去解读孟子的‘天人合一’……我们不能仅仅根据时下流行的生态观念去比附古代思想”⑤。夏增民认为，孟子的“‘爱物’思想”“表现出一种整体主义的宇宙观。但同时，孟子也把人伦的概念引入其‘物我关系’的论述，突出了其以人类为中心的意识。而且，孟子提倡‘爱物’，目的在于使‘物’为‘我’所用，以施‘仁政’、行‘王道’。从孟子思想中推导出的环保主义思想，是对孟子思想的附会”⑥。

此外，有的学者认为，“孟子不仅有天人合一思想，也有深刻的天人相分思想，其性善论哲学正是以天人相分为基础建立起来的”⑦。

学界对孟子天人关系的研究取得许多新的成绩，主要表现于下述两个方面：

第一，深化了孟子天、命内涵的研究。从新中国成立至20世纪80年代末，除少数论者外，许多论者虽承认孟子自然之天的含义，但主要将孟

---

① 周淑萍：《论孟子自然观及其现代价值》，《兰州大学学报》（社科版）2001年第6期。

② 参见宋丹：《人世大关怀——试论孟子的生态观》，《牡丹江大学学报》2015年第2期。

③ 杨泽波：《孟子天人合一思想中值得注意的两个问题》，《浙江社会科学》2001年第4期。

④ 杨泽波：《儒家天人合一思想的道德底蕴——以孟子为中心》，《天津社会科学》2006年第2期。

⑤ 斯洪桥：《论孟子天人观及其境界意蕴》，《社会科学家》2013年第3期。

⑥ 夏增民：《“仁民而爱物”：孟子对“物我关系”的探讨——兼论环保主义者对孟子思想的误读》，《华中科技大学学报》（社科版）2004年第3期。

⑦ 陈代波：《试论孟子的天人相分思想》，《华侨大学学报》（哲社版）2004年第2期。

子的天命视为决定人生贫富贵贱、祸福生死和社会治乱、政权得失、天下兴亡的最高主宰。20世纪90年代对这一问题的认识发生了重要变化。21世纪以来，学界深化、拓展了对孟子天、命内涵的认识。这突出表现为三个方面：一是从不同角度、层面拓展了孟子天命的内涵。有的认为孟子的天命具有自然之天、感叹之天、道德之天、天命之天等多重含义。有的将其内涵概括为物理、目的、价值三个层面，孟子的命有“义命合一”与“义命分立”的区别，命具有二重性，等等。这些论述展示了孟子天命内涵的多层次性、丰富性。二是孟子天命的多层内涵是一个相互联系、相互区别的系统整体，它们是孟子关于天命表现于物质生活、社会生活、精神生活方面的理论阐释和概括，是孟子天命观的有机组成部分。三是天与命的定义、角色、地位、功能不同，不能将二者混为一谈和随意互换使用。这一观点对改变将孟子的天命混为一谈和随意互换使用的做法，当具有积极意义。

第二，深化了孟子天人关系研究。对孟子天人关系的探讨，主要集中于人与自然之天、道德之天两个方面。就前者来看，许多学者提出人与自然外物是一个和谐共生的有机体，它包括自然环境变迁、“爱物”与“时养”、生态美、天人合一和以人为本、生态伦理、生态和谐等内容；有的从宗教生态学之视角探讨了孟子的宗教生态思想，等等。在深化孟子关于人与自然关系内涵认识的基础上，许多学者从人类面临全球性生态危机和维护“人与自然的动态平衡”以利于人类自身全面发展等角度，充分肯定了孟子关于人与自然关系思想的现代价值。就后者来看，有的学者认为，孟子追求“天人合德”即“天人合一”的道德理想境界，加强修身和道德践履，就能达到“上下与天地同流”（《孟子·尽心上》）的天人合一的道德理想境界。有的认为，孟子强化了人的主体性和道德伦理的自觉性，坚持以人为中心的天人合一。

由上可以看出，学界对孟子天命范畴、天人关系的探讨，在深度、广度上都取得了新的进展。当然，还应看到上述探讨在某些环节、方面仍存有一定的不足：

其一，关于孟子天的内涵。有的论者认为，孟子的天，不是自然之天、上帝之天，虽然有命运之天意，但主要指道德之天，即义理之天。这一观点明显缺乏客观性。学界普遍承认孟子的天具有多层含义，其中包括自然之天、命运之天（社会发展趋势和客观规律）、道德之天、意志之天。我们在论述这一问题时应坚持全面的观点，不应只看到其中一个层面而否认其他层面。

其二，孟子的天人合一。笔者认为，孟子的天人合一就是指天人的和合相配及协调统一。有的论者认为，“孟子天人合一思想主要谈的是道德境界问题……不宜将孟子有关环境的论述作为其天人合一思想的主要部分”①。有的认为，“孟子的‘天人合一’思想并不是在生态问题上，而是在如何重建伦理道德，以及作为人应该具有的境界高度”，“近年来，很多学者从生态学的角度去解读孟子的‘天人合一’。我们不能仅仅根据时下流行的生态观念去比附古代思想，否则，就会陷入比附”，“所谓发掘孟子‘爱物’思想的现代意义，其实是以西方现代的环保思想去证孟子的思想，属于以今证古，其思想价值不大”。②

笔者认为，追求高尚的道德境界是孟子天人合一思想的一项重要内容，这是毋庸置疑的。进入21世纪以来，学界普遍重视对孟子关于人与自然和谐统一思想的探讨，认为孟子的“仁民而爱物”等主张将人与天地万物视为一个紧密联系的整体，主张人与天地万物和谐相处，对维护人类自身的发展和生态平衡都具有积极意义。在人类赖以生存的生态环境遭到严重破坏的形势下，这些有益的探讨将吸取古代先贤智慧作为促进社会发展和生态平衡的有益借鉴和启示，是值得提倡和肯定的，是值得继续深入挖掘的，大可不必以“比附古代思想”“以今证古”等贬词而加以否定。有的论者探讨了人与天的物质生活、社会生活及精神生活的和谐统一。笔者认为，孟子突出强调追求“上下与天地同流”、天人协调的道德理想境界。其中，天人协调的道德理想境界是人生境界的最高层次，“浩然之气”是最高道德境界的体现，加强修养和践履是达到天人协调道德境界的主要途径。在这里，追求最高道德境界只是孟子天人合一思想的一个重要方面，据此而忽视或否定孟子天人合一思想中关于天人物质生活、社会生活的和谐统一，无疑是不妥当的。

（三）哲学命题、经权观和通变观研究

1. 哲学命题——“万物皆备于我”

怎样理解孟子“万物皆备于我”命题的含义？几十年来，学界有的观点将它斥为主观唯心主义命题。何中华对此做了新的探讨，认为“从已有的和可能的解释看，孟子的‘万物皆备于我’章大致包含三重意蕴，也就是它的知识论维度、道德哲学维度和形而上学维度”。这一命题“已超越

---

① 杨泽波：《孟子天人合一思想中值得注意的两个问题》，《浙江社会科学》2001年第4期。

② 夏增民：《“仁民而爱物”：孟子对“物我关系”的探讨——兼论环保主义者对孟子思想的误读》，《华中科技大学学报》（社科版）2004年第3期。

了认识论意义上的主客体关系，超越了唯物论和唯心论及其对立意义上的心物关系，对它的合理诠释只有在道德哲学和本体论的维度上才是可能的”；“从道德哲学的维度看，‘万物皆备于我’的实质乃在于确立道德之理由”；“从形而上学的维度说，‘万物皆备于我’乃在于为人的存在确立了本体论基础”。①

2. 经权观、通变观

第一，经权观。学界对这一问题的研究，主要内容包括经权范畴的内涵及经权观的基本内容、结构和价值。

关于经权范畴的内涵，主要有下述两种观点：其一，“经，是指正常情况下人们应当遵守的道德准则或道德原则；权……借指特殊情况下人们选择道德行为时应有所变通权衡”②；其二，“孟子‘权’之内涵应为一种实践智慧”。刘小红认为，“‘权’是使‘经’由抽象走向现实的实践方式。在此基础上，孟子‘权’思想的内在品质、抉择原则及价值原则得以明晰。孟子‘权’之价值原则，合而言之就是‘仁’，分而言之就是以本心为代表的生命价值，以亲亲为代表的伦理价值，以尧舜之道为代表的政治价值”③。

学界对经权观基本内容的概括主要有两种观点：其一，它包括“因时制宜、变通灵活”“尽孝为本，仁心自在”“居仁由义”三个方面④；其二，经权观“由背反于经的激进权智、返归于经的温和权慧”⑤ 构成。

有的学者还探讨了反经与行权的关系及经权观的价值。徐晓宇认为，“反经和行权有内在的一致性。行权有当下性，而且在行权时要注意行权的度；行权中我们所遵循的标准实际上是居仁由义。因此，把握经权理论不仅具有理论意义还有重要的现实意义”⑥。有的论者还探讨了孟子权变思想与其内在情性的关系，认为，“‘性情’，指代的是更为私人性的情感，是与理性并峙的人性中的丰富内涵，是最为贴近人之本然的富有信度的标识”，“作为孟子权变行举的内在依据的仁与义，是与人的理性、情感等直接相关的。因此，经由对孟子显露在外的权变行为的分析与研究，可以窥

① 参见何中华：《孟子“万物皆备于我”章臆解》，《孔子研究》2003 年第 5 期。
② 徐向群：《“行权反经”：论孟子思想的灵活性》，《江苏社会科学》2006 年第 3 期。
③ 刘小红：《孟子“权”思想解析》，《孔子研究》2015 年第 5 期。
④ 参见徐向群：《“行权反经”：论孟子思想的灵活性》，《江苏社会科学》2006 年第 3 期。
⑤ 杨海文：《激进权智与温和权慧：孟子经权观新论》，《中山大学学报》(社科版)2011 年第 4 期。
⑥ 徐晓宇：《孟子经权思想探微》，《哈尔滨学院学报》2005 年第 11 期。

知孟子内在性情的真率与丰富”。[①] 笔者认为，作者的这一探讨弥补了以往学界忽视孟子人伦情性研究的不足，将孟子权变思想的研究与孟子性情研究结合在一起，既能扩展孟子权变思想研究的深度和广度，又能将以往孟子“刻板的圣人符号”变得立体丰满起来，有利于多方面地展示孟子崇尚仁义、坚守信念、济世救民、兼善天下、刚正不阿、藐视权贵、反经行权、权变灵活的气质、性格和形象。

第二，通变观。魏忠强认为，“孟子的通变观不仅体现在孟子对‘经权’问题的关注上，还体现在孟子对古今之辨、‘先圣后圣’之见、天人、心性之分及时、变、神、化等思想概念的论述，展现了其思想深层的通达气象”[②]。笔者认为，通变观是孟子关于通晓变化之理的学说。它与孟子的经权观既有联系，又有区别。就两者的联系而言，通变观涵盖经权观，经权观是孟子通变观的一个组成部分；就两者区别而言，通变观重在探讨自然、社会和人类精神生活的发展变化，经权观重在探讨反经与权变的关系。欲深化孟子经权观的研究，就需要进而探讨其通变观。该文的上述探讨，从新的视角深化、扩展了孟子经权观研究，对深化孟子哲学思想研究无疑具有积极意义。

总之，21 世纪以来，学界对孟子哲学命题、经权观、通变观的研究取得了新的进展，其主要成绩表现于下述两点：

首先，“万物皆备于我”命题获得新的诠释。从新中国成立至 20 世纪 80 年代末，学界的传统观点将它视为“世界上的万物都存在我心中”的主观唯心主义命题。这一观点在较长时间内占据着主导地位。20 世纪 90 年代，有些论著仍受到这一观点的影响。21 世纪初，何中华从知识论层面、道德哲学层面、形而上学层面对这一命题做了新的诠释，认为此言“我”是“作为一切可能的在者之理由的‘大道’之解蔽者的‘大我’”，“实际上隐含着对人性论上的性善论的预设和确认”，“为人的存在确立了本体论基础”。[③] 这就从新的层面诠释了这一命题的内涵，颇有新意。这些新的认识，超脱了以往只从主客体关系论述“我”与“万物”关系而判定它是唯我论的局限，为重新认识这一命题提供了新的视角。

其次，深化了对经权观、通变观的认识。以往学界多将经权关系视为原则性与灵活性的统一，有的学者将“权”的内涵视为一种实践智慧和使

---

① 参见陈红：《权中显真性，千载有余情——从孟子的权变中体察他的真率性情》，《鸡西大学学报》2015 年第 7 期。

② 魏忠强：《孟子的通变观研究》，《广西社会科学》2015 年第 6 期。

③ 参见何中华：《孟子“万物皆备于我”章臆解》，《孔子研究》2003 年第 5 期。

“经”由抽象走向现实的实践方式，为人们正确认识孟子的经权观提供了新的视角。有的将孟子权变思想的研究与其性情研究结合在一起，弥补了以往学界忽视孟子人伦情性研究的不足，扩展了孟子权变思想研究的深度和广度。有的追溯了孟子通变观的根源，从经权古今之辨、“先圣后圣”之见、天人心性之分等方面论述了孟子的通变观，展现了孟子思想深层的通达气象。

综上所述，21 世纪以来，孟子哲学思想研究取得了前所未有的显著成就，将当代孟子哲学思想研究推向一个新的高度，促进了孟学研究的兴盛。这些成就主要归纳为以下几个方面：

第一，深化了孟子哲学思想的整体研究。从冯达文、郭齐勇主编《新编中国哲学史》（上册）对孟子性善论、道德修养学说、治国理想的论述，到魏义霞《七子视界——先秦哲学研究》对孟子本体哲学、政治哲学的研究以及孟子与孔子、荀子、韩非等人的异同比较，再到许多论文对孟子德性论的思维理路、实践哲学及其特征等问题的研究，提出了许多新的观点和认识，展示出新的视角。这些研究将孟子置于先秦儒学史、先秦诸子思想发展史等不同等级的层次、系统中，考察孟子对孔子思想的继承、发展，又探寻孟子与先秦诸子的分歧、对立以及相通、包容。有的凸显了孟子哲学的实践特色，认为“孟子的实践哲学，从实践主体的确认和仁政王天下实践目标的设定，到仁义道德的打造和先天善性的扩充，是一个严密、精致、具有个性特征哲学体系，在中国古代哲学的发展过程中有着特殊的价值和深远的影响”①。这一对孟子哲学实践特色的论述，拓展了孟子哲学思想研究的深度。前人对孟子哲学思想的实践特性做了初步的探讨。韩愈说：孟子“所以正心诚意者，欲将以有为也”（《韩昌黎集·原道》）。章学诚指出：“夫子为东周，而孟子王齐、梁。”（《文史通义·内篇三·辨似》）罗根泽说：“孟子之学，修身治国经世致用之学也，非空谈心性之学也。其论心性体相，为修齐治平之资助焉耳。”② 这些论述尽管不可能使用“实践”这一现代词语评述孟子思想的特征，但他们称许孟子“有为”“王齐、梁”“修身治国经世致用之学”“非空谈心性之学”等，都是与孟子哲学的实践特色紧密相连的。由此看来，孟子重视实际应用和追求仁政王天下的实践目标的特色，已得到古今学者的重视。上述学者对孟子哲学的实践特色的论述，对改变长期以来判定孟子哲学是脱离实际、空谈心性的主观唯心主义的传统观点，当有积极启示意义。

---

① 张彦修：《孟子的实践哲学及其特征》，《史学月刊》2007 年第 8 期。

② 罗根泽：《孟子评传》，商务印书馆 1932 年版，第 86～87 页。

第二，采用新的研究范式，将孟子心性学说的内涵、逻辑架构、现代价值视为一个紧密联系的整体而予以深入的诠释和探讨。关于孟子之心的内涵。其内涵除思维认知之心、道德之心、心理情感之心等诸义外，还包括主体与本体合一之心、人心与本心之心、心智之心、心灵之心等。学者普遍承认孟子的“心”是多种含义的统一，多层含义之间是彼此相通、蕴含和包容的。关于孟子心性论的逻辑架构，学术界主要有六种不同的表述①，其中许多层面是相通、包容的。有的论者探讨了孟子心性之学的信仰维度，认为孟子心性之学需要“一定的信仰蕴涵来作为其天人合德之最后弥合”②。这一探讨，弥补了学界忽视理性信仰在孟子心性论及整个思想体系中的重要性的缺憾。此外，学者充分肯定了孟子心性学说对促进人的全面发展、提升人的精神境界、激励人们追求真善美的现代价值和意义。

第三，凸显了对孟子天人关系的探讨。其一，深入论述了孟子天、命的内涵。学界普遍承认孟子的天具有自然之天、命运之天（社会发展趋势和客观规律）、道德之天、意志之天等多层含义。有的将其内涵概括为物理、目的、价值三个层面，孟子的命有“义命合一”与“义命分立”的区别，命具有二重性，等等。孟子天命的多层内涵是一个相互联系、相互区别的系统整体；有的论者指出天与命的定义、角色、地位、功能不同，不能将二者混为一谈和随意互换使用。其二，主要从人与自然之天、道德之天两个方面探讨了孟子的天人关系。关于人与自然之天。许多学者提出人与自然外物是一个和谐共生的有机体，它包括自然环境变迁、“爱物”与“时养”、生态美、天人合一和以人为本、生态伦理、生态和谐等内容；有的从宗教生态学之视角探讨了孟子的宗教生态思想，等等。许多学者充分肯定了孟子关于人与自然和谐统一、尊重自然外物的生长规律、保护和促进自然外物的生长思想对我们走向人与自然互利共生、和谐健康地发展有着重要的启示、教育和借鉴作用。关于人与道德之天的天人合一。有的学者认为，孟子追求“天人合德”即天人合一的理想道德境界，加强修身和道德践履，就能达到“上下与天地同流”（《孟子·尽心上》）的天人合一的理想道德境界，等等。

第四，深化了对孟子“万物皆备于我”哲学命题、经权观、通变观的研究。长期以来，学术界的一个传统观点是将孟子的“万物皆备于我”斥

---

① 参见本书第四章第三节。

② 丁为祥：《孟子心性之学的信仰维度——儒家道德善性的追根溯源与深层检讨》，《人文杂志》2015年第9期。

为主观唯心主义。有的对此提出质疑，并从知识论、道德哲学、形而上学三个层面对这一命题做了新的诠释；有的论述了孟子“万物皆备于我”命题的“我”“万物”“备”三个要素的内涵及相互关系。这些新的认识，超脱了以往只从主客体关系论述“我”与“万物”关系而判定其为唯我论的局限，为重新认识这一命题提供了新的视角。关于经权观、通变观。有的将经权关系视为原则性与灵活性的统一；有的将“权”的内涵视为一种实践智慧和使“经”由抽象走向现实的实践方式，为人们正确认识孟子的经权观提供了新的视角。有的将孟子权变思想的研究与其性情研究结合在一起，弥补了以往学界忽视孟子人伦情性研究的不足；有的追溯了孟子通变观的根源，从经权古今之辨、“先圣后圣”之见、天人心性之分等方面论述了孟子的通变观，扩展孟子经权观、通变观研究的深度和广度。

总之，21世纪以来，孟子哲学思想研究取得了显著的成绩。其中，近年来十几项国家社会科学基金项目（国家社科基金重大项目、国家社科基金重大招标项目、国家社科基金年度项目、国家社科基金青年项目、国家社科基金后期出版资助项目）和教育部人文社会科学研究项目、教育部新世纪优秀人才支持计划项目的阶段性成果[①]，从新的角度、层面对孟子哲学思想做了深入的探讨，提出了许多新的观点，引起了学界的普遍关注，对深化孟子哲学思想研究发挥了重要作用。

当然，还应看到对孟子哲学思想研究在某些环节、方面仍存有一定的不足。在此略举两例。譬如有的学者认为，孟子的天不是自然之天、上帝之天，虽然有命运之天意，但主要指道德之天，即义理之天。这一观点明显缺乏客观性、全面性。有的认为，“近年来，很多学者从生态学的角度去解读孟子的‘天人合一’。我们不能仅仅根据时下流行的生态观念去比附古代思想，否则，就会陷入比附”，“所谓发掘孟子‘爱物’思想的现代意义，其实是以西方现代的环保思想去证孟子的思想，属于以今证古，其思想价值不大”。[②] 在这里，追求最高道德境界只是孟子天人合一思想的

① 这些研究项目的阶段性成果主要有沈顺福：《人心与本心——孟子心灵哲学研究》，《现代哲学》2014年第5期；戴兆国：《〈孟子〉“心”概念辨析》，《华东师范大学学报》（哲社版）2015年第1期；魏忠强：《孟子的通变观研究》，《广西社会科学》2015年第6期；刘小红：《孟子“权”思想解析》，《孔子研究》2015年第5期；胡发贵：《论孟子“能”与“不能”的哲学主张及其政治诉求》，《南京师大学报》（社科版）2015年第5期；刘伟：《孟子的宗教生态思想——从宗教生态学之视角》，《孔子研究》2015年第5期；徐建委：《〈孟子〉尧舜故事与〈尚书·尧典〉的流变》，《上海大学学报》（社科版）2016年第6期；杨海文：《孟子与“救”的哲学》，《江南大学学报》（人文社科版）2016年第5期；等等。

② 参见夏增民：《“仁民而爱物”：孟子对“物我关系”的探讨——兼论环保主义者对孟子思想的误读》，《华中科技大学学报》（社科版）2004年第3期。

一个重要方面。学界普遍重视对孟子关于人与自然和谐统一思想的探讨，并将吸取古代先贤智慧作为促进社会发展和生态平衡的有益借鉴和启示，是值得提倡和肯定的，亦是值得继续深入挖掘的，大可不必以“比附古代思想”“以今证古”等贬词而否定之。

综上所述，当代中国孟子哲学思想的研究，取得了优异成绩。概括起来有以下几个方面：

第一，在1949～1976年，学界围绕孟子哲学思想的性质、孟子的认识论等问题展开了初步的探讨和争论，提出了不同的观点和认识。[1] 尽管这一阶段对孟子哲学思想的贬斥、批判和否定占据主导地位，但有的学者肯定了孟子的认识论具有朴素唯物主义思想，并对判定孟子坚持唯心主义认识论的主要依据，如“良知”“良能”“尽心知性知天”“万物皆备于我”“诚者，天之道”“大体”和“小体”“耳目之官不思……心之官则思”等概念、范畴、命题做了认真的辨析，提出了与传统观点不同的看法。

第二，在20世纪80年代，许多论文对孟子哲学思想的性质、哲学范畴和命题、认识论、朴素辩证法等做了深入探讨。其中，值得关注的是严北溟先生对孟子哲学思想的评价及学界对孟子哲学思想性质的争论。关于孟子哲学思想的性质大体有主观唯心论、主观唯心主义和客观唯心主义的混合物、客观唯心主义、由主观唯心主义向朴素唯物主义及朴素辩证法转化且后者占据了主导地位、朴素唯物论等说。对孟子“尽心、知性、知天”“天命”等范畴、命题的认识大致有客观唯心主义的天命观、主观唯心主义命题、调和客观唯心主义与主观唯心主义的天人合一，其主要倾向则是主观唯心主义、朴素唯物主义等四种不同的观点。这些争论深化了孟子哲学思想的研究。

第三，在20世纪90年代，学界凸显了对孟子主体哲学、哲学时代价值、哲学结构、文化精神、心性论、天人关系、认识论等问题的研究，提出了许多新的认识。

第四，21世纪以来，学界凸显了对孟子德性论的思维理路、实践哲学及其特征、心性学说的内涵及其逻辑架构与现代意义、天人关系、“万物皆备于我”等哲学命题，以及对经权观、通变观等思想的研究，提出了许多深刻的见解，促进了孟学研究的繁荣兴盛。

要之，从总体上看，从新中国成立至1976年对孟子哲学思想性质、认识论等问题的初步探讨和争论，到20世纪80年代对孟子哲学思想的性

---

① 对孟子哲学思想的性质的评价主要有四种不同的观点，对孟子的认识论的评价亦存有四种不同的观点（参见本书第三章第一节）。

质、哲学范畴和命题、认识论、朴素辩证法等问题的探讨和 20 世纪 90 年代凸显对孟子主体哲学、哲学时代价值、哲学结构、文化精神、心性论、天人关系、认识论等问题的研究，再到 21 世纪以来凸显对孟子德性论的思维理路、实践哲学及其特征、心性学说的内涵及其逻辑架构与现代意义、天人关系、哲学命题与时中权等问题的研究，学界不断拓展孟子哲学思想研究的广度和深度。这不仅促进了孟学研究的日趋深化和提高，而且对弘扬中华民族优秀传统文化发挥了积极作用。

第四章　孟学专题研究（二）

——政治思想研究

孟子政治思想研究与中国古代政治思想研究、儒家政治思想研究等是紧密相连的。尽管前者与后者的研究范围、对象、历程、内涵、结构、后世影响等有一定区别，但两者相互联系、相互影响，它们基本上是同步进行的。一方面孟子政治思想研究是中国古代政治思想研究、儒家政治思想研究的重要基础之一；另一方面，孟子政治思想研究不能脱离中国古代政治思想研究、儒家政治思想研究而孤立存在，往往受到后者的制约和影响。许多论文从整体上对中国古代政治思想、儒家政治思想、孟子政治思想的内涵、结构、特征、历程、成就、存在问题及不足等做了深入探讨和总结①，这无疑为笔者梳理、评析当代中国孟子政治思想研究提供了宝贵借鉴和参考。

孟子政治思想是孟学体系的一个重要组成部分。自 1949 年新中国成立以来，学术界围绕着孟子政治思想的阶级属性、内涵、理论基础、主要特征、深远影响、现实意义等问题，进行了深入的探讨，取得了丰硕的成果，促进了孟学研究的逐步繁荣和兴盛。

---

① 这些探讨和总结主要有，王曰美指出："近 30 年来随着中国改革开发政策的实行，学术界对儒家政治思想的研究已进入到了黄金时期，主要表现在'传统性'文章增多、研究领域不断拓宽、研究深度不断加大、关于政治思想专题研究的著作大量问世等几个方面。"（《近 30 年儒家政治思想研究》，《广西社会科学》2004 年第 6 期）陈自强认为，"国内学界在 1995～2005 年的中国古代政治思想史的研究中，主要从思想史要素、思想家或思想著作、思想流派、思想专题四个方面展开，目的在于厘清政治思想的理论脉络和发掘其时代价值底蕴，最终寻找到对当前具有借鉴意义的思想资源。这一研究对学术增量和政治实践发展具有较大的贡献，同时也存在一些不足之处，今后应注重从研究的贯通性、视角的交叉性和方法的创新性等方面进行思考，以深化对中国古代政治思想史的研究"（《中国古代政治思想史研究综述[1995～2005]》，《宜宾学院学报》2014 年第 1 期）。笔者述评了当代学界对孟子仁政思想的阶级属性、基本内容、内在结构、目的、实质、历史意义、现代价值和局限等问题的研究（《大陆当代孟子仁政思想研究述评》，《中原文化研究》2014 年第 5 期）。笔者还述评了学界关于孟子民本思想的内涵、基本内容、思想渊源、历史意义、现代价值和局限等问题的研究（《三十年来孟子民本思想研究述评》，《海岱学刊》2015 年第 1 期）。

当代孟子政治思想的研究，大体划分为两类：一是对孟子政治思想的整体研究，主要包括孟子政治思想的阶级属性、基本内涵、理论基础、主要特征、深远影响、现实意义等。这是孟子政治思想研究的高一级的层次，已出版的《中国古代政治思想史》等通史著作就属于这类研究。二是孟子政治思想的专题研究，即研究孟子政治思想的某一部分、专题、层次、侧面等。这是孟子政治思想研究的次一级的层次。从总体上看，孟子政治思想的专题研究，主要内容包括仁政思想研究、民本思想研究等。除此之外，近几年来，学术界在探讨儒家政治思想和孟子仁政、民本思想的过程中，围绕着传统儒学与现代宪政民主的关系展开了激烈的争论。这一争论，既涉及怎样评价孟子的仁政、民本等政治思想，又涉及古今政治、法律和社会体制等问题的若干方面。在这里，我们仅述评与孟子仁政、民本思想有关的一些争论。

笔者从孟子政治思想整体研究、孟子仁政思想和民本思想研究三个方面，对当代孟子政治思想研究做一梳理。

第一节　孟子政治思想整体研究

一、孟子政治思想的阶级属性

所谓阶级属性，就是指孟子政治思想代表的阶级利益，这是1949年新中国成立以来学界长期争论的一个学术问题。新中国成立初期，突出强调两个阶级、两条道路的斗争是社会主义过渡时期的主要矛盾。在这一政治环境影响下，学界将判定某一思想家的阶级属性视为学术研究的一个重要方面，许多学者对孟子政治思想阶级属性做了深入探讨，其主要观点如下。

第一，拥护奴隶制，维护奴隶主的利益。杨荣国指出，殷周社会是种族奴隶制社会，是有一种族来统治的奴隶制国家。孟子的维护种族统治的“仁义”和“仁政”是从经济、政治上维护周统的。孟子要从对杨墨的夸大宣传中来号召当时的儒家和保守分子联合起来进攻杨墨。孟子的仁政，“也就是他这维护族有的奴隶制国家的范围”。[①] 彭殷雒认为，孟子是在维护奴隶制，而不是封建制。孟子是看出了被统治者的力量，其部分思想反

① 参见杨荣国：《中国古代思想史》，人民出版社1954年版，第166～186页。

映了被统治者的要求，但他并没有提出实行封建制改革，主张“平谷禄”“复井田”“正经界”，反对“辟草莱”“任土地”，“这就决定他是在拥护奴隶制，维护奴隶主的利益”。①

第二，孟子代表由氏族奴隶主转化过来的封建地主的利益。汤一介认为，孟子是“要从根本上是要实现农奴制度”，“主张井田制”，要把劳动者“终身束缚在土地上，不得自由迁徙”。② 冯友兰认为，“孟轲是地主阶级保守派的代表”③。王德裕认为，“孟子则是儒家左派，他的思想反映了由氏族奴隶主转化过来的封建地主的利益，在当时是一种进步的思想学说”，“孟子的仁义观点……反映了由氏族奴隶主转化过来的封建地主的立场”，“孟子用人文主义精神去反对奴隶主贵族的周礼，篡改了周礼的基本内容，并具有法治的倾向”，孟子的民本思想、井田制、社会分工思想和强调人的主观能动作用，都“反映了新兴封建地主的观点”。④ 刘毓璜考察了孟子学说的阶级基础，认为孟子“试图适应现实的政治环境……以新的改良路线代替旧的改良路线。孟子从保卫领主统治利益出发，从困难夹缝中提出了以‘新贵’代替‘旧贵’的理想，并力图把它变成现实，在具体实践时，不得不带有极大的非现实性”⑤。

在20世纪80年代，不少学者亦持类似的观点。徐大同、陈哲夫等人认为，孟子代表了从旧贵族转化来的地主阶级中保守的一翼，“要求在新的基础上继续保存其原有的特权地位”，“在维护新的基础上，要保留某些旧的东西”。⑥ 杨宪邦认为，孟子“力图缓和封建统治者和农民之间的尖锐对立，调和奴隶主阶级和新兴地主阶级的矛盾”⑦。方克指出，孟子是由奴隶主贵族转化而来的地主阶级的代表人物。孟子政治经济思想的特色在于“施仁政”“行王道”，突出表现在“保民”思想上，保民的目的是保持封建统治。⑧ 沈善洪、王凤贤认为，孟子“一方面，他赞成封建化，处处为地主阶级的长远统治着想；另一方面，又力图保存某些奴隶主世袭的

---

① 参见彭殷雒：《论“民氓”、“野人”、“草莽之臣”的阶级地位及孟子政治思想——与李荫农同志商榷》，《学术研究》1962年第4期。

② 参见汤一介：《孟子的哲学思想》，《新建设》1961年第7期。

③ 冯友兰：《中国哲学史新编》第一册，人民出版社1962年版，第40页。

④ 参见王德裕：《孟子思想的阶级实质》，《江海学刊》1962年第9期。

⑤ 刘毓璜：《孟子的政治观点和哲学思想》，《江海学刊》1962年第11期。

⑥ 参见徐大同、陈哲夫、谢庆奎、朱一涛编著：《中国古代政治思想史》，吉林人民出版社1981年版，第128～129页。

⑦ 杨宪邦主编：《中国哲学通史》第一卷，中国人民大学出版社1987年版，第223页。

⑧ 参见方克：《中国辩证法思想史·先秦》，人民出版社1985年版，第334页。

特权，具有浓厚的保守倾向”①。

第三，孟子是新兴地主阶级的思想家。20 世纪 60 年代，李荫农认为，“孟子的阶级划分论是以封建主和农民的对抗为主导形式的阶级关系的反映，它主要地属于封建性质”②。

在 20 世纪 80 年代，许多学者指出孟子是新兴地主阶级的思想家。江立中认为，孟子是“站在新兴地主阶级立场上，为地主阶级服务的思想家”③。任继愈认为，“孟子是地主阶级伟大的思想家，比各国的当权者看得远些”④。杨恒源认为，“判定孟子的政治观代表奴隶主阶级利益是说不通的，我们完全有理由肯定孟子是新兴地主阶级的代表”⑤。

第四，战国时代士阶层的突出代表。自 20 世纪 80 年代以来，许多论著对春秋战国时期的士做了深入的探讨，有的对近年来战国士阶层的研究成果做了一定梳理。周元侠认为，“孟子为士阶层做出了重大的理论贡献和现实贡献”⑥。许多学者认为孟子是战国时代“士”阶层的突出代表。这就为正确评价其政治思想提供了可靠的前提条件。

除上述外，有的学者对孟子政治思想阶级属性做了一定的归纳和述评⑦，这对全面认识孟子政治思想的阶级属性无疑是有益的。

二、1949～1976 年的整体研究

冯友兰《中国哲学史新编》第二册概述了孟子的时代、孟子对当时政治的态度、孟子的政治思想，认为孟轲一方面是地主阶级保守派的代表，王霸之分是儒家和法家的主要区别。他宣传仁政，反对霸政，是中国封建

---

① 沈善洪、王凤贤：《中国伦理学说史》上卷，浙江人民出版社 1985 年版，第 147 页。

② 李荫农：《关于孟子的阶级划分论——与杨荣国同志商榷》，《学术研究》1962 年第 3 期。

③ 江立中：《从孟子的政治观看他所代表的阶级》，《云梦学刊》1981 年第 4 期。

④ 任继愈主编：《中国哲学发展史・先秦》，人民出版社 1983 年版，第 302 页。

⑤ 杨恒源：《孟子政治思想辨析》，《阜阳师范学院学报》（社科版）1984 年第 4 期。

⑥ 周元侠：《论孟子对“士”的贡献》，《辽宁行政学院学报》2011 年第 1 期。

⑦ 郭兰芳将 1949 年以来关于“孟子的阶级属性”归纳为三种观点：一是“孟子代表奴隶主贵族阶级的利益，政治上是反动的”；二是“孟子是代表新兴的地主阶级的利益的，政治上是进步的”；三是“孟子是代表由奴隶主贵族转化而来的地主阶级利益的，是属于地主阶级中比较温和、保守的一派”（《建国以来孟子研究中的几种基本观点》，谢祥皓编：《孟子思想研究》，山东大学出版社 1986 年版，第 422～424 页）。罗炳良概述了孟子政治思想性质的四种不同观点：一是“孟子政治思想中带有浓厚的血缘家族观念，其出发点是‘民’，具有丰富的民本主义思想……孟子是人民的思想家，具有民主政治思想”；二是“孟子代表奴隶主阶级利益，主张维系世卿世禄的井田制和奴隶主贵族等级制，其政治思想是反动的奴隶主阶级贵族政治思想”；三是“孟子政治思想反映一部分由奴隶主贵族转化过来的封建贵族的利益”；四是孟子“为地主阶级政治统治服务，是代表新兴封建地主阶级的政治思想”（《孟子政治思想述评》，《北方工业大学学报》1990 年第 4 期）。

社会的开明思想家。他反对法家的变法，其“先王之法”，在很大程度上是周礼的旧框子而套进新的内容。这是由奴隶主贵族转化过来的地主阶级的要求和愿望在思想上的反映。另一方面，孟轲对于老百姓的力量有比较充分的认识，主张统治者必须减轻剥削，缓和矛盾，尽力争取老百姓的拥护，才能巩固统治地位。归总起来，孟轲认为在政治生活中，老百姓是最重要的因素。在后来的旧民主主义革命中，孟轲“民为贵”的思想起了很大作用。有人认为这是西方资产阶级的民主思想，有人认为这种理论是伪善的、欺骗的空话，这都是不对的。孟轲并不否认统治者的权力，但是给他的权力定了一个极限，过了这个极限，就要受到惩罚。他关于“征诛”的理论在道义上肯定了被统治者反抗的权利和革命权。在后来的中国封建社会中，这对统治者起到了一定的制约作用，在革命中起鼓舞的作用。他的“劳心者治人，劳力者治于人”的论述，把阶级对立说成是永恒的、普遍的“规律”。他利用被歪曲了的“社会分工论”以论证“剥削有理，压迫有理”。有人指出通过孟轲所说“天下之通义”的分析，可以看出他的“民贵君轻”的提法是虚伪的。其实际的意义是：一方面欺骗老百姓，争取群众；另一方面是鼓励群众向当时的新政权进攻。对于孟轲的这种批评，违反了历史唯物主义的原则。

该书论述了孟子关于王道的物质条件和精神条件。作者指出孟子王道的经济基础是井田制，并批评他的井田制完全是纸上谈兵，实际上是不可能实现的；指出孟子王道的精神条件是仁和忠恕之道。①

该书深入论述了孟子的思想，提出了许多深刻的见解。譬如作者认为，孟轲对于老百姓的力量有比较充分的认识，他的“天与”是以“人归”决定的，是以“人归”代替了“天与”，以民意代替了天意。孟轲关于“征诛”的理论在道义上肯定了被统治者反抗的权利，肯定了被统治者的革命权。在后来的中国封建社会中，这对统治者起到了一定的制约作用。当然，该书认为，孟子关于“劳心者治人，劳力者治于人”的论述，把阶级对立说成是永恒的、普遍的“规律”。他利用被歪曲了的“社会分工论”以论证“剥削有理，压迫有理”，现在看来，这一观点未免将阶级分析方法简单化。斥责孟子的“社会分工论”是论证“剥削有理，压迫有理”，这是不符合孟子思想本意的。

任继愈主编《中国哲学史》第一册于书中提出，孟子的仁政学说显示出当新兴阶级反对旧制度时与人民的利益有一致的地方。孟子将实施仁政

---

① 参见冯友兰：《中国哲学史新编》第二册，人民出版社 1962 年版，第 61～94 页。

的对象归纳为士、商人、耕者、城市居民等五类。这些主张体现了新兴的地主阶级关心生产、爱惜劳动力的积极的一面。孟子的“民贵君轻”思想，是为其仁政学说服务和为了加强封建君主地位的。他把劳动者的问题放在其政治学说的重要地位，并促使统治者重视民的问题，这一思想是有积极意义的。他对统治者不顾人民死活一味剥削，提出了严重警告。他把仁政思想寄托在主观的幻想上，是对孔子仁的学说的继承和发展。其仁政理想是建立在统治者发善心的基础上，这是不切实际的主观空想。①

三、20世纪80年代的整体研究

学术界出版的多部中国思想通史对孟子政治思想做了一定整体探讨。

（一）徐大同、陈哲夫、谢庆奎、朱一涛编著《中国古代政治思想史》

该书在第三章第五节“孟轲的政治思想”中，概述了孟子的生平、时代、思想渊源，论述了孟子“以性善论为基础的教化主义”“保守主义的法先王主张”“‘政在得民’的仁政学说和‘民贵君轻’思想”。

关于“以性善论为基础的教化主义”。该书认为，“性善论和法先王是孟轲政治思想的理论基础和依据……贯穿在他的全部政治主张中”，“人性本善是他全部政治思想的基础……‘政在得民’是孟轲政治主张的核心，而‘得民心’又是‘得民’的关键。为此，孟轲便把对人的‘教化’放到了首位”；“孟轲的性善论，从哲学上说，完全是一种唯心主义的先验论”，他的“仁义礼智等道德规范便成了一种内在的、先验的永恒的人的本性”；他“虽然提出人人皆有善性，然而实际上他的性善论是只包括‘君子’，而不包括‘小人’的……‘君子’才能保存善性……至于被剥削、被压迫的劳动人民、‘小人’，则不过是‘鸡鸣而起，孳孳为利者’（《孟子·尽心上》）。他甚至把劳动人民比做‘禽兽’，认为他们根本不懂得‘仁义’，说什么‘人之异于禽兽者几希，庶民去之，君子存之’（《孟子·尽心上》）”。② 该书论述孟子“保守主义的法先王主张”，认为“孟轲宣扬‘先王之道’、‘法尧舜’、‘师文王’，实际意义就是要为推行他的政治主张制造一个历史依据，提供一种假设的标准”，他的“‘先王之道’就是要借古人之名来推行他的政治主张”；他“把人类历史的发展看成是一种治、乱的循环”，“美化先王，臆造先王之道，并把自己标榜为先王的继承者”，

---

① 参见任继愈主编：《中国哲学史》第一册，人民出版社1963年版，第152～156页。

② 参见徐大同、陈哲夫、谢庆奎、朱一涛编著：《中国古代政治思想史》，吉林人民出版社1981年版，第129～132页。

他“虚拟尧舜制度，颂扬先王，以先圣继承者自居，不过是把他那些保守的主张，吹嘘为尧舜之道，以图得到人们的认可和推行”，其“法先王主张，是有其阶级根源的，也是其思想体系中保守成分的体现”。

该书认为，“仁政是孟轲政治思想的核心”，“孟轲全面地论证了他的‘政在得民’的仁政学说”，将治国王天下之道“区分为王道与霸道”。“孟轲对人民是非常重视的”，提出了得民、教民、养民、民贵君轻的主张。“孟轲的‘政在得民’的仁政主张和‘民贵君轻’思想，作为一种反对暴政的主张来说，无疑是进步的……他那种在强调教化的同时要注意人民物质利益，以使其不饥不寒的主张，对解决人民的困苦处境也有一定的积极意义。因此，他的这种思想在历史上也就曾被一切反对君主施行暴政的人所利用，近代民权主义者也曾吸取它来反对君主专制制度。同时，历史上的统治者也无不以‘仁政’来自我标榜”。①

该书在一定程度上肯定了孟子政治思想的积极方面和因素，评价了孟子在历史上的重要影响。譬如认为孟子全面论证了“政在得民”的仁政学说，提出了得民、教民、养民、民贵君轻的主张，肯定了孟子“政在得民”的仁政学说和“民贵君轻”思想反对暴政的进步意义；孟子认识到人民在国家的重要地位，要求统治者要考虑人心向背和争取人民的拥护，强调教化的同时要注意满足人民的物质利益，这对解决人民的困苦处境有一定的积极意义，且上述思想在历史上不同时期适应不同情况起过不同作用，等等。但该书的一些论述却又因袭了曲解孟子政治思想的偏颇观点，认为孟子的“先王之道”“法尧舜”是“为推行其政治制造历史根据和提供假设的标准”，“臆造先王之道”；孟子的“得民”主张，“就是要保有剥削对象”，“争夺劳动力，扩大统治权的手段”，其最根本的目的在于要防止“贼民兴”，唯恐老百姓“放僻邪侈，无不为已”。上述观点是偏颇的，值得商榷的。在此，笔者仅就孟子的“先王之道”“法尧舜”做一辨析。孟子的这一主张，实际上是通过总结、借鉴历史上国家兴衰存亡、天下得失的经验教训，告诫当时的诸侯国君要以古圣先贤为楷模，施行仁政，实现君仁臣义、君民同乐、天下和谐的美好理想社会。有的学者在论述孟子的“先王之道”时指出：孟子的“先王是指向着历史，道则表现着规矩、秩序等，二者是无法分割开来的。以尧舜为代表的先王是历史中的生命典范，以仁政为核心内容的道则是理想秩序的象征，两者是合为一体的。孟

① 参见徐大同、陈哲夫、谢庆奎、朱一涛编著：《中国古代政治思想史》，吉林人民出版社 1981 年版，第 133～142 页。

子的遵先王之法，本质是效法体现在尧舜生命中的道，历史和道已经合二为一”[①]。这表明，孟子的“先王之道”，就是他所总结、借鉴的治国平天下的仁义之道，亦即是“效法体现在尧舜生命中”的爱人、爱民之道。所谓孟子“提供假设的标准”，“臆造先王之道”，不能不说是对孟子的曲解。

（二）朱日耀主编《中国古代政治思想史》

该书论述了孟子的身世、仁政学说、社会历史观等。

该书认为，孟子的仁政学说“以人性善为出发点”，“从孟子的主观愿望上来说，仁政学说也有一些优秀的东西，如孟子主张君主应该与民同乐……孟子认为，历代统治者失天下的根本原因，都是由于失其民……民心的向背是社会政治的决定力量”。“如何实行仁政，孟子提出了一些较为具体的设想”，主要有“制民之产”“平均赋税”“保护工商业”。孟子“用仁爱来解决全部的社会问题，其空想性远远地多于现实性”。“孟子的历史观是唯心的，凡是在他谈及历史时所表述的观点，几乎一无可取”，“孟子的唯心史观首先表现为用仁爱的观念解释历史……把仁爱看作历史上政治运动过程中的决定力量，竟至于认为历史上曾经发生过的血流漂杵的事件不是事实，他对历史的解释是随意的。其致命的弱点是用主观的意向去衡量历史，涂抹历史，而不是从历史实际出发，尊重历史，解释历史”；“孟子唯心史观的第二个表现，是没有历史发展的观点”，孟子认为“历史就是一治一乱的循环……而把历史简单地归结为‘五百年必有王者兴’”，“孟子对于现实社会的批判是勇敢的，但他的社会批判精神却被唯心主义的历史观淹没了”。[②]

该书肯定了孟子政治思想、社会历史观的积极方面和对后世的重要影响，认为“孟子的仁政主张具有一定的人民性……深刻地认识了民众的力量”，“民心的向背是社会政治的决定力量”，“孟子对现实社会的批判是勇敢的”，等等。但该书的某些观点是值得商榷的。其一，该书判定孟子“所谓‘得乎丘民而为天子’，实际上是在更高的层次上肯定了君主专制制度”。这一观点未免有些绝对化，无疑是偏颇的。朱熹在注释《孟子》“是故得乎丘民而为天子”时指出：“丘民，田野之民，至微贱也。然得其心，则天下归之。”孟子在这里强调的是民心向背关系到国家的安危、兴衰、存亡和天下的得失，把民放在第一位，社稷放在第二位，国君放在第三

① 王博：《中国儒学史·先秦卷》，北京大学出版社2011年版，第315页。

② 参见朱日耀主编：《中国古代政治思想史》，吉林大学出版社1988年版，第68～73页。

位。君轻于民，这是因为获得民心，才能成为天子，民是国家的根本。该书将孟子得民心而王天下的著名政治主张诠释为“在更高的层次上肯定了君主专制制度”，不能不说是对孟子的曲解。其二，该书认为，孟子凡是谈及历史时所表述的观点，“几乎是一无可取”。这一简单化结论，令人惊愕。有的学者曾对学术界有人“抓住《孟子》书中片言只语，就望文生义地给他戴上各种帽子，有什么‘历史循环论’、‘英雄史观’……等等”①提出批评。笔者认为，这一批评对矫正20世纪80年代初期那些不合理否定孟学的传统观点，无疑是有积极意义的。笔者认为，“孟子对社会变迁的内容、原因、方式的探讨，在中国古代思想史上深化了人们对社会发展的认识，表现出这位新兴地主阶级思想家对人类社会发展的深邃思考。即使是在现代社会中，对我们维护社会的安定和促进社会的发展，都有一定的启示和借鉴作用”②。该书对孟子的社会变迁思想缺乏具体、客观的论述，指责其“凡是在他谈及历史时所表述的观点，几乎是一无可取”，孟子“致命的弱点是用主观的意向去衡量历史，涂抹历史，而不是从历史实际出发，尊重历史，解释历史”且“没有历史发展的观点”等认识，不能不说是对孟子政治思想的曲解。

（三）哲学思想通史的整体研究

在20世纪80年代，除上述中国政治思想通史对孟子的政治思想做了综合论述外，有几部哲学、辩证法、伦理学等思想通史对孟子的政治思想亦做了一定的整体探讨。

孙叔平认为，“孟轲的王道论是建立在唯心主义性善论的基础上的，没有现实根据，是建立在复古倒退的政治主张的基础上的，不符合社会经济政治发展的要求和人民的利益”，“鉴于历代王侯以昏暴亡国，孟轲发过一些愤激的言论”，“尽管这些言论还是从忠君出发的，但在封建时代，终不失为大胆的言论”，孟子的“王道论是一些不合时宜的说教，……但他所谈的国家治乱兴亡的教训，则是站在封建主立场上对历史上阶级斗争经验的总结，是有事实根据的，并不是危言耸听的空话”。③ 北京大学哲学系中国哲学史教研室编写的《中国哲学史》认为，“孟子的仁政学说是针对当时地主阶级激进派推行的‘严刑峻法’的政治措施而提出来的”，“孟子重视生产，主张给百姓一定的生活上的满足，这对当时发展封建经济，

① 严北溟：《再谈孟子评价与哲学党性问题》，《哲学研究》1981年第7期。

② 王其俊：《论孟子的社会变迁观》，《东岳论丛》1994年第2期。

③ 参见孙叔平：《中国哲学史稿》（上），上海人民出版社1980年版，第131～132页。

巩固封建秩序也还是有一定意义的”。① 钟肇鹏指出：孟子仁政学说的纲领体现于政治、经济思想的“制民之产”和民本思想上，重民思想是其“政治思想里可贵的地方”。孟子“注意到民心的向背是政治上成功或失败的决定因素……具有进步性及合理因素”，孟子的“制民之产”“取于民有制”“民贵君轻”的进步思想，“是有利于新兴地主阶级的。但他对于旧贵族势力还有妥协的一面”；孟子的“保民”“教民”“养民”等主张是“从奴隶制向封建制过渡期，阶级的沉浮变化和人民地位的提高的反映。孟轲的思想虽半属空想，半属欺骗，但他却为维护封建统治者的长远利益，维护封建统治指出了方向”。② 任继愈指出：孟子主张“实行仁政，在政治上即是着眼于争取民心”；“孟子指责诸侯称霸，是因为霸道注重武力和权谋，与王道注重仁义是对立的，推行王道必须消除霸道。他力图以王道政治取代当时的兼并战争……孟子并非反对富国强兵，而是反对通过武力进行兼并战争以达到富强的目的……孟子不反对正义战争，正义战争不以杀人为战，故可以争得民心的归附。因此，不能认为孟子反对耕战”；孟子认为“实行王道统一天下建立新王朝的时机已经成熟”。“孟子是地主阶级伟大的思想家，他比各国的当权者要看得远些。尽管他的学说当时未被各国统治者采纳，而在后来的封建社会中，历代统治者则大多接受他的王道、仁政主张，以巩固中央集权专制制度。”③ 冯契论述了孟子的“法先王”“恒产”“民贵君轻”等主张，认为在王霸之辨问题上，孟子与法家的争论是地主阶级内部两派的争论。孟子反对霸道，即反对法家的农战政策。④ 杨宪邦认为，孟子“力图缓和封建统治者和农民之间的尖锐对立，调和奴隶主阶级和新兴地主阶级的矛盾，‘讲道德，说仁义’，提倡‘仁政’……力图通过非暴力的、温和的、改良的途径‘王天下’，以实现新兴地主阶级‘定于一’即统一中国的大业，反对新兴地主阶级的激进派如商鞅等人主张的通过暴力、用‘严刑峻法’统一中国的激进方案”，他“为了地主阶级的长远利益，编造治国安民的幻想，声讨虐民暴政……为封建统治者设计一幅治国安民的理想蓝图，企图实行‘仁政’以达到实现封建大一统国家的目的”；他的“民贵君轻”思想，“显然是为了维护和巩固封建的君权，而不是为了提倡反封建的民权或民主。但是他认识到民心

① 北京大学哲学系中国哲学史教研室编写:《中国哲学史》上册,中华书局 1980 年版,第 62 页。

② 参见钟肇鹏:《孟轲》,辛冠洁、李曦编:《中国古代著名哲学家评传》第一卷,齐鲁书社 1980 年版,第 276～287 页。

③ 参见任继愈主编:《中国哲学发展史·先秦》,人民出版社 1983 年版,第 307～314 页。

④ 参见冯契:《中国古代哲学的逻辑发展》上册,上海人民出版社 1983 年版,第 86 页。

的向背乃是封建政权存亡之所系，这是从封建统治者的角度对于春秋战国以来人民推翻奴隶主阶级所显示出来的强大力量的反映，也是对长期阶级统治经验和教训的概括，标志着我国政治思想史上的一大进步”。[①] 方克认为，孟子政治经济思想的特色在于“施仁政”“行王道”，突出表现在“保民”思想上，“保民的目的就在于保持封建统治”，他“认为民心的向背是国家兴败存亡的决定因素”，“反对当时的兼并战争”。孟子“并非反对一切战争，更不反对统一”，“在战争问题上，看到了政治和人的因素（取得民心）是胜败的关键这一点是对的，但是，他把它夸大到了不适当的程度，甚至把它作为唯一的因素，如所谓‘可使制梃以挞秦楚之坚甲利兵’（《孟子·梁惠王上》），那就变成了不切实际的空想了”。“保民而王”是孟子政治思想的一个重要观点。他主张“保民”“重民”，“但这并不是说他站在‘民’的立场，代表‘民’的利益，恰恰相反，他只是利用‘民’来稳定封建统治，剥削‘民’来养活自己”；孟子“提倡和保护小农经济，又有重民思想，这就肯定了他是地主阶级的思想家”；“他的学说不仅耽于空想而不切实际，不仅具有保守主义的特征，而且还往往流露出复古倒退的色彩。在政治上陷于保守以至复古倒退的思孟学派，在思想上就不可避免地要陷入唯心主义的泥坑”。[②] 沈善洪、王凤贤《中国伦理学说史》认为，孟子的“政治态度和思想体系，充满着矛盾。一方面，孟子赞成封建化，并处处为地主阶级的长远统治着想；另一方面，他又力图保存某些奴隶主世袭的特权，具有浓厚的保守倾向”。孟子的“世卿世禄”等主张，是“逆乎当时的历史潮流的”。从思孟学派的基本政治立场来看，认为他们是“复辟倒退的没落奴隶主阶级的思想代表，是缺乏科学根据的”。孟子的“制民之产”“民贵君轻”等思想，“发展了我国古代民主思想的优良传统”；“孟子是一个对本阶级事业抱有信心并较有远见卓识的地主阶级思想家……孟子比较注重已经取得统治权的地主阶级的长远利益，他的政治主张和道德思想，都是为维护这一长远利益而提出的”。[③]

该书认为，“孟子是‘仁政’学说的集大成者，他把施仁政提到极端重要的地位”。“孟子的‘仁政’学说，从他敢于揭露弊政，反对暴虐；重视民心民意，反对过重剥削；提倡‘德教’、‘德化’，鞭挞统治者的不仁不义行为等方面来看，表明作为新兴地主阶级……在某些问题上有同人民利益相一致的地方”，但孟子宣扬仁政的最终目的，“只是为了巩固和加强

---

① 参见杨宪邦主编：《中国哲学通史》第一卷，中国人民大学出版社 1987 年版，第 221～227 页。

② 参见方克：《中国辩证法思想史·先秦》，人民出版社 1985 年版，第 334～338 页。

③ 参见沈善洪、王凤贤：《中国伦理学说史》上卷，浙江人民出版社 1985 年版，第 167～173 页。

封建地主阶级的统治”，其“仁政学说是建立在祈求统治者发善心的基础上的，这就使它不仅在思想体系上是唯心主义的，而且必然具有极大的虚伪性和欺骗性”。①

除上述外，有的论者指出：“孟子从哲学思想、运用历史事实、揭示现实社会需要三个方面，对仁政学说的可行性作了全面的逻辑论证，使我们能够更深刻地认识孟子思想体系的整体性、统一性和逻辑性。这充分显示了这位伟大思想家立论的全面性与思辨的深邃性。”②

四、20 世纪 90 年代的整体研究

（一）中国政治思想通史的整体研究

刘泽华主编《中国古代政治思想史》，该书列入“高等学校文科教材”，全面论述了孟子的仁政思想。

该书认为，孟子仁政的内容主要有：“给民以‘恒产’”、“赋税徭役有定制”、“轻刑罚”、“救济穷人”、“保护工商”。该书指出，“孟子讲的仁政不是空头的仁义道德之论，有着实在的经济内容”；“孟子认为君臣是一种相对关系，而不是绝对服从的关系，断然反对把臣视为君主的奴才与奴隶”；“孟子是站在时代前头的一位思想家”；“许多研究者认为孟子把义与利绝对对立起来，倡义而反对利。这种说法有其合理的一面，但全面考察孟子的言论，这种说法有其片面性”，孟子的“义、利关系不是抽象的，统治者行义首先应施利于民；对于民，只有衣食足而后才能行仁义。分清孟子义、利关系的两种含义，特别是后一种内容，才能把握他关于得民之论的要领”。关于“王道、霸道与统一”。该书还指出，“在中国历史上，最先把王与霸作为不同的政治路线概念而使用的是孟子”；“对待战争，孟子不是偃兵主义者。他提出用兵原则要以仁伐不仁……战争的目的是在于救人民于水火”。“孟子的仁政说，理想多于实际……他编织的理想尽管不可能实现，但与现实并不是对立的。他的理论是现实生活的高度抽象”，“孟子的理论虽然缺乏改革精神，但却充满了温情的自我改良气息”。③

该书的上述论述提出了许多深刻的见解。譬如认为孟子的“先王之道”不是复古主义，而是具有现实批判主义精神；在君臣关系上，孟子的权力与道德的二元论在理论上有着重要的意义，否定了君主至上性，否定

---

① 参见沈善洪、王凤贤：《中国伦理学说史》上卷，浙江人民出版社 1985 年版，第 175、181 页。

② 黄朴民：《孟子学说的内在论证体系初探》，《齐鲁学刊》1987 年第 4 期。

③ 参见刘泽华主编：《中国古代政治思想史》，南开大学出版社 1992 年版，第 77～87 页。

了旧传统中有权力即有道德的合二而一论，这对人们认为君主与道德的关系有新人耳目的作用。在得民问题上，“孟子的得民之道关键在于给人民以物质利益，给人民以生活保障”，等等。从整体上看，该书实事求是地评价了孟子的政治思想，肯定了其积极作用和重要影响。该书是客观、科学评价孟子政治思想的学术专著之一，对深化孟学研究发挥积极作用。

（二）学术论文的整体研究

学术论文的整体研究，主要论述了孟子政治思想二重性、历史作用。罗炳良认为，孟子“政治思想中包含两个既相互对立、又相互联系的主题，一个是君主专制思想，另一个是民本思想”，“孟子政治思想是以君主专制思想为主，民本思想为辅，二者相辅相成，共同构成孟子完整的政治思想体系，代表了战国时期地主阶级国家的根本利益”。① 宋绍光认为，孟子的政治思想的“显著特点是两重性，即既有保守妥协的一面，又有进步、抗争的一面。但总体来说，其前者大于后者。这与他的出身及其所处的地位——士阶层分不开的”②。

有的学者采用伦理学与政治学相交叉的研究方法，探讨了孟子的道德政治哲学。任剑涛认为，“孟子给政治以伦理化解释，鲜明地凸现出伦理政治中伦理的地位与作用”，“伦理善（良心善性）不仅担负了纯化人心、净化社会的功能；而且，担负起了保证秩序、治理社会的功能”，“‘仁人无敌’，由此既可以视为孟子对伦理善所具有道德功能的证明，也可以视为他借伦理善打通伦理与政治两个领域的努力。归结点与其出发点在此合二而一：伦理善”。③

五、21 世纪以来的整体研究

进入 21 世纪以来，孟子政治思想研究呈现出前所未有的繁荣景象，许多论文对孟子的政治思想做了深入的整体研究。其主要内容就是凸显了孟子政治思想与其他学科的交叉研究。这些交叉研究包括两个方面：一是道德与政治；二是德治与法律。

（一）道德与政治的交叉研究

这一研究的主要内容包括两个方面：一是孟子伦理政治思想的内涵、

① 参见罗炳良：《孟子政治思想述评》，《北方工业大学学报》1990 年第 4 期。

② 宋绍光：《论孟子游说中的应时思想》，《江苏社会科学》1992 年第 4 期。

③ 参见任剑涛：《给政治以伦理化解释——孟子道德政治哲学主题分析》，《中国哲学史》1998 年第 3 期。

现代价值；二是政治义务观、爵位与德性的关系。

1. 孟子伦理政治思想的内涵、现代价值

有些学者采用道德与政治的交叉研究，将孟子政治思想称为伦理政治，并对其内涵做了新的概括。其主要观点有：其一，孟子政治思想的精华是“求善的政治”。张再林、肖向龙“在施特劳斯对西方现代性危机批评的视角下，对孟子政治思想进行了某种新的解读”，认为它是“以‘人性善’为基础，提出了‘仁政’说，力图建立至善的政治，并且通过政治活动和实践完善人的德性与生命”，“孟子在两千多年前提出的解决政治危机的药方在今天并未过时，只是它在历史上就不曾被真正地实行过。因为他所主张的是‘求善的政治’，而不是‘求利的政治’……这才恰恰是孟子政治思想的精华所在”。[①] 其二，孟子的政治哲学思想是道德与政治的统一。郑臣认为，“性善论与仁政说相为表里、相辅相成，性善论是仁政说前提和基础，性善论以仁政说为目的和归宿”，“孟子的性善论和仁政说构成了其内圣外王思想的基本内涵”，“孟子的最大贡献是为儒家的内圣外王之道奠定了一个心性论的基础，并由性善论引出仁政学说，从而创立了一个较完备的学说体系，使得儒家的内圣外王之道得以充分的拓展”。[②]

陆保良探讨了孟子伦理政治思想的现代价值，认为“孟子的‘性善’和‘仁政’的政治哲学思想，强调道德为政治之本、政治为社会之本，对于克服大众世俗社会（mass society）去道德化的价值虚无主义和去政治化的极端个人主义不啻是一剂对症良药”[③]。

2. 孟子的政治义务观、爵位与德性的关系

郭敬东认为，“儒家政治义务观的一个典型特色就是从形而上的思维出发，通过一种身体隐喻，将国君与臣民之间的关系比喻为心与手足四肢的关系，在此基础上来分析臣民的政治义务问题。因此，儒家形成了一种身体隐喻视野下的政治义务观”[④]。

鲁建辉、陈学凯论述了孟子的爵位与德性的关系，认为“孟子反对爵权独尊和君主专制，护卫德权、齿权。提出天子亦是爵位、天爵平等、重民不患无君等原创思想。虽然孟子的分权抗衡思想有不彻底性，但是其怀

---

① 参见张再林、肖向龙：《求善的政治——现代情境下的孟子政治思想解读》，《西北大学学报》（哲社版）2005 年第 3 期。

② 参见郑臣：《性善论与仁政说——孟子的内圣外王之道》，《长春理工大学学报》（社科版）2013 年第 1 期。

③ 陆保良：《孟子伦理政治哲学及其现代价值》，《社会科学战线》2013 年第 3 期。

④ 郭敬东：《身体观视野下的儒家政治义务观分析——以孟子为中心的考察》，《理论界》2013 年第 10 期。

疑与批判的精神至为珍贵”[①]。郭文、李凯论述了孟子“仁者得位”思想，指出：“孟子的‘仁政’学说并非全然是一种理想化的政治构想，而具有可贵的现实基础”，“孟子的‘仁者得位’的政治主张则认为，由于‘德性’与‘位’的关系只是一种应然而非必然的关系，‘德性’修养也即‘内圣’并不必然开出‘位’的‘外王’实践”，“要实现‘仁者得位’这一理境，唯有‘王’位才是最根本的方式和手段。而‘内圣’与‘外王’的高度统一成为孟子‘仁者得位’思想的理想之境”。[②]

（二）德治与法律的交叉研究

孔孟的德治思想是中国古代政治思想的主干，在古代社会中产生了重要影响。孔孟的“德治”，又称“仁政”。孟子反对法家的严刑峻法和专任刑罚，主张加强教化、省刑慎罚，恰当处理德治与法律的关系。21世纪以来，在孟子德治与法律的交叉研究中存在着两种根本对立的观点：一是称孟子政治法律思想为“颇为弱智的文化遗产”而予以不合理的批判，二是肯定孟子的法律思想有着积极的时代价值。

1. 判定孟子政治法律思想是“颇为弱智的文化遗产”

杨师群认为，孟子的政治法律思想“存在着一些根本性的弱点，并由此生发出的系列政治理论，造就的是一座空中楼阁……然而内中充斥迂腐与漏洞”。这些“迂腐与漏洞”主要有：人性善之理论与偏颇、仁政蓝图的虚玄建构、道德教化和省刑空想、君臣关系的幼稚态度、民本主义的实质用心。“孟子的‘富贵不能淫’、‘舍生取义’等人生价值观……如果将其作为一种人格理想的参照目标，那么它或许会放射出合理的光彩。然而中国人却在不触动君主专制体制这个前提下，把它作为现实人格的标准”，“中国传统的‘性善论’人格理想实是一种以不承认任何人都存在各种丑陋弱点为前提的幻想，它不但导致人的虚伪，也造就政治、法律的虚伪”，它“在数千年君主专制统治的社会中，始终只是一幅海市蜃楼的幻景，麻醉着中华民族的中枢神经，阻碍着中华社会的行进步伐”，“我们必须清理这些颇为弱智的文化遗产”。[③]

2. 孟子的法律思想具有积极的时代意义

有的学者对上述观点提出质疑，认为“孟子的人性善学说带着更多理想甚至浪漫主义的色彩。他一再强调人性善的一面，把同情、合作而不是

---

① 鲁建辉、陈学凯：《爵齿德中孟子分权与抗衡的逻辑》，《云南社会科学》2014年第2期。

② 参见郭文、李凯：《孟子“仁者得位”思想发微》，《江西社会科学》2015年第1期。

③ 参见杨师群：《孟子政治法律思想批判》，《中国政法大学学报》2010年第1期。

贪婪、暴力看作人性的根本，将政治社群成员的美德树立为政治与法律制度追求的重要目标，认为国家的政治与法律制度正当性的基础在于对人类至善的追求”，“有当代法律学者把孟子的上述道德政治学说比作‘一幅海市蜃楼式的政治幻景’，‘充斥迂腐与漏洞’，‘必须清理这颇为弱智的文化遗产’并‘从中引出深刻的历史教训’。孟子的人性论是否真‘充斥着漏洞’？基于这种人性论的政治与法律理论是否是‘海市蜃楼式的政治幻景’？”作者认为，“以当代伦理学、法理学的视角来解读孟子的人性学说，从自然主义的角度捍卫其浪漫主义的人性观，并在此基础上提请法理学者思考孟子人性论的法理意义”，“孟子式美德法理学的法律价值论有更为丰富和厚实的内涵……以孟子人性论为基础的法律价值论将美德看作法律追求的根本目标之一，但又尊重每个人的基本自由，保障每个公民的基本权利，可以看作兼顾高低标准（自由与美德）的两全之策”。[①]

笔者赞同这一质疑和论述，认为上述对孟子政治法律思想的批判是偏颇的，也是值得商榷的。其一，所谓“孟子又把人性的内涵分为‘大体’（贵）、‘小体’（贱）两种……实际上把人性分为两种”，这是曲解了孟子的本意。孟子的人性是指人之所以为人的本质属性，是区别于禽兽的“类”概念。在孟子那里，人的“小体”的自然生理欲望并不是人性的内涵。所谓“中国人对‘性善’的完美人格信奉只能造就出成批的伪君子……它不但导致人的虚伪，也造就政治、法律的虚伪”，这一观点，违背历史事实。“中国人对‘性善’的完美人格信奉”与“造就出成批的伪君子”并没有必然的联系。其二，将触动君主专制体制视为信奉“舍生而取义”人生价值观的前提，并将二者对立起来是不妥的。如此，就无法理解中华民族无数志士仁人在民族危亡的紧急关头将“舍生而取义”视为坚持节操、英勇献身的精神支柱。其三，历史上曾出现过信奉性善论的“伪君子”，但无数进步的思想家、政治家恰恰是孟子性善完美人格的信奉者，他们在历史上做出了积极贡献，成为中华民族的脊梁。判定“性善论”“只能造就出成批的伪君子”，无疑是违背历史事实。其四，判定孟子的仁政理论“在数千年君主专制统治的社会中……麻醉着中华民族的中枢神经，阻碍着中华社会的行进步伐”，这无疑否定了孟子仁政理论的积极历史意义，难免有历史虚无主义之嫌。

除上述交叉研究外，许多学者对孟子政治思想的基本内涵、理论基础、主要特征、后世影响、治国平天下与中庸思想等做了深入的论述。

---

① 参见王凌皞：《孟子人性发展观及其法理意义》，《法学研究》2013年第1期。

关于孟子政治思想的基本内涵。主要观点有：其一，基本内涵包括“孟子的政治思想从抽象的人性论出发，性善说是孟子政治思想的理论基础”，“民本思想是孟子政治思想的重要内容”，“孟子的理想政治是仁政”，“孟子理想的经济制度是井田制”。① 其二，魏义霞认为，“孟子的政治哲学包括四个方面的内容：在霸道与王道的对比中，表达了王道的政治理想和价值旨归；在王道与仁政的密切关系中，伸张了以仁义道德为主的行政原则和政治路线；在仁政与教化的关系中，突出了礼乐教化的重要性；在实行井田和社会分工的呼吁中，提出了一系列保障、推进仁政的经济措施。‘兼善天下’的道义担当注定了政治哲学在孟子整个思想体系中的重要位置和作用。孟子的政治哲学与其本体哲学和人性哲学密切相关，并且继承了儒家注重统治者榜样作用和呼唤哲学王的一贯思路”②。

关于孟子政治思想的主要特征。熊凯认为，孟子政治学说的主要特征表现为“重基础”，“以民为本，民贵君轻……极重礼乐教化，从人心性的角度来实现政治”，“重经济和百姓生计，主张使民以时，轻敛薄赋，减轻人民负担”，“具有民主色彩”，“政治伦理化”、“复古色彩”浓厚③，等等。

关于治国平天下与中庸思想。高兵认为，“《孟子》中蕴含着丰富的中庸思想……经济措施以中庸之道的适度、权和时中为原则制民之产、使用民力、征收赋税和对自然界物品的获取，主张‘以佚道使民；政刑措施以无过无不及的中正之道为纲，要求树立为全民谋利、注重大节的整体观，否定只顾个体利益的偏激行为，主张‘以生道杀民’；社会伦理要求个人行为中正、以身作则，强调权、时中等对中庸之道的灵活运用”④。

总之，当代中国孟子政治思想的整体研究，不断获得新的进展和丰硕成果。这主要表现于三个方面：一是孟子政治思想的阶级属性，二是孟子政治思想的基本内涵、主要特征、重要贡献和现代价值，三是研究范式的变化。

第一，孟子政治思想的阶级属性。对这一问题的认识经历了一个逐步深化和提高的过程。从 20 世纪 50～60 年代普遍认为孟子拥护奴隶制和维护奴隶主的利益，到 20 世纪 70～80 年代认为孟子代表由氏族奴隶主转化过来的封建地主的利益，再到 20 世纪 90 年代以来认为孟子是新兴地主阶级的思想家和战国时代士阶层的突出代表，肯定了“孟子为士阶层作出了

① 参见熊凯:《孟子政治思想研究》,《江西社会科学》2001 年第 11 期。

② 魏义霞:《王道与仁政:孟子政治哲学及其审思》,《东岳论丛》2012 年第 9 期。

③ 熊凯:《孟子政治思想研究》,《江西社会科学》2001 年第 11 期。

④ 高兵:《〈孟子〉治国平天下与中庸思想》,《船山学刊》2015 年第 5 期。

重大的理论贡献和现实贡献”。这些观点的变化，既是学界所处的社会环境、学术环境不断发生积极变化的结果，又是学界不断深化孟学研究的结果。这从一个侧面反映了孟学研究的发展和进步，从而为正确、客观评价孟子政治思想提供了可靠的前提条件。

第二，凸显了孟子政治思想的内涵、主要特征、重要贡献和现代价值等问题的研究。

其一，孟子政治思想的内涵。在20世纪60年代，冯友兰认为孟子政治思想的内涵包括：王霸之分、“先王之法”、民意代替天意、“民为贵”、“征诛”、王道的经济基础“井田制”、王道的精神条件是仁和忠恕之道。① 任继愈将孟子“仁政”的具体内容归纳为如何对待士、商人、耕者、城市居民等五点，论述了孟子的“民为贵”思想。② 20世纪80年代，有的学者认为性善论和法先王是孟子政治思想的理论基础和依据，“法先王”是为其治国方案设置的一种假想的依据，“政在得民”是其政治主张的核心③；有的认为孟子仁政学说的主要内容包括效法先王、尊王贱霸、“制民之产”“取于民有制”“民贵君轻”“保民而王”等；在20世纪90年代，有的探讨了孟子的仁政说、君臣君民关系、王道霸道与统一；有的认为孟子的仁政、应时思想包括力主天下“定于一”和反对诸侯割据、主张权力制约和反对“私垄断”、改善生产关系和调整阶级利益三个方面；21世纪以来，凸显了对孟子政治思想的交叉研究，即道德与政治、德治与法律的交叉。有的认为孟子政治思想是伦理政治，把其内涵称为“求善的政治”，而不是“求利的政治”④；有的认为，孟子的政治哲学思想是道德与政治的统一，“孟子的性善论和仁政说构成了其内圣外王思想的基本内涵”⑤；有的指出“孟子的‘仁政’学说并非全然是一种理想化的政治构想，而具有可贵的现实基础”⑥；许多论者肯定了孟子伦理政治思想的现代价值，认为孟子主张“道德为政治之本、政治为社会之本”，这对于“克服大众世俗社会（mass society）去道德化的价值虚无主义和去政治化的极端个

① 参见冯友兰：《中国哲学史新编》第二册，人民出版社1962年版，第64～75页。

② 参见任继愈主编：《中国哲学史》第一册，人民出版社1963年版，第152～156页。

③ 参见徐大同、陈哲夫、谢庆奎、朱一涛编著：《中国古代政治思想史》，吉林人民出版社1981年版，第136页。

④ 参见张再林、肖向龙：《求善的政治——现代情境下的孟子政治思想解读》，《西北大学学报》（哲社版）2005年第3期。

⑤ 郑臣：《性善论与仁政说——孟子的内圣外王之道》，《长春理工大学学报》（社科版）2013年第1期。

⑥ 郭文、李凯：《孟子“仁者得位”思想发微》，《江西社会科学》2015年第1期。

人主义不啻是一剂对症良药”[①]。关于德治与法律的交叉研究。学术界存在两种根本对立的观点：一是称孟子政治法律思想为“颇为弱智的文化遗产”而予以不合理的批判；二是肯定孟子的法律思想有着积极的时代价值。笔者认为，前者对孟子法律思想的不合理批判将有导致历史虚无主义的危险；后者肯定孟子法律思想积极的时代价值，对弘扬中华优秀传统文化是有积极意义的。

综上所述，孟子政治思想的基本内涵主要包括：效法尧舜、遵“先圣之道”、“行仁政而王”、尊王贱霸、以德服人、君仁臣义、任贤使能、民为邦本、民贵君轻、顺从民心、“保民而王”、“政在得民”、与民同乐、礼乐教化、导民向善、天下统一、反对割据等。这些内容基本概括了孟子关于政权转移、天下得失、社会治乱、为政治国、君臣关系、君民关系、国与国关系、统一天下等思想的各个方面。其中，仁政、民本是其政治思想的核心和重要内容。

其二，孟子政治思想的主要特征。学界对这一问题的认识，概括起来主要有以下几种观点：一是孟子的思想体系中充满着既要保存旧的，又要容纳一些新思想的矛盾。[②] 有的认为孟子显然具有强烈的保守主义和改良主义的色彩。由于在孟子身上旧的传统包袱和新的政治现实之间存在着尖锐的矛盾，这就使得他的学说不仅耽于空想而不切实际，比较具有保守主义的特征，而且还往往流露出复古倒退的色彩。[③] 有的认为孟子是仁政学说的集大成者，他的政治思想表明新兴地主阶级在一段时间内和某些问题上有同人民利益相一致的地方。但其仁政学说是建立在祈求统治者发善心的基础上，这就使它在思想体系上是唯心主义的和具有极大的虚伪性、欺骗性。[④] 有的认为孟子政治思想的显著特点是具有两重性，既有保守妥协的一面，又有进步、抗争的一面；但整体来说，其前者大于后者。[⑤] 二是孟子的政治思想具有两重性。孟子政治思想是以君主专制思想为主，民本思想为辅。两者对立统一，相辅相成，构成了孟子完整的政治思想体系。[⑥] 三是“孟子的仁政理想尽管不可能实现，但与现实不是对立的。他的理论是现实生活的高度抽象……一方面引导人们承认现实的基本关系；另一方面，又在这个现实的基础上给人们悬挂起一个可望而不可及的理想

---

① 参见陆保良：《孟子伦理政治哲学及其现代价值》，《社会科学战线》2013 年第 3 期。

② 参见任继愈主编：《中国哲学史》第一册，人民出版社 1963 年版，第 152 页。

③ 参见方克：《中国辩证法思想史·先秦》，人民出版社 1985 年版，第 334 页。

④ 参见沈善洪、王凤贤：《中国伦理学说史》上卷，浙江人民出版社 1985 年版，第 147 页。

⑤ 参见宋绍光：《论孟子游说中的应时思想》，《江苏社会科学》1992 年第 4 期。

⑥ 参见罗炳良：《孟子政治思想述评》，《北方工业大学学报》1990 年第 4 期。

王国，让人们在现实与理想之间上下跳跃”①。四是孟子政治学说的主要特征表现为：以民为本，重视礼乐教化、经济和百姓生计，具有民主色彩，政治伦理化，其政治学说是建立在道德伦理思想和抽象人性论基础上的，以性善论为其逻辑起点；复古色彩浓厚，他推崇的井田制、禅让制，都是古代实行而今则久无的。② 五是给政治以伦理化解释，凸显伦理政治中伦理的地位与作用。有的指出：孟子政治思想的精华是“求善的政治”；有的认为，“孟子以仁心作为贯通伦理与政治，化政治治理为伦理抉择，是其理解政治的基本准则。孟子的伦理善担负了纯化人心、净化社会的功能和保证秩序、治理社会的功能”③。有的指出，道德与政治在孟子思想中是高度统一的。孟子的政治哲学思想深刻地揭示了道德与政治内在的复杂关系，因而也成为儒家政治思想学说的典型形态。④ 六是中庸思想是《孟子》治国平天下学说的方法论和指导思想。有的指出，孟子的中庸思想“主要表现在治国平天下的经济措施、政刑措施和社会伦理中。经济措施以中庸之道的适度、权和时中为原则；政刑措施以无过无不及的中正之道为纲；社会伦理要求个人行为中正、以身作则，强调权、时中等对中庸之道的灵活运用”⑤。

总之，上述几种观点表现了学界在不同历史阶段探讨孟子政治思想主要特征的历史过程和概况。本书在《绪论》中概述当代中国孟学研究的历史分期时曾指出：1949～1976 年是孟学研究的初始阶段，20 世纪 80 年代是孟学研究的过渡阶段，20 世纪 90 年代是孟学研究的发展阶段，21 世纪以来是孟学研究的兴盛阶段。上述几种观点恰恰是与当代孟学研究的历史发展过程相适应的。具体而言，上述第一种观点多是在 20 世纪 80 年代提出的。譬如孟子政治思想体系中充满着新旧思想的矛盾、改良主义、复古倒退的色彩，具有保守主义特征和极大的虚伪性、欺骗性，其保守妥协的一面又大于进步、抗争的一面。上述观点虽肯定了孟子政治思想中的积极因素，但夸大了其思想中消极的一面，对孟子政治思想的整体评价是欠公允的。

20 世纪 90 年代以来，学界陆续提出了第二至第六种观点。其中，关

---

① 刘泽华主编：《中国古代政治思想史》，南开大学出版社 1992 年版，第 87 页。

② 参见熊凯：《孟子政治思想研究》，《江西社会科学》2001 年第 11 期。

③ 任剑涛：《给政治以伦理化解释——孟子道德政治哲学主题分析》，《中国哲学史》1998 年第 3 期。

④ 参见郑臣：《道德与政治的统一——孟子政治哲学思想初探》，《西南农业大学学报》（社科版）2012 年第 11 期。

⑤ 高兵：《〈孟子〉治国平天下与中庸思想》，《船山学刊》2015 年第 5 期。

于孟子的政治主张是性善理论与现实相结合的产物，以及他的理论是对现实生活的高度抽象的观点，表明孟子的政治思想既具有理想性又具有现实性。这一概括对批评那种认为孟子政治思想是脱离实际的空想的观点，无疑是有益的。关于“孟子给政治以伦理化解释，凸现伦理政治中伦理的地位与作用”等观点，颇有新意。

其三，孟子政治思想的重要贡献和现代价值。其主要内容大致包括为下述六个方面：一是总结历史经验教训，二是肯定民众积极作用，三是限制君主权力，四是反对君主专制，五是具有宪法思想的萌芽，六是有利于克服价值虚无主义和极端个人主义。

关于总结历史经验教训。许多学者认为，孟子总结了夏商周三代兴衰存亡的经验教训，将土地、人民、政事视为治国平天下的三个根本要素，认为治国者施行仁政、顺从民心，就能使社会安定、国家太平、天下统一；反之，就会使社会动荡、国家危亡、天下离散。孟子总结的国家治乱兴亡的教训，代表了新兴地主阶级的利益和对历史上阶级斗争经验的总结，是有事实根据的，并不是危言耸听的空话。[①] 有的指出，孟子设计的治国安民的理想蓝图，认识到民心的向背乃是封建政权存亡之所系，这是对春秋战国以来人们推翻奴隶主阶级所显示出来的强大力量的反映，也是对长期阶级统治经验和教训的概括，标志着我国政治思想史上的一大进步。孟子关于得民心而取得政权的思想，是从历史经验中总结出来的一条规律。[②]

关于肯定民众的积极作用。学者们普遍认为，孟子的仁政学说和“民贵君轻”思想，是一种反对暴政的主张。孟子认为民心向背是政治上成败的决定因素，认识到人民在国家的重要地位，要求统治者要考虑人心向背和争取人民的拥护，强调教化的同时要注意满足人民的物质利益，以使其不饥不寒，这对解决人民的困苦处境有一定的积极意义。[③] 孟子深刻地认识到民众的力量，认为百姓是国家政治生活中最重要的因素。有人将“民贵君轻”视为伪善的、欺骗的空话，这是不正确的。他在政治和战争问题上强调人的重要作用，这是在思想史上的贡献。他的“制民之产”、“取于民有制”、“民贵君轻”、重视生产、满足百姓基本的物质生活需求等主张，

---

① 参见孙叔平：《中国哲学史稿》（上），上海人民出版社 1980 年版，第 131～132 页。

② 参见杨宪邦主编：《中国哲学通史》第一卷，中国人民大学出版社 1987 年版，第 223～228 页。

③ 参见徐大同、陈哲夫、谢庆奎、朱一涛编著：《中国古代政治思想史》，吉林人民出版社 1981 年版，第 169 页。

“对当时发展封建经济，巩固封建秩序是有一定意义的”①。

关于限制君主权力。有的学者认为，孟子“并不否认统治者的权利，但是给他的权利定了一个极限……孟轲的理论在道义上肯定了被统治者反抗的权利，肯定了被统治者的革命权。这在后来的中国封建社会中，对统治者起到了一定的制约作用，在革命中起鼓舞的作用”②。有的指出，在君臣关系上，孟子把仁义理论原则看得比君主更神圣，这一点在政治思想上很有意义，它对君命无二的盲从主义是有力的一击。孟子是站在时代前头的一位思想家。他企图在权力与道德、知识之间建立一个制约圈……在理论上却有着重要的意义。它否定了君主至上性，否定了旧传统中有权力即有道德的合二而一论，这对人们认识君主与道德的关系有新人耳目的作用。孟子为调整君臣关系装置了一个转动轴，使僵化的君主专制制度多少有一些灵活性。③

关于反对君主专制。有的学者指出，孟子的仁政思想在历史上被一切反对君主施行暴政的人所利用，近代的民权主义者也曾吸取它来反对君主专制制度。同时，历史上的统治者也无不以“仁政”来自我标榜。这种思想确曾在历史上的不同时期适应不同情况起过不同作用。④ 有的将孟子政治思想的历史作用概括为两个方面：一是民本思想在封建社会中成为地主阶级思想家和政治家们调节剥削机制的杠杆，起着协调社会矛盾的作用；二是民本思想为明清之际和近代思想家们提供了反对君主专制的思想武器，对近代启蒙思潮和追求自由、民主、平等，反对封建专制有着深远的影响。⑤

关于具有宪法思想的萌芽。有的学者认为，孟子的政治思想蕴含价值极高的宪法思想萌芽，即精神文明与物质文明建设并重、民为邦本、民贵君轻、关于政权更替的思想、权力制约思想和宪法基本精神。这些宪法思想萌芽是中华思想文明的重要有机部分和其发展过程中积极有利的组成部分，也是我们建设社会主义文化的重要思想资源。⑥

除上述外，有的学者认为，孟子的政治思想有利于“克服大众世俗社

---

① 北京大学哲学系中国哲学史教研室编写：《中国哲学史》上册，中华书局 1980 年版，第 62 页。

② 冯友兰：《中国哲学史新编》第二册，人民出版社 1962 年版，第 67～68 页。

③ 参见刘泽华主编：《中国古代政治思想史》，南开大学出版社 1992 年版，第 83 页。

④ 参见徐大同、陈哲夫、谢庆奎、朱一涛编著：《中国古代政治思想史》，吉林人民出版社 1981 年版，第 169 页。

⑤ 参见罗炳良：《孟子政治思想述评》，《北方工业大学学报》1990 年第 4 期。

⑥ 任海涛：《〈孟子〉中的宪法思想萌芽》，《兰州大学学报》（社科版）2010 年第 4 期。

会（mass society）去道德化的价值虚无主义和去政治化的极端个人主义”①。有的认为，“孟子在讨论人际关系中提出‘乐道忘势’等观点，则又包含着接受、认同近代民主理念的可能。孟子对君与天下的区分及民为贵等较为系统的看法，为认同或接受民主政治的价值前提提供了一定的可能……他注重人格在政治实践中的规范意义、强调‘徒法不能以自行’、要求以善教制衡善政等等，无疑对近代民主政治过分强化形式化、程序化及技术理性的偏向，可以在思维进路上形成某种纠偏的作用”②。

总之，学者们肯定了孟子政治思想的重要贡献和现代价值，既深化了孟子政治思想的整体研究，又为中国当代社会建设和文化建设提供了可资借鉴的思想资源。

第三，研究范式的变化。改革开放以来，随着中国社会的建设发展，社会科学各学科、领域的相互渗透、相互交叉日趋增多。许多研究者不再仅仅局限于某一学科、领域的孤立研究，而是采取跨学科、领域的综合研究方法，对研究对象予以多角度、多层面的审视，从而收到某单一学科、领域的孤立研究所达不到的新的效果。21 世纪以来，对孟子等儒家代表人物政治伦理化与伦理政治化的阐释是近年来学术界关注的一个理论热点。在孟子那里，其政治、伦理、哲学等思想是相互渗透、相互交叉的。从孟子政治思想与其他思想的相互渗透、交叉上，进一步审视其政治思想体系，这无疑有利于对孟子及儒家政治思想的深度挖掘。笔者认为，孟子政治思想整体研究范式的转变表现有三：一是深入挖掘、诠释孟子政治思想的内涵、主要特征等；二是从孟子政治思想与其他思想的相互渗透、交叉上，进一步审视其政治思想体系；三是对孟子政治思想日趋做出客观、科学的评价。

当然，当代孟子政治思想整体研究还存在着一定的不足，主要表现于下述几个方面：一是认为孟子的王道论是建立在唯心主义性善论和复古倒退的政治主张的基础上的，不符合社会经济政治发展的要求和人民的利益③；孟子的仁政学说是建立在祈求统治者发善心的基础上，这就使它在思想体系上是唯心主义的和具有极大的虚伪性、欺骗性④；孟子的仁政民本思想“半属空想，半属欺骗”⑤。二是认为孟子主张“保民”“重民”，

---

① 陆保良：《孟子伦理政治哲学及其现代价值》，《社会科学战线》2013 年第 3 期。

② 杨国荣：《儒家政治哲学的多重面向——以孟子为中心的思考》，《浙江学刊》2002 年第 5 期。

③ 参见孙叔平：《中国哲学史稿》（上），上海人民出版社 1980 年版，第 131 页。

④ 参见沈善洪、王凤贤：《中国伦理学说史》上卷，浙江人民出版社 1985 年版，第 158 页。

⑤ 参见钟肇鹏：《孟轲》，辛冠洁、李曦编：《中国古代著名哲学家评传》第一卷，齐鲁书社 1980 年版，第 287 页。

但这并不是说他站在“民”的立场，代表“民”的利益，恰恰相反，他只是利用“民”来稳定封建统治，剥削“民”来养活自己①。三是孟子主张效法尧舜、遵“先圣之道”“先王之道”，具有浓厚的复古倒退色彩。四是孟子的仁政理论是“麻醉着中华民族的中枢神经，阻碍着中华社会的行进步伐”的“颇为弱智的文化遗产”②，等等。上述观点有失公允，是值得商榷的。

笔者认为，前三种观点在新中国成立至20世纪80年代颇为流行。21世纪以来，这些观点已不多见。有的论者仍因袭孟子“先王之道”是复古主义的传统观点，许多学者已提出异议和做出辨析。譬如有的认为孟子的“先王之道”不是复古主义，而是具有现实批判主义精神。③ 有的指出，孟子的“先王之道”，“先王是指向着历史，道是表现规矩、秩序等，二者是无法分割开来的。以尧舜为代表的先王是历史中的生命典范，以仁政为核心内容的道则是理想秩序的象征，两者是合为一体的。孟子的遵先王之法，本质是效法体现在尧舜生命中的道，历史和道已经合二为一”④。这些诠释是客观公允的。至于有的论者将孟子的仁政理论视为“弱智的文化遗产”而予以不合理的批判，这对弘扬中华民族优秀传统文化只能造成消极影响。

第二节　孟子仁政思想研究

孟子的仁政思想是其政治思想重要的组成部分，是孟子治国为政、安定天下的根本，是维护国家安定、社会和谐的长治久安之道。“所谓‘仁政’，就是将‘不忍人之心’即爱人爱民之心，推广运用于政治领域的施政活动的总称。孟子的‘仁政’，又称‘王道’、‘先王之道’、‘不忍人之政’等。孟子继承了孔子‘仁’的思想，并将它发展为系统的‘仁政’，在儒家思想发展史、中国古代政治思想史上占有重要地位和产生了重要影响。”⑤ 笔者比较全面、系统地述评了1949～2012年的孟子仁政思想研究。为避免重复和节省篇幅，在此引用其中的基本观点和结论。

① 参见方克：《中国辩证法思想史·先秦》，人民出版社1985年版，第337页。
② 参见杨师群：《孟子政治法律思想批判》，《中国政法大学学报》2010年第1期。
③ 参见刘泽华主编：《中国古代政治思想史》，南开大学出版社1992年版，第175页。
④ 参见王博：《中国儒学史·先秦卷》，北京大学出版社2011年版，第307页。
⑤ 王其俊：《大陆当代孟子仁政思想研究述评》，《中原文化研究》2014年第5期。

该文述评了 20 世纪 80 年代的仁政思想研究，认为“在这一阶段内，许多论文探讨了孟子仁政思想的基本内容、目的、实质、进步意义等……肯定了其积极意义和重要影响，同时又指出孟子没有提出人民参加政府管理的有效手段等局限”。

关于 20 世纪 90 年代的仁政思想研究。该文指出：“在这一阶段内，10 余篇论文探讨了孟子仁政思想的基本内容、内在结构、历史意义等”，评析了判定孟子的仁政是“一个虚假的道德范畴和虚幻的道德境界。把这个道德范畴视为政治范畴是一个天大的错误，进而又把它视为天经地义的真理去追求，更是荒谬至极，不可救药”的观点，认为“所谓仁政是‘使人上当受骗误入歧途的错误概念’的结论，严重违背了历史事实。这种缺乏理性和历史根据的‘批判’，是有待商榷的”。

关于 21 世纪以来的仁政思想研究。该文认为，“21 世纪以来，学术界发表了 40 余篇探讨孟子仁政思想的论文。其主要内容划分为三个方面：一是仁政思想的模式、体系、基本内容；二是君臣关系、王霸之辨；三是仁政的历史意义、现代价值和局限”，学界对上述问题的探讨“提出许多新的观点和认识，在研究的深度、广度上呈现出前所未有的繁荣兴盛局面”。①

近几年来（2013～2016），许多学者对孟子仁政思想做了进一步的探讨。李景林认为，“孟子的仁政思想，体现了一种道义至上的精神。其基本内容是：以民本为社会基础，以井田制为经济基础，以德教为为政先务，以‘不忍人之心’和‘亲亲之情’为人性根据，以‘仁’或‘仁义’为最高原则”，其特点是“突出了在‘道义至上’原则基础上道义与功利的内在统一性。孟子的仁政、王道论对当今国际社会合理秩序的建立，亦具有积极、现实的意义”。② 胡占光论述了孟子“王天下”思想的现实基础，认为“仁政思想是贯彻始终的论题，也是孟子延续儒家道统‘祖述尧舜’的内在要求。只有‘仁政’才是实现‘王天下’的方式和途径”，“孟子思想体系中的性善论、仁政思想、革命思想等都不是独立的，也不能简单地从‘仁’的视域寻找孟子‘王天下’的理论依据，而是它们相互联系构成的整体为孟子的政治理想提供了现实基础”③。

蓝法典探讨了孟子仁政思想的内在逻辑，认为“孟子的‘不忍人之

① 参见王其俊：《大陆当代孟子仁政思想研究述评》，《中原文化研究》2014 年第 5 期。

② 参见李景林：《孟子的仁政思想——种道义至上的精神》，《黑龙江社会科学》2014 年第 1 期。

③ 胡占光：《仁政“定于一”与“不嗜杀”——孟子“王天下”思想的现实基础》，《齐齐哈尔大学学报》（哲社版）2013 年第 2 期。

心’，是其‘仁政’思想的价值核心所在。‘政治行为’因以人为其行为的对象，故而其自身的正当性与人日常行为的价值源头紧密连接在一起……围绕着这一价值源头，于‘君’，孟子有着一种道德操守的必然诉求；于‘政’，这一必然诉求则于道德实践的过程中客观化为具体的法令制度；于‘民’，孟子则本着顺遂人之常情的态度，强调通过制民之产以导民向善。善、德、政三者在孟子的仁政思想中是环环相扣的自本至末的逻辑扩充关系。孟子的这一认识，在当今建立法治社会的进程中有着不可估量的价值参考意义”①。

关于孟子仁政思想的现代转换。陈乔见认为，“孟子的‘仁政’理念存在着固有缺陷”，我们应“面对其固有缺陷，并尽可能地从儒家内部来对之进行批判、转化与发展。鉴于孟子本人‘仁’‘义’并重的义理架构……着重从孟子的‘义’论出发，并借助现代的一些概念和理论工具，阐发孟子思想中内蕴的另一种政治哲学的可能性……把这种政治理念称之为‘义政’……如果说‘仁政’走的是由心性到政治的路径，那么，‘义政’则是通过自律、规范、制裁乃至惩罚来塑造国民的心性”。②

由上可以看出，当代中国的孟子仁政思想研究取得了丰硕成果和新的进展。这主要表现于下述几个方面：

第一，全面、系统探讨了孟子仁政的基本内容。学界对这一问题的探讨和概括经历了一个逐步深化的过程。20 世纪 80 年代，学界所概括的孟子仁政的基本内涵主要有：制民之产、保护农业、使民以时、实行井田、减轻赋税、任用贤才、省刑慎罚、力主统一、以德服人、尊王贱霸、力戒骄奢、顺从民心、与民同乐、鼓励商业、便利商贾、救助鳏寡独孤、设立学校、施行教育、教民以德等。20 世纪 90 年代以来，学术界对孟子仁政基本内涵的概括更加全面和系统。综合学界各种表述，孟子仁政的基本内涵包括：在政治上，尊王贱霸，崇尚王道，反对暴政，尊贤使能，省刑慎罚，力主统一，以德服人；在经济上，制民之产，实行井田，保护农业，使民以时，赋役有制，减轻赋税，经营副业生产，重视商业，便利商贾；在军事上，提倡“仁战”，反对“嗜杀”，征诛“独夫”，“仁者无敌”；在道德、教育上，设立学校，施行教育，崇尚仁义，教民以德，力兴孝悌；在社会心理上，为民表率，上行下效，忧民之忧，乐民之乐，顺从民心，力戒骄奢，救助鳏寡独孤，等等。总之，它涵盖了政治、经济、军事、道

① 蓝法典：《孟子仁政思想的内在逻辑》，《孔子研究》2016 年第 2 期。

② 参见陈乔见：《从“仁政”走向“义政”——孟子政治理念的内在转换与现代发展》，《哲学动态》2016 年第 10 期。

德、教育、社会心理等各个领域。学者们认为，孟子的仁政主张始终贯穿着“民本”主张，重民爱民、富民利民，以民为本，使民安居乐业。这符合历史发展的必然趋势和规律，表现出深刻的人民性。

第二，凸显了对仁政模式和内在结构的探讨。20 世纪 90 年代以来，学界在深入探讨孟子仁政基本内涵的基础上，凸显了对仁政模式、内在结构的探讨。主要观点如下：一是孟子仁政思想的模式和内在结构是由理论基础、核心、实施机制构成的整体①；二是孟子的仁政理论是以其性善说和民本思想为基础和前提的，即性善说是仁政的理论基础，民本思想是仁政的思想前提；三是以等级制度为其外在框架，以仁爱思想为其内在动力，包括许多监督机制，目的是要达到王化的效果；四是它是以三代之治作为理想图式，以“民贵君轻”作为思想要旨，以制产裕民作为经济基础，以人性本善作为心性凭借；五是由人的实现、人伦秩序的实现、民生—王道之始三个层面构成；等等。上述概括，虽然论述的角度、切入点有所不同，但都蕴含了孟子的性善论、以民为本、发政施仁、富民利民等要素和层面。综合上述诸说，孟子仁政的模式和内在结构是包括理想图式、理论基础、理论核心、实施机制、人伦秩序、王化效果等层面的系统整体。

第三，深入论述了实现仁政的方法、手段。学界从新的角度、层面探讨了孟子的君臣关系、王霸之辨，认为这是实现仁政的根本措施之一。譬如君臣关系，有的学者认为孟子在臣对君的政治义务上持区别主义的立场。这与儒家的礼所体现的区别主义精神是一脉相承的。孟子的人臣伦理是建立在契约之上的伦理。② 有的指出：孟子关于君臣关系既对抗又合作的复杂关联，现实地展开于士阶层参与政治的具体实践之中。③ 又如王霸之辨，有的指出：孟子的仁政思想不被君主所采纳，主要是由于王道理想与现实政治在执政目标、用人观、民众观上存在着不可调和的矛盾。④ 总之，这些有益的探讨对拓展孟子仁政思想研究的深度具有积极意义。

第四，深化了对孟子仁政的目的、实质和特点的研究。一是以民为本。孟子仁政学说的实质乃是民本主义，民本主义是仁政学说的基本特征。所谓民本主义，就是一切为了人民，一切归结到人民。⑤ 二是在维持

---

① 参见霍艳霞：《孟子仁政思想的内在结构初探》，《河北大学学报》（哲社版）1996 年第 1 期。

② 参见方旭东：《服从还是不服从？——孟子论人臣的政治义务》，《文史哲》2010 年第 2 期。

③ 参见杨海文：《对抗与合作：孟子对君臣关系的新建构》，《江南大学学报》（人文社科版）2011 年第 6 期。

④ 参见龙国智：《孟子仁政的王道理想与霸道的政治现实》，《南昌大学学报》（人文社科版）2011 年第 3 期。

⑤ 参见岑明：《孟子社会政治思想剖析》，《中国社会科学院研究生院学报》1988 年第 5 期。

封建等级制度的前提下使民安居乐业。这一学说虽然是着眼于巩固封建统治，但能处处把人民的利益放在首要地位，使人民过着一种丰衣足食的、心情舒畅的、有道德的生活。三是仁政追求君君、臣臣、父父、子子的人伦秩序，追求人的实现、人伦秩序的实现。四是补救时弊，革除暴政，以缓和阶级矛盾，稳定封建秩序。五是仁政的四大根据本质上都是纯粹虚构，是使人上当受骗误入歧途的错误概念。笔者认为，前四种表述是相通的，就是说，孟子的仁政既凸显了民众的地位、作用和利益，又兼顾了各阶层社会成员的利益、愿望。孟子追求的君仁臣义、民众安乐、社会和谐、天下统一的理想社会，符合社会发展的必然趋势。至于第五种观点，失之偏颇，笔者在前面对其已提出质疑。

关于孟子仁政的特点主要有二：一是“突出了在‘道义至上’原则基础上道义与功利的内在统一性”①；二是“民本主义是仁政学说的基本特征”②。学界普遍认为，孟子仁政思想具有伦理性、人民性、民主性、进步性。

第五，仁政的历史意义、现代价值。笔者在述评中指出：“它闪烁着民主思想的光芒，主张人民有举行革命的权利，社会成员人格平等。它一直是后世开明知识分子追求的政治理想，是揭露、谴责黑暗统治的有力武器，在儒家思想史和中国古代政治思想史上具有突破性意义。仁政说与现代民主既有本质上不同的内涵，又有许多相通的精神。他的正己正人、独立人格、以民为本、保民而王、体察民情等，对当代社会具有启迪与警示意义。有的学者认为仁政具有空想色彩和道德理想主义特征等局限。”③

第六，仁政的困境、局限和现代转换。仁政的困境、局限表现为“孟子仁政理想存有三重困境，在当时无法践行”④；孟子的仁政不被君主所采纳的原因，主要是王道理想与现实政治在执政目标、用人观、民众观上存在着不可调和的矛盾⑤；孟子的仁政具有空想色彩和道德理想主义特征等局限是其王道理想无法落实的根本原因⑥。

21世纪以来，学界加强了对孟子仁政思想现代重构和现代转换的研究。笔者认为，探讨孟子仁政思想的历史意义、现代价值，最终目的是汲

---

① 李景林：《孟子的仁政思想——一种道义至上的精神》，《黑龙江社会科学》2014年第1期。
② 岑明：《孟子社会政治思想剖析》，《中国社会科学院研究生院学报》1988年第5期。
③ 王其俊：《大陆当代孟子仁政思想研究述评》，《中原文化研究》2014年第5期。
④ 倪晋波：《试论孟子仁政理想的三重困境》，《中国矿业大学学报》（社科版）2003年第3期。
⑤ 参见龙国智：《孟子仁政的王道理想与霸道的政治现实》，《南昌大学学报》（人文社科版）2011年第3期。
⑥ 参见唐潇浩：《孟子王道政治学说的局限》，《江淮论坛》2004年第1期。

取先哲的智慧以作为现代社会建设的启迪、警示及借鉴。汲取先哲的智慧与克服其困境、局限，是同一个问题的两个侧面。欲克服其困境、局限，就必须深入探讨孟子仁政思想的现代转换问题。这是新时代赋予学术界的一个新的课题。有的提出，“立足于孟子的自律伦理学，并予以创造性转化，或许可以为实现儒家政治哲学的现代重构提供一个理论原点，从而使得民主政治成为儒学的内在要求和理论归宿”①；有的提出，“根据孟子‘仁’‘义’并重的思想架构开出并走向‘义政’”②。在这里，对孟子仁政思想的现代转换是一个新的课题，经过艰辛的探索，必将涌现出许多新的成果。

第三节　孟子民本思想研究

孟子的民本思想，是其政治思想的核心、灵魂和精华。1949～1976 年，学界对孟子民本思想的研究尚处于初始、起步阶段。受当时社会环境、学术环境的影响，孟子民本思想往往受到片面的否定和抨击。自 20 世纪 80 年代以来，孟子民本思想研究逐步走向正轨而得到深化和发展，取得了新的成就。笔者曾撰文比较全面、系统地梳理和述评了近 30 年来的孟子民本思想的研究。③ 为节省篇幅，在此引用其中的基本观点和结论。

拙文指出：通观国内学术界 30 多年来的孟子民本思想研究，学者们对孟子民本思想的内涵、思想渊源、历史意义、现代价值、局限性等问题的深入探讨，视野开阔，角度新颖，精彩纷呈。这些成就主要表现为下述几个方面：

第一，深化了对孟子民本思想内涵、基本内容的研究。许多论文考察了孟子民本思想的内涵和基本内容。大致有下述几种观点：一是“贵民说”是孟子民本思想的核心，是中国古代民本思想基本形成的标志；二是孟子的民本思想赋予庶民许多基本权利；三是孟子的使民“心服”思想具有社会契约属性；四是君民同乐互利，实现惠民利君的社会；五是民本思

---

① 谢晓东：《理想政治的四种类型——兼论孟子政治哲学的理论归宿》，《武汉大学学报》（人文科学版）2012 年第 6 期。

② 陈乔见：《从“仁政”走向“义政”——孟子政治理念的内在转换与现代发展》，《哲学动态》2016 年第 10 期。

③ 参见王其俊：《三十年来孟子民本思想研究述评》，《海岱学刊》2015 年第 1 期。该文评述内容的上下限指 1981～2012 年。本书在引述该文结论的基础上，进一步补充、梳理 2013～2016 年的有关研究成果。

想的本质在于“用民”，是一种“术治”理论；六是民为建国的本钱、资本；七是孟子的“贵民说”与“牧民说”是对立的；八是“民贵君轻”是一种手段和“欺骗性”的说法。尽管学者们的观点具有一定差别，但对民本思想基本内容的概括越来越全面和系统。它的基本内容包括：民贵君轻、民为邦本、保民而王、取信于民、制民之产、取于民有制、与民同乐、利民富民、教化百姓、效法尧舜、发施仁政、尊贤使能、崇尚王道，抨击暴政、诛杀暴君、省刑薄敛；等等。它涉及政治、经济、社会、道德、军事、教育、心理等若干方面。学术界普遍认为，孟子的民本思想是对历史经验教训的概括和总结，反映了人民的愿望和要求，符合历史发展的必然趋势，具有深刻的人民性。

第二，民本思想的思想渊源、历史意义、现代价值、局限性。关于民本思想的思想渊源。有的将它概括为三个方面：春秋战国时期蔚然兴起的“民为神主”思潮、孔子的仁性伦理政治学、《诗》《书》文化。有的认为，孟子的民本思想直接来源于子思，并基于孟子对现实的理解和判断。关于孟子民本思想的历史意义。主要包括下列几点：其一，它突破了传统的占统治地位的观念，发展了儒家的政治理论，突破了孔子“述而不作”的教条。其二，充分肯定了民众在国家中的地位和作用，民众关系到国家安危、社会治乱、政权得失、天下兴亡，得民心者得天下，失民心者失天下的主张，在任何社会都具有普遍意义。其三，它对促进经济、社会的发展，稳定人民生活，提高民众的地位具有积极作用。其四，有利于约束君主的言行，具有反对独裁暴政的民主因素，既为封建统治者治理天下在政策方略上提供了若干思路，又造就了历史上一些有作为的开明君主和清官直臣。启蒙思想家以民本思想作为批判封建专制的理论，具有一定的人民性、开明性和人道主义精神等。关于民本思想的现代价值。学者们普遍认为，孟子的民本思想为我们展现了近现代民主的原初观念形态，为人们提供了探索民主政治的思路。它在价值上能升华民主精神，是中国传统文化的精华，对构建“以人为本”为核心的和谐社会有着深远的意义。

当然，对孟子民本思想的研究还存在着一定的不足。譬如有的认为它建立在唯心主义经验论基础之上，带有较浓厚的实用主义和功利主义色彩；有的判定它是天才史观，是唯心史观的表现；等等。笔者认为，这些观点并不符合孟子思想的实际，是值得商榷的。我们坚信，随着社会的全面发展和中华传统文化日益深入人心，学术界对孟子民本思想的研究必将更加客观和科学，一定会呈现出更加兴盛、繁荣的局面。[①]

除上述外，近年来学界对孟子民本思想的整体研究、民本思想的内涵、“民贵君轻”的现代诠释与现代转换等取得了新的成绩。

其一，民本思想的整体研究。中国农民战争史研究会于 2001 年 10 月举行了第十次学术讨论会。会后，结集出版了《中国古代民本思想与农民战争》（山东大学出版社 2003 年版）。其中，《中国古代民本思想的发展及其历史作用》《儒家民本思想与农民战争》《儒家民本思想与中国农民问题》等论文，对中国古代民本思想的内涵、发展历程、历史作用、时代局限等问题做了深入的探讨，深化了孟子民本思想研究。

其二，民本思想的内涵。许多学者对孟子民本思想的内涵又做了新的探讨和评价。林存光认为，“所谓的君、王以及王道仁政都只不过是实现人民真正意愿和保障民生需要之根本政治目的的手段和方法而已……孟子言仁政，言保民，乃是基于他对人性与政治本质的理解，不能简单地理解为是一种维护执政当权者正当统治的‘权威主义国家的合法性理论’”[②]。王聿发、杨士钦认为，“民本思想是与君本思想相对而言的，与君本思想强调以‘君’为本不同，其强调以‘民’为本……经济上孟子主张富民，政治上孟子倡导任民、保民、恤民和爱民。这些主张构成了孟子民本思想独有的深邃性与全面性，使孟子的民本思想具有极大的时代进步性”[③]。笔者认为，上述关于孟子的民本之学“绝非帝王之术”，对孟子的民本思想“不能简单地理解为是一种维护执政当权者正当统治的‘权威主义国家的合法性理论’”。这是近年来学界对孟子民本思想做出的新的探讨之一，对纠正判定孟子的民本思想“根本目的还是为统治者出谋划策”，及“民贵君轻”是“狭隘的”，“是一种手段和‘欺骗性’”的偏颇观点，当有积极的意义。

其三，“民贵君轻”的现代诠释与现代转换。陈迎年、胡飞宇认为，“‘制民之产’、‘保民而王’和‘民贵君轻’是孟子民贵思想的主要内容……民贵思想应该包含着由民有、民享向民有、民享、民治、民权转变，由‘顺民’向‘公民’转变，由‘民贵’向‘有序民贵’转变等几个方面的内容，至今具有极大的现实意义”[④]。左金众论述了孟子“变置社稷”

---

① 参见王其俊：《三十年来孟子民本思想研究述评》，《海岱学刊》2015 年第 1 期。

② 林存光：《“民惟邦本”：政治的民本含义——孟子民本之学的政治哲学阐释》，《四川大学学报》（哲社版）2014 年第 5 期。

③ 王聿发、杨士钦：《〈孟子〉中的民本思想探微》，《管子学刊》2016 年第 2 期。

④ 陈迎年、胡飞宇：《从“民贵”走向“新民贵”——孟子民贵思想的现代诠释》，《石河子大学学报》（哲社版）2016 年第 5 期。

的宗教鬼神思想，指出这一思想与其“‘人本’的天道性命、仁政思想以及‘报应’理论，有着密切的联系”，是“哲学史和宗教史上一次壮举。在人神关系上，从本质上而言，人完全占据着主动权具有决定性作用，彻底超越了鬼神的束缚……具有实用主义、人本主义、无神论、理神论、有神论等各方面色彩；同时，对后世中国哲学，董仲舒的‘天人感应’思想，范缜等人无神论思想，宋元明的理学、心学等等有着不同程度的影响”①。上述探讨，拓展了孟子民本思想产生根源、现代转换等问题的研究。陈迎年、胡飞宇提出孟子民贵思想应该包含着“由民有、民享向民有、民享、民治、民权”“由‘顺民’向‘公民’”“由‘民贵’向‘有序民贵’”的转变。这一认识，有利于促进在新的社会形势下实现孟子民本思想的现代转换。

近几年来，学界关于儒家宪政主义展开了激烈的争论。对这一问题的争论涉及政治、法律和社会体制等问题的若干方面。在这里，我们仅述评与孟子仁政、民本思想有关的一些争论。

姚中秋认为，“儒学是一种关于人间合理秩序的整全性理念体系，而其关于政治架构之设想大体为宪政主义”。他通过借助现代社会科学疏解《孟子·离娄上》前十四章，从正当规则之治、君臣与规则等几个方面申述了儒家之仁本宪政主义方案，认为“在王权制的时代，孟子的这种制度构想具有鲜明的宪政主义取向：他试图把王权约束于客观的正当行为规则之下。孟子之仁政……是以宪政主义的复杂治理架构为其唯一正当而可行的实现形态”②。付小刚、袁伟时等学者对姚中秋的观点提出商榷。③ 岑科对上述争论做了评论，认为“秋风主张的‘儒家宪政主义’……是他从历史文本中寻章摘句，按照自己的逻辑由概念到概念地编织而成的。相比之下，易中天和袁伟时先生认为，儒家文化作为专制政治的基础，整体而言阻碍了自由民主在中国的实现，其观点有大量事实与常识作为补充，无疑更令人信服”④。

笔者认为，学界关于儒家宪政主义的争论，有利于深化对以儒家思想为主体的传统文化的研究，有利于汲取传统文化的精华以服务于社会主义新文化的建设，有利于人们从历史与现实的结合上审视现代社会中的各种

---

① 左金众：《孟子“变置社稷”的宗教鬼神思想》，《鸡西大学学报》2016 年第 5 期。

② 姚中秋：《仁本宪政主义——〈孟子·离娄上〉仁政篇义疏》，《探索与争鸣》2012 年第 2 期。

③ 参见付小刚：《也谈〈孟子〉与宪政——与姚中秋先生商榷》，《探索与争鸣》2012 年第 10 期；袁伟时：《儒家是宪政主义吗？——简评秋风的孔子观》，《南方周末》2011 年 6 月 24 日。

④ 岑科：《从儒家政治看“中国模式”——兼评秋风、易中天等学者的“儒家宪政主义”之争》，经济观察网，2011-08-02。

政治、社会问题，有利于消除现代社会中的各种弊端。当然，过多地看到儒家文化同专制王权相适应的一面，低估儒家文化对矫正社会弊端的积极意义的一面，无疑是不妥的；但是，过多地看到儒家文化对矫正社会弊端的积极意义的一面，试图回归儒家和在儒家文化的土壤上开出现代宪政民主之花，未免有些天真和理想化。我国人民民主与西方所谓的“宪政”本质上是不同的。汲取中国传统文化的精华以服务于社会主义新文化的建设没有必要贴上西方“宪政”的标签，将孟子仁政、民本思想等学术理论包装成“儒家之仁本宪政主义方案”，并不能深化孟学研究，反而会扭曲孟学研究的正确方向。

综上所述，当代中国孟子政治思想研究，取得了丰硕的成果，主要表现于下述几个方面：

第一，孟子政治思想的整体研究取得了丰硕的成果。

其一，学界对孟子政治思想阶级属性的认识经历了一个逐步深化的过程。新中国成立以来，关于孟子仁政思想阶级属性主要有四种观点。20世纪90年代以来，学术界多认为孟子是新兴地主阶级的思想家和战国士阶层的突出代表，孟子是顺乎历史潮流的进步思想家，在中国古代思想史上占有重要地位。

其二，全面探讨了孟子政治思想的内涵、主要特征、后世影响和重要贡献等。学界普遍认为，孟子政治思想的基本内涵主要包括效法尧舜、遵“先圣之道”、“政在得民”、“行仁政而王”、尊王贱霸、以德服人、君仁臣义、任贤使能、民为邦本、民贵君轻、顺从民心、民意代替天意、“保民而王”、与民同乐、礼乐教化、导民向善、天下统一、反对割据等。这些基本内容概括了孟子关于政权转移、天下得失、社会治乱、为政治国、君臣君民关系、与邻国关系、统一天下等思想的各个方面。其中，仁政、民本思想是其政治思想的核心和灵魂。许多论者归纳了孟子政治思想的主要特征，大致有以下几种观点：一是孟子的思想体系中充满着既要保存旧的，又要容纳一些新思想的矛盾；二是“孟子的政治主张是性善理论与现实相结合的产物”①；三是孟子政治学说的主要特征表现为重视基础，以民为本，重视礼乐教化、经济和百姓生计，具有民主色彩，政治伦理化，复古色彩浓厚；四是给政治以伦理化解释，凸现伦理政治中伦理的地位与作用。关于孟子政治思想的重要贡献和现代价值，主要表现于总结历史经验教训、肯定民众积极作用、限制君主权力、反对君主专制、具有宪法思

① 刘泽华主编：《中国古代政治思想史》，南开大学出版社1992年版，第128页。

想的萌芽五个方面。

第二，孟子仁政思想研究获得新的进展。当代学界对孟子仁政思想的基本内涵、内在结构、目的、实质、历史意义、现代价值和局限等问题的探讨，取得了丰硕的成果。这主要表现于下述几个方面：

其一，全面概括了孟子仁政的基本内涵。从整体上看，孟子仁政的基本内涵包括制民之产、勿夺农时、实行井田、重视工商、省刑薄敛、设立学校、教民以德、与民同乐、力戒骄奢、救济苦难、尊贤使能、摈弃霸道、反对暴政、以德服人、争取民心、以仁伐暴、力主统一等。学者认为，这是孟子依据历史经验教训对当时社会政治发展的客观反映和理性思考，符合历史发展的必然趋势，具有深刻的人民性。

其二，深入探讨了孟子仁政的模式和内在结构。有的学者认为，它是包括理想图式、理论基础、理论核心、实施机制、人伦秩序、王化效果等层面的系统整体。

其三，凸显对孟子仁政的目的、实质、历史意义、现代价值的探索。对仁政最终目的、实质大致有五种表述。学界普遍认为，孟子的仁政既凸显了民众的地位、作用和利益，又兼顾了各阶层社会成员的利益、愿望。他追求的是君仁臣义、民众安乐、社会和谐、天下统一。学界普遍肯定了仁政的历史意义和现代价值，认为它闪烁着民主思想的光芒，主张人民有举行革命的权利，社会成员人格平等。它是历史上有志之士追求的政治理想和揭露、谴责暴虐统治的有力武器，在儒家思想史和古代政治思想史上具有突破性意义。孟子的仁政说与现代民主既有本质上相悖的内涵，又有许多相通的精神。他的正己正人的为政思想和士人拥有独立的人格等，对促进建设社会主义民主政治、社会主义和谐社会具有启迪与警示意义。

其四，21 世纪以来，学界凸显了对孟子仁政思想现代重构和现代转换的研究。有的认为，“立足于孟子的自律伦理学，并予以创造性转化，或许可以为实现儒家政治哲学的现代重构提供一个理论原点，从而使得民主政治成为儒学的内在要求和理论归宿”①；有的提出“根据孟子‘仁’‘义’并重的思想架构开出并走向‘义政’”②。

第三，孟子民本思想研究获得丰硕成果。

其一，深化了孟子民本思想内涵、基本内容的研究。20 世纪 80 年

① 谢晓东：《理想政治的四种类型——兼论孟子政治哲学的理论归宿》，《武汉大学学报》（人文科学版）2012 年第 6 期。

② 陈乔见：《从“仁政”走向“义政”——孟子政治理念的内在转换与现代发展》，《哲学动态》2016 年第 10 期。

代，有的学者将民本思想的基本内涵、结构视为由基础、手段、目的构成的系统整体；有的认为其结构由民贵君轻与民为邦本、尊贤使能与保民而王、放诛暴君与省刑薄敛三个方面所构成。20 世纪 90 年代，对孟子民本思想内涵、基本内容的研究主要有四种观点，如孟子的君主主义与民本主义是并行不悖的，孟子的重民只是一种手段、策略、权宜之计等。21 世纪以来，学界存在“贵民说”是孟子民本思想的核心、孟子的“贵民说”与“牧民说”是对立的、“民贵君轻”是一种手段和“欺骗性”工具等多种不同的观点。学界对民本思想内涵、基本内容的概括愈加全面。其主要内容包括民贵君轻、民为邦本、保民而王、与民同乐、利民富民、省刑薄敛、崇尚王道，以及抨击暴政、诛杀暴君等，涵盖了政治、经济、社会、道德等各个领域。

其二，思想渊源。有的将民本思想渊源概括为春秋战国时期蔚然兴起的“民为神主”思潮、孔子的仁性伦理政治学等方面；有的认为，孟子的民本思想直接来源于子思，并基于孟子对现实的理解和判断。

其三，历史意义、现代价值。学界普遍认为，孟子的民本思想是对于古代国家安危、社会治乱、政权得失、天下兴亡的历史经验教训的概括和总结，它充分肯定了民众在国家中的地位和作用，反映了人民的愿望和要求，具有反对独裁暴政的民主因素，符合历史发展的必然趋势，对促进当代社会建设具有积极启示意义。

其四，研究范式的转换。新中国成立以来的前三十年，学界对孟子民本思想的研究多偏重于孟子思想的阶级属性、民本思想的基本内容、消极影响等方面，对其不合理的贬斥、抨击往往多于正面评价。20 世纪 80 年代，对孟子民本思想的正面评价呈现出日益提高的趋向，特别是进入 21 世纪以来，孟子民本思想的研究范式发生了较大变化，学界重视对孟子民本思想的现代诠释和现代转换，并取得了可喜的成绩。有的提出孟子的民本之学“绝非帝王之术”，不能简单地将它视为维护统治者利益的学说；有的提出孟子民贵思想包含着“由民有、民享向民有、民享、民治、民权”“由‘顺民’向‘公民’”“由‘民贵’向‘有序民贵’”的转变。① 这就以新的视野审视孟子的民本思想。这表明，拓展孟子民本思想研究的广度和深度，是中华民族文化复兴与文化建设新局面产生的必然结果。

当然，当代孟子政治思想研究尚有不尽人意之处。譬如有的认为，孟子最终把“天命”看成最高主宰，孟子“谈及历史时所表述的观点，几乎

---

① 参见陈迎年、胡飞宇：《从“民贵”走向“新民贵”——孟子民贵思想的现代诠释》，《石河子大学学报》（哲社版）2016 年第 5 期。

一无可取”[①]。有的认为，孟子的仁政民本思想“半属空想，半属欺骗”[②]；有的认为，孟子的“仁政”是错误的、荒谬的。它的四大根据都是纯粹虚构，是中国政治思想史上最容易使人上当受骗误入歧途的错误概念，是一个虚假的道德范畴和虚幻的道德境界。[③] 有的认为孟子的“民贵君轻”之类充斥迂腐与漏洞。孟子的仁政理论麻醉着中华民族的中枢神经，阻碍着中华社会的行进步伐，是“颇为弱智的文化遗产”[④]，等等。笔者认为，这些观点是偏颇的。笔者在有关章节对上述观点做了辨析，提出商榷。我们知道，科学地、客观地评判古代思想家，不是看他有没有提供现代人所要求的东西，而是看他比前人提供了哪些新的东西，是否深化了人类的认识和推动了历史的前进。不做具体分析地全盘否定或肯定，都是违背历史辩证法的。

第四，孟子政治思想对中华优秀传统文化的贡献。当代学界全面、深入地探讨了孟子政治思想的内涵、主要特征、后世影响和重要贡献等，普遍认为孟子政治思想的基本内容包括：效法尧舜、遵“先圣之道”、“政在得民”、“行仁政而王”、尊王贱霸、以德服人、君仁臣义、任贤使能、民为邦本、民贵君轻、取信于民、“保民而王”、与民同乐、礼乐教化、导民向善、天下统一、反对割据等。这些基本内容涉及孟子的政权转移、天下得失、社会治乱、为政治国、君臣君民关系、与邻国关系、统一天下等思想的各个方面。孟子将“土地、人民、政事”视为诸侯国君治国平天下的三个根本要素。其中，“人民”关系到国家安危、社会治乱、战争胜负、政权得失、天下兴亡。孟子深入论述了以民为本、民贵君轻、仁民爱民、安民为民、取信于民、“保民而王”，充分肯定了民众在国家中的地位和作用，反映了人民的愿望和要求，符合历史发展的必然趋势，丰富了中华优秀传统文化的宝库，在后世产生了重要影响。在中华民族的历史发展进程中，每当治国者、政治家将“人民”视为立国之本，爱民为民，安定民生，将会出现政治清明、社会稳定、经济发展、百姓安乐的局面；反之，封建帝王施行暴政，残害百姓，搜刮民财，去民所欲，聚民所恶，就会导致政治黑暗、社会动荡、经济停滞、民怨沸腾的局面，治国者亦难逃脱身死国亡的命运。

---

① 朱日耀主编：《中国古代政治思想史》，吉林大学出版社 1988 年版，第 72 页。

② 钟肇鹏：《孟轲》，辛冠洁、李曦编：《中国古代著名哲学家评传》第一卷，齐鲁书社 1980 年版，第 287 页。

③ 参见雷戈：《仁与政——孟子思想批判》，《孔子研究》1996 年第 4 期。

④ 杨师群：《孟子政治法律思想批判》，《中国政法大学学报》2010 年第 1 期。

孟子提出的以民为本、得民心者得天下的思想理念，在当代社会为人们提供了有益启迪。譬如孟子通过对天时、地利、人和三个条件的比较，认为战争胜败的关键在于民心向背，指出“天时不如地利，地利不如人和”，“得道者多助，失道者寡助。寡助之至，亲戚畔之；多助之至，天下顺之。以天下之所顺，攻亲戚之所畔，故君子有不战，战必胜矣”（《孟子·公孙丑下》）。孟子充分肯定了以民为本、民心向背对战争胜负的重要作用，将先秦时代的民本思想发展到前所未有的高度。他是先秦民本思想的集大成者。孟子的民心向背决定社会治乱、国家安危、天下得失、战争胜负和“得道者多助，失道者寡助”的思想凝聚为中华民族和中国人民反抗侵略、压迫的重要精神支柱。1970 年 5 月 20 日，毛泽东在《全世界人民团结起来，打败美国侵略者及其一切走狗》的庄严声明中指出：“无数事实证明，得道多助，失道寡助。弱国能够打败强国，小国能够打败大国。小国人民只要敢于起来斗争，敢于拿起武器，掌握自己国家的命运，就一定能够战胜大国的侵略。这是一条历史的规律。”① 在这里，毛泽东将孟子的“得道者多助，失道者寡助”赋予新的含义，即全世界人民必胜，美国侵略者必败。这一庄严声明，彰显了中国共产党、中国人民反对帝国主义侵略的惊天动地的豪迈气概，揭示了正义必胜、侵略必败的历史规律，这无疑是对孟子民本思想的发展和超越。

① 毛泽东：《全世界人民团结起来，打败美国侵略者及其一切走狗！》，《人民日报》1970 年 5 月 21 日。

第五章 孟学专题研究（三）

——社会、经济思想研究

第一节 孟子社会思想研究

孟子的社会思想既是孟学的一项重要内容，又是中国社会思想史的一项内容。有的学者对中国社会思想史研究做了系统梳理和综述。王处辉对"1949年以前中国社会思想史研究"做了评价，概述了"近半个世纪中国社会思想史研究状况"，对中国社会思想史研究做了瞻望。[①] 田毅鹏、陈宁评述了改革开放至21世纪初中国社会思想史的研究。[②] 这些述评为笔者梳理当代孟子社会思想研究提供了有益借鉴和启示。

1949～1976年，有的中国思想通史对孟子的社会思想做了初步探讨。冯友兰《中国哲学史新编》认为，孟轲"劳心者治人，劳力者治于人"的论述，"把这种阶级对立说成是永恒的、普遍的'规律'。把这种剥削与被剥削、压迫与被压迫的关系说成是像农民和生产农具的手工业者之间的'分工'关系。他利用被歪曲了的'社会分工论'以论证'剥削有理，压迫有理'"[③]。任继愈主编《中国哲学史》认为，孟子的社会分工"是比较系统地论证剥削制度合理性学说……同时也涉及社会分工的一些初步理论"[④]。这些观点在20世纪60年代颇为流行，与当时社会环境、学术环境的影响是紧密相连的。实际上，孟子对社会分工的论述，批驳了农家取消社会分工的主张，符合社会发展的必然趋势，具有积极的意义，而不是

① 参见王处辉:《中国社会思想史研究的历史回首与瞻望》,《社会学研究》2000年第1期。

② 参见田毅鹏、陈宁:《中国社会思想史研究三十年》,《社会科学战线》2008年第6期。

③ 冯友兰:《中国哲学史新编》第二册,人民出版社1962年版,第69页。

④ 任继愈主编:《中国哲学史》第一册,人民出版社1963年版,第142页。

论证剥削有理、压迫有理和论证剥削制度合理性。

一、20世纪80年代的孟子社会思想研究

学界对孟子社会思想的研究大体划分为两类：一是社会思想通史的整体研究，二是孟学论文专题研究。

（一）社会思想通史的整体研究

1. 王处辉《中国社会思想史》

该书从五个方面论述了孟子的社会思想。

该书认为，孟子提倡的社会交往准则主要有“怀仁义以相接”“与人为善”等，这种社会交往原则是为统治阶级服务的，欺骗被统治阶级，要他们停止反抗斗争。孟子的社会分工主张：一是维持人们的物质生活，必须有生产劳动方面的社会分工；二是要治理社会，必须有统治者和被统治者的社会分工。孟子劳心、劳力的社会分工理论是为统治阶级服务的，是反动的。

该书指出：“孟子看到了阶级冲突和人际关系失调的严重性。孟子设计的治理社会的方案是‘仁政’。其主要内容包括：‘不忍人之心’与‘推恩’、‘寡欲’与‘养心’、‘反求诸己’。”孟子设计了一个理想的社会模式，即小康社会。其主要内容包括：一是讲求“仁义”；二是省刑罚，薄税敛，民有“恒产”；三是实行井田制；四是由一个个足衣足食的小康之家构成的小康社会。孟子真诚地相信这种以小农经济为基础的小康社会是一种理想的、永恒的社会模式。在阶级社会中，这样的小康社会是无法实现的。孟子的理想是美好而又天真的。①

该书对孟子的社会交往准则、社会分工、社会整合方案、小康社会模式等做了初步的探讨，概述了孟子的“仁政”、关注社会问题、小康社会模式的主要内容，肯定了孟子社会思想的积极方面，等等。当然，由于中国社会思想史的研究刚进入一个恢复重建阶段，对孟子社会思想的认识难免受到传统观点的影响。譬如该书认为，孟子把“以暴力进行封建化的思想和行为视为詖行、邪说、淫辞”，这一说法是不确切的。实际上，被孟子视为“詖行、邪说、淫辞”的主要是指杨、墨学派。该书判定孟子的处世原则是圆滑的，从根本上是自私的，他的社会交往原则是为统治阶级服务的，欺骗被统治阶级，要他们停止反抗斗争；孟子劳心、劳力的社会分

① 参见王处辉:《中国社会思想史》上册,南开大学出版社1989年版,第90～106页。

工理论是为统治阶级服务的；等等。这些认识受到当时传统观点的影响，无疑是不公允的，违背了孟子思想的本意。

2. 陈定闳《中国社会思想史》

该书概述了孟子的生平、著作，论述了孟子的社会批判论、理想社会论——仁政论、人性论——实现仁政的理论基础、社会结构论以及历史循环论等。

该书认为，孟子的仁政思想完全是针对当时社会所存在的时代病症和对统治者不管人民死活进行面对面的批判。《孟子》一书充满了批判战斗的精神，反映了新兴地主阶级的活力。其主要内容：一是反对以暴力实现统一，对兼并战争给人民带来的灾难深恶痛绝；二是严厉批判了统治者掠夺人民供自己享乐的罪恶；三是对兼并战争使人民丧失土地而造成的严重社会危机进行揭露和批判。

该书从“仁政是实现统一之路”“仁政的政治秩序”“仁政的经济基础”“仁政的伦理基础”四个方面论述了孟子的仁政论。孟子明确提出只要行仁义，把人与人的关系、政治统治系统都建筑在仁义之上，就可以王天下，统一全国，天下太平。孟子首先指出仁政的基本原则是建立统一的封建王国；其次，孟子以假托西周的形式为他的仁政制定了一套封建政治制度体系，对爵位的划分、领土的大小、俸禄的高低都做了详细的描述；最后，孟子指出实现仁政的中心思想在于重民，提出“民贵君轻”的思想。孟子的仁政并非一句空话，只有得民心才能保民而王，这一切是建筑在仁政的经济设施上。这主要包括制民之产、保民的积极措施、减轻人民负担。关于孟子仁政的伦理基础，主张行政必须以德服人，而不能以力服人。他虽然强调仁政要建筑在“仁”的基础上，但同时也重视仁政的经济因素，这在先秦社会思想中是难能可贵的。“仁政”的伦理关系，就是扶老慈幼的道德原则，由近及远，推广到全体成员身上，这就是推恩于百姓的过程。

该书肯定了孟子社会分工论在某种程度上具有一定的进步意义，指出孟子强调分工的重要性，但最后落脚于“劳心”与“劳力”、“治者”与“被治者”的阶级分工的立场上，为其剥削阶级论制造舆论根据。他从阶级的分工演变而为统治者与被统治者、剥削者与被剥削者，把这两者的关系硬说成是分工关系。①

有的学者评论说：该书是“自社会学重建以来国内该学科研究领域中

① 参见陈定闳：《中国社会思想史》，北京大学出版社 1990 年版，第 129 页。

具有开创性的著作，也是我国第一部完整的中国社会思想史著作，被国家教委认定为全国高等学校教材”①。笔者认为，该书对孟子的社会思想做了全面的述评，肯定了孟子社会批判论、理想社会论等思想的积极意义，认为《孟子》一书充满了批判战斗的精神，反映了新兴地主阶级的活力，肯定了孟子社会分工论在某种程度上具有一定的进步意义，指出孟子的仁政并非一句空话，他主张得民心才能保民而王，这一切是建筑在仁政的经济设施上，肯定了孟子的社会思想在中国社会思想史上的地位，等等。这对深化孟子社会思想研究无疑具有积极的意义。但该书亦有一定的不足，譬如论述社会控制是社会思想的一个重要方面。孟子具有丰富的社会控制思想，该书对此未做论述，当是一种缺憾。该书认为，墨翟把利和义统一起来，孟轲则把利和义看作是对立的，所以重民不是民为本，更不是什么民本主义，丝毫没有近代的民主精神。重民是为了保民，保民是为使民、治民，实质上是为了保君。孟子坚持“五百年必有王者兴”的历史循环论，编造了尧、舜、禹等伟大人物创造历史的英雄史观等，这些观点无疑缺乏客观性。笔者对学术界判定孟子坚持历史循环论和英雄史观的传统观点曾提出质疑。②

除上述外，有些通史通论也论述了孟子的社会思想。譬如孙叔平《中国哲学史稿》认为，孟子关于“农夫与工匠的分工，是生产劳动的分工，劳心者与劳力者的分工……是社会阶级的分工。这两种分工……孟轲将它们混为一谈，无非是说剥削有理”，“他第一个讲出了剥削阶级的‘天下之通义’”。③ 任继愈主编《中国哲学发展史·先秦》认为，孟子混淆了劳心（脑力劳动）与剥削阶级之间的区别，把封建统治者、贵族说成劳心者，并以剥削压迫的“合理性”论证所谓“劳心者治人，劳力者治于人”为天经地义。他把剥削者和被剥削者的阶级压迫说成劳心劳力的分工，也是对脑力劳动和体力劳动分工的歪曲……为剥削阶级轻视体力劳动者提供了理论根据，后来的“万般皆下品，惟有读书高”即来自孟子这种思想。④ 方克《中国辩证法思想史·先秦》评述了孟子社会分工主张，认为孟子把“民”（即“小人”“野人”“劳力者”）摆在被统治和被剥削的地位，而把地主阶级（“大人”“君子”“劳心者”）摆在统治者和剥削者的

① 田毅鹏、陈宁:《中国社会思想史研究三十年》,《社会科学战线》2008 年第 6 期。

② 参见王其俊:《论孟子的社会变迁思想》,《孔子研究》1995 年第 3 期。

③ 参见孙叔平:《中国哲学史稿》(上),上海人民出版社 1980 年版,第 133～134 页。

④ 参见任继愈主编:《中国哲学发展史·先秦》,人民出版社 1983 年版,第 339 页。

地位，而且认为这是“天下之通义”，这就充分暴露了孟子的阶级本质。[①] 笔者认为，20 世纪 80 年代是当代孟学研究的过渡阶段，这些对孟子社会思想的评说往往延续了新中国成立以来不合理贬斥孟子的传统观点，与当时的社会环境、学术环境是紧密相连的。

（二）孟学论文的专题研究

这一研究的主要内容包括两个方面：一是孟子的社会历史观、社会分工；二是社会批判、社会和谐、社会理想。

1. 社会历史观、社会分工

自新中国成立以来，孟子的社会历史观和社会分工思想一直是学术界关注的一个重要问题，也存在着较大的争论。20 世纪 80 年代的许多论文对此进行了初步的探讨。

（1）孟子的社会历史观。对这一问题的认识，主要有两种观点。

第一，孟子的社会历史观基本上是唯心的，具有一些朴素的唯物主义因素。王棣棠认为，“孟子坚持和宣扬的是社会意识决定论、上层建筑决定论、英雄史观和历史神秘主义”[②]。杨钊认为，孟子主张“历史上的治乱兴衰，是由于君主能否施行‘先王之道’，提出了历史往复循环的观点”[③]。上述论者判定孟子的历史观基本上是唯心的，同时，“承认他的唯心史观有许多合理的因素”[④]。王兴业认为，“孟子重视经济因素和环境条件对人的思想的作用和影响，承认人民群众在政治斗争和战争中的巨大作用……主张民贵君轻、重视民的权利的思想。孟子具有民本主义思想……尚有一定的重视实际和考察现实的精神”[⑤]。

第二，孟子的历史观适应了历史发展的潮流。翟廷晋认为，“学者多把孟子的历史观归纳为三个方面：英雄史观、历史循环论和历史倒退论。至于说到历史循环论和历史倒退论，这恐怕有某些误解……孟子的治乱交替论并非就是历史循环论和历史倒退论，孟子认为社会分工是历史前进的表现……孟子的历史观还不是违反社会历史发展的潮流，而是适应了历史发展的潮流，不少论述在当时历史条件下是有进步意义的”[⑥]。

评价孟子的社会历史观，必然涉及怎样看待古代圣贤在社会发展中的

---

① 方克：《中国辩证法思想史 · 先秦》，人民出版社 1985 年版，第 337 页。

② 王棣棠：《试论孟子的历史观》，《兰州大学学报》（社科版）1981 年第 4 期。

③ 杨钊：《孟子的历史观》，《史学史研究》1983 年第 4 期。

④ 王棣棠：《试论孟子的历史观》，《兰州大学学报》（社科版）1981 年第 4 期。

⑤ 王兴业：《论孟子历史观中的唯物主义因素》，《东岳论丛》1984 年第 3 期。

⑥ 翟廷晋：《孟子历史观评析》，《齐鲁学刊》1990 年第 1 期。

作用。王棣棠认为“孟子的圣人观是糟粕，但其中也有精华”①。周锦文认为，孟子主张唯心主义的圣贤史观，圣贤的政治主张、社会活动和道德修养决定了天下治乱、王朝兴废存亡、道德习尚和历史发展的方向。其中包含了一些唯物主义思想的因素，譬如圣贤创造历史要受到民意和物质条件、社会集体力量、客观形势、社会实践等条件的制约。这些唯物主义思想因素，是孟子学说中的精华。②

（2）孟子的社会分工思想。尹建章认为，有人将孟子“劳心劳力”说视为“把剥削者与被剥削者之间的阶级对立关系，同社会分工混为一谈，以论证剥削制度的合理性”，是“一种剥削有理、剥削有功的谬论，对后世产生了极坏的影响”的观点，“是不公允的”。作者指出“孟子把劳心、劳力分工和对立的现象，说成是普天下通行的准则，完全符合当时的实际情况，有其时代的普遍意义”，它“不仅反映了封建社会的一条重要规律，而且在客观上也概括了一切阶级社会的一条规律。这一学说亦有一定的局限性，如为统治阶级所利用，是带有理想色彩的政治主张”。③ 江立中认为，孟子的社会分工主张“迄今为止的整个文明社会的历史证明，这一理论概括是正确的……我国现代的思想史和哲学史大都把这一论述看作是孟子站在‘贵族君子立场’上‘论证剥削制度的永恒、合理’，这是值得商榷的”④。刘能杰指出：“孟子的劳力劳心论反映了社会分工发展和阶级对立关系的历史状况，也是孟子对前人关于社会分工理论的继承和发展，比较完整地阐述了建立在私有制基础上的劳心者与劳力者之间的对立统一关系。这无疑是一大历史功绩。”⑤

笔者认为，上述论者充分肯定了孟子社会分工的理论意义和历史作用，是对孟子社会思想的客观、正确诠释，符合孟子思想的本意，对深化孟子社会分工思想的研究无疑具有积极的推动作用。

2. 社会批判、社会和谐、社会理想

关于社会批判。董平论述了孟子对现实的批判及其人文主义精神，主要表现为：一是“孟子的仁政说是审视了社会现实，对社会现实进行反思与批判的基础上提出的，深刻揭示了现实社会的贫富对立，谴责了统治者的‘率兽而食人’，体现了对于现实政治的尖锐批判”。二是“孟子批判了

---

① 王棣棠：《孟子的圣人观浅析》，《兰州大学学报》（社科版）1982年第3期。

② 参见周锦文：《孟子圣贤史观中的唯物主义因素》，《首都师范大学学报》（社科版）1985年第4期。

③ 参见尹建章：《怎样评价孟子的“劳心劳力”说》，《郑州大学学报》（哲社版）1981年第1期。

④ 江立中：《试论孟子辟许行的进步意义》，《云梦学刊》1985年第2期。

⑤ 刘能杰：《孟子“劳力劳心”论新辩》，《齐鲁学刊》1990年第3期。

无休止的征战，体现了对于人的价值的重视”。三是“人文主义思想是孟子批判现实的指导思想，也是其构造仁政学说的思想基础之一。民本思想是孟子人文主义思想的高度体现”，“孟子发现了人的价值和独立的人格，但是他并没有使人格与‘天’完全分离，还摆脱不了对于‘天’的迷狂，因此我们并不认为孟子已经完全而充分地发现了‘人’”。①

笔者认为，“孟子的社会和谐……反映了劳动人民要求安定社会、发展生产的愿望而有一定的人民性；既是对暴虐统治者及社会弊端批判的产物具有一定的现实性，又是对未来美好社会的描绘、追求而有一定的理想性；既有被当世急功近利统治者视为‘迂阔’遭受冷落的一面，又有激励后世有志之士追求美好社会的一面。它具有多层次、多方面的功能和影响”②；孟子追求的理想社会“显然是自给自足的封建自然经济的理想画图”，“为了实现美好的社会理想，孟子又提出了一套政治、经济、思想等具体主张……孟子肯定、重视民在其理想社会中的地位和作用，在先秦思想史上堪称是首屈一指的，至今仍放射灿烂的光彩”③。

总之，在20世纪80年代，从王处辉《中国社会思想史》对孟子关于社会交往准则、社会分工、社会整合方案、小康社会模式的探讨，到陈定闳《中国社会思想史》对孟子社会批判论、理想社会论——仁政论、人性论——实现仁政的理论基础、社会结构论和历史循环论的论述，再到许多论文对孟子社会历史观、社会分工、社会批判、社会和谐、社会理想的研究，表明学界对孟子社会思想的研究进入了一个恢复和初步探讨阶段。上述论著积极肯定了孟子社会批判论、社会理想、社会结构、社会历史观、社会分工、社会和谐等思想的积极意义，对否定孟子“劳心与劳力”社会分工说的几种不正确的传统观点提出商榷和批评，这对促进孟子社会思想的研究产生了积极影响。值得关注的是，董平提出“孟子的仁政说是审视了社会现实，对社会现实进行反思与批判的基础上提出的”，“人文主义思想是孟子批判现实的指导思想，也是其构造仁政学说的思想基础之一”。这一观点，颇有新意。新中国成立以来的一个传统观点认为，孟子的性善论是唯心主义先验论，它是孟子仁政学说的理论基础。其意在说明，孟子的仁政学说是建立在唯心主义先验论基础之上的。多年来，孟子的仁政学说受到不公正的否定和批判，无疑受到这一观点的影响。笔者认为，孟子

---

① 参见董平：《孟子对现实的批判及其人文主义精神——兼与刘毓璜、夏甄陶先生商榷》，《人文杂志》1985年第6期。

② 王其俊：《孟子和谐观初探》，《兰州大学学报》(社科版)1989年第2期。

③ 参见王其俊：《孟子理想初探》，《东岳论丛》1986年第5期。

的性善论只是其仁政学说的人性根据之一，否定了孟子仁政说对社会现实的审视、反思和批判，就会否定其客观的现实基础。董平的上述观点，对纠正性善论是仁政学说理论基础的偏颇观点是有积极意义的。

二、20 世纪 90 年代的孟子社会思想研究

在这里，笔者从社会思想通史的整体研究、孟学论文的专题研究两个方面，梳理这一阶段的孟子社会思想研究。

（一）社会思想通史的整体研究

这一阶段的社会思想通史主要有：吴根友《中国社会思想史》、田毅鹏《中国社会福利思想史》。

1. 吴根友《中国社会思想史》

该书第二章第五节论述了孟子的社会理想、社会构成要素、社会分工、社会变迁等思想。

（1）孟子的社会理想。该书论述了“孟子理想社会的生活指标”和“理想社会的政治规则”，认为“孟子第一次提出了‘人性善’的学说，为研究社会构成要素之一——人及其与社会的关系，提供了宝贵的思想资料。孟子的理想社会有一定的具体的生活指标，更带有社会思想的特征”；“孟子谴责战争，主张以修仁义的政治手段统一天下，是孟子实现理想社会的最高政治规则”。他的社会理想具有历史的合理性。他在当时独到地阐发了经济利益在维护社会安定方面所具有的政治功能的思想，充分注意到了经济生活的稳定对于民心稳定的作用。他提倡“以义相交”，反对“以利相交”，并不是要人们不重视基本的物质生活，而是反对以自我的私利为原则的社会人际交往。“义利之辨”不可简单地理解为否定功利。

（2）孟子的社会构成要素思想。该书认为，人性善和“民贵君轻”社会构成要素关系说是他社会思想中闪光的地方。前者是孟子理想社会政治规则的基石，后者是其社会基本构成要素的序化思想。其一，人性善是孟子对社会构成要素——个人的本质属性的一种判断。孟子的同情、羞恶等“四心”构成了人性善的基本内容。由于中国传统儒家社会思想过分强调了人性善的一面，导致了对社会硬性控制机制的忽视。在政治领域过分寄希望于统治者的善心，忽视对其权力的制约，这是导致封建专制政治的一种文化土壤。人性善的社会思想是一把双刃剑。其二，“民贵君轻”的社会元素关系序化思想。“民贵君轻”命题的社会学意义在于阐发了社会组织的各要素之间的关系问题，揭示了当时社会要素的客观关系，民在社会

各构成要素中占据最基本的位置，但这并不表明孟子认为国君不重要。孟子主张“无君子莫治野人，无野人莫养君子”。从社会需要的角度看，民为社稷、国君的基本需要；但从社会控制的角度看，君为民的绝对统治者，民必须接受君的统治。孟子最高的政治目的在于维护诸侯国国君的社稷。但也不否认这一思想有利于民生的作用。

(3) 孟子的社会分工思想。该书认为，“孟子把社会成员划分为劳心者和劳力者两大部分……其社会分工思想对人类是一个卓越的思想贡献，在相当程度上揭示了人类社会活动的互相需要的特征”。该书指出，孟子依据社会分工论，对社会角色、爵位、权力、利益进行了细致的划分。爵位划分为五、六等两种形式，不同的爵位有不同范围的统治权力和利益。孟子的社会权力结构论是为统治者服务的。他设计的“仁政”乌托邦社会，是一个极其不平等，且将压迫合理化的社会。

(4) 孟子的社会变迁思想。该书提出，孟子为“仁政”乌托邦社会提供了社会变迁的理论依据，提出了“五百年必有王者兴”的社会变迁法则。这一法则与英雄创造历史的社会变迁动因说、社会文化、心理改造论的方式追求，构成一个整体。这一自觉地从人类社会自身而不是从超自然的力量中寻求人类社会变迁的原因、方法的社会思想，无疑具有闪光之处。他对社会变迁动因的探讨，虽然没有彻底摆脱“天命”观，但基本持英雄创造历史、推动社会进步的英雄史观。在社会控制论方面，强调君子对野人统治的绝对必要性。英雄创造历史的动因说，具有片面的深刻性。对社会变迁方式的追求方面，孟子崇尚社会文化心理改造论。他对杨墨的抨击，夸大了各种社会学说的实际社会功能，夸大了社会文化、社会心理在社会变迁中的作用。在这点上，孟子是本末倒置。当然，孟子也看到经济对人的制约作用，但在宏观层次上探讨社会变迁时却忽视了这一点。

该书指出，孟子在许多方面使儒家的社会思想丰富化、具体化。他在社会元素论中首次提出人性善命题，奠定了后世儒学社会思想的基石，成为中国封建社会提倡“仁政”学说的根本理论基础。他的“制民恒产”的社会经济思想，成为以后历代封建开明君主、贤臣的基本政治策略。他无愧于儒家文化史上的“亚圣”地位。他的“民贵君轻”社会元素关系论命题，具有常新的诠释可能性，成为后世民本思想家引用的名言，成为近现代民主主义者、发扬中华文化精华者所一再珍视的命题。①

总之，该书全面论述了孟子的社会理想、社会构成要素、社会分工、

① 参见吴根友：《中国社会思想史》，武汉大学出版社1997年版，第42～55页。

社会变迁思想，肯定了孟子社会思想的积极因素，提出了许多新的见解。譬如孟子的理想社会有一定的具体生活指标，更带有社会思想的特征，人类的活动基本都符合自然生态平衡的要求，充分体现了人类对自然运行规则的尊重，具有一定的宏观特征。其社会理想具有历史的合理性。他独到地阐发了经济利益在维护社会安定方面所具备的政治功能的思想，充分注意到经济生活的稳定对于民心稳定的作用。他的“义利之辨”不可被简单理解为否定功利。孟子“民贵君轻”的社会元素关系序化思想，阐发了社会组织的各要素之间的关系问题，揭示了当时社会要素的客观关系，民在社会各构成要素中占据最基本的位置。此外，“他的社会分工思想对人类是一个卓越的思想贡献，在相当程度上揭示了人类社会活动的互相需要的特征”。孟子在许多方面使儒家的社会思想丰富化、具体化，等等。上述评价是中肯、公允的，客观的。

当然，该书认为孟子的社会控制论强调君子对野人统治的绝对必要性；他设计的“仁政”乌托邦社会，是一个极其不平等且将压迫合理化的社会。实际上，孟子的劳心者与劳力者、君子与野人之间是相互联系、相互依存的互助合作的关系。认为孟子强调君子对野人统治的绝对必要性，恐偏离孟子的本意。孟子的理想社会是一个“百姓亲睦”、士商旅农民“皆悦”的社会。所谓“极其不平等且将压迫合理化的社会”，不能不说是对孟子追求的理想社会的误解。

2. 田毅鹏《中国社会福利思想史》

该书深入论述了孟子的社会福利思想。

（1）性善说与重民论。该书认为，孟子提出了“民贵君轻”的重要命题。这一命题的社会学意义在于阐发了民、社稷、君主三者间的相互关系，将民置于头等重要的地位。在这一社会政治关系体系中，民众具有最重要的决定性作用。同时，“孟子的民本思想，出发点在于为统治者提出治平天下、长治久安的治国良策。这种‘施恩于民’的主张却直接为其社会福利思想奠定了坚实的理论基础”。

（2）理想王道社会的福利观。孟子的社会福利主张包括理想社会的生活福利指标和实现上述目标的具体途径、手段两个方面。就前者来看，孟子提出了“五十衣帛”“七十者可以食肉”等符合当时实际情形的基本标准和量化的生活福利指标。就后者来看，实现上述目标的具体途径和手段是“制民恒产”论，具体内容包括国君给老百姓以一定的土地及其他生产资料。

（3）救济穷弱思想。该书认为，孟子主张实行仁政必须先救济“天下之穷民而无告者”（《孟子·梁惠王下》），征收赋役应遵循“取于民有制”的原则。作者指出，“孟子把社会救助的任务寄托在以宗法家族为纽带的乡村社会组织的身上，这一设想在中国封建时代产生了深远的影响”①。

该书是一部按历史分期对中国社会思想中的福利思想予以专题论述的学术专著，是改革开放以来的第一部中国社会福利思想史，填补了中国社会福利思想领域的空白。该书认为孟子发展了孔子以“仁学”为核心的社会福利思想，以人性善为出发点，提出了“老老幼幼”的思想命题和“仁政”“王道”“制民恒产”“井田制”等社会主张，描绘了一幅男耕女织、老少皆有所养、其乐融融的小农经济蓝图，同时也提出了实现上述蓝图的方法。因此，孟子的社会福利主张对于强化中国封建社会的政治经济制度，起着极为重要的作用。该书对孟子的社会福利思想做了开创性的探讨，提出了许多新的观点。譬如认为孟子把“民”置于社会各构成要素的序化关系之中，提出了“民贵君轻”的重要命题。他的社会福利主张包括理想社会的生活福利指标和实现上述目标的具体途径、手段两个方面。在论述孟子的救济穷弱思想时指出：孟子认为鳏、寡、独、孤、老、幼等都应是社会救济的主要对象；“孟子把社会救助的任务寄托在以宗法家族为纽带的乡村社会组织的身上。这一设想在中国封建时代产生了深远的影响”。这些论述都是以往学界未曾探讨的问题，颇有新意。

（二）孟学论文的专题研究

在这一阶段内，学术论文专题研究的主要内容包括两个方面：一是社会结构、社会分工，二是社会控制、社会稳定、社会变迁。

1. 社会结构、社会分工

（1）社会结构。有的论者探讨了孟子的社会结构，认为“孟子将身、家、国、天下视为一个紧密联系的整体”，“在孟子‘家—国—天下’的社会系统中，国与天下是建立在家庭之上的两个重要层次，是孟子追求的政治清明、天下统一的美好理想社会的两个不可缺少的重要组成部分。其中，国是家的扩大和延伸，天下又是国的扩大和延伸”。孟子的“土地、人民、政事”是治国平天下的三个根本要素，它们是一个相互联系、相互作用的整体。孟子将诸侯国君、卿相大夫、庶民百姓等社会所有成员置于一个宝塔式的政治结构之中。诸侯国家内部的政治功能主要包括“尊王贱霸，发政施仁”“保民而王，民贵君轻”“君仁臣义，任贤使能”“省刑慎

① 参见田毅鹏：《中国社会福利思想史》，吉林大学出版社 1999 年版，第 87～124 页。

罚，勿及无辜”四个方面。诸侯国家的外部功能表现于“顺应时势，图存自保”“邻国相睦，归附仁德”“抵御侵略，征伐不仁”几个方面。[①]

（2）社会分工。许多学者深入探讨了孟子的社会分工思想，主要观点有二。

第一，宣扬奴隶主阶级统治和剥削的合理性。王福利针对关于孟子的社会分工论“归纳出了客观存在的社会分工问题以及由此而来的人与人的本质关系”[②]的观点，认为孟子“宣扬唯心主义的天才论，为统治者作辩护……宣称几百年才会出现超群的天才……由他的这种主观唯心主义理论、贵贱命中注定的观点，便进而导引出了他的社会政治思想……赤裸裸地宣扬奴隶主阶级统治和剥削的合理性”[③]。

第二，肯定孟子的社会分工思想具有历史的现实性和合理性。许多学者从正面积极评价了孟子的社会分工思想。有的指出：孟子的“劳心劳力”分工说“既是对劳心劳力分工的历史与现实的认识总结，又是为今后更好地进行这种社会分工提出的思想主张；既有其历史的现实性，又有其历史的合理性”。[④]有的评析了学界批判孟子社会分工的几种传统观点，认为孟子的“治”和“食”都“属于中性语义范畴，不具有‘政治压迫’和‘经济剥削’等阶级对立的感情色彩”。上述论者“生搬硬套历史唯物主义的阶级分析方法，强行让‘食于人’等同于‘经济剥削’，‘治人’等同于‘政治压迫’，将古今截然不同的思想概念完全混为一谈”，并指出孟子“准确概括了中国古代社会的组织结构方式、行政管理体制、劳动价值交换和物质资料分配等方面的重要规律”。[⑤]

2. 社会控制、社会稳定、社会变迁

（1）社会控制、社会稳定。社会控制，亦称社会管理或社会约制。它是孟子社会观的一项重要内容。笔者探讨了孟子的社会控制思想，认为孟子的社会控制表现为政治、经济和思想意识控制。政治控制包括任免官吏、惩罚犯罪、礼仪制度等；经济控制包括社会分工、产品交换、“制民之产”、财政赋税制度、“抚恤穷民”等；思想意识控制主要内容包括“先圣之道、社会习俗、道德和教育、社会心理四个方面”。各控制形式之间“既相互

---

① 参见王其俊：《论孟子的国与天下观》，《东岳论丛》1992年第4期。

② 王魁田：《孟子的“劳心”与“劳力”说小议》，《人文杂志》1981年第5期。

③ 王福利：《也谈孟子的“劳心”与“劳力”说》，《徐州师范大学学报》（哲社版）1991年第4期。

④ 胡菊英：《孟子“劳心劳力”分工说是孔子思想的继承与发展》，《中州学刊》1991年第4期。

⑤ 参见郭晓丽、祁润兴：《孟子社会分工思想的现代阐释》，《内蒙古社会科学》（汉文版）1999年第3期。

区别、各有差异，又相互联系、相互渗透”。①

关于社会稳定。吴昕春认为，孟子“‘非攻慎伐’的思想，是实现社会稳定的前提”，“孟子的‘制民之产’的‘均富’思想，是实现社会稳定的物质基础”，“孟子的‘治政以仁’的思想，是实现社会稳定的政治途径”，“孟子的社会稳定观揭示了人与社会存在和发展的基本物质基础和社会基础，闪现出孟子对社会时弊的敏锐洞察力和强烈的批判精神”。②

（2）社会变迁。笔者探讨了孟子的社会变迁思想，对学术界判定孟子坚持历史循环论和英雄史观的传统观点提出质疑，认为孟子“物质生活的变迁包括自然环境、人口的变迁和社会生产状况、物质生活条件的变化两个方面”；“精神生活的变化、发展，主要包括朝代更替、政权转移和制度、习俗、道德的变化等几个方面”。孟子关于社会变迁的主要原因：一是“人类社会物质生产活动和物质生活需要促进了社会变迁”；二是“顺应社会发展趋势和民心是促进社会前进、发展的又一个重要原因”；三是“古圣先贤促进了社会变迁”。孟子“‘一治一乱’的社会变迁方式不仅根基于一定的历史事实，而且又蕴含着深刻的理性内容，人类社会一治一乱的变迁发展，展现了社会由低级向高级的发展趋向。将孟子‘一治一乱’的变迁方式斥责为‘历史循环论’，似有偏颇之嫌”。③

总之，从吴根友《中国社会思想史》对孟子的社会理想、社会构成要素、社会分工、社会变迁思想的论述，到田毅鹏《中国社会福利思想史》对孟子性善说与重民论、理想王道社会的福利观、救济穷弱等社会福利思想的探讨，再到许多论文对孟子社会结构、社会分工、社会控制、社会稳定、社会变迁等思想的研究，孟子社会思想的研究取得了许多新的进展。其主要成绩表现于下述几个方面：其一，吴根友《中国社会思想史》全面、系统论述了孟子的社会理想、社会构成要素、社会分工、社会变迁思想，肯定了孟子对儒家社会思想的贡献；其二，田毅鹏《中国社会福利思想史》对中国福利思想做了开创性的探讨，对孟子的社会福利思想做了全新的评价，是一部填补该研究领域空白的学术专著；其三，凸显了孟子社会结构、社会分工思想的研究，如有人考察、论述了孟子的国与天下观念、国与天下的根本要素及其结构和功能；其四，深化了孟子社会控制、社会稳定、社会变迁思想研究，如有人对判定孟子坚持历史循环论和英雄史观的观点提出质疑，对孟子的社会变迁思想做了新的评价，认为孟子关于人类社会

---

① 参见王其俊：《论孟子的社会控制思想》，《东岳论丛》1991 年第 1 期。

② 参见吴昕春：《孟子的社会稳定观》，《安徽史学》1996 年第 2 期。

③ 参见王其俊：《论孟子的社会变迁思想》，《孔子研究》1995 年第 3 期。

历史的发展不是循环的，更不是倒退的，而是由低级向高级前进发展的。

三、21 世纪以来的孟子社会思想研究

进入 21 世纪以来，多部社会思想通史和几十篇学术论文，对孟子社会思想做了深入探讨。

（一）社会思想通史的整体研究

这一阶段出版的中国社会思想史主要有：王处辉主编《中国社会思想史》、谢遐龄主编《中国社会思想史》、万江红《中国历代社会思想史》、孟天运《先秦社会思想研究》。这些专著皆以一定的篇幅论述了孟子的社会思想。

1. 王处辉主编《中国社会思想史》

该书从性善论、社会交往准则、社会分工、社会整合方案等方面论述了孟子的社会思想，提出了许多新的观点，譬如认为“孟子的性善论是从人文历史演进的角度立论的。性善论包含着人文历史演化的思想。按孟子的观点：若把人单独来看，确实有善与不善之分；如果概括起来，从人文历史演进的大趋势上看，自然是趋向善的”；“孟子认为士的责任就是传道、守道，为社会大群体谋求长远的福利。孟子为劳心活动的辩护，一方面肯定了社会政治活动或管理性劳动的社会价值，另一方面也是在阐扬学术文化活动的意义”；孟子“着眼于人道之整体，社会之全局。中道而立，既不保守，也不激进。社会整合方案的主要特点是以民为本、上下兼顾而彼此相通”。[①] 这些论述，颇有新意，确是发前人所未发的新见。

2. 万江红《中国历代社会思想史》

该书论述了孟子的社会批判论、社会理想、人性论与社会道德思想、社会等级论、社会发展循环论。

关于孟子的社会批判论。该书认为，孟子赞成统一，强调只有实行“王道”政治才可以实现统一。仁政是孟子社会思想的中心。仁政思想是针对当时社会所存在的时代病症和统治者不顾人民死活的社会现实的批判思想。孟子的社会批判论主要包括：一是反对以暴力实现统一，对兼并战争给人民带来的灾难深恶痛绝；二是以仁政为标准，严厉批判统治者掠夺人民供自己享受的罪恶行径。

孟子的社会理想紧密结合当时社会实际，较少有幻想成分。其一，行

① 参见王处辉主编：《中国社会思想史》，中国人民大学出版社 2002 年版，第 125～146 页。

仁政是孟子的社会理想的核心。行仁政是全国统一的必要条件。只有行仁政，把人与人的关系和政治统治系统都建筑在“仁义”之上，才可以王天下，统一全国，天下太平。孟子把治国之道分为“王道”和“霸道”。“推恩”于百姓是仁政的基本原则；行仁政必须有行政的贤者；仁政的中心思想在重民。孟子的“民贵君轻”思想在当时是一个大胆的观点，有着非同寻常的积极意义；保民是为了保君，失民就会失掉天下。民是物质财富的生产者，民是兼并战争的兵士，主张建立小农经济的小康社会。“贵”民不是民为本，谈不上“民本主义”，而是为了使民、治民，归根结底是为了保君。其二，社会理想是小农经济的小康社会模式。孟子主张人民占有一定数量的土地，采用使民有恒产而薄税敛的保民措施。统治者要行仁政、崇“王道”，必须停止对社会财富竭泽而渔式的掠夺。孟子一方面是代表了当时先进的封建地主阶级和自耕农，向各国最高统治者和残存的奴隶主贵族提出了建立封建土地所有制的要求；另一方面正确地指出了当时社会大动荡的根源，此外，他还为私有制的合理合法性进行了辩护。其三，孟子的乌托邦——井田制。孟子借上古的井田提出他的乌托邦，实质仍是小农经济的小康社会。这种井田制理想对后世直到清代的社会思想家都有很大影响。

关于孟子的社会道德思想。孟子的仁政，以发挥人的善良本性为出发点。人人发挥善良本性，就可以产生仁义礼智等道德所控制的、美好的、和谐的社会秩序。他十分强调“仁”的重要性。他把“制民之产”作为统治者行仁政的最必要措施。这在“重义轻利”的儒家社会思想中是极为可贵的。人人都自觉遵守“仁”的道德规范，由近及远，推广到全体子民身上，就是“推恩”于百姓，就能稳定社会秩序。

关于孟子的社会等级论和社会发展循环论。孟子批驳了许行否认社会分工的主张，正确认识社会进步的脉络，指出社会分工的必要性和产品交换的必然性。这反映了当时社会生产力的发展，他的分工论在当时具有一定的进步意义。他的社会分工包括：劳动者的“百工”之分、“劳心”与“劳力”之分。孟子划分了人们的等级或阶级，把体力劳动和脑力劳动的分工关系定性成一种进行压迫（治和治于）剥削（食于和食）的阶级关系。孟子提出了“五百年必有王者兴”的历史循环论，认为历史的发展规律是一治一乱，五百年一个循环。孟子认为尧、舜、禹等王者贤者都是先知先觉的人物。孟子认为“舍我其谁”，充分反映了作为新兴地主阶级代言人的士阶层急于登上历史政治舞台的强烈愿望。①

① 参见万江红：《中国历代社会思想史》，社会科学文献出版社 2005 年版，第 80～94 页。

总之，该书简明扼要论述了孟子的社会批判论、社会理想等社会思想，并对其做了客观评价。譬如认为仁政是孟子社会思想的中心；孟子的社会理想紧密结合当时社会实际，较少有幻想成分；行仁政是孟子社会理想的核心；孟子批驳了许行否认社会分工的主张，正确认识社会进步的脉络，指出社会分工的必要性和产品交换的必然性，这反映了当时社会生产力的发展，他的分工论在当时具有一定的进步意义；等等。当然，该书认为孟子的“贵”民不是民为本，谈不上“民本主义”，而是为了使民、治民，归根结底是为了保君；孟子划分了人们的等级或阶级，把体力劳动和脑力劳动的分工关系定性成一种进行压迫（治和治于）、剥削（食于和食）的阶级关系；孟子提出了“五百年必有王者兴”的历史循环论。上述观点多有偏颇，是值得商榷的。

3. 孟天运《先秦社会思想研究》

作者将先秦社会思想划分为发生、发展、繁荣三个时期。第十三章《儒家的社会思想》列出九个专题，全面、系统论述了先秦儒家重要代表人物孔子、孟子、荀子的社会思想。在这里，我们将有关孟子社会思想的内容做一梳理。

（1）“礼”与“仁”——儒家理论的两个基本点。该书指出，“礼和仁是儒家学说的两个重要的命题……孔子之后的两大巨人孟子、荀子实际上就是分别发扬光大了孔子思想中的两个基本点。孟子主要发展了仁的学说，对于统治者来说，他强调‘仁政’，对于个人，他主张人性善，反身内诚，与人为善……特别注重个人的修养、气节、责任、心性”，“孟子把重点放在‘仁’上，强调克服社会失范、缓和矛盾达致社会和谐的关键在于上层统治者的个人德行修省，然后推及于社会，这就是‘仁政’，也就是由‘内圣’而至于‘外王’。孟子较少提到礼，却在相关的位置代之以‘义’……就‘内圣’与‘外王’而言，孟子比较侧重于‘内圣’”。①

（2）人性论——儒家社会思想的出发点。该书认为，孟子的性善论主要包括：“第一，善是人性的共同的普遍的属性，不善只是偶然的……善是人的内在本性，不善是由于外在的社会因素起作用”；“第二，人性善的原因，是因为人都有一种内在的先天固有的良能良知和道德意识道德禀赋”；“第三，人们的行为是有不善的，但不是人性本身就不善，而是由于外在环境因素造成的……提到孟子的性善论，人们都以为这是孟子唯心主义的代表性的观点，但这里孟子把生活条件与人们的善恶联系起来，认为

① 参见孟天运：《先秦社会思想研究》（下），人民出版社2012年版，第354～357页。

社会环境是影响人的行为的重要因素，就体现了他的唯物的一面”；“第四，人的这种善性，必须小心保护，认真培养，加意发扬……培养的方法和途径，就是专心致志地存心养性”。“性善说是孟子整个理论体系的一块基石，是实行仁政的基础，是整个社会控制理论的依据。”①

（3）个人与社会的关系——内圣外王。该书从“修齐治平与内圣外王”“社会行为与个人空间”等方面论述了个人与社会的关系，认为“孟子非常强调自身心性的修养……特别强调个人的大丈夫人格的培养，保存自我的尊严和价值观念，有非常强烈的社会历史使命感和以我为主的气概……主张以德自贵，以德化人，以我为主，主导社会。士大夫应该保持高尚的情操，不要追求物欲，不要屈服于权势，这就是内圣……儒家所有修身、克己的追求……使自己的行为合于‘道’。这个道……是天地自然秩序与社会和谐状态的统一，是五帝三王以来善政和统治原理”②。

（4）“五伦”“人义”的社会角色理论。该书指出：“儒家的社会角色理论中……尤其是君臣、父子、夫妇、兄弟、朋友，这五伦是社会中的最重要的关系。在儒家的理论中，主要有三个范畴：自己、家庭和国家”，“孟子仅把国君看作一种社会角色，而不是不可侵犯的神圣……他主张民贵君轻，对于残酷的暴君，对独夫民贼，人人可得而诛之”，“孟子强调浩然正气，在大国之君面前，没有丝毫奴颜媚骨，在小国之君面前，更能直斥其非。他对国君，与其说是敬君，不如说是敬礼，与其说是忠君，不如说忠于道义”。③

（5）理想角色模式与为人处世准则。该书认为，孟子“对孔子所造型的君子形象进行了较大的发展整型”，它包括“君子角色修身理论的整型”“出仕为臣的规范”“君子在野的规范”三个方面。作者提出，“孟子主张内圣外王，认为修身是治国平天下的先决条件”，“孟子对君子形象的最大发展在于注重气节，强调君子的独立人格，塑造一种大气磅礴，不居下流、以天下为己任的新形象……大大开拓了君子的活动空间，加强了君子的历史使命”；“孟子理论仍带有明显的理想化色彩”。④

（6）儒家的社会整合思想。该书指出：“孟子是民本思想最显著、最敢为民说话的伟大的思想家……孟子社会整合思想，根本上是以‘仁政’为核心的。”它归结为以下几点：“统治者要顺民所欲，与民同欲；要给众

① 参见孟天运：《先秦社会思想研究》（下），人民出版社2012年版，第359～366页。

② 孟天运：《先秦社会思想研究》（下），人民出版社2012年版，第387～389页。

③ 参见孟天运：《先秦社会思想研究》（下），人民出版社2012年版，第403～407页。

④ 参见孟天运：《先秦社会思想研究》（下），人民出版社2012年版，第418～422页。

庶以生产条件；要制民之恒产，使下层百姓达到基本的生活标准；要对众庶进行广泛的教化；要对弱势群体给以特殊救助。”作者提出，“孟子在思想意识上，在自我修养上，是一个唯心主义者，但在探讨众庶的生活时，还是把物质生活放在了第一位”。有人批评“孟子主张实行井田制和王道仁政，是在开历史倒车，是历史的反动，他没看到社会的发展，向往复古倒退，想把正在繁荣的新兴地主经济制度拉回到领主或奴隶主时代去，这是不对的”，“孟子所设计的方案，虽然统治者难以像他说的那样关心民众，虽然实行起来难度很大，但说是根本就是乌托邦，恐怕就太绝对了”。①

（7）“德、礼、政、刑”的社会控制次序和儒家社会理想。该书指出：“儒家的社会控制思想是最丰富、层次最多、最具人性化的社会思想。”总的看，孟子的仁政、“内诚”的社会控制思想，“一方面强调统治者要行仁政，讲仁义，减徭役，轻刑罚；一方面从性善说出发，强调人的反身内诚，自我修养个人的善良心性，人人可为尧舜。企图以个人的自觉为主来保证社会秩序，完成社会控制。他注重的是积极的控制，是礼义教化”。

该书论述了“孟子的天下一家的社会理想”，认为“孟子理想的社会是一个王道的社会”，其“最大的特点就是社会成员的普遍温饱、安宁。在行政管理层面，君应当是行王道的仁君……当政者像父母一样爱护百姓，百姓像子女一样敬奉统治者，社会上人际关系像家庭成员一样互敬互爱，秩序井然，天下和谐……在社会层面，孟子设想了一个比较现实、秩序和谐、民生温饱、安定、文明的社会，并提出了基本的社会指标。在社会管理上，要求减轻民众负担，减少税收，减轻徭役负担，给民众创造生产条件……在经济制度上，主张使耕者有其田，制民恒产，使百姓有稳定的生活根基……在生活质量方面，孟子提出了一系列指标”，更可贵的是，孟子所关注的“是处于社会下层庶民的生活，这是在先秦所有的社会思想家中都极为难得的。在社会福利政策方面，重视对贫苦无依的鳏寡孤独弱势群体的社会关照……在社会文化方面，主张富而教之”，“总之，与‘大同’思想比较，孟子的社会理想已比较现实，基本是从当时的社会现实出发，想恢复社会秩序，使民众得以安居乐业”。②

该书融合了历史学、社会学、考古学、哲学等多学科理论，运用跨学科的综合方法，从新的视角全面、系统地论述了先秦儒家的社会思想，提出了许多新的观点和认识。其中，对孟子的社会思想的探讨亦具有鲜明特

---

① 参见孟天运：《先秦社会思想研究》（下），人民出版社2012年版，第439～444页。

② 参见孟天运：《先秦社会思想研究》（下），人民出版社2012年版，第450～461、474～476页。

色：其一，将孟子置于先秦儒家社会思想产生、发展的整体脉络中考察其社会思想，对孔子、孟子、荀子等儒家学者和郭店楚简的社会思想做了综合论述。既理清了孟子对孔子、郭店楚简等社会思想的继承和发展，又阐述了孟子对荀子的重要影响，从而清晰揭示了儒家社会思想发展的历史轨迹和全貌。譬如在论述孟子仁政的社会整合思想时指出，在整个先秦儒家关于社会控制思想的建构中，孔子发扬了三代以来的控制思想，奠定了儒家社会控制思想的基础，提出了软控制为主的控制思想和德、礼、政、刑的控制次序；孟子在此基础上大力发展了德治仁政思想，特别强调了性善论，提倡软控制、内在控制，主张靠人的自觉来维持社会秩序；荀子主性恶论，重视外部控制，既主张隆礼，主张礼治的积极规范，又提出重法，礼法并用。同时他也继承了儒家修身学习内化规范的传统。他的思想实际上代表了战国末期人们对于社会控制思想的综合性倾向。在论述孔子的大同社会理想、郭店楚简中尚贤禅让的社会理想的基础上，进而又探讨了孟子的天下一家的社会理想，认为孟子与法家在如何达到统一天下的战略上有根本区别，法家是以强制性的行政管理手段富国强兵，孟子主张以行王道、保证民众的生活质量、提高文明程度来争取民心。儒家着眼于人、人心和人际关系的和顺上，法家则着眼于国家富强和政法的有效上。其二，对否定孟子思想积极因素的偏颇观点提出质疑。譬如论述孟子的社会控制思想时指出：有人批评孟子主张实行井田制和王道仁政，是在开历史倒车，是历史的反动，他没看到社会的发展，向往复古倒退，想把正在繁荣的新兴地主经济制度拉回到领主或奴隶主时代去，这是不对的。说孟子所设计的方案根本就是乌托邦，恐怕就太绝对了。其三，提出许多新见。譬如作者论述孟子的君臣社会角色时指出："孟子仅把国君看作一种社会角色，而不是不可侵犯的神圣……他主张民贵君轻，对于残酷的暴君，对独夫民贼，人人可得而诛之"，"孟子强调浩然正气，在大国之君面前，没有丝毫奴颜媚骨，在小国之君面前，更能直斥其非。他对国君，与其说是敬君，不如说是敬礼，与其说是忠君，不如说忠于道义"。① 这一新见，对于纠正"孟子政治思想是以君主专制思想为主，民本思想为辅"、他的"民贵君轻"是"伪善的、欺骗的空话"等偏颇观点，当是有积极意义的。又如作者从君臣君民关系、社会层面、社会管理、经济制度、生活质量等方面论述了孟子的理想社会，认为它是一个王道的社会，其最大的特点就是社会成员的普遍温饱、安宁。与"大同"思想比较，孟子的社会理想已

① 参见孟天运：《先秦社会思想研究》（下），人民出版社 2012 年版，第 406～407 页。

比较现实，基本是从当时的社会现实出发，想恢复社会秩序，使民众得以安居乐业，等等。这些论述，变换角度，新意迭出。

总之，该书是21世纪以来学界全面、系统地研究先秦社会思想的学术专著，具有很高的学术价值。当然，该书关于孟子社会思想研究的不足之处主要表现为对孟子社会变迁思想缺乏应有的关注。尽管作者在绪论中指出将“关于社会发展与变迁、法先王还是与时俱进的社会进化思想”作为该书的主要研究范围，但是该书并未将先秦儒家、墨家、道家诸家的社会变迁思想列出专题予以论述，而是仅就孟子的社会思想而言，社会变迁思想是其社会思想的一个重要组成部分。孟子论述了自然环境、人口的变迁和社会生产状况、物质生活条件的变化等物质生活的变迁，探讨了朝代更替、政权转移和制度、习俗、道德的变化等社会精神生活的变迁，探讨了社会变迁的原因、方式，从而“显示出这位新兴地主阶级思想家对人类社会发展原因、规律及过程的深邃理性思考”①。由此看来，孟子的社会变迁思想是研究其社会思想的不可忽视的一个问题。此外，该书认为“孟子在思想意识上，在自我修养上，是一个唯心主义者，但在探讨众庶的生活时，还是把物质生活放在了第一位”②。在这里，孟子“思想意识”和“自我修养”的内涵是什么？作者没有做出具体论述。笔者认为，这一观点显然是沿用了新中国成立以来否定孟子思想的一个偏颇观点，是值得商榷的。

除上述外，谢遐龄主编《中国社会思想史》、黄忠晶《中国社会思想研究》、陈劲松《儒学社会通论》（中国人民大学出版社2007年版）、晁福林《先秦社会思想研究》（商务印书馆2007年版）对孟子的仁政说、社会分工说、君臣关系、“浩然之气”说等社会思想的社会意义做了一定的探讨。

（二）孟学论文的专题研究

21世纪以来，20余篇论文深入探讨了孟子的家庭观和国家观、社会分工和社会管理、社会和谐、社会保障和社会历史观等。

1. 孟子的家庭观和国家观、社会分工和社会管理

高智指出：“儒家非常重视家庭的作用，儒家传统的家庭观经过孟子的理论构建而日臻完善。孟子确立了家庭成员间的互相关系，他用自然的血缘关系来调节家庭中人与人的关系，推而广之，有益于社会的稳定。他

---

① 参见王其俊：《论孟子的社会变迁思想》，《孔子研究》1995年第3期。

② 孟天运：《先秦社会思想研究》（下），人民出版社2012年版，第443页。

的追求中庸、中和、中美的家庭理念，是中华传统文化的重要组成部分。”① 王富仁连续发表了四篇论文，论述孟子国家学说的逻辑构成。②

社会分工与社会管理是孟子社会思想的一项重要内容，历来为学者们所重视。邢志第认为，孟子的“劳心者治人，劳力者治于人”的命题是“对当时脑力劳动和体力劳动的分工现象和由此而形成的社会统治与被统治关系这一人类社会进步趋势的正确反映”③。谢友祥认为，“孟子从知识分子脑力劳动观入手，从社会分工合理论、‘劳心’劳动论、知识分子工作职业论、知识分子精神论等角度，在中国历史上第一次创立了知识分子论，为知识分子在中国古代的理论存在和社会存在作出了巨大贡献”④。王杰指出：“孟子是中国思想史上最早对社会分工问题进行系统阐述的思想家”，“孟子扭转了自孔子以来君尊臣卑型的模式，对君臣关系进行了重新定位……君臣在国家政治架构中的不同职能实际上就是一种社会分工的不同”。⑤

2. 社会和谐、社会保障和社会历史观

董根洪将孟子社会和谐理论的结构概括为：以经济为基础，以道德和谐为核心，以上下和谐为主干，以善政善教为两翼。“它是中国古代社会和谐理论的典范，对今天构建社会主义和谐社会依然具有多方面的启迪意义”。⑥

陈壮艳、鲁力认为，“孟子社会保障思想的基础是其‘仁政’学说”，孟子认为“社会保障就是保证那些弱势群体的基本生活，让他们在失去劳动能力或没有生活来源的情况下能生活下去，因而社会保障的重点人群就是老人小孩以及鳏寡孤独。这体现了一种深深的人性关怀和底线思维，与罗尔斯的差别原则的社会保障思想异曲同工”，“孟子的社会保障思想有着鲜明的中国特色，同时与当今世界先进的社会保障思想一脉相通……尤其是对于建设社会主义和谐社会，建设社会主义先进文化都具有很大参考价值”。⑦

关于社会历史观。闫玉环认为，“孟子的圣人历史观和重民史观是辩

① 参见高智：《试论孟子的家庭观》，《阿坝师范高等专科学校学报》2004 年第 2 期。

② 参见王富仁：《孟子国家学说的逻辑构成：从孔子到孟子（一～四）》，《西南民族大学学报》（社科版）2006 年第 5～8 期。

③ 邢志第：《孟子“劳心者治人，劳力者治于人”命题新探》，《理论学刊》2001 年第 3 期。

④ 谢友祥：《孟子的知识分子论》，《中国文化研究》2001 年第 3 期。

⑤ 王杰：《孟子的社会分工说：以君臣关系为例的个案分析》，《人文杂志》2006 年第 4 期。

⑥ 董根洪：《中国古代社会和谐理论的典范——论孟子的社会和谐思想》，庞朴主编：《儒林》第 3 辑，山东大学出版社 2006 年版，第 129～136 页。

⑦ 参见陈壮艳、鲁力：《孟子的社会保障思想》，《兰台世界》2015 年第 5 期。

证统一。他之所以‘言必称尧舜’，是因为尧舜实行仁政才致社会安定，而‘民为贵’的思想核心也是仁政。孟子的仁政设想是带有理想色彩的超前方案，它反映了战国中期儒家对自己未来实现政治统治的信心和抱负”①。牛增辉认为，“‘天下之生久矣，一治一乱’是孟子对‘生民以来’至春秋战国时期的历史演变规律的总结。长期以来，很多人把孟子的这种历史观看作是简单的‘历史循环论’。其实，在孟子‘一治一乱’概括背后，还有他对战国以降中国社会经济政治乃至道德状况等所进行的深入考察和思索，有对以往历史事件和历史人物所进行的分析”②。董文武、刘文英论述了孟子的历史观，认为“天人推移”为核心的历史天命论包括三个方面：天下的治乱至个人的遭遇，都是由天命决定的；通过“知天”“事天”来达到“立命”；孟子提出了社会治乱交替发展说，主张尊王贱霸，认为社会治乱交替发展。孟子的历史过程论尽管有循环论的色彩，但从整体上看，他认为人类社会历史发展趋势不是循环的，更不是倒退的，而是前进的；在以“圣人”与“重民”为核心的历史动力论上，孟子提出了“言必称尧舜”“民贵君轻”的见解。孟子的历史观反映了战国中期历史大变革的时代特点和社会背景。其中，既存在精华，也有糟粕。③

孟子的历史观与史学思想有着密切联系。杨海文认为，在思想史上首次阐释《春秋》的功劳应该归于孟子。孟子“力图说明三个相当重要的问题：一是《春秋》之作的时代背景；二是孔子作《春秋》的文化心境；三是《春秋》之作的儒家政统意蕴”④。林晓平认为，“孟子与史学的关系非常密切。他对古史进行过整理以及多方面的研究工作，他重视对历史知识的运用，基于一定的诠释立场对历史进行诠释，以史论政，史论一体，构成其学说的一大特色”，“孟子在阐述其思想学说时，不尚空谈，多以史立论，其经世构想、治理社稷的理念方略均建立在源于对历史的反思而形成的历史观念之上”。⑤

综上所述，当代中国孟子社会思想研究取得了丰硕的成果，获得了新的进展。

第一，在 20 世纪 80 年代，孟子社会思想研究的主要成绩表现于两个方面。其一，初步探讨了孟子的社会分工、社会批判、社会和谐、社会理

---

① 闫玉环：《论孟子的历史观》，《长春师范学院学报》2003 年第 3 期。
② 牛增辉：《孟子治乱史观探析》，《廊坊师范学院学报》2005 年第 3 期。
③ 参见董文武、刘文英：《孟子历史观新探》，《廊坊师范学院学报》2006 年第 6 期。
④ 杨海文：《孟子的〈春秋〉观与传统儒家的政治激情》，《中山大学学报》（社科版）2001 年第 5 期。
⑤ 参见林晓平：《孟子与史学》，《赣南师范学院学报》2004 年第 2 期。

想、社会历史观，从正面肯定了孟子社会思想的积极意义，认为孟子社会分工理论具有积极意义，符合人类社会发展的趋势；孟子的社会批判思想充满了批判战斗的精神，是在对社会现实进行反思与批判的基础上提出来的，包含着趋时革新的现实意义，反映了新兴地主阶级的活力。人文主义思想是孟子批判现实的指导思想，也是其构造仁政学说的思想基础之一。民本思想是孟子人文主义思想的高度体现，是以重视人的价值、倡导独立平等的完善人格为前提的①；孟子的社会和谐和社会理想是建立在保民而王、“发政施仁”、顺从民心的基础上，“将重民、得民作为其社会理想的核心内容，并将其理想社会建立在一定经济发展和重视人民物质生活基础上，充分肯定民在理想社会中的地位和作用，在先秦思想史上堪称是首屈一指的，至今仍放射灿烂的光彩”②。其二，许多学者对于否定、抨击孟子社会分工思想的三种传统观点③提出商榷，认为上述传统观点对孟子社会分工的评价是不公允的，并进而全面、客观诠释了孟子的“劳心劳力”说，认为孟子肯定了社会分工的必要性，完全符合当时的实际情况，既有其时代的普遍意义，又在客观上概括了人类社会发展的规律。

第二，20 世纪 90 年代凸显了对孟子社会结构、社会分工、社会控制、社会稳定、社会变迁、社会福利等思想的探讨，提出了许多新的观点和认识。其一，社会结构、社会分工思想的研究。有的学者考察了孟子的国与天下观念、国与天下的根本要素及其结构和功能，认为孟子的国与天下观是一个综合的系统整体，较全面地反映了他对国与天下的观念、要素、结构、功能的认识，最终是为他以仁政治理国家、平定天下的目的服务的。许多论者充分肯定了孟子社会分工说的意义和贡献，认为它既有其历史的现实性，又有其历史的合理性，并对否定、批判孟子社会分工的各种错误观点进行了认真的评析，认为孟子社会分工思想确实敏锐地抓住了国家政治制度的管理本质，深刻地阐明了劳动价值交换的道德意义，科学地总结了富民、治国和平天下的普遍法则，准确概括了中国古代社会的组织结构方式、行政管理体制、劳动价值交换和物质资料分配等方面的重要

---

① 董平:《孟子对现实的批判及其人文主义精神——兼与刘毓璜、夏甄陶先生商榷》,《人文杂志》1985 年第 6 期。

② 王其俊:《孟子理想初探》,《东岳论丛》1986 年第 5 期。

③ 这三种传统观点为:一是把剥削者与被剥削者之间的阶级对立关系同社会分工混为一谈,以论证剥削制度的合理性;二是孟子的“劳心劳力”说把剥削与被剥削、压迫与被压迫的阶级关系,歪曲成劳心者与劳力者的社会分工关系,把阶级剥削、压迫说成是永恒的社会现象;三是孟子的“劳心劳力”说是一种剥削有理、剥削有功的谬论,对后世产生了极坏的影响。参见尹建章:《怎样评价孟子的“劳心劳力”说》,《郑州大学学报》(哲社版)1981 年第 1 期。

规律。其二，社会控制、社会稳定、社会变迁思想研究。有学者全面、系统探讨了孟子的政治控制、经济控制和思想意识控制，认为其社会控制思想是一个综合系统整体，各种控制形式及每一控制形式中多种层次和因素之间，既相互区别、各有差异，又相互联系、相互渗透。这对当代社会具有一定的启示和借鉴作用。有的对学术界判定孟子坚持历史循环论和英雄史观的观点提出质疑，对孟子的社会变迁思想做了新的评价，认为孟子关于人类社会历史发展趋势的观点不是循环的，更不是倒退的，而是由低级向高级前进发展的。

第三，21 世纪以来凸显了对孟子家庭观与国家观、社会分工与社会管理、社会和谐、社会保障、社会历史观的研究。其一，家庭观与国家观。有许多学者深入探讨了孟子国家观的基本内容和结构。其二，许多学者肯定了孟子社会分工思想的积极意义和贡献，认为孟子在中国历史上第一次创立了知识分子论，为知识分子在中国古代的理论存在和社会存在做出了巨大贡献。有的将其社会管理思想的特点概括为："以性善论为管理思想的哲学基础，强调仁政、人和、以德服人、义利统一，通权达变、仁民爱物，修齐治平"等。其三，社会和谐观。有的认为孟子以"人和"为中心价值观，提出了一个系统的仁政型社会和谐理论，它以经济为基础，以道德和谐为核心，以上下和谐为主干，以善政善教为两翼。孟子的社会和谐理论是中国古代社会和谐理论的典范。其四，社会福利观。有的全面论述了孟子理想社会的生活福利指标，即"五十衣帛""七十者可以食肉"等符合当时实际情形的基本标准和量化的生活福利标准；实现上述目标具体途径和手段是"制民恒产"论，等等。

当然，当代孟子社会思想研究亦存在着一定的不足。譬如有些论者认为，"孟子的'劳心劳力'说是一种剥削有理、剥削有功的谬论，对后世产生了极坏的影响"①。这一指责曲解了孟子的本意，并不符合孟子社会分工思想的真实情貌。许多论文对其提出商榷并纠正了这一观点的偏颇，当有利于深化对孟子社会思想的研究。

第二节　孟子经济思想研究

有的学者评析了 20 世纪和新中国成立以来中国经济思想史研究，认为"十一届三中全会以后，中国经济思想史同其它学科一样，重新焕发出

① 尹建章：《怎样评价孟子的"劳心劳力"说》，《郑州大学学报》（哲社版）1981 年第 1 期。

蓬勃发展的生机。研究队伍扩大，各类著作如雨后春笋般地破土而出，通史性著作的出版、专题经济思想史、中外经济思想史和当代经济思想史研究的开拓与深化，使中国经济思想史学科发展跃上了一个新台阶”①。有的指出：“新中国成立60年来，中国经济思想史学科从筚路蓝缕走向百花齐放，中国经济思想史在学科建设、研究水平等方面取得了长足的进展，学科设置和研究生招生规模日益扩大……研究对象范围由窄变宽，学术创新不断涌现。”② 当代学界对孟子经济思想的研究与中国经济思想史研究是紧密联系在一起的。上述学者的考察和综述，为我们梳理当代孟子经济思想研究提供了有益借鉴。

一、1949～1976年的孟子经济思想研究

在这一阶段内，学界对孟子经济思想的研究尚处于起步阶段。胡寄窗《中国经济思想史》一书，划分为七个专题，即孟子与儒家哲学的唯心主义倾向、对财富的基本态度、恒产论、分工与劳动、价格与垄断、财政思想、井田思想，初步论述了孟子的经济思想。

该书认为，孟子继承并发挥了孔子思想的唯心主义倾向，成为后代儒家唯心主义哲学的奠基者。他是一个没落的贵族而作新兴地主阶级的代言人，更露骨地宣扬封建等级制度和更坚决地维护封建道德规范。孟子的经济思想全部接受了孔子所奠定的若干重要原则，补充了不少新的内容。他提出恒产论，强调财产私有的重要作用，尤其是小农个体经济的重要作用，便是他的独特经济观点之一。

该书认为，“在初期儒家中最重视经济问题的莫过于孟子。他提出了不少杰出的经济见解。他强调行为的后果不甚重视其动机，重视物质环境对人们的影响……反对完全离开道德标准而谈财富。他反对为政先谈财利，主要是通过强调伦理规范以抑制当时只注意经济问题的倾向”。

该书认为，“恒产论是孟子的特出经济思想。他在中国历史上第一次明确提出的拥护私有财产制度的理论……主张发展小农经济，正符合中国封建生产方式的新发展阶段的要求。井田之说决非是他的基本经济主张，小土地经营的小农经济是他急于实现的土地经济制度”。

该书论述了孟子的分工与劳动、价格与垄断，认为孟子分工立论的犀利，在古代学者中是少见的。他的劳心劳力的反动理论不应妨碍其对分工

① 程霖：《20世纪的中国经济思想史研究——以学术著作为主的考察》，《中国经济史研究》2004年第4期。

② 张亚光：《建国60年中国经济思想史学科的发展》，《贵州财经学院学报》2009年第6期。

本身的正确理解。他正确地认识并阐述分工的利益，是值得称述的，但他把它应用到脑力劳动与体力劳动上面，得出了一个绝对有利于封建统治阶级的很反动的结论，这是当时社会经济条件的产物，为统治者的不劳而食辩护。他的劳动概念是完全站在新兴剥削阶级立场所赤裸裸暴露出来的反动观点。他反对许行专按个别商品的数量关系以决定商品价格的见解，反对商人在市场上的垄断行为，既代表了地主阶级的要求，更代表了独立小生产者的要求。

该书指出：孟子的财政思想以其仁政思想为基础。他最突出的财政观点是财政税收要以是否对人民有利为断，如果不利于人民或政治不良就不应增加租税。他主张实行农业单一税制，基本上主张抽十分之一的农业税。所谓的井田制在历史上是不存在的，是一种乌托邦思想。对他的井田论，应指出几点：一是认为解决人民的土地问题是最重要的政治纲领；二是强调土地所有权的地理标志；三是承认建筑在阶级差别基础上的脑力劳动与体力劳动之间的分工，肯定剥削关系为必然的事实，拥护剥削阶级所享受的但已日趋衰微的世禄制度；四是主张封建国家的开支全部由劳动农民负担。

该书认为，孟子是新兴封建地主阶级的代言人和在某些方面也代表了工农小生产者的某些要求，所以对事物的分析在一定程度上保持着一些客观态度。在分工、价格、垄断等概念上还提出了一些基本正确的意见。他的经济思想被肯定的地方多于被否定的地方。后期儒家忽略了孟子在实质上重视经济问题的基本精神，片面宣扬“何必曰利”这句话，在一定程度上阻碍了中国经济的发展，使孟子的经济思想对后世只产生一些消极作用。①

总之，该书较全面探讨了孟子的财富观、恒产论、分工与劳动等经济思想，肯定了其积极方面和重要影响，认为他的经济思想被肯定的地方多于被否定的地方，在初期儒家中最重视经济问题的莫过于孟子；封建财政税收要以是否与人民有利为断，如果不利于人民或政治不良就不应增加租税，这是孟子最突出的财政观点；等等。在20世纪60年代，该书无疑具有开创之功，并指出孟子经济思想的不足。由于受当时社会环境的影响，作者将孟子的社会分工论视为一个“绝对有利于封建统治阶级的很反动的结论”，这无疑是偏颇的。

① 参见胡寄窗：《中国经济思想史》，上海人民出版社1962年版，第87～121页。

二、20世纪80年代的孟子经济思想研究

（一）经济思想通史的整体研究

自1978年以来，学界出版了几部中国经济思想通史、专题经济思想史著作，主要有：《中国经济思想简史》编写组编《中国经济思想简史》上册、周伯棣《中国财政思想史稿》和胡寄窗、谈敏《中国财政思想史》等。这些著作对孟子的经济思想做了一定的探讨。

1.《中国经济思想简史》编写组编《中国经济思想简史》上册

该书在第四章第三节中论述了孟子的义利论、恒产论和井田论、赋税论、劳心劳力论和价格论等经济思想。

该书概述了孟子的生平、时代、哲学、政治思想等，认为孟子继承了孔子的反动学说并做了新的发挥，形成了流毒两千多年的孔孟之道，被历代反动统治者捧为“亚圣”。他的哲学思想是反动的主观唯心主义，宣扬天命主宰一切，鼓吹“万物皆备于我”的唯心认识路线，美化奴隶主阶级，为复辟奴隶制制造理论根据。他是奴隶主阶级的代言人。恒产论是孟子复辟井田制的理论基础。他把奴隶主阶级的劳心劳力论进一步理论化使它成为中国历史上流毒极为深广的最典型的剥削有功论。孟子的理论适应了大商人操纵市场，不受限制地进行投机倒把活动的需要，为投机商的“相率而为伪”大开方便之门。①

由于受当时社会环境、学术环境的影响，该书对孟子的经济思想予以不恰当的否定和批判，其主要观点多是偏颇的，背离孟子本意的。

2. 周伯棣《中国财政思想史稿》

该书论述了孟子的基本思想、仁政与财政、收入政策、支出政策。

该书认为，孟子进一步阐发、推进了孔子的学说，对儒家学说的创建与完成有极大的贡献。他特别发挥了孔子的仁义学说，其仁义礼智均为人所固有，非由外铄。把仁义说应用于治国，便有王道与霸道之别。仁义的后面跟随着大众的福利与永久的利益，自能得到人民的拥护，孟子虽不言利，而其所企求的是大利。言仁义而不言利，是孟子的基本思想。孟子的仁政与财政有不可分割的关系。仁政的经济基础是实行井田制。在收入方面要取之有节，在支出方面要用之有度；孟子主张只能由助法而筹得国用，其他的工商税与货物税、通关税，均不得征课。孟子是单一土地税论

---

① 参见《中国经济思想简史》编写组编：《中国经济思想简史》上册，上海人民出版社1978年版，第94～105页。

者，肯定助彻之法，否定其他税法。他十分重视清心寡欲，对于大人们的铺张浪费的生活十分藐视、鄙视。他提倡仁义，最反对战争，重视富国利民的社会文化事业，重视人民的福利和文化教育事业。①

该书肯定了孟子对儒家学说的积极贡献，比较客观地评价了孟子的仁政与财政、收入政策、支出政策等，这是难能可贵的。当然，该书称“言仁义而不言利，是孟子的基本思想”，这一观点似有偏颇。实际上，孟子追求的是以仁义统一天下的大利，关注百姓养生丧死无憾的民生之利。概而言之，孟子主张先义后利，以义制利，义利统一。

3. 胡寄窗、谈敏《中国财政思想史》

该书在第三章第三节中论述了孟子对待财利的基本态度、租税、俸禄等财政思想，认为他虽是全部接受了孔子的若干重要原则，却补充了不少新的内容。在财利问题上，提出了不少杰出的经济观点。在对待个人财富问题上，强调伦理规范的制约。在对待国家财富问题上，他坚持首先考虑道德规范，“他并不是一个主张治国而完全忽视经济事务的思想家”。他反对为国先谈财利，主要是要通过强调伦理规范以抑制当时一切为兼并战争服务的倾向。他的租税思想以仁政思想为基础。封建财政税收要以是否于人民有利为断，这是其最突出的财政观点。他主张实行近乎农业单一税的制度，反对重税。他对农业税的征收方式也有较深入的分析，是古代世界分析税率制度的第一人。他基本主张抽十分之一的农业税，主张薄税敛，这是促进农业生产和实现人民富裕的前提条件。孟子简要设计了一整套新的俸禄方案，以维护封建等级秩序的需要。他以西周古制为依托，认为周代爵禄制度按爵位高低分为天子、公、侯、伯、子男五等，按官阶大小分为君、卿、大夫、上士、中士、下士共六等。这些等级是划分领土和确定俸禄的主要依据。在财政开支方面，他主张以救济鳏寡孤独为王政之先声。②

该书对孟子的财政思想做了实事求是的评价和探讨。譬如认为孟子在对待财利的基本态度上，“提出了不少杰出的经济观点”，“他的租税思想以仁政思想为基础。封建财政税收要以是否于人民有利为断，这是他最突出的财政观点”，“在当时表达了一般新兴地主阶级争取减轻自己的租税负担的要求，而在地主阶级取得政权以后的封建社会中，也成了农民阶级及进步思想家反对封建租税压榨有力思想武器”，等等。总之，该书是 20 世纪 80 年代对孟子财政思想做出实事求是评价的学术专著之一，对深化孟

① 参见周伯棣：《中国财政思想史稿》，福建人民出版社 1984 年版，第 52～65 页。

② 参见胡寄窗、谈敏：《中国财政思想史》，中国财政经济出版社 1989 年版，第 49～57 页。

子经济思想研究产生了积极作用。

（二）孟学论文的专题研究

在20世纪80年代，十余篇论文初步探讨了孟子的恒产理论和井田制、重农重商理论、财政赋税理论等经济思想。

张寿彭认为，“孟子把仁政主张贯穿于其全部经济思想中，他的经济思想是为实现其仁政学说服务的”，“孟子的经济思想是建立在唯心主义的哲学基础上的”，“孟子思想中的许多唯心主义的东西，反动的东西，也日益被统治者用来作为维护他们统治的工具。他的‘劳心者治人，劳力者治于人’的反动理论，被历代统治者用来作为统治、压迫、剥削劳动人民的理论根据”。①

许多论者探讨了孟子的井田制。有的认为“《孟子》中井田制资料严重失实，不可信据”②；有的认为孟子的井田制是小生产经济或小农经济思想，“孟子以恢复井田制为中心的经济思想，出发点和归宿点都是民本主义。这些主张既有一定的局限性和幻想性，也有一定的深刻性和进步性”③；有的认为“孟子的井田制是农户‘皆私百亩，同养公田’，在西周、春秋时代确曾施行过。但当时的井田制，公田的面积往往较大，与私田分隔于两处，并非公田均为百亩的小块，插在私田之中”④；有的指出“《孟子》里实际存在两种性质不同的井田制”⑤。

关于重农重商和赋税制度。龙卧湘认为，孟子“提出了重农必重商、以商促农、农工商等一系列重商之道，这对促进战国时代商业、国民经济的发展和改变当时商人受歧视的状况，提高商人的社会地位等均产生过一定的影响”，“他提出重商务商是有客观基础的”。⑥ 丁原明认为，孟子经济思想的基本特点是“重农又重商”。他的重农思想主要包括：“‘有恒产’的经营思想”“‘取于民有制’的赋税思想”“多种经营和保护自然资源思想”。“孟子虽然重农，但他并不轻商……认为商人和商业活动也是社会分工和社会经济不可缺少的”，“孟子经济思想的基本特点是农、商并重”。⑦

---

① 参见张寿彭：《孟子经济思想初探》，《兰州大学学报》（社科版）1982年第2期。

② 李春茂：《谈〈孟子〉〈周礼〉中井田制资料的真伪》，《历史教学》1987年第8期。

③ 岑明：《孟子经济思想研究》，《中国社会科学院研究生院学报》1987年第6期。

④ 杨善群：《孟子的“井田说”不是乌托邦》，《历史教学》1987年第8期。

⑤ 屈剑英：《论〈孟子〉里两类不同性质的井田制》，《西北民族大学学报》（哲社版）1985年第2期。

⑥ 参见龙卧湘：《孟子重商之道》，《广西民族学院学报》（哲社版）1985年第3期。

⑦ 参见丁原明：《重农又重商是孟子经济思想的基本特点》，《山东大学学报》（哲社版）1989年第3期。

王昭干认为，孟子的农业思想“既描绘了农民赖以生存和发展的土地蓝图，又规定了许多发展农业的具体措施。实际上，它构成了我国农业的传统思想的一个重要组成部分。我们通常把它叫做自给自足的自然经济思想”①。关于赋税制度。李林森考察了“孟子‘禄足代耕’制禄思想产生的社会背景”，概述了“‘禄足代耕’制禄理论的具体内容”“社会分工论、禄足代耕论和制民恒产论”，认为“它为封建食禄制度提出了一套系统的全面的制禄理论”，“‘禄足代耕’能够把封建统治者的‘禄’同封建农民的‘耕’联系起来考虑食禄分配的标准，能以参与物质生活实际生产的体力劳动来衡量和确定脑力劳动的标准，不但有其理论方法上的重要价值，也具有节制封建食禄阶级无限掠夺贪欲的进步意义”②。周国林指出：“有人认为孟子主张实行助法是企图开历史倒车，使已进入封建时代的农民重新成为农奴。这是一种误解”，“简单地否定孟子的‘助法’思想，是失之偏颇的”。③

总之，这一阶段孟子经济思想研究取得了一定的成绩：其一，从《中国经济思想简史》编写组编《中国经济思想简史》上册对孟子经济思想的论述，到周伯棣《中国财政思想史稿》，再到胡寄窗、谈敏《中国财政思想史》，这三部经济通史通论著作对孟子经济思想的探讨呈现出日益深化的趋向。如果说第一部著作对孟子的经济思想多予以不恰当的否定和批判，那么，后两部著作则顺应时代发展比较客观地评价了孟子的收入政策、支出政策、租税思想、俸禄观点等财政思想，从而将孟子经济思想的研究提高到一个新的层次。20 世纪 80 年代的孟学研究尚处于过渡阶段，学界对孟子经济思想的研究与当时的社会环境、学术环境是相适应的。其二，学术论文的专题研究提出了许多新的观点，认为“孟子经济思想的基本特点是农、商并重”④，他的“禄足代耕”理论既有“理论方法上的重要价值，也具有节制封建食禄阶级无限掠夺贪欲的进步意义”⑤，对其“助法”思想应做辩证分析和肯定其积极意义，简单地否定它是偏颇的。

---

① 王昭干：《简论孟子农业思想及其现实意义》，《合肥工业大学学报》（社科版）1990 年第 1 期。

② 李林森：《孟子“禄足代耕”制禄思想刍议》，《中州学刊》1987 年第 2 期。

③ 参见周国林：《关于孟子“助法”思想的评价》，《孔子研究》1990 年第 1 期。

④ 丁原明：《重农又重商是孟子经济思想的基本特点》，《山东大学学报》（哲社版）1989 年第 3 期。

⑤ 李林森：《孟子“禄足代耕”制禄思想刍议》，《中州学刊》1987 年第 2 期。

三、20世纪90年代以来的孟子经济思想研究

（一）经济思想通史的整体研究

自20世纪90年代以来，赵靖主编《中国经济思想通史》第一卷、巫宝三主编《先秦经济思想史》等经济思想通史对孟子经济思想做了系统、深入的探讨。

1. 赵靖主编《中国经济思想通史》第一卷

该书第七章论述了孟子对儒家义利观的发展、恒产论和井地方案、赋役论、通功易事等。

该书认为，孟子是地主阶级上层势力的思想代表人物，对新的封建经济、政治因素的发展持积极态度。他在哲学方面进一步发展了孔子思想中的唯心主义成分，认为人的知识和道德观念不是后天得来的，而是先天就有的。他用唯心史观解释人类社会历史的发展，认为历代圣王都是受天命来统治人民的，把儒家学说宗教化。他的思想在中国历史上影响极为深远，孔孟之道成为儒学的正统。

该书论述了孟子对儒家义利观的发展，认为他继承、发展了孔子的义主利从的思想。他的"何必曰利"，只是反对战国时期的君臣上下"怀利以相接"和"上下交征利"，而不是一般地反对谈财利的问题。孟子仁政的具体内容包括：耕者九一、仕者世禄、关市讥而不征、泽梁无禁、罪人不孥。作者提出，"孔孟的义利观，实际上都不是一般地反对言利，而是反对以一种特定性质和特定方式言利"。这一论点，在形式上把"利"和"义"表现为完全对立的、互不兼容的，因而更适合保守势力维护自身的既得利益，反对社会经济改革的需要。

该书指出："孟子的恒产论是针对当时社会上存在着大量饥寒交迫、无家可归的流民提出的，就是要通过'制民之产'使当时大量流民获得能够维护个人和家属生活的恒产。在先秦诸子中，孟子最先把土地问题作为封建制度的根本问题提了出来，并且比较清晰地描绘出来一个建立在土地国有制基础上的封建生产方式的图景"，"这在封建时代的经济思想发展史上是值得大书特书的。他的恒产论和井地方案对后代土地思想的发展有巨大的影响。中国古代经济思想史上解决土地制度问题三个基本模式之一的'井田'模式，就是以他的恒产论和井地方案为蓝本发展起来的"。恒产论和井地方案是其经济思想的核心和主要内容。

关于赋役论。孟子用分工论来为征收赋税辩解，把统治者与被统治者之间的阶级对立关系等同于脑力劳动和体力劳动之间的分工关系，从而把封建国家征收赋税徭役说成不是剥削、榨取而是一种平等交换行为。他的轻徭薄赋思想更多地从"富民"、保护农民的再生产和生存条件来论证其意义，强调赋税、徭役不得侵犯百姓的恒产和百姓从恒产获得的必要劳动产品，这是一种有利于新的封建主义生产方式的生长和有保护生产力作用的思想。孟子把轻徭薄赋思想概括为一个原则"取于民有制"，并把它与维护、发展新的封建主义生产方式的要求结合起来加以阐发和论证，使儒家的轻徭薄赋思想大大丰富了，成为儒家经济思想中一项世代相承的基本内容。

关于通功易事论。该书认为，"孟子论述了农业与手工业之间社会分工的必要性，论述了商品交换的必要性，提出了商品交换对双方是平等互利行为的思想"，"他还充分肯定了脑力劳动和体力劳动之间的社会分工，反对企图取消这种分工的落后主张，这是其正确、积极的方面。他把统治者和黎民百姓的关系说成纯然是一种社会分工关系，这是其错误的一面和剥削阶级偏见的体现。他的通功易事论包含着有关社会分工、商品交换和商品的价格、价值等一系列理论论点，其深刻性非先秦其他学者所能及。但也应看到，他的这些思想在许多方面也都有错误或片面性"。[①]

总之，该书全面、系统地述评了孟子的义利观、恒产论、井地方案、赋役论等经济思想，提出了许多深刻的见解。譬如认为孟子的"何必曰利"，"只是反对战国时期的君臣上下'怀利以相接'和'上下交征利'，而不是一般地反对谈财利的问题"，"在先秦诸子中，孟子最先把土地问题作为封建制度的根本问题提了出来，并且比较清晰地描绘出来一个建立在土地国有制基础上的封建生产方式的图景。这在封建时代的经济思想发展史上是值得大书特书的"，孟子把"取于民有制"的轻徭薄赋思想与"维护、发展新的封建主义生产方式的要求结合起来加以阐发和论证，使儒家的轻徭薄赋思想大大丰富"。上述评说，深化了孟子经济思想研究，促进了 20 世纪 90 年代孟子经济思想研究的初步繁荣。但在概述孟子哲学思想时，却沿用了学界有争议的传统观点，认为孟子在哲学方面进一步发展了孔子思想中的唯心主义成分，认为人的知识和道德观念，不是后天得来的，而是先天就有的。他还用唯心史观解释人类社会历史的发展，等等。这些偏颇观点，违背了孟子的本意，学界对这些观点已提出商榷和质疑。

---

① 参见赵靖主编：《中国经济思想通史》第一卷，北京大学出版社 1991 年版，第 190～230 页。

2. 巫宝三主编《先秦经济思想史》

该书概述了孟子的生平、时代、游历、在后世的影响，评述了著名思想家胡适、梁启超、冯友兰、范文澜、侯外庐等对孟子思想的评价，认为孟子继承和发展了儒家学说，奠定了为几千年封建社会奉为治国圣典的孔孟之道。孟子经济思想具有其自身内在逻辑，它的总框架建立在仁政学说的基础上。其仁政学说的基调，是世界上最早的民本主义。该书对孟子经济思想的论述主要划分为以下几个方面。

(1)“民贵君轻”的贵民观。该书指出，“‘民贵君轻’的贵民观点是其仁政学说的出发点和全部治国主张的理论基础，构成其经济思想的基本内核”。他的民本主义，是为普通人民争取较好的生存权利，民贵君轻的根本立场在于维护新兴封建地主阶级的利益。第一，孟子的民本主义正是为了维护新兴封建地主阶级的国家利益而提出来的，对内要巩固新的阶级统治关系，对外则造就统一天下的条件。第二，在政治上实行缓和阶级矛盾的贤人政治，禁止攻城略地的不义战争；经济上兴利除弊，减少税收负担，大力发展农副业生产。第三，他从保证国家的长治久安论证了施恩于民的必要性。“值得重视的是，他对于脑力劳动和体力劳动同样具有交换价值，脑力劳动（劳心者）的价值大大高过于体力劳动（劳力者）的价值，特别是他把社会分工同产品交换联系起来，把君子与小人的社会功能放在交换的必要性上加以考察，这在中外经济思想史上，是具有理论价值的。”有些学者对“‘劳心者治人，劳力者治于人’等观点狠加批判，这是不符合历史实际的”。

(2) 生产资料所有制——分田制禄理论和井地思想。该书认为，孟子对地产的属性提出了具有划时代意义的创见，即分田制禄理论和井地思想。“分田论主要解决君民关系、民民关系以及君民与土地的关系；制禄论解决君臣关系、臣臣关系以及君臣与土地的关系；井地思想则是分田制禄理论的又一种设计。分田论主要是规定地产的属性，制禄论主要是规定国事治理者在社会总产品分配中应得的份额”，“孟轲的制禄论，是依据他的社会分工理论，为国君和卿士阶层那些食于人的脑力劳动者规定劳动报酬的制度……是为新兴地主阶级建设一支管理国务活动的官僚阶层，他首倡禄足以代其耕的原则和分等级递增的原则，可以说是世界上最早的等级工资制度的原始形态……第四，孟子的分田制禄理论，主要是解决生产资料所有权和产品分配问题。与此相联系，他也很重视发展农业生产”。

(3) 消费思想。该书认为，孟子“充分肯定广大人民的欲望和需要必须给予满足。他所提倡的仁政，就是以在经济上、文化上满足人们物质生活的基本消费需要为前提。孟轲的消费观划分为满足人们求生的欲望、求富的欲望、求知的欲望高低不同的层次”，“肯定国君的欲望和需要亦应予以满足，不能过于特殊和超前。圣君明王不应该独自享受天下一切美好的东西，这是一种消费平等观点”，“强调发展生产，满足日益增长的消费需要。发展农副业生产，不能违反农时和随意劳役农民；按照生物生长规律办事，人们的消费直接受到生产的制约；统治者在消费示范方面，应该率先树立俭朴的新风”。

该书对孟子的经济思想做了如下综合评价。

第一，“孟轲经济思想的基本核心是民本主义，而不是什么民权主义或民主主义……其经济思想的内涵，是西周敬天保民思想的发挥”，“他已经朦胧地意识到人民是真正的上帝，但在封建社会初期的条件下，这种意识还不可能引发民权主义或民主主义。他没有怀疑过必须维护君主权威及其利益，仅仅是要求国君必须注意与民同有、同享，推恩及人而已。所以称之为民本主义是比较恰当的”。

第二，“孟子经济思想的哲学倾向是唯物的，而不是唯心的。性善说的唯心倾向正好说明孟轲的唯物论并不彻底。多数人基本上都认为其哲学思想是先验主义的唯心论体系”，“孟子经济思想的主体是以民重君轻、分田制禄、恒产井地、俭政薄赋等经济思想为内容的仁政主张……孟轲的仁政主张所反映的世界观是唯物的而不是唯心的”。

第三，“孟子经济思想表明他是一位具有创新能力的思想家，他的创新力建立在对现实社会的了解、对儒家学说的继承及对其他学派见解的吸收上。他是我国古代具有伟大创造力的一位杰出思想家”。

第四，“孟子是我国古代有重大贡献的经济思想家。有不少人断定孟轲是讳言财利，不屑于谈论经济问题的人。这么评价过于简单和轻率。他在社会分工、产品交换、控制分配和消费、保护资源和生态平衡等方面，都提出了自己独到的见解：以仁政代替霸道、为民制产的分田恒产论、乡田同井和八家私百亩的井地方案、俸禄制度。这些经济主张构成了仁政思想的主体……后代儒者把‘何必曰利’曲解为儒者不言国计民生、经济财利之事，这根本不是孟轲的原意……后世儒家的曲解应该彻底纠正”。

第五，“孟子的经济思想为后世发展商品经济、自由经营、富民为先的经济主张提供理论依据。他的有关社会分工和通功易事的论点是最令人瞩目和赞赏的。他有关商品生产的必要性、商品价格的理论、减免商税和关税以及鼓励自由经商的言论，一直在思想界闪烁着光辉”。

总之，“从孟子的仁义学说、战争观、国家政治观点和一系列具体的经济思想来看，都得不出孟子仍是维护领主贵族统治的思想家的结论，更得不出他是一个为复辟奴隶制而奔波的代言人的结论。他的经济思想反映了新兴地主阶级迫切要求统一的愿望，他是维护和巩固新兴地主阶级根本利益而奔走呼号的思想家”。①

笔者认为，该书是对孟子经济思想做出全面、客观评价的学术专著之一，论述周密，新意迭出。其主要特点表现于下述几个方面：一是全面探讨了孟子经济思想的基本内核——“民贵君轻”的贵民观、分田制禄理论和井地思想、消费思想等，认为“孟子的民本主义，是为普通人民争取较好的生存权利，民贵君轻的根本立场，在于维护新兴封建地主阶级的利益”。值得关注的是，该书关于“‘民贵君轻’的贵民观点是其仁政学说的出发点和全部治国主张的理论基础，构成其经济思想的基本内核”的观点，对纠正学界关于唯心主义的性善论是孟子政治思想理论基础的模糊观点是有积极意义的。二是提出许多新的观点。譬如社会分工，认为“孟子把社会分工同产品交换联系起来，把君子和小人的社会功能放在交换的必要性上加以考察，这在中外经济思想史上，是具有理论价值的”。该书认为，有些学者对他的“劳心者治人，劳力者治于人”等一类观点狠加批判。这是不符合历史实际的。又如“分田论主要解决君民关系、民民关系以及君民与土地的关系；制禄论解决君臣关系、臣臣关系以及君臣与土地的关系；井地思想则是分田制禄理论的又一种设计。……不论我国古史上是否存在过井田制这种土地制度，都不能把井地训释为井田制，而应该训释为按井分地”。孟子分田制禄理论两种模式的性质都属于封建经济的理论。三是对孟子做出全新的评价。该书认为，孟子是我国古代具有伟大创造力的一位杰出思想家和有重大贡献的经济思想家，他的创新力建立在对现实社会的了解、对儒家学说的继承及对其他学派见解的吸收上。他的经济思想为后世发展商品经济、自由经营、富民为先的经济主张提供理论依据。四是肯定孟子经济思想的哲学倾向是唯物的，而不是唯心的。该书指出：“哲学有一种指导其他学科的作用，许多经济思想史的研究者接受哲学方面的现成结论，异口同声地把孟轲的经济思想也视为唯心论的产物，我认为对此还有加以申述的必要。”笔者认为，该书指出的这一现象，并不仅仅存在于孟子经济思想史的研究中。自新中国成立至20世纪80年代，这一现象普遍存在于孟子政治、社会、伦理、美学、心理、教育等思

---

① 参见巫宝三主编：《先秦经济思想史》，中国社会科学出版社1996年版，第282～320页。

想研究中。[①] 不少论者往往照搬孟子哲学思想研究中的现成结论，以孟子坚持主观唯心主义、先验人性论、先验认识论、唯心史观、历史循环论等贬词否定孟子思想的积极方面和重要价值。20 世纪 90 年代以来，许多学者对这种现象提出质疑和批评。该书的辨析，对于扭转学界存在的不良风气和深化孟子经济思想研究，无疑具有积极意义。

（二）孟学论文的专题研究

自 20 世纪 90 年代以来，许多论文深入探讨了孟子经济思想的基本内容、积极意义及重要影响。

学界对孟子经济思想基本内容的概括主要有以下几种：一是包括义利观、恒产论、分工与交换[②]；二是包括恒产学说、小农经济理论、财政赋税观[③]；三是包括制民恒产、实现小康，轻徭薄敛、取民有制，鼓励交换、保护工商，提倡恭俭、反对腐败[④]；四是“孟子的社会经济思想主要涉及国家土地制度、分配制度、税收制度、工商业制度和环境保护制度等内容，具体表现在分田制禄、制民之产、薄其税敛、市廛不征、生态平衡等方面”[⑤]；五是“仁政是民本主义的政治纲领，‘恒产论’是民本主义经济思想的核心，赋役论具有鲜明的民本主义色彩”[⑥]；六是“经济利益原则包括制民恒产与取民有制”[⑦]；七是“孟子恒产论的逻辑起点是‘制民恒产’，归宿是维护王权的统治，客观上保护了老百姓的生存权、发展权”[⑧]；等等。

综合以上论述，孟子经济思想的基本内容，既包括社会经济活动中的生产、交换、分配、消费各个环节和封建社会国家的各种经济政策、法令，又包括国家土地制度、分配制度、税收制度、工商业制度和环境保护

① 譬如有的学者认为，孟子“把他的世界观、人性论、仁政学说紧密地组织在一起，形成先秦唯心主义哲学的一个重要派别”（任继愈主编：《中国哲学史》第一册，人民出版社 1963 年版，第 146 页）。许多中国古代政治、经济、社会、伦理、美学、心理、教育等思想通史，在概述孟子思想时往往照搬上述观点。

② 参见宋绍光：《孟子经济思想的三个问题》，《学海》1992 年第 1 期。

③ 陈界：《论孟子的经济思想》，《北方论丛》2004 年第 4 期。

④ 参见吴星杰、魏玉东：《孟子的惠民富民经济思想》，《沈阳师范大学学报》（社科版）2008 年第 5 期。

⑤ 何少庭：《试论孟子的社会经济思想及其影响》，《河南科技大学学报》（社科版）2009 年第 1 期。

⑥ 田大庆：《孟子民本主义的经济思想》，《江淮论坛》1992 年第 1 期。

⑦ 王杰：《孟子仁政思想中的经济利益原则与道德教化原则》，《中共中央党校学报》2005 年第 2 期。

⑧ 崔景茂：《孟子恒产论本意辨正》，《东岳论丛》2012 年第 9 期。

制度等内容。它具体表现为：制民恒产、轻徭薄敛、取于民有制、实行分工、产品交换、分田制禄、鼓励工商、市廛不征、提倡节俭、反对侈靡、顺从农事、捕捞有节、采伐依时等方面。

学界普遍肯定了孟子经济思想的积极意义和重要影响。有的认为，“孟子是一个最重视经济问题、尊重民愿、讲究富民的思想家，他的经济观点，确有其独到之处”，“对孟子的这些有益思想，我们应当充分的认识，正确地对待，不能抹杀，不应否定”。① 有的指出：“孟子认为要实行仁政就必须发展农业生产，必须从规划百姓产业，给百姓‘恒产’，征收轻税，遵循客观规律，开展多种经营，保护自然资源，治理农业环境等入手，这些闪光的思想对当今农业的发展仍有重要的价值。”②

总之，从1949～1976年的孟子经济思想研究，到20世纪80年代对孟子经济思想基本内容的探讨，再到20世纪90年代以来对孟子经济思想基本内容、积极意义、重要影响等问题的论述，孟子经济思想研究日趋深化，取得了丰硕成果，其主要成绩表现如下。

其一，凸显了对孟子恒产理论、劳动理论、财政赋税理论等问题的研究。有的述评了孟子对井田制、家庭副业和手工业、社会分工、商业、赈济民困等问题的论述，认为“孟子以恢复井田制为中心的经济思想，可以概括为小生产经济或小农经济思想，其出发点和归宿点都是民本主义”。有的认为孟子提出了重农必重商、以商促农、农工商等一系列重商之道。这些见解对促进战国时代商业和国民经济的发展，提高商人的社会地位等均产生过一定的影响。有的将孟子的重农思想概括为“有恒产”的经营思想、“取于民有制”的思想、多种经营和保护自然资源思想四个方面。有的考察了孟子“禄足代耕”制禄思想产生的社会背景，其具体内容包括社会分工论、“禄足代耕”论和制民恒产论，为封建食禄制度提出了一套系统全面的制禄理论。

其二，20世纪90年代以来凸显了孟子土地制度、经营管理、经济思想的积极意义和后世影响的研究。有的认为孟子的社会经济思想主要涉及国家土地制度、分配制度、税收制度、工商业制度和环境保护制度等内容，具体表现在分田制禄、制民之产、薄其税敛、市廛不征、生态平衡等方面，对当时和后来都有很大的影响。有的对孟子的经济思想做了新的评价，指出孟子是我国古代具有伟大创造力的一位杰出思想家，他的创新力建立在对现实社会的了解、对儒家学说的继承及对其他学派见解的吸收

---

① 参见姜国柱：《孟子的富民思想及其影响》，《甘肃社会科学》1992年第4期。

② 侯辉、赵世博：《孟子仁政学说中的重农思想初探》，《农业考古》2014年第4期。

上。他是我国古代有重大贡献的经济思想家，其经济思想为后世发展商品经济、自由经营、富民为先的经济主张提供理论依据，肯定孟子经济思想的哲学倾向是唯物的，而不是唯心的。有的概述了后世思想家对孟子富民经济思想的继承和发展，等等。总之，学术界对孟子经济思想做了全新的评价，促进了孟子经济思想研究的繁荣。

当然，对孟子经济思想的研究还存在着一定的不足，主要表现为两个层面。一是有些观点偏颇，违背孟子的本意。譬如有的认为，孟子的经济思想是建立在唯心主义的哲学基础上的；有的认为，孟子把统治者和黎民百姓的关系说成纯然是一种社会分工关系，这是其剥削阶级偏见的体现，等等。二是有些经济思想史论著照搬哲学论著的错误观点和结论，把孟子的经济思想视为唯心论的产物。

综上所述，当代中国孟子社会、经济思想的研究，同孟学其他专题研究一样，日趋拓展了研究的深度和广度，获得了丰硕的成果。

第一，孟子社会思想研究。其一，社会思想通史、断代思想史的整体研究。从 20 世纪 80 年代王处辉《中国社会思想史》对孟子社会交往准则、社会分工、社会整合方案、小康社会模式的初步探讨和陈定闳《中国社会思想史》对孟子社会批判论、理想社会、仁政论、人性论、社会结构论和历史循环论的论述，到 20 世纪 90 年代吴根友《中国社会思想史》、田毅鹏《中国社会福利思想史》对孟子的社会理想、社会构成要素、社会分工、社会变迁思想、理想王道社会的福利观、救济穷弱等社会福利思想的探讨，再到 21 世纪以来，王处辉主编《中国社会思想史》、谢遐龄主编《中国社会思想史》、万江红《中国历代社会思想史》、孟天运《先秦社会思想研究》等思想通史、断代史著作对孟子的社会交往准则、社会分工、社会整合方案、社会批判论、社会理想、人性论与社会道德思想、社会等级论、社会发展循环论、社会角色、理想角色模式、为人处世准则、社会控制次序等问题的深入论述，孟子社会思想的整体研究呈现出日趋深化、繁荣的景象。如果说 20 世纪 80 年代的整体研究具有开创和奠基之功，中经 20 世纪 90 年代整体研究的深化、发展，那么，21 世纪以来的孟子社会思想的整体研究则达到前所未有的新高度。其中，孟天运《先秦社会思想研究》一书，是 21 世纪以来对孟子社会思想做出全面、深入整体研究的具有突出代表性的成果之一。其二，学术论文的专题研究。从 20 世纪 80 年代学界对孟子的社会分工、社会批判、社会和谐、社会理想、社会历史观的初步探讨以及对否定、抨击孟子社会分工思想的传统观点的质疑、商榷，到 20 世纪 90 年代凸显对孟子社会结构、社会分工、社会控制、社会稳定、社会变迁、社会福利等思想的探讨，再到 21 世纪以来凸显对孟子家庭观与国家观、社会分工与社会管理、社会和谐思想的研究，学者们深入探讨了孟子社会思想的基本内容、结构、特点、理论意义和历史贡献，论述了孟子追求理想社会，维护社会安定、和谐的治国方略和具体手段，既肯定了其社会思想的历史意义和价值，又肯定了它对当代社会建设、发展的借鉴意义。从总体上看，几十篇学术论文不同角度、层面的探讨，呈现出日趋深化的趋向。其中，一个突出的特点就是将孟子社会思想研究与当代社会和谐、当代文化建设视为一个紧密联系的整体，充分肯定孟子社会思想的现代价值和借鉴意义。这对促进当代孟学研究发挥了积极作用。

第二，孟子经济思想研究。其一，经济思想通史、断代经济史著作的整体研究。20 世纪 60 年代出版的胡寄窗《中国经济思想史》，初步论述了孟子的恒产论、分工与劳动、价格与垄断、财政、井田等经济思想。在 20 世纪 80 年代，《中国经济思想简史》编写组编《中国经济思想简史》上册、周伯棣《中国财政思想史稿》和胡寄窗、谈敏《中国财政思想史》等通史、专题思想史著作，论述了孟子的义利论、恒产论和井田论、赋税论、劳心劳力论、价格论、仁政与财政、租税思想、俸禄观点等。从总体上看，这一阶段对孟子经济思想积极方面的肯定呈现出逐年提高的趋向。20 世纪 90 年代以来，从赵靖主编《中国经济思想通史》第一卷对于孟子恒产论、井地方案、赋役论、通功易事论等经济思想的论述，到巫宝三《先秦经济思想史》对孟子"民贵君轻"的贵民观、分田制禄理论、井地思想、消费思想等深入探讨，将孟子置于中国古代经济思想史、先秦经济思想史产生、发展、演变的不同层次的大系统中，全面系统地考察孟子经济思想的内涵及其历史地位和贡献。通观上述整体研究，如果说 20 世纪 60 年代胡寄窗《中国经济思想史》对孟子经济思想做了一定的初步探讨，20 世纪 80 年代的《中国经济思想简史》编写组编《中国经济思想简史》上册、周伯棣《中国财政思想史稿》和胡寄窗、谈敏《中国财政思想史》等在许多方面表现出"中国经济思想史研究的继承拓荒阶段"的基本特征①，那么，20 世纪 90 年代以来赵靖主编《中国经济思想通史》第一卷标志着"通史性研究达到新高度"，巫宝三《先秦经济思想史》则是"断

① 有的学者指出：这些经济思想通史"研究方法上具有典型的时代特征，仍以阶级分析为主，在研究对象上也没有突破以往的历史人物范围"（张亚光：《建国 60 年中国经济思想史学科的发展》，《贵州财经学院学报》2009 年第 6 期）。

代史研究填补空白”① 的著作之一。这些通史、断代史著作将当代孟子经济思想的研究推向一个新的高度。其二，学术论文的专题研究。从新中国成立到20世纪80年代末，学界多偏重于论述孟子经济思想的基本内容。20世纪90年代以来，凸显了对孟子恒产理论、劳动理论、财政赋税理论和土地制度、经营管理、历史意义、后世影响等问题的研究。许多学者对孟子的经济思想做了新的评价，指出孟子是我国古代具有伟大创造力和重大贡献的经济思想家，其经济思想为后世发展商品经济、自由经营、富民为先的经济主张提供理论依据，等等。总之，学界对孟子经济思想做了深入探讨和评价，促进了孟学经济思想研究的繁荣。

第三，孟子社会思想、经济思想对中华优秀传统文化的贡献。当代学界对孟子社会、经济思想的探讨和研究，既促进了孟学研究的逐步兴盛，又对继承、弘扬中华优秀传统文化做出了重要贡献。我们知道，孟学是由修身、齐家、治国、平天下、“尽心知性知天”的天人合一即个体论、社会论、天人论构成的系统整体。其中，社会思想、经济思想是其社会论的有机组成部分。孟子指出：“诸侯之宝三：土地，人民，政事。宝珠玉者，殃必及身。”（《孟子·尽心下》）在他看来，土地为立国之基业，人民为守国之根本，政事为经国之纪纲。诸侯只有以此三者为宝，才能达到国治、天下平。否则，以珍珠美玉为宝，就会招致祸患。土地、人民、政事是孟子治国平天下的三个根本要素。其中，土地为社会的存在、发展和人民的休养生息提供了客观的自然物质条件；人民是社会物质生产资料和生活资料的生产者，民心向背关系到国家的治乱兴衰、天下得失和战争胜负；政事担负着调节、控制社会生活的重要职能。在这里，如果将土地视为社会物质自然条件要素，那么，人民则是社会生产的劳动者要素和重要的社会政治生活要素，政事则是社会生活的管理要素，三者是一个相互联系、相互作用的系统整体。孟子提出的“土地、人民、政事”之三宝涵盖了其社会、经济思想的若干方面。譬如社会思想，孟子论述了社会角色、社会交往、为人处世准则、社会结构、家庭观和国家观、社会批判、社会理想、社会变迁、社会控制、社会管理、社会和谐等。又如经济思想，孟子论述了“制民恒产”、仁民爱民、惠民利民、安民富民、社会分工与产品交换、轻徭薄赋、分田制禄、经营管理等。孟子的社会思想、经济思想对丰富中华优秀传统文化的宝库做出了重要贡献，主要表现于下述四个方面。

---

① 张亚光：《建国60年中国经济思想史学科的发展》，《贵州财经学院学报》2009年第6期。

其一，顺从社会发展趋势即“顺天者存，逆天者亡”（《孟子·离娄上》），“乘势”“待时”。孟子说：“莫之为而者，天也；莫之致而至者，命也”（《孟子·万章上》），“齐人有言曰：‘虽有智慧，不如乘势；虽有镃基，不如待时。’今时则易然也……行仁政而王，莫之能御也！”（《孟子·公孙丑上》）孟子的“势”“时”既是指社会治乱、国家兴亡所具有的地理、经济、人事、民心向背等客观条件，又是指社会发展的一定客观趋势和必然性。一方面此客观条件的有无、好坏决定了治国、平天下的难易；另一方面，能否顺应此发展趋势和必然性关系到治国、平天下的实现。这样，孟子既揭示了“势”“时”社会发展必然趋势的客观性，又强调了人们顺应“势”“时”的主观能动性。孟子所言的“天”“命”“势”“时”，是指人类社会发展的必然趋势和客观必然性。在孟子看来，顺从社会发展的必然趋势和客观必然性，发挥人的治国平天下的主观能动性，“行仁政而王，莫之能御”（《孟子·公孙丑上》），就能实现国治天下平。孟子的社会思想、经济思想就是建立在对社会发展必然趋势和客观必然性理性认识的基础上。诚如有的学者指出的那样，“孟子是我国古代具有伟大创造力的一位杰出思想家和有重大贡献的经济思想家，他的创新力建立在对现实社会的了解、对儒家学说的继承及对其他学派见解的吸收上”①。

其二，社会批判。中华民族具有批判政治黑暗、贫富悬殊、残暴百姓、专恃霸道的优良传统。孟子的社会批判思想涉及社会、经济思想的若干方面。孟子目睹当时“争地以战，杀人盈野；争城以战，杀人盈城，此所谓率土地而食人肉”（《孟子·离娄上》）的残酷战争给社会、人民生活造成的严重破坏和灾难，激烈抨击统治者的暴虐行径，批评邹穆公“凶年饥岁，君之民老弱转乎沟壑，壮者散而之四方者，几千人矣；而君之仓廪实，府库充，有司莫以告，是上慢而残下也”（《孟子·梁惠王下》），批评梁惠王“庖有肥肉，厩有肥马，民有饥色，野有饿莩，此率兽而食人也”，“彼夺其民时，使不得耕耨以养其父母。父母冻饿，兄弟妻子离散”（《孟子·梁惠王上》），指责齐宣王喜好财货而陷民于水火，等等。孟子在理性批判的基础上，又提出了一套政治控制、经济控制、思想意识控制的社会治理方案，极力劝谏诸侯国君要尊王贱霸，“施仁政于民，省刑罚，薄税敛”，“使民养生丧死无憾”（《孟子·梁惠王上》），进而实现使士、商、旅、农、民“皆悦”的美好理想社会。有的学者指出：“孟子把‘仁者无敌’作为战斗儒学的核心，使其成为战国学术的思想精华。孟子毕生

① 巫宝三:《先秦经济思想史》,中国社会科学出版社 1996 年版,第 320 页。

宣扬推广战斗儒学，期冀人们通过不断地奋斗，复归于美好的世界。"① 笔者认为，"孟子毕生宣扬推广战斗儒学"一语，凸显了孟子社会批判的鲜明战斗性。孟子对当时社会问题的揭露和批判，丰富了中华优良文化传统的宝库，对后世的思想家亦产生了重要影响。汉代的王符、荀悦、崔寔、仲长统等思想家对东汉王朝的政治腐败、穷奢极欲、贪婪残暴等问题的揭露、批判，尽管与孟子的批判思想有着不同的社会背景，但对现实社会中贫富对立的揭露、批判，在本质上都是一致的。孟子抨击暴政、同情民苦的精神对杜甫、白居易等著名诗人也产生了重要影响。

其三，追求美好社会理想，维护中华民族统一。社会理想是人们立足于一定的社会实际对现实社会的某种反映和对未来社会发展目标的想象及预见。对现实社会生活及其发展规律、趋势的理性认识，是构成社会理想的基本内容和首要因素。衡量一种社会理想是否进步，关键是看它是否符合社会发展规律和促进生产力的发展，是否反映人民的利益、愿望和要求。在中华民族发展史上，许多著名思想家、政治家都从当时社会现实出发，勾画了美好社会理想的蓝图。孟子继承、发展了孔子天下有道、四海统一、近悦远来、老安少怀的思想，极力追求政治清明、天下"定于一""父子有亲，君臣有义，夫妇有别，长幼有序，朋友有信"（《孟子·滕文公上》）、君民同乐、百姓"亲睦"的社会理想。孟子借鉴历史经验，赞扬商汤讨伐暴虐、统一天下的功绩。他追求天下统一的思想，一方面要求诸侯国君实行仁政，争取民心，以实现国土的统一；另一方面，又以"先王之道"统一社会成员的思想，为实现国土统一提供思想武器。

孟子认为，为了实现天下"定于一"，还必须正确处理中原国家与四周国家和民族的关系。他说："吾闻用夏变夷者，未闻变于夷者也。"（《孟子·滕文公上》）孟子的"用夏变夷"，就是用中国"先王之道"即先进的礼义文化习俗去改变蛮夷地区后进的文化习俗。在他看来，夏高于夷，只能用夏改变夷，而不能把夏变为夷，从而表现出孟子用先进文化统一天下的主张。这种"用夏变夷"论高扬了华夏的民族意识，符合人类社会发展趋势，对推动华夏民族文化的发展具有一定积极意义。但另一方面，中华民族文化的发展是各民族共同促成的。任何民族的文化都有精华、糟粕的二重性。孟子的"用夏变夷"论在两汉以后逐渐变成了"华夷之辨"的命题，被许多思想家、政治家所继承、发扬，产生了不同的历史作用。孟子的大一统思想，是一种凝聚力、向心力，陶冶了中华民族坚持

① 陈学凯、鲁建辉：《孟子新识：战斗的儒学》，《南开学报》（哲社版）2013 年第 3 期。

民族独立、不畏强暴、反抗侵略、团结统一的民族心理，对凝聚中华优秀传统文化崇尚和合、追求大同的核心思想理念发挥了积极作用，对实现中华民族的大团结和中国的统一都具有积极意义。尽管孟子的社会理想具有一定的理想化色彩，但他将以民为本、爱民仁民、富民利民、惠民安民、取信于民作为社会理想的核心内容，将社会理想建立在重视、关注人民物质生活的基础上，肯定重视民众在社会理想中的地位和作用。这无疑符合广大劳动人民要求休养生息，摆脱战乱、压迫的痛苦而安定生活的强烈愿望，有利于恢复发展生产，对维系中华民族追求美好社会理想产生了积极影响。

其四，安民惠民、利民富民。孟子将人民视为治理国家、安定天下的三个根本要素之一，突出强调爱民仁民对治国平天下的重要性，强调诸侯国君要“以不忍人之心，行不忍人之政，治天下可运之掌上”（《孟子·公孙丑上》），只有做到“爱民”“仁民”“富民”“利民”“恤民”“保民”“安民”“为民”“施泽于民”“乐民之乐”“忧民之忧”，爱惜“民财”“民力”，重视“民事”“民时”，“得其民”，“得其心”，“所欲与之聚之，所恶勿施尔”，才能最终“得天下”（《孟子·离娄上》）。孟子提出的安民惠民、利民富民的经济措施主要有如下三方面。一是实行社会分工和产品交换制度。孟子的社会分工，主要指劳心者与劳力者之间的分工，二者之间是“治人”与“治于人”、“食于人”与“食人”，即管理与被管理、被人养活与养活别人的相互依存、互助合作的关系。孟子的社会分工还指劳心者、劳力者内部的分工。劳心者内部有管理治水、农事、教育、司法等分工，劳力者内部有从事陶、冶、工、商、农、畜牧等分工。在此基础上，还要实行产品交换，劳心者与劳力者之间体现了精神产品与物质产品的交换关系。劳力者内部“以其所有易其所无”（《孟子·公孙丑下》），“通功易事，以羡补不足”（《孟子·滕文公下》），就能满足劳动者双方的物质生活需要。孟子认为，与产品交换制度相适应，必须建立相应的价格制度。二是实行“制民之产”的土地制度。“有恒产者有恒心”（《孟子·滕文公上》），百姓具有一定固定的产业收入，就会具有一定的道德观念。“制民之产”的具体内容就是使百姓拥有“五亩之宅”“百亩之田”，“仰足以事父母，俯足以畜妻子；乐岁终身饱，凶年免于死亡”，“老者衣帛食肉，黎民不饥不寒”（《孟子·梁惠王上》），安居乐业，这就为以仁政统一天下奠定有利条件。三是实行轻徭薄赋的赋税制度。孟子主张诸侯国君要实行“取于民有制”“薄其税敛”的富民政策和制度，制定促进工商业发展的政策，在市场上给予商人储藏货物之地而不征税；货物滞销，则依法征购；关卡，只稽查而不征税；等等。孟子还借鉴历史经验，劝告统治者效法先王，优先抚恤社会上穷困无靠的鳏、寡、独、孤的生活，不可聚敛财富，不恤民苦。

上述表明，孟子的安民惠民、利民富民主张丰富了中华优秀传统文化思想的宝库，后世开明帝王、著名思想家、政治家继承、发展了孟子的安民惠民、利民富民思想，注重发展经济、安定民生，为促进社会发展奠定了必要的经济条件，充分体现了中华民族和中国人民在治国安邦、统一天下实践活动中的智慧卓识。

总之，当代孟子的社会思想、经济思想研究为继承弘扬中华民族培育、形成的顺从社会发展趋势、批判政治黑暗和贫富悬殊、追求美好社会理想和维护中华民族统一、安民惠民和利民富民等思想理念做出了重要贡献。

第六章　孟学专题研究（四）

——伦理思想研究

孟子的伦理思想是孟学的一个重要组成部分，又是中国古代伦理思想史、中国儒家伦理思想史的一项重要内容。其主要内容包括：仁义礼智道德原则和规范、人性论、理想人格、人格价值、道德境界、义利观、道德修养等。在这里，只有将孟子伦理思想研究置于中国伦理思想史、中国儒家伦理思想史研究的高一级的大系统中予以审视，才能更好地梳理、把握当代中国孟子伦理思想研究的历程、脉络。有的学者对中国伦理思想史研究、孟子伦理思想研究做了一定的梳理和述评。焦国成、郭忻“通过回顾改革开放三十年来中国伦理思想史研究所走过的历程、所取得的成果，总结其成就，分析其得失和存在的问题，揭示中国伦理思想史研究的未来趋势，对于推进学术研究的健康发展具有重要的意义。改革开放三十年来，中国伦理思想史的研究取得了丰硕的成果，但也存在许多问题。概而论之，主要缺憾和问题有二：一是急功近利和自说自话的学术研究风气；二是三重三轻现象突出”①；肖群忠从伦理通史、断代史、学派、问题专论几个方面，回顾了1980～2010年30年间中国伦理思想史的研究概况②。笔者将近十几年来（2000～2012）大陆学界关于孟子“人学研究、伦理思想总论研究、义利观研究、理想人格研究、道德修养研究、美德与腐败的争论等”做了系统梳理和述评。③ 这些综述、述评为我们梳理当代孟子伦理思想研究提供了有益借鉴和启示。

---

① 焦国成、郭忻：《改革开放三十年来中国伦理思想史研究》，《道德与文明》2008年第5期。

② 参见肖群忠：《中国伦理思想史研究的回顾与展望》，《道德与文明》2011年第1期。

③ 参见王其俊：《近十几年来孟子伦理思想研究述评》，《孔孟学报》2016年总第94期。

第一节　1949年至20世纪80年代的孟子伦理思想研究

一、1949～1976年的孟子伦理思想研究

有些论著对孟子伦理思想做了初步探讨。冯友兰《中国哲学史新编》论述了孟子的性善论和伦理学，认为孟子“性善”之“性”“并不仅只有生物学的意义，而且有逻辑和道德的意义……孟子所谓性善，也还不是说每一个人生下来都是道德完全的人……每个人生下来，在其本性里面，都自然有善的因素……孟轲所讲的人性是离开人的阶级性讲的，是抽象的人性”，“告子与孟轲关于人性的辩论，是当时的唯物主义与唯心主义的斗争的一部分”。[①] 任继愈主编《中国哲学史》认为，“孟子把义和利绝对对立起来，认为讲利必然危害了义，利是引起社会混乱的总根源”，“孟子的性善说是其仁政学说的理论基础，他认为人先天地具有统治阶级所要求的那些基本道德品质的萌芽。他的人性论是先天道德观念论，是唯心主义的学说，是一种抽象的人性论”，“告子关于道德（仁义）起源的问题上，具有一些唯物主义观点，与孟子的唯心论是对立的。在反对孟子先天道德论的斗争中起了积极作用”。[②]

梁启雄评析了孟子的性善论、道德论、人生观等，认为“孟子的性善论是其人生和政治的理论根据，是其思想体系的中心环节，完全是一套先验唯心主义的说法”，“仁义是孟子道德论的核心思想。其仁义是建立在封建等级社会的基础之上的”，“当他用仁义反对剥削和战争时，又有针砭时弊的进步意义。孟子的道德方法极重视向内的维护和向外的扩充，同时也重视守身和犯了错误后的补救。孟子的人生态度是积极入世的，非常重视实践仁义，有拨乱反正的责任感，大力赞扬为天下服务的古人，这是其人生观中进步性的一面”。[③]

上述论著对孟子伦理思想做了一定探讨，初步肯定了孟子伦理思想的某些积极因素，认为当孟子用仁义反对剥削和战争时，具有针砭时弊的进步意义。孟子的人生态度是积极入世的，非常重视实践仁义，有拨乱反正的责任感，等等。但从整体上看，许多论著往往对孟子的伦理思想予以不

---

① 参见冯友兰：《中国哲学史新编》第二册，人民出版社1962年版，第78～82页。

② 任继愈主编：《中国哲学史》第一册，人民出版社1963年版，第135页。

③ 参见梁启雄：《孟子思想述评和探源》，《新建设》1961年第8期。

合理的否定和贬斥。笔者认为，孟子“性善”之“性”，并不是有人认为的“仅只有生物学的意义”。张岱年先生曾对孟子“性善”之“性”做了精当诠释，指出：“孟子所谓性者，实有其特殊意谓。孟子所谓性者，正指人之所以异于禽兽之特殊性征。人之所同于禽兽者，不可谓为人之性；所谓人之性，乃专指人之所以为人者，实即是人之‘特性’。而任何一物之性，亦即该物所以为该物者。所以孟子讲性，最注重物类之不同。”①张先生的阐释十分切合孟子的本意。这表明，孟子“性善”之“性”是人之所以为人的本质属性，将“性善”之“性”的内涵视为“有生物学的意义”，偏离了孟子的本意。笔者指出：“告子混淆了人与动物的区别，将人与动物共同具有的食色自然属性视为人的本性，从而将人性归结为动物性。这种人性论并没有促进人类认识的深化，相反，却往往为统治者的奢侈淫佚提供了一定的理论根据。孟子将人的食色自然需要排除于人的本性之外，认为仁义礼智道德观念、人伦和心思的理性思维能力是人之所以为人的根本特征，这就在较高的理论层次上，将人与动物区别开来，并为人们调节食色的自然需要提供了道德及理性的制约条件。”②

二、20世纪80年代的孟子伦理思想研究

这一时期的孟子伦理思想研究逐步得到恢复和发展，主要表现于下述两个方面。

（一）伦理思想通史、伦理断代史的整体研究

在这一阶段内，朱伯崑《先秦伦理学概论》、沈善洪和王凤贤《中国伦理学说史》、朱贻庭主编《中国传统伦理思想史》等，从整体上论述了孟子的伦理思想。

1. 朱伯崑《先秦伦理学概论》

该书从“仁义为道德生活的最高原则”“论人道的本质”等六个方面，论述了孟子的伦理思想，认为“孟子是封建阶级的思想家……孟子的学说代表着从奴隶主贵族转化过来的封建地主阶级上层的利益”，“孟子的伦理学说是以维护等级主义为其宗旨的”，“具有鲜明的党派性和封建思想的特色”。③

第一，仁义为道德生活的最高原则和论人道的本质。该书认为，孟子

① 张岱年：《中国哲学大纲》，中国社会科学出版社1982年版，第184～185页。
② 王其俊：《亚圣智慧——孟子新论》，山东人民出版社1996年版，第187页。
③ 参见朱伯崑：《先秦伦理学概论》，北京大学出版社1984年版，第46～48页。

“把仁义提高到礼之上，作为生活中最高的道德理念”。孟子的仁义说特点有二：“一是以爱敬解释仁义，强调仁义都是主观的道德情操，为诸德的根本。二是把孔子的‘博施于民而能济众’的圣人品德阐发成仁德。这样，仁义便成了人类生活中最高的道德理念和政治理念。这是孟子伦理学说的一大特色。”

该书从“人伦说”“仁为人心，义为人路”“人皆可以为尧舜”三个方面论述了“孟子论人道的本质”。孟子认为人与禽兽的区别有三：一是“动物以食色为性，而人的本质在于懂得仁义道德”；二是“动物没有同情心，互相吞食，人则有同情心，互相爱护”；三是“动物的生活没有秩序，而人类的生活是有秩序的”。孟子“从‘人类’这一概念出发，论证了仁义道德乃人道的本质，指出道德生活是人类生活特征之一，这在认识史上是有贡献的”。①

第二，道德出于良知、良能，即性善论。该书认为，在道德来源问题上，孟子提出“天爵”，“这是以仁义道德为上天命与的。与孔子所不同的是，孟子十分强调仁义为人心所固有，将孔子的客观唯心主义说法引向主观唯心主义”；“孟子把四心看成是四德的开端，鲜明地表明道德来源于人的主观意识”。孟子四端说的特点：一是“把道德意识的主观性片面夸大，从意识自身的活动中引出思想的内容，其结果把道德观念看成是头脑中固有的东西，先验的东西”；二是“把大人、君子即统治者的道德意识夸大为人类共同的道德意识”，“四端说是中国伦理学史上最早的主观唯心主义理论”。孟子的良知说是超经验的，“这就使孟子的先验论带上一些直觉主义的色彩，使其主观唯心主义特点更加明显”。

该书认为，“孟子和告子关于仁内义外的辩论，就其理论思维说，双方各有所见，也各有所不见”，“告子以情欲等自然属性为人的本质属性，强调人和动物的共同点，不承认人生来具有先天的道德属性。就这一点来说，‘生之谓性’这一命题，具有合理的因素，后被某些进步的思想家所吸取，成了封建时代反对禁欲主义的有力武器”，但这一命题“又抹煞了人性和兽性的区别，不能说明人类生活的特点，其结果会导致纵欲主义”；“孟子并不否认食色之性……认为人的食色之性应受道德的约束，否则便流于兽性。这一论点，是正确的。但是，他因此把仁义道德视为人的本质属性，用来宣扬人性善，则通向了天赋道德论”。②

第三，道德行为评价的标准。该书认为，孟子提出了“辨义利”“别

---

① 参见朱伯崑：《先秦伦理学概论》，北京大学出版社 1984 年版，第 54～56 页。

② 参见朱伯崑：《先秦伦理学概论》，北京大学出版社 1984 年版，第 58～67 页。

福德”“论经权”等道德行为评价的准则，“把道德和功利看成是对立的”，“仁义和利益不能并存”。孟子认为“奴隶和农民反抗统治者的剥削和压迫，都是‘为利’的小人，而统治者则是‘为善’的君子。孟子把下一等级人的生活利益，视为私利，以讲仁义、去私利的道德说教来维护上一等级享有的特权，这是他提倡义利之分和超功利主义的实质”；在道德与个人幸福的关系上，“孟子看到了对立的一面，认为不能把追求个人幸福看成道德行为的唯一标准……有合理的因素。但是，他因此而否认道德生活与个人幸福的联系，又倒向了另一个极端”。[①]

第四，反省内求的修养方法。该书认为，孟子的“修养方法是建立在天赋道德论和性善论的基础上的”，孟子“对思维和感觉作了区分，在认识史上是可贵的。但认为思维的作用在于反省固有的观念，感觉的作用在于追求物欲，强调思维不受感觉的左右……从认识论角度讲，不承认感性的东西是理性认识的基础，是一种唯理论。从伦理学角度讲，是一种反省内求的修养方法”。孟子“强调道德行为要有自觉心，这是其修养方法中的合理因素。但是，孟子把反省的作用片面地夸大了，他只讲自我反省，不讲后天学习，不考察客观实际，以‘存心’、‘求其放心’为道德修养的唯一‘学问’，这不仅脱离了社会实践，而且也脱离了感性经验，势必走上瞑心修养的道路”；“孟子的养气说，虽然是唯心主义的，但作为一种道德修养方法，其中有积极的意义”。[②]

该书较全面论述了孟子的道德学说，肯定了其积极因素，提出了许多深刻的见解。有的学者评论该书是“一部具有开创性的断代思想史著作”[③]。该书认为孟子将仁义视为人类生活中最高的道德理念和政治理念，这是其伦理学说的一大特色；论述了孟子关于人与禽兽区别的三个标准，颇有新意。作者指出：孟子以人类为本位探讨道德的本质，宣扬仁义道德的普遍意义，强调“人皆可以为尧舜”，等等。当然，由于受到当时社会环境和学术环境的影响，该书判定孟子属于儒家的右翼，孟子把仁义和功利看成是对立的，坚持天赋道德论，“将孔子的客观唯心主义引向主观唯心主义”，“四端说是中国伦理学史上最早的主观唯心主义理论。孟子的良知说是超经验的，不考虑个人的得失，从而使孟子的先验论带上一些直觉主义的色彩，使其主观唯心主义更加明显”。这些观点无疑是偏颇的，是值得商榷的。又如该书将《孟子·尽心上》“饥者甘食”章予以主观的引

---

① 参见朱伯崑：《先秦伦理学概论》，北京大学出版社1984年版，第68～71页。

② 参见朱伯崑：《先秦伦理学概论》，北京大学出版社1984年版，第73～79页。

③ 焦国成、郭忻：《改革开放三十年来中国伦理思想史研究》，《道德与文明》2008年第5期。

申，认为“按照这种论点，因饥寒交迫而起义的奴隶、农民，都是以饥渴之害为心害，不肯安于贫贱而丧失了良心。这又是为统治者压迫、剥削人民的行为做辩护的言论了。这种理论，又把求生存的欲望同道德意识对立起来”①。实际上，孟子的本意是说如果人心为贫贱所害，不辨别是否符合仁义而去追求富贵，就会失去自己的节操和志向。在这里，孟子强调保持内在节操的重要性和告诫人们不要因贫贱而改变自己的操守和志向。显然，该书的主观引申是形而上学地运用阶级分析方法的结果，违背了孟子的本意。至于该书将孟子的“万物皆备于我”解释为“万物的法则以及对万物的认识都在心中具备了”等，都是偏颇的。

2. 沈善洪、王凤贤《中国伦理学说史》上卷

该书论述了孟子的仁义仁政、性善论和道德规范、修养标准等。

该书辨析了思孟学派及其基本立场，认为孟子是“作为地主阶级右翼的思想代表登上历史舞台的”，“孟子敢于揭露暴虐统治的精神，在客观上对于被压迫者的斗争是有利的”，“孟子是一位对本阶级事业抱有信心并较有远见卓识的地主阶级思想家……比较注重已经取得统治权的地主阶级的长远利益”，其“政治主张和道德思想，都是为维护这一长远利益而提出的”。②

第一，仁义和仁政。该书论述了孟子“以不忍人之心，行不忍人之政”等仁政学说，认为“孟子是‘仁政’学说的集大成者，他把施仁政提到极端重要的地位”，“从他敢于揭露弊政，反对暴虐，重视民心民意，反对过重剥削，提倡‘德教’、‘德化’，鞭挞统治者的不仁不义行为，表明作为新兴地主阶级”在一段时间内和“某些问题上有同人民利益相一致的地方”。但孟子宣扬仁政的最终目的，只是为了巩固、加强封建地主阶级的统治。其仁政学说是“建立在祈求统治者发善心的基础上”，这就使它“在思想体系上是唯心主义的，而且必然具有极大的虚伪性、欺骗性”。③

第二，性善论和道德规范。该书认为，孟子所说的人性，“指的是人之以为人的特性，是人之异于禽兽的特殊本质”。孟子认为人具有天赋的仁义之心，“孟子所谓的人性本善，并不是说人生来的本能都是善的，而是说人之所以为人的本性是善的，这是人之异于禽兽的特殊本质。孟子把‘人之性’与动物的‘性’区别出来，表现了他对人的自觉。同时，他又把人作为同‘类’来对待，肯定了‘凡人’与‘圣人’在人性上之‘同’。

---

① 朱伯崑：《先秦伦理学概论》，北京大学出版社 1984 年版，第 72 页。

② 参见沈善洪、王凤贤：《中国伦理学说史》上卷，浙江人民出版社 1985 年版，第 167～173 页。

③ 参见沈善洪、王凤贤：《中国伦理学说史》上卷，浙江人民出版社 1985 年版，第 175～181 页。

这都是我国伦理思想上的重大突破”。①

该书认为，孟子对仁、义、礼、智道德规范做了系统的论述，他继承并发展了孔子的利义对立说，将利与义绝对对立起来，反对言利。孟子的利义观对统治阶级而言，是反对“上下交征利”，主张“舍生而取义”（《孟子·告子上》），以维护封建统治的整体利益。这一“舍生而取义”的思想所包含的合理因素不可抹杀；“但对人民群众而言，孟子利义观的消极作用是显而易见的。他把人民群众要求保障和改善生活的愿望及行动，一概斥之为‘利’、‘欲’而加以否定”。

第三，中庸之道和修养标准。孟子将修身放在首位，强调“反求诸己”，即是“养心”。养心从消极方面说就是“寡欲”。孟子并没有笼统地反对人的一切欲望。“从积极方面讲，就是要从困难的环境中锻炼自己的心志。”孟子的道德修养学说，存在着一个内在矛盾，即内心修养论和环境影响论之间的矛盾。②

有的学者认为，“学术界普遍认为该书是第一部系统的、具有开创性意义的中国伦理学说史巨著，为中国思想史研究领域填补了空缺。北京大学教授张岱年盛赞该书为‘传世之作’”③。笔者认为，该书提出了许多新见，认为孟子关于人与禽兽区别的重要标准是人具有“心之官”能“思”的能力和人具有仁义礼智道德观念，他将“人之性”与动物的“性”区别出来，表现了他对人的自觉等。他又把人作为同“类”来对待，肯定了“凡人”与“圣人”在人性上之同，这都是我国伦理思想上的重大突破。又如孟子将修身放在首位，强调“反求诸己”。他并没有笼统地反对人的一切欲望，等等。这些观点甚有见地，切合孟子的本意。

当然，该书认为孟子的世界观在很大程度上承袭并发展了孔子学说的消极因素，走向了唯心主义，具有极大的虚伪性和欺骗性。孟子继承并发展了孔子的利义对立说，将利与义绝对对立起来，反对言利，其消极作用表现为“把人民群众要求保障和改善生活的愿望及行动，一概斥之为‘利’、‘欲’而加以否定”。上述观点，似欠公允，是值得商榷的。我们知道，孟子主张先义后利，以义制利，义利统一。孟子仁政思想的核心就是强调贵民、爱民、利民、富民、“制民之产”，从而使百姓衣食无忧、安居乐业。该书所谓孟子“将利与义绝对对立起来，反对言利”及“把人民群众要求保障和改善生活的愿望及行动，一概斥之为‘利’、‘欲’而加以否

① 参见沈善洪、王凤贤：《中国伦理学说史》上卷，浙江人民出版社1985年版，第185～186页。

② 参见沈善洪、王凤贤：《中国伦理学说史》上卷，浙江人民出版社1985年版，第191～196页。

③ 张立文、张怀承：《评〈中国伦理学说史〉(上卷)》，《浙江学刊》1986年第4期。

定”的观点，是偏颇的。

3. 朱贻庭主编《中国传统伦理思想史》

该书第二章第七节划分了五个专题论述“孟子的仁义之道和性善论”。该书认为，“孟子在性善论的基础上……提出了一个比较完整的唯心主义道德修养理论”，“孟子的道德修养论，就其整体而言，是一种以先验的性善论为前提的主观唯心主义理论，同时，又贯彻了‘去利怀义’的原则。但是，他强调的道德修养的理性自觉和对自己言行的自觉反省；重视道德实践的真诚实意和理性自觉基础上的道德意志，毕竟不是无稽之谈，值得批判地吸取其中合理之处”。①

有的学者认为，该书“为近年来同类论著所少见，它昭示了中国传统伦理研究的新进展”②。该书论述了孟子的仁义道德规范、性善论、道德的作用、修养等方面，提出了许多新见。譬如在诠释“人伦”“仁义”内涵时指出：“‘义’的一般含义，就是要求区别行为之当为和不当为、善和恶，从而去做当为之事、善事，不做羞恶不当和不善的行为”，孟子的仁义统一思想“比墨家的‘兼爱’原则在理论上要高出一筹”。这一说法，颇有新意。又如认为孟子的仁政能得到人民的拥护是其道德作用论的精髓之所在。这就充分肯定了孟子伦理思想的政治作用。与某些人认为孟子伦理思想是为封建阶级服务的观点相比，更切合孟子思想的本意。再如肯定孟子“强调的道德修养的理性自觉和对自己言行的自觉反省，重视道德实践的真诚实意和理性自觉基础上的道德意志”的重要价值和积极作用，这无疑是符合孟子伦理思想本意的。

当然，由于受当时社会环境和学术环境的影响，该书的某些观点似欠公允。譬如认为，“去利怀义”是“孟子对义利关系的基本观点”，“孟子修养方法的根本特点就是从心内求，具有唯心主义唯理论的性质”。该书判定孟子的性善论是天赋唯心主义先验论。对这一传统观点，学界许多论著曾提出质疑和商榷。③ 为节省篇幅，在此不再赘述。

除上述外，有些哲学、政治思想通史对孟子的伦理思想也做了一定的

① 参见朱贻庭主编：《中国传统伦理思想史》，华东师范大学出版社 1989 年版，第 104～108 页。

② 施炎平：《中国传统伦理研究的新进展——评〈中国传统伦理思想史〉》，《学术月刊》1990 年第 5 期。

③ 这些论著主要有王其俊：《孟学新探》，济南出版社 1989 年版，第 110～128 页；林永光：《先秦士意识的辉煌觉醒——孟子人性论、人格观评析》，《烟台师范学院学报》（哲社版）1990 年第 4 期；惠吉兴：《试论孟子道德论的唯物主义倾向》，《东岳论丛》1991 年第 1 期；晓言：《“仁”的逻辑程序及孟子的阐发》，《齐鲁学刊》1994 年第 1 期；张光成：《孟子四端说再评》，《河北师范大学学报》（哲社版）1996 年第 2 期；等等。

论述。孙叔平《中国哲学史稿》论述了孟子的性善论，认为“孟轲和告子的辩论是牵强的……一切道德律都是外在的社会关系的反映，其来源都不在‘内’”，孟子称“仁义礼智根于心”，“这些道德观念是在后天社会生活中形成的，有明显的阶级性，哪里是‘根于心’”，“在阶级社会里，根本没有人所共有的道德观念，根本没有人所共有的‘恻隐之心’、‘羞恶之心’、‘恭敬之心’、‘是非之心’”。“孟子的性善论不是理论，而是说教，无非是教人把仁、义、礼、智这一套封建道德律经常摆在心里，诚心诚意地去‘修身’。”① 北京大学哲学系中国哲学史教研室编写《中国哲学史》认为，孟子主张“天赋道德的性善论”，“孟子口头上拼命反对讲‘利’，实际上却是在维护最少数封建统治者的最狭隘的私利，是一种最虚伪的骗人说教。他把义与利对立起来，完全是为了欺骗人民群众，更好地保护统治阶级的私利。孟子鼓吹天赋性善论，影响极大，流毒很深，必须进行彻底的批判”。② 钟肇鹏论述了孟子的性善论，认为“孟轲所谓人性善，就是说人性中先验地具有善良的道德品质……也并不是说人性中具有完全的道德，纯粹是善的。只是说人性中具有‘善端’善的因素，善的萌芽”，孟子认为仁义礼智这四种道德规范“都是先天具备，为人所固有的”。孟子主张扩充善端要采取“寡欲”“反求诸己”“养浩然之气”的道德修养方法。“孟轲的‘浩然之气’是一种神秘的精神力量……无限夸大精神、意志的作用。”“孟轲的性善论是抽象的人性论”，“是其仁政学说的理论根据”和“社会政治思想的理论基础”；“孟轲表面上讲人性善，实质上讲的是地主阶级的人性论，他把地主阶级的封建道德属性说成是普遍的人性”。③ 任继愈主编《中国哲学发展史·先秦》认为，性善论是“孟子仁政学说的理论基础”，“性善论认为人的道德品质，如仁义礼智等是天生的，是与生俱来的本性”，“孟子和告子在人性论上的激烈争论反映了唯物主义和唯心主义两条思想路线的尖锐对立。告子反驳孟子的先验论的性善论”。在阶级社会中，孟子要把“性善论推广到人人都接受，当然是不可能的。劳动人民和剥削阶级二者不可能有相同的善性”，孟子“视百姓如同禽兽。对人民的这一恶意攻击，恰好暴露出孟子性善论的剥削阶级实质”。“孟子主张‘人皆可以为尧舜’，并且不忽视环境对人性的影响，要

---

① 参见孙叔平：《中国哲学史稿》(上)，上海人民出版社 1980 年版，第 125～128 页。

② 参见北京大学哲学系中国哲学史教研室编：《中国哲学史》上册，中华书局 1980 年版，第 87 页。

③ 参见钟肇鹏：《孟轲》，辛冠洁、李曦编：《中国古代著名哲学家评传》第一卷，齐鲁书社 1980 年版，第 289～295 页。

求人们身体力行，加强道德践履"，其"性善论在后来的封建社会中，对于维护儒家的伦理纲常，起了十分积极的作用"。[①] 杨宪邦主编《中国哲学通史》论述了孟子的性善论，认为"性善论是孟轲'仁政'学说的理论基础"，他根据自己政治主张的需要，对性善论"作了唯心主义先验论的说明"，认为"人生来就具有仁、义、礼、智等道德本性"，"仁、义、礼、智这些道德品质，并不是由外界的影响反映到人的思想中来的，而是人性所固有的"，"孟轲把维护封建制的道德原则强加于一切人，这是不符合事实的先验论的观点。孟轲所以编造这套性善论，无非是要把作为他的'仁政说'的核心的仁、义等道德原则，说成是人生来就有的本性，从而论证他所主张的'仁政'是符合人心的"。该书还将《孟子·离娄下》"人之所以异于禽兽"章诠释为"劳动人民群众由于'人欲'多，而把'善性'丢失净尽，只有遵守地主阶级道德规范的封建统治者（'君子'），才保存了这种'善性'。这正透露了他的道德原则的本质"。[②] 朱日耀主编《中国古代政治思想史》论述了孟子的性善论，指出孟子认为"人之所以为人，就是因为其有善的本性，性善，是一切伦理道德的出发点。社会的伦理道德、政治制度都是以人性善为基石的"[③]。

总之，上述哲学、政治思想通史对孟子伦理思想的论述，其主要内容概括起来表现于下述几个方面。其一，性善论。它包括下述几个层次：一是仁义礼智的来源。孟子的性善论是天赋道德的性善论，主张人生来就具有仁义礼智等道德本性，这些道德品质不是由外界的影响反映到人的思想中来的，而是人性所固有的，是与生俱来的本性。二是性善论的性质。它是抽象的人性论。孟子实质上讲的是地主阶级的人性论，把地主阶级的封建道德说成是普遍的人性。三是性善论的作用。性善论是孟子仁政学说的理论根据，是其社会政治思想的理论基础。四是告子与孟子对人性的争论是唯物主义与唯心主义两条思想路线的尖锐对立和斗争。其二，义利关系。孟子提倡仁义而轻视功利；他把义与利对立起来，完全是为了欺骗人民群众，更好地保护统治阶级的私利。孟子所谓义，在本质上也是一种利，它属于封建统治者长治久安的大利。它维护的是封建统治者的大利，而反对的是不利于封建统治的利，特别是劳动人民的利。其三，道德修养。孟子主张扩充善端要采取"寡欲""反求诸己""养浩然之气"的道德修养方法。孟子的"浩然之气"是一种神秘的精神力量，无限夸大精神、

---

① 参见任继愈主编：《中国哲学发展史·先秦》，人民出版社1983年版，第326～333页。

② 参见杨宪邦主编：《中国哲学通史》第一卷，中国人民大学出版社1987年版，第228～230页。

③ 朱日耀主编：《中国古代政治思想史》，吉林大学出版社1988年版，第67～68页。

意志的作用，等等。

上述关于孟子伦理思想的整体论述，在一定程度上和某些方面肯定了孟子伦理思想的积极因素，但对孟子性善论、义利观、道德修养等伦理思想予以不合理的否定和贬斥，其观点不能不说是偏颇的。在此，有必要对几个问题稍做辨析。

首先，有的学者将孟子“人之所以异于禽兽者几希，庶民去之，君子存之”的主张，主观引申为“就是说劳动人民群众由于‘人欲’多，而把‘善性’丢失净尽，只有遵守地主阶级道德规范的封建统治者，才保存了这种‘善性’。这正透露了他的道德原则的本质”。[①] 这一解说违背了孟子的本意。实际上，孟子论述的是人与禽兽的区别具有极少的一点，就是指人具有各种人际关系、仁义礼智等道德观念和心官思维的能力；二者相同的地方是具有食、色的自然欲望。在孟子那里，仁义是道德规范的根本和核心。孟子继而将庶民与君子对举。朱熹注释说：“庶，众也。”（《孟子集注》卷八）孟子所谓庶民是指众民，一般的人；君子是指道德高尚的人。孟子认为，众民往往忽略仁义，君子知道仁义的宝贵而保存它。孟子赞扬舜知晓事物的规律，了解人类的各种人际关系，自觉遵循仁义而行，而不是认为仁义有利于自己而勉强去做。笔者认为，“孟子赞扬舜实行仁义的高度自觉性，目的是告诫人们要效法圣贤，加强修养，自觉保持人善的本性，以达到高尚的道德境界”[②]。上述论者的主观引申，不能不说是对孟子的曲解。

其次，关于告子与孟子对人性的争论。有的认为，二者的争论是唯物主义与唯心主义两条思想路线的尖锐对立和斗争。这是自新中国成立以来学界颇为流行的一个传统观点。笔者认为，告子的“生之谓性”“食色，性也”将人的本性归之为动物性，混淆了人与动物的区别；孟子承认人的食、色自然欲望的必要性及合理性，但将它排除在人的本性之外，认为人独自具有的各种人际关系、仁义礼智等道德观念和心官思维的能力是人之所以为人的本性。孟子的主张恰恰是对认识人之本性的深化。在这里，告子与孟子关于人性的争论，根本没有涉及物质第一性还是意识第一性的问题。上述论者将混淆人与动物区别的告子视为坚持唯物主义路线，将深化了对人之本性认识的孟子视为坚持唯心主义路线，这不能不说是受“唯物主义与唯心主义的斗争是中国哲学史的主线”这一错误认识的影响。

再次，性善论是孟子仁政学说的理论根据，是其社会政治思想的理论

---

① 参见杨宪邦主编：《中国哲学通史》第一卷，中国人民大学出版社 1987 年版，第 230 页。

② 王其俊：《孟子品读》，山东大学出版社 2016 年版，第 159 页。

基础。从新中国成立至20世纪80年代，学界出版的各类思想通史著作大多坚持这一观点。有的学者对这一传统观点提出质疑，认为“孟子的学说是在对社会现实进行反思与批判的基础上提出来的，具有强烈的批判色彩，包含着趋时革新的现实意义：一是孟子的仁政说是审视了社会现实，对社会现实进行反思与批判的基础上提出的，深刻揭示了现实社会的贫富对立，谴责了统治者的‘率兽而食人’，体现了对于现实政治的尖锐批判；二是孟子批判了无休止的征战，体现了对于人的价值的重视；三是人文主义思想是孟子批判现实的指导思想，也是其构造仁政学说的思想基础之一。民本思想是孟子人文主义思想的高度体现，是以重视人的价值、倡导独立平等的完善人格为前提的”①。有的在论述孟子仁政思想的理论基础时指出：民本思想、性善论、井田制思想是孟子仁政思想的“三大理论支柱”。其中，民本思想是“仁政思想的哲学基础”，性善论是“仁政学说的伦理学基础”，井田制是“仁政学说的经济学基础”。② 有的指出：“‘民贵君轻’的贵民观点是其仁政学说的出发点和全部治国主张的理论基础，构成其经济思想的基本内核。”③ 有的认为，“对于孟子而言，性善论只是实行仁政的可能条件，民本论才是其根本原因”④。笔者认为，这些观点对于纠正关于唯心主义的性善论是孟子政治思想理论基础的模糊、偏颇观点是有积极意义的。由此不难看出，孟子的仁政思想、社会政治思想是建立在审视、反思、批判社会现实的基础上而提出来的。孟子的社会批判思想、民本思想、人文主义思想等是其仁政思想、社会政治思想的理论基础。当然，孟子性善论与其仁政思想、社会政治思想紧密联系在一起。性善论为其仁政思想、社会政治思想提供一定的人性根据，但并不是唯一的理论根据。有的论者坚持这样的逻辑，即孟子的性善论是其仁政学说的理论根据和社会政治思想的理论基础，性善论是先验的、唯心主义的，建立在这一唯心主义基础之上的仁政及社会政治思想也无疑是唯心主义的。笔者认为，夸大孟子性善论对其仁政思想影响的观点是不足取的。

（二）孟学论文的专题研究

这一专题研究的主要内容大致划分为三个方面：一是性善论，二是人

---

① 董平：《孟子对现实的批判及其人文主义精神——兼与刘毓璜、夏甄陶先生商榷》，《人文杂志》1985年第6期。

② 参见陈冠玉：《孟子仁政学说的理论基础》，《长沙水电师院学报》（社会科学版）1989年第1期。

③ 巫宝三：《先秦经济思想史》，中国社会科学出版社1996年版，第286页。

④ 梁涛编著：《孟子解读》，中国人民大学出版社2010年版，第27页。

生价值观、道德理想、理想人格，三是道德修养、道德精神。

1. 性善论

许多论文探讨了孟子性善论的性质与内涵、积极意义和价值。笔者对此做了系统的梳理和述评。[①] 为节省篇幅，笔者在此引用其中的基本观点和结论。

拙文认为，“在这一阶段内，学术界发表的十余篇论文对孟子的性善论作了深入的探讨。主要内容包括性善论的性质与内涵、积极意义和价值”，“对性善论性质的评价，是大陆学术界长期争论的一个重要问题。在20世纪80年代，学术界的主要观点有二：一是唯心主义先验人性论；二是人的自我反思和礼赞，是前无古人的灼见真知”。“比较上述关于孟子性善论的两种观点，我们认为后说更符合孟子思想的本意”，有的论者“曾探讨了孟子的性善说的涵义、层次、性质、基本特征等，对学术界判定孟子人性论是唯心主义先验论的传统观点提出了商榷”。[②] 总之，这一阶段的孟子性善论研究取得了长足的进步。许多论著提出了若干新的观点和认识，概括起来主要有以下几个方面：一是肯定了性善论在孟子思想中的重要地位，它是孟子仁政学说的理论根据和社会政治思想的理论基础之一。二是深入探讨了孟子的人禽之辨。孟子的人性是指人之所以为人的特性，是人之异于禽兽的特殊本质。人具有仁义礼智等道德观念，具有父子、君臣、夫妇、长幼等“人伦”和“心之官则思”的理性思维能力，这是区别于禽兽的根本标准。孟子所言人性善，是以善对人性做出的综合评价和判断，它是相对于“兽相食”的兽性“恶”而言。它是一个包括四心、四端、四德的由低到高层次的整体系统。三是肯定了孟子性善论的积极意义和价值，认为孟子的性善论是人的自我反思和礼赞，是战国时期社会转变的产物。它的合理性和深刻之处是从人的社会属性、社会关系中来确定人的特性。孟子的人类平等、圣凡同类的观点，反映了当时一种道德自觉，有积极的社会意义。四是孟子的人性学说是前无古人的灼见真知，四心不是天赋观念，而是客观规律；仁义礼智四德并非现成地存在于人心之中，它是一切社会的伦理道德之通则。当然，这一阶段的性善论研究亦存在着一定的不足。大致有下列几点：一是有的论者判定孟子的性善论是天赋性善论、抽象的人性论、先验的道德观念论。二是有的论者认为孟子性善论是为剥削阶级服务的，暴露了孟子性善论的剥削阶级本质。他把维护封建制的道德原则强加于一切人。三是告子与孟子的争论反映了唯物主义与唯

① 参见王其俊：《大陆当代孟子性善论研究述评》，《孔孟学报》2014年总第92期。

② 参见王其俊：《孟学新探》，济南出版社1989年版，第110～127页。

心主义两条思想路线的尖锐对立，等等。①

2. 人生价值观、道德理想和理想人格

（1）人生价值观。按照通常的理解，人生价值观是人们对人生、价值问题的根本观点，它包括人生观、价值观两个方面。

关于孟子的人生观。李经元认为，孟子将人的问题归结为“心”和“义”，二者密不可分。孟子“明确肯定了心对行为的指导意义”，“孟子‘义’的观念，作为‘人之路’，这是有意义的……他提出了一个怎样对待人生道路和应当具有什么样的人格问题”，“孟子把思维反映客观这一科学的真理，完全变成了主观先验的东西，从而走到唯心主义”。②

关于孟子的价值观。王棣棠将孟子自重自强精神的基本内容概括为：一是“肯定人的自我价值，有远大的政治抱负，敢于以治乱世、平天下为己任”；二是“以纯洁和刚强的修身正己精神塑造、表现自我”；三是“提倡以身殉道的意志的自觉性和顽强性，充分体现人生的价值”；四是“主张要自重自爱，就得严于律己，尊重人、爱人”；五是“努力追求、坚持不懈，沿着正确的方向去创造自我而成为高尚和有作为的人”。“这一精神的历史价值，实质上是理想化的即不与现实社会的丑恶同流合污、立志为其理想化的封建王国而献身的人。这一思想建立在理想主义的基础上。”③孙聚友认为，孟子价值观的理论体系的内涵包括：一是“人与动物的区别是人的价值存在的先决条件”；二是“人作为个体，具有其所具备的个体属性的价值”；三是“人作为社会阶层的组成部分，具有其所属的阶层的价值”。孟子关于“实现人的价值的方法”主要有：“尽心、知性是孟子实现人的价值的主要环节”，主张“分清大体与小体的关系”，“树立正确的人生价值观”。④

（2）道德理想和理想人格。关于道德理想。笔者曾指出：孟子道德理想的基本内容有三：一是“善是指仁义礼智道德规范、准则的概括与结晶”。二是“圣人是仁义礼智道德观念和理想人格的体现者”。孟子极为崇拜尧、舜、禹、孔子等古圣先贤，称赞他们是人类的楷模，赋予圣人以人性而不是神性。三是“人们要追求高尚的道德理想境界”。笔者认为，“孟子的道德理想既给人们的道德行为提供了应当遵循的准则和效法的榜样人格，又提出了更高的道德理想境界的要求，把对道德理想、人格、境界的

① 参见王其俊：《大陆当代孟子性善论研究述评》，《孔孟学报》2014年总第92期。
② 参见李经元：《孟子人生论评析》，《史林》1987年第3期。
③ 参见王棣棠：《略论孔子、孟子的自重自强精神》，《兰州大学学报》（社科版）1988年第4期。
④ 孙聚友：《孟子的价值观探析》，《东岳论丛》1989年第2期。

追求变成治国平天下的有明确目的的道德活动，进而追求和实现美好的社会理想。这反映了孟子积极进取、朝气蓬勃的精神面貌”。①

应杭探讨了孟子理想人格的逻辑基础、内涵、具体范式及方法论，认为“善端”“人之异于禽兽者几希”是“孟子理想人格理论的逻辑出发点”；“居仁由义”“天人合一”是“孟子理想人格的具体范式”；“理想人格在这里包含了两方面的内涵：一是‘仁’，亦即内心信念，指符合一定道德规范的主体知、情、意的精神境界；二为‘义’，亦即外在的行动，指由内心信念支配下的道德实践活动”；“尚志”“知言”“养浩然之气”是“孟子理想人格实现的方法论途径”。② 周常生、柴文华撰文探讨了孟子理想人格的要素、实现途径、特点等，将孟子理想人格的要素概括为：身兼天下、积极入世，入仕有道、清心寡欲，反对腐化、注重廉洁，反对乡愿、舍生取义等。该文还指出实现理想人格的几条途径：“实现理想人格，关键在于立志”；“实现至善至美的理想人格，必须经过艰难困苦的磨炼”。“孟子的理想人格是一种具自觉性、自主性、人民性、叛逆性、超感性、超功利等包含内在矛盾的人格。”③

上述论者还进一步评析了孟子理想人格对后世的双重影响。应杭认为，“孟子理想人格的理论和方法，在对我们的民族人格、心态、情操、性格的塑造和形成中发生了极大的影响作用”；孟子“过分强调了理性自觉以及在此基础上的意志坚定和专一的品性，而忽视了意志还有自愿、自由的品格”，“孟子的‘杀身成仁’、‘舍生取义’不可避免地带有失落了主体自由选择的悲剧色彩……这一偏颇，对民族心态的一个最大影响是，使得我们民族的人格常常处于一种分裂状态：理智的明察和情感、意志的背离。这种分裂使得人的内心世界处于一种永恒的理性和非理性的冲突”。④ 周常生、柴文华认为，“孟子的理想人格具有双重历史效应。孟子的人格理论对后世产生了深远影响，它与孔子人格理论一起，确立了整个封建社会人格的基础、出发点和主调，塑造了东方人的典型理想形象，展示了鉴别人格主体的评价系统，鼓舞和鞭策了一代代志士仁人可歌可泣的英雄行为”⑤。

---

① 参见王其俊:《孟子理想初探》,《东岳论丛》1986 年第 5 期。

② 参见应杭:《孟子理想人格论及其对民族人格心态的影响》,《浙江大学学报》(社科版)1987 年第 2 期。

③ 参见周常生、柴文华:《孟子的理想人格述评》,《理论探讨》1989 年第 6 期。

④ 参见应杭:《孟子理想人格论及其对民族人格心态的影响》,《浙江大学学报》(社科版)1987 年第 2 期。

⑤ 周常生、柴文华:《孟子的理想人格述评》,《理论探讨》1989 年第 6 期。

上述论文从不同角度探讨了孟子道德理想、理想人格的要素、内涵、逻辑基础、特点、实现它们的途径和方法，评析了它们对后世的影响，肯定了孟子道德理想、理想人格的积极意义，提出了不少新的见解。但我们也必须看到，有的论者所谓孟子“‘杀身成仁’、‘舍身取义’不可避免地带有失落了主体自由选择的悲剧色彩……这一偏颇，对民族心态的一个最大影响是，使得我们民族的人格常常处于一种分裂状态”，“孟子的人格理论过分强调了理性自觉、群体意识，为封建统治者扼制人们正当的感性生活和合理的个人利益提供了理论基础，为真正的纵欲主义、极端的利己主义蒙上了一层遮人耳目的温情面纱，掩盖了少数人穷奢极欲的丑恶嘴脸，造成了传统人格中感性和理性、个体意识和群体意识的人为分裂”① 的观点，不能不说是受到当时社会环境、学术环境的一定影响。我们知道，孟子的“舍生取义”主张，深刻阐明了“义”的道德精神价值高于生命价值，谴责了“不辨礼义”和不择手段追求富贵利达的可耻行为。孟子的“舍生取义”明明是为保持高尚理想人格而理性选择的结果，怎么“又带有失落了主体自由选择的悲剧色彩”呢？孟子的人格理论竟然“使得我们民族的人格常常处于一种分裂状态”，这不能不说是耸人听闻和违背历史事实的。至于有的学者仍给孟子冠以“唯心主义的天赋道德论”的帽子，认为孟子的“善端”说依然是唯心主义先验论，“万物皆备于我”更是带有极强的唯我论色彩，是一种夸大了的空虚的自我安慰而已。② 这些指责，亦是失之偏颇。

3. 道德修养和道德精神

在孟子的道德思想体系中，正确对待个体需要是道德修养的一项重要内容。笔者探讨了孟子个体需要的基本内容、个体需要的调节及基本特征，认为孟子的所谓个体是指既具有饮食、男女自然属性，又与犬马“不同类”（《孟子·告子上》）的具有一定社会属性、道德观念和理性思维活动的人。他将个体需要称为“欲”“期”“好”“悦”等。孟子的个体需要主要内容包括“饮食、男女的自然生理需要”“人际交往的需要”“追求真、善、美精神生活的需要”。“为了使上述需要保持均衡、协调的发展，以促进个体的成长，就要对上述关系予以适当的调节。”③

---

① 应杭：《孟子理想人格论及其对民族人格心态的影响》，《浙江大学学报》（社科版）1987 年第 2 期。

② 参见应杭：《孟子理想人格论及其对民族人格心态的影响》，《浙江大学学报》（社科版）1987 年第 2 期。

③ 参见王其俊：《试论孟子的个体需要》，《东岳论丛》1989 年第 4 期。

叶蓬认为，“孟子思想体系的内在线索为‘天—命—性—心—身—家—国—天下’，以此为逻辑结构的天道观和人性论是孟子道德修养学说的理论前提”，他的道德修养方法包括“存心养性说”“寡欲说”“养气说”“养勇说”，“孟子的整个思想体系都给染上一层振人心魄的理性光环。他对人格尊严和道德价值的阐发，对道义原则和理想人格的弘扬，对人类本质和自身完善的透视等方面的内容，都是值得珍视的”。①

有的学者论述了孟子的道德精神，认为他的“天爵人爵”“极为明朗地划出了与‘人爵—等级’相对的‘天爵—修养’的道德世界”，“‘道’在孟子那里获得了从来没有的相对自足性……更显明地标示出孟子道德精神超越与自足的外部特征”，“孟子执着于主体世界，这使他的道德哲学既能相对独立于世间的‘器’，又能相对独立于神学的‘天’，从而具备了走向哲学精致构造的条件”。②

由上可以看出，20 世纪 80 年代的孟子伦理思想研究取得了一定的进步。从朱伯崑《先秦伦理学概论》对孟子的道德原则、人道的本质、性善论、道德评价、修养方法等问题的探讨，到沈善洪、王凤贤《中国伦理学说史》对孟子的仁义、性善论、道德规范、修养标准等问题的论述，再到许多论文对孟子性善论、人生价值观、道德理想、理想人格、道德修养等问题的研究，提出了若干新的观点和认识。其主要成绩表现为以下几个方面。

第一，凸显对孟子人禽之辨的研究。譬如朱伯崑《先秦伦理学概论》一书，对孟子关于人禽之辨的三个标准的论述具有新意，认为孟子从人之所以为人的角度讲道德的重要性，这是孟子伦理学的一个特点。沈善洪、王凤贤《中国伦理学说史》一书认为，孟子关于人与禽兽区别的重要标准是人具有“心之官”能“思”的能力和人具有仁义礼智道德观念等。

第二，凸显孟子性善论内涵与性质的研究。许多论者对判定孟子坚持唯心主义先验人性论观点提出商榷，认为孟子的性善论是人的自我反思和礼赞，是前无古人的灼见真知，充分肯定了孟子性善论的积极意义和价值。

第三，凸显对孟子人生价值观、道德理想和理想人格的研究。许多论文初步探讨了孟子道德理想及理想人格的要素、内涵、逻辑基础、实现理想人格的途径方法以及对后世的重要影响。

第四，初步探讨了孟子的道德修养和道德精神。有的探讨了孟子个体

---

① 参见叶蓬：《论孟子的道德修养学说》，《海南大学学报》（人文社科版）1988 年第 2 期。

② 参见杨九诠：《孟子道德精神新论》，《山东大学学报》（哲社版）1990 年第 4 期。

需要的基本内容、个体需要的调节及基本特征。有的探讨了孟子的道德精神，认为他的“天爵人爵”极为明朗地划出了与“人爵—等级”相对的“天爵—修养”的道德世界。道在孟子那里获得了从来没有的相对自足性，更显明地标示出孟子道德精神超越与自足的外部特征。

总之，这一阶段的学者对孟子伦理思想做了初步的探讨和研究，在一定意义上肯定了孟子伦理思想的积极意义。当然，这一阶段的孟子伦理思想研究尚处于过渡阶段，不可避免地存在着一定的不足。譬如有的认为，孟子把仁义和功利看成是对立的，具有极大的虚伪性和欺骗性，他的道德学说是天赋道德论；有的认为孟子的人格理论“造成了传统人格中感性和理性、个体意识和群体意识的人为分裂”①，孟子理想人格“对民族心态的一个最大影响是，使得我们民族的人格常常处于一种分裂状态”②，等等。这些指责，无疑违背了孟子的本意。

第二节　20世纪90年代的孟子伦理思想研究

在这一阶段内，多部伦理思想通史著作和百余篇学术论文深入探讨了孟子的伦理思想。

一、孟子伦理思想的整体研究

孟子伦理思想的整体研究，包括伦理思想通史著作、孟学论文的整体研究两个方面。

（一）伦理思想通史的整体研究

姜法曾《中国伦理学史略》论述了孟子的“制民之产”、分田制禄、“明人伦”等主张，认为孟子是封建阶级的思想代表，他设想的井田制不属于奴隶制，而属于封建制，“孟子肯定人们的精神生活以物质生活为基础，其中，包含有唯物主义思想因素”。

该书认为，“孟子的仁义把道德看成调整人与人关系的行为规范，是人与动物不同的地方，多少看到了道德是人的社会属性”，这“在理论上有重要意义”。孟子的思想反映了当时社会关系的特点，他明确主张性善

① 周常生、柴文华：《孟子的理想人格述评》，《理论探讨》1989年第6期。

② 应杭：《孟子理想人格论及其对民族人格心态的影响》，《浙江大学学报》（社科版）1987年第2期。

论，认为每个人生下来，在其本性中都有善的萌芽，是一种向善的可能性，这即是恻隐、羞恶、恭敬、是非“四心”，合起来叫“四端”，可发展为仁义礼智“四德”。仁义礼智是“我固有之”的。这是唯心主义的道德起源论。告子的“仁内义外”之说是不对的。

在道德评价和道德修养问题上，该书指出：孟子虽认为仁义礼智乃为天赋，但仍强调人为。该书评述了孟子天道、性、命、“良知”、“良能”、“养心”等，认为道德修养达到的一种精神境界叫“浩然之气”，它是长期修养积累的结果。浩然之气的积极作用在历史上是存在过的，如后来的民族英雄、清官，是非常注重气节的。此外，孟子讲的一些修养方法，也不能说尽是唯心主义，如闻过则喜，反对自暴自弃，等等。①

李书有主编《中国儒家伦理思想发展史》论述了孟子对孔子伦理思想的继承和发展。笔者在述评该书时指出：该书论述了孟子关于人与动物的区别、道德规范、性善论、仁政论、义利观、道德教育论、道德修养等。孟子认为人与动物的区别在于具有父子等人伦关系，有时他讲人与禽兽的区别在于道德。孟子在中国思想史上第一次从共同的心理来考察人的特性，说明人不仅有共同的生理需要，也有共同的心理需要理义，即仁义礼智。他是中国思想史上深入探讨人的本质特性的第一人，提出了比较系统的人学理论。孟子对孔子伦理思想的发展一是突出了仁义的地位，仁义礼智四德并提；二是为这些道德规范制定了心理基础。孟子认为仁义礼智是人生而具有的良知、良能。在道德来源上讲是一种天赋道德论。他提出的“良心”这一伦理范畴，在我国伦理发展史上是首创。他强调心的作用，从哲学上讲属于主观唯心主义，但从伦理思想发展来讲有其合理内容。孟子对儒家伦理思想发展的突出贡献，是建立了比较系统的人性理论，即性善论，为儒家伦理思想提供了人性论依据。孟子只讲人的社会性，不承认人的自然本性，把人的社会本性说成是先天具有的仁义礼智，这是先验的天赋道德论。孟子性善论的积极内容在于他提出了“圣人与我同类”的思想，认为人类有共同的本性。孟子的仁政不过是封建统治阶级用以掩盖他们残酷剥削压迫的面纱。孟子主张“以义制利”，把义与利作为区分君子与小人的标准……另外，孟子反对言利，往往不加区分地把一切利说成是恶的，把追求利视为罪恶，实际上起着限制人们追求正当利益的消极作用。孟子强调义与利的对立，而不讲其统一，带有明显的反功利倾向。孟子把道德作为人的本质特征，作为人与禽兽区别的重要标志，非常重视道

① 参见姜法曾：《中国伦理学史略》，中华书局1991年版，第39～50页。

德价值。此外，作者还述评了孟子的道德教育和道德修养。总之，该书较全面地述评了孟子对儒家伦理思想的重要贡献，阐述了孟子对孔子伦理思想的继承和发展，探讨了孟子关于人与禽兽的重要区别，肯定了孟子伦理思想的积极因素及对后世的重要影响。这对深化孟学研究当有积极的意义。当然，作者认为孟子从哲学上讲属于主观唯心主义，孟子坚持先验的天赋道德论，强调义与利的对立，而不讲其统一等观点，都是值得商榷的。实际上，孟子坚持义与利的统一，强调以义制利，先义后利，而不是只强调义与利的对立，而不讲其统一。①

焦国成《中国伦理学通论》上册（山西人民出版社 1997 年版）论述了思孟学派的天人相通论、孟子的性善论、何必曰利论、君臣父子夫妇长幼朋友“人伦”、“存心养气”的修身论等。

除上述外，刘泽华主编《中国古代政治思想史》一书，从“人性善说”“仁义礼智与人性善”“人同类说”“人心分化与等级”四个方面论述了孟子的伦理思想。②

（二）孟学论文的整体研究

孟学论文的整体研究主要包括两个方面：一是孟子伦理思想的基本性质、内容、特点，二是多学科的交叉研究。

1. 孟子伦理思想的基本性质、内容、特点

关于孟子伦理思想的基本性质，学界进行了长期争论。20 世纪 90 年代，学界延续了这一争论，主要存在着两种对立的观点：一是孟子道德论的唯物主义倾向，二是唯心主义的道德起源论。

第一，孟子道德论的唯物主义倾向。惠吉兴指出：“肯定物质生活条件对道德观念的决定作用，是孟子道德论唯物主义倾向最突出的表现。”作者辨析了孟子的“仁义礼智，非由外铄我也，我固有之”“良知”“良能”命题和范畴的真实含义，认为“人的道德观念和道德行为受遗传的制约和影响，具有潜在的先天基础，这一观点并不是唯心主义的虚构。孟子在把人看成道德动物、以道德规定人的本质的同时，认为人先天具有社会化的发展趋势，具有道德的潜在规定性，这同他关于道德与物质生活和社会环境的关系的观点一起，构成了孟子道德论的唯物主义特征”。③ 有的对判定孟子伦理观是“天赋道德说”的观点提出质疑，认为孟子的“不忍

---

① 参见王其俊：《中国大陆当代孟学研究述评》，《孔孟学报》2011 年总第 89 期。

② 参见刘泽华主编：《中国古代政治思想史》，南开大学出版社 1992 年版，第 70～74 页。

③ 参见惠吉兴：《试论孟子道德论的唯物主义倾向》，《东岳论丛》1991 年第 1 期。

人之心”“良知”“良能”“仁义礼智，我固有之”等，“这些与生俱来的东西都只是人的自然属性中包含的潜能……倘若丧失这些潜能，便成为‘非人’。可见潜能非现实的道德属性，只有后天的‘尽心’、‘践行’，才能将自然属性中的潜能提升为现实的道德、现实的人性……‘天’只给予人以自然属性中的某些潜能，并没有赋予人以预成的道德属性，天赋道德说如何能成立呢？”①

第二，唯心主义的道德起源论。这是新中国成立以来颇有影响的一个传统观点。有的认为，孟子主张“人们的道德观念是与生俱来、生而具有的东西，是人本身所固有的普遍的善良的本性”，这是“一种唯心主义的道德起源论”。② 有的指出：“孟子主张人先天有‘仁、义、礼、智’四德，其他的善德皆从四德扩充而来。孟子的道德论，具有神秘主义和禁欲主义倾向”，将其基本内容归纳为“道德准则、道德起源、道德修养方法三个方面”。③ 有的认为，它“由‘性善论’、‘义利观’、‘五伦说’、‘修养论’所构成”④。

2. 多学科的交叉研究

许多学者运用交叉学科的研究方法探讨孟子的伦理思想。这一研究方法，有利于人们从不同学科的相互交叉上考察孟子的伦理思想。这一多角度的审视，避免了单一学科的局限。

（1）孟子伦理思想与政治思想的交叉研究。陈延斌认为，“在孟子学说中，伦理思想与政治思想是相互交织、密不可分的。孟子政治思想的核心是其‘仁政’学说……仁政学说既是孟子的社会政治主张，同时，又带有浓郁的道德色彩，最鲜明、最集中地体现了他的政治伦理观”，其主要内容包括“‘重民’、‘贵民’、‘保民’”“‘宽政’、‘仁爱’”“君臣之道”“尊贤使能”等。孟子的政治伦理观在儒家思想发展史和中国伦理学说史上“占有十分重要地位”，它“为历代有所作为的封建统治者提供了可供借鉴的思想”。孟子政治伦理观存在严重缺陷，“建立在唯心史观基础之上的，因而许多观点是不切实际的空谈”，他的“万物皆备于我”“存心”“知性”“反求诸己”的内心自省等“主观唯心主义的修养方法”，比起孔子的修养观“是一种不小的退步”。⑤ 该文肯定了孟子政治伦理观的积极

① 晓言：《“仁”的逻辑程序及孟子的阐发》，《齐鲁学刊》1994 年第 1 期。

② 参见王文哲：《孟子伦理思想辨析》，《河南师范大学学报》（哲社版）1994 年第 6 期。

③ 参见田真：《论孟子的道德学说》，《北京航空航天大学学报》（社科版）1997 年第 1 期。

④ 孔润年：《实现人与道德的统一——孟子伦理学说新探》，《宝鸡文理学院学报》（社科版）1999 年第 1 期。

⑤ 参见陈延斌：《孟子政治伦理观初探》，《江苏社会科学》1991 年第 5 期。

意义和贡献，是值得称道的，但认为孟子政治伦理观是建立在唯心史观基础之上，将孟子的内心自省判定为主观唯心主义的修养方法未必妥当。

周淑萍探讨了孟子仁学思想的基本内涵，认为“仁是孟子哲学思想的核心，是其社会政治伦理道德的最高理想和标准”，“孟子的仁学是以爱人为核心，具有亲亲、爱人、爱物三层内涵的思想学说……这是一个清晰、条理、完整的仁学系统”。①

任剑涛认为，“孟子以伦理致思率其先，将政治融于其中，从而给政治以伦理化解释，鲜明地凸出伦理政治中伦理的地位与作用……采取了以心性—智慧统纳政治的思维进路”，“孟子以良心说人、以性善论政，用心性之善为中介打通伦理与政治关隘，从而成功地凸显了孔子所述伦理政治的崇高一面”。②

（2）孟子伦理思想与经济、军事思想的交叉研究。李少波从伦理思想与经济思想的交叉上，辨析了孟子的义利观、赋税观及社会分工等，认为“孟子的经济伦理观是中国古代经济思想的重要组成部分。在义利观上他重义而不轻利，在分配观上主张以功求食，在赋税观上主张薄赋敛，提倡富民。他还认识到社会分工的必然性和合理性。这些都显示了孟子过人的智慧，是值得后人珍视的宝贵遗产”③。

王联斌探讨了孟子的军事伦理思想，指出“孟子军事伦理思想的基本特征是民本主义，主要表现为爱民、信民和依靠人民”，“在孟子伦理思想体系中，民本主义却是目的，君权则是手段；君权的必要全在于施‘仁政’于民。因而，凡是祸民无道的君权则均应在推翻之列……从这里亦可看出孟子民本主义思想的革命性特色，尤其是它所蕴含的暴力革命思想，在军事伦理思想史上有其更重要的价值意义”，“孟子对先秦及孔子‘仁政’思想的发展已达到了革命性的质变阶段，即开创了民本主义之目的与暴力革命之手段相统一的先河”。④

总之，这一阶段孟子伦理思想的整体研究取得了显著成绩。

第一，孟子伦理思想基本性质、内容、特点的研究得到深化和提高。自新中国成立以来，判定孟子伦理思想的基本性质是唯物主义还是唯心主义的道德起源论是学界持续争论的一个问题。两种不同观点的争论，有利

---

① 参见周淑萍：《论孟子仁学的内涵和实质》，《兰州大学学报》（社科版）1998年第3期。

② 参见任剑涛：《给政治以伦理化解释——孟子道德政治哲学主题分析》，《中国哲学史》1998年第3期。

③ 李少波：《孟子经济伦理观浅析》，《青海师范大学学报》（哲社版）2000年第4期。

④ 参见王联斌：《孟子的军事伦理思想》，《军事历史研究》1993年第4期。

于人们从总体上审视孟子的伦理思想。有的指出："人的道德观念和道德行为受遗传的制约和影响，具有潜在的先天基础，这一观点并不是唯心主义的虚构。孟子在把人看成道德动物、以道德规定人的本质的同时，认为人先天具有社会化的发展趋势，具有道德的潜在规定性，这同他关于道德与物质生活和社会环境的关系的观点一起，构成了孟子道德论的唯物主义特征。"① 笔者赞同这一观点，认为它更切合孟子伦理思想的本意。综合学者们对孟子伦理学说基本内容的探讨和表述，它包括道德起源、性善论、道德原则和规范、道德理想、理想人格、道德修养等方面。有的认为，孟子"以人为中心解答了道德的根源、价值、规范、修养等问题，实现了人与道德的统一，即道德的人化和人的道德化"②。这一概括颇有新意。

第二，凸显孟子伦理思想与政治、经济、军事等思想的交叉研究。这些研究有利于多角度的审视和综合考察孟子的伦理思想。实际上，孟子的伦理、政治、经济、军事等思想是相互联系、相互渗透、相互作用的。从多种思想的交叉、联系上综合考察，往往能得出新的认识。譬如有的认为，"孟子以伦理致思率其先，将政治融于其中，从而给政治以伦理化解释，鲜明地凸出伦理政治中伦理的地位与作用"③。有的指出：在孟子伦理思想体系中，民本主义是目的，君权则是手段。这一认识，与关于孟子的民本主义是手段，君权是目的的传统观点，有一定区别。比较这两种观点，分别强调了民本与君权各自的重要性，问题在于：孟子强调民本，但没有否定君权的重要性；孟子强调君权，亦没有否定民本的重要性；在孟子那里，民本与君权是一个紧密联系的统一体，他极力追求建立一个君民同乐、君民和谐的理想社会。钱穆先生曾说："中国人认为，在同一政府下的君和臣，是应该和合的，是不应过分分别的。即连社会民众，亦应与政府亲切和合。君、臣、民三位，是不宜过分分别的。中国古人看君、臣、民的分别性，没有近代人的观念这样强。"④ 钱穆先生此论揭示了中国古代儒家关于君、臣、民相互关系的主旨，认为他们彼此和合，相互协调。对孟子的君臣、君民关系亦应作如是观。笔者认为，孟子的君与民是

① 惠吉兴：《试论孟子道德论的唯物主义倾向》，《东岳论丛》1991年第1期。

② 孔润年：《实现人与道德的统一——孟子伦理学说新探》，《宝鸡文理学院学报》（社科版）1999年第1期。

③ 任剑涛：《给政治以伦理化解释——孟子道德政治哲学主题分析》，《中国哲学史》1998年第3期。

④ 钱穆：《从中国历史来看中国民族性及中国文化》，香港中文大学出版社1979年版，第31页。

一体的，二者互不可缺，君民同乐、共利、互利和“民本君主”的观点，更切合孟子思想本意。

二、孟子伦理思想的专题研究

这一专题研究包括：道德规范、命题、性善论、理想人格、义利观、道德修养等。

（一）道德规范、命题

孟子的仁义礼智等道德规范是其伦理思想的一个重要组成部分。这些道德规范是调整人与人以及个人与社会之间相互关系的行为准则。正确阐释孟子道德规范的内涵，是正确评价其伦理思想的一个重要前提。许多论文对此做了深入的探讨。梁韦弦认为，“孟子的‘五伦’说继承了前人的观念并把它凝固成一个稳固的系统理论”，“孟子的五伦，大体上包括了历史上人们之间最根本，也是最重要的几种关系……这对于解决好今天人们之间的关系问题仍是很有意义的”。[①] 张奇伟认为，孟子“把‘义’深入到一个新的层次，是以羞、恶等社会感情心理活动为基础的，它的行为规范作用主要是通过诸如羞、恶这样消极的感情体验及其心理补偿活动来实现的。孟子的认识是符合人们的道德活动和道德心理意识的内在机制的”，孟子“把以君臣之道为核心的上下等级名分制度和规范作为‘义’的基本内容”而加以提倡和阐述，这是“孟子的创见”。[②]

张奇伟还指出，“‘可欲之谓善’虽然在《孟子》中仅此一见，却是孟子思想的一个极其重要的命题，它概括地表述出了渗透和蕴涵于孟子全部论述中的一个重要思想，是孟子对善、道德本质的深掘和新发见。了解这一命题能够使人们更全面和合乎实际地了解孟子的整个思想”[③]。

总之，上述对孟子仁义等道德规范和命题内涵的诠释，凸显了其道德规范调节人际关系和维护社会和谐的重要意义。有的指出：孟子突出地把以君臣之道为核心的上下等级名分制度和规范作为义的基本内容而加以提倡和阐述，这是他的创见；有的认为孟子的“义内”说不仅在理论上是成立的，而且在道德实践层面上也有着十分重要的意义，等等。这些研究，为深入探讨孟子伦理思想奠定了一定的基础。

除上述外，有的学者还论述了孟子的人权、人道思想。有的认为“孟

---

① 参见梁韦弦:《孟子“五伦”说考议》,《松辽学刊》(社科版)1993 年第 2 期。

② 参见张奇伟:《孟子“义”范畴初探》,《甘肃社会科学》1993 年第 2 期。

③ 张奇伟:《道德价值是可欲的——孟子“可欲知谓善”命题发微》,《人文杂志》1992 年第 6 期。

子提出的让民众享有政治、经济、文化教育权以及处理诸侯国间的关系等思想，虽未直接提出人权这一概念，但具有人权思想的实质。在中华民族传统思想文化体系及众多的思想家中，能如此开创性的、集中而系统提出人权思想的，孟子算得上是第一位”[1]。学界对孟子人权、人道思想的探讨，拓展了孟子伦理思想研究的新领域，促进了孟子伦理思想研究的深化。

（二）性善论

笔者曾撰文对这一阶段的性善论研究做了系统的梳理和述评，认为“学术界发表的 10 余篇论文深入探讨了性善论的内涵、基本性质及贡献等”[2]。

关于性善论的内涵。该文指出：“从 20 世纪 80 年代以来，许多港台学者展开了‘人性本善’论与‘人性向善’论的争论。这一争论引起了大陆学术界的重视。许多学者参与了争鸣。”关于“孟子性善论的内涵。主要观点大致有三：性善论是‘性可善论’、性善论是‘人性本善论’、性善论含有‘人心向善’和‘人性本善’”。第一，性善论是“性可善论”。张奇伟认为，“孟子的‘乃若其情，则可以为善，乃所谓善也’一句话是全章的核心和性善说的根本点……它应该包括人的心理意识、情感、理性活动、种种行为倾向等所生而具备的一切。性善论严格说起来应是‘性可善论’。孟子从来没有明确无误地说过：人性是善的”。[3] 笔者认为，“其一，上述‘孟子论性善指凡人所生而具备的一切’的说法并不符合孟子思想的实际。实际上，孟子的性善之性根本区别于告子的‘生之谓性’，而是指人之所以为人的本质，即人与禽兽的根本区别；其二，关于孟子从来没有明确无误地说过人性是善的说法与《孟子·滕文公上》‘孟子道性善，言必称尧舜’和《孟子·告子上》‘人性之善也，犹水之就下。人无有不善，水无有不下’等记载不符”。第二，性善论是“人性本善论”。张涅认为，“《孟子》思想核心为性本善。本即先验固有。性本善是一个价值命题，非科学命题。性本善的意义在于人类对自我存在的道德可能性和绝对性的信仰。孟子从性本善出发，一是肯定性本善先验固有；二是由性本善外拓出伦理政治的行为活动；三是由性本善外化践履的本质关系归结到社会整体和谐的本旨……孟子思想的历史作用和影响在于对政治实践的监督批判，

① 刘忠阳：《论孟子的“人权”思想》，《湘潭师范学院学报》（社科版）1999 年第 4 期。

② 王其俊：《大陆当代孟子性善论研究述评》，《孔孟学报》2014 年总第 92 期。

③ 参见张奇伟：《孟子性善论新探》，《北京师范大学学报》（社科版）1993 年第 1 期。

对政治理想的描摹追求，超越了时代局限，具有道德理想主义的光辉”①。笔者认为，张涅判定孟子性本善为先验固有的观点是难以成立的。第三，性善论含有“人心向善”和“人性本善”。陈永革述评了“人性本善论”和“人性向善论”，认为前者的主要理据在于把性善还原为心善，进一步把心还原为理义之心，具有道德自觉的本然之善心；后者认为善只是人心的一种倾向，性善只是心善的理想状态，而不是实然存在。这两种不同的理解，源自孟子之“心”的不同含义。孟子之心是“向善之心”抑或是“本善之心”，与“人性向善”和“人性本善”有着莫大的关系……孟子性善论在理论上应含有“人心向善”这一经验论的预设，以及“人性本善”这一价值论上的默认，方为圆满。② 笔者认为，将孟子的“四端”之心判为“与生俱来的”，并不符合孟子的本意。多年来，学术界的一个传统观点就是以此为据判定孟子的性善论是唯心主义先验论。实际上，孟子的四端之心并不是与生俱来的，也不是无中生有的，而是在外部客观事物作用于人的感官在“乍见”的基础上而产生的一种心理情感，如《孟子·公孙丑上》所说“今人乍见孺子将入于井，皆有怵惕恻隐之心”。孟子所谓“今人”，不是无知的婴儿，而是具有理性思维能力和具有一定道德观念而知道仁爱他人的人。

关于性善论的性质及贡献。该文指出，20 世纪 90 年代……主要有两种对立的观点：一是唯心主义的道德起源论；二是道德论的唯物主义倾向……将孟子的性善论判定为唯心主义的道德起源论，是新中国成立以来学术界的一个传统观点。在 20 世纪 90 年代，有的论者仍坚持这一观点。譬如王文哲认为，孟子的仁义礼智等道德观念并不是外界影响的结果，而是人心所固有的善性。人们的道德观念是与生俱来、生而具有的东西。这是抽象的人性论和唯心主义的道德起源论。③ 有的论者亦持相同的观点，认为孟子主张人先天有仁义礼智四德。孟子的道德论，具有神秘主义和禁欲主义倾向，他把利和欲等同起来，把“寡欲”作为养心的前提。有的将性善说判定为主观唯心主义。魏义霞从孟子的认识论与伦理学、人性论与认识论的交叉、融合上探讨了孟子的性善论，认为古今人们对性善说的阐释大都禁囿于伦理道德领域，而使其认识论的光芒不能烁然见于光日。孟子对四心即人性的阐释，使心既是一个伦理范畴，又是一个认识概念。以心

① 张涅：《〈孟子〉性本善的天道契合和外化践履》，《舟山师专学报》1996 年第 2 期。

② 参见陈永革：《人心向善与人性本善——孟子心性论的伦理诠释》，《中国哲学史》1996 年第 4 期。

③ 参见王文哲：《孟子伦理思想辨析》，《河南师范大学学报》（哲社版）1994 年第 6 期。

为契合点，开了中国传统哲学中认识论与伦理学合二为一，人性论与认识论合二为一的先河。这一探讨无疑有利于从新的角度审视孟子性善论对人类的贡献。但她又认为孟子人心中先天地包含有仁义礼智的内容，表明人生来就具有善性。四心的存在表明了人性之中先天固有的，与生俱来的善。[①] 这一观点是不符合孟子思想实际的。

关于性善论的唯物主义倾向。惠吉兴针对学术界判定孟子在道德起源上是先验论者的传统观点，辨析了孟子的“仁义礼智，非由外铄我也，我固有之”、“良知、良能”的真实含义，认为孟子的先天性善论，并不是说人初生之时，天或上帝就把道德观念赋予了人的心灵，而是人先天（通过社会生物遗传）具有学习、培养道德观念和行为的潜在能力和倾向。孟子把人对道德的感应力称作良能、良知。他肯定了人性与道德的内在联系，认为道德的发生可以从人性中找到心理的和生物的基础。这不能算是唯心主义先验论。孟子在把人看成道德动物、以道德规定人的本质的同时，认为人先天具有社会化的发展趋势，具有道德的潜在规定性，这同他关于道德与物质生活和社会环境的关系的观点一起，构成了孟子道德论的唯物主义特征。[②]

关于性善论的贡献。该文指出，“许多论文肯定了孟子性善论的贡献和积极意义，认为性善说影响着中国人的精神追求、心理状态、思维方式、价值观念，它具有理论的体系性、逻辑的一致性，形成了一个有机的体系。孟子性善说的各个组成部分具有严谨一致的相互联系，从而成为在理论建构上很成功的人性理论”，“有的认为，孟子的性善说，发掘了人性之善，指出了人格道德完备的可行性及途径，充分肯定了人的自身价值、人格、意志，反映了社会道德归向，树立了人格道德榜样，激发了社会对人格道德的重视和追求”。

（三）理想人格

孟子说：“圣人，人伦之至也。”（《孟子·离娄上》）圣人是孟子的道德规范、道德原则的实践者和理想人格的典型代表。

1. 理想人格的内涵、层次、内在依据、实现理想人格的方法和途径

关于理想人格内涵，主要有以下几种表述：其一，“孟子的理想人格就是‘君子’”[③]，有的将理想人格的基本内涵概括为守节、尚志、乐善、

---

① 参见魏义霞：《孟子性善说新释》，《齐齐哈尔大学学报》（哲社版）1996 年第 6 期。

② 参见惠吉兴：《试论孟子道德论的唯物主义倾向》，《东岳论丛》1991 年第 1 期。

③ 郑晓江、程林辉：《孟子的人生理论》，《江西社会科学》1991 年第 1 期。

思诚、廉正、充实等几个方面[1]；其二，“仁义礼智以及浩然的意志力量从不同侧面展示了理想的人格的内涵”，有的认为，孟子将理想人格的内涵“展开为仁、义、礼、智等具体规定。就其内在涵义而言，仁义礼智具有二重性：它既表现为行为的规范，又是主体内在的品格，二者从不同方面展示了同一道德理想”[2]；其三，孟子道德人格理想的内涵包括性、心、道德；其四，“孟子人格理论的核心是‘圣人与我同类’，‘人皆可以为尧舜’”[3]；其五，内涵包括“修己善其身”“达人济天下”两个方面[4]。

关于理想人格的层次，主要有以下几种表述。其一，它包括坚持气节情操，捍卫人格尊严和具有崇高的社会责任感。有的认为，“具有崇高的社会责任感才是人格理想的最高层次”[5]。其二，“心、气统一的大丈夫的理想人格”。有的认为，“孟子以仁人之内在本心和大丈夫之外在气度为框架，勾画了心、气统一的大丈夫的理想人格的精神风貌，凝结着他对士大夫阶层人生抉择的积极思考”[6]。其三，“孟子将理想人格划分为善、信、美、大、圣、神六个层次”。有的指出：孟子的理想人格有着层级的划分，“其最高的层次是成为像尧舜一样的圣人”[7]。其四，“肯定独立人格、主张人格平等、强调人格超越富贵等内容”。有的指出：“孟子所讲的人格，即人具有道义的品格和精神风貌”，“孟子提出的天爵、良贵，是其理想人格的内在价值”。[8]

有的学者论述了孟子理想人格的内在根据。杨泽波认为，孟子主张“人总要向高一个阶层发展，由利欲需要到事业需要，再到道德需要，最后到天地需要，向理想人格的极至不断发展——人们追求理想人格的内在驱动力就在这里”[9]。杨海文指出：孟子理想人格“内在根据即是作为仁义礼智四德之浓缩与升华的‘仁且智’”，“道德实践主体只要以仁且智为成就理想人格的内在根据，便会油然而生不淫、不移、不屈的勇敢和浩然之气”。[10]

---

① 华弘：《浅析孟子的人格思想》，《山东社会科学》1997 年第 3 期。

② 杨国荣：《人格之境与成人之道——从孟子看儒家人格学说》，《南京社会科学》1994 年第 6 期。

③ 徐柏青：《孟子的人格理论及其实践》，《湖北师范学院学报》（哲社版）1992 年第 2 期。

④ 郭振香：《孟子理想人格观浅析》，《嘉应大学学报》1998 年第 1 期。

⑤ 郑晓江、程林辉：《孟子的人生理论》，《江西社会科学》1991 年第 1 期。

⑥ 李仁群：《仁人之心与丈夫之气——孟子对士大夫阶层人生抉择的思考》，《安徽大学学报》（哲社版）1997 年第 2 期。

⑦ 杨泽波：《孟子理想人格的思想与践行》，《中国文化研究》1998 年第 1 期。

⑧ 参见衷尔巨：《孟子论人格的自我价值》，《孔子研究》1997 年第 1 期。

⑨ 杨泽波：《孟子理想人格的思想与践行》，《中国文化研究》1998 年第 1 期。

⑩ 参见杨海文：《“仁且智”与孟子的理想人格论》，《孔子研究》2000 年第 4 期。

2. 孟子理想人格的价值、意义和影响

许多学者对此做了深入的探讨，认为孟子的理想人格理论从一个侧面对中华民族优秀传统美德做了概括和总结，是中华民族丰富智慧的结晶。诸如“孟子理想人格的思想与践行，具有多方面的意义”，“坚持了做人的最高道德标准”，“提供了实践这种标准的实例”①；“孟子的大丈夫人格作为一种精神力量，它对激扬中华民族自尊自强的品格具有不可低估的作用”②；孟子的理想人格对“恢复和发扬中华民族对人格价值和人格理想的追求，体悟到人生的本体意义，强化人们对国家、民族的社会责任感，或许是医治金钱至上、人为财死、鸟为食亡的极端利己主义人生观的一剂良方，是扭转社会风气、振奋民族精神、增强民族凝聚力的一条可行之途”③。有的指出：孟子“肯定独立人格”，“主张人格平等”，“强调人格超越富贵”，“体现了中华民族优良传统文化，无疑是可以用先进思想加以分析，使之对提高全民族素质，促进社会进步、清明政治发挥积极作用”④。有的认为，孟子“把尧舜禹等圣人视为理想人格的典范和楷模，从而使其理想人格摆脱了道家理想人格抽象玄虚的特性，具有最广泛和现实的影响作用。孟子的圣人‘与我同类者’、‘人皆可为尧舜’的命题，激励和构成了我们整个民族人生价值的理想追求”⑤。

综合以上论述，孟子实现理想人格方法、途径的主要内容包括：“苦其心志，劳其筋骨”、自得与扩充、养心和寡欲、善养吾浩然之气⑥，有耻、执中、诚、与人为善、强恕而行、洁身自好⑦，志于仁义、存心向善、恒存忧患⑧等。

总之，学界将孟子的理想人格理论视为一个由若干层次、侧面构成的相互联系、相互作用的系统整体，并对其内涵、层次、内在依据、价值、意义、影响、实现理想人格的方法、途径等做了深入的探讨，提出了许多新的见解，主要表现为以下四方面。

第一，孟子理想人格的内涵。有的概括为守节、尚志、乐善、思诚、廉正、充实等，有的概括为仁义礼智以及浩然的意志力量；有的概括为

---

① 参见杨泽波:《孟子理想人格的思想与践行》,《中国文化研究》1998 年第 1 期。
② 郭振香:《孟子理想人格观浅析》,《嘉应大学学报》1998 年第 1 期。
③ 郑晓江、程林辉:《孟子的人生理论》,《江西社会科学》1991 年第 1 期。
④ 参见衷尔巨:《孟子论人格的自我价值》,《孔子研究》1997 年第 1 期。
⑤ 张应杭:《论孟子理想人格思想对民族精神的影响》,《学海》1993 年第 5 期。
⑥ 参见郑晓江、程林辉:《孟子的人生理论》,《江西社会科学》1991 年第 1 期。
⑦ 参见黄大路:《孟子理想人格观之管窥》,《学术月刊》1991 年第 2 期。
⑧ 参见杨泽波:《孟子理想人格的思想与践行》,《中国文化研究》1998 年第 1 期。

性、心、道德三个方面，有的概括为“圣人与我同类”“人皆可以为尧舜”两个方面，有的概括为“修己善其身”和“达人济天下”两个方面，等等。上述概括尽管角度不同，但基本精神都是相通的，都从不同层面揭示了孟子理想人格的丰富内涵。笔者认为，从“修己善其身”和“达人济天下”内外两个方面的揭示，颇为简洁、明快。

第二，孟子理想人格的层次。有的将它概括为“君子”或“大丈夫”，有的概括为“善、信、美、大、圣、神”六个层次。笔者认为，“君子”“大丈夫”只是孟子理想人格的两个类型。上述将孟子的理想人格划分为“善、信、美、大、圣、神六个层次”，以及尧舜等圣人是理想人格的最高层次的观点是切合孟子本意的。

第三，孟子理想人格的内在根据。学界的探讨主要有：一是人的由利欲需要到事业、道德、天地需要的由低级向高级需要的追求和发展，是人们追求理想人格的内在动力；二是作为仁义礼智四德之浓缩与升华的“仁且智”。实际上，这两种概括是相通的。人对由低级向高级需要的追求与“仁且智”是紧密联系在一起的。人的低级需要总是受高级需要的制约，“仁且智”的展开过程就是不断追求高尚理想人格的过程。

第四，孟子理想人格的价值、意义和影响。学界普遍肯定了孟子理想人格的价值、意义和对后世的积极影响，认为它“培育了中华民族的骨气，鼓舞了历代一批又一批气节之士前赴后继”，是“扭转社会风气、振奋民族精神、增强民族凝聚力的一条可行之途”，对矫正各种社会时弊具有启迪和益智作用，等等。当然，有的论者判定孟子的“‘寡欲’和‘苦其心志’的思想又带着浓厚的禁欲主义色彩的，因而其对民族精神的影响更多地表现出消极的一面”① 的观点，是欠公允的。笔者认为，孟子承认人的食色、财利等欲望的必要性、合理性，对人的上述需求必须予以合理调节，即以心官制约耳目口鼻等感官，以“天爵”制“人爵”。孟子“寡欲”“苦其心志”的思想与禁欲主义是风马牛不相及的。

（四）义利观

义利观是孟子关于伦理道德与物质利益关系的学说，又称作“义利之辨”，即道德行为与功利关系的争论。它是孟子伦理思想的一项重要内容，亦是学界多年来探讨和争论的一个重要问题。在这一阶段内，许多学者深入探讨了孟子义利范畴的内涵、义利观的逻辑层次和义利关系。

---

① 张应杭：《论孟子理想人格思想对民族精神的影响》，《学海》1993 年第 5 期。

1. 义利范畴的内涵

正确理解孟子义、利范畴的内涵，是全面探讨其义利观的前提和基础。杨泽波认为，“孟子言利，主要指利益，就是能满足人们生活需要的东西，一般指物质利益，也包括某些精神的东西，如音乐。义的涵义比较复杂。孟子义字通常有人伦之理、一般道理、治国方略三个义项。这种义项有时以‘仁义’合说”①。梁韦弦指出：孟子的义“主要有两层含义：一是要求人们遵守当时社会的政治和血缘伦常的等级秩序，一是要求不要侵害他人利益，不破坏人们的生活秩序。两者的共同实质则是要求遵守一定的正常的社会秩序”②。笔者认为，孟子的所谓义，就是指思想行为要符合一定的道德准则和规范，处理问题要合理、适宜，恰到好处；所谓利，主要指利益和功利。上述学者对义利范畴内涵的认识是合乎孟子本意的。

2. 义利观的逻辑层次和义利关系

对这一问题的认识，主要有以下几种表述。

第一，“孟子义利观有君、民、士三个不同的向度”。杨泽波认为，“在这三个向度中，都没有绝对否定利的作用，所以不能说孟子是禁欲主义”，“三个不同向度各有侧重……不能笼统说孟子重义轻利”，“孟子义利观，特别是关于士的义利观，在本质上是价值选择关系，而不是截然对立关系……不能说孟子是后世‘去欲主义’之发端”。③ 周淑萍认为，孟子的义利观包括不同的层次，“在义利问题上，孟子没有忽视人们物质欲望的正当性，承认人们生活中不可能完全抛弃利，肯定人们对财利的欲望是人们的基本欲求，所以他不反对求利。但是，他又把义引入了求利活动，认为义即精神才是人的价值的集中体现，因此他对不同层次的人提出了不同的要求”④。

第二，杨海文指出：孟子的义利观由义利之辨“显层次”与德福一致“隐层次”两个逻辑层次构成。孟子义利观的逻辑结构和内涵包括“义利异质：道义的高扬”“经济生活的伦理辩护”“从义利之辨到德福一致”⑤三个层面。

第三，义与利的有机统一。有的学者指出：有人提出孟子“主张道德高于物质利益并决定物质利益，对伦理学的基本问题作出了明确的唯心主

① 杨泽波:《孟子义利观的三重向度》,《东岳论丛》1993 年第 4 期。

② 梁韦弦:《孟子义利观的再认识》,《人文杂志》1994 年第 3 期。

③ 参见杨泽波:《孟子义利观的三重向度》,《东岳论丛》1993 年第 4 期。

④ 周淑萍:《孟子义利观新探》,《陕西师范大学学报》(哲社版)1999 年第 2 期。

⑤ 参见杨海文:《略论孟子的义利之辨与德福一致》,《中国哲学史》1996 年第 12 期。

义的回答，并认为孟子讲尚义轻利是伪善的，其目的在于欺骗和蒙蔽被剥削者”的观点，“这是对孟子思想的曲解，或者说至少是片面的”。[①] 有的认为，孟子义利之辨的“新意首先和突出地表现在：他把义利问题的讨论向深层次延伸，试图从人们内心心理活动和人性的角度探讨义利之辨的内在依据”，“义的原则性、目的性与功利性的统一，义利之分的不可超越性与和谐一致性的统一，这样两个统一就是孟子义利观的全息图象……认为他主张义利对立从而否定利的观点是不符合孟子本来思想的”。[②]

总之，学界深入探讨了孟子义利的内涵、逻辑层次、义利关系，主要成绩表现在两个方面。一是较客观评述了孟子义利的内涵、逻辑层次。许多论者摈弃了关于孟子对伦理学的基本问题做出了唯心主义的回答、主张义利对立、目的是欺骗和蒙蔽被剥削者的偏颇观点，认为孟子义利观实际上有君、民、士三个不同向度，不能笼统断言孟子重义轻利，也不能认为孟子开后世“去欲主义”之先河。有的指出，把义与利有机地统一起来：孟子义的原则性、目的性与功利性的统一，义利之分的不可超越性与和谐一致性的统一。有的认为，孟子义利观的实质是先义后利，而不是义利对立。这些评说无疑符合孟子思想的本意。二是采用新的角度探讨孟子的义利关系。有的从三个层面梳理了孟子义利观的逻辑结构和内涵，并指出孟子的义利观由义利之辨“显层次”与德福一致“隐层次”两个逻辑层次构成。有的认为，孟子义利之辨的新意突出表现在：把义利问题的讨论向深层次延伸，试图从人们内心心理活动和人性的角度探讨义利之辨的内在依据。

在此需要指出的是，有的论者认为，孟子的义利关系包括以义求利和谋利，“孟子认为，仁义道德能够带来利益，也只有仁义道德才能给人们带来更大而远的利益。人们应该以仁义道德为立足点和出发点，为手段、工具和行为方式去求利、谋利。这是孟子仁政说理论基础的核心”[③]。笔者认为，揭示孟子义利观的这层含义，是十分必要的，这恰恰为不少论者所忽视。我们知道，孟子主张先义后利、以义制利、义利统一。笔者曾指出：“事实上，孟子并不是不讲利……只有遵循仁义这一根本去做，把仁义当做治理国家的最高原则，才是最根本的大利”，孟子认为“仁义与利是有先后、主次之分的同一体，强调用仁义制约利，利要符合仁义，主张

---

① 参见梁韦弦：《孟子义利观的再认识》，《人文杂志》1994 年第 3 期。

② 参见张奇伟：《孟子义利观新解》，《北京师范大学学报》（社科版）1995 年第 4 期。

③ 张奇伟：《孟子义利观新解》，《北京师范大学学报》（社科版）1995 年第 4 期。

符合仁义的富贵利禄将接受它，违背仁义的富贵利禄就抛弃它”。[①] 当然，有的论者指出：“孟子亦不否定人们的生理物质欲望之为人性的内涵。”[②] 这一说法是不妥的。实际上，孟子主张人们对仁义道德的追求内在于人的本性，但他将人对生理物质的欲望、名誉地位等利益的追求视为人的低级需要并将它排除在人的本性之外，这些需求并不内在于人的本性。否则，就会将孟子的性善论混同于告子的“生之谓性”（《孟子·告子上》）。

（五）道德修养

孟子的道德修养是与理想人格紧密相连的一个重要问题。为了追求高尚的理想人格，他提出了一套完整的道德修养方法和措施。学界对这一问题的探讨主要包括两个层面：一是道德修养的目的、原则、途径、方法；二是养浩然之气说。

1. 道德修养的目的、原则、途径、方法

有的学者论述了孟子道德修养的必要性，认为道德修养可以使人同动物区别开来，修养使人得以安身立命，修养是齐家治国之本，并将孟子的道德修养方法概况为“反求诸已”、树立信心和反对自暴自弃、循序渐进法、从平易处做起、推己及人的忠恕之道、克欲、严己等方面。[③] 有的将孟子修养的方法与途径概括为“苦其心志，劳其筋骨”、“自得”与“扩充”、“养心”和“寡欲”、培养浩然之气，认为“这个人生修养模式具有严谨的结构层次性、从低级到高级发展的顺序性以及人们心理情感上的可接受性，对中国人的民族性格和人生态度产生了深远的影响”。[④] 有的认为，“‘养气’说与‘寡欲’说为孟子道德修养方法论的重要内容”，“孟子关于‘养心’与‘寡欲’关系的认识，实包含了如何对待义利关系的观点，故引发了后世的理欲之辨”。[⑤]

有的将孟子达到理想人格的具体方法概括为有耻、执中、诚、与人为善、强恕而行、洁身自好六个方面[⑥]；有的认为，孟子主张首要之务就是努力发掘和培养“本心”，具有自强不息的精神和专心致志[⑦]。有的将孟子理想人格的自我修养概括为强调修养之必要、修养重在内心、通过社会

① 参见王其俊：《孟子解读》，泰山出版社2004年版，第5页。
② 张奇伟：《孟子义利观新解》，《北京师范大学学报》（社科版）1995年第4期。
③ 参见李会钦：《试论孟子的修身学说及其现实价值》，《江西社会科学》2000年第2期。
④ 参见郑晓江、程林辉：《孟子的人生理论》，《江西社会科学》1991年第1期。
⑤ 参见梁韦弦：《孟子论道德修养方法》，《松辽学刊》（社科版）1994年第2期。
⑥ 参见黄大路：《孟子理想人格观之管窥》，《学术月刊》1991年第2期。
⑦ 参见徐柏青：《孟子的人格理论及其实践》，《湖北师范学院学报》（哲社版）1992年第2期。

实践锤炼心身三个方面[①]；有的概括为“志于仁义、存心向善、恒存忧患、重耻知辱、摈除乡愿、志向宏大、出仕以道、志气浩然、忘人之势、困达不变”十个方面[②]。许多论文还探讨了孟子道德修养的现实价值和意义，认为孟子继承、发扬了孔子的正人必先正己的思想，对于我们仍有着积极的借鉴价值和启迪意义。

2. 养浩然之气说

培养浩然之气是孟子道德修养的一项重要内容和措施。许多论文深入探讨了孟子浩然之气说的内涵、方法、历史作用、现实意义等。

第一，浩然之气的内涵。对于这一问题的论述主要有以下几种观点。

其一，浩然之气是人的一种精神状态、精神风貌、道德情操。李才远认为，它是“指人的一种正大、刚直的精神，如人们通常所说‘气节’、‘气概’、‘勇气’、‘志气’等等之总和”[③]。杨琦认为，“孟子的‘浩然之气’是一个融道德认识、道德情感和道德意志于一体的崇高的内心状态，它是一个独特的情感与意志相协调的伦理、心理学范畴。具体地说，‘浩然之气’是指正义的道德情操”。其内涵具体包含着气与心、气与志、气与义三个方面的关系。[④] 王文钦指出：“孟子之‘气’属精神范畴，是‘形诸外’的主观精神、心理状态。在‘志’、‘气’关系方面，孟子认为‘志’制约着‘气’，使‘气’具有了价值向度，它把人的内心与形诸外的精神状态结合起来，成为其心性学说的重要组成部分。”[⑤]

其二，浩然之气是物质性的天地之气。曲广博认为，“现在的哲学史著作中往往将孟子的浩然之气之‘气’视为一种精神力量或道德境界，这是不正确的。这也影响到对孟子哲学的理解和评价”，其含义一是“产生天地万物的物质性的气”，二是“孟子关于气与志的论述与中医有关内容的一致，从一个方面证明了气不是某种精神，而是物质性的天地之气”。[⑥]

其三，浩然之气具有真实存在、精神状态的双重属性。傅永聚指出：“学术界一般认为孟子的‘养气说’是主观唯心主义的东西。把他说的气看成‘仅仅是一种精神状态’，养气是‘把主观精神进行自我扩张，便可以从认识世界进而主宰世界’[⑦]。其实，上述观点并没有全面把握孟子

① 参见衷尔巨：《孟子论人格的自我价值》，《孔子研究》1997 年第 1 期。

② 参见杨泽波：《孟子理想人格的思想与践行》，《中国文化研究》1998 年第 1 期。

③ 李才远：《孟子的“养浩然之气”说》，《西南师范大学学报》（社科版）1992 年第 1 期。

④ 参见杨琦：《释孟子的“养浩然之气”》，《陕西师范大学学报》（哲社版）1992 年第 1 期。

⑤ 王文钦：《主体精神的后天涵养——论孟子的养气说》，《文史哲》1995 年第 6 期。

⑥ 参见曲广博：《孟子浩然之“气”辨》，《河北师范大学学报》（哲社版）1996 年第 4 期。

⑦ 杨荣国：《简明中国哲学史》，人民出版社 1975 年版，第 53 页。

‘养气说’的本意”，“孟子所说的气具有双重属性”，“一是指物质性的气……这种气显然具有客观性，是一种真实存在。二是指道德性的气。这种气，必须符合义”，“气又具有主观性，是一种精神状态”。①

其四，浩然之气是人与历史本体与天道浑然一体的状态。张义宾指出：“应从两个层次理解‘浩然之气’：一是伦理层次，二是历史本体层次，其中后者是根源、基础”，“孟子‘浩然之气’的实质是人与历史本体、与天（道）浑然一体的状态”。②

第二，养浩然之气的基本原则、方法及历史作用、现实意义。许多论者对此做了新的探讨和概括。李才远将孟子养气的基本原则、方法概括为：循道集义、存心重思、尚志忍性。他指出：“孟子的学说长期广泛传播所形成的民族文化心态，在历史上具有无形的凝聚力和向心力，对巩固民族团结，促进社会发展起过重大的作用。它已成为中华民族奋发向上、自强不息的优秀思想文化传统。”③ 李宗强指出：孟子“养气说”对后世的影响是多方面、全方位的，主要表现于哲学与政治、文艺美学与文学批评、后世传统知识分子的人格修养三个方面，孟子的“浩然之气”和大丈夫气魄所体现的特立独行的人格魅力，对后世的知识分子起到了率先垂范的作用。④

除上述外，有些论文还探讨了孟子的人学思想。有的指出：“最早系统地提出‘天人合一’思想的哲学家就是孟子。孟子在对‘人’的价值取向构成中，试图把谋求人与自然、社会和谐统一视为主旋律”，“他对人生价值观的系统阐述，把中国古代人学思想导向了一个更高层次的认识”。⑤

由上可以看出，学界对孟子道德修养研究的主要成绩表现为两点：一是多角度、多层面概括了孟子道德修养的途径、方法、价值、意义。学者们普遍认为，仁义是孟子道德修养的原则，孟子的道德修养方法主要包括志于仁义、存心向善、反求诸己、积极进取、反对自暴自弃、严以责己、推己及人、“自得扩充”、“养心”、“寡欲”、与人为善、知耻改过、养浩然之气等；孟子的反躬自省、循序渐进等修养方法，对于我们仍有着积极的借鉴价值和启迪意义。二是深入探讨了孟子浩然之气说的内涵、实质、方法、历史作用、现实意义。在对孟子浩然之气的内涵、实质的认识上，存

---

① 参见傅永聚：《孟子“养气说”浅析》，《齐鲁学刊》1992年第2期。

② 参见张义宾：《孟子“浩然之气”新解》，《山东大学学报》（哲社版）1999年第2期。

③ 李才远：《孟子的“养浩然之气”说》，《西南师范大学学报》（社科版）1992年第1期。

④ 参见李宗强：《孟子“养气说”初探》，《理论导刊》1998年第7期。

⑤ 参见唐少君：《孟子关于人学的哲学思考》，《管子学刊》1992年第4期。

在着较大的争论，大致有四种不同的观点。上述不同观点的争论，有利于人们深化对孟子浩然之气的内涵、实质的认识。

总之，学界的上述研究取得了可喜的进展，主要表现为以下几个方面。

第一，凸显对孟子伦理思想的基本性质、内容、特点的研究。关于孟子伦理思想的基本性质，主要有两种对立的观点：一是孟子道德论具有唯物主义特征；二是唯心主义的道德起源论。有的针对学术界判定孟子把仁义礼智看成人内在所固有的，在道德起源上是先验论者的传统观点，辨析了孟子的“仁义礼智，我固有之”“良知”“良能”的真实含义，论述了孟子关于道德与物质生活和社会环境的关系，认为孟子的道德论具有唯物主义特征。① 有的认为，孟子的仁义礼智等道德观念并不是外界影响的结果，而是人心所固有的善性，是一种唯心主义的道德起源论。② 上述两种对立的观点，实际上是1949年以来学界评价孟子伦理思想性质的延续。对此，笔者认为第一种观点更切合孟子的本意。

关于孟子伦理思想的基本内容、特点。有的将它归纳为道德准则、道德起源、道德修养方法三个方面③；有的认为孟子的伦理学说由“性善论”“义利观”“五伦说”“修养论”所构成，并从这五个方面论述了孟子伦理学说的突出特点在于以人为中心解答了道德的根源、价值、规范、修养等问题，从而实现了人与道德的统一，即道德的人化和人的道德化④。

许多论文还从孟子伦理思想与其他思想的交叉、渗透上论述孟子的伦理思想。有的将孟子政治伦理观的主要内容概括为四个方面：一是“重民”“贵民”“保民”；二是“宽政”“仁爱”；三是君臣之道；四是“尊贤使能”，认为孟子在许多方面都发展了孔子所开创的儒家政治伦理思想并把它推进到一个更高的阶段，基本形成了儒家政治伦理学说的理论体系。有的认为，“孟子以伦理致思率其先，将政治融于其中，从而给政治以伦理化解释，鲜明地凸出伦理政治中伦理的地位与作用”⑤。有的认为，孟子军事伦理思想的基本特征是民本主义，主要表现为爱民、信民和依靠人民。

---

① 参见惠吉兴：《试论孟子道德论的唯物主义倾向》，《东岳论丛》1991年第1期。

② 参见王文哲：《孟子伦理思想辨析》，《河南师范大学学报》（哲社版）1994年第6期。

③ 参见田真：《论孟子的道德学说》，《北京航空航天大学学报》（社科版）1997年第1期。

④ 孔润年：《实现人与道德的统一——孟子伦理学说新探》，《宝鸡文理学院学报》（社科版）1999年第1期。

⑤ 任剑涛：《给政治以伦理化解释——孟子道德政治哲学主题分析》，《中国哲学史》1998年第3期。

第二，凸显了对孟子仁义礼智道德规范内涵的研究。有的学者指出："孟子的逻辑同孔子从'性相近'的自然属性通过'推己及人'的活动上升到'仁者爱人'的社会普遍性的逻辑过程是一致的。'天'只给予人以自然属性中的某些潜能，并没有赋予人以预成的道德属性，天赋道德说如何能成立呢?"① 有的认为，孟子的"义"代表着"至善"。"义"是关于国家社会以君臣关系为核心和根本的上下等级秩序的原则和规范。突出地把以君臣之道为核心的上下等级名分制度和规范作为"义"的基本内容而加以提倡和阐述，这是孟子的创见。② 有的认为，"义内"说涉及人性、人禽之辨、道德礼法的本原、道德理性的普遍合理性等一系列问题。作为道德理性的"义"既是内在的，同时也必须具有普遍性。③ 总之，上述对孟子仁义礼智道德规范内涵的探讨，表明孟子的道德规范具有二重性：一方面它是调节人际关系和声色臭味的道德原则和规范，具有外在限制的意义；另一方面，它是为人所具有的内在的主体意识。由此看来，孟子的仁义礼智道德规范，既是外在的，又是内在的。

第三，凸显孟子性善论内涵及意义的研究。学界对孟子性善论内涵的认识主要有三说：一是"性可善论"；二是"性本善论"；三是蕴含"人性本善"与"人性向善"。在这里，孟子的性善论到底是"人性本善论"，还是"人性向善论"？抑或是二者兼而有之？这一争论是学界的正常现象。实际上，这是同一个问题的两个不同层面，两者是紧密相连的。如果采取非此即彼的思维方式，就难以对此做出满意的回答。笔者赞同第三种观点。当然，有的论者认为孟子"肯定了'性本善'先验固有"之说，这一观点是值得商榷的。实际上，孟子所谓"人性善"是相对于"兽相食"的"兽性恶"而言的，它不涉及人性的起源问题。从孟子"可欲之谓善"（《孟子·尽心下》）等论述来看，孟子所谓"善"，既是指对他人言行做出的道德评价和判断，又是指人的言行能满足他人的需要而有利于他人的一种价值判断。孟子的所谓"人性善"，无疑是对人的本性做出的综合评价和判断。所谓孟子"肯定了'性本善'先验固有"之说，是不能成立的。

第四，深化了孟子理想人格研究。学界深入探讨了孟子理想人格的内涵、构成要素、层次、内在依据、自我价值、意义、影响以及孔孟理想人格的区别等。其中，较有新意的是对孟子理想人格的内涵、构成要素、层

① 晓言:《"仁"的逻辑程序及孟子的阐发》,《齐鲁学刊》1994年第1期。
② 参见张奇伟:《孟子"义"范畴初探》,《甘肃社会科学》1993年第2期。
③ 参见徐克谦:《孟子"义内"说发微》,《孔子研究》1998年第4期。

次、内在依据、自我价值的研究。有的将孟子理想人格的基本内容概括为守节、尚志、乐善、思诚、廉正、充实等几个方面；有的将其内在要素概括为做一个真正的人、有气质和气节、具有独立意志的人三个方面，孟子的“人皆可以为尧舜”提出了一个独立的道德人格理想，“道性善”回答了实现道德人格的内在根据；有的将孟子的理想人格划分为善、信、美、大、圣、神六个层次，其“最高的层次是成为像尧舜一样的圣人”①。学界普遍认为，孟子的理想人格是中华民族的宝贵遗产之一，它坚持了做人的最高道德标准，提供了实践这种标准的实例，培育了中华民族的骨气，鼓舞了历代一批又一批气节之士前赴后继。孟子的人格理想影响了后世的历代儒士，对激扬中华民族自尊自强的品格具有不可低估的作用。需要指出的是，有的论者认为，“孟子的人格思想又具有极大的偏颇。就其对民族精神的消极影响而言，集中表现在他过分强调了理性自觉以及在此基础上的意志坚定和专一的品性，而忽视了意志还有自愿、自由的品格”②。这一观点有失公允。有的学者指出：“论及孟子的伦理思想及其人格理念，一般总是认为孟子作为专制权力时代的儒家学者，其思想必定充斥着对人的自由权利的压抑。但事实上，如果我们深入地去理解、体悟《孟子》原典，我们会惊讶地发现孟子非但没有贬斥人的自由，相反他倡导一种厚重而深邃的自由理念，即以人的人格自由和道德自由为核心的自由理念……孟子在保持自身的自由品格的同时，也对自由展开了伦理的思考，最终创造性地建构了超越于儒家既定伦理框架及思维定式的自由理念。”③ 笔者认为，这一认识是切合孟子本意的。

第五，凸显孟子义利观、道德修养的研究。关于义利观。有一种观点认为，孟子重义轻利，义利对立，不许讲利，为后世“去欲主义”之发端，主张道德高于物质利益并决定物质利益，对伦理学的基本问题做出了明确的唯心主义的回答，指出孟子的尚义轻利是伪善的，其目的在于欺骗和蒙蔽被剥削者。许多论文对这一观点提出了批评和质疑，对义、利范畴的内涵和义利关系做了新的诠释。有的认为孟子的义利观具有君、民、士三个不同向度。有的认为孟子义的原则性、目的性与功利性的统一，义利之分的不可超越性与和谐一致性的统一，这两个统一是孟子义利观的全息图像。孟子将义利之辨和自由与必然、动机与效果、主观努力与客观结果等理论问题联系起来，从而使义利观更为深刻和完善。有的对孟子义利观

① 参见杨泽波：《孟子理想人格的思想与践行》，《中国文化研究》1998 年第 1 期。
② 张应杭：《论孟子理想人格思想对民族精神的影响》，《学海》1993 年第 5 期。
③ 叶飞：《论孟子伦理思想中的自由理念》，《道德与文明》2016 年第 3 期。

逻辑结构和三个内涵（义利异质—道义的高扬、经济生活的伦理辩护、从义利之辨到德福一致）的梳理和剖析，都在不同程度上深化了对孟子义利观的认识，给人耳目一新之感。

许多论文从不同的层面概括了孟子道德修养的原则和方法，凸显了孟子道德修养原则、方法的多样性、丰富性。

从总体上看，学界深化了孟子伦理思想研究。这主要表现于下述四个方面：一是对孟子伦理思想的基本性质、基本内容、基本特点以及伦理思想与政治、经济、军事等思想的相互渗透、作用的研究；二是深入揭示了孟子仁义礼智等道德规范的内涵；三是深化了孟子理想人格研究；四是深化了孟子义利观、道德修养和养浩然之气的研究。上述研究提出了许多新的观点和见解。当然，有的论者判定孟子“宣称的是一种先验主义的天赋道德论，他把人性中的仁义礼智视为天赋的道德观念，‘寡欲’和‘苦其心志’的思想又是带着浓厚的禁欲主义色彩的，因而其对民族精神的影响更多地表现出消极的一面……孟子这一思想对我们民族心理、性格的影响就显得极为消极”[①]。这种判定孟子坚持先验人性论、唯心主义道德观的观点是值得商榷的，认为孟子的“寡欲”“苦其心志”的思想带着浓厚的禁欲主义色彩，也是不公允的。

第三节　21世纪以来的孟子伦理思想研究

21世纪以来，学界出版的几部伦理思想通史和近200篇论文全面、深入地论述了孟子的伦理思想，这一研究呈现出前所未有的兴盛局面。笔者将21世纪以来（2001～2012）的孟子人学研究、伦理思想整体研究、性善论、义利观、理想人格、道德修养研究等，做了全面、系统的梳理和述评。[②] 为节省篇幅，笔者在此引用其中的基本观点和结论。

---

① 张应杭:《论孟子理想人格思想对民族精神的影响》,《学海》1993年第5期。

② 参见王其俊:《中国大陆当代孟学研究述评》,《孔孟学报》2011年总第89期;《大陆当代孟子性善论研究述评》,《孔孟学报》2014年总第92期;《近十几年来大陆孟子伦理思想研究述评》,《中国文化论衡》2016年第1期。这三篇论文分别系统梳理了大陆1949～2008年的孟学研究、1949～2009年的孟子性善论研究、2001～2012年的孟子伦理思想研究。为保持本书时间下限的统一,本书在引用其述评的基础上,分别补充和梳理2010～2016年孟子性善论研究、2013～2016年孟子伦理思想研究。

一、人学研究

笔者在述评孟子人学研究时指出："按照通常的理解，人学是一门综合性的人文社会科学，它主要以人性（人的本质）、人生意义及人的行为准则为思考对象，是以人性论为核心，兼含人生观（人生价值论和行为准则论）、人治论（自治的修养论和他治的政治论）、人的社会理想论而构成的一个有机思想体系。21世纪以来，许多通史通论和学术论文对孟子的人学做了深入的探讨"，"从尚明《中国古代人学史》对孟子关于儒家仁学的创造性发展、人禽之辨、内省的道德修养方法、仁的道德价值及其局限性的论述，到李中华主编的《中国人学思想史》对早期儒家人性论的建立和'用仁界定人'、孟子'尽心、知性、知天'的心性论与天人论的合一、高扬人性——儒家道德本体论的建立及其对儒家人学思想的意义、理想人格的确立和道德价值的追求、道德与人格修养论在儒家人学思想中的地位等问题的论述，再到许多论文对孟子人学的内涵、主要特征、孟子人学对建构马克思人学的意义等问题的探讨，深化了对孟子人学的内涵、主要特征等问题的认识，提出了许多新的观点和认识，拓展了孟子伦理思想研究的新领域、新角度、新问题"。①

二、伦理思想整体研究

（一）2001～2012年的孟子伦理思想整体研究

近20年来，许多专著和几十篇学术论文从整体上论述了孟子的伦理思想。笔者系统述评了2001～2012年大陆孟子伦理思想的整体研究，认为这一整体研究"主要包括以下几个方面：仁义等道德规范的内涵及相互联系、道德形上学思想、德性伦理的逻辑层次、伦理与生态、权变思想的交叉和渗透、伦理思想的现代价值等"。

譬如"仁义等道德规范的内涵及相互联系"。笔者述评了万光军《孟子仁义思想研究》，认为"该书全面、系统探讨了孟子的仁义思想，对深化孟学研究当有积极的意义"，"该书在疏解《孟子·尽心上》'口之于味'等章时，认为孟子的仁义礼智是性不是命、食色是命不是性。戴震将孟子此处所讲的'命'理解为'限制之名'显然不妥"。笔者指出："该书对孟子'性'、'命'内涵的理解是值得商榷的"，辨析了孟子

① 参见王其俊：《近十几年来大陆孟子伦理思想研究述评》，《中国文化论衡》2016年第1期。

的“性”“命”范畴，认为“在孟子那里，仁义礼智既具有内在性、超越性，又具有外在性、限制性，它们是同一个事物的不同的两个侧面。该书没有看到孟子仁义礼智的二重性，是一缺憾”。笔者还述评了学术论文对这一问题的探讨，指出：“张奇伟认为，孟子第一次以‘仁义礼智’四德并提，从人之深层的心理情感活动寻求仁爱之心的内在根据，仁义礼智四位一体，相依互补，构成一完整的范畴系统，构建为人道的全部蕴涵……高立梅探讨了孟告‘仁内义外’之辩、‘仁义内在’思想、‘居仁由义’的人道论”，孟子“仁义并举，确立了‘居仁由义’的人道实践途径”。余治平对孟子的“仁心”予以本体论的阐释，认为“本体并不是什么神圣而不可企及之物，本体就是物自身”，“有些论者探讨了孟子的义、礼等道德规范”。

又如“道德形上学思想”。笔者指出：“肖雁探讨了孟子的道德形上学思想，认为学术界往往将‘德’视为一个伦理范畴，往往忽略了它所具有的形上意蕴乃至最高本体方面的哲学内涵……邢靖懿、刘建如认为，孟子以人的心性为内在根据，以天命为终极依托，为道德起源奠定了形上根据。孟子追求圣人境界，提出了诸如立志思诚、尽心养性等一系列道德修养方法，论证了道德行为的终极目的，对当今社会仍有一定的启发……孟子把道德作为人的本性，把道德心作为他整个思想的基础，处处维护道德的至上性与纯粹性，坚决反对任何自然主义和功利主义，其思想可称为道德绝对主义”；“除上述外，许多学者还探讨了孟子伦理思想的现代价值，普遍认为孟子的忧患意识、和谐意识、节义意识、修养意识、爱国意识等伦理思想培育了中华民族的伦理道德、民族性格和民族精神。孟子的伦理思想顺应了当时的历史发展，对矫正现代社会中的道德理论危机和各种社会弊端，提升全民族的道德水平，提高民族素质和重塑民族精神，具有积极的借鉴意义”。①

（二）2013～2016年的孟子伦理思想整体研究

近几年来（2013～2016），孟子伦理思想的整体研究又有了新的进展。许多论著对孟子仁义等道德规范的逻辑结构、公共理性思想、道德意识的起源、道德哲学的性质、自由理念、责任伦理意识、伦理思想对中国文化的影响、伦理思想与其他学科的交叉和渗透等又做了新的探讨。

---

① 参见王其俊：《近十几年来大陆孟子伦理思想研究述评》，《中国文化论衡》2016年第1期。

1. 仁义等道德规范的逻辑结构

对这一问题的论述主要有以下几种观点。其一，孟子仁义礼智的伦理思想是“以‘仁’为根本出发点和归宿，将‘义’作为人生命旅程的正途，而‘礼’则是这个旅程是否合格的检验通关，通过检验即可证明一个充满‘智慧’的完美人生，四者形成一个有机性的系统学说”①。其二，“四端之心并非简单并列的关系，四端以恻隐为根基，羞恶、辞让（恭敬）、是非是以恻隐为基础而次第展开的”，这是“孟子四端之心的内在结构”。② 其三，仁义联属，相反相成。有的认为，“孟子能从仁义有别的儒家礼法发展出仁义联属，乃在于秉承礼法精神，为儒家道德的普遍性基础进行哲学论述；更力行儒家工夫，为道德根基奠定了实践内涵”，“仁义相反相成的本源、本体就是仁，仁自身的行为限度，决定了义的存在、持续和施行方式”。③

除上述外，许多学者还探讨了礼、智、孝、勇道德规范的内涵。有的认为，孟子“极大地压缩了礼的内涵，从而带来了自身理论上的困境。在‘四端’之中，礼没有独立、完整的涵义而辐辏于仁、义，其价值的体现要落实在二者之上”④；孟子“智”的含义为“聪明”与“智慧”，“孟子智德的意义与价值在于强调‘仁’德为首德的同时，也重视智德的辅助之效，并第一次将‘良知’与‘智德’两者关联起来”⑤；“孝的观念作为传统儒学乃至中华文化的一种本根意识、自然情愫和宗教形态，对于民族文化性格的形成起到深刻而广泛的影响。应该对之进行双重剖析”⑥；有的探讨了《孟子》“虞舜行孝”故事生成及其文化内蕴，认为这是“在历史真实的基础上进行了一定的文学演绎……在进行人物形象塑造的过程中，孟子借用历史经典事件和人物作为原型，使得故事内涵更为丰富，人物形象更加饱满，并且在其中注入了丰富的文化内涵”⑦；有的论述了“勇”在孟子德性思想中占有重要的地位，孟子“主张以气养勇，以义配勇，主张‘舍生取义’，‘习’‘气’‘志’与勇密切结合，这样勇德就成为情感与

① 高晓成：《孟子“仁义礼智”伦理观之再考查》，《中国文化研究》2013年第2期。

② 参见廖晓炜：《如何理解孟子的“四端之心”——兼与周海春先生商榷》，《道德与文明》2014年第1期。

③ 参见雷静：《仁义德行的结构——〈孟子〉“父子之间不责善”章的道德哲学问题探析》，《南昌大学学报》（人文社科版）2014年第2期。

④ 杨新宾、黄朴民：《孟子礼论的内在理路》，《理论学刊》2013年第3期。

⑤ 崔雪茹、刁勇生：《孟子的智德思想探析》，《南昌大学学报》（人文社科版）2016年第6期。

⑥ 朱小明：《孟子哲学中孝道思想的再阐释》，《大连海事大学学报》（社科版）2015年第3期。

⑦ 刘洋：《〈孟子〉“虞舜行孝”故事生成及其文化内蕴》，《中国文化研究》2016年第2期。

行动相统一的德性，使勇德成为其最高的道德人格中重要的一部分”①。

2. 孟子公共理性思想、德性论、道德意识的起源、道德哲学的性质

李长泰《孟子公共理性思想研究》一书，“以孟子公共理性思想的内在逻辑为主线，主要解决孟子的公共价值思想如何向公共伦理思想转化的问题，包括公共价值论和公共伦理论……首先探讨公共价值可能的形而上学基础，包括人性本善、天道有诚和王道人心三个方面”，“探讨公共价值可能的现实根据论，包括继承了古圣先贤的思想、主体本身具有自觉性、国家政治利害关系。孟子公共价值观的具体内容主要包括国君重视公共导向，国家重视贤能人才，政治需要关注和提高黎民百姓的生活条件。孟子阐明了公共价值向公共伦理的转化问题：为善达道、以道成伦、人伦规范。孟子思想中的公共伦理结构主要包括：通过言行礼义践行伦理的规范，通过人伦有序实现社会差等和谐，国君通过仁政实现政治太平”。②

关于德性论和道德意识的起源。陈来认为，孟子“以仁为首要的道德观念，同时对义礼智作了新的阐发”，“孟子德论的特别之处，还在于仁义连用、以礼为德，而对义则作了新解……孟子的四德说具有道德德性的统一性，在道德哲学上更为合理”。③ 黄凯旋认为，“道德意识的起源可以区分为内在的、外在的和超越的三个层面”，“孟子对齐宣王论‘以羊易牛’的故事，为我们分析道德意识的起源及其基础提供了一个极好的事例。在‘以羊易牛’的典故中，我们可以找到道德意识的三种起源……孟子具有与海德格尔的存在论十分相似的哲学路线。用海德格尔的存在论解读孟子‘以羊易牛’的典故并由此揭示意识的起源及其存在论基础，也许更加符合孟子的本意及其哲学的本体论意蕴”。④

长期以来，学界对孟子道德哲学的性质争论不休，存在着唯心主义先验论与唯物主义道德观两种对立的观点，20 世纪 90 年代以来，有些学者对孟子道德哲学的性质做了进一步的探讨，主要观点表现在三个方面。一是先验伦理观。仁义观是孟子伦理思想的核心。评价孟子仁义观的性质，关系到正确评价其伦理思想的性质。有的认为，“孟子把仁义之端先验化、

---

① 王凌皞、祝传佳：《孟子勇德思想探析》，《贵州师范学院学报》2014 年第 11 期。

② 参见李长泰：《孟子公共理性思想研究》，“内容简介”，中南大学出版社 2013 年版。

③ 参见陈来：《孟子的德性论》，《哲学研究》2010 年第 5 期。

④ 参见黄凯旋：《论道德意识的起源及其存在论基础——对孟子论“以羊易牛”典故的一种分析》，《广东社会科学》2016 年第 3 期。

绝对化，完全抛弃了具体的外‘势’环境、情形条件的限制，陷入了唯心论”①。二是“完满的道德应当是良知的超越性与经验内容相结合的既内在又超越的模式”。有的论述了孟子“良知”“所具有的先天性、超越性。良知的道德超越性，是指独立于经验世界不为其干扰限制。同时良知又具有内在性，它既独立于经验又行于经验之中，表现于事事物物”，“一个完满的道德应该是先验（先天并行于经验）的，它由先天道德与后天经验内容构成”。② 三是“从义务的形式性到功利的实质性之间的一体流贯”。有的独辟蹊径，从道德两难考察了孟子道德哲学的性质，认为“孟子道德哲学的性质，学术界多从孟子严辨义利的立场出发，将其定位为一种严格的义务论……我们不能把孟子道德哲学的性质判定为纯义务，更不能将其判定为纯功利，对其合理的定位应当是：从义务的形式性到功利的实质性之间的一体流贯”③。

比较上述三说，笔者认为，第一种判定孟子坚持仁义是生而具有的和“良知”“良能”是先天先验的观点，是值得商榷的。笔者对孟子的“良知”“良能”做了一定的辨析，认为“孟子将人生而具有的感物而知、触物而能的能力与后天的教化、习察紧密结合成一个整体，他并没有孤立地只承认前者而否认后者，更没有以‘良知’、‘良能’等同于人后天对自然、社会、人、道德等问题的认识。即使是从现代心理学的观点来看，能力这种‘先天性的遗传因素’，‘在人们的活动效率差异上起着不容我们不考虑的作用’”④。

就上述第二种观点来看，该文对孟子的“良知”做了新的诠释。我们知道，“良知”是孟子伦理思想的一个重要范畴。长期以来，学界的一个传统观点将它视为孟子坚持唯心主义伦理观的一个重要证据。该文诠释的新意在于提出“完满的道德应当是良知的超越性与经验内容相结合的既内在又超越的模式”的观点，论述了“良知”的先天性、超越性、内在性。其中，对于“良知”先天性的解读，不同于以往有人将它视为生而具有的先验论，而是指“从经验主义角度，我们不可避免地受到历史文化等影响，接受已有的道德训诫与礼义知识，而这一切都是先于自己而存在的。

① 王世巍：《论〈孟子〉先验仁义观的内在矛盾及其化解》，《宁波大学学报》（人文科学版）2014年第4期。

② 参见陆畅、白欲晓：《道德先天性及其在经验知识层面的展开——孟子“良知”理论的内在逻辑》，《南昌大学学报》（人文社科版）2014年第4期。

③ 陈永杰：《义务论还是功利论？——从道德两难考察孟子道德哲学的性质》，《河北学刊》2016年第3期。

④ 王其俊：《亚圣智慧——孟子新论》，山东人民出版社1996年版，第375页。

但时间在后并不影响我们具有道德先天性”。这表明，“良知”的先天性是指历史文化等影响和已有的道德训诫与礼义知识都是先于“良知”主体的人而存在。这一观点深化了人们对“良知”先天性的认识。

就第三种观点来看，该文提出“孟子道德哲学是一种从义务的形式性到功利的实质性的一体流贯”的观点，颇有新意。作者认为“不能把孟子道德哲学的性质判定为纯义务，更不能将其判定为纯功利”，孟子的“功利与义务”不是一种对立的关系，而是“处于张力关系之中”，这无疑是从新的层面对孟子道德哲学的性质做了新的诠释。近年来，学界普遍认为孟子的义利关系是先义后利、以义制利、义利统一，但对孟子义中蕴含着利、高扬仁义而追求天下百姓之大利这一层面关注不够。该文指出：孟子认为“功利即对人有益，讲功利并非意味着急功近利，也不是见利忘义，更不等于自私自利。因为对人有益，才会有义务去做，功利直接或间接地与仁义相关。应当说，使人得到真正的利益，才是孟子所要关注的”①。这一认识对弥补孟子义利观研究的不足，无疑具有积极意义。

3. 孟子伦理思想的自由理念、责任伦理意识

叶飞论述了孟子伦理思想中的自由理念，指出“在孟子的自由理念当中，‘自由’主要是指人在道德层面上不受干涉的自由状态，而非西方自由主义者所谓的现代民主政治和法律体系下的个性自由”，它“蕴含着超越时空的普世价值元素，其对于道德自由和人格自由的阐释，可以为现代人的自由追求提供一条有益的路径……值得我们不断去挖掘、理解和借鉴，并且给予更加公正而客观的评价”。②

有的论述了孟子“老者”思想中的责任伦理意识，指出“‘责任伦理’是指人们在担任某一社会角色时应承担的责任、应遵循的道德准则。孟子虽未明确提出‘责任伦理’概念，但其‘老者’思想中蕴含着丰富的责任伦理意识”，“当今世界人口老龄化、老年家庭空巢化已呈递增趋势，孟子老者思想中蕴含的终极责任伦理意识，对于解决整个人类的养生送终问题，提供了可资借鉴的思想资源”。③

4. 孟子伦理思想对中国文化的影响及与其他学科的交叉研究

有的认为，“孟子伦理不仅在理论上决定了中国文化的风格和发展方向，而且对中国人的现实生活产生了深远影响”，“比起西方的理性主义，

---

① 陈永杰：《义务论还是功利论？——从道德两难考察孟子道德哲学的性质》，《河北学刊》2016 年第 3 期。

② 参见叶飞：《论孟子伦理思想中的自由理念》，《道德与文明》2016 年第 3 期。

③ 参见郭淑新、王子廓：《论孟子“老者”思想中的责任伦理意识》，《道德与文明》2014 年第 6 期。

以孟子为代表的中国情理精神具有更为直接的现实性。情因按照理所规定的秩序发挥自身的伦理统一力而具有道德属性，成为德行的内在动力……情是理的根本，只有建立情之基础上的理，才是通情达理，才能做到‘以情动人，以理服人’”。①

关于孟子伦理思想与其他学科的交叉研究。蔡蓁将孟子伦理思想置于进化论伦理学视野下，认为“当代进化论伦理学的研究表明，灵长类动物学和进化生物学中的一些发现为孟子的性善论和对同情心的强调提供了经验上的支持”，“孟子道德理论在经验上的可靠性不仅展现了这种理论在人性解释上的力量，也为孟子所提出的规范伦理学模型较之于其他模型的优越性提供了一种辩护”，“孟子的经典论述体现在对‘孺子将入于井’这个情境的分析……这种恻隐之心是人之为人的根本，也是道德在人性中的萌芽。而目前的一些心理学、神经科学以及灵长类动物学的研究也表明同情的心理机制从根本上说并非是我们可以有意识地加以控制的，它在人类的社会本能中有着牢固的根基，而且以同情为基础的道德情感较之于理性计算在驱使一个道德行为上具有优先性……孟子是否有足够的理论资源，来保障位于道德进化最外层的普遍性关切的可靠性，是一个值得进一步探究的问题。在这个意义上说，基于经验可靠性对孟子的道德理论所做的辩护，也是有其限度的”。②

该文作者借鉴当代进化论伦理学的研究成果，对孟子的性善论及见“孺子将入于井”而产生“怵惕恻隐之心”做了新的诠释，提出“当代进化论伦理学的研究表明，灵长类动物学和进化生物学中的一些发现为孟子的性善论和对同情心的强调提供了经验上的支持。这种来自经验科学的支持在当代规范伦理学强调经验可靠性的背景之下显得尤为重要”和“人性中有着内在的向善倾向。这个观点得到了现代进化生物学的支持”，“道德的产生并不神秘，仍旧在人性之中有其进化论的起源”的观点。笔者认为，这是21世纪以来孟子伦理思想研究的新成果之一，对孟子的伦理思想做了新的探讨。

蔡蓁、赵研妍从当代道德心理学的视角探讨了孟子的恻隐之心，指出：“孟子的恻隐之心概念日益受到西方哲学家和心理学家的关注。运用当代道德心理学的概念资源可以发现，恻隐之心作为人性中最首要的善之端，既包括对他人痛苦感到移情式的不安，也包括对他人的福祉怀有同情

---

① 文敏、杨文宇：《论孟子德性思想之情理精神对中国文化的影响》，《沈阳大学学报》（社科版）2014年第1期。

② 参见蔡蓁：《进化论伦理学视野下的孟子》，《复旦学报》（社科版）2014年第3期。

式的关切。对孟子恻隐之心的这种解读也有助于澄清孟子和他在进化生物学领域中的当代支持者之间究竟存在哪些共鸣和差异，以及孟子的理论可能面临的挑战。”学界多将“恻隐之心”视为对他人苦难的同情仁爱之心。在这里，作者认为“恻隐之心”“既包括对他人痛苦感到移情式的不安，也包括对他人的福祉怀有同情式的关切”。这一观点，涵盖了“恻隐之心”对他人苦难的同情和福祉的关切两个方面，既深化了人们对“恻隐之心”内涵的认识，又“有助于我们思考恻隐之心的有限性”。诚如作者所言“在阐明恻隐之心的心理要素的同时，我们也需要注意到道德心理学的经验研究对孟子所持有的以同情为基础的道德理论所提出的挑战。这些挑战不仅引导我们关注孟子对恻隐之心的有限性的理解，也为如何系统化地拓展孟子的道德发展理论指明了亟需解决的问题和可能的方向”。①

三、性善论研究

21 世纪以来，孟子的性善论研究取得了新的进展，成果丰硕。笔者系统地梳理、述评了大陆学界 2001～2009 年的性善论研究。为节省篇幅，本书在引述该文结论的基础上，将学界近几年（2010～2016）的性善论研究做一简要梳理。

（一）2001～2009 年的性善论研究

笔者在述评这一阶段的孟子性善论研究时指出，学术界发表了 50 余篇探讨孟子人性论的论文，主要论述了孟子性善之“性”的含义、性善论的内涵、性善论的逻辑结构、性善论的形上根据等……学术界对孟子性善论的研究，提出了许多深刻的见解，取得了新的进展，促进了孟学研究的兴盛。这突出表现于以下几个方面：

其一，深化了对性善之“性”含义的认识。学术界不同的观点主要有：一是人与生俱来的，具有道德规范和伦理价值的一种社会属性。它不包括人的自然本性，其表现为仁义礼智；二是先天赋之而有“四德”；三是“人天赋之中可以有自我做主的成分，是人之所以异于禽兽者，是使心在待人接物时产生恻隐、羞恶、辞让、是非之心的根据”；四是人之为人的特性和人内在具有的能动主体性；五是人生来具有的两类属性即食色欲望之性和仁义道德之性，可以叫作性，也都可以叫作命；六是人性具有双重性，即动物性（人的本性）和文化性（人的习性）。比较上述诸说，笔

---

① 参见蔡蓁、赵研妍：《从当代道德心理学的视角看孟子的恻隐之心》，《社会科学》2016 年第 12 期。

者认为，前三种观点中将孟子性善之“性”视为与生俱来、先天赋有、天赋，这就将孟子的性善论视为先天的、先验的；第五、六两种观点将性善论视为具有两类属性即食色欲望之性和仁义道德之性以及具有双重性即动物性和文化性，并不符合孟子性善论的内在意蕴。笔者认为，上述第四说，即“性”是人之为人的特性和人内在具有的能动主体性，概括了孟子性善之性的本质。实际上，孟子的人性并不是与生俱来的，它是在人与禽兽区别的意义上而言的，是指“人之所以异于禽兽者”，人之所以为人的本质属性。由于学者们对孟子性善之“性”含义的认识不同，因而对其性善论的评析亦会产生差别。

其二，从不同的角度、层面审视性善论的内涵。由于对性善之“性”含义的认识不同，因而对性善论内涵的认识亦存在争论。大致有七种不同的观点：一是“向善”与“为善”；二是性善论是对“以情才代性”和“以故言性”的批判；三是性善论是“以才论性”与“因情定性”；四是性本善；五是性善、向善、为善和致善是一个有机的整体；六是“人性有善”与“人性无恶”；七是超越人性观；等等。上述观点从不同的角度、层面对孟子性善论的内涵做了各自不同的诠释和论述，将有利于人们抛弃非此即彼的思维模式，从整体上把握性善论内在多种因素的相互联系、相互作用。其中，有的论者指出性善论是对“以情才代性”和“以故言性”的批判；有的认为将性善论视为先验人性论的观点混淆了性善的发生学意义与本质性意义。性善论不是与经验相对立的先验人性观，它使人性超越于经验实在领域之上和一切经验科学之上，成为一种超越的人性观。这些观点颇有新意。

其三，性善论的逻辑结构和形上根据。就性善论的逻辑结构来看，有的论者将性善论的逻辑结构概括为三个方面：仁义礼智人伦规范正是可欲之善的现实存在；性善论是善何以可能的内在根据；天道观则是善的超越根据；有的认为孟子性善说的理论建构由性善说的前提、出发点、核心理论四心——四端说、持养论四个方面所构成；有的认为孟子的性善论由以人的道德属性为人性、人之初性本善、所有的人都是性善的三个方面所构成；有的认为孟子的德性论是一个有机整体，它包括德性是人存在的依据、外在的道德规范是内在本性的外化、真正的道德行为必然合乎内在本性的要求、到达至善之境是其伦理理论的逻辑归宿四个方面。就性善论的形上根据来看，有的认为孟子性善论的形上根据是自由而自律的理性——心；有的则认为孟子性善的形上根据是天。

上述表明，从对孟子性善之性的含义、性善论内涵的争论，到对孟子性善论逻辑结构的争鸣，再到对性善论形上根据的不同探讨，学者们从不同角度、层面的探讨，尽管立论不同，但都力求持之有故，言之成理。这些争论，对深化性善论的研究无疑具有积极的意义。①

（二）2010～2016年的性善论研究

通观学界近几年的性善论研究，主要内容包括性善之“性”的含义、性善论的内涵、性善论的逻辑结构、性善论与其他学科的交叉、“性善论”的价值、性善论研究的方法论等几个方面。

1. 性善之“性”的含义

学界关于性善之“性”的含义，主要观点有五：

第一，“人能自主掌控的欲求”。李巍认为，“孟子最终就是要将‘性’的所指排他性地收缩到心官之性上。这样做，在于引入了对‘性’指什么的新限定，即人性除了是自发、固有和惟人独有的欲求，更必须是人能自主掌控的欲求”，“心性才代表了整个人性……就是对‘性’之所指的最后限定”。②

第二，“性”的含义包括人性中异于禽兽的部分、性善是先天的、人性中能够为善的动机。“从逻辑学的角度来看，‘性善’实际上是一个理论假设，‘性善论’的论证属于循环论证。但是，‘性善论’在价值导向和理论基础方面仍有重要意义。”③

第三，“人生而具有的一切才质禀赋”。有的认为，孟子性善论之“性”“并非人们通常所谈论和理解的外延更为宽泛的人性，而是在一般意义上所指的（人）性之外延往往却正同于或近于告子所言的‘生之谓性’意义上的‘性’，即包括人生而具有的一切才质禀赋”④。

第四，性既是实然者又是应然者，不是一个纯粹的先天实然。有的论者认为，“孟子之所谓性，既是实然者又是应然者，断不是一个纯粹的先天实然。从常人到君子显然是一个过程，是一个从实然之性向实现应然之性的全性的过程”⑤。

第五，人性是人之所以为人的、区别于其他事物的独特属性。有的论者认为，“本性就是令这一种或这一类事物区别于其他相近事物的重要属

① 参见王其俊：《近十几年来大陆孟子伦理思想研究述评》，《孔孟学报》2016年总第94期。

② 参见李巍：《“性”指什么？——孟子人性论的起点》，《现代哲学》2016年第5期。

③ 李芸鑫：《孟子“性善论”的逻辑分析》，《兰台世界》2016年第9期。

④ 卢毅：《道德主体的根据与责任——对孟子“性善论”及其伦理学意义的重新阐明》，《道德与文明》2015年第1期。

⑤ 杨杰：《孟子性善论的当代解读》，《理论界》2013年第2期。

性”，“孟子对‘人性’概念的初步界定：人性是人之所以为人的、区别于其他事物的独特属性”。①

2. 性善论的内涵

学界对孟子性善论的内涵做了深入的诠释和探讨，主要观点大致划分为以下八种：

第一，即心言性，性由心显，以心善言性善。有的论者认为，“孟子的‘性善’是即心言性，强调性由心显，以心善言性善，走的是一条逆觉体悟的道路”，“孟子认为人与禽兽之别、君子与小人之异，在于各自所存守之东西不同；人与动物之不同的‘几希’处就是人的心，正是人心的一点灵明才使得人从动物中超脱出来，而使人成为真正的人”。②

第二，本善论。有的论者认为，“孟子是性本善论者。这里所说‘本善’有二义：一是善性生来本有；二是善性本来圆满自足，不是自‘端’发展而出。至于孟子所举‘孺子入井皆有怵惕恻隐之心’、‘孩提之童皆知爱其亲’等经验事实，并不是性善论的立论依据，而是孟子为说明先验本心的实际例证”③。李栅栅、何善蒙认为，“孟子所谓的性善论，是性本善，即人天生具有德性，孟子是以性本善的方式来确立人作为一个类存在的价值和意义，从这个角度来说，人性必须是本善的，而非向善或者可善”④。朱光磊指出：“孟子的性善论是性本善而非性向善。‘孺子入井’的事例由‘孺子’来给予与主体无关联的经验对象，由‘乍’来表现主体当下的经验感知，从而确保经验感知的本真状态。通过因果律的思维方式，从作为果的本真经验状态的善行，可以推导出作为因的善性”，“本善是从所以然上立论，向善是从然上立论……性本善的解释比较符合孟子人性论的原义。人性本善是本质，人心向善是表现。”⑤

第三，向善论。杨杰认为，“孟子言性善，实则并非当代所理解的性善论”，“性善非指性本善，而是就其具有向善性而言，性的真正意蕴绝非一个静止的抽象概念，而是一个全性的过程，此过程通过心的具体而现实的道德活动实现出来”。⑥ 李巍认为，“孟子眼中的‘性善’不论内涵多么

① 参见王凌皞：《孟子人性发展观及其法理意义》，《法学研究》2013 年第 1 期。

② 参见陈林：《“性善”与“性本善”：孟子朱熹人性论的两条理路》，《理论月刊》2014 年第 2 期。

③ 刘学智：《善心、本心、善性的本体同一与直觉体悟——兼谈宋明诸儒解读孟子“性善论”的方法论启示》，《哲学研究》2011 年第 5 期。

④ 李栅栅、何善蒙：《性本善非向善或者可善——再论孟子的性善论》，《管子学刊》2014 年第 1 期。

⑤ 朱光磊：《性善论由“孺子入井”看孟子性善论的理性论证》，《孔子研究》2016 年第 5 期。

⑥ 参见杨杰：《孟子性善论的当代解读》，《理论界》2013 年第 2 期。

复杂，至少有两个基本层次：人性向善是确凿的（基于道德欲求的真实性），人性趋善是可能的（基于道德欲求的自主性）”①。

第四，常情善性。鲁建辉、陈学凯认为，“人的情性与人道并生，割裂情性、以情为恶等都是片面的、不合人道的。孟子的性善说既有善性，又含常情。常情善性在具体的历史过程中形成，并随着社会、人道的变化而发生转变。善性是常情的共享，常情是常欲的稳固，常欲是欲望的适度。孟子的人道思想以常情善性为本根，令人转观念、具常情、备善性、做常人方是正道”②。

第五，“生之谓性”是孟子人性论的逻辑起点。曹景年认为，“学界关注孟子的人性论，多从‘人之异于禽兽者’这一角度出发，而认为这是孟子对性的传统定义‘生之谓性’的突破和创新”。实际上，“‘人之异于禽兽者’不过是‘生之谓性’外延的一部分”，“孟子认为善端具有自发性，良知良能具有本能性，天爵具有先天性，这些都符合‘生之谓性’的概念……‘生之谓性’这个维度构成了其论性逻辑起点”，“‘生之谓性’的内涵”是指“天生的欲望、脾性、善心、机能等等，都是性”。③

第六，自然主义性善论。王凌皞认为，“孟子的自然主义性善论提供了不同于‘理性人’的人性学说”，“孟子的人性善学说带着更多理想甚至浪漫主义的色彩。他一再强调人性善的一面，把同情、合作而不是贪婪、暴力看作人性的根本，将政治社群成员的美德树立为政治与法律制度追求的重要目标，认为国家的政治与法律制度正当性的基础在于对人类至善的追求”，“孟子对‘人性’概念的初步界定：人性是人之所以为人的、区别于其他事物的独特属性”，“孟子所展现出的人性观是一种发展的人性观……孟子发展观人性论的根本看法：人的本性是人自然发展过程中表现出来的稳定趋向和潜在能力”。④

第七，人性是个好东西（不排除可能有坏成分）。方朝晖认为，“孟子性善论不是指人性本善，也不是有善、向善或心善，而只是指人性是个好东西（不排除可能有坏成分）……孟子性善论的最高原则是人性，而不是善（仁义礼智）或良心；善、良心或本心等都不是目的，而是为了实现生命的健全、完整发展这个目的的手段；这才是‘自反’、‘存心’、‘修身’

① 李巍：《“性”指什么？——孟子人性论的起点》，《现代哲学》2016年第5期。

② 鲁建辉、陈学凯：《“常情善性”：孟子人道思想的本根》，《思想战线》2014年第3期。

③ 参见曹景年：《生之谓性：孟子论性的逻辑起点——关于孟子人性论的再反思》，《江南大学学报》（人文社科版）2016年第5期。

④ 参见王凌皞：《孟子人性发展观及其法理意义》，《法学研究》2013年第1期。

的主要目的，也是‘根于心’、‘我固有之’等一系列说法的根本原因，还是人禽之别能确立人的价值与尊严的深层原因……以前的解读方式之所以不够理想，正是由于不能充分挖掘出孟子性善论的这些深刻内涵”①。刘晓靖认为，性善论是“孟子道德理想和道德理想人格理论的逻辑起点”，孟子将生色臭味看成是人的本性，但这“不是人性的全部”和“主要方面”，其主要方面应当是“恻隐”等“四心”。有人认为孟子的“‘性善论’丝毫也不否认人性之中存在着与生俱来的坏成份，而只是说人性从整体上看仍然是个好东西”的观点，是“一种合乎逻辑的、反映‘性善论’基本意蕴的深刻见解”，“正是因为人性中也同时存在着‘与生俱来的坏成份’，所以，孟子强调不能任由人性自然发展，必须充分发挥人的主观能动性，努力保存、培养、扩充、发展其中的‘好成份’（‘四心’），约束、消除其中的‘坏成份’（如贪欲等）”。②

第八，性善源自天，不是现成的而是有待去实现的。王鑫将性善论的内涵概括为三个方面：一是“孟子之性善来源自天是‘天之所与我者’，这意味着性善并非是在历史中形成的，亦非是某种人为制作结果而是人天然的道德本质”；二是“孟子所言性善之善不与恶相对”；三是“性善并非是现成之物……孟子所讲的性善不是现成的而是恰恰有待去实现的”。③

3．性善论的内在逻辑结构

学界对孟子性善论的内在逻辑结构的探讨，主要有以下几种表述：

第一，由人性考辨层面和善心扩充层面构成。方圆认为，孟子性善论包含两个层面，即“从‘人禽之别’、‘四端之心’到‘天之所与’的人性考辨层面；从‘存心养性’、‘推己及人’到‘行不忍人之政’的善心扩充层面”。“这两个层面的展开贯穿着一个重要逻辑：人是道德生命而非自然生命……孟子认为人应当进行道德修养，追求道德境界。孟子性善论的这一逻辑，在勉励个体向善和传统价值秩序的建构上发挥了重要的价值。”④

第二，心性情为一的义理架构。杨少涵认为，“孟子性善论的思想进路有两步：一是‘即心言性’；二是‘以情论心’。这个进路有三个关键概念：心、性、情。它们是一体三面的关系，即性即心即情，只不过性是从自作主宰的存在而言，心是从性之自明自觉而言，情是从心性呈现及内在

① 方朝晖：《本质论与发展观的误区：性善论新解》，《国学学刊》2014年第3期。

② 参见刘晓靖：《论孟子道德理想人格》，《湖北大学学报》（哲社版）2015年第5期。

③ 参见王鑫：《孟子与修身——兼论孟荀异同》，《中国哲学史》2014年第3期。

④ 参见方圆：《孟子性善论思想的展开逻辑及其道德价值》，《南京工程学院学报》（社科版）2015年第3期。

动力而言。由此就形成了孟子性善论‘心性情为一’的义理架构”①。

第三，人性的基本架构是在先天与后天、本能与培育、自然与使然的张力之间来确定。刘悦笛认为，“中国原典儒学的人性论形成了一种独特的‘自然—使然’架构”，“孟子尽管将仁义都视为内在的，但却试图在先天与后天之间搭建桥梁；在这个意义上，孟子恰恰介于告子与荀子之间……这恰恰是中国早期思想特别是原典儒学带来的当代启示，既承认人性的自然根据，又接受人性的后天濡化，就是在今天看来也具有重要的‘全球性’价值”。②

4. 性善论与其他学科的交叉研究

许多学者从性善论与法学、文化学、教育学等学科的交叉，探讨了孟子的性善论，提出了许多新见。

第一，性善论与法学。王凌皞针对有人把孟子的“道德和政治学说比作‘一幅海市蜃楼式的政治幻景’，‘充斥迂腐与漏洞’，‘必须清理这些颇为弱智的文化遗产’并‘从中引出深刻的历史教训’”的观点，主张“从孟子对人性的论说入手，以当代伦理学、法理学的视角来解读孟子的人性学说，从自然主义的角度捍卫其浪漫主义的人性观，并在此基础上提请法理学者思考孟子人性论的法理意义”，认为“人性就是在没有受到外界强力干扰的前提下，人类个体在自然或正常发展过程中表现出来的为人类这一种群所独具的稳定发展趋向或能力”，“孟子的自然主义人性论确实为进一步的法理学讨论奠定了重要的理论前提……孟子式美德法理学的法律价值论有更为丰富和厚实的内涵”，它“不但给出了相较现实主义人性观更为全面的人性观点，也为‘自由’和‘美德’兼顾的规范法理学立场提供了可能的思路”。③

第二，性善论与文化学。王小健从文化与人性的关系，论述了孟子的心性论，指出：“孟子以仁义礼智之心作为人之为人、人禽之辨的根本，这种人性论自提出后就因其先验性而受到质疑。但现代人类学倾向认为文化在人由古猿到智人的进化过程中起了主导作用，最终导致了人类心智的形成。心智指的是人类牛物体的某类倾向定势，主要指人类创造并使用象征性符号的能力，以及与之相伴的人类道德的倾向性，孟子所说的仁义礼智之心指的就是这种文化学习能力和道德倾向性，它意味着没有独立于文

---

① 杨少涵：《孟子性善论的思想进路与义理架构》，《哲学研究》2015年第2期。

② 参见刘悦笛：《原典儒学人性论："自然—使然"架构——以告子、孟子与荀子之辨为考察中心》，《南京社会科学》2016年第8期。

③ 参见王凌皞：《孟子人性发展观及其法理意义》，《法学研究》2013年第1期。

化的人性……没有文化的人类不能称其为人，正是在这个意义上孟子才将仁义礼智之心作为人性的根本。仁义礼智之心是先验的，但由于它是在人类的文化实践中形成的，因而又是经验的，只有在相应的文化中才能被感知。所以说道德建设的根本在于文化建设，这也正是孟子仁政思想所要表达的主旨。”①

第三，性善论与教育学。张金兰指出：孟子从“挖掘善心”“养护善心”“扩充善心”的三个角度，分别提出了“求其放心”“存心”和“熟之”“扩而充之”的思想，认为性善论对现代教育的借鉴意义主要表现为：“孟子性善论将完美人格的培养作为教育的目标，这告诫我们教育要以德育为先”“提示我们要贯彻教育公平的原则”“为受教育者确立了对‘圣贤’理想的精神追求……在倡导文化复兴的今天，中国人的精神追求以及民众信仰的问题也是必须深入思考的内容”。②

5. 性善论的价值

性善论的价值主要包括理论价值、文化价值、道德价值、社会价值、全球性价值等几个方面。这些内容往往是相互联系、相互交织的。

黄亚娟将性善论的理论价值概括为三个方面：一是孟子“从社会属性，而不是自然属性来界定人的本质，在当时是一种极大的进步”；二是“肯定了人的道德自觉性在道德实践、道德修养中的重要作用”；三是“孟子对人性问题的解决，使得人们看到了人性中的美好东西，也为大多数人努力向善提供了理论依据”。③

关于性善论的文化价值。申鹏宇认为，孟子“对性善进行了严密的论证，为中国文化建立了一个基石。他的性善论深深扎根于中国文化的脊髓，让中国人以善的视角审视这个世界，参天地化育，追求天人合一。在中国人生活的情境中，到处都透露着‘善’的气息，这体现着性善论对中国文化的巨大影响”④。

关于性善论的道德价值。陈东利认为，孟子思想具有“典型的德性形态。德性既是人类自然的倾向和共同倾向，又需要通过内修与外行的道德实践来得到认可和强化”⑤。方圆认为，“性善论对人性的道德规定和道德

---

① 王小健：《文化与人性：再论孟子的心性论》，《齐鲁学刊》2016 年第 2 期。

② 参见张金兰：《孟子性善论中德育思想探析》，《内蒙古师范大学学报》（教育科学版）2015 年第 1 期。

③ 参见黄亚娟：《孟子“性善论”思想探究》，《长春工程学院学报》（社科版）2010 年第 4 期。

④ 申鹏宇：《孟子性善论的缘起、论证及其意义》，《东方论坛》2012 年第 2 期。

⑤ 陈东利：《孟子的德性观与当代大学生的道德人格教育》，《淮海工学院学报》（人文社科版）2015 年第 12 期。

实践要求，对传统价值秩序的建构、个体道德品质的提升以及社会道德教化发挥了重要的作用”①。

关于性善论的社会价值。刘敬鲁认为，“孟子性善论的价值意蕴，在根本方法论、人学价值取向、安身立命归依、社会秩序建构、目标实现之用等方面，对于社会治理特别是建构理想的社会共同体、激发全体社会成员主动向善的巨大潜能、自觉实现道德成长和共同福祉，具有极其重要的现实指引意义”②。

关于性善论的全球性价值。刘悦笛认为，“当今欧美的‘情感哲学’研究方兴未艾，从这种最新哲学视角出发来反观中国儒家哲学，特别是孟子的‘四端’思想，可以获得‘比较哲学’方面的诸多新启示”，“孟子的关于‘情’的思想，具有全球性的价值和意义，这意味着中国的智慧并不是地域性的智慧，而是可以跻身为世界性的智慧。从孟子‘情论’出发的这种‘情理结构’应是执两用中的：从现实出发上，那是‘道始于情’，从生存境界上，乃为‘孔颜乐处’，所谓‘执两’（一始一终）而‘用中’（度的把握），才是中国儒家得以全球化的‘普世智慧’”。③

6. 性善论研究的方法论问题

近几年来，学界对孟子性善之“性”的含义，以及性善论的内涵、逻辑结构、与其他学科的交叉、价值和意义等问题的研究，提出了许多新见，同时亦存在着不同认识和争论。这些争论，既涉及对孟子“性”的含义及性善论的内涵、逻辑结构等问题的不同诠释和解说，又涉及对性善论的性质、价值、意义的不同认识。其中，有的对孟子的性善论做了误读，在方法论上陷入了一定的误区，这不能不引起学界的关注。许多学者对性善论研究的方法论问题做了深入探讨，主要内容划分为以下几个方面：

第一，借鉴宋明诸儒解读孟子人性论的方法。刘学智认为，“当代学者对孟子的性善论有种种解读，这些解读虽然都有其合理性一面，但是在方法论上不免有就性论性之嫌，也离开了孟子将心、性、天内在贯通、视为一体而没有形上与形下、超越与内在俨然分隔的天人合一理路，更没有关注孟子所用的是本心体悟和生命体验的方法，故往往着力于建立某种逻辑的结构或以形式逻辑寻找其根据。宋明诸儒给我们的启示在于：孟子不

① 方圆：《孟子性善论思想的展开逻辑及其道德价值》，《南京工程学院学报》（社科版）2015年第3期。

② 刘敬鲁：《孟子“性善论”的价值意蕴及其对社会治理的意义》，《复旦学报》（社科版）2015年第2期。

③ 参见刘悦笛：《情感哲学视野中的“恻隐之心”——兼论孟子情论的全球性价值》，《孔学堂》2015年第4期。

是以某种逻辑的方法去‘推论’或从经验事实中抽象出人性本善，也不是以严密分析的方法‘证出’人性本善，而是在天人合一的心性论体系中以直觉和生命体验的方法，直悟人性本善。‘四端’非是指人生来仅有‘善端’，只是说四德是本心的呈现，本心是四德之端绪而已。本心是不可分割的”①。

第二，反对“似为有据的猜想或纯属望文生义之胡诌”。林桂榛认为，“《孟子》论性唯‘天下之言性也，则故而已矣，故者以利为本’章最难解，考该章‘性—故—则—利—凿—致’六字尤三见之‘故’字并理清孟子论证理路或修辞，可知该章是言性崇本之意并扬性善、顺性之说……孟子持性善论，其‘天下之言性也’章强调就本性而言性：言本性则当利本性，就人言之则当顺人之善性而为，‘则故—求其故’并称即皆求其原、效其本；‘则故—求其故’而循本顺性则若治水之‘行其所无事’，反之则是穿凿”②。

第三，以比较哲学的视野和动态人性观审视孟子的人性论。李文娟认为，安乐哲“打破了传统的人性概念，将孟子之性置于一种动态过程中进行讨论，认为‘性’是一种有赖于特定条件的文化产物，是个人通过文化修养所获得的成就。这种从文化学意义上来解释孟子之性的方法，有利于挖掘孟子人性论的文化价值，对进一步探讨孟学中的创生力具有现实意义和理论意义”，“孟子的伟大之处，在于他对社会蕴含着深切的现实人文关怀，这也许就是我们研究孟子性善论的最大意义所在……孟子性善论具有特殊的社会教化功能，虽然它不同于宗教般的超理性的信仰，但其作为个人内心信仰的方面往往掩映在社会功能之中。也许正如安乐哲所理解的那样，孟子之‘性’具有创造性。那么，作为一种心性哲学，我们何不借助它来督导人心向善，进而去创造一个更加完善的社会”。③

第四，孟子的人性学说实现了人的价值理性的自觉。允春喜、金田野认为，“中国古代最早将理想政治生活的必然性和合法性寄托于天，而孟子通过赋予天以终极解释和终极价值的意涵，将这一问题转向对人性的探讨，从而使客观的天道具备了人道的主观价值。孟子明确了人禽之别在于人性内在的价值尺度，使人从动物式的生存转向道德性的社会生活，从而

① 刘学智：《善心、本心、善性的本体同一与直觉体悟——兼谈宋明诸儒解读孟子“性善论”的方法论启示》，《哲学研究》2011年第5期。

② 林桂榛：《〈孟子〉“天下之言性也”章辨正》，《孔子研究》2014年第4期。

③ 参见李文娟：《比较哲学视野下的孟子人性论研究——以安乐哲的孟学思想发展为主线》，《现代哲学》2015年第3期。

对承载价值理性的人作了进一步规定。孟子将价值理性把握为一种无限的思维指向而非一种认识结果，使个别之‘民’向普遍之‘人’的转向成为可能。孟子的人性学说实现了人的价值理性的自觉，在优良政治秩序构建的方法论意义上影响深远”①。

第五，避免对孟子人性论的误读。曾振宇对孟子的“性善”提出质疑，认为“孟子人性论的基本观点为‘人性善’或‘性善’，业已成为‘国民常识’。在这一常识的背后，隐伏着深度的误读。孟子从个体生命体验和形式逻辑层面反复证明的一个观点为人性有善端，仁义礼智‘四端’源自天，存诸人性为‘立命’，人性之善是与善恶相对之善，善不是绝对之善。但是，孟子从未否定‘性’有恶端”②。

第六，人性论的内在矛盾。刘瑾辉认为，“孟子言人性善，对‘性’与‘善’缺乏确定性，故后世对孟子性善论就出现不同的理解并引发争辩。究其原因是孟子人性论具有内在矛盾：孟子不分人的本然之性与社会属性，混淆人性本善与人性可善，人是否固有‘四端’前后矛盾，以人兽对比证明人性善，不合逻辑。究其原因有四：一是孟子‘道性善’之‘性’指向不明；二是孟子混淆本善与可善；三是孟子在论证人性善时存在自我否定现象；四是孟子以人兽对比证明人性善，既不合逻辑，也有偷换概念之嫌”③。

有的学者还变换视角，从恶的角度来审视孟子的性善说。王美玲认为，“孟子从恶产生的内在原因和外在原因对恶的来源进行了阐释。内在原因是人不能尽人之性所以才为恶，外在原因是人是否行善与外在环境的影响有很大关系。从道德的角度看，内外原因看起来似乎是矛盾的，但实质上并不矛盾。恶很大程度上与人的自然之性所带来的欲望有关，但是孟子并没有对人的自然之性予以充分的重视，因此孟子对恶的解释是单薄的”④。

除上述外，学界对孟子的“恻隐之心”做了深入解读和评价。陆畅探讨了孟子同情理论的内在逻辑和恻隐之心的内涵，认为“良心本体显现于经验世界要通过情感、知识、意志三个向度展开，这三个向度在具体的行为中是不可分割的统一体。因此，同情并非单一的情感表现，而是知识层

① 允春喜、金田野：《价值理性的自觉与优良秩序的基点——孟子人性学说的方法论意义》，《道德与文明》2016 年第 3 期。

② 曾振宇：《“遇人便道性善”：孟子“性善”献疑》，《文史哲》2014 年第 3 期。

③ 刘瑾辉：《孟子人性论具有内在矛盾》，《福建论坛》（人文社科版）2015 年第 1 期。

④ 王美玲：《从恶的角度来看孟子的性善说》，《兰州学刊》2012 年第 2 期。

面的事实判断、情感层面的怵惕悲怀、意志层面的道德自觉三个方面的综合。知识判断与情感上的怵惕凡圣皆有，程度深浅不一，圣人比普通人高明之处在于多了道德自觉与对有限世界的悲感，这正是理想状态下恻隐之心所当涵括的内涵”①。蔡蓁、赵研妍从当代道德心理学的视角探讨了孟子的恻隐之心，指出：“孟子的恻隐之心概念日益受到西方哲学家和心理学家的关注。运用当代道德心理学的概念资源可以发现，恻隐之心作为人性中最首要的善之端……孟子所说的恻隐之心主要包含两个要素：一是对他人痛苦的伤痛感受；二是对他人福祉的关切”，“孟子把‘人’看作是一个道德概念，而不是生物学概念。他对人性的理解有着规范性的色彩”。②

通观21世纪以来的性善论研究，几十篇论文对孟子性善之“性”的含义、性善论的内涵、逻辑结构、形上根据、与其他学科的交叉和渗透、价值和意义、研究方法论等问题做了新的深入探讨。上述研究，硕果累累，新意迭出，呈现出前所未有的兴盛局面。鉴于笔者对21世纪以来前十年的性善论研究已做了述评③，为避免重复，笔者侧重于概述近几年性善论研究的主要成绩。

其一，深化了对性善之“性”含义的认识。从21世纪初的前十年关于“性”含义的六种不同观点，到近几年关于“性”含义的五种不同观点④，展现了学界对“性”含义的认识日趋深化的繁荣景象。就近几年关于“性”的五种观点来看，除第三种观点外，其他四种观点有相通之处，皆承认“性”是指人区别于禽兽的、人之所以为人的本质和独特属性。其中，在表述上，尤以第五种观点简要、明确而更切合孟子的本意。至于第三种观点将孟子“性善”之“性”视为“人生而具有的一切才质禀赋”。这一观点混淆了孟子与告子人性论的区别，并不符合孟子的本意。

其二，深化了性善论内涵研究。学界由于对性善之“性”含义的认识不同，因而对性善论内涵的认识亦存在争论。从21世纪初的前十年关于

① 陆畅：《“怵惕之心”何以不是“仁之端”——孟子同情理论的内在逻辑》，《中南大学学报》（社科版）2014年第6期。

② 参见蔡蓁、赵研妍：《从当代道德心理学的视角看孟子的恻隐之心》，《社会科学》2016年第12期。

③ 参见王其俊：《大陆当代孟子性善论研究述评》，《孔孟学报》2014年总第92期。

④ 这五种不同观点为：一是“人能自主掌控的欲求”；二是包括人性中异于禽兽的部分、性善是先天的、人性中能够为善的动机；三是“人生而具有的一切才质禀赋”；四是既是实然者又是应然者；五是人之所以为人的、区别于其他事物的独特属性。

性善论内涵的七种不同的观点[①]，到近几年关于性善论内涵是以心善言性善、本善论、向善论、常情善性、“生之谓性”、自然主义性善论、人性是个好东西等观点，学者们做了深入的诠释和论述。就近几年的七种观点来看，除第五种“生之谓性”观点外，其他五种观点尽管有一定差别，但共同的地方就是肯定“善”是人类区别于禽兽的、人之所以为人的共同的类本质。这一界定，明确划清了性善论与告子“生之谓性”的界限。

在这里，笔者对第五种“生之谓性”、第七种人性是个好东西（不排除可能有坏成分）的观点稍做辨析。

关于第五种观点。有的论者认为，“无论是天生的欲望、脾性、善心、机能等等，都是性，再稍作延伸地说，性由于是天生如此……不需要学习和努力就能够具有的东西……这就是‘生之谓性’的内涵”，“孟子正是在‘生之谓性’的意义之下来谈恻隐之心，进而谈性善的”。[②] 实际上，孟子的人性并不是与生俱来的，它是在人与禽兽区别的意义上而言的。所谓“人之所以异于禽兽者”（《孟子·离娄下》），是指人类独特具有的仁义礼智道德观念、人与人之间的各种关系“人伦”和“心之官则思”的理性思维能力。这是人之所以为人和人类区别于“禽兽之类”的本质属性。上述论者对孟子“恻隐之心”的理解不能不说是对孟子本意的曲解。在这里，孟子并没有否认人的自然生理欲望，将人的声色臭味称为“性”，但这并不是人的本性，只有仁义礼智道德观念才是人的本性。孟子的仁义礼智既是制约人的言行的外在道德规范，又是人内在的主体意识和能动性。就其外在性而言，孟子的仁义礼智信是调节父子、君臣、长幼、朋友等人际关系的道德规范，因而具有外在的限制性；就其内在性而言，孟子说“仁之于父子也，义之于君臣也，礼之于宾主也，知之于贤者也，圣人之于天道也，命也，有性焉，君子不谓命也”（《孟子·尽心下》）。就是说，仁义礼智是调节君臣、父子、宾主人际关系和智慧与贤者、圣人与天道的规范及准则，即“命也”，但它同时又是人善的本性、主体意识和能动性，即“有性焉”，君子不能只看到仁义礼智的限制作用而放弃人善的本性及主观努力，即“君子不谓命也”。这表明，一方面孟子的仁义礼智是调节人际关系的道德规范而具有外在的限制性；另一方面，仁义礼智又是人善的本

---

① 这七种观点分别是：“向善”与“为善”；性善论是对“以情才代性”和“以故言性”的批判；性善论是“以才论性”与“因情定性”；性本善；性善、向善、为善和致善是一个有机的整体；“人性有善”与“人性无恶”；超越人性观。

② 参见曹景年：《生之谓性：孟子论性的逻辑起点——关于孟子人性论的再反思》，《江南大学学报》（人文社科版）2016年第5期。

性和主体意识而具有内在性。孟子说："仁义礼智，非由外铄我也，我固有之也，弗思耳矣。故曰：'求则得之，舍则失之。'"（《孟子·告子上》）此言"我固有之"是强调仁义礼智的内在性。孟子将人的自然生理欲望排除在人的本性之外，恰恰是对人的本质认识的深化。上述论者混淆了孟子人的自然生理欲望之"性"与人的仁义礼智之"性"的区别，将孟子的"恻隐之心""不忍人之心"视为"天生如此""天生即会"，不能不说是曲解了孟子的本意，将孟子的性善论视为"生之谓性"，在客观上混淆了人类的本质、独特属性与禽兽"生之谓性"的根本区别，最终"遮盖了性善论的真谛"。

关于第七种观点。这一观点认为，孟子性善论不是指人性本善、有善、向善或心善，而"只是指人性是个好东西（不排除可能有坏成分）"。这一界定，颇让人感到困惑。"好东西"的内涵是什么？论者语焉不详。以"好东西"界定人性，让人感到似是而非。"好东西"中既然"不排除可能有坏成分"，那么，人性到底是个"好东西"还是"坏东西"？上述论者认为"人性中也同时存在着'与生俱来的坏成份'……如贪欲等"。孟子明明承认声色臭味是人生而具有的生理欲望，认为"好色""富贵"是"人之所欲"，"男女居室，人之大伦"（《孟子·万章上》），人的味觉、听觉都"期于易牙""期于师旷"，"人之于身也，兼所爱。兼所爱，则兼所养也。无尺寸之肤不爱焉，则无尺寸之肤不养也。所以考其善不善者，岂有他哉？于己取之而已矣"（《孟子·告子上》）。这就肯定了人的自然生理欲望的必要性和合理性。同时，孟子又认为，为了促进人的健康发展，就要合理调节人的各种需要之间的关系，以高级需要制约低级需要，即以"心官"制约耳目鼻口等感官，以"仁义忠信"之"天爵"制约"公卿大夫"之"人爵"。反之，耳目鼻口感官不接受"心官"的制约，就会被外物所蔽而被引向迷途。显而易见，孟子并没有将人的自然生理欲望视为"恶"或"坏成份"。所谓"孟子的'性善论'丝毫也不否认人性之中存在着与生俱来的坏成份"的观点，无疑背离了孟子的本意。

其三，性善论的逻辑结构。深入探讨性善论的逻辑结构，有利于厘清性善论系统各组成部分之间的内在联系，这是正确评价性善论的一个重要方面。学界对这一问题的表述主要有三：一是性善论的逻辑结构由人性考辨层面和善心扩充层面构成；二是孟子性善论是"心性情为一"的义理架构；三是"在先天与后天、本能与培育、自然与使然的张力之间，来确定人性的基本结构"。这三种表述从不同的角度、层面审视了性善论各组成部分之间的关系。就第一种表述来看，认为"这两个层面的展开贯穿着一个重要逻辑：人是道德生命而非自然生命……在勉励个体向善和传统价值秩序的建构上发挥了重要的价值”①，从而充分肯定了性善论的重要价值；就第二种表述来看，将性善论中的心、性、情视为“一体三面的关系”和“‘心性情为一’的义理架构”，从而发展出中国哲学史上不同的进路和理论形态，这就肯定了性善论在中国哲学史上的理论贡献；就第三种表述来看，肯定孟子的性善论符合“无过无不及”的“中正之道”，“既承认人性的自然根据，又接受人性的后天濡化”② 而具有重要价值，当是应有之义。

其四，性善论与法学、文化学、教育学的交叉研究。在孟子那里，性善论与法学、文化学、教育学的划分是在相对意义上而言的，它们的研究对象各不相同，但二者之间又紧密相连，相互交叉、融合和渗透。近年来，学界注重了性善论与法学、文化学、教育学、美学等学科的交叉研究，从不同的角度审视孟子的性善论，从而产生了很多新的认识。其中，值得关注的是性善论与法学、文化学的交叉研究。

关于性善论与法学。有的论者对判定孟子的道德和政治学说是“海市蜃楼式的政治幻景”“充斥迂腐与漏洞”“颇为弱智的文化遗产”的观点提出质疑，认为“从孟子对人性的论说入手，以当代伦理学、法理学的视角来解读孟子的人性学说，从自然主义的角度捍卫其浪漫主义的人性观”，“以孟子人性论为基础的法律价值论将美德看作法律追求的根本目标之一，但又尊重每个人的基本自由，保障每个公民的基本权利，可以看作兼顾高低标准（自由与美德）的两全之策”。③ 这一新见，一方面以法理学的视角审视孟子的性善论，客观评价了“孟子式美德法理学的法律价值”，对深化性善论研究提供了新的视角而具有积极意义；另一方面，对矫正曲解性善论的偏颇观点亦具有积极借鉴和启示作用。

关于性善论与文化学。有的论者从文化与人性的关系，论述了孟子的心性论，认为“孟子所说的仁义礼智之心指的就是这种文化学习能力和道德倾向性，它意味着没有独立于文化的人性……孟子才将仁义礼智之心作为人性的根本。仁义礼智之心是先验的，但由于它是在人类的文化实践中形成的，因而又是经验的，只有在相应的文化中才能被感知”。这一观点，将孟子“恻隐之心”的产生视为“预先由他的文化模式指导的……大脑发出的施救指令

① 方圆：《孟子性善论思想的展开逻辑及其道德价值》，《南京工程学院学报》（社科版）2015年第3期。

② 参见刘悦笛：《原典儒学人性论：“自然—使然”架构——以告子、孟子与荀子之辩为考察中心》，《南京社会科学》2016年第8期。

③ 参见王凌皞：《孟子人性发展观及其法理意义》，《法学研究》2013年第1期。

是在长期进化中形成的人类心智的一种必然反应，已经转化为一种心理本能。孟子因此将仁义礼智之心看成是仁义礼智的开端，是道德的内在根源，这说明文化资源不是心智活动的外在辅助物，而是它的组成部分”。[①] 这就将性善论与人类的文化实践紧密联系在一起，认为仁义礼智之心是在人类的文化实践中形成的，因而又是经验的。这一观点，颇有新意。

其五，性善论的价值。学界对性善论的理论价值、文化价值、道德价值、社会价值、全球性价值的探讨，提出了许多新见。其中，突出的有下列几个方面：一是性善论的理论价值。孟子从社会属性而不是自然属性来界定人的本质，肯定人的道德自觉性在道德实践、道德修养中的重要作用，为激励人们向善为善和保持善性而提供了理论依据，这已成为学界的普遍共识。二是凸显性善论的文化价值。有的论者认为，孟子的人性善思想“成为了中国文化人性思想的主流，对中国文化很多方面都产生了深远影响”，“性善论深深扎根于中国文化的脊髓，让中国人以善的视角审视这个世界，参天地化育，追求天人合一。在中国人生活的情境中，到处都透露着‘善’的气息，这体现着性善论对中国文化的巨大影响”。[②] 三是客观评价了孟子性善论的道德价值。有的指出：“性善论对人性的道德规定和道德实践要求，对传统价值秩序的建构、个体道德品质的提升以及社会道德教化发挥了重要的作用”和“具有重要的现代意义”。[③] 四是肯定了性善论的社会价值。有的认为，“孟子性善论的价值意蕴，在根本方法论、人学价值取向、安身立命归依、社会秩序建构、目标实现之用等方面，对于社会治理特别是建构理想的社会共同体、激发全体社会成员主动向善的巨大潜能、自觉实现道德成长和共同福祉，具有极其重要的现实指引意义”[④]。有的指出：孟子的性善论“对中国文化的贡献源远流长，在当代依然有很强的生命力”[⑤]。五是对性善论的全球性价值做出新评价。有的认为“孟子的关于‘情’的思想，具有全球性的价值和意义，这意味着中国的智慧并不是地域性的智慧，而是可以跻身为世界性的智慧”[⑥]。

---

① 参见王小健：《文化与人性：再论孟子的心性论》，《齐鲁学刊》2016 年第 2 期。

② 参见申鹏宇：《孟子性善论的缘起、论证及其意义》，《东方论坛》2012 年第 2 期。

③ 参见方圆：《孟子性善论思想的展开逻辑及其道德价值》，《南京工程学院学报》（社科版）2015 年第 3 期。

④ 刘敬鲁：《孟子“性善论”的价值意蕴及其对社会治理的意义》，《复旦学报》（社科版）2015 年第 2 期。

⑤ 杨经伟：《孟子人性论思想及当代价值》，《华北水利水电大学学报》（社科版）2016 年第 5 期。

⑥ 刘悦笛：《情感哲学视野中的“恻隐之心”——兼论孟子情论的全球性价值》，《孔学堂》2015 年第 4 期。

由此看来，学界从新的角度、视角评价了孟子性善论多方面的价值和意义。事实证明，性善论不是某些人斥责的“弱智的文化遗产”，而是彰显中国智慧和具有全球性价值的优秀文化遗产。

其六，性善论研究的方法论问题。近几年来，学界对孟子的性善论形成了许多共识，但也存在着许多争论。其中，有的对性善论做了误读和曲解，在方法论上存在一定的偏差和误区，从而引起了许多学者对性善论研究方法论问题的关注。其主要内容包括下述几个方面。一是主张借鉴宋明诸儒解读孟子人性论的方法，“在天人合一的心性论体系中以直觉和生命体验的方法，直悟人性本善”①。二是反对“似为有据的猜想或纯属望文生义之胡诌”②。三是以比较哲学的视野和动态人性观审视孟子的人性论。有的认为，“从文化学意义上来解释孟子之性的方法，有利于挖掘孟子人性论的文化价值，对进一步探讨孟学中的创生力具有现实意义和理论意义”③；有的主张从生长特性看孟子性善论。四是孟子的人性学说实现了人的价值理性的自觉。有的指出：“价值理性作为一种合理性的终极来源，在孟子这里始终代表着一种人类思维的终极指向，而非某种最终的封闭性解释，这才是孟子在思维方法论上的突破。”④ 五是避免对孟子人性论的误读。六是孟子人性论具有内在矛盾。

除上述外，有的变换视角，从恶的角度来审视孟子的性善说；有的深入探讨了孟子同情理论的内在逻辑和恻隐之心的内涵，认为“良心本体显现于经验世界要通过情感、知识、意志三个向度展开，这三个维度在具体的行为中是不可分割的统一体”⑤；有的从当代道德心理学的视角探讨了孟子的恻隐之心，“孟子把‘人’看作是一个道德概念，而不是生物学概念。他对人性的理解有着规范性的色彩”⑥。

由上可以看出，深入展开对性善论研究方法论的探讨，是十分必要的。其中，学者们提出的借鉴宋明诸儒解读孟子人性论的方法、反对“似为有据的猜想或纯属望文生义之胡诌”、以比较哲学的视野和动态人

---

① 刘学智：《善心、本心、善性的本体同一与直觉体悟——兼谈宋明诸儒解读孟子“性善论”的方法论启示》，《哲学研究》2011 年第 5 期。

② 林桂榛：《〈孟子〉“天下之言性也”章辨正》，《孔子研究》2014 年第 4 期。

③ 李文娟：《比较哲学视野下的孟子人性论研究——以安乐哲的孟学思想发展为主线》，《现代哲学》2015 年第 3 期。

④ 允春喜、金田野：《价值理性的自觉与优良秩序的基点——孟子人性学说的方法论意义》，《道德与文明》2016 年第 3 期。

⑤ 陆畅：《“怵惕之心”何以不是“仁之端”——孟子同情理论的内在逻辑》，《中南大学学报》（社科版）2014 年第 6 期。

⑥ 蔡蓁、赵研妍：《从当代道德心理学的视角看孟子的恻隐之心》，《社会科学》2016 年第 12 期。

性观审视孟子的人性论、孟子实现了人的价值理性的自觉等方法论问题，对纠正曲解、误读孟子性善论的各种观点，都具有积极的启示意义。

在此需要指出，有的误读了孟子的性善论，认为“孟子把人性的内涵分为‘大体’与‘小体’、社会性与生物性两种，其‘性善论’是站不住脚的……中国传统的‘性善论’人格理想导致人的虚伪，也造就政治、法律的虚伪”①。笔者对这一观点提出质疑，指出“该文误读了孟子的性善论，认为孟子把人性的内涵分为‘大体’与‘小体’、社会性与生物性两种。实际上，孟子的所谓人性是指人之所以为人的本质属性，它是人区别于禽兽的‘类’概念。在孟子那里，人的‘小体’、生物性并不是人性的内涵。所谓‘中国人对性善的完美人格信奉只能造就出成批的伪君子……它不但导致人的虚伪，也造就政治、法律的虚伪’”，这一观点，违背历史事实。“中国人对‘性善’的完美人格信奉”与“造就出成批的伪君子”并没有必然的联系。“孟子的性善论高扬了人类道德自觉和理性自觉的能动性，促进了对人之本性认识的深化，反映了这位新兴地主阶级思想家对人之善良本性的孜孜追求。钱穆先生指出：孟子的性善论，‘启迪吾人向上之自信’，‘鞭促吾人向上之努力’。此语确实道出了孟子性善论对人们的启迪作用。历史上无数进步的思想家、政治家和开明人士恰恰是孟子‘性善论’的信奉者，他们在中华民族历史上作出了重要贡献，是中华民族的脊梁，而不是‘伪君子’；该文将‘触动君主专制体制’与人们把‘舍生而取义’‘人生价值观’‘作为现实人格的标准’对立起来。事实上，前者并不是后者的前提。否则，就会混同‘触动君主专制体制’与道德修养的区别而产生消极的后果”。②

四、义利观研究

义利观是孟子关于伦理道德与物质利益关系的学说，又称作“义利之辨”。笔者对21世纪以来（2001～2012）的孟子义利观研究做了述评，认为“孟子的义利观，是论述道德行为与功利关系的学说。在中国孟学史上，不同时代的学者、思想家对孟子的义利观作了深入、有益的诠释和探讨，从而使中国古代思想史上的义利之辨延续了两千多年。近十几年来，国内学术界在前人的基础上对孟子的义利观又作了新的诠释，深入探讨了

① 杨师群：《孟子政治法律思想批判》，《中国政法大学学报》2010年第1期。

② 参见王其俊：《大陆当代孟子仁政思想研究述评》，《中原文化研究》2014年第5期。

孟子义、利范畴的含义及二者关系”①。本书在引述该文的基础上，将学界近几年（2013～2016）义利观研究做一梳理。

关于孟子义、利范畴的含义及二者关系的主要观点大致有下列七个方面：一是义利并重、以义待利；二是以“义”统“利”、义利相兼；三是先义后利、以义制利、义利统一；四是怀义去利、先义后利、见利思义、舍生取义；五是“义利之辨”确立了德性原则、功利原则、理性原则；六是先利后义、以利说义、先义后利；七是重义轻利。笔者指出：学术界对孟子的义利观的多角度、多层面的探讨，促进、深化了孟子伦理思想研究。笔者认为，前五种观点相近，基本肯定了孟子由义统利、义利相兼、先义后利、以义制利、见利思义、舍生取义、义利统一的必要性、合理性。有的指出，孟子的“义利之辨”确立了德性原则、功利原则、理性原则，显示了儒家的智能。从总体上看，孟子的义利观是先义后利、以义制利、义利统一。有的认为孟子的义利观包括怀义去利、义利并重的含义，这是不确切的。诚如有的论者指出的那样，孟子“义利之辨”的核心问题是道德价值和物质利益孰轻孰重、孰先孰后、孰贵孰贱的价值选择问题。如果偏离了这个原则，认为孟子先利后义、以利说义、重义轻利等等，并不符合孟子思想的原义。至于有的论者认为，孟子重义轻利的价值观与先利后义或先义后利的价值观并无矛盾，重义轻利的价值观是从国家治理的战略高度上而言的，是一条保证仁政实施的总的根本的价值原则；先利后义的价值观是孟子为了更好地解决具体问题而提出。这一观点的失误在于：以重义轻利、先利后义概括孟子的义利关系是偏颇的，将孟子关于国家治理的根本原则与解决具体问题的具体原则对立起来，也是不符合孟子本意的。当然，有的论者怀疑孟子“舍生取义”思想在现代社会生活中的价值和意义，无疑是值得商榷的，其失误在于将“以人为本”与“舍生取义”对立起来。所谓“以人为本”，按照通常的理解就是以实现人的全面发展为目标，它是一种对人在社会历史发展中的主体作用与地位的肯定，强调人在社会历史发展中的主体作用与目的地位。以人为本并不是只关注人的生命发展，还有一个重要的方面就是满足、促进人追求高尚道德精神境界的需要和发展。孟子明明说过当生与义“二者不可得兼”之时，应坚持“舍生而取义”（《孟子·告子上》）。显而易见，当人的生命需求与追求真理的精神需求发生矛盾而不能同时兼顾之时，宁可舍弃生命而坚持理义。由此看来，孟子主张人的精神需求显然高于生命的需求。这一主张曾

① 王其俊：《近十几年来孟子义利观与理想人格研究综述》，《国际儒学论丛》2016年第1期。

是激励后世无数志士仁人在民族危亡的紧急关头为追求正义、真理而献身的道德精神支柱，丰富了中华民族不畏强暴、舍生忘死的优良传统。按照上述“如果人连生命都没有了，那么又怎么去讲义呢”的观点推论，不能不得出“为了保存生命而不要讲义”的结论。这恐怕与现代社会的道德观是格格不入的。除上述外，有的论者斥责……孟子义利观，实实在在地成为统治者进行愚民统治的工具。孟子义利观的根本错误在于简单、抽象地把义与利对立起来，不了解“义寓于利”、“利寓于义”的道理，致使他在义与利的关系上，在统治者与民众之间使用了双重标准，对前者要求“先义后利”，对后者允许“先利后义”。孟子所犯的错误，与他的英雄史观脱不开干系。“仁政”最终必然导致专制主义。这种指责是不符合实际的，在近年来的孟子思想研究中已不多见。①

近几年来（2013～2016），许多论文对孟子义、利范畴的含义及二者关系等又做了新的探讨，主要内容划分为下述三个方面。

第一，义、利的含义及二者关系。对这一问题的探讨，主要观点有四。

其一，“‘利’与‘义’是一体的存在，‘义’也就是最大的‘利’”。王伟凯对“利”的内涵予以新的诠释，认为它包括三个方面：一是“孟子思想中的‘利’不是一般意义上抽象、泛化的概念，而是通过具体的‘利’的表述，引导人们确立正确的利益观”；二是“孟子思想中的‘利’与‘义’是一体的存在，‘义’也就是最大的‘利’，‘利’贯穿其治国思想的始终。孟子所谓的‘义’本质上就是一种‘利’，它注重统治者长治久安的大利，反对的是不利于封建统治的利”；三是“孟子思想中的‘利’并非单单指形而下层面的‘利’，更重要的是指形而上层面的‘利’，也就是人的精神领域中的需求”，“孟子并非重义轻利，更没有把‘义’和‘利’割裂乃至对立起来……谋求的是不同阶层的人如何实现属于自己的更大的利，并为人们设定了‘以义取利’的途径，而这恰恰也是孟子本人的高明之处以及思想精华所在”。②

其二，义具有形上性、内在性、境界性三重含义。王永灿认为，“从形上性上看，义是所必然之理与所当然之则；从内在性上看，义是‘羞恶之心’，羞恶之心以必然之理与当然之则为根据，形成了人内在的道德意识和道德理性；从境界性上看，义体现了不同的人格境界，小人重利而轻

① 参见王其俊：《近十几年来孟子义利观与理想人格研究综述》，《国际儒学论丛》2016 年第 1 期。

② 参见王伟凯：《论孟子“利”思想之辨》，《社会科学论坛》2013 年第 1 期。

义，大人唯义所在，君子仁义内在，圣人由仁义行。义的超越性、内在性与境界性特征，体现了天道与人道的统一，人的超越性与现实性的统一，本体论与功夫论的统一”①。

其三，义论蕴含正当和权利的观念，具有道义论的道德立场。陈乔见认为，“孟子‘义’论的独特之处是把它与羞恶联系在一起……经常把羞恶和义的讨论与食物、财物、职位、富贵等益品（goods）的取与以及出仕之道联系在一起，其义论蕴含有正当和权利的观念，以及非常鲜明的道义论的道德立场”，“孟子的正义观中无疑含有权利的观念，包括自身权利诉求的合理利己主义观念……这是孟子义论所蕴含的比较重要的一项内涵”，“羞恶与义都具有相对的独立性”。②

其四，义利关系包括：“以义制利”说、“唯义无利”说。崔宜明认为，“孟子其实有两种‘义利关系’学说：‘以义制利’说和‘唯义无利’说，分别对应于论说的语境和游说的语境。在论说的语境中，孟子认为‘利’之所得正当与否，要看其是否合于‘道’，只要合于‘道’，在道德上就是正当的……在游说的语境中，孟子要说服诸侯们接受自己的学说主张，就只能采取这样的手段：教唆诸侯们借‘仁义’之名而谋其‘大欲’，反过来希望借诸侯谋其‘大欲’而推行‘仁义’”③。

第二，孟子义利观的内圣走向及对后世的影响。陈鹏认为，“价值目标的单一性使孟子将‘义’于其现实基础的利中进一步抽离，‘惟义所在’，使‘义’越来越纯粹化，甚至‘义’本身就成了空洞而毫无内容的目的所在。然而这些理论自身的弱点很容易在特殊的社会文化环境中被异化以及被特殊的文本诠释者所利用，这就使孟子义利观很难摆脱其文本原意而被明显歪曲的命运。如此一来，被人为改变后的孟子义利观会对当世及后世社会文化思想造成无法回避的消极影响”④。

第三，舍生取义新诠。郭美华对《孟子·告子上》“鱼与熊掌”章做了新的诠释，认为“从生命哲学角度来理解《孟子·告子上》‘鱼与熊掌’章，‘舍生取义’显示的是经过想象性故事情境以获得道德纯粹性体验。它并不突出抽象的普遍原则与先天道德本体，而是强调了在心事相融的具体行事活动中主体的能动选择及其自由行动，乃是生命存在的真正道德性

① 王永灿：《论孟子之“义”的三重哲学意蕴》，《内蒙古师范大学学报》（哲社版）2013年第5期。

② 参见陈乔见：《羞恶、义与正当——孟子“羞恶之心，义之端也”详解及其理论内涵》，《中山大学学报》（社科版）2016年第2期。

③ 崔宜明：《孟子义利学说辨正》，《道德与文明》2014年第1期。

④ 陈鹏：《论孟子义利观的内圣走向》，《南昌大学学报》（人文社科版）2016年第3期。

所在。道德与生命并不处在一种简单的对峙中，相反，生命本身构成了道德自身道德性的基础，二者统一融摄于生命及其更好的绵延展开过程中”①。

郭庆科、刘辉以“进化心理学中的利他理论为研究切入点”，认为“孔子和孟子的利他思想以亲缘利他为主，同时强调亲缘和群体内成员间利他的互惠性，并通过道德训教和舆论压力强化利他行为……孔孟式亲缘利他和互惠利他思想有深刻的进化心理学机制，符合生物学和心理学规律，所以成为中国古代的主导性伦理。其局限是对亲缘利他过分推崇，且人际间的互惠关系不具备平等性，因而不符合进化上稳定的利他策略”②。

通观 21 世纪以来的义利观研究，学界对孟子的义利观又做了新的诠释，探讨了孟子义利范畴的含义及二者关系、义利观内圣走向及对后世的影响等。从总体上看，这一阶段的义利观研究的主要成绩表现于深化了对义利范畴含义、二者关系的认识。从 21 世纪初关于义利范畴含义、二者关系的七种观点，到近几年来关于对这一问题认识的四种观点，学界通常认为，义利观是孟子关于伦理道德与物质利益关系或道德价值和物质利益关系的学说，其内涵包括先义后利、由义统利、以义制利、见利思义、义利统一、舍生取义、义是最大的“利”等。就近几年提出的四种观点来看，尽管有一定差异，但都在一定程度上对孟子义、利范畴的含义及二者关系做了新的诠释、探讨和表述：“‘利’与‘义’是一体的存在”，“孟子思想中的‘利’并非单单指形而下层面的‘利’，更重要的是指形而上层面的‘利’，也就是人的精神领域中的需求”，“孟子并非重义轻利，更没有把‘义’和‘利’割裂乃至对立起来”③；“义具有形上性、内在性、境界性三重哲学意蕴”④；“义论蕴含正当和权利的观念，具有道义论的道德立场”⑤，等等。上述认识，扩展深化了孟子义利观的内涵，并将这一研究推向了一个新的高度。

当然，我们也要看到，有的观点偏离了孟子义利观的本意，有必要予以辨析。有的论者认为，孟子的义利关系包括“以义制利”说和“唯义无

---

① 郭美华：《道德与生命之择——〈孟子·告子上〉“鱼与熊掌”章疏释》，《现代哲学》2013 年第 6 期。

② 郭庆科、刘辉：《进化心理学视角下孔子、孟子的利他思想》，《山东大学学报》（哲社版）2015 年第 3 期。

③ 参见王伟凯：《论孟子“利”思想之辨》，《社会科学论坛》2013 年第 1 期。

④ 王永灿：《论孟子之“义”的三重哲学意蕴》，《内蒙古师范大学学报》（哲社版）2013 年第 5 期。

⑤ 陈乔见：《羞恶、义与正当——孟子“羞恶之心，义之端也”详解及其理论内涵》，《中山大学学报》（社科版）2016 年第 2 期。

利”说，二者“分别对应于论说的语境和游说的语境”，“在论说语境中的义利之辩是讲‘利’之当取不当取，‘义’者为当取”。笔者认为，这一观点的失误之处在于将孟子的论说的语境和游说的语境对立起来，并对后者做了不应有的误读，认为“在游说的语境中，孟子要说服诸侯们接受自己的学说主张，就只能采取这样的手段：教唆诸侯们借‘仁义’之名而谋其‘大欲’，反过来希望借诸侯谋其‘大欲’而推行‘仁义’……孟子不是对借谋道之名而行牟利之实的勾当深恶痛绝吗？既然说‘五霸者，三王之罪人也。今之诸侯，五霸之罪人也。今之大夫，今之诸侯之罪人也’（《孟子·告子下》），为什么还会‘教唆’今之诸侯假‘仁义’求其‘大欲’呢……孟子要说服梁惠王、齐宣王行王道仁政，就只能顺着诸侯们的心思去说，诸侯们的最大心思就是富国强兵，可能的话最好能一统天下，也就是齐宣王说的‘将以求吾所大欲’（《孟子·梁惠王上》）。故孟子要说服诸侯们接受自己的学说主张，就只能‘假之也’：在诸侯们是借孟子‘仁义’之名而谋其‘大欲’，在孟子自己是借诸侯谋其‘大欲’而推行‘仁义’。诚不得已也！虽然对借谋道之名而行牟利之实的勾当深恶痛绝，但是自己却做着这样的‘勾当’”①。在这里，斥责孟子“借谋道之名而行牟利之实的勾当”之观点是否成立，就必须辩清两个问题：一是孟子对待诸侯“大欲”的态度；二是孟子是否“借诸侯谋其‘大欲’而推行‘仁义’”。

其一，孟子对待诸侯“大欲”的态度。孟子目睹连年残酷战争和统治者的暴虐统治给人民造成的苦难，批评统治者的暴虐行径，指责其“欲辟土地，朝秦楚，莅中国而抚四夷”之“大欲”“犹缘木而求鱼也……缘木求鱼，虽不得鱼，无后灾。以若所为求若所欲，尽心力而为之，后必有灾”（《孟子·梁惠王上》）。显而易见，齐宣王等人追求的“大欲”是称霸诸侯、以霸道统一天下；孟子追求的是“仁者无敌”“行仁政而王，莫之能御”（《孟子·公孙丑上》）。在孟子看来，施行仁政必胜，追求霸道必败。孟子尖锐地批评齐宣王“以若所为求若所欲”是“缘木求鱼……后必有灾”。上述论者怎能置孟子的论述而不顾，得出所谓“孟子要说服梁惠王、齐宣王行王道仁政，就只能顺着诸侯们的心思去说”的结论呢？事实上，“顺着诸侯们的心思去说”，恰恰为孟子所不齿。孟子曾痛斥摇唇鼓舌、不择手段、迎合诸侯、屈从权贵的张仪、公孙衍是“以顺为正者，妾妇之道也”，抒发了“得志，与民由之；不得志，独行其道。富贵不能淫，

① 崔宜明：《孟子义利学说辨正》，《道德与文明》2014年第1期。

贫贱不能移，威武不能屈，此之谓大丈夫”（《孟子·滕文公下》）的志向和情怀。

其二，孟子是否“借诸侯谋其‘大欲’而推行‘仁义’”。上述论者对孟子所说的“假之”做了匪夷所思的解读，“孟子要说服诸侯们接受自己的学说主张，就只能‘假之也’：在诸侯们是借孟子‘仁义’之名而谋其‘大欲’，在孟子自己是借诸侯谋其‘大欲’而推行‘仁义’”。笔者认为，上述论者之所以得出这种奇怪的结论，与曲解《孟子·告子下》“五霸”章、《孟子·尽心上》“尧舜性之”章有关。

先看孟子对“假之”的论述。他说：“尧舜，性之也；汤武，身之也；五霸，假之也。久假而不归，恶知其非有也？”（《孟子·尽心上》）孟子在宣传仁政的过程中，十分重视借鉴历史经验教训，告诫诸侯要效法圣贤，自觉实行仁义。该章的主旨是赞扬尧、舜、汤、武自觉实行仁义的高尚品质，并不赞赏五霸借用仁义的行为。但他又认为这种借用仁义毕竟不同于当时诸侯的不实行仁义。在天下混乱、诸侯肆无忌惮的战国时代，五霸的借用仁义亦显得可贵。所以，孟子认为如果长久地借用仁义而不归还，怎么知道他不是真有仁义呢？显而易见，孟子的用意在于告诫诸侯要效法圣贤，自觉实行仁义，施恩泽于百姓，“行仁政而王，莫之能御也”（《孟子·梁惠王下》）。再看《孟子·告子下》“五霸”章的论述。上述论者指责说“孟子不是对借谋道之名而行牟利之实的勾当深恶痛绝吗？既然说‘五霸者，三王之罪人也。今之诸侯，五霸之罪人也。今之大夫，今之诸侯之罪人也’，为什么还会‘教唆’今之诸侯假‘仁义’求其‘大欲’呢？”在这里，由孟子的这一论述竟得出孟子“‘教唆’今之诸侯假‘仁义’求其‘大欲’”的结论，不能不令人匪夷所思。我们知道，本章的主旨论述三王时代的“巡狩”“述职”制度，评论春秋五霸的是非，警诫当时的诸侯、大夫要效法圣贤三王，实行仁义。在这里，为了纠正上述片面理解，有必要全面分析本章的三个层次。首先，“五霸者，三王之罪人也”。在孟子看来，天子奖励诸侯，是对诸侯实行仁义的倡导；天子惩罚诸侯，是对诸侯不仁行为的禁止。天子的“巡狩”和诸侯的“述职”，都是为了实行仁政，救助百姓。五霸不奉天子之命而强迫一部分诸侯去攻伐另一部分诸侯，所以，他们是三王的罪人。孟子之所以得出这一结论，就是因为五霸违背了儒家下服从上的等级制度，无视天子的尊严。其次，“今之诸侯，五霸之罪人也”。孟子列举了五霸的五条盟约，评论了其是非。这五条盟约体现了儒家仁义的基本精神。联系孟子所说“五霸，假之也，久假而不归，恶知其非有也”（《孟子·尽心上》），这五条盟约实际上是对“五霸，假之也”的最好注解。孟子进而指出：“今之诸侯，皆犯此五禁，故曰：今之诸侯，五霸之罪人也。”在孟子看来，五霸长久地借用仁义，就会将仁义施及百姓，结果就会不同于那些不能借用仁义而甘心为不仁不义的人。孟子义正词严地指出：现在的诸侯连借用的仁义都不实行，他们违背了五霸的五条盟约，所以说现在的诸侯是五霸的罪人。最后，“今之大夫，今之诸侯之罪人也”。孟子认为，臣下要加强修养，辅佐国君实行仁义，敦促国君摈弃邪说偏见。不可顺从、助长国君之过。“逢君之恶其罪大”，国君的罪恶之心还没有萌发，臣却谄媚逢迎和引导君主为恶，这样的罪行就大了。现在的大夫逢迎君主的恶行，所以他们是当今诸侯的罪人。

通观《孟子》“五霸”章、“尧舜性之”章以及孟子的仁政、民本思想，上述论者关于“在诸侯们是借孟子‘仁义’之名而谋其‘大欲’，在孟子自己是借诸侯谋其‘大欲’而推行‘仁义’。诚不得已也！虽然对借谋道之名而行牟利之实的勾当深恶痛绝，但是自己却做着这样的‘勾当’”[①] 的观点，实在令人惊讶。笔者认为，孟子明明批评齐宣王等称霸诸侯、以霸道统一天下的“大欲”是“缘木求鱼……尽心力而为之，后必有灾”，为什么上述论者对这一妇孺皆知的成语却视而不见呢？孟子主张“仁者无敌”“行仁政而王，莫之能御”（《孟子·公孙丑上》），强调施行仁政必胜，追求霸道必败。他游历诸侯，劝说大国国君摈弃霸道，实行王道。因此，我们不能不说上述论者的观点是断章取义、移花接木的结果。斥责孟子“借谋道之名而行牟利之实的勾当”，在21世纪以来的孟学研究中确是不多见的，不能不说是曲解孟子本意的“标新立异”。

五、理想人格研究

笔者述评了2001～2012年有关孟子理想人格的研究，指出：理想人格是指一定社会所倡导的道德上的完美典型，是人们普遍崇尚的完美人格形象，是一定社会的道德要求和道德理想的最高体现。不同的时代有不同的理想人格。孟子的理想人格是其道德规范、道德原则的典型和代表。圣人是其道德原则、道德规范的实践者和理想人格的典型代表。近十几年来，学术界发表的20余篇论文对孟子的理想人格做了深入的探讨和研究。主要内容包括两个方面：一是理想人格的内涵、结构、特点；二是理想人格的价值、影响。

---

① 崔宜明：《孟子义利学说辨正》，《道德与文明》2014年第1期。

学术界多层次、多侧面地探讨了孟子理想人格的内涵、结构、特点、价值、影响等。有的将孟子的独立人格意识概括为五个方面，有的将孟子理想人格概括为目标系统、层次系统、实践系统、动力系统，有的探讨了孟子理想人格的构成成分、成就理想人格的内在根据、理想人格的培养方式，有的从理论基石、实践路线、培养策略等方面论述了孟子理想人格思想体系，有的探讨了“大丈夫”人格价值观形成的依据、逻辑推进、具体内容，有的探讨了孟子理想人格的特点、现代价值等，这些探讨深化了对孟子理想人格的认识。当然，有的论者认为孟子的人格精神由两个方面构成：一是无所畏惧的阳刚之气所体现出来的独立人格精神；二是愤懑不平之气所体现出来的依附性人格，即愤懑不平表现了他人格中想独立又不得不依附的一面。这两个方面对立统一就构成孟子文化人格的悲剧二重性。笔者对此不敢苟同。实际上，孟子崇尚的独立人格高扬了人的独立性、自主性、创造性。它要求人们不屈服于任何“邪说暴行”及富贵权势，强调人的言行要遵循“圣人之道”，对仁义忠信“天爵”的追求具有独立判断能力和独立自主精神。孟子崇尚的无所畏惧的独立人格恰恰是在对追逐利欲、攀附权贵、“以顺为正”等奴性人格的批判、斗争中而产生的。孟子曾激烈抨击公孙衍、张仪之流是“以顺为正”的“妾妇之道”，高扬了“富贵不能淫，贫贱不能移，威武不能屈”的“大丈夫”（《孟子·滕文公下》）精神。纵横家之流摇唇鼓舌、不择手段、屈从权贵、迎合诸侯，以追逐富贵利禄为目的，恰恰为孟子所不齿。①

近几年来（2013～2016），有些论文对孟子理想人格的内涵、结构、特点、价值、影响等又做了新的探讨。张亚宁探讨了孟子理想人格要素、理想人格典范、理想人格修养三个方面，认为孟子理想人格包括“善、信、美、大、圣、神”六种人格要素，这是孟子“成人成圣进行修养所能达到的品格内涵”；孟子的理想人格典范是君子和圣人；“理想人格的实现必须通过修养的工夫。人格修养论就构成了孟子理想人格论的主要内容之一”。② 刘晓靖论述了孟子道德理想人格，认为“孟子的人性理论和社会理想学说则是其道德理想人格理论的逻辑起点和归宿”，“相较于孔子的思想，孟子的思想更为系统、深刻，也更具启迪意义”。③ 韩星认为，“孟子提出大丈夫人格作为理想人格范式，与之相对的否定性人格有贱丈夫、小丈夫、齐良人、纵横家等。大丈夫人格的造就须以修养‘浩然之气’作为

① 王其俊：《近十几年来孟子义利观与理想人格研究综述》，《国际儒学论丛》2016 年第 1 期。
② 参见张亚宁：《试论孟子理想人格》，《齐鲁师范学院学报》2014 年第 6 期。
③ 参见刘晓靖：《论孟子道德理想人格》，《湖北大学学报》（哲社版）2015 年第 5 期。

其内在的精神支撑……大丈夫人格在中国历史上曾经取得了许多志士仁人的认同，作为一种精神力量一直激扬着中华民族自尊自强的品格，只有懂得这种大丈夫人格及其底蕴，才能真正懂得中国文化和中华民族的真精神”①。

总之，21 世纪以来，学界对孟子理想人格的内涵、结构、特点、价值、影响等问题的探讨，取得了许多新的进展。这对促进孟子伦理思想研究产生了积极作用。

六、道德修养研究

笔者撰文述评了 2001～2012 年孟子的道德修养研究，指出“孟子突出强调个体的道德修养，认为它是追求完美高尚的道德理想境界和培养高尚理想人格的根本途径。学术界发表的 40 余篇论文对孟子的道德修养作了深入的探讨。主要内容包括两个方面：一是道德修养的原则、方法、价值、意义；二是养‘浩然之气’”。

关于道德修养的原则、方法、价值、意义。该文指出：“学者们普遍认为，孟子建立了一套以性善论为基础、以‘内求外修’为特征的道德修养理论体系。孟子道德修养的原则、方法主要包括：从心内求、存心养性、意志磨砺、节制欲望、反求诸己、先立其大、诚身为本、以‘天爵’制‘人爵’、养‘浩然之气’，等等。孟子的道德修养理论为现代社会的道德建设提供了宝贵的思想源泉与精神动力，对提高社会成员的道德素质、道德修养的自觉性和规范社会道德秩序具有积极的现实意义。”

关于养“浩然之气”。该文认为，学界关于“‘浩然之气’的内涵大致有以下几种观点：一是浩然之气是主观精神状态；二是浩然之气既是物质的又是精神的；三是浩然之气是一种至大至刚的豪迈无比的精神状态；四是浩然之气是以人性之善为基础的道德感情；五是浩然之气来自黄老道家的关乎身心修炼的‘气’，它不再是纯粹道德的，而是关乎古代宗教的；六是浩然之气具有创生性、先天性；七是浩然之气是一种美学精神的展示。上述人们对孟子浩然之气内涵的不同表述和认识，尽管存在着分歧和争议，但这些不同角度的探讨和表述无疑深化了对孟子‘浩然之气’内涵的认识……上述关于浩然之气不是神秘主义的，也不是主观的，具有养生学的重要内容；是一种至大至刚的豪迈无比的精神状态，是以人性之善为基础的敢于坚持一切真理的道德感情，生命智慧的集中展示，是一种人生

① 韩星：《孟子的大丈夫人格及其历史影响》，《孔子研究》2014 年第 3 期。

境界和美学精神的展示。孟子既重视内心诚意与自省，又没有忽略客观实践，没有否认实践的作用，是强调了客观实践必须经过个人内心的真正反省认识才能发挥影响。这些评说无疑是符合孟子思想本意的”。

关于浩然之气的历史作用、现实意义。该文认为，“有的指出：孟子以人性本善作为道德的理论基础，以居仁由义作为道德的具体践履，其目的是追求天人合一的道德理想境界。有的认为，浩然之气是孟子人生最高精神境界，‘浩然之气’说对中国知识分子产生了深远的影响；至大至刚、配义与道是浩然之气的重要内涵；与人为善，忧患意识是‘浩然之气’的修炼方法；动心忍性，反求诸己是‘浩然之气’的修养过程。孟子的主张对我们今人仍有重要意义：一是为人生价值树立了一个标准，即设定了浩然之气的人生境界；二是提出了‘集义所生’、‘舍生取义’、‘与人为善’等准则；三是达到这种境界必须有一种坚韧不拔的牺牲精神，‘生于忧患，死于安乐’，把艰苦困难当作磨砺自己的过程。总之，浩然之气对于塑造中华民族精神的气质特征产生了积极而重要的影响”；“此外，许多论者探讨了孟子‘不动心’与养‘浩然之气’的关系”。①

近几年来（2013～2016），许多论文对孟子道德修养的原则、方法、价值、意义和养“浩然之气”等做了进一步深入的探讨。

关于道德修养的原则、方法、价值、意义。黄聘将《孟子》置于先秦儒家经典文本系统中，探讨了孔孟荀的个人品德理论，认为他们“把个人品德修养、品德教育、培育理想人格视为齐家、治国、平天下的根本”，“在品德内容上形成了各有偏重的德目体系，在品德结构上达成了对知、情、意、行等内在要素的一致认可，在修德途径上主张好学慎思、自省慎独、知行合一、推己及人等修养方法，在外部条件上重视环境和教育的作用”。②

郑明璋论述了孟子修德成圣的两个维度，“一个是养，即养心、养气、养性，而这需要发挥人的主观能动性和道德自觉性，向内求索，品悟自得之趣，以达到尽心、知性、知天，从而把内在固有的善性充分发挥出来；一个是学，即向社会学习，向外面的物质世界学习，向圣人学习，在学习和教育中改造并完善自己的本性。这是一条向外扩充延伸的维度。正是这两个维度，使人求仁得仁，逐渐接近圣人的境界”③。匡钊论述了孟子的

① 参见王其俊：《近十几年来大陆孟子伦理思想研究述评》，《中国文化论衡》2016年第1期。

② 参见黄聘：《传统儒家个人品德理论探微——基于〈论语〉〈孟子〉〈荀子〉等儒家经典文本的诠释》，《华南理工大学学报》（社科版）2013年第2期。

③ 郑明璋：《养与学：孟子修德成圣的两个维度》，《吉林师范大学学报》（人文社科版）2016年第1期。

精神修炼，认为“孟子对人心的探索和对于精神修炼工夫的发掘，使早期儒家在这方面的思想变得真正丰满与完整。孟子曾用一系列大体对等的术语来指称精神修炼工夫，如‘存心’、‘求放心’、‘养心’”，并对孟子的“存心”“求放心”“养心”做了进一步的论述。[①] 刘旻娇探讨了孟子德性修养过程中的道德失败问题，认为“在《孟子》中可以解读出从社会性欲求与儒家伦理之结合的德性发展维度。在这一维度中‘他人的认同’和‘好名’比起感官欲望的追求来说，有着更高的道德价值……在道德失败问题上，‘好名’所象征的人的社会性一面可能在整个德性养成中成为一个重要的中介环节。在德性修养的实践层面上，这样一种对人的社会性发展过程的肯定也可能为从‘四端’到‘四德’逻辑上推类和情感上扩充所不能解决的德性发展的问题提供新的解决思路”[②]。顾文兵探讨了孟子道德修养理论的价值意蕴，认为“从价值哲学的视角来看，孟子道德修养理论的价值突出体现在以理想人格为目标的价值选择、以内在之维为途径的价值实现和以通权达变为原则的价值判断等方面。深入探讨和研究孟子道德修养理论的价值意蕴，对现代社会道德建设和道德教育从内容、方式及实现途径等诸方面都具有深刻而有益的启示”[③]。

关于养浩然之气。孟子的知言与养气是一个紧密联系的整体，是其道德修养的一项重要内容。近几年来，许多学者在论述“知言”内涵[④]的基础上，对浩然之气的内涵、历史作用、现实意义等做了新的诠释和探讨。

第一，浩然之气的内涵及逻辑架构。其主要观点表现于下述五个方面：

其一，浩然之气具有“心气合一的逻辑架构，心、气、言具有精神性和物质性的内涵，它们之间的内涵互相渗透，互为一体，共同构成了浩然之气概念的完整内涵”。赵海英认为，“孟子浩然之气思想的逻辑架构就是内外合一、天人合一和心气合一”，“心与气之间的关系首先是一个逻辑的

① 参见匡钊：《论孟子的精神修炼》，《深圳大学学报》（人文社科版）2016 年第 5 期。

② 刘旻娇：《论〈孟子〉德性修养过程中的道德失败》，《道德与文明》2016 年第 6 期。

③ 顾文兵：《孟子道德修养理论的价值意蕴》，《江汉学术》2015 年第 2 期。

④ 譬如郭淑新认为，“‘知言’的内涵即是知道、知理。知道、知理须尽心、知性、知天”（《孟子“知言”说考析》，《中国哲学史》2013 年第 2 期）；蔡祥元认为，“孟子的‘知言’可以进一步解读为：知晓道义的本性，也即知道它是内在于人心的”（《孟子“不动心”的根源——“集义生气”之“生”义辨析》，《道德与文明》2013 年第 2 期）；赵海英认为，“‘知言’就是知晓语言与本心的相通性和整体性”，“就是在心、气、言一体的逻辑框架之下，对于语言的精神性要求，即心不为言动，而言以心为主”（《孟子浩然之气思想的逻辑架构》，《社会科学战线》2013 年第 12 期）；等等。

关系，它们之间的关系首先就并不是外在的”。①

其二，一种贯通生命体的综合生命力。蔡祥元认为，“孟子讲的气可以理解为一种贯通生命体的综合生命力。行义所生之气是生命体在义理的作用下被激发出来的东西，是超越于生命体之上的。同时，它又不脱离生命体而独立存在，而是‘充’于生命体之内。它能直接影响并改变生命体的行为方式，改变人的人格，并且通过人的容貌显示出来，见之于气色……这就是我们一般所说的圣人‘气象’”②。

其三，浩然之气是“一种认知、情感、意志综合表现的伟大人格”。刘亚琼认为，“浩然之气是人的伟大人格形象性表达，是道德情感、道德意志融为一体的一种至高无上的内心状态，是道德感支配之下出现的一种至大至刚的、豪迈无比的精神状态，是一往无前、理直气壮、无所畏惧的正义体现。浩然之气的核心内容体现道德精神之气”③。

其四，浩然之气由气与义相结合而成，具有自然性和道德性。陆建华认为，“‘浩然之气’是由‘气’与‘义’相结合而生成的，‘浩然之气’内在于人，且具有道德属性。同时，养‘浩然之气’也是人的内在需要，是心灵的呼唤”④。

其五，“浩然之气”的体育学内涵。有的认为，其内涵包括三个方面：一是“从体育生理学角度看，‘浩然之气’是‘物质之气’的一种高级形态”；二是“从体育心理学角度看，‘浩然之气”乃是一种精神状态”；三是“从体育运动学角度看，‘浩然之气’便是‘气功之气’”。总之，“‘浩然之气’是‘物质之气’的高级形态，孟子‘养浩然之气’的过程，就是一个用‘气’做功的过程”。⑤

第二，浩然之气的历史作用、现实意义。许多学者在探讨孟子浩然之气内涵的基础上，又进而探讨了其历史作用、现实意义。这些表述如下：孟子“非主非客的气论”是“整个中国传统思想文化中很独特的一个维度”，贯穿于中国文化如医学、书画艺术、武术等方面，“构成了中国古人领会世界的一个独特视角”⑥；“‘浩然正气’已经深深渗透于中华民族的精神与性格之中，融入于中华文化的血脉中，鼓舞着几千年来中国人为实

① 参见赵海英:《孟子浩然之气思想的逻辑架构》,《社会科学战线》2013 年第 12 期。

② 蔡祥元:《孟子“不动心”的根源——“集义生气”之“生”义辨析》,《道德与文明》2013 年第 2 期。

③ 刘亚琼:《孟子“浩然之气”说探原》,《管子学刊》2015 年第 1 期。

④ 陆建华:《孟子之气论——兼及心、性、气三者的关系》,《中原文化研究》2015 年第 5 期。

⑤ 参见宋亦春、李中军、李凤婷、高静宜:《孟子“浩然之气”的体育学阐释》,《管子学刊》2014 年第 2 期。

⑥ 蔡祥元:《孟子“不动心”的根源——“集义生气”之“生”义辨析》,《道德与文明》2013 年第 2 期。

现自己的济世报国理想而呕心沥血奋斗不已……展现出极强的生命力，对我国传统伦理道德建设具有重要的意义”①。学者们积极肯定了孟子养浩然之气的历史作用、现实意义，认为它丰富了中国古代文化的宝库，既反映了古人领会、认识世界的独特视角，又对后世中国文化的发展产生了重要影响，对当代中国社会主义精神文明建设亦具有重要的意义。

总之，21世纪初，学界关于浩然之气的内涵大致有七种观点。近几年来，学界对浩然之气的内涵又做了新的探讨。在上述表述中，认为孟子的浩然之气具有心气合一、超出主客二分以及“非主非客”、物质性和道德性、体育学内涵等，都具有一定新意。这表明，学界对浩然之气内涵的探讨，超越了主客二分的解读方式，将它视为“一种贯通生命体的综合生命力”，是“一种认知、情感、意志综合表现的伟大人格”。这一研究范式的变化，对深化孟子浩然之气的研究无疑具有积极意义。

七、关于美德与腐败的争论

在21世纪初，“大陆学术界围绕着儒家伦理是腐败之源还是德性之端的问题展开了一场美德与腐败的激烈争论”。笔者对这一争论做了述评，指出：刘清平关于“儒家腐败说”和“儒学深度悖论说”的一系列文章受到学术界的关注。许多学者从文献学、法学、伦理学、宗教学、哲学、方法学乃至比较文化学等角度对刘清平的观点进行了针锋相对的响应。胡治洪对21世纪初关于美德与腐败的争论曾做了述评，概述了这场争论的焦点、特点、实质及其意义，指出这场争论实质上涉及对于本民族传统、特别是儒家传统的认识和评价问题，从学术方面看，对本民族传统、特别是儒家传统持基本否定态度的一方，在文献的把握和理解上比较甚至相当欠缺；而另一方则基于对文献相对全面的把握而达到了对其思想内涵的基本准确的理解。从思维方法看，前者坚持以绝对二分的理路处理问题；后者则基本上按照辩证的方法处理问题，实事求是地分析。从思想倾向看，前者基于对西方传统与现实的理想化以及对作为中国历史文化主流的儒家传统的丑化这种双重的误解，形成了相当强烈的否定本民族传统、特别是儒家传统的“先见”；后者则在“了解之同情”的基础上，对由我们先民的生命智慧所凝成、代复一代维系了我们民族生存与发展且我们亦正生活于其中的本民族传统、特别是儒家传统给予了应有的“温情与敬意”，当然也并不否认对其中的某些消极成分予以必要的扬弃或批判。这场争论实质上涉及对

① 刘亚琼：《孟子“浩然之气”说探原》，《管子学刊》2015年第1期。

于本民族传统、特别是儒家传统的认识和评价问题，是对1919年以来历次论战的继续。① 笔者赞同胡治洪对上述争论所做的评论。还应看到，有的论者在评论这场争论指出：对于天子、国君，孟子讲过“君之视臣如土芥，则臣视君为寇仇”。这显然是从国家、公义的角度讲的。但孟子又说“视天下悦而归己，犹草芥也，惟舜为然”。这显然是从家的角度讲的。如果我们忽略孟子的不同立场，按照三段论的推理方式会得出一个孟子无论如何也不可能接受的结论。大前提：君之视臣如土芥，则臣视君为寇仇。小前提：舜是天子、君主，并且舜视天下悦而归己犹草芥。结论：天下视舜为寇仇。孟子视舜为自己心中的完美偶像，但他的思想却推出了舜是天下人寇仇的结论，这恐怕是孟子很难接受的。② 这一观点，令人难以苟同。实际上，孟子是说：天下的人都非常高兴地将归顺自己，而且把天下的人都非常高兴地归顺自己，看得像草芥一样的轻微，只有舜能够做到这样。显而易见，舜把天下的人都非常高兴地归顺自己这件事看得像草芥一样的轻微，而不是视天下的人为草芥。在这里，舜将这件事看得像草芥一样的轻微，却被上述论者判定为舜视天下的人为草芥，进而推出“天下视舜为寇仇”、“舜是天下人寇仇”的结论，不能不说是曲解了孟子的本意。③

近年来，有的学者对孟子关于舜“窃负而逃”又做了新的探讨，认为“咸丘蒙之问和舜‘窃负而逃’则集中表明了孟子的父恩重于君义。这种父子君臣观上承子思的理论脉络，中间经历长期的历史湮没，后为黄宗羲重新发掘并成为其对君权反思和批判的思想来源，因而具有丰富的理论价值和深远的道德意义”④。有的指出“孟子仁政伦理、义利观念具有正面价值和积极因素，但在‘孟子论舜’两个极端案例上，暴露了仁政学说过分依赖血缘亲情的弊端”⑤。

笔者认为，学界对孟子关于舜“窃负而逃”等问题的争论还会继续下去，不同观点的争辩对深化孟学研究都是不可缺少的。争论双方以善意对待孟子的论述而不是曲解和误读，形成的正确共识就会越来越多，这无疑有利于弘扬中华优秀传统文化。

综上所述，21世纪以来，学界对孟子人学、伦理思想整体研究及性

---

① 参见胡治洪：《近年来儒家伦理论战述评——腐败之源还是德性之端》，《文史哲》2005年第6期。

② 参见万光军：《孟子让舜“窃负而逃、乐忘天下”的寓意》，《孔子研究》2007年第5期。

③ 参见王其俊：《近十几年来大陆孟子伦理思想研究述评》，《中国文化论衡》2016年第1期。

④ 彭永海：《试论〈孟子〉中舜与瞽叟的父子关系——以“亲亲”、“尊尊”为视角》，《中北大学学报》（社科版）2014年第4期。

⑤ 潘文华、刘贵占：《社会制度变迁视域下“孟子论舜”的再思考》，《学术交流》2014年第8期。

善论、义利观、理想人格、道德修养等研究提出了许多深刻的见解，促进了孟学研究的兴盛。这主要表现于以下几个方面：

其一，孟子伦理思想整体研究取得了新的进展。许多论者深入探讨了孟子仁义礼智等道德规范的内涵及相互联系、道德形上学思想、德性伦理的逻辑层次、仁学思想体系的理论基础——恻隐说、伦理与生态等思想的交叉和渗透、公共理性思想、道德意识的起源、道德哲学的性质、道德理由、自由理念、责任伦理意识、伦理思想的现代价值及对中国文化的影响等。其主要表述如下：孟子的仁义礼智四位一体，相依互补，构成一完整的范畴系统，构建为人道的全部蕴涵；孟子的仁有广义、狭义之分。孟子的“仁义内在”思想，对早期儒学的发展具有重大意义，形成了性善论思想，实现了人性与天命的统一；“孟子是对义德给予高度重视和丰富论述的思想家，其义德思想从人性论、价值论与人格论的角度全面论述了义的人性基础、精神实质、价值取向和人格坚守，其强调的重点是一种道义伦理精神和主体自觉与独立精神”；孟子的性本善、忧患意识、和谐意识、节义意识、修养意识、爱国意识等思想对培育中华民族的伦理道德、民族性格和民族精神的积极意义；孟子以人的心性为内在根据，以天命为终极依托，为道德起源奠定了形上根据。有的将反身内求、存心养性和外部教化、社会实践视为孟子成德的基本路径。有的将孟子伦理思想的逻辑层次概括为四个方面：德性是人存在的依据、外在的道德规范是内在本性的外化、真正的道德行为必然合乎内在本性的要求、到达至善之境是其伦理理论的逻辑归宿。有些论文从伦理思想与生态、权变等思想的相互交叉上论述了孟子的伦理思想，“孟子的性善论是其生态伦理思想产生的内因。传统儒家伦理思想有着较为浓重的理想主义色彩，同时又具有经世致用的特点。孟子的权变伦理思想从一定意义上阐释了人们遵循人伦纲常的平等性和层次性，反映了儒家成圣成贤的积极的入世精神”[①]。有的探讨了孟子立法伦理思想的人性论基础、立法的目的、立法的仁爱原则、立法的亲亲原则、立法中的家国关系等。

其二，深化了孟子性善论研究。这突出表现在以下四个方面：一是深入探讨了性善之“性”的含义，学者们普遍认为它是指“人之所以异于禽兽者”，人之所以为人的本质属性；二是对性善论的内涵做了各自不同的诠释和论述，主要有十余种不同的表述和观点；三是深入研究了性善论的逻辑结构；四是关于性善论的形上根据有心或天两种不同的观点。学者们

① 马永庆:《孟子的权变伦理思想评析》,《哲学研究》2005年第5期。

从不同的角度、层面的探讨，尽管立论不同，但都力求持之有故，言之成理，通过争论，深化了孟子性善论研究。

其三，深化了孟子义利观、理想人格的研究。许多论者对孟子的义利观做了多角度、多层面的探讨，将义利关系概括为：由义统利、义利相兼、先义后利、以义制利、怀义去利、见利思义、舍生取义等。这些评述丰富、深化了孟子义利观研究。许多论者探讨了孟子理想人格的内涵、构成要素、层次等，论述了孟子的理想人格对社会主义道德建设的启示意义。

其四，深化了孟子道德修养研究。许多论者深入探讨了孟子道德修养的原则、方法、价值、意义，多角度、多层次诠释了孟子浩然之气的内涵，探讨了“不动心”与养浩然之气的关系，肯定了孟子的道德修养对提升全民族的道德水平、民族素质和重塑民族精神的重要意义。

其五，美德与腐败的争论。双方的争论，不仅促进了争论双方对争论焦点、特点、实质及其意义的认识，促进了人们对本民族传统文化及国外文化的比较、鉴别和认识，而且促进了孟学研究的深化和提高。

要之，21 世纪以来，学界关于孟子伦理思想研究的成就表现是多方面的，人们从不同的角度、层面对孟子伦理思想做了深入的探讨，提出了许多新的观点和认识，促进了孟学研究的繁荣。当然，有的论者认为，孟子的“四心”是人天生具有的，不是后天所赋予的；有的认为，孟子的“不忍人之心”，即人与生俱来的道德意识，它是先天内在于人心的；“孟子哲学是一种先验唯心主义，它将外在的一切实在存在都归结到观念领域或观念存在中，即为‘不忍人之心’的观念领域”；“孟子的‘性善论’丝毫也不否认人性之中存在着与生俱来的坏成份”；等等。笔者认为，这些观点不符合孟子伦理思想的原义，并在有关章节做了辨析。

总之，当代中国孟子伦理思想研究取得了丰硕的成果，概括起来有以下几个方面。

第一，在 20 世纪 80 年代，从朱伯崑《先秦伦理学概论》对孟子的道德原则、人道的本质、良知良能、性善论、道德评价、修养方法的论述，到沈善洪、王凤贤《中国伦理学说史》对孟子的仁义仁政、性善论、道德规范、修养标准等问题的论述，再到许多论文对孟子伦理思想的总论以及对孟子人性论、人生价值观、道德理想、理想人格、个体需要、道德修养等问题的探讨，提出了许多新的见解，取得了长足的进步。

第二，20 世纪 90 年代，是学界研究孟子伦理思想的发展时期。在此期间，100 余篇论文深入探讨了孟子的伦理思想。主要内容大致表现于下述五个方面：一是孟子伦理思想的基本性质、基本内容、基本特点以及伦理思想与政治、经济、军事等思想的相互渗透、作用的研究；二是孟子仁义礼智等道德规范内涵的研究；三是孟子性善论的基本含义及意义的研究；四是孟子人生价值观、义利观的研究；五是孟子理想人格、道德修养和养浩然之气的研究。上述研究提出了许多新的观点和见解。当然，在这一阶段内有少数论文认为孟子坚持先验人性论和唯心主义道德观，他把人性中的仁义礼智视为天赋的道德观念，“寡欲”和“苦其心志”的思想又是带着浓厚的禁欲主义色彩。[①] 这种判定孟子坚持先验人性论、唯心主义道德观的观点是值得商榷的，判定孟子的“寡欲”“苦其心志”的思想带着浓厚的禁欲主义色彩，也是不公允的。

第三，21 世纪以来，学界深入探讨了孟子的伦理思想，并围绕儒家伦理是腐败之源还是德性之端展开了争论。这一阶段的学术成就主要表现于下列几个方面：其一，凸显了对孟子人学的内涵、主要特征及孟子人学对建构马克思主义人学的意义等问题的研究；其二，凸显了对孟子性善论、道德形上学、德性伦理的逻辑层次、仁学思想体系的理论基础以及伦理思想与生态、权变、立法等思想的交叉、渗透研究；其三，凸显了对孟子仁、义、礼、智等道德规范研究；其四，凸显了孟子浩然之气内涵的研究；等等。

由此看来，20 世纪 80 年代学术界对孟子道德原则、人道的本质、良知良能、道德评价、修养方法、人生价值观、道德理想、理想人格、个体需要等问题的研究，在研究的深度、广度上，尚处于初步研究阶段。从 20 世纪 90 年代凸显对孟子道德规范、性善论、人道、人权、人生价值观、理想人格、道德修养等问题的研究，到 21 世纪以来凸显对孟子人学的内涵和主要特征、伦理思想总论、性善论、义利观、理想人格、道德修养以及美德与腐败的争论，在研究的深度、广度上，孟子伦理思想的研究达到了一个前所未有的兴盛阶段。

第四，孟子的伦理思想对中华优秀传统文化的重要贡献。学界普遍认为，孟子的伦理思想丰富了中华优秀传统文化的宝库，为中华优秀传统文化做出了重要贡献。这主要表现于下述几个方面：

其一，修身是治国平天下的前提和基础。整体思维是中华民族的重要思维方式之一，它将天地间的万事万物视为一个相互联系、相互制约的系统整体，注重从整体上审视、把握事物的相互联系和发展变化。先秦儒家

① 参见张应杭：《论孟子理想人格思想对民族精神的影响》，《学海》1993 年第 5 期。

的修齐治平思想就是这一整体思维方式的重要表现。孔子主张“修己以安人”，“修己以安百姓”（《论语·宪问》）。《大学》提出：“古之欲明明德于天下者，先治其国；欲治其国者，先齐其家；欲齐其家者，先修其身；欲修其身者，先正其心；欲正其心者，先诚其意；欲诚其意者，先致其知；致知在格物。物格而后知至，知至而后意诚，意诚而后心正，心正而后身修，身修而后家齐，家齐而后国治，国治而后天下平。自天子以至于庶人，壹是皆以修身为本。”《大学》的“三纲领”“八条目”将个体和谐与治国平天下的社会和谐紧密连接在一起，构成了一个较严密的思想体系，从而展现了儒家的“内圣外王”之学。[①] 郭店楚墓儒简将道德修养多称为“修身”“修己”“求心”“养心”“闻道反己”“养性命之正”等。《穷达以时》主张“君子敦于反己”。《唐虞之道》提出“正其身，然后正世，圣道备也”的修养论，将“正身”与“正世”视为一个紧密联系的整体，认为将二者紧密结合在一起，才是圣贤君主坚持的“圣道”即治国的准则。在这里，“正身”是“正世”的前提和基础，“正世”是“正身”的必然结果。《成之闻之》主张“求之于己为恒”，“君子求诸己也深”，“穷源反本者之贵”，“慎求之于己，而可以至顺天常”，认为“欲人之爱己也，则必先爱人；欲人之敬己也，则必先敬人”，等等。

孟子继承发展了孔子、曾子、郭店楚墓儒简关于修齐治平相互联系的思想，提出“君子之守，修其身而天下平”（《孟子·尽心下》），“天下之本在国，国之本在家，家之本在身”（《孟子·离娄上》），“仁者爱人，有礼者敬人。爱人者，人恒爱之；敬人者，人恒敬之”，“君子必自反”（《孟子·离娄下》）等主张，将修身视为齐家治国平天下的基础，突出强调了修身在社会政治生活中的重要作用。梁启超在论述儒家修齐治平思想时指出：“儒家哲学，范围广博。概括说起来，其用功所在，可以《论语》‘修己安人’一语括之！其学问最高目的，可以《庄子》‘内圣外王’一语括之。做修己的功夫，做到极处，就是内圣；做安人的功夫，做到极处，就是外王……人格锻炼到精纯，便是内圣；人格扩大到普遍，便是外王。儒家千言万语，各种法门，都不外归结到这一点。”[②] 梁启超以《庄子》“内圣外王”一语概括先秦儒家的修齐治平之学，正确揭示了孔孟儒家注重整

---

① 1993 年 10 月，湖北郭店楚墓出土了一批儒简。李学勤先生认为，这些儒书的发现，不仅证实了《中庸》出于子思，而且可以推论《大学》可能与曾子有关。宋代以来的学者推崇《大学》《中庸》，以为《学》《庸》体现了孔门的理论思想，不是没有根据的（《先秦儒家著作的重大发现》，《中国哲学》第二十辑，辽宁教育出版社 1999 年版，第 16 页）。目前，学界多认为《大学》为曾子所作。笔者赞同这一观点，将《大学》视为孔子与孟子之间的儒学著作。

② 梁启超：《儒家哲学》，中华书局 1936 年版，第 2～3 页。

体思维的鲜明特征。在这里，孟子继承、发展了孔子、曾子、郭店楚墓儒简关于修齐治平紧密联系的思想，凸显了修身之学在其伦理思想中的重要地位，强调以“修身”的个体自我完善为基础，进而实现社会和谐和“尽心知性知天”的天人和谐，从而构成了中华传统文化倡导的安身立命的理论基础。

其二，孟子的道德规范奠定中华传统道德规范体系的基础，丰富了中华传统美德。孟子继承发展了孔子仁者爱人的思想，建立了以仁、义、礼、智、孝、悌、忠、信、廉、耻为主要内容的道德规范体系。仁、义是最高的道德原则。他说：“仁也者，人也。合而言之，道也”（《孟子·尽心下》），“亲亲，仁也”（《孟子·告子下》），“仁者，爱人”（《孟子·离娄下》）。孟子所言“仁”是指人与人之间的交往准则。具体而言，仁是指亲爱自己的父母和爱护别人。孟子的仁爱突出强调了以血缘关系为纽带的宗法血缘情感，是有亲疏远近的“爱有差等”之爱。所言“义”，既是指遵从上级、敬重兄长，又是指做事合理、适宜、恰到好处。所言礼，主要指人们相互交往的礼节和仪式。所言智，是指判断是非的道德标准，如他所说“是非之心，智也”（《孟子·告子上》）。孟子在谈到仁、义、礼、智的作用和相互关系时指出：“父子有亲，君臣有义，夫妇有别，长幼有叙，朋友有信”（《孟子·滕文公上》），“仁之于父子也，义之于君臣也，礼之于宾主也，知之于贤者也，圣人之于天道也，命也，有性焉，君子不谓命也”（《孟子·尽心下》），“仁之实，事亲是也；义之实，从兄是也；智之实，知斯二者弗去是也；礼之实，节文斯二者是也；乐之实，乐斯二者，乐则生矣；生则恶可已也，恶可已，则不知足之蹈之手之舞之”（《孟子·离娄上》）。在孟子看来，侍奉父母就是仁，也就是孝；敬重兄长就是义，也就是悌。他说：“尧舜之道，孝弟而已矣。”（《孟子·告子下》）所以，仁义或孝悌是孟子道德规范体系的根本，礼、义等是实现仁义的必要手段。

还应看到，孟子的仁义等道德规范，除了具有爱人、事亲、敬长、从兄等意义外，还具有人内在主体意识的意义。孟子说：“仁，人之安宅也；义，人之正路也。旷安宅而弗居，舍正路而不由，哀哉”，“仁义礼智，非由外铄我也，我固有之也，弗思耳矣”，“君子所性，仁义礼智根于心”（《孟子·尽心上》）。这说明，孟子的仁义礼智等既是调节人际关系的道德规范，又是人内在的主体意识和操守的根本。孟子认为，人具有内在的主体意识和操守的根本，就能做到“得志，与民由之；不得志，独行其道”（《孟子·滕文公下》），“穷则独善其身，达则兼善天下”（《孟子·尽心上》），从而高扬了人内在的主体意识和理性精神，深化了对人主体意识的认识。

总之，孟子的道德规范体系丰富了中华民族的父慈子孝、兄友弟恭、夫妇和顺、尊上敬长、诚信待人、知耻改过、严己宽人等中华传统美德。他倡导的这些道德规范是对古代正确处理人际关系的道德实践经验的概括和总结，对协调人与人、人与家庭、人与社会之间的和谐关系具有积极的价值导向作用，对维系中华民族的和睦团结和凝聚民族统一的心理情感，都产生了积极影响。

其三，性善论鼓励人们崇德向善、奋发进取。学界全面、深入地探讨了孟子性善之“性”的含义，以及性善论的内涵、逻辑结构、价值、与其他学科的交叉研究以及性善论研究的方法论等，正确评价了性善论对鼓励人们崇德向善、奋发进取的积极价值。这些价值主要包括理论价值、文化价值、道德价值、社会价值、全球性价值等，譬如性善论“肯定了人的道德自觉性在道德实践、道德修养中的重要作用……使得人们看到了人性中的美好东西，也为大多数人努力向善提供了理论依据”①，“让中国人以善的视角审视这个世界，参天地化育，追求天人合一。在中国人生活的情境中，到处都透露着‘善’的气息，这体现着性善论对中国文化的巨大影响”②。学界普遍认为，性善说作为一个系统有机体系渗透于中华民族的精神境界、心理状态、思维方式、价值追求之中，“指出了人格道德完备的可行性及途径，充分肯定了人的自身价值、人格、意志，反映了社会道德归向，树立了人格道德榜样，激发了社会对人格道德的重视和追求”③。孟子高扬人性善的普遍性，激励人们追求善的本性，批评了失去善性而为恶的各种表现，表现出孟子抑恶扬善的积极进取的精神状态，高扬了人类道德自觉和理性自觉的能动性，促进了对人之本性认识的深化。钱穆先生指出：孟子的性善论“启迪吾人向上之自信”，“鞭促吾人上之努力”④，“孟子主张人性善，此乃中国传统文化人文精神中，惟一至要之信仰。只有信仰人性有善，人性可向善，人性必向善，始有人道可言。中国人所讲人相处之道，其惟一基础，即建筑在人性善这信仰上”⑤，“整个中国民族一部中国史主要精神主要向往，大可用一‘善’字来概括……此一‘善’字，正是儒学中至为契重的一字”⑥，它实为中国文化“最要精义所在”。

---

① 黄亚娟：《孟子“性善论”思想探究》，《长春工程学院学报》（社科版）2010年第4期。

② 申鹏宇：《孟子性善论的缘起、论证及其意义》，《东方论坛》2012年第2期。

③ 王其俊：《大陆当代孟子性善论研究述评》，《孔孟学报》2014年总第92期。

④ 参见钱穆：《孟子研究》，开明书店1948年版，第80页。

⑤ 钱穆：《民族与文化》，台北联合出版中心1960年版，第25页。

⑥ 钱穆：《中国历史研究法》，（台北）东大图书公司1988年版，第78页。

正因为孔孟儒学最重视“善”，故“从‘善’字上发展出中国传统文化中最具重要性之道德精神”①。钱穆先生的这些论述确实道出了孟子性善论对中华优秀传统文化的贡献和启迪作用。至于所谓“中国人对‘性善’完美人格信奉只能造就出成批的伪君子”，“不但导致人的虚伪，也造就政治、法律的虚伪”② 之论，无疑否定了孟子性善论对中华优秀传统文化的贡献，不能不说与蕴含“鼓励人们向上向善的思想文化内容”的中华优秀传统文化大相径庭，在理论和实践上只会造成消极的影响。

其四，义利观。它是孟子论述人的道德行为与功利关系的学说。当代学界深入探讨了孟子义、利范畴的含义及关系，学者普遍认为孟子的义利观是先义后利、以义制利、怀义去利、见利思义、舍生取义、义利统一，二者是相辅相成的辩证统一。与此紧密相连的是义命之辨。他说：“鱼，我所欲也；熊掌，亦我所欲也。二者不可得兼，舍鱼而取熊掌者也。生，亦我所欲也；义，亦我所欲也。二者不可得兼，舍生而取义者也。生，亦我所欲；所欲有甚于生者，故不为苟得也。死，亦我所恶；所恶有甚于死者，故患有所不辟也。”（《孟子·告子上》）在这里，孟子突出强调了人的道德精神价值高于生命价值。他的“舍生而取义”的千古名言，是激励中华民族无数志士仁人在民族危亡的紧急关头坚持节操、英勇献身的精神支柱，丰富了中华民族不畏强暴、追求真理、舍生忘死的优良传统。前些年，有的论者竟怀疑孟子“舍生取义”的当代价值，认为“尤其在提倡‘以人为本’的今天，把人的生命价值提到了很重要的地位，如果人连生命都没有了，那么又怎么去讲义呢？孟子的这个观点在现代社会中是否适用值得思考”③。这一观点将“以人为本”与“舍生取义”对立起来，与当年赫鲁晓夫的“脑袋掉了，原则还有什么用”言论何其相似乃尔。在当代社会中无数中华英雄儿女为维护国家民族的大义而舍生忘死；在2020年应对新冠肺炎疫情中，多少白衣天使以命相搏而英勇献身。由此看来，在当代社会弘扬中华优秀传统文化的“舍生取义”的思想理念，当是十分必要的。

其五，“人皆可以为尧舜”的理想人格和道德修养。学界深入探讨了孟子理想人格的内涵、构成要素、层次、价值、意义，论述了孟子的道德修养原则、方法、价值、意义等。孟子的“人皆可以为尧舜”（《孟子·告

---

① 钱穆：《世界局势与中国文化》，（台北）东大图书公司1977年版，第78页。

② 参见杨师群：《孟子政治法律思想批判》，《中国政法大学学报》2010年第1期。

③ 李雁平：《浅析孟子义利观及其对现代利益观的影响》，《重庆科技学院学报》（社科版）2008年第9期。

子下》）的理想人格和道德修养，是其伦理思想的重要组成部分，二者密切相连，加强道德修养是实现高尚理想人格的根本途径。我们知道，崇尚高尚理想人格和加强道德修养是中华民族人文精神的核心之一。学界普遍认为，孟子的理想人格是中华民族的宝贵遗产之一，它坚持了做人的最高道德标准，培育了中华民族的骨气，鼓舞了历代一批又一批气节之士前赴后继。有论者指出，孟子“把尧舜禹等圣人视为理想人格的典范和楷模，从而使其理想人格摆脱了道家理想人格抽象玄虚的特性，具有最广泛和现实的影响作用。孟子的圣人‘与我同类者’、‘人皆可为尧舜’的命题，激励和构成了我们整个民族人生价值的理想追求”[①]。孟子的理想人格对“恢复和发扬中华民族对人格价值和人格理想的追求，体悟到人生的本体意义，强化人们对国家、民族的社会责任感”[②]，都具有积极意义。孟子倡导的志于仁义、存心向善、反求诸己、积极进取、严以责己、推己及人、反躬自省、养心寡欲、与人为善、知耻改过、养浩然之气等修养方法，丰富了中华优秀传统文化的宝库。笔者曾经指出：当代“大陆的社会主义建设取得了举世瞩目的成就。随着社会改革的深入发展，不可避免地产生了一定的社会问题，诸如理想幻灭、信仰缺失、道德滑坡，已揭露出的家庭式腐败、家族式腐败以及一些腐败分子所信奉的人不为己天诛地灭、金钱万能、私利至上等剥削阶级的腐朽观念给社会造成了极大的破坏。这样，社会伦理道德成为社会成员普遍关注的一个重要问题。近十几年来，学术界从孟子的伦理思想中汲取传统文化的精华，针砭时弊，抨击各种腐败的道德观念，无疑是孟子伦理思想研究不断深化、发展的一个重要原因。学术界对孟子伦理思想的深入探讨，促进了孟学研究的繁荣。这对弘扬中华民族优秀传统文化，促进中华民族的伟大复兴，无疑具有积极的意义”[③]。

总之，孟子的伦理思想极大地丰富了先秦儒家的“内圣”之学，为其“外王”之学奠定了坚实的道德理论基础，丰富了中华优秀传统文化的思想理念、传统美德、人文精神，对中华文化的发展产生了深远影响。

---

① 张应杭：《论孟子理想人格思想对民族精神的影响》，《学海》1993年第5期。

② 郑晓江、程林辉：《孟子的人生理论》，《江西社会科学》1991年第1期。

③ 王其俊：《近十几年来大陆孟子伦理思想研究述评》，《中国文化论衡》2016年第1期。

第七章　孟学专题研究（五）

——教育、美学、心理思想研究

孟子的教育、美学、心理思想，既是孟学的一个重要组成部分，又是中国古代教育、美学、心理思想史的一项重要内容。在这里，我们将孟子的教育、美学、心理思想研究置于中国古代教育、美学、心理思想史研究的比较高一级的大系统中，全面客观地梳理当代孟子教育、美学、心理思想研究的历程和脉络。

第一节　孟子教育思想研究

一、20 世纪 80 年代的孟子教育思想研究

1949～1976 年，有的论著初步论述了孟子的教育思想。从 20 世纪 80 年代起，学界开始重视对孟子教育思想的研究。学界出版的教育思想通史著作及学术论文对孟子的教育思想做了初步探讨。

毛礼锐、沈灌群主编《中国教育通史》第一卷论述了孟子教育思想的理论基础、教育目的、作用及道德教育等，认为孟子在哲学上发展了孔子的唯心主义思想，建立起一套主观唯心主义体系，持性善说，把仁、义、礼、智四种道德规范说成是出自人的本性，要求人们扩充和发展这种善良的本性。

该书认为，孟子继承孔子的德治和仁政思想，反对兼并战争、暴力统治和武力统一。孟子主张实行德治，进行教化，首先要使受教的黎民“不饥不寒”，这在孟子的教育思想中是可贵的一点。孟子教育思想的理论基础是性善论和道德教育思想。“孟子的教育目的在于申孝悌，明人伦，以实现其政治理想”，其教育方法、内容有“存心寡欲、反求诸己、知耻改过、求放心、存夜气、养浩然之气、磨炼意志”等，“孟子‘养心莫善于

寡欲’的主张把欲望的多少看作是能否保存善性的关键，这显然是偏颇的，是唯心的”，“孟子的‘浩然之气’是一种凛然正气，是压倒一切的豪迈之气，它激励人们坚持信仰，甚至为之而献身的精神”。孟子在教学论方面还提出了因材施教、坚持标准、由博反约、深造自得等有价值的思想。①

笔者认为，“该书的特色之一是较客观地评价了孟子的教育思想，分析了孟子的教学方法，肯定了孟子教育思想的积极因素和精华。但作者仍沿用学术界唯物主义与唯心主义斗争的框架判定孟子坚持唯心主义先验论，宣扬人生的富贵贫贱都是命定的等观点，显然是偏颇的。该书对孟子‘寡欲’、‘反求诸己’等概念、命题的分析批判，存有望文生义之嫌”②。该书认为孟子是“战国时鲁国邹邑人”，也不符合历史事实。实际上，战国时的邹国与鲁国是两个诸侯国，孟子是邹国人，而非鲁国人。

在这一阶段内，许多论文论述了孟子的教育目的、方法、意义、作用等，提出了许多新见。学者们普遍认为，孟子的教育目的是申孝悌，明人伦，为治国平天下的政治思想服务；孟子的教育原则、方法主要包括以身作则、由近及远、因材施教、严格要求、耐心启发、自求自得、专心致志、勤于思考、循序渐进、认真改过、正己正人、因势利导、坚持标准、深造自得、由博返约、居仁由义、专心致志、持之以恒等。

二、20世纪90年代的孟子教育思想研究

许多论文探讨了孟子教育思想的理论基础、目的、原则、方法、意义、作用等。傅建增认为，孟子构建了一个以“我”为中心的“天人合一”的思想教育理论体系，内容包括理论基础、内容结构、政治内涵、主体自觉及其文化成果等。孟子思想教育的理论基础是“道性善”，思想教育的内容结构是尽心、修身、立命，思想教育的政治内涵是“仁政王道”，思想教育的主体自觉是“反身而诚”，思想教育的文化成果是人文理想。孟子所构建的思想教育理论模式的特征主要有“性善”与“善教”的统一、“善政”与“善教”的统一、以“我”为中心的“天人合一”。③ 徐人忠论述了孟子对教育理论的贡献，认为孟子论述了教育在培养人性和社会发展中的重要作用。孟子教育的内容、方法主要包括“养心莫善于寡欲”，

---

① 参见毛礼锐、沈灌群主编：《中国教育通史》第一卷，山东教育出版社 1985 年版，第 333～354 页。

② 王其俊：《中国大陆当代孟学研究述评》，《孔孟学报》2011 年总第 89 期。

③ 参见傅建增：《孟子思想教育理论初探》，《南开学报》（哲社版）1994 年第 1 期。

立志、持志，善养浩然之气，磨炼意志、担当重任，反求诸己、改过迁善。孟子的教学原则、方法有因材施教、教亦多术，深造自得、由博反约，循序渐进、盈科而进，专心致志、持之以恒，坚持标准、启发思维，等等。[①] 隋淑芬认为，“孟子的诱导教育法是思想教育的重要原则和方法，具有说理自然、思想渗透性强的特点。孟子根据不同情景和对象，广泛、灵活地运用诱导法”[②]。

总之，学界对孟子教育思想的探讨，提出了许多新的观点。有的认为，孟子思想教育的文化成果是人文理想，它既包括对社会、政治和伦理目标的憧憬，又包括对人性、人生和人格典范的追寻。其主要内容包括社会理想、政治观念、价值尺度、人格理想、奋斗精神、远大志向、历史使命等方面。有的将“孟子教育的内容和方法概括为寡欲、立志、持志、反求诸己、改过迁善”[③] 等四个方面。有的将孟子的诱导教育法概括为因事诱导、设疑、设问引导、疏通思想障碍、譬喻寓言、引证史实、即兴发挥等六个方面。这些论述丰富了孟子教育思想的内涵，探讨了它对当代教育的深刻借鉴和启示，对拓展孟子教育思想研究的广度和深度当有积极意义。

三、21 世纪以来的孟子教育思想研究

道德教育是孟子教育思想的一项重要内容。21 世纪以来，许多论文深入探讨了孟子的道德教育思想。其主要内容包括道德教育方法、理路、现代价值和启示、自我教育和中道教育等。

关于道德教育的方法。崔华前将孟子道德教育的方法概括为：“射者正己”的身教示范法、“不助苗长”的循序渐进法、“反求诸己”的自我教育法、“苦其心志，劳其筋骨，饿其体肤”的意志锻炼法、“引而不发”的启发教育法、“时雨化之”的因材施教法等。[④] 黄钊认为，孟子的道德教育学说体系以性善论为思想基础，以仁政说为主要内容，以反省内求为入德之方，把孔子的道德教育学说推到了一个新高度，对我们民族的思想道德教育和文明进步产生了深远的影响。[⑤] 郭燕华、詹世友论述了孟子道德教育之理路，认为孟子为道德教化开启了一条新的涵养本心的理路。他的

---

① 参见徐人忠:《孟子对教育理论的贡献》,《东岳论丛》1996 年第 3 期。

② 隋淑芬:《论孟子的诱导教育法》,《齐鲁学刊》1999 年第 2 期。

③ 徐人忠:《孟子对教育理论的贡献》,《东岳论丛》1996 年第 3 期。

④ 崔华前:《孟子思想中蕴涵的德育方法》,《金陵科技学院学报》2004 年第 2 期。

⑤ 参见黄钊:《孟子的思想道德教育学说探析》,《湖北大学学报》(哲社版)2004 年第 2 期。

道德教化是“遵循人心向善的方向，培育一种自然而然、不待勉强的德性的过程”，促使人们培养大丈夫气概，具有一股至大至刚的浩然正气，从而实现自己的人生价值。①

学界普遍肯定了孟子道德教育的现代价值和启示。有的认为，“孟子的性善论为其学为圣贤的德育目标奠定了理论基础。作为一种理想主义的人性论，它有助于激发人的尊严感和责任感……孟子提出并阐述了一整套道德修养理论：突出对学习者的理想志向和价值教育、注重道德实践者的主体作用、强调自我教育、强调道德教育者的榜样力量和示范作用。这些德育思想的精华，具有很强的现实意义”②。

有些学者论述了孟子的自我教育和中道教育观。有的论述了孟子“明人伦”的自我教育目的和内容、“求放心”的自我教育作用观及反求诸己和自求自得的自我教育原则、途径、方法，“对今天的教育活动和思想政治工作仍有借鉴意义”③。有的指出：“孟子的中道思想有着深厚的文化渊源和深刻的哲学内涵。中道哲学贯穿于孟子的教育理论与实践之中，所形成的独具特色的中道教育哲学，对弘扬民族精神，培育健全人格，增进理性与智慧，具有重要价值”，“孟子中道哲学的内涵包括执两用中、权变时中、度于仁义三个方面……孟子的中道教育观包括：知识的获得、理性的养成、人格的完善。它们无不赖于教养。孟子在先天与后天、内求与外取、教与学、学与行之间，并未固执一端，而是兼顾各端，以求适宜”。④

除上述外，有的从教育功能、教育与政治经济的关系、教育与从政人才的培养、教学方法、教师工作等几个方面探讨了孟子对孔子教育思想的继承与发展，认为“孟子在教育理论上提出许多创新观点，丰富了孔子教育思想，从而推进了中国古代教育思想的发展”⑤。有的探讨了孟子和谐教育思想，认为“孟子和谐教育的目的就是‘明人伦’，教人成为自身和谐、人格完美的‘君子’、‘大丈夫’……孟子和谐施教的方法主要是因材施教、循序渐进和师生互动”⑥。

总之，学界从不同的层面、角度探讨了孟子的道德教育方法、道德教育理路、道德教育的现代价值和启示、自我教育、中道教育、和谐教育

① 郭燕华、詹世友：《存养扩充——孟子道德教化思想之理路》，《南昌大学学报》（人文社科版）2006年第4期。

② 陈兴安：《孟子德育思想及其现代启示》，《湖南师范大学教育科学学报》2006年第1期。

③ 杨喜洲：《述论孟子的自我教育思想》，《天中学刊》2002年第6期。

④ 参见于建福：《孟子的中道教育观及其价值》，《山东大学学报》（哲社版）2005年第1期。

⑤ 许梦瀛：《孟子对孔子教育思想的继承与发展》，《河南师范大学学报》（哲社版）2000年第1期。

⑥ 曹迎春：《孟子和谐教育思想探析》，《文教资料》2006年第31期。

等，深化了孟子教育思想研究。

综上所述，从20世纪80年代到90年代，学界偏重于论述孟子教育思想的理论基础、教育目的、原则、方法、作用等，21世纪以来，学界凸显了对孟子德育方法、道德教育之理路、道德教育的现代价值和启示、自我教育、中道教育、和谐教育等问题的研究。许多学者紧密联系社会实际，抨击各种道德沦丧、生活奢侈等社会不良现象，将孟子道德教育思想作为矫正社会弊端的一服良药和借鉴，对弘扬中华民族优秀传统文化做出了积极贡献。

第二节　孟子美学思想研究

一、20世纪80年代的孟子美学思想研究

1949～1976年，有的论著初步论述了孟子的美学思想。从20世纪80年代起，学界日趋重视对孟子美学思想的研究，大致划分为两类：一是美学通史的整体研究，二是孟学论文的专题研究。

（一）美学通史的整体研究

1. 李泽厚、刘纲纪主编《中国美学史》第一卷

该书全面、系统论述了孟子的美学思想。

第一，孟子对个体人格美的认识和高扬。该书认为，孟子极大地强调了人格美的意义和价值，认为人格精神也可以是审美对象，明确把人格精神、道德上的善与审美愉快联系起来。孟子“认识到美应该与人不同于动物的社会本质相联系……在中国美学史上第一个较为明确地从人与动物的区别上来对待和观察这个问题”，“孟子主张善为人的本性所固有，这就肯定了道德行为是个体内在的要求，是个体自觉自决的行动”。他的以天下为己任和人皆可以为尧舜的思想，是“我们民族的一个伟大的优秀的传统”。该书将孟子个体人格美认识的贡献概括为：“第一，孟子第一次明确指出个体的人格、道德、操行，也能引起普遍必然的愉快感受，与味、声、色的审美愉快有类似处。第二，孟子把人格美建立在具有社会伦理道德要求的人与只知满足生理欲望的禽兽的区别之上，彻底地把纯粹动物性的生理欲望的满足排除于美之外……第三，孟子从个体实现善的自觉的努力中去寻找人格美，把‘浩然之气’看作是人格美的表现，体现了一种以

天下为己任、积极入世的精神。第四，孟子认为人格美体现在人的形体和活动中，肯定了人格美是日常现实中可感知的存在，人的形体的美在于它是人的内在的高尚的道德精神的表现……第五，孟子第一次从对人格美的观察上区分了美的各个等级，丰富了中国美学对于美的各个范畴、形态的认识”。①

第二，孟子论美感的普遍性和审美活动的社会性。该书指出：孟子“不仅在中国美学史上第一次明确地提出了这个问题……他对这个问题的说明，还包含着若干合理的深刻的因素。第一，孟子用人的感官的共同性，即天下之口、耳、目相似来说明美感的共同性，有着从现代科学的观点看来也值得注意的合理的东西”，“第二，孟子把人看作是一个不同于动物如牛马之类的族类，而从人与动物的区别上去找寻人的美感的共同性的原因，这也有合理之处”，“孟子对美感的共同性的肯定，同时也包含了对审美的客观标准，对美的普遍性、绝对性的肯定……孟子所强调的都是一致、和谐、统一，而不是差异、矛盾和对立”，“孟子突出地强调了审美活动的社会性……又十分鲜明地体现了孟子的‘与民同乐’的古代民主思想，有着积极的意义”，“从美学上看，孟子的‘与众乐乐’、‘与民同乐’的思想，指出了审美活动广泛的社会性，要求审美活动应当符合人民的意愿，受到人民的欢迎，而不应当是人民所憎恶和反对的”②。

第三，孟子对艺术作品特征的认识和孟子美学对后世的影响。该书认为，“孟子对于诗不同于历史著作、政论文章的特点已经有了相当明确的认识，看出了两者的区别。特别是他的‘以意逆志’的说法，是抓住了应该如何理解艺术作品的关键的”。该书从孟子美学的整个特征阐述了它对后世的影响，指出“孟子不但再次高扬了个体人格的主动性、独立性，而且十分强调个体人格的情感和意志的力量”，“就在很大程度上突破了孔子思想中保守的方面，更为接近于个体人格的追求……孟子的美学给儒家的美学开了新生面”，“孟子美学对后世的影响不只是表现在它所提出的某些具体的论点上，而且还表现在它所代表的一种美学倾向，以及体现着这种倾向的《孟子》一书的文辞上。孟子的美学鲜明地代表了一种积极肯定个体人格的自由和力量，不向任何外在的强大势力退让低头的倾向。在儒家美学中，孟子的美学富于批判性、进取性、开创性，而且有着鲜明的古代

---

① 参见李泽厚、刘纲纪主编：《中国美学史》第一卷，中国社会科学出版社 1984 年版，第 178～186 页。

② 参见李泽厚、刘纲纪主编：《中国美学史》第一卷，中国社会科学出版社 1984 年版，第 187～191 页。

民主精神”，其“思想内容和表现形式具有高度的统一性、一致性，两个方面都对后世产生了强大的作用”。[①]

笔者认为，该书探讨了孟子对个体人格美的认识和高扬，论述了孟子论美感的普遍性、审美活动的社会性和孟子对艺术作品特征的认识，评价了孟子美学对后世的影响。作者指出孟子在对人格美的认识上，其贡献有五：一是孟子明确指出个体的人格、道德、操行能引起普遍必然的愉快感受；二是把人格美建立在具有社会伦理道德要求的人与只知满足生理欲望的禽兽的区别之上，彻底地把纯粹动物性的生理欲望的满足排除于美之外；三是从个体实现善的努力中去寻找美；四是人格美是日常现实中可感知的存在；五是区分了人格美的各个等级，丰富了中国美学对美的各个范畴、形态的认识。该书认为孟子不仅高扬了个体人格的主动性、独立性，而且十分强调个体的情感和意志的力量。孟子美学对后世的影响不只是表现在它所提出的某些具体论点上，而且还表现在它所代表的一种积极肯定个体人格的自由和力量，不向任何外在的强大势力退让低头的倾向。在儒家美学中，孟子的美学富于批判性、进取性、开创性，具有鲜明的古代民主精神。孟子美学的思想内容和表现形式具有高度的统一性、一致性，对后世产生了强大的作用。该书对孟子美学思想的论述，读来令人耳目一新，是对孟子美学做出深入、客观评价的著作之一。

2. 敏泽《中国美学思想史》第一卷

该书论述了孟子的仁政、与民同乐及美感共性、充实美、知言养气与批评论。

第一，孟子论仁政、与民同乐及美感共性。该书指出：孟子在美感问题上重视与民同乐，认为与民同乐“不仅个人可以获得最大的美感享乐，而且才可以行王政于天下……这一关于美的享乐的观点，同样是极富有民主性精华的。这种反对暴政、深切同情人民疾苦的精神，是我国美学思想史上十分宝贵的传统，它影响着后世我国作家对于人和人的命运的关切和同情……比起孔子来，孟子无论对于人民疾苦的同情，或者对于暴政的批判精神，都是远远超过孔子的……这就是孟子的美学思想何以比孔子的美学思想更富于民主精神的原因”，“孟子之所以提倡性善论，是由于他是从氏族血缘社会那种自然长成的结构方式看问题”，孟子的“不忍人之心”是推行统治的基础，“这也是美的音乐产生的基础”。人的本性先天就具备仁义礼智，表现人不为外物所蒙蔽的“良知”“良能”“不忍人之心”的音

① 参见李泽厚、刘纲纪主编：《中国美学史》第一卷，中国社会科学出版社1984年版，第196～199页。

乐，就不能不从“尽心”中实践这一道德伦理观念中产生，“得到高度的美、善统一的美感享受……很鲜明地表现了孟子美学思想的唯心主义本质”。孟子提出的美感共性的问题，“无疑在我国美学思想史上是有意义的”，但“只能限于低层次的感官方面的愉悦”。孟子“以人的自然属性的‘类’的一致性，去代替人的社会性”。孟子认为“评价音乐美，不能看其时代的古或近，而应看它们本身的美学价值”。孟子的今乐犹古乐的美学思想，“比孔子更为开明，也更富有人道色彩”。他的“仁言不如仁声之入人深也”（《孟子·尽心上》），表明“在我国美学思想史上，孟子是第一个明确提出音乐比理论形态的言辞具有更强感染力的人”。①

第二，充实美、知言养气与批评论。该书认为，“孟子在美学思想史上的一个重要贡献，是他对于美的本质的看法，认为美在于充实”，“孟子关于美的道德伦理本质的论述，有着多方面的意义”，“进一步强调了对于人来说，伦理道德美是一个核心的内容……尽管孟子把人的道德素养看作纯由先天，不免是唯心主义的”，但他“要求文明社会中的人，应该有道德，区别于禽兽，无疑又是具有积极的合理因素，包含着真正重视人的价值和尊严的意义在内的”。孟子的养气说，“高扬人的精神人格美，并给实现这一美提供了一个新的途径，无疑标志着人的自我认识的能动、高度发展，及人对自我力量高度肯定，这是人在长期历史实践中在意识领域中所获得的光辉的成就，把长期被宗教神学夺去了的人的内容，还给了人本身。因而使孟子的美学思想具有更为深刻的意义。孟子的这些观点，和当代西方兴起的以马斯洛为首的人本主义心理学派的某些基本观点是很相似的”。“孟子所强调的人的精神美，固然发端于他的性善论的非科学的命题，但他不仅重视后天的道德修养，而且，也十分重视生活遭际对于砥砺人的内在精神力量的重要性。”② 此外，该书还述评了孟子的“以意逆志”“知人论世”等主张。

总之，该书较全面地述评了孟子的美学思想，肯定了其积极因素，论述了孟子美学思想对孔子美学思想的发展，认为“孟子关于美的享乐的观点，极富有民主性精华”。这种反对暴政、深切同情人民疾苦的精神，是我国美学思想史上十分宝贵的传统，它影响着后世我国作家对于人和人的命运的关切和同情。孟子对于人民疾苦的同情和对于暴政的批判精神，都远远超过孔子。这是其美学思想何以比孔子的美学思想更富于民主精神的原因。该书肯定了“孟子‘充实之谓美’这一关于美的道德伦理本质的论

---

① 参见敏泽：《中国美学思想史》第一卷，齐鲁书社 1987 年版，第 158～163 页。

② 参见敏泽：《中国美学思想史》第一卷，齐鲁书社 1987 年版，第 164～168 页。

述的多方面的意义”，等等。但该书又认为孟子主张人的本性先天具备仁义礼智，表现人不为外物所蒙蔽的“良知”“良能”“不忍人之心”的音乐，就不能不从“尽心”中实践这一道德伦理观念中产生，“得到高度的美、善统一的美感享受”，这就鲜明地表现了孟子美学思想的唯心主义本质。这些认识是不符合孟子美学思想本意的。

（二）孟学论文的专题研究

许多论文论述了孟子美学思想的基本内容、个体人格美、审美观等。韩林德将孟子的美学思想概括为三个要点：一是“提倡以善为核心的‘充实之谓美’的人格美，为民立极”；二是“为‘善端’普遍性理论张目，宣扬‘目之于色也，有同美焉’的美感共同性观点”；三是“诗论精粹有‘以意逆志’、‘知人论世’……堪称为先秦美学史上独树一帜的人物”。[①]陈富权论述了孟子对个体人格美的认识过程，认为“孟子从古代人道主义和民主思想的立场出发，以朴素的反映论和认识论为思想方法，而对个体人格美的认识具有新的内容和贡献”，孟子对个体人格美的某些片面认识“带有明显的主观唯心主义局限”，“抹杀了人的阶级性和社会性本质，具有一定的欺骗性”。[②]

翟廷晋从美善统一和美高于善、人类美感的共同性两个方面探讨了孟子的审美观，认为“孟子主张美与善是一致的。他的审美观与伦理道德观是相通的，与他的政治态度是直接相联系的”，孟子的美善统一观“体现了儒家审美观的阶级性……还表现在人的形体美和服饰美必须与其心灵美（即内心的善）相一致”。[③]

除上述外，有的学者针对将孟子乐舞起源观视为唯心主义的观点，辨析了孟子对乐舞起源的论述，认为孟子的仁义并不是先验的，“由于人们过去习惯了用孟子的伦理道德学范畴去抵充认识论范畴，忽视他谈论许多问题都是从政治伦理的角度出发这一基本事实，就先入为主地认为孟子的‘仁义’观念是先验的，而不是在社会关系中产生的”，“孟子说乐仁义而产生乐舞，实际上是说乐因‘事亲’、‘从兄’而产生的仁义，再表现出来，就产生乐舞”，“所以得不出孟子的乐舞起源观是唯心主义的结论”。[④]

总之，在20世纪80年代，从李泽厚、刘纲纪主编《中国美学史》对

① 韩林德：《试论孟子的美学思想》，《思想战线》1981年第3期。

② 陈富权：《孟子对个体人格美的认识过程初探》，《内蒙古大学学报》（社科版）1984年第4期。

③ 翟廷晋：《孟子的审美思想》，《文史哲》1989年第5期。

④ 参见向万成：《孟子乐舞起源观新探》，《四川师范大学学报》（社科版）1986年第6期。

孟子关于个体人格美的认识和高扬、美感的普遍性和审美活动的社会性、艺术作品特征的认识、美学对后世的影响等问题的探讨，到敏泽《中国美学思想史》第一卷对孟子的与民同乐、美感共性、充实美、知言养气与批评论等问题的论述，再到许多论文对孟子美学思想的基本内容、个体人格美、审美观、乐舞起源观等问题的研究，孟子的美学研究初步呈现出新的景象，许多论文肯定了孟子对古代人类美学的积极贡献，肯定了孟子美学的当代价值。当然，有的论者指责孟子个体人格美的批判进取和一无所畏的创造精神"打着唯心主义的烙印，充其量也只是个体的孤身奋斗，或是对社会的微小触动和改良，使得他对个体人格美的认识带有改良主义的色彩"①。这一观点，不能不说是偏颇的。

二、20 世纪 90 年代的孟子美学思想研究

许多论文论述了孟子的接受美学、阳刚美、审美观点、审美理想、审美意识等。

韩学君论述了孟子的接受美学思想，认为"孟子以'善'和'美'为核心的哲学美学体系，作为人格本体的'善'有理性内涵和感性形式，是审美期待世界的主体，孟子强调自觉自律的人格完善实质上是重视审美接受的能动性创造性，理想人格的建构以'浩然之气'的充实为前提，'学'、'求'、'思'、'养'则是基本途径与手段。孟子的诗论具体表现他的接受美学思想，'以意逆志'、'知人论世'等观点则是孟子对审美接受的系统规定"②。刘竹"从孟子的美的六个层次概念入手，分析了阳刚之美所包含的精神内涵，从人格、人性、人伦等角度展示阳刚美在人类前进的步伐中所迸发出的推动力量，从而进一步在当今的精神文明中为它定位"③。

关于审美观点、审美理想和审美意识。费念椿针对有人判定"孟子的美学思想以抽象的道德论和人性论为基础，把美和审美纳入纯粹道德范畴……'他的思想是对孔学的唯心主义的发展和补充'"等观点，认为"孟子是从'性善论'的基本思想出发，最早将人的精神品质作为人格美的内容的，从而拓宽了审美对象的外延。孟子的'养气'说为人格美的实现提供了具体途径。孟子在中国美学史上首次揭示的美感共同性与审美活动的社会性问题，体现了朴素唯物主义审美观。他提出'以意逆志'与

---

① 陈富权：《孟子对个体人格美的认识过程初探》，《内蒙古大学学报》（社科版）1984 年第 4 期。

② 韩学君：《论孟子的接受美学思想》，《湘潭师范学院学报》（社科版）1996 年第 5 期。

③ 刘竹：《试论孟子的阳刚美》，《云南师范大学学报》（哲社版）1996 年第 5 期。

‘知人论世’的审美意识见解，为艺术批评提供了有价值的方法论，也为后世美学添加了新的美学范畴”。[①]

总之，上述探讨提出了若干新的观点和认识。有的认为孟子强调自觉自律的人格完善，实质上是重视审美接受的能动性、创造性，孟子美学的核心是对个体人格精神美的认识与建构、完善与高扬。有的指出：“孟子所倡导高扬的阳刚之美，集揽了人类的精神美、人格美、气质美、人伦美、文辞美，它是中华民族精神、灵魂的集中体现。”[②] 有的论文针对判定“孟子的美学思想是对孔学的唯心主义的发展和补充”的观点，认为“孟子在中国美学史上首次揭示的美感共同性与审美活动的社会性问题，则体现了朴素唯物主义审美观”。这是切合孟子本意的。

三、21世纪以来的孟子美学思想研究

（一）美学思想通史的整体研究

陈望衡《中国古典美学史》上卷将孟子的美学思想划分为五节，依次论述了“美的本质：‘牛山之木尝美矣’‘充实之谓美’”，“人格美：‘浩然之气’”，“共同美感：‘目之于色也，有同美焉’”，“《诗经》论：‘以意逆志’”。

该书认为，孟子在美学上的贡献主要是发展了孔子的以善为本的美学观，高扬人格美。

第一，美的本质：“牛山之木尝美矣”“充实之谓美”。该书认为，“《孟子》一书多处用到‘美’这个概念”。他的“牛山之木尝美矣”等论述，实际上提出：美在天性。孟子认为天下万事万物都有它的本性，顺从和发展其本性则美，反之则恶。人的本性为善，仁义是人的天性。孟子美学观的理论基础是先天人性论。他确定人的天性为善。他所谓美，既是“善”，又是“真”。孟子的人性论是社会人性论，将仁义视为人之本性。他的回归本性是回归到社会，而社会的结构正是由仁义之类里道德信条支撑的。从美学角度看，孟子崇尚的是社会人伦美。该书指出，“孟子说的‘充实之谓美’，就是指人的充满仁义等美好品德的精神生命与相应的天赋容貌和谐统一”。孟子对美的本质的看法基本上同于孔子，既强调美主要在内容的善，同时又不忽视形式的作用。他的“充实而有光辉之谓大”就是最大程度上肯定了形式的美学魅力及其对内容的重要意义。

---

① 参见费念椿：《试评孟子的美学思想》，《通化师院学报》（社科版）1997年第1期。
② 刘竹：《试论孟子的阳刚美》，《云南师范大学学报》（哲社版）1996年第5期。

第二，人格美："浩然之气"。该书认为，"孟子在中国美学史上的突出贡献是将孔子所建立的人格理论从伦理学推进到美学领域，从而提出人格美的新概念，强化了儒家的美即善的学说"，"孟子发展了孔子的人格理论，主要提出三说"，即"大丈夫"说、"养气"说、"砥砺"说，孟子的"阳刚之美"，"为崇高的伦理内涵所充实，焕发出一种震撼人心的道德力量，是一种明朗而又圣洁的精神人格美"，"孟子认为培养大丈夫人格需要接受艰难困苦的锤炼"。他的砥砺理论"在教育学、人才学具有的重大意义是显然的"。

第三，共同美感："目之于色也，有同美焉"。孟子认为，人的生理视觉、听觉、味觉等是相似的，人的心也是相同的。这是孟子共同美感论的基础。对其应持一分为二的态度。人是有共同人性的，不仅较为低级的生理感觉大体相同，就是高级的精神性的感觉如美感也有很多相似之处。还要看到，既有共同的人性，又有差异的人性。他的共同美感论是为其仁政说服务的，以此作为理论支柱，提出君王应与民同乐说。他的与民同乐说有三个方面的意义：一是以肯定人具有共同美感为前提，理论基础是共同人性论；二是充分认识到音乐（可推及艺术）在交流思想和情感上的重要作用；三是体现出儒家艺术为政治服务的美学主张，具有难能可贵的民主性。与民同乐"不是一般的艺术为政治服务的美学观，而是一种在封建社会十分可贵的民主主义的美学观"。

第四，《诗经》论："以意逆志"。孟子大量地引用《诗经》，谈到了研读《诗经》的方法论问题。"以意逆志"之"意"是读者的理解，"志"是《诗经》所记载的史实；因读者的意是当今的，"志"是过去的事实，所以这种理解是上溯，上溯即为"逆"。孟子还提出了知人论世的方法。从孟子论读《诗经》的方法，我们得到的美学启示有四：一是"孟子肯定《诗经》既是历史，又是文学，着重指出《诗经》作为文学在语言运用上具有文饰的特点，注意到文学的语言美"；二是"重视《诗经》的史学价值，重视诗对时代、对社会的真实反映，开启了现实主义的先河，并成为中国'诗史'传统的奠基理论"；三是"强调通过读《诗经》来知人论世，亦启示我们应从知人论世的角度来读诗，开启了艺术社会学的先河"；四是"孟子对《诗经》作为文学的审美作用缺乏足够的认识，他对《诗经》的认识无疑存在片面性"。①

总之，该书深入探讨了孟子关于美的本质、人格美、共同美感等，认

① 参见陈望衡：《中国古典美学史》上卷，武汉大学出版社 2007 年版，第 162～179 页。

为“孟子所谓‘充实之谓美’，就是指人的充满仁义等美好品德的精神生命与相应的天赋容貌和谐统一”，总结了孟子关于“大丈夫”人格美的三个突出特点，归纳了孟子与民同乐说的三个方面的积极意义，概述了孟子“以意逆志”读诗方法对人们的美学启示，肯定了孟子美学对中国美学发展的贡献，等等。该书许多新的见解，对深化孟子美学思想研究产生了积极的促进作用。当然，该书认为“孟子美学观的理论基础是先天人性论”，是不符合孟子本意的。至于该书认为孟子“字子舆”，是“孔子孙子子思的学生”是不确切的。司马迁《史记·孟子荀卿列传》称：孟子“受业子思之门人”。清代江永认为“孟子与子思年不相接”（《群经补义》）。

（二）孟学论文的专题研究

21世纪以来，学界发表的十余篇论文对孟子的人格美及现代价值、礼乐思想的美学意义等做了深入的探讨。

张皓探讨了孟子人格美及现代价值，认为“孟子提出了‘充实之谓美’、‘万物皆备于我’、‘仰不愧于天’、‘我善养吾浩然之气’等一系列高扬自主精神的话语，表现出强烈的人本意识、人性色彩和人格自主的悦乐感，创造了文化史上的一个奇迹，具有现代价值”①。张邦卫认为，“孟子和谐的伦理美的最高境界是人格美。对人格美的高扬源于孟子对‘仁、义、礼、智’的重视”，孟子“强调人格美的化育天下和影响社会风尚，这是孟子礼乐思想最为重要的美学意义”，“孟子的礼乐思想还有着浓郁的政治意识形态性，这种功利化的礼乐观是对孔子礼乐观的补充与超越，从一定角度上说，是开了‘文以载道’论的先声，也开了‘修身齐家治国平天下’之儒教之先河”。②

杨江涛对中国当代美学史研究的方法提出质疑，认为学界多从孟子的与民同乐、浩然之气、“充实之谓美”等言论中研究其美学思想，“更多是用西方美学的框架来整理孟子的一些寻章摘句的言论，而缺乏整体性的观照和对中国美学自身独特性的思考……这就不可避免地造成对孟子美学某种程度的遮蔽”，“孟子是从人生的道德境界上来讲美学的……也就是从人生存在论意义上谈人生境界的圆满问题。孟子美学的精神在于：道德的直觉显出了觉悟圆满的人生境界。研究孟子美学不能只以启蒙美学之眼，它

---

① 张皓：《孟子的人格美学与自主精神》，《江汉大学学报》2001年第4期。

② 参见张邦卫：《孟子的礼乐思想及其美学意义》，《长沙理工大学学报》（社科版）2006年第4期。

需要视角的转变，这对中国古典美学研究也有重大借鉴意义”[①]。作者提出的这一观点具有普遍意义。对中国传统美学的研究，不能用西方美学的框架，而应当从中国传统美学的实际出发，才能挖掘出隐藏在其中的积极因素。

除上述外，有的还探讨了孟子的生态美思想，认为“先秦时期，孟子以生态美比喻人性善，认为生态美是自然界的本来面目，生态丑是人为破坏的结果。生态美的特征是绿色，其本质是有利于人的生存与发展。要保护生态美，就必须制止人对自然的过度索取”[②]。

总之，这一阶段的孟子美学研究取得了许多新的进展，凸显了对孟子人格美及现代价值的研究，认为它“表现出强烈的人本意识、人性色彩和人格自主的悦乐感”，创造了文化史上的一个奇迹，“包蕴着奋发向上的追求精神、社会责任感、历史使命感，高扬着主体性，选择的自觉性、理性精神，基于道德又超越道德的自由，充溢着人格的协调感，乐观向上的精神气度，激励现代人超越物性的束缚，奠定现代人生存的内在根基”。[③]

综上所述，从 20 世纪 80 年代对孟子美学思想的基本内容、个体人格美、审美观、乐舞起源观等问题的探讨，到 90 年代对孟子接受美学思想、阳刚美、审美观点、审美理想、审美意识等问题的探讨，再到 21 世纪以来对孟子的人格美及现代价值等问题的研究，表现出不断深化和提高的趋向，获得了不俗的成果。这主要表现于下述几个方面：一是对孟子美学思想基本内容的探讨越来越全面和深刻。学者普遍认为，孟子美学思想的基本内容包括个体人格美、美感的普遍性和审美活动的社会性、艺术作品特征、“仁政”“与民同乐”及美感共性、“充实之谓美”的美的道德伦理本质、以意逆志和知人论世的诗论、礼乐美、生态美等。二是凸显了对孟子个体人格美、阳刚美的研究。譬如李泽厚、刘纲纪主编的《中国美学史》将孟子对个体人格美认识的主要贡献概括为五个方面；陈富权将孟子关于个体人格美认识的新内容和贡献概括为四个方面；有的学者指出，孟子美学的核心是对个体人格精神美的认识与建构、完善与高扬。孟子所倡导高扬的阳刚之美，“集揽了人类的精神美、人格美、气质美、人伦美、文辞美，它是中华民族精神、灵魂的集中体现”[④]。孟子美学中最有光彩的部分是他的人格美学，“表现出强烈的人本意识、人性色彩和人格自主的悦

---

① 杨江涛：《从孟子看中国古典美学的研究方式》，《中州大学学报》2005 年第 2 期。

② 王磊：《先秦时期的生态美思想——孟子、庄子解读》，《陕西师范大学学报》（哲社版）2001 年第 4 期。

③ 参见赵杨群：《孟子的人格美论及其现代价值》，《渝西学院学报》（社科版）2003 年第 2 期。

④ 刘竹：《试论孟子的阳刚美》，《云南师范大学学报》（哲社版）1996 年第 5 期。

乐感”，创造了文化史上的一个奇迹，具有现代价值。孟子的人格美闪烁着理性光辉。当然，有的论者指责“孟子鼓吹个体人格美的批判进取和一无所畏的创造精神，但这些进步的内容却往往打着唯心主义的烙印，充其量也只是个体的孤身奋斗，或是对社会的微小触动和改良，使得他对个体人格美的认识带有改良主义的色彩”①。这一指责，既不符合孟子的本意，又贬低孟子个体人格美的积极意义。

第三节　孟子心理思想研究

孟子心理思想研究与中国古代心理思想史研究是紧密相连、相互影响的。二者的研究范围、对象、历程、内涵、结构、后世影响等尽管有一定区别，但对二者的研究基本上是同步进行的。杨鑫辉梳理了新中国成立以来的中国心理学史研究的概况、历程。② 燕国材梳理、总结了改革开放以来的中国心理学史研究的历程、经验、基本特点、主要成就，对未来的心理学研究做了展望，指出：“中国心理学史的自觉研究走过了30年的历程……主要成就有：规范了中国心理学史的基本问题，开拓了研究的新领域，丰富了心理学的教学内容，填补了世界心理学史的内容空白。”③ 上述述评，为我们梳理当代孟子心理思想研究提供了宝贵借鉴和参考。

1949～1976年，有的论著初步论述了孟子的心理思想。20世纪80年代以来，学界对孟子心理思想的研究经历了一个逐步深化、兴盛的过程。

一、心理思想通史的整体研究

（一）高觉敷主编《中国心理学史》

该书在第一章《儒家的心理学思想》中对孟子的心理学思想做了一定论述，认为孟子是“战国时期著名的主观唯心主义哲学家和教育家”，是“我国古代第一个明确提出智能问题的思想家”。他既看到了智能的先天因素，也看到了智能的后天因素，但没有把二者结合起来考察。孟子的智能观在根本上是唯心主义的，但他认为人的智力是在认识、掌握并运用客观事物的规律性的过程中形成和发展起来的。由此看来，它“又显然具有唯

① 陈富权：《孟子对个体人格美的认识过程初探》，《内蒙古大学学报》（社科版）1984年第4期。

② 参见杨鑫辉：《中国心理学史60年》，《教育学术月刊》2009年第9期。

③ 燕国材：《中国心理学史研究30年》，《南通大学学报》（教育科学版）2009年第3期。

物主义的倾向”。“孟子的学习心理思想属于唯心主义的内求说。”他在学习心理方面的较大贡献，就是主张假外物以求知获智，非常重视学习的原则和方法，并肯定了孟子深造自得、循序渐进、博约结合、积极思维、专心致志、持之以恒等学习原则、方法的积极因素和贡献。[①]

总之，该书阐述了孟子的性善论、智能观、学习说等，认为孟子是主观唯心主义哲学家和教育家。该书尽管坚持了孟子是主观唯心主义哲学家的传统观点，但其论孟的特点是较客观地肯定、评价了孟子心理学思想的积极因素和贡献。至于该书称孟子字舆，鲁国邹人，显然是讹传而不符合历史原貌。[②] 当然，该书一方面指出“孟子认为，人性既包括追求味、色、臭、安佚等本能和欲望”，另一方面又认为孟子“不承认人的自然本性是性”。显然，这一观点是前后矛盾的。实际上，孟子的人性是指人之所以为人的特殊本质，它并不包括“追求味、色、臭、安佚等本能和欲望”。

（二）燕国材主编《中国教育心理思想史》

该书论述了孟子的教育心理思想，主要内容包括下述四个方面：

第一，教育心理思想的基本观点。该书指出：其基本观点主要有性善论、良知良能说、内求说。人生而具有恻隐等四个“善端”，它只是人性善的萌芽并不表明人性已善，人性由生性（自然本性）与习性（社会本性）两个方面组成。“善端”是后天习性发展的基础，如果把它们“扩而充之”，就会发展为仁、义、礼、智的善性，充分肯定了教育促进“善端”发展为善性的重要作用。孟子的良知良能，实际上是认定人生来即具有一定的智能潜能；人的智能便是这种潜能在一定条件下的“扩而充之”或自我发展。人的知识、智能和品德生来即以某种萌芽形式存在于人的心中，只需向内去求，就可得到它们。内求说就是要使人们内在的种种潜能充分发展出来，并不是不要人们向外获取知识，以发展智能，培养品德，完善人性。

第二，学习心理思想。孟子的“深造自得”的学习过程，就是学习者积极主动求知的过程，他很重视在学习中发挥智力的积极性，努力做到“博学详说”“思则得之”“专心致志”。孟子还重视非智力因素在学习中的作用，认为学习必须具有坚强意志和持之以恒的精神，重视学习中的虚心与创新。其学习原则与方法有：学须立志、循序渐进、博约结合、深刻领会等。

---

① 高觉敷主编：《中国心理学史》，人民教育出版社1985年版，第54～64页。

② 参见王其俊：《中国大陆当代孟学研究述评》，《孔孟学报》2011年总第89期。

第三，德育心理思想。它涉及道德认识、道德情感、道德意志、道德行为四个因素。孟子最基本的道德概念有仁、义、礼、智、信、悌、忠等，强调道德与学问的统一。他倡导的仁智统一的思想，是君子道德认知的基础，具有现实的理论价值与实践意义。孟子把情感看作是道德发展的基础，这在中国古代教育心理思想史上是独树一帜的。他把道德形成的过程看作是一种理智活动和在道德情感上获得由衷快乐的过程，强调培养浩然之气这种高尚而坚定的道德情操。孟子的浩然之气并没有什么神秘主义的色彩。孟子道德原则与方法包括尽心知性、存心养性、动心忍性、寡欲、知耻、改过等。

第四，差异心理与教师心理思想。孟子的差异观，包括一般的差异观和心理的差异观。影响个别差异形成的因素包括先天因素、环境因素、教育因素。以个别差异心理思想为基础，孟子又提出因材施教的教育方法。他的教师心理思想包括教师的心理素质和建立良好的师生关系两个方面。教师要乐于育人、以身作则、通达事理、因材施教、意志坚强、勇于改过、虚怀若谷、存心养性等。①

总之，该书提出了许多深刻的见解，譬如认为孟子的良知良能实际上是认定人生来即具有一定的智能潜能；人的智能便是这种潜能在一定条件下的“扩而充之”或自我发展。孟子的浩然之气是一种高尚而坚定的道德情操，并没有什么神秘主义的色彩。“所谓寡欲，它只是要节制那些非分之欲，而那些合理之欲还是应当满足的。”上述认识，与有人将孟子的良知良能判定为先天道德观，浩然之气是神秘主义，寡欲是禁欲主义的偏颇观点有着根本的区别。值得指出的是，有的论者判定唯心主义先验人性论是孟子心理思想的理论基础。持这一观点的逻辑是：孟子的性善论是唯心主义的，建立在这一基础上的心理思想也是唯心主义的。笔者认为，该书关于孟子“强调道德与学问的统一，他倡导的仁智统一的思想，是君子道德认知的基础，具有现实的理论价值与实践意义。孟子把情感看作是道德发展的基础，这在中国古代教育心理思想史上是独树一帜的”观点，对纠正上述错误认识是有积极意义的。

二、孟学论文的专题研究

20 世纪 80 年代以来，许多论文论述了孟子的普通心理、道德心理、社会心理、教育心理、心理和谐思想等。

---

① 参见燕国材主编:《中国教育心理思想史》，山东教育出版社 2004 年版，第 76～94 页。

（一）普通心理

燕国材从六个方面较系统地论述了孟子的普通心理思想，认为“耳目之官”与“心之官”的形神观、“万物皆备于我”的心物观是孟子心理学思想的两个重要基本观点。前者说明“感知是由耳目之官的活动所产生的……思维则是由心之官的活动所产生的”。作者对将“万物皆备于我”“解释为‘万事万物的理都在我的心中’，从而认定孟子是一位主观唯心主义者”的观点提出质疑，认为“孟子的心物观就闪现出了科学的光辉”。关于“知虑心理思想”。作者从“耳目之官不思”——论感知、“心之官则思”——论思维、“小体”与“大体”——论感知与思维的关系三个方面，全面分析了孟子“耳目之官不思”（《孟子·尽心上》）章的论断。作者从“四端”说、“爱敬”说、“同心”说、“二者不可兼”第方面做了评析，指出：孟子认为“在同一层次的欲望中，也有高低之分”，“在‘二者不可得兼’的情况下，应当舍生取义，用高一级的义欲战胜低一级的生欲……这‘舍生取义’是孔子‘杀身成仁’思想的继承，是中国古代文化的优秀传统，是中华民族独立于世界民族之林的脊梁骨，我们必须认真继承并发扬光大”。[①] 除上述外，作者还评析了孟子的志意心理思想、智能心理思想、性习心理思想。

（二）道德心理研究

许多学者探讨了孟子道德心理的内涵、特点和价值。张积家将孟子的品德心理学思想的内涵概括为四个方面：“内外因统一的品德形成论”“充满主动和自觉精神的品德结构论”“注重观察的品德鉴定论”“因性育德、全方位切入的品德培养论”，认为“孟子的品德形成论，具有唯物论和辩证的因素；他的品德结构论，充满了主动和自觉精神；他的品德培养论，对后世的品德教育有诸多启迪，对当代教育具有重要的启发意义”。[②] 曹刚、李志成对孟子的心学做了道德心理分析，认为孟子的“‘心’是利欲心、道德心和思虑心三层面构成的辩证统一体，其心学理论显现出心术与心主、事实与价值、身与心相统一的特点，对解答现代社会中人的存在问题有独特价值”[③]。余铁城论述了孟子的品德心理学思想，认为“《孟子》

---

① 参见燕国材：《孟子的心理学思想研究》，《心理学报》1993 年第 4 期。

② 参见张积家：《论孟子的品德心理学思想》，《华南师范大学学报》(社科版)2002 年第 2 期。

③ 曹刚、李志成：《孟子“心”论——兼论孟子道德心理思想及其现代意义》，《长沙电力学院学报》(社科版)1994 年第 3 期。

一书也可以说是我国第一本‘教育心理学——品德心理学’教科书。因为孟子重‘内求’，轻‘外烁’，他把教育问题心理学化了。他侧重从学者的‘学问之道’来谈君子修养（教育）。他通过心理学的分析和描写来讨论如何培养‘士’的极至即‘大丈夫’问题。其中有不少精辟的见解，值得借鉴”①。刘华探讨了孟子人性心理学说，认为“孟子的善端说是第一个具有完整理论体系的学说，是对前代各种人性学说的一个总的集成……孟子对人的自我的过分的强调，在昂扬了人的主动精神和个性的同时，使其理论走上了先验唯心主义的道路”②。

（三）社会心理、教育心理、心理和谐

关于社会心理和教育心理。孟祥今、李国榕探讨了孟子个性的社会化发展、个性与教育和环境、社会交往和人际关系、群体心理以及管理心理等，将孟子关于个性社会化发展的观点概括为“修身养性，培养良好的心理品质”“坚定意志，控制情感，谋求自身的协调发展”“统一义利，谋求个体与社会的兼容”“发挥社会角色与自我意识的相互促进作用”“善于反省，勇于纠正过错”五个方面；从群体规范、群体内聚力、从众现象三个方面论述了孟子的群体心理；从仁政治国、民主思想、领导者素质与领导艺术三个方面论述了孟子的管理心理。③ 黄喜珊认为，孟子“‘教’的心理主要表现在教师心理、教育的意义、教育的目的和内容、办教育的前提、教育方法和原则”等方面；“‘学’的心理具体表现在注重主观能动性、注重非智力因素、立志和有基础、注重变通”等方面。④

关于心理和谐。许多学者探讨了孟子心理和谐的内涵，主要有以下几种表述：其一，李海龙认为，孟子的心理和谐内容包括“本体论、方法论、实践理论”。其中，“‘仁心’、‘仁术’是孟子心理和谐思想的理论基石”；“‘养心气’、‘恪守不动心’之道是孟子保持心理和谐的最高超的手段，其理论具有方法论意义”。⑤ 其二，石国兴将孟子心理和谐思想的内涵概括为“养吾浩然之气”“内心和谐”“人际心理和谐”“人事心理和谐”四个方面，认为每一层面中又包括若干层次。譬如将“《孟子》内心和谐的思想概括为：贤乐统一观、‘志’、‘气’统一观和仁、义、理、智的统

① 余铁城：《孟子的品德心理学思想》，《心理科学通讯》1984 年第 3 期。

② 刘华：《孟子人性心理学说探讨》，《贵州师范大学学报》（社科版）1999 年第 4 期。

③ 孟祥今、李国榕：《孟子社会心理思想探析》，《东岳论丛》1990 年第 5 期。

④ 参见黄喜珊：《孟子的教学心理探析》，《茂名学院学报》2003 年第 2 期。

⑤ 参见李海龙：《孟子的心理和谐之道》，《燕山大学学报》（哲社版）2008 年第 1 期。

一观；其人际心理和谐的思想表现在强调‘天时不如地利，地利不如人和’，‘得民心者得天下’，尊老爱幼、善于处理好上下级关系并揭示了实现人际和谐的途径等。孟子倡导的从实际出发，执中而灵活以及处理好‘为’与‘不为’、‘进’与‘退’、‘急’与‘缓’之关系等，对于今人做到人事心理和谐颇有启迪”①。

通观20世纪80年代以来的孟子心理思想研究，从高觉敷主编《中国心理学史》对孟子的性善论、智能观、学习说的论述，到燕国材主编《中国教育心理思想史》对孟子教育心理思想的基本观点、学习心理、德育心理等问题的探讨，再到许多论文对孟子道德心理、社会心理、教育心理、心理和谐的专题研究，取得了可喜的成就。这主要表现于以下两个方面：

第一，全面探讨了孟子心理思想的内涵。其内涵主要包括个体心理、社会心理、教育心理三个方面。譬如个体心理。有的将孟子的个体心理概括为饮食、男女的心理活动，“怀仁义以相接”的心理活动，心悦理义的心理活动，个体心理活动的个别差异四个方面。有的概括为知虑心理、情欲心理、志意心理、智能心理、性习心理几方面。有的认为孟子的心理和谐内容包括本体论、方法论、实践理论，将孟子的心理和谐概括为：贤乐统一观、“志”“气”统一观和仁、义、理、智的统一观。又如“孟子的教育心理，包括智能心理、学习心理、德育心理、差异心理、教师心理”等。

第二，肯定了孟子心理思想的积极因素和贡献。有的认为，孟子的良知良能，并非真的肯定人不学自知、不做而能，而只是认为智能以一种萌芽状态（即所谓“善端”）存在着，还有赖于后天的进一步发展。它实际上是认定人生来即具有一定的智能潜能；人的智能便是这种潜能在一定条件下的“扩而充之”或自我发展。孟子的内求说是要使人们内在的种种潜能充分发展出来，并不是不要人们向外获取知识，以发展智能，培养品德，完善人性。有的指出：孟子的“二者不可兼”说，已论及欲望的层次，明确主张用高层次的欲望去战胜低层次的欲望，这是很有价值的一种心理学思想。在“二者不可得兼”的情况下，应满足那高一些的欲望。对生与义在“二者不可得兼”的情况下，应当舍生取义，用高一级的义欲战胜低一级的生欲。这是中国古代文化的优秀传统，是中华民族独立于世界民族之林的脊梁骨，我们必须认真继承并发扬光大。有的指出：孟子的“万物皆备于我”的心物观就闪现出了科学的光辉。他是中国古代第一个

① 石国兴：《〈孟子〉心理和谐思想探析》，《河北师范大学学报》（哲社版）2012年第1期。

明确提出思维是“心”活动的结果的人，他明确地以“思”与“不思”来区分“心之官”与“耳目之官”的功能，这也是“前无古人”的一种创见，等等。值得关注的是，有的论者从分析现实社会中存在的问题出发，强调在构建和谐社会的大背景下，社会问题加剧带来的个人及社会心理问题的急需解决，《孟子》中的心理和谐之道具有如此丰富的内涵，应该予以重视和服务于社会主义社会精神文明的建设。这一主张，将孟子心理思想作为矫正社会时弊的借鉴，对提高社会成员的道德素质将发挥积极的作用。

当然，对孟子心理思想的研究还存在着一定的不足。譬如有的认为，孟子是主观唯心主义哲学家；有的认为，孟子将“四端”“四德”“合而为一，并都当作先验内在的东西。逻辑和思想上的混乱‘无类’、‘无说’和‘无解’正是导致他从本应有的唯物主义观点而最终却走向先验的‘道德本体’论深渊的根源之一。孟子对人的自我的过分的强调，在昂扬了人的主动精神和个性的同时，使其理论走上了先验唯心主义的道路”①。这些评说曲解了孟子思想，指责孟子思想是“先验唯心主义”，显然是延续了以往的偏颇观点。

综上所述，当代中国孟子教育、美学、心理思想研究取得了丰硕的成果，概括起来有以下三个方面：

第一，孟子教育思想研究。在20世纪80～90年代，许多论著论述了孟子教育理论基础及教育目的、作用、原则、方法、意义等。21世纪以来，凸显了对孟子德育方法、道德教育之理路、道德教育的现代价值和启示、自我教育和中道教育等问题的探讨，许多学者紧密联系社会实际，抨击各种不良社会风气，认为孟子的道德教育思想可以作为矫正社会不良风气的宝贵资源和借鉴，有利于弘扬中华民族优秀传统文化和树立社会主义核心价值观。

第二，孟子美学、心理思想研究。在美学研究上，学界深入探讨了孟子美学思想的基本内容、个体人格美、乐舞起源观、接受美学思想、阳刚美、审美观点、审美理想、审美意识等，21世纪以来凸显了对孟子人格美及现代价值等问题的研究，普遍肯定了孟子对古代人类美学的积极贡献。在心理研究上，学界深入探讨了孟子的智能观、学习说、个体心理、社会心理、道德心理、教育心理、心理和谐等，提出了许多新的观点。值得关注的是近年来许多论者凸显了以孟子心理思想作为矫正社会时弊借鉴

① 刘华:《孟子人性心理学说探讨》,《贵州师范大学学报》(社科版)1999年第4期。

的研究，进一步将继承古代优秀传统文化与关注社会现实问题紧密结合起来，肯定了孟子心理思想的现代价值和意义，这对促进社会的稳定、和谐当有积极的意义。

第三，孟子的教育、美学、心理思想对中华优秀传统文化的贡献。这一问题表现于下述三个方面：

其一，孟子的教育思想对中华优秀传统文化的贡献。注重教育是中华优秀传统文化的一项重要思想理念，它渗透于政治、经济、社会、伦理等社会生活的若干方面，对于社会的存在、发展、和谐都产生重要影响。孟子在中国古代教育史上最早提出了“教育”一词，将“得天下英才而教育之”视为“三乐”（《孟子·尽心上》）之一。孟子的教育，既包括狭义的学校教育，又包括有目的增进个体知识、技能、思想品德的广义教育。孟子的教育思想对中华优秀传统文化的贡献主要表现于下述两个层面。一是教育促进个体的道德完善、知识技能的提高和实现个体的全面和谐。这主要表现为孟子的“明人伦”的教育目的就是阐明父子、君臣、夫妇、长幼、朋友之间的人际关系以及应当遵循的道德行为规范，它规定、制约个体的发展方向：道德教育贯穿于个体道德认识、道德情感、道德行为等道德品质的全过程，仁义是个体内在的理性自觉和操守之根本，道德教育对个体的发展具有重要作用。在道德情感上，培养受教育者崇尚“先王之道”的敬慕感、同情百姓苦难的仁爱感、“说大人则藐之”（《孟子·尽心下》）的藐视感、仇视暴君的憎恶感、知耻改过的羞耻感、保持良贵的自尊感、舍生而取义的正义感等；在道德行为上，孟子的因材施教、适应个性、坚持标准、启发诱导、深造自得、由博反约、专心致志、学贵有恒等灵活多样的教育方法，有利于培养人的坚守仁义、有利他人的道德行为。这些道德行为包括：施泽于民、爱民仁民、救民安民的治国为政行为，“怀仁义以相接”，“仁者爱人，有礼者敬人”（《孟子·离娄下》）的人际交往行为，“爱人不亲，反其仁；治人不治，反其智；礼人不答，反其敬。行有不得者皆反求诸己”（《孟子·离娄上》）的道德修养行为，等等。总之，孟子的教育思想对个体树立正确的人格理想、远大志向、历史使命等都会产生重要作用，对促进人的全面发展和实现个体和谐具有积极启示。他将“如时雨化之者”即让受教育者像及时雨一样得到滋润教化的方法列为“君子之所以教者五”（《孟子·告子下》）之首，无疑是中国古代教育史上的瑰宝。

二是教化社会成员和促进社会的安定和谐。孟子认为，教育是社会思想意识控制的重要措施之一，对社会成员具有潜移默化的影响。孟子主张对社会成员予以人伦教化，“父子有亲，君臣有义，夫妇有别，长幼有序，朋友有信”（《孟子·滕文公上》），“谨庠序之教，申之以孝悌之义，颁白者不负戴于道路矣”，“老吾老，以及人之老；幼吾幼，以及人之幼”（《孟子·梁惠王上》），君臣、父子、兄弟之间“怀仁义以相接”（《孟子·告子下》），强调对社会成员进行正确处理各种基本人际关系的人伦教育和遵从仁义礼智信等行为规范、准则的道德教育，使人们“明人伦”并且自觉遵从社会准则和规范，就会有利于维持上下协调的社会秩序，“然而不王者，未之有也”（《孟子·告子下》），就能实现国治天下平的局面；不然，“上无礼，下无学，贼民兴”，即在上位者不遵从礼义，居下位者没有道德教化，各种残害百姓的事情就会发生，结果导致国家的危亡而“丧无日矣”（《孟子·离娄上》）。

总之，孟子以文化人的教育思想丰富了中华优秀传统文化的思想理念、传统美德和人文精神，凝聚着促进个体完善、社会和谐、引导社会成员向上向善的思想文化内容，成为继承、弘扬中华优秀传统文化的可资借鉴的思想资源。

其二，孟子的美学思想对中华优秀传统文化的贡献。中华民族有着追求真善美的优良传统。钱穆先生指出：“中国儒家思想更要是真善美三者之融凝合一，凡属善，则同时必兼真且美”，中国人对真善美的看法与古代希腊人不同，“似乎中国人认为，凡是美的，则同时亦兼真和善；而凡是真的、善的，同时亦兼美。换言之，在此天地间并无分别独立的美，亦即是说，没有离开真和善而分别独立的美的一世界……中国则仍是融通为一，真善美应该同属一体……中国人看事物，往往不注重分别观，而更注重融通观”。[①] 当代学界深入探讨了孟子美学思想的基本内容、个体人格美及现代价值等，普遍肯定了孟子美学思想对古代人类美学和中华优秀传统文化的积极贡献。这主要表现于下述三个方面：

一是继承、发展中华民族的人与自然“比德”的美学传统。孟子赋予人的内在道德精神以具体可感的形式，将自然美和人的道德品质之美联系起来，以禾苗、草木、五谷等自然物生机勃勃的形象，象征人们修养、践行而具有高尚道德品质；以泉水奔涌不息，象征君子不断攀登高尚的道德境界。正是在将自然美与人的精神之美紧密联系的基础上，其“观水有术，必观其澜”（《孟子·尽心上》）的主张，表现了在大海雄伟气势的审美观赏中对自然美的热爱。笔者认为，孟子的人与自然比德说，不是脱离

① 参见钱穆：《中国文化丛谈》（二），（台北）三民书局1969年版，第221、289页。

人的精神生活孤立地谈自然美，也不是脱离自然美孤立地谈人的精神品质之美，而是认为二者具有相似的基本特征，从而将自然之美人格化，人的精神品质之美自然化，体现了人与自然情感的相通、交融、协调和一致。这不仅标志着人们对自然美认识的深化和提高，而且将人与自然比德的美学观点向前推进了一步。

二是追求天人情感协调融通的审美境界。这一境界亦是真善美融通统一的境界。孟子追求天人情感协调融通的审美境界丰富了中华民族形神兼备、情景交融的美学追求的优良传统。孟子说："可欲之谓善，有诸己之谓信，充实之谓美，充实而有光辉之谓大，大而化之之谓圣，圣而不可知之之谓神。"（《孟子·尽心下》）就是说，人的言行品德符合仁义礼智而值得他人喜欢便称为善；那些品德操行真实地存在于他本身则谓之信；以善、信为充实内容，以"茂好于外"① 为表现形式就是美；具有上述内容而又以巨大有力的形式光辉地表现出来称为大；崇高、伟大的道德境界和品质使天下得到化育叫作圣；圣德至大、至极、神妙不可测度谓之神。在上述六个层次中，善是联结仁义礼智与道德理想境界的中介和桥梁，也是道德理想境界走向完美、崇高过程的基点。以后每一层次的境界都是在前一境界基础上的深化和发展。如果说人的外在客观的言行是善、信境界的基本内容，而美、大为其外在表现形式，那么，圣则是善、信、美、大境界感化、教化他人作用的重要表现，神则是这种表现的至极效果。这样，上述境界就是由内容、形式、作用、效果构成的和由低级向高级发展的和谐统一的整体。孟子这种"神"的最高道德理想境界，是指高尚的品质、节操对他人感化、影响至大、至高、至妙，如日月之明，江河经地，"所过者化，所存者神，上下与天地同流"（《孟子·公孙丑上》），表现出上下与天地同时运转和相匹配、协调的特征。这种天人情感协调融通的境界，在道德上是善的，在认识上是信的或真的，在美学上是崇高的、伟大的、至妙的，既能给人以道德上的激励和鼓舞，又能使人得到美的愉悦和享受，因而又是真、善、美和谐融通的境界。

三是个体人格精神美是孟子美学的核心。它"集揽了人类的精神美、人格美、气质美、人伦美、文辞美，它是中华民族精神、灵魂的集中体现"②，表现出强烈的人本意识、人性色彩和人格自主的悦乐感，创造了文化史上的一个奇迹，闪烁着理性光辉。

要之，孟子继承发展了中华民族的人与自然比德的美学传统，追求天

---

① 焦循释曰："充满其所有，以茂好于外，故容貌硕大而为美。"（《孟子正义》卷二十八）

② 刘竹：《试论孟子的阳刚美》，《云南师范大学学报》（哲社版）1996 年第 5 期。

人情感协调、真善美融通的审美境界，高扬了个体人格精神美。正如有的论者指出的那样，“孟子不仅高扬了个体人格的主动性、独立性，而且十分强调个体的情感和意志的力量。孟子美学对后世的影响不只是表现在它所提出的某些具体论点上，而且还表现在它所代表的一种美学倾向，以及体现着这种倾向的《孟子》一书的文辞上。孟子的美学鲜明地代表了一种积极肯定个体人格的自由和力量，不向任何外在的强大势力退让低头的倾向。在儒家美学中，孟子的美学富于批判性、进取性、开创性，具有鲜明的古代民主精神……其思想内容和表现形式具有高度的统一性、一致性，两个方面都对后世产生了强大的作用”①。

其三，孟子的心理思想对中华优秀传统文化的贡献。中华民族在长期的历史发展过程中凝聚成崇尚个体和谐、社会和谐、天人和谐的思想理念、传统美德、人文精神，它制约着中国人民的思维倾向、道德观念、风尚习俗、生活方式、情感表达、处世方法等。其中，心理思想在维护个体和谐、社会和谐、天人和谐的过程中具有中介环节的重要作用。当代学界普遍认为，孟子的心理思想主要包括个体心理、社会心理。它对中华优秀传统文化的贡献主要表现于下述两个层面：

一是丰富了中华民族的个体心理和谐的宝库。按照通常的理解，心理是认识、情感、意志及气质、能力、性格等心理现象的总称，它属于个体的内心世界，是客观事物及其联系在人头脑中的反映。孟子在阐述个体的多种需要过程中，比较全面地论述了个体对客观现实反映过程中的认识、情感、意志，即知、情、意，论述了自然生理需要的心理活动、“怀仁义以相接”（《孟子·告子下》）的心理活动、心悦理义的心理活动、个体心理活动的个别差异等。譬如自然生理需要的心理活动，是一个包括认识、情感、意志行为的心理活动过程。与个体对食、色感性的认识相适应，就会表现出满意、喜悦的心理情感和采取“取之”“慕之”的意志行为。再如心悦理义的心理活动。孟子说：“之所同然者何也？谓理也，义也。圣人先得我心之所同然耳。故理义之悦我心，犹刍豢之悦我口。”（《孟子·告子上》）此谓理，既指自然万物的道理、条理、规律和社会发展的一定趋势或必然性，又是指人之所以为人和人能为善之理。心悦理义，既是指心能认识事物的道理、规律，处理问题应事接物合理、适宜、恰到好处，又是指人的道德精神理义可引起个体心官的审美愉悦。他认为，个体的人格精神之美能促使人产生审美心理愉悦或审美情感。他指出：“仁之实，

① 李泽厚、刘纲纪主编：《中国美学史》第一卷，中国社会科学出版社 1984 年版，第 199 页。

事亲是也；义之实，从兄是也；智之实，知斯二者弗去是也；礼之实，节文斯二者是也；乐之实，乐斯二者，乐则生矣；生则恶可已也，恶可已，则不知足之蹈之手之舞之。”（《孟子·离娄上》）这说明，个体经过事亲从兄的道德践履，树立仁义为本的道德认识和坚守仁义而勿去的道德意志，以礼对仁义予以合理修饰、调节，乐于仁义的审美愉快和心理情感就会油然而生，达到不自觉地手舞足蹈起来。显然，这种审美愉快和心理情感，是个体在对仁义认识基础上而产生的一种内心情绪体验，亦是个体对自觉地事亲从兄、坚守仁义这种人格精神的审美愉悦。

孟子关于个体对仁义道德精神的审美心理愉悦，还表现于他强调的三乐之中。他说：“君子有三乐……父母俱存，兄弟无故，一乐也；仰不愧于天，俯不怍于人，二乐也；得天下英才而教育之，三乐也。”（《孟子·尽心上》）此言“三乐”，皆是与仁义道德紧密相连。“一乐”是事亲从兄的天伦之乐，“二乐”是心正无邪、坚守仁义、心安理得的心理自足之乐，“三乐”是以仁义教授贤才的教育之乐。君子的三乐，实际上是从对仁义道德精神的审美观赏中而获得的审美心理愉悦和心理情感，亦即孟子所说心悦理义而获得的审美心理情感。

孟子又认为，当低级生理需要的心理情感与追求高级精神生活需要的心理情感产生矛盾之时，即对生与义在“二者不可得兼”的情况下，就要以较高级的心理情感控制、战胜保存生命的心理情感，即“舍生而取义者也”（《孟子·告子上》）。孟子提出的舍生取义凝聚为中华优秀传统文化的核心思想理念。

二是丰富了中华民族社会心理和谐的思想宝库。按照通常的理解，社会心理是指人们在社会生活中自发产生和相互影响的一种心理活动。它作为一种普遍的社会现象，在社会控制中具有中心环节作用。就是说，在控制与被控制、管理与被管理之间的关系上，是以一定的社会规范约束社会成员的社会行为的过程。但是，社会规范对社会成员的社会行为并不起直接的约束作用，而是经过社会心理这个中心环节，使人们将社会规范内化成自己的行为准则，从心理上自觉接受社会规范的约束，逐步变成一定的社会行为。孟子曾从正反两个方面阐述了社会心理在社会控制中的中介作用。他认为，得民心者得天下，欲得民心就要“所欲与之聚之，所恶勿施”（《孟子·离娄上》）。“所欲”“所恶”，就是指百姓对统治者采取的政治、经济、思想意识等社会规范、准则而表现出来的喜好、厌恶两种截然相反的心理情感。国君施行有利于百姓的社会规范和准则，百姓就会产生喜好的社会心理，从而自觉地遵从各种规范、准则和服从社会管理。这样，“得其心”，“得其民”，进而就能“得天下”；反之，百姓喜好的而不去聚积，厌恶的反而施行，百姓就会产生厌恶、反感的社会心理，而不遵从社会的规范和准则，结果就会“失其心”“失其民”“失天下”。

孟子的论述已接触到社会心理的二重性问题，即顺向心理和逆向心理。孟子认为，为政者施行有利于百姓的各项仁政措施，百姓就会产生喜好的社会心理。这种顺向心理，有利于维持社会的协调、国家的安定和天下的统一。反之，为政者施以暴政，残害百姓，独乐而不与民同乐，百姓就会对他们产生怨恨仇视的社会心理。社会成员的顺向心理表现了对仁政、德教的追求和向往，逆向心理则表现了对暴政、霸道的不满及抗争。孟子突出强调了顺向心理的重要作用，将逆向心理的产生归于统治者的暴虐统治，主张为政者施行仁政，促使社会成员产生顺向心理和消除不利于社会控制的逆向心理，从而表现出较深刻的人民性。

孟子追求社会和谐的社会心理，还包括人与人交往即“怀仁义以相接”的心理活动。它是一个包括认识、情感、意志行为的不可分割、相互渗透的统一整体，涉及人际关系相容与不相容的两种类型。孟子认为，父慈而子孝、兄友而弟恭、夫妇爱慕而有别、君仁而臣义、君民同忧同乐、朋友有信等认识协调、感情融洽、行动合作的人际关系为和谐相容型；“父子相夷”“辟兄离母”“出妻屏子”（《孟子·离娄下》）和父子、君臣、兄弟等摈弃仁义，“皆怀利以相接”的认识矛盾、情感失调、行动对立的人际关系则为不相容型。对和谐相容的人际关系，孟子多称为“亲”“爱”“慕”“戚”，其基本含义指亲爱、亲近，用以表示人们之间亲近的心理距离；对不相容的人际关系又多称为“疏”“恨”“怨”，以此表示人际疏远的心理距离。孟子在谈到农民之间的人际关系时指出：“死徒无出乡，乡田同井，出入相友，守望相助，疾病相扶持，则百姓亲睦。”（《孟子·滕文公上》）这表明农民由于地理环境的接近、较多的交往机会、共同的安全需要和同情他人疾病相忧诸因素，产生了较强的吸引力和保持着彼此“亲睦”的心理距离。孟子高扬了人际关系的和谐相容性，批评了人际关系的不相容性。这不仅丰富了古代人们对个体内心活动的认识，而且丰富了中华民族追求和谐相容人际关系的优良传统，在后世曾产生积极影响。

总之，孟子的个体和谐心理、社会和谐心理思想丰富了中华优秀传统文化的爱人爱民、以民为本、讲求诚信、崇尚正义、向往和谐统一等思想理念，凝聚着促进个体道德完善、社会和谐等鼓励人们向上向善的思想文化内容，对我们正确处理人与自身、人与社会的关系，不断提高社会成员的道德素质，增强社会的凝聚力，将提供有益借鉴。

第八章　孟学专题研究（六）

——文学思想研究

孟子的文学思想是中国古代文学思想的一个重要组成部分，在中国古代文学发展史上占有重要地位，对后世文学的发展产生了重要影响。郭沫若先生曾经称赞孟子、庄子、荀子、韩非子的散文为“四大台柱”，即“孟文的犀利，庄文的恣肆，荀文的浑厚，韩文的峻峭，单拿文章来讲实在是各有千秋”[①]。聂永华系统梳理、述评了百年来的孟子散文艺术研究。[②] 熊浩莉梳理了孟子的比喻研究，认为孟子“思想的犀利尖锐和性格的坚韧刚强在先秦诸子百家中独树一帜……孟子为了论辩而借助于比喻，而大量巧妙比喻的运用，又常使孟子轻而易举地战胜了论敌”[③]。这些综述和述评对我们梳理当代孟子文学思想研究提供了有益借鉴和启示。

第一节　20世纪80年代的孟子文学思想研究

1949～1976年，学界的孟子文学思想研究尚处于起步阶段。在20世纪80年代，学界日趋重视孟子文学思想研究。其内容包括文学断代史著作的整体研究和孟学论文的专题研究两个方面。

一、文学断代史著作的整体研究

学界出版的文学断代史著作主要有：胡念贻《先秦文学论集》、顾易和蒋凡《先秦两汉文学批评史》。

---

① 郭沫若:《十批判书》,人民出版社1954年版,第186页。

② 参见聂永华:《百年〈孟子〉散文艺术研究之回顾与前瞻》,《郑州大学学报》(哲社版)2002年第3期。

③ 熊浩莉:《〈孟子〉比喻研究综述》,《重庆社会主义学院学报》2005年第4期。

（一）胡念贻《先秦文学论集》

收入该书的《〈孟子〉的文学价值》一文，概述了《孟子》的作者及孟子思想，认为孟子的思想继承了儒家的传统，它的保守东西不少，但也包含一些积极进取的精神，带有民主的和人道主义的色彩。“孟子的思想表现了一种积极向上的精神，并且重视品德的修养和气节，这对当时和后世都起过良好的影响。”

该书从下述四个方面述评了《孟子》的文学价值：一是刻画了孟子的形象。《孟子》对弟子描写不多，但对孟子却写得很详细，笔力也很纵恣，使孟子的形象生动地表现出来。《孟子》描写人物有一种火辣辣的味道，尽量写得鲜明耀眼，气势逼人。作者具体分析了《孟子》“齐桓晋文之事”章、“乐正子从于子敖”章、“尹士”章、“彼一时此一时”章、“孟子将朝王”章、“孟子之滕”等章的描述，认为《孟子》和《论语》都是语录体，它们的可贵之处在于记录其言论的同时，还表现了他们的性格，刻画了他们的形象。《孟子》比《论语》有所发展，它从各个方面表现了孟子的性格，比起《论语》来笔意更为细致，个性的表现更为强烈，给人的印象更深。二是描写了梁惠王、陈仲子、臧仓、鲁平公等人的形象。三是《孟子》中的一部分论说文字具有文学意义。四是《孟子》文章的总特色是感情很充沛，有时还很激越。孟子通论政治或其他一些问题，都带有一种凌轹一切之势。总之，“《孟子》在文学史上有比较重要的地位。我们如果只看到它是一部哲学著作，因而只注意它的单纯论说文字，而忽视它在形象描绘等方面所作出的贡献，或者片面地只讲求形象，因而只注意它的叙述文字，忽视它的单纯发议论的部分，这都是很难恰当地说明它的文学价值的”①。

总之，该书较全面、客观地述评了《孟子》一书的文学价值，比较了它与《论语》的异同，肯定了它对后世文学家的重要影响。但由于该文撰写、修改于20世纪60年代，难免不受当时传统观点的影响。譬如认为“孟子的哲学思想属于主观唯心主义。孟子认为只要发挥了主观的力量，就可以做到一切，不大考虑切实的条件和行动步骤”。这一观点是值得商榷的。

---

① 胡念贻：《〈孟子〉的文学价值》，《先秦文学论集》，中国社会科学出版社1981年版，第228～257页。

（二）顾易、蒋凡《先秦两汉文学批评史》

该书是王运熙、顾易生主编的《中国文学批评通史》多卷本中的一个分卷。该书概述了孟子的生平事迹、时代背景、著作，从三个方面论述了孟子的文学思想。

1. 与民同乐与世俗之乐犹先王之乐

该书认为，“孟子并不空谈仁义，更不是禁欲。恰恰相反，孟子所宣扬的仁政，是注意到保障广大民众的物质利益与满足他们的生活欲望的”。与民同乐是“孟子理想中的美好境界”。他肯定“世俗之乐”与“先王之乐”有同等的价值，“指出了当时流行的通俗音乐和古代圣王制定的雅乐并没有高低之别，可以发挥同等的效用。这是孟子关于人性与仁政的基本观点在音乐理论领域的体现，在音乐的娱乐价值与其人民性、群众性等方面，突破了孔子儒家的传统乐论”。①

2. 知言与养气

该书认为，孟子的知言与养气“既属于思想人格修养，也有关文化艺术修养，对于后世的文学理论批评有着深广的影响”，“他所谓知言的本领植根于养气，而养气就是对自己本性中的善端，循乎自然地加以扩充，不断进行道义的积累。这样就可以成为思想清明、品格伟大的人，气概轩昂、刚正不屈的人，善于分析与运用言辞的人”。孟子“藐视王侯的权势地位，鄙夷不屑那些奢侈豪华的供奉，而充分自信其志向抱负，这是《孟子》文章宽厚宏博、气势充沛的思想人格根源。在中国文学批评史上……绵延着一个以‘气’论文的传统。孟子重视主观的自我修养，并不忽视客观环境影响的作用”。

3. 以意逆志与知人论世

该书指出：以意逆志之“意”字的含义，“历来有两种不同的解释：旧注一般都释为说诗者自己的心意……另一种解释是指作品蕴蓄的情意……上面两种解释，各有所见，未容轩轾。然而，评说诗歌，自应首先探索作家作品的志意，也总受到评说者本人立场观点方法的制约，因而往往是作家作品之意与评者自己的结合。孟子在此章中的批评实践，便反映了这种特点”。孟子对《小弁》《凯风》两诗的评释，就是兼用了以意逆志和知人论世两种方法。孟子“这种联系具体情况进行具体分析的方法是符合求实精神的，也有辩证法因素，开创了中国诗歌批评的一个优良的传统”。

① 参见顾易、蒋凡：《先秦两汉文学批评史》，上海古籍出版社1990年版，第105～108页。

该书还评论了孟子的“《诗》亡然后《春秋》作”，认为“在中国文学批评史上，孟子又开启‘诗’、‘史’并提的先河”，“《孟子》是最早明确提到孔子作《春秋》及其创作意图与作用的。这里实际上也反映出孟子的创作思想”。①

总之，该书比较全面、深入地论述了孟子的文学思想，肯定了孟子“圣人与我同类者”主张的积极意义，认为孟子“在先秦历史上第一次明确指出‘定于一’、‘民为贵’，反映当时广大民众要求统一安定的愿望，看到人民的作用和价值”，他“谴责贫富悬殊、苛政杀人的激切语言，洋溢着关切人民的感情，它对中国文学史上具有人民性的文学传统之形成有深刻影响”，“在中国文学批评史上，孟子首次提出了分析、理解诗义的‘以意逆志’说与‘知人论世’说……开创了中国诗歌批评的一个优良的传统”②，等等。从整体上看，该书对孟子的文学思想做了充分的肯定和评析，肯定了孟子文学思想的重要地位及影响，对深化孟子文学思想研究具有积极的作用。

二、孟学论文的专题研究

20 世纪 80 年代，学界发表了 20 余篇研究孟子文学思想的论文③其主要内容大致划分为下述两个方面。

（一）孟子文学批评、鉴赏的原则和方法

学界对孟子文学批评、鉴赏的原则和方法的认识，主要存在两种不同的观点：

第一，以意逆志、知人论世是正确的文学鉴赏的原则和方法。朱碧莲指出：“‘以意逆志’和‘知人论世’是紧密相关的，‘意’和‘志’都是具体的‘人’和‘世’的产物，有其独特的具体内容和表现；如果将两者割裂开来，便将陷于主观片面，而不能正确地评诗论文”，“孟子的‘知言养气’说对文学批评的发展起了推动作用，后来的批评家便是直接将其运用于文学批评和创作的”。④ 陈寒鸣认为，孟子提出的以意逆志、知人论世及“知言”说，虽因受时代及阶级的局限而具有主观唯心主义的一面，但也存在着一些合理的因素，这些合理的因素给我国古代文学批评提供了

① 参见顾易、蒋凡：《先秦两汉文学批评史》，上海古籍出版社 1990 年版，第 111～121 页。

② 参见顾易、蒋凡：《先秦两汉文学批评史》，上海古籍出版社 1990 年版，第 104～119 页

③ 因本书篇幅、结构所限，关于孟子的语言学研究，当另撰文述评。

④ 参见朱碧莲：《略论孟子的文学观》，《丽水师专学报》（社科版）1983 年第 1 期。

方法论上一些有益的启示。①

第二，以意逆志、知人论世是一种主观唯心的方法。吕艺对关于孟子以意逆志、知人论世理论是“切合实际的”“正确的文学批评方法”② 和“创造性见解”③ 的观点提出质疑，认为“这一评述不无拔高之嫌”，“孟子‘以意逆志’和‘知人论世’理论，主要是针对《诗经》提出的。称为文学批评方法，这是今人的概括”，“孟子在认识论上，是一个主观唯心主义者，他主张的认识事物的方法，并非建立在对客观事物的了解上，所以他不会顾忌以己意‘逆志’”，“在孟子唯心主义思想体系和仁义标准之下，‘以意逆志’是一种主观唯心的方法，使得谬误的结论大大多于合理的解释”。④

比较上述两说，笔者认为，第一种观点肯定孟子以意逆志、知人论世理论是合乎实际的正确的文学批评方法，这是切合孟子思想本意的。第二种观点将学界判定孟子是主观唯心主义者的观点不加分析地移植到文学研究领域，判定孟子认识事物的方法不是建立在对客观事物的了解上。这一观点，违背了孟子以意逆志说的本意。笔者曾经指出：“孟子认识论的基本倾向并不是有人判定的唯心主义先验论，而是既重视感官作用，又强调理性思维的朴素唯物主义反映论。”⑤ 因此，判定“‘以意逆志’是一种主观唯心的方法”的观点，是值得商榷的。

除上述外，有的探讨了孟子的诗观念及其引《诗》、政治理想与以意逆志、知人论世说诗方法，认为孟子的“诗说在整个先秦诗学中颇为瞩目。今人对孟子诗学观点的认识基本上局囿于纯诗学的范围。而孟子首先是个政治理想主义者，他的所有言论都经过不同的中介环节而统摄并服务于其政治理想。只有具体地把握住这一点，孟子诗说的实质才会得以凸现”，“由此可见，与孟子其他诗论一样，他的政治理想贯穿并统摄着关于‘知人论世’读《诗》方法的论述”。⑥ 作者强调将孟子以意逆志、知人论世的说诗方法与其政治思想视为一个紧密联系的整体，不可“局囿于纯诗学的范围”。此说甚有见地。

---

① 陈寒鸣：《浅谈孟子的诗论》，《教学与进修》1982 年第 2 期。

② 敏泽：《中国文学理论批评史》，人民文学出版社 1981 年版，第 85～87 页。

③ 夏传才：《诗经研究史概要》，中州书画社 1982 年版，第 63 页。

④ 参见吕艺：《孟子“以意逆志”、“知人论世”辨析》，《北京大学学报》（哲社版）1985 年第 2 期。

⑤ 王其俊：《试论孟子认识论的基本倾向》，《齐鲁学刊》1987 年第 5 期。

⑥ 参见陆晓光：《孟子诗论探蕴》，《安徽师大学报》（哲社版）1989 年第 3 期。

（二）孟子散文的艺术特色、写作方法

1. 孟子散文的艺术特色

张惠仁将孟子辩对散文的词章艺术特点概括为“修辞格与逻辑方法的结合”“善于把极朴素的辩证法，提炼成格言、警句、成语”等三个方面。① 董洪利将孟子散文的特色概括为“磅礴、遒健、雄辩滔滔、富有力度”“善于取譬设喻，用富于形象化的语言说理叙事”等三个方面。② 曹文兴将其特色概括为“知言养气”“善于运用对话”“善设机巧，引人入彀，因势利导，欲抑先扬”等四个方面。③ 徐立将孟子文章的最大特色概括为“在说理中坦露自己的个性”“雄辩滔滔”“比喻形象生动……千变万化”“文势磅礴雄壮，语言明白流畅”等四个方面。④ 李竹君将孟子的辩论艺术概括为“散文气魄雄健，词锋犀利”“行文以畅达详尽取胜”“大量运用譬喻来说明问题”“因势利导，诱敌深入，严密的逻辑推理”“形象化的语言”等五个方面。⑤ 姚宝元认为，“高昂的战斗精神……是造成孟子论辩艺术的不可缺少的内在因素”，“讲求气势是构成孟子文章论辩艺术的一个重要的内容”。作者辨析了关于“孟子文章‘逻辑不很严密’，是‘不科学的’”的观点，认为“由于孟子文章具有这种内在的逻辑力量，所以才导致了他的论辩的颠扑不破。孟文中层层的复杂的推理逻辑，形成了一个严密罗网，常将论辩的对手网于其中，而无法解脱”。孟子的论辩技巧主要有“据实而论”“因势利导”“以子之矛，攻子之盾”“善于由浅入深”“善于运用譬喻、寓言和论辩文辞的灵活变化”等几个方面。总之，“富战斗激情，具充沛气势，有严密逻辑善运用技巧加之以文辞之美”是“孟子论辩艺术之精粹所在”。⑥ 魏民铎将《孟子》的语言艺术特色概括为“善于用生动的比喻陈说事理、辩论是非”“引经据典、增加语言的文采、增强论述的可信性和说服力”“善于引导、耐心分析、使对方最后心悦诚服”等六个方面。⑦

20 世纪 60 年代，侯外庐等所著《中国思想通史》认为孟子在逻辑上

① 参见张惠仁：《孟子——我国古代辩对散文的开元者》，《四川师范大学学报》（社科版）1980 年第 3 期。

② 参见董洪利：《孟子散文的艺术特色》，《新闻战线》1986 年第 2 期。

③ 参见曹文兴：《试论孟子散文的特色》，《贵州教育学院学报》1986 年第 1 期。

④ 参见徐立：《孟子论说文的特色》，《华南师范大学学报》（哲社版）1980 年第 3 期。

⑤ 参见李竹君：《〈孟子〉散文的论辩艺术》，《河北大学学报》（哲社版）1982 年第 2 期。

⑥ 参见姚宝元：《〈孟子〉论辩艺术略论》，《河北大学学报》（哲社版）1987 年第 4 期。

⑦ 参见魏民铎：《文与道的和谐统一——试论〈孟子〉的语言艺术特色》，《信阳师范学院学报》（哲社版）1988 年第 1 期。

使用的是一种主观主义的比附方法，“在这种方法里，虽然貌似‘类比’，而实则全然为一种‘无故’、‘乱类’的恣意推论”和荀子说思孟“僻违而无类”，“此‘无类’二字，确足以概括思孟学派逻辑思想的特征”。① 这一观点在学界影响颇大。刘坚承对这一观点提出质疑，论述了孟子散文对逻辑的运用，认为“荀子非难孟子‘僻违无类’，不足以证明孟子逻辑思想就是‘无类逻辑’”，“孟子不仅指出要正确地划分事物的类，而且注意到了一类事物中一般与个别的关系，看到了类与个别的包含与被包含的关系”，“不能把孟子论辩中的譬喻等同于模拟推理而后加以无类逻辑的责难”，“我们绝不能拿一种规定的模式主观地加以套裁，得出什么孟子的逻辑思想是无类逻辑或什么乱类的‘恣意推论’等主观结论”。②

2. 孟子散文的写作方法

学界对这一问题的研究主要包括：丰富多彩的表达方式方法、善用譬喻、善于运用民间文艺等。

王庆震认为，“《孟子》散文表达方式方法的多样化超出了前圣先贤”，其中主要有问答式、谈话式、讨论式、格言式或语录式、论证式、讲解式、辩难式、讲述式或寓言体，“这许多不同的表达方法，不同的体裁格局，都体现出孟子的学识渊博，识多见广，思路开阔，机敏灵活，语言犀利。他把握了政治的主导方向，因而夺人的气势（浩然之气）溢于言表”③，具有强烈的感染力。

善用譬喻是孟子散文的一个重要的方式方法。徐立指出：“孟子的比喻，不仅形象生动，简明了当，精辟奇特，而取喻的方法，也千变万化”，有直喻、隐喻、类喻、暗喻、对喻、博喻、详喻、简喻、引喻、虚喻。“他似乎特别喜欢用对喻和详喻。用对喻，可以壮文势；用详喻，可以省去很多抽象说理，使文章深入浅出，生动形象。文势磅礴雄壮，语言明白流畅，也是孟子文章一个很鲜明的特色”。④ 王志民、王则远考察了孟子譬喻的种类、作用、特色、影响等，认为孟子譬喻的种类多种多样，千姿百态；孟子运用譬喻的喻体，主要以自然现象、历史事实等为喻；孟子譬喻的特色是“虽浅显而有力”“设喻精辟允当”“形象鲜明、生动”“曲折多姿，诙谐风趣”⑤ 等。

---

① 参见侯外庐、赵纪彬、杜国庠：《中国思想通史》第一卷，人民出版社 1963 年版，第 399 页。

② 参见刘坚承：《驳“孟子‘僻违无类’”说》，《重庆师范大学学报》（哲社版）1984 年第 1 期。

③ 王庆震：《〈孟子〉散文的表达方式和方法》，《昭乌达蒙族师专学报》（哲社版）1988 年第 2 期。

④ 参见徐立：《孟子论说文的特色》，《华南师范大学学报》（哲社版）1980 年第 3 期。

⑤ 参见王志民、王则远：《〈孟子〉中的譬喻概说》，《内蒙古师范大学学报》（哲社版）1984 年第 4 期。

善于运用民间文艺是孟子散文的又一个重要方法。徐华龙认为，《孟子》书中“有不少民间故事、神话、寓言、谚语、传说等，这些材料的运用，加强了文章的论据，具有强烈的说服力”，“孟子在与诸侯君主的谈话中，常以民歌为例证，引述自己的观点”。①

总之，学界深化了孟子文学批评、鉴赏的原则和方法及孟子散文的艺术特色、写作方法的探讨，提出了许多深刻的认识。其主要成绩表现于下述三个方面：

第一，孟子文学鉴赏的原则、方法。许多论文探讨了孟子以意逆志和知人论世的文学鉴赏、批评方法，主要存在着两种观点：一是肯定了孟子以意逆志、知人论世的文学鉴赏、批评方法的积极意义和贡献。这是值得赞赏的。二是认为将孟子的以意逆志和知人论世称为文学批评方法，这是今人的概括。有的批评孟子的以意逆志本是主观唯心的方法，与孟子主观唯心主义认识论和对《诗经》作用的理解相一致。孟子认识事物的方法，并非建立在对客观事物的了解上。笔者认为，这一观点是对孟子以意逆志和知人论世文学批评方法的曲解，背离了孟子的本意。

第二，孟子散文艺术的特色。许多论文从不同的角度、层面将孟子散文的艺术特色概括为散文的气势、譬喻、语言、论辩技巧、修辞格、逻辑方法等方面。其主要内容包括：一是气势充沛、雄辩滔滔、刚劲犀利、气魄雄健、词锋犀利、富战斗激情；二是善于取譬设喻，巧设比喻、深入浅出；三是语言精练、晓畅通俗、生动形象，引经据典、富有文采、风格多样；四是论辩机智、善设机巧，引人入彀，因势利导，欲抑先扬、欲擒先纵、诱敌深入、咄咄逼人；五是善于运用模拟法、归纳法、归谬法等逻辑方法，“将修辞格与逻辑方法结合起来，增加逻辑推理的严密性和文章的雄辩气势”。有的对判定孟子使用主观主义比附方法的观点，予以认真的辨析，认为不能拿一种规定的模式主观地加以套裁，得出孟子的逻辑思想是无类逻辑或什么乱类的“恣意推论”。这对正确评价孟子的逻辑方法是有积极意义的。

第三，孟子散文的写作方法。许多论文探讨了孟子丰富多彩的表达方式方法。有的将它概括为问答式、谈话式、讨论式、格言式或语录式、论证式、辩难式、讲述式或寓言体等。有的指出善用譬喻是孟子散文的一个重要的方式方法，他的比喻形象生动、千变万化。有的将孟子运用譬喻的喻体概括为四个方面。有的认为孟子散文写作方法是善于运用民间文艺，等等。

---

① 参见徐华龙：《孟子对民间文艺的运用和认识》，《思想战线》1982年第5期。

总之，这一阶段对孟子文学思想的整体研究和专题研究取得了可喜的成果，初步提出了各种不同的认识和观点，为深化孟子文学思想研究奠定了良好基础。

第二节　20世纪90年代的孟子文学思想研究

在这一阶段内，几十篇论文深入探讨了孟子的文学思想。笔者从下述两个方面做一述评。

一、孟子文学批评、鉴赏的原则和方法

学界探讨了孟子“以意逆志”“知人论世”的内涵、基本特征、“以意逆志”与“知人论世”的辩证关系及其所体现的方法论两个方面。

（一）“以意逆志”“知人论世”的内涵及基本特征

正确解读“以意逆志”之“意”的含义，是探讨“以意逆志”的内涵的一个重要方面。从古至今大致存有“解诗人之‘意’”“客观存在于诗中的‘意’”“作者之意和读者之意的统一”三种不同观点。

关于第一种观点。吴瑞霞认为，“孟子的这一观点起码有如下几层含义：其一，反对割裂章句，抓住只言片语，望文生义，不作整体把握；其二，反对拘泥于对某些艺术修辞的字面意义的理解，不深究诗的本义；其三，要求充分调动说诗者的学识素养以及对作品的感受、体验等主观因素；其四，要求深刻地把握作品所表达的作者之志”，“以意逆志”“知人论世”的基本特征是“主体性”和“理性认知性”。① 杨志华认为，“文学活动是一个完整的艺术过程，由世（世界、社会）、人（作者）、意（读者）、志（本文）构成。四个要素相互影响相互制约，而文学理解意义的生成就不再如模仿理论、实用理论、表现理论或客观理论那样，只有其中一个或两个要素决定生成，而是由四个要素共同决定生成”②。

关于第二种观点。孔慧云认为，“从整个理论看，说《诗》者要探求全诗之义，不可‘以文害辞’‘以辞害志’断章取义地去理解某一作品，

① 参见吴瑞霞：《“以意逆志”与“知人论世”——孟子文学批评方法试析》，《湖北师范学院学报》（哲社版）1999年第2期。

② 杨志华：《理解：重新返回孟子——对“知人论世”、“以意逆志”说的阐释》，《云南师范大学学报》（哲社版）1999年第2期。

这是科学的，正确的，而探寻诗义的方法为‘以意逆志’，则带有相当大的主观因素。也就是说当说（诗）者以己之意去探寻作者之志时，‘己意’已在很大程度上确定了作者之志，它起着决定作用”①。

关于第三种观点。有的认为“上面两种解释，各有所见，未容轩轾。然而，评说诗歌，自应首先探索作家作品的志意，也总受到评说者本人立场观点方法的制约，因而往往是作家作品之意与评者自己的结合。孟子在此章中的批评实践，便反映了这种特点”②。

（二）“以意逆志”与“知人论世”的辩证关系及其所体现的方法论

缪军认为，“孟子提出的‘以意逆志’和‘知人论世’，可以说是目前我国先秦文学批评和文学鉴赏的最早的方法论，它是孟子对先秦文学理论领域的独特贡献”③。杨海文认为，“在孟子建构的解《诗》读《书》方法论中，显示了事件、作品、读者三方之间的立体互动”，“实质上是其文化守成主义立场的具体体现，理想主义、文化守成主义是始终昂扬在其思想体系中的两大文化精神”。④

二、孟子散文的论辩艺术

“好辩”、论辩是孟子散文的一个重要特色。黄必庄将孟子修辞艺术手段概括为五个方面：一是“长于取譬设喻，说理形象，叙事生动，引人入胜，富有感染说服力”；二是“巧用设问反诘，或谆谆善诱，诱人入彀，或咄咄逼人，克敌制胜”；三是“喜欢引经据典，论辩是非，言之有据，据理力辩，令人诚服”；四是“善于排比，层递，内容集中，感情强烈，气势充沛，令人慑服”；五是“注意词语锤炼，语言简练，概念明确，词锋犀利，锐不可当”。⑤ 边家珍将孟子论辩方法概括为“明以利害法”“启发诱导法”“事理辩驳法”“引人入彀法”“谐笑讽刺法”“寓以明理法”六种方法，认为“孟子高超的论辩术是古代语言艺术宝库中一份丰厚的遗产，尚待更全面的研究与总结”。⑥

孔漫春从逻辑学的角度探讨了孟子的谈辩方法，认为“主要涉及逻辑

---

① 孔慧云：《孟子“以意逆志”说〈诗〉方法之辨正》，《济南大学学报》（社科版）1996年第4期。

② 顾易、蒋凡：《先秦两汉文学批评史》，上海古籍出版社1990年版，第117页。

③ 缪军：《试论孟子的“以意逆志”和“知人论世”》，《广西师范学院学报》（哲社版）1992年第1期。

④ 参见杨海文：《试析孟子解〈诗〉读〈书〉方法论》，《孔子研究》1997年第1期。

⑤ 参见黄必庄：《孟子论辩的修辞艺术》，《广西师范大学学报》（哲社版）1992年增刊。

⑥ 参见边家珍：《孟子论辩六法》，《孔子研究》1999年第2期。

方法和非逻辑方法两个层面。其中，逻辑方法包括归谬反驳、归纳论证、执经行权；非逻辑方法包括譬喻明理、旁征博引、晓以利害、因势利导、诱敌入彀”①。

除上述外，胡明清还探讨了孟子的论辩战略，认为“孟子以‘好辩’、‘善辩’著称。论辩与战争有某种相似之处，也有战略、战术的问题”，“他的论辩指导思想与兵家军事学有许多的共通之处。孟子的论辩战略既是同诸子百家斗争的产物，也是诸子百家相互影响、相互吸纳的结果。如果我们能从更多的角度研究孟子的论辩艺术，无疑会有助于我们更深入地领略这位‘辩家’的风采”。②

总之，这一阶段的孟子文学思想研究，取得了显著成绩。

第一，深化了孟子文学批评、鉴赏的原则、方法的研究。许多论文探讨了“以意逆志”“知人论世”的内涵、基本特征及二者的联系。有的将“以意逆志”的内涵概括为四个方面，并将“以意逆志”“知人论世”批评方法的基本特征概括为主体性与理性认知性；有的将孟子解《诗》读《书》的方法论概括为三个层面，“以意逆志”是这一方法论的纲领；有的探讨了“以意逆志”“知人论世”的联系，认为二者既可以运用于文学鉴赏，又可以运用于文学批评。它们既是文学鉴赏的理论，又是文学批评的理论；有的论者主张要把孟子的“知人论世”和“以意逆志”论作为一种完整的文学理解方法来看待。有的针对学界关于孟子并未实践其“以意逆志”的说《诗》方法和“以意逆志”说《诗》方法是对“断章取义”用《诗》方法的否定的观点，分别给以辨正。③ 有的评析了孟子“以意逆志”与“知人论世”所体现的方法论。④

第二，形式多样的论辩艺术。有的论者将孟子论辩的修辞艺术手段概括为五个方面；有的将孟子论辩方法概括为六个方面；有的从论辩战略角度探讨了孟子的“善辩”，认为一部《孟子》充分地体现了孟子的论辩战略。综合上述探讨，孟子的论辩艺术主要内容包括：善用比喻、取譬设喻、说理形象、叙事生动、引人入胜、设问反诘、启发诱导、诱人入彀、引经据典、论辩是非、令人诚服、善用排比、层层递进、感情强烈、气势磅礴、令人慑服、语言简练、词锋犀利；有的将孟子灵活多样的谈辩方法

① 孔漫春:《孟子谈辩方法摭谈》,《洛阳师范学院学报》2000年第3期。

② 参见胡明清:《论孟子的论辩战略》,《徐州师范大学学报》(哲社版)2000年第2期。

③ 参见孔慧云:《孟子“以意逆志”说〈诗〉方法之辨正》,《济南大学学报》(社科版)1996年第4期。

④ 参见杨海文:《试析孟子解〈诗〉读〈书〉方法论》,《孔子研究》1997年第1期。

概括为逻辑方法和非逻辑方法两个层面。前者包括归谬反驳、归纳论证、执经行权，后者包括譬喻明理、旁征博引、晓以利害、因势利导、诱敌入彀等。

第三节　21世纪以来的孟子文学思想研究

21世纪以来，学界对孟子文学思想的研究呈现出欣欣向荣的景象。其中，李凯《孟子诠释思想研究》一书，“参照西方诠释学的理论方法，并依据孟子思想的内在理路，对孟子诠释《诗经》《尚书》及诸子的言论进行了深入的研究。本书分为分析篇与释读篇两大部分。在分析篇中，作者从本体论、方法论、诠释实践三个方面来阐述孟子诠释思想的特点、方法、思路，并在与庄子、荀子的比较中把握与衡定孟子诠释思想的意义，在此基础上，作者还探讨了孟子诠释思想对后世的影响及其与西方诠释学的异同。在释读篇中，作者对《孟子》七篇的有关言论逐一进行了详细的释读，在充分展现孟子诠释思想的同时，也进一步印证了作者在分析篇中的分析和判断”①。该书“分析篇”在《绪论》中概述了“创造的诠释学”及“本体诠释学”、传统经典诠释学、“中国诠释学”的建构中应注意的问题、近二十年来孟子学研究的回顾。正文划分为七章：第一章《孟子诠释思想的本体论意蕴》，论述了孟子的本体论诠释思想的两层意义、本体论的两项内容、孟子诠释思想中的本体、孟子的本体与其本体论的内容之间的关联；第二章《孟子诠释思想的方法论内涵》，论述了孟子的以意逆志说、知人论世说、“不以文害辞，不以辞害志”的方法、知言说以及本体论与方法论的统一；第三章《孟子的诠释实践》，探讨了孟子对《诗》《书》、诸子的诠释；第四章《孟、庄诠释思想之比较》，论述了庄子对“知”与“言”的态度及其与孟子的歧见、庄子对“三言”的运用及其与孟子诠释方法的对比，比较了庄子“心斋”与孟子“浩然之气”之异同；第五章《孟、荀诠释思想之比较》，论述了孟、荀诠释思想的相似点和相异点；第六章《孟子诠释思想对后世的影响》，论述了赵岐对章句学的突破与其对“以意逆志”说的误读、张载对“知言”法的理解及运用、朱熹的读书法与孟子的“以意逆志”说、钱大昕的史学批评方法与孟子的“知人论世”理论、徐复观对孟子诠释方法的继承与创新；第七章《孟子诠释

① 参见李凯:《孟子诠释思想研究》,“内容简介”,人民出版社2015年版。

思想与西方诠释学的对话》，比较了孟子诠释思想与阿斯特、施莱尔马赫诠释学，探讨了孟子诠释思想与哲学诠释学的异质性。

该书是近年来对孟子诠释《诗经》《尚书》及诸子的言论进行了全面、系统、深入研究的学术专著，提出了许多新的观点。颜炳罡教授在该书序言中指出："在中国，诠释是学问的实践，即是说只有将诠释方法与原则运用到具体经典诠释活动中，这种方法与原则才有意义；而诠释方法与原则只有从经典的诠释的实践中总结、升华的才有价值，知行合一，解行不二，这是中国的学问传统，也是中国人的致思方向……李凯博士借助于西方的诠释理论重新解读孟子的诠释方法与原则，是当代学术话语下的一种新尝试。"①

学界 100 余篇论文深入探讨了孟子的文学思想，主要内容包括两个方面：孟子的诗学、孟子散文的艺术特色。

一、孟子的诗学

所谓孟子的诗学，就是指孟子关于《诗经》的学说。它是孟子文学思想的一个重要组成部分。21 世纪以来，学界主要探讨了诗学的内涵和结构、孟子《诗》与《春秋》的关系、读诗方法——文学批评鉴赏的原则和方法、诗学的价值和影响、诗学研究的方法论等。

（一）诗学的内涵和结构、《诗》与《春秋》的关系

李国春认为，"孟子的诗学系统是一个有机的统一体，读者（说诗者）、作者（诗人）、作品和世界四个要素相互作用、互相联系，一方的变化将会引起其他要素发生相应的变化"，"孟子很清楚地看到了文学活动系统四个要素的联系……'以意逆志'以'知人论世'为前提，以'知言养气'为基础，文学活动系统的动态运动就成为必然"。②

许多学者深入探讨了孟子"王者之迹熄而《诗》亡，《诗》亡然后《春秋》作"（《孟子·离娄下》）的内涵及《诗》与《春秋》的关系。大致有下述几种表述：其一，杨兴华认为，论者"将'诗'理解为文本之《诗》。鉴于先秦时《诗》未曾衰亡，而诗歌创作的衰竭则是一种与《春秋》之起有着必然联系的客观事实，且孟子之时关于诗的文体意识已经明

① 李凯：《孟子诠释思想研究·序》，人民出版社 2015 年版，第 1 页。

② 参见李国春：《理解的动态性与阐释的无限性——孟子诗学再解析》，《湖北社会科学》2006 年第 1 期。

朗……孟子'诗亡'之论，所指为文体之'诗'而非文本之'《诗》'"[①]；其二，魏衍华认为，"孟子的'《诗》亡'至少应包含两个层面的含义：一是古《诗》在孔子之时真的有所亡佚，孔子是从'古者诗三千余篇'中选出可'施于礼义者'三百余篇；二是'《诗》亡'并非真的没有《诗》，而是作为'王道'载体的《诗》尚在，而世人对《诗》所含礼乐本质却模糊不清……孟子的'《诗》亡'的本意则极有可能是指世人对礼乐本质的偏离或无知"，"孟子此语的真正用意……是要指出《诗》所蕴含之'义'在'王者之迹熄'背景下难觅知音的社会现实"[②]；其三，江瀚指出："孟子所言的'《诗》亡'是指与巡狩、会盟等'王者之迹'相联系的诗歌具体政治功能的消亡，是诗歌为王道服务功能的消亡，并不是诗歌具体篇目的存亡……诗歌为王道服务的政治功能衰亡后，便被《春秋》这一与'王者之迹'联系更相紧密的记录形式取而代之"[③]；其四，这一命题具有三重含义，"一是《诗》《春秋》皆记史，《诗》以韵文记事，是史诗时代的传统，《春秋》以散文记事，标志着史书编年记事体的成熟；二是周公制作《诗经》是作为政教之本，以开升平之世，孔子作《春秋》则是昌盛周道，拨乱反正，其义相承；三是孔子以周公为尊，以继承周公之志为平生之愿"[④]；其五，《诗》与《春秋》的关系及《春秋》的三重内涵。有的认为，《诗》与《春秋》"在政治上所发挥的功能具有相似性。《春秋》取代《诗》而出现，意味着史已经从诗中分离独立出来……孟子对《春秋》事、文、义三个方面的叙述，可以发现先秦时期中国传统史学就已经奠定了大致的基础。而细究史所蕴含的这三个方面，因'事'而著'文'，由'文'而见'义'，传统史学似乎有以'义'为终归的倾向；然而'义'信必有待于'事'真……而《春秋》具体特殊的'事'与抽象普遍的'义'最终统一于'文'的载体，事、文、义之间各自存在着一种张力，三者密不可分"[⑤]。

（二）读诗方法——文学批评、鉴赏的原则和方法

孟子提出以意逆志、知人论世的读诗方法，这也是其文学批评、鉴赏

---

① 杨兴华：《孟子"诗亡"之论新解》，《学术论坛》2007年第8期。

② 魏衍华：《孟子"〈诗〉亡然后〈春秋〉作"发微》，《理论学刊》2010年第4期。

③ 江瀚：《孟子诗学述论》，《湖南工程学院学报》（社科版）2010年第1期。

④ 杨栋、曹书杰：《孟子"〈诗〉亡然后〈春秋〉作"新释》，《中南大学学报》（社科版）2013年第5期。

⑤ 骆扬：《试论孟子说〈春秋〉——关于〈诗〉与〈春秋〉的关系及〈春秋〉的三重内涵》，《南京大学学报》（哲学·人文科学·社会科学）2012年第4期。

的原则和方法，它是孟子诗学的一个重要组成部分。正确审视孟子文学批评、鉴赏的原则和方法，有利于深化对孟子诗学和文学思想的探讨。张恩普从整体上对孟子的文学批评思想及特征做了一定的探讨，认为孟子的文学批评思想主要集中在文学接受、批评、鉴赏、审美等方面。它们分别主要体现在以意逆志、知人论世、知言养气、“同乐”“同美”上，这一思想“具有明显的客观性与全面性”，“孟子文学批评思想的博大精深对推动我国文学批评的发展，建立我国的文学批评理论体系具有十分重要的理论价值和现实意义”。①

在这一阶段内，学界凸显了对以意逆志的内涵、结构的研究。其中，关于以意逆志之“意”含义，主要有下列几种观点：第一，“意”是指“统摄整篇作品的主旨”。王玉彪认为，孟子主张“阅读文学作品应在‘文、辞、意、志’的往复循环中进行”，“‘文’，修饰使有文采；‘辞’，词的物质形态，文句；‘意’统摄整篇作品的主旨；‘志’作者的思想倾向，情感态度。四者关系为往复循环互为因果的关系”。以意逆志包括“深浅两个层次的文学理论问题”：浅层次“已触及到了文学语言的特殊性问题”；深层次“就是文学阅读中往复循环，紧密相连的两个过程”，一是“积字通句，积句通意。这是一切阅读活动的必由之路”，二是“把握作者的思想倾向、情感态度深刻理解全篇的精神实质。……这两个过程在文学阅读中首尾相接，互为因果”。②

第二，“意”为作品之“意”。谢旭认为，“‘意’当指作者在作品中体现的意，即文本中客观存在的意义……吴淇将‘意’解释为作品之意，是符合孟子原意的”，“孟子所要强调的并不是说诗者在解诗过程中的主体地位，所追求的是‘意’与‘志’之间的同一性，努力克服与消除作品之意与作者之志之间的差异与歧义，从而客观有效地复原作者的创作之志。‘以意逆志’解诗理论的核心是重建和恢复作者创作的原初意义”。③

第三，“意”是解释者心灵中先在的“意”。周光庆认为，“‘意’是解释者心灵中先在的‘意’”，“‘以意逆志’的核心是‘以心揆心’，其功用是心理解释，它与‘强恕而行’一样，是因为有其主观条件和客观条件”，“‘以意逆志’说，是孟子为纠正流行的‘断章取义’、‘以辞害志’等等错误解《诗》方法而创立起来的一种新的心理解释方法”，它是“中国古典解释学史上第一个具有自觉理论意识和深厚理论内涵的心理解释方法论。

① 参见张恩普：《孟子文学批评思想探讨》，《东北师大学报》（哲社版）2005年第5期。
② 参见王玉彪：《试论孟子的“以意逆志”说》，《延安教育学院学报》2001年第4期。
③ 参见谢旭：《关于孟子“以意逆志”理论的释析》，《西安联合大学学报》2003年第1期。

在当时，它显示出了可贵的创造性和开拓性；对后世，它显示了深远的启示性与奠基性，受到了历代学人的由衷推崇和继承发展”。[①] 徐军义亦持类似的观点，认为“‘意’是指读者主体的观念，意识”，“孟子诗学兼及了‘知人论世’和‘知言养气’，它在本质上是一种交往对话行为的阅读接受理论”。[②] 徐桂秋认为，“以读者之‘意’逆作诗者之‘志’最近孟子之意，也符合孟子对普遍人性的看法。孟子首倡的‘以意逆志’说是中国诗学阐释学史上第一个具有自觉理论意识和深厚理论内涵的心理解释方法论”[③]。

第四，以意逆志“既要以诗人之意去迎取诗人之志，也要以解诗人之意去迎取诗人之志”。王向峰认为，孟子没有明确阐明“意”“是说诗者之意，还是诗作者之意”，指出：“对文本底蕴的把握，既要以诗人之意去迎取诗人之志，也要以解诗人之意去迎取诗人之志，并在作为对象存在的诗—世—志的多重文本间，达到对于文学文本的体验与认知。此中既有主体间性，又有文本间性……‘以意逆志’说中正含有间性理论的原生态的丰富存在。”[④] 江瀚认为，“孟子解诗时采用了两种标准，‘意’既可以是作诗者之意，也可以是读诗者之意，具有很大的灵活性，而选择的标准完全按照孟子的辩论需要来定”，孟子游说诸侯“以《诗》证史，为自己的仁政学说提供让人信服的依据，《诗经》在孟子的手中成为了证成己说的权威文献根据”[⑤]。

第五，“意”是“人之常情、心之常理”。周甲辰概述了古今对孟子“以意逆志”的不同观点[⑥]，认为上述解说“所犯的错误虽然各有不同，但根源却完全一致。他们都是从某种阅读或接受理论出发，有意无意地忽视了‘以意逆志’诞生的具体语境，因而都或多或少地用自己的诗歌阐释理论替代了孟子‘以意逆志’说的原义”，“孟子‘以意逆志’说的意义指向为：把握诗作的主旨，不能单就文辞来分析，还得从人之常情、心之常

① 参见周光庆：《孟子“以意逆志”说考论》，《孔子研究》2004年第3期。

② 参见徐军义：《“以意逆志”辨——试论孟子诗学是一种社会交往行为理论》，《渭南师范学院学报》2010年第6期。

③ 徐桂秋：《论孟子与先秦诗学阐释学》，《社会科学辑刊》2004年第3期。

④ 王向峰：《间性理论的原生态——从孟子的“以意逆志”说起》，《辽宁大学学报》（哲社版）2004年第4期。

⑤ 江瀚：《孟子诗学述论》，《湖南工程学院学报》（社科版）》2010年第1期。

⑥ 这些观点主要有：“以读者之‘意’逆作者之‘志’”，“以古人之‘意’逆古人之‘志’”，“既是以诗人之‘意’去逆诗人之‘志’，也是以读者之‘意’去逆诗人之‘志’”，“读者通过‘以意逆志’把握到的是文本所记载的史实”，“‘以意逆志’是用全篇的立意去推求诗人之志”，“‘以意逆志’的‘意’有多层理解的可能性”，等等。

理的角度来理解”。[1]

第六，以意逆志具有丰厚的史学意涵。刘书刚认为，“孟子的‘以意逆志’之说虽是针对诗歌阐释而提出，同时也具有丰厚的史学意涵。运用这一方法，他在对古人内心世界进行推测揣摩之时，将自己关于社会政治、道德修养的观念灌注于古人胸怀之中，从而实现‘尚友古人’的意图。由此，他实际上对历史进行了重新叙述，他口中的圣王先贤，与其说是旧有的真实人物，不如说是经过了全新打造的虚拟偶像，处处涂抹着理想化的色彩”[2]。

（三）诗学的价值和影响

诗学的价值主要表现于下述几个方面：其一，孟子诗学思想“为文学批评提供了具有可操作性的理论范式，充分显示了它的生命活力……科学揭示了文学活动的动态运动过程，真实反映了文学活动的客观规律，为文学批评实践提供了具有可操作性的正确理论，是中国古典文论的瑰宝”[3]。其二，具有教化功能。“孟子的《诗》教呈现出‘代圣人立心’的特点……以学为圣贤作为《诗》教的目标”，“以‘诗三百’有关圣贤人格的内容为《诗》教之源，以读者对圣贤人格的感悟为《诗》教的基本途径，从而使他的《诗》教在教学论的层面上也体现出代圣人立心的特色”。[4]其三，孟子诗学“实现了儒家诗教传统的继承与开拓”。“以意逆志就是读者以自家人格修养去追迎、体证作者的人格修养境界。孟子的心性论观念与方法实现了儒学论域的拓展，以意逆志说《诗》实现了其‘以心言性’观念与方法，开拓内圣之学的路向。”[5] 其四，“《诗经》在孟子哲学范畴的建构中的确具有不可替代的作用”。有的认为，“《诗经》对孟子哲学思想体系的整体建构和不断完善乃具有重要的启迪作用；《诗经》作为一种载体，成为孟子表达政治哲学的文学寓言”[6]。

有的学者论述了孟子诗学对中国古代文论的影响。梁道礼认为，“《孟子》和孟子诗学中蕴含的思想智慧，是在接受过程中逐渐被中国古代文论

---

① 参见周甲辰：《孟子“以意逆志”说的意义指向探析》，《广西社会科学》2006年第10期。

② 刘书刚：《“以意逆志”与孟子的历史叙述》，《社会科学论坛》2014年第4期。

③ 李国春：《理解的动态性与阐释的无限性——孟子诗学再解析》，《湖北社会科学》2006年第1期。

④ 参见王倩：《代圣人立心——孟子“〈诗〉教”的特征分析》，《河北师范大学学报》（教育科学版）2005年第3期。

⑤ 杨红旗：《以意逆志说〈诗〉与诗教传统》，《广州大学学报》（社科版）2008年第6期。

⑥ 詹石窗、刘晓艳：《〈诗经〉在孟子哲学建构中的作用》，《哲学研究》2009年第3期。

发现和吸收的……孟子‘以意逆志’说中可以与西方文论、当代文论相呼应的思想智慧，中国古代文论在接受过程中对‘以意逆志’说进行的重大理论改造及其意想不到的后果。中国古代文论对孟子‘知言’、‘养气’思想智慧的发现和吸收，表明了孟子对中国古代文论‘大而化之’的影响方式的思想威力”①。

除上述外，有的学者论述了孟子诗学研究的方法论。赵新、何发苏指出：“历代学者研究孟子诗学，分为三大治学进路：经学化/政教观的进路、纯文学/纯诗学的进路、思想史/文化史的进路，这几种研究路径的形成受其特定历史时期的文化语境的影响而有特定的研究指向。融通‘双重问题意识’是一种全面而恰当地处理孟子诗学问题的研究方法和态度。”“‘双重问题意识’的融通”：一是“孟子本人的‘问题意识’”；二是“论者的‘问题意识’”，“诠释过程不免涉及诠释者的主观之见，诠释活动也无法取得绝对客观的标准，但发掘古代经典在现代的意义，却必须建立在对古代经典有真切认识和客观体察的基础上”。②

二、孟子散文的艺术特色

许多论文深入探讨了孟子散文的艺术特色。聂永华从语言特色与技巧研究、论辩艺术研究、逻辑性及其文体特征研究三个方面，述评了20世纪以来《孟子》散文艺术研究，认为“善譬巧喻是《孟子》散文语言艺术的显著特色”，“孟子论辩之所以所向披靡，无往不胜，严密的逻辑性是其重要成因之一”。③ 上述评说，为我们梳理这一阶段的孟子散文的艺术特色和写作方法提供了借鉴和参考。

刘玉娥指出：“《孟子》文章极富特色，雄辩滔滔、气势充沛、逻辑严密是其主要特色，除此之外，善用形象说理，幽默讽刺、巧用比喻、寓言、文采华赡等也是其主要特点”，“孟子的雄辩一是得力于严密的逻辑力量”，这些逻辑方法主要包括：运用“类比推理”“概念的内涵与外延”“复合命题推理”“二难推理”；“孟子的雄辩，力量来自他所具有的磅礴气势”，主要包括“大丈夫的凛然正气”“慷慨豪壮之声”，孟子的论辩“感情强烈，慷慨豪壮，富有鼓动性和震慑力”。④ 杨小青认为，“《孟子》中有不少文章是由问答体组成的，其语言精工严整、意味隽永，阐明了许多

---

① 梁道礼：《接受视野中的孟子诗学》，《陕西师范大学学报》(哲社版)2003年第6期。

② 参见赵新、何发苏：《孟子诗学的研究路径与走势》，《湖北社会科学》2009年第2期。

③ 聂永华：《百年〈孟子〉散文艺术研究之回顾与前瞻》，《郑州大学学报》(哲社版)2002年第3期。

④ 参见刘玉娥：《论孟子的雄辩艺术》，《船山学刊》2001年第1期。

朴素的真理，而且说理透彻机智、语意圆转、感情充沛，显示了孟子高超的论辩艺术”[1]。杨爱群认为，孟子好辩且能言善辩，这是当时政治思想斗争形势的需要。孟子论辩艺术（方法）的具体运用表现为“明确概念”“在辩论中先提出问题作为前提”“善于作具体分析”“以其人之道还治其人之身”“善于设譬引喻、运用类比推理来论证自己的观点”。[2] 高正伟、冯栎钧认为，“《孟子》的论辩技巧因势而变，具有居高临下，善于统观全局的特点。包括三个方面：一是使对方自相矛盾；二是论辩层层推进；三是用类比推理。它们皆以情、义为依托，是《孟子》散文气势成因”[3]。刘生良认为，“善于论辩是孟子最突出的艺术特点，其论辩艺术技巧有：回避术、转换术，求同术、擒纵术，圈套术、包抄术，比附术、诡辩术，追问术、反诘术，铺陈术、排比术等等，可谓集先秦论辩艺术之大成”[4]。

陈建国论述了孟子对寓言的运用，认为“孟子寓言既有先秦寓言的共性，即依附散文、思想深邃、哲理性强、简明生动、清新泼辣、生活气息浓厚，更有其独特的一面，即说理深刻、运用机智、语言风趣……是先秦寓言中的一朵奇葩，是寓言向独立的文学体裁的过渡”。孟子寓言的艺术特色是“形象鲜明而又幽默风趣”、“简洁明快而又优美动人”、“哲理深隽而又通俗亲切”、“词锋犀利而又感情浓烈”。[5]

林铃芳从言语表达、问题切入、心态气势、实践精神四个层面论述了孟子论说的艺术特色，指出：“孟子在言语表达上擅长譬喻，借事论理，使人易知易懂；问题切入上推求本原，具强大说服力；心态气势上以其知言养气之功，具备浩然正气和论说智慧；此外，孟子认为真正的‘游者’必须身体力行，尊德乐义，以此实践精神才能不受外境顺逆与否的牵动。孟子游说背后有宏大的宣道理想作支持，这是《孟子》成为经典、孟子本人远胜于一般游说者的根本所在。”[6]

金立、余月秋“从主体性、客体性和主客体间性出发，结合国内外的现代论辩理论，着力探究孟子散文的对话性、类比性、隐喻性的论辩特性”，“以好辩著称的孟子正是其中的典型代表。通过信息寻求型对话、争

---

① 杨小青:《孟子的论辩艺术》,《渝州大学学报》(社科版)2001 年第 2 期。

② 参见杨爱群:《在论战中形成的论辩艺术——谈孟子辩术的形成及其特点》,《赣南师范学院学报》2001 年第 4 期。

③ 高正伟、冯栎钧:《〈孟子〉散文的论辩特色》,《河北科技师范学院学报》(社科版)2004 年第 2 期。

④ 刘生良:《〈孟子〉论辩艺术技巧探微》,《兰州大学学报》(社科版)2005 年第 2 期。

⑤ 参见陈建国:《先秦寓言的奇葩——孟子寓言再探》,《西南民族学院学报》(哲社版)2003 年第 2 期。

⑥ 林铃芳:《试论孟子游说宣道之方》,《东南学术》2013 年第 6 期。

论型对话和说服性对话积极推进以‘仁’为核心的儒学理想，从而形象地体现了对话性特征；通过对‘类’的细分和对‘譬’式类推的广泛运用，使其在强有力的逻辑论辩过程中彰显出明晰的类比性特征；通过对短语隐喻、语句隐喻和篇章隐喻的娴熟驾驭，增强了论辩的说服力和感染力，凸显了隐喻性在论辩的审美感受中的重要作用”。①

王艺雯论述了孟子的文体形态及其文学史意义，指出：“《孟子》既显示出从语录体到对话体演变的重要特征，又包蕴着从对话体到专题论文发展的文体态势，在整个先秦诸子散文发展史上有着承前启后的重要地位。”②

有的学者还探讨了孟子文学研究的方法论问题。夏静以孟子等思想家为例探讨了“文气诠释中的‘隧道效应’问题”，认为“在传统经典的诠释中……经典思想的核心要素（或问题意识）在不同时代的诠释者那里，被关注的焦点不同。后世的诠释者为建构自己的理论，带入了自己所处时代的知识经验，其中不乏有意地建构、刻意地修饰，也有无意地批评、不经意地陈述等等，总之，以今释古，以己度人，或者重新编排各种要素的理论脉络与主次位置，或者仅仅关注并放大某些要素的地位与重要性，而忽略了其它的要素，从而出现了经典诠释中的‘隧道效应’问题，形成经典解释传统中的种种复杂情形”③。论者提出的这一问题，涉及传统经典研究的方法论，具有一定的普遍性。笔者认为，后世学者对古代传统经典的诠释和研究，无不认为自己的诠释符合传统经典的本意。但由于后世诠释者受主观、客观条件的限制，其诠释在某些问题或层面上，与传统经典的本意存有一定的距离。为此，诠释者就应该关注“文气研究中‘隧道效应’诸问题”，努力克服主观、客观条件的限制，使自己的诠释符合传统经典的本意。

除上述外，熊浩莉《〈孟子〉比喻研究综述》④ 和《〈孟子〉篇章类比喻研究》⑤ 等文对孟子的比喻研究做了一定的综述，从一个侧面反映了学术界对孟子散文的艺术特色及丰富多彩的写作方法研究的大致状况。

要之，21 世纪以来的孟子文学思想研究，取得了丰硕成果。其主要成绩表现于下述两个方面：

---

① 参见金立、余月秋：《对话、类比和隐喻——〈孟子〉散文的论辩特性探究》，《浙江社会科学》2014 年第 10 期。

② 王艺雯：《孟子的文体形态及其文学史意义》，《许昌学院学报》2013 年第 8 期。

③ 夏静：《文气诠释中的“隧道效应”问题——以孟子、曹丕、刘勰为例》，《中国社会科学院研究生院学报》2015 年第 12 期。

④ 熊浩莉：《〈孟子〉比喻研究综述》，《重庆社会主义学院学报》2005 年第 4 期。

⑤ 熊浩莉：《〈孟子〉篇章类比喻研究》，《鄂州大学学报》2006 年第 1 期。

第一，深化了孟子诗学的研究。学界对孟子诗学的内涵和结构、《诗》与《春秋》的关系、读诗方法——文学批评鉴赏的原则和方法、诗学的价值和影响、诗学研究的方法论等做了深入的探讨和研究。其一，诗学的内涵和结构。有的将孟子的诗学视为由读者（说诗者）、作者（诗人）、作品和世界四个要素相互作用、互相联系的系统整体，某一要素的变化将会引起其他要素发生相应的变化，"'以意逆志'以'知人论世'为前提，以'知言养气'为基础"。其二，《诗》亡的内涵及其与《春秋》的关系。对这一问题的认识大致划分为"诗亡"是指"文体之'诗'而非文本之'《诗》'"[①]，"世人对礼乐本质的偏离或无知"[②]，"诗歌为王道服务的政治功能衰亡"[③]，具有"《诗》《春秋》皆记史"等三重含义[④]，"《春秋》蕴含的'事、文、义'……三者密不可分"[⑤] 五种观点。其三，读诗方法——文学批评鉴赏的原则和方法。学者们认为，孟子的读诗方法也是其文学批评、鉴赏的原则和方法，它是孟子诗学的一个重要组成部分。有的学者指出文学批评思想主要集中在文学接受、批评、鉴赏、审美等方面。[⑥] 学界凸显了对以意逆志的内涵、结构的研究。其中，对以意逆志之"意"含义的认识，主要划分为"统摄整篇作品的主旨"，"作品之意"，"解释者心灵中先在的'意'"和"读者主体的观念、意识"，"诗人之意"和"解诗人之意"，"人之常情、心之常理"，"具有丰厚的史学意涵"六种观点。其四，诗学的价值和影响、诗学研究的方法论。学者们肯定了孟子诗学具有"为文学批评提供了具有可操作性的理论范式"、教化功能，实现"儒家诗教传统的继承与开拓"[⑦]，对其哲学思想体系"具有重要的启迪作用"[⑧] 等多重价值，肯定了孟子诗学对中国古代文论、《毛诗传笺》的影响，认为孟子诗学思想科学地揭示了文学活动的动态运动过程，真实反映了文学活动的客观规律。有的学者论述了孟子诗学研究的方法论，强调重视"'双重问题意识'的融通"[⑨]，等等。由上

---

① 杨兴华：《孟子"诗亡"之论新解》，《学术论坛》2007 年第 8 期。

② 魏衍华：《孟子"〈诗〉亡然后〈春秋〉作"发微》，《理论学刊》2010 年第 4 期。

③ 江瀚：《孟子诗学述论》，《湖南工程学院学报》（社科版）2010 年第 1 期。

④ 参见杨栋、曹书杰：《孟子"〈诗〉亡然后〈春秋〉作"新释》，《中南大学学报》（社科版）2013 年第 5 期。

⑤ 骆扬：《试论孟子说〈春秋〉——关于〈诗〉与〈春秋〉的关系及〈春秋〉的三重内涵》，《南京大学学报》（哲学・人文科学・社会科学）2012 年第 4 期。

⑥ 参见骆扬：《试论孟子说〈春秋〉——关于〈诗〉与〈春秋〉的关系及〈春秋〉的三重内涵》，《南京大学学报》（哲学・人文科学・社会科学）2012 年第 4 期。

⑦ 参见杨红旗：《以意逆志说〈诗〉与诗教传统》，《广州大学学报》（社科版）2008 年第 6 期。

⑧ 詹石窗、刘晓艳：《〈诗经〉在孟子哲学建构中的作用》，《哲学研究》2009 年第 3 期。

⑨ 赵新、何发苏：《孟子诗学的研究路径与走势》，《湖北社会科学》2009 年第 2 期。

不难看出，学界将孟子的诗学体系视为一个由内涵和结构、读诗方法、价值和影响等要素构成的系统整体，注重各要素之间相互作用、相互联系的整体性研究。其中，值得关注的是21世纪以来，许多学者不再相对孤立地论述孟子“《诗》亡然后《春秋》作”命题、以意逆志与知人论世文学批评鉴赏的原则和方法，而是将它们视为孟子诗学体系的重要组成部分，注重与其他要素的紧密联系上考察其内涵、价值和作用。尽管学界对孟子“《诗》亡然后《春秋》作”之命题和“以意逆志”“知人论世”的理解不同、认识不同，但都从不同的层面、角度阐释了它们的内涵，是持之有故、言之成理的。笔者赞同上述论者将孟子的诗学系统视为由“读者（说诗者）、作者（诗人）、作品和世界四个要素相互作用、互相联系”构成的有机统一体和孟子关于《春秋》“事、文、义”三种含义是密不可分的观点。这将有利于人们从整体上理解和把握孟子诗学在中国古代文学史上的地位、意义，对深化孟子文学思想的研究和促进当代孟学研究的繁荣兴盛，当有一定积极意义。

第二，深化孟子散文艺术特色的研究。孟子散文的艺术特色是通过其论辩艺术特色来表现的。许多论文探讨了孟子的论辩艺术特色。其主要内容包括下述几个方面：一是语言精工严整、意味隽永，说理透彻机智、语意圆转、感情充沛，显示了孟子高超的论辩艺术；二是《孟子》文章极富特色，雄辩滔滔、气势充沛、逻辑严密是其主要特色，孟子的议论性散文具有机智、灵活的论证方法，严密的逻辑结构，并能做出鞭辟入里的分析；三是孟子的论辩具有形象化的特点，善用形象说理，幽默讽刺、巧用比喻、寓言、文采华赡等也是其主要特点，“善喻”确实达到了较高的艺术水平；四是论辩技巧灵活多样，善设机巧，层层紧逼，步步追问。这些论辩艺术技巧还包括“回避术、转换术，求同术、擒纵术，圈套术、包抄术，比附术、诡辩术，追问术、反诘术，铺陈术、排比术等，可谓集先秦论辩艺术之大成”①。

总之，许多学者从积极的方面肯定了孟子的论辩艺术特色，认为它对后世的散文创作产生了极为广泛而深刻的影响。当然，有的论者论述了孟子谈辩中的若干谬误及二元论倾向，认为“孟子是先秦时期的著名辩者。有效辩术和谬误共存是其谈辩实践的本来面貌，但以往研究者的目光多集中于前者，对后者显得重视不够。孟子谈辩中的谬误涉及人身攻击、偷换概念（论题）、机械比附以及虚假理由等”，认为“孟子在‘为我’与‘无

① 刘生良：《〈孟子〉论辩艺术技巧探微》，《兰州大学学报》（社科版）2005年第2期。

君’、‘兼爱’与‘无父’之间混淆彼此，有意偷换，把对‘杨氏为我’、‘墨氏兼爱’之反驳‘转化’为对‘无父无君’之批评”。[①] 在这里，该文指责孟子偷换概念是难以成立的。有的学者曾指出：这是孟子“一个学理的阐释，一种理论的批判，而不是一时激愤的情感宣泄。按孟子的说法，杨朱宣扬一切为自己，这是心目中没有君王；墨翟宣扬对人无差别地爱，这是心目中没有父母。心目中无父、无君，那么，人与禽兽也就没有了差别。这里要说明的是‘人’应当怎样，而非‘说墨子兼爱即是无父，无父即是禽兽，不言而喻的墨子即是禽兽了？’换言之，说‘无父无君是禽兽’并不等于骂杨朱和墨子‘是禽兽’”[②]。显而易见，孟子并没有上述论者指责的将“为我”混淆、偷换为“无君”，“兼爱”混淆、偷换为“无父”。至于指责孟子“人身攻击……机械比附以及虚假理由”等亦多有失实之处。当然，笔者并不否认孟子谈辩中存有一定的失误和不足，但上述指责未免有些以偏概全而偏离孟子的本意。

综上所述，当代中国孟子文学思想研究取得了丰硕成果，呈现出日趋深化的可喜局面。主要成绩表现于下述四个方面：

第一，日趋深化了对孟子诗学体系研究。对孟子以意逆志和知人论世文学批评、鉴赏原则和方法的研究，是近 70 年来学界持续关注、探讨的一个重要问题。在 20 世纪 80 年代，学界主要划分为“正确的文学鉴赏的原则和方法”“对我国古代诗学论具有重要贡献”“一种主观唯心的方法”三种不同观点；20 世纪 90 年代，学界深入探讨了孟子以意逆志、知人论世的内涵及基本特征、二者的辩证关系及其所体现的方法论。有的将以意逆志的内涵概括为四个方面，并将这一批评方法的基本特征概括为主体性与理性认知性；有的将孟子解《诗》读《书》的方法论概括为三个层面，以意逆志是这一方法论的纲领；有的认为以意逆志、知人论世既是文学鉴赏的理论，又是文学批评的理论，主张要把孟子的这一主张作为一种完整的文学理解方法来看待，等等。21 世纪以来，学界主要探讨了诗学的内涵和结构、孟子《诗》与《春秋》的关系、读诗方法——文学批评鉴赏的原则和方法、诗学的价值和影响、诗学研究的方法论等。从上述三个阶段的整体研究趋势来看，如果说 20 世纪 80～90 年代的研究多拘泥于孟子文学批评、鉴赏原则方法之一端，相对孤立地看待这一原则和方法，那么，21 世纪以来的研究则将这一问题置于孟子的诗学体系中和与其他要素的

---

① 参见郭桥：《孟子谈辩中的若干谬误》，《人文杂志》2001 年第 3 期。

② 苗润田：《孟子非以禽兽喻杨、墨》，《文史哲》2007 年第 3 期。

相互联系、相互作用中，予以全面的审视和探究，从而使对孟子诗学体系的研究在深度和广度上都达到了一个前所未有的高度，对深化孟子文学思想研究亦具有积极意义。

第二，凸显孟子散文的艺术特色、论辩艺术研究。从20世纪80年代对孟子散文的气势、譬喻、语言、论辩技巧、修辞格、逻辑方法等艺术特色和孟子散文问答式、谈话式、讨论式、格言式、善用譬喻、善于运用民间文艺等丰富多彩的表达方式方法的探讨，到20世纪90年代对孟子取譬设喻、说理形象、设问反诘、启发诱导、引经据典、善用排比、气势磅礴、语言简练、词锋犀利等形式多样的论辩艺术的研究，再到21世纪以来对孟子语言严整、说理透彻、气势充沛、逻辑严密、巧用比喻、技巧多样等散文艺术特色、论辩艺术的研究，学界从语言艺术特色、论辩艺术气势、修辞技巧手段、逻辑方法运用等方面予以多角度、多层面的探讨和总结，客观地评价了孟子散文在中国古代文学史上的地位和贡献，从而促进了孟子文学思想研究的兴盛。

第三，关注孟子文学思想研究的方法论。对这一问题的关注，是当代学界日趋重视的一个问题。20世纪80年代，陆晓光提出孟子的“所有言论都经过不同为中介环节而统摄并服务于其政治理想”，“他的政治理想贯穿并统摄着关于‘知人论世’读《诗》方法的论述”的观点。[①] 21世纪初，聂永华回顾、梳理、总结了20世纪《孟子》散文艺术研究的成就得失。[②] 赵新、何发苏提出“融通‘双重问题意识’是一种全面而恰当地处理孟子诗学问题的研究方法和态度”[③] 的观点。近年来，夏静提醒学界要关注孟子“文气诠释中的‘隧道效应’问题”[④]。笔者认为，上述论者提出的这些问题具有一定的普遍性，其主要内容涉及下述几个方面：其一，注重孟学的系统性、整体性。孟子思想是由若干要素、部分、专题构成的

① 参见陆晓光：《孟子诗论探蕴》，《安徽师大学报》（哲社版）1989年第3期。

② 作者认为有几个问题值得人们关注：一是“要对理论上存在一些失误作冷静的符合实际的分析。百年中对《孟子》散文艺术性的确认，所使用的评判标准和术语基本上是用欧美移植来的，并不完全符合其实际，因为《孟子》以及先秦诸子散文有其独特的内部构成，在诸如文体品类、题材内容、形式构造、表现方法等方面有其相对的独立性，因此，先验的理论模式和僵化的思维方法，将会阉割其丰富性，亦不足以揭示其真正成就”；二是受“政治思潮的干扰，重思想轻艺术，褒贬失当，既造成了众多的迷误，也造成了研究的浮浅和领域的狭隘，很多问题缺乏深入的探讨，甚至有一些‘空白’的领域需要去填补”。参见聂永华：《百年〈孟子〉散文艺术研究之回顾与前瞻》，《郑州大学学报》（哲社版）2002年第3期。

③ 赵新、何发苏：《孟子诗学的研究路径与走势》，《湖北社会科学》2009年第2期。

④ 夏静：《文气诠释中的“隧道效应”问题——以孟子、曹丕、刘勰为例》，《中国社会科学院研究生院学报》2015年第12期。

系统整体，各要素、部分、专题之间相互联系，相互作用。研究孟学的某一要素、部分、专题，应把握其与其他要素、部分、专题的相互联系、相互影响，研究孟子的诗学不能“局囿于纯诗学的范围”，而应把握其诗学与政治思想的紧密联系，不能孤立地就诗学而论诗学。这样，在孟子文学思想与政治思想紧密相连的更高的层面上而审视其诗学，往往能得出一些新的认识。其二，研究孟子的文学思想应有一套合乎中国国情的概念、术语、思维方法、评判标准。聂永华指出：“百年中对《孟子》散文艺术性的确认，所使用的评判标准和术语基本上是用欧美移植来的，并不完全符合其实际”，“《孟子》以及先秦诸子散文有其独特的内部构成，在诸如文体品类、题材内容、形式构造、表现方法等方面有其相对的独立性”。[①] 以外国的标准研究中国古代思想家的文学思想，其弊端是显而易见的，但这一问题由来已久，有其历史的原因。在多元文化并存的当代，中外文化是相互渗透、相互影响的。一方面国外的概念、术语、思维方法等有利于揭示中国古代文学思想的内涵、架构等，则要借鉴、利用和吸取，以构建合乎中国国情的概念、术语、思维方法和评判标准；另一方面，正确阐释中国思想家文学思想的概念、体系、结构是与国外文化的对话交流的前提和基础。否则，就会闹出将“四喜丸子”译为“四个快乐的肉蛋”的笑话。[②] 要之，我们要“坚持交流互鉴、开放包容。以我为主、为我所用，取长补短、择善而从，既不简单拿来，也不盲目排外，吸收借鉴国外优秀文明成果，积极参与世界文化的对话交流，不断丰富和发展中华文化”。[③] 其三，坚持科学性原则。所谓科学性，就是指人们的认识符合事物的客观实际。后世学者对古代传统经典的诠释和研究，无不认为自己的诠释符合传统经典的本意。但由于诠释者受主观、客观条件的限制，后世学者的诠释在某些问题或层面上，与传统经典的本意存有一定的距离。这就要求我们既要克服认识的片面性，又要开阔视野，克服客观条件的限制，力戒研究中的“隧道效应”问题，努力使我们的认识具有科学性。

第四，孟子文学思想对中华优秀传统文化的贡献。当代学界深化了对

---

① 参见聂永华：《百年〈孟子〉散文艺术研究之回顾与前瞻》，《郑州大学学报》（哲社版）2002年第3期。

② 山东大学徐艳玲教授主讲《将改革开放进行到底》时指出：“中国人的审美不能用国际化的方式表达出来。山大一个留学生把八仙过海说成是八个神仙过海，把四喜丸子翻译成英文时就成了四个快乐的肉蛋。”（《齐鲁晚报》2019年1月4日）中国人通常以八仙过海的典故比喻依靠自己的努力而创造出新的奇迹；所谓四喜丸子，本意是寓人生“福、禄、寿、喜”四大喜事。只有辨其真意，才能与国外文化进行正确的对话交流。否则，就会闹出笑话。

③ 中共中央办公厅国务院办公厅印发：《关于实施中华优秀传统文化传承发展工程的意见》，《人民日报》2017年1月26日。

孟子诗学体系、散文的艺术特色和论辩艺术研究，深入探讨了孟子文学思想研究的方法论问题。学界普遍认为，孟子的文学思想是孟学体系的一个有机组成部分，丰富了中华优秀传统文化的宝库。它凝聚了中华民族优秀传统文化的思想理念、传统美德、人文精神，具有鲜明的民族特色和艺术魅力。

孟子的文学思想与其哲学、政治、经济、社会、教育、美学、心理、伦理等专题思想是相互联系、相互渗透的。譬如他的以民为本、与民同乐主张渗透于其哲学、政治、经济、社会、教育、美学、心理、伦理、文学等专题思想之中，蕴含有哲学、政治、经济、社会、伦理等多重意蕴。笔者认为，孟子思想对中华优秀传统文化的贡献是多方面的，它包括以人为本、爱人爱民、完善自我、自强不息、重视理性、见义勇为、舍生取义、文以载道、文以化人，追求人与自身、人与社会、人与自然的和谐统一等若干方面，并渗透、表现于孟子思想各专题研究之中。为避免重复，笔者下述两个层面阐述孟子文学思想对中华优秀传统文化的贡献。

其一，孟子以意逆志、知人论世、“知言”“养气”之文学批评、鉴赏原则和方法的贡献。其主要内容包括两点：

一是将以意逆志、知人论世的文学批评、鉴赏原则和方法视为孟子诗学体系的重要组成部分。许多学者将孟子“《诗》亡然后《春秋》作”命题、以意逆志与知人论世文学批评鉴赏的原则和方法视为孟子诗学体系的重要组成部分，注重与其他要素的紧密联系上考察其内涵、价值和作用。有的将孟子的诗学系统视为由“读者（说诗者）、作者（诗人）、作品和世界四个要素相互作用、互相联系”构成的有机统一体，认为孟子的《春秋》“事、文、义”三种含义是密不可分的。笔者认为，孟子以意逆志的文学评论方法抓住了诗是运用夸张等形象化的语言表达思想情感的基本特征，看到了文学语言与非文学语言的区别，认为仅从表面的文字和词句理解作品，就会曲解作者的原意，主张全面分析诗的整个篇章和正确理解诗所表达的思想情感。孟子以意逆志的文学评论主张，丰富发展了中国古代的文学批评方法，有利于人们从整体上理解和把握孟子诗学在中国古代文学史上的地位、意义和对后世产生的重要影响。南宋王应麟说：“以意逆志，一言而尽说诗之要，学诗必自孟子始。”（《困学纪闻》卷三）此说对孟子说诗地位的评价是公允的。

孟子知人论世的文学批评方法指出，文艺作品与作者生活的时代及其思想生平是密不可分的，表明孟子把诗看作是个人的创作和思想情感的表现，而不是单纯地将它看作是古代的一种历史文献，从而体现了孟子具体地分析古人的时代、生平和作品的求实精神，丰富了古代文学批评理论的宝库。刘勰、叶燮对其做了系统的发挥。许多文学评论家将孟子的以意逆志、知人论世说结合起来，促进了古代文学批评理论的发展。

二是“知言”“养气”的文学批评方法。“知言”与“养气”有着密切的联系。“养气”是“知言”的前提和基础。孟子认为，只有加强道德修养，培养出一种无所畏惧的正义感，达到“至大至刚”的精神境界，才能判断出别人言论的失误所在，抓住要害，给予批驳。孟子的“养气”既是道德修养问题，也关系到人的文化艺术修养。孟子论述了浩然之气的形式、内容、作用及培养方法，凸显了个体人格的伟大和坚强。它至高至大，充满天地四方，是个体人格精神美的表现和人的内在高尚情操与外在形体的统一。人具有浩然之气，就能不为富贵所淫，贫贱所移，威武所屈，将贫贱祸福、生死荣辱置之度外而不动摇自己的节操。孟子的“养气”说，一方面对后世许多思想家、政治家产生了重要影响，成为无数志士仁人反抗外侮、捍卫民族尊严的重要精神武器；另一方面，对后世文学艺术理论的发展产生了重要影响。曹丕提出“文以气为主”。刘勰认为，作品是才、气、学、习的综合，写文章首先需要养气。韩愈认为，心中充满浩然之气，落笔便会有排山倒海之势。苏辙重视养气，赞扬孟子文章宽厚宏博，是培养浩然之气的结果。由此看来，曹丕讲才气，刘勰言志气，韩愈谈气势，苏辙说养气，无不受到孟子“养气”说的影响。诚如有的学者所说“在中国文学批评史上……绵延着一个以‘气’论文的传统”①。

孟子的“知言”是其“养气”说在文学批评上的具体运用。《孟子》一书的许多散文，就是孟子运用“知言”说与别人论辩而写成的。有的学者指出：“中国古代文论对孟子‘知言’、‘养气’思想智慧的发现和吸收，表明了孟子对中国古代文论‘大而化之’的影响方式的思想威力。”②

其二，孟子散文的贡献。学界对孟子的散文艺术特色、论辩艺术予以多角度、多层面的探讨和总结，客观地评价了孟子散文在中国古代文学史上的地位和贡献。学者们普遍认为，孟子的散文创作在中国古代文学史上享有极高的声誉。与早期语录体的《论语》相比，《孟子》中的若干篇章从立论、论证到结论，显示出结构完整、层次清晰、说理透彻、论证周密和具有整体性构思的特色，是在语录体基础上由章到篇的重大发展。其中，著名的“齐桓晋文之事”章、“有为神农之言许行”章、“鱼我所欲”章等，在先秦文学史上是由章到篇的划时代的作品。孟子散文的贡献主要表现于两个层面：

---

① 顾易、蒋凡：《先秦两汉文学批评史》，上海古籍出版社 1990 年版，第 102 页。

② 梁道礼：《接受视野中的孟子诗学》，《陕西师范大学学报》（哲社版）2003 年第 6 期。

一是描述、刻画了众多栩栩如生的人物形象。其中，刻画得最为丰满而有立体感的是孟子本人。它多层次、多侧面地展现了孟子崇尚仁义、坚守信念、济世救民、兼善天下、仇视暴政、同情民苦、刚正不阿、藐视权贵、不畏艰难、积极进取等性格、气质和价值取向。除此之外，还描绘、刻画了象、齐人的卑劣行径。譬如《孟子·万章上》“娶妻如之何”章，描述、揭露了象虚伪卑劣的可耻嘴脸。象与父母合谋利用修理谷仓、淘井的机会谋害舜。不料，舜从井中穿洞而逃生。象以为舜已死在井中，自以为阴谋得逞，便得意扬扬地对父母说“谋害舜的计谋都是我的功劳”，并欲占有舜的干、戈、琴、弓，还想霸占两位嫂嫂。“象往入舜宫，舜在床琴。象曰：‘郁陶思君尔。’忸怩”。象恬不知耻地对舜说：“哎呀！我多么想念您呀！”最后，象显示出羞愧的样子。“忸怩”二字，入木三分地刻画出象难以掩饰的虚伪、卑劣和羞愧。《孟子》一书进而通过舜与象的对比描述，表现出二者善恶截然相反的性格特征。就是说，以舜的宽厚仁慈衬托出象的虚伪卑劣，象的虚伪卑劣又反衬出舜的形象高大完美。孟子善于运用精练的语言刻画人物的神态和性格，从而使本章具有很高的文学价值。又如《孟子·离娄下》“齐人有一妻一妾”章，讲述了齐人乞食于坟墓之间，归而骄其妻妾的故事。齐人每次外出回来，总是酒足饭饱、醉醺醺地跨进大门，并摇头晃脑地向妻子吹嘘自己与“富贵”之人在一起吃喝。妻子怀疑齐人的行踪，第二天尾随齐人，发现了齐人在坟地间乞讨祭品而吃喝的秘密。妻子返回家向妾讲述了齐人的丑行“而相泣于中庭”。齐人不知道自己的骗局已被戳穿，“施施从外来，骄其妻妾”，仍得意扬扬、神气活现地跨进大门，向妻妾摆威风。“骄其妻妾”四字，活灵活现地刻画出齐人的卑鄙嘴脸。孟子在篇末点明主题，“由君子观之，则人之所以求富贵利达者，其妻妾不羞也，而不相泣者，几希矣”。这则脍炙人口的故事，具有强烈的讽刺性、针对性，深刻揭露了齐人摇尾乞怜、狂骄妻妾的丑恶嘴脸，指出其丑行是普遍的社会现象，表现出对那些不择手段追求富贵利禄之徒的鄙视和憎恶。

二是气势磅礴的论辩。《孟子》一书，有许多结构完整、语言生动、精工严整、意味隽永、感情充沛、气势奔放的论说篇章，呈现出浓厚的文学色彩。这些篇章有时引经据典，旁征博引，以增强说服力；有时采用生动、形象、贴切的比喻，阐述深刻的哲理；有时运用简洁明快、优美动人、通俗亲切、哲理深隽、词锋犀利、气魄雄健的寓言，以论辩是非和阐明事理；有时善设机巧，引人入彀，驾驭全局，驰骋自如；有时循循善诱，分析利害，因势利导，使人口服心服；有时写法灵活多变，或重复，或排比，或对偶，或层递以贯珠，呈现起伏变化；等等。譬如《孟子·梁惠王上》“齐桓晋文之事”章这篇波澜壮阔的政论文，是《孟子》书中一篇结构完整、语言精练、妙趣横生、富有气势的佳篇杰作。它既有鞭辟入里的论说，又有生动具体的形象描绘。孟子运用的一些准确而鲜明生动的比喻，使得语言简练而富有形象性。如“君子远庖厨”“察秋毫之末而不见舆薪”“挟泰山以超北海”“缘木求鱼”等，都是后代经常引用的名言名句。这篇具有个性的对话体的论辩文字，写得一波三折，妙趣横生，开阖自如，笔走龙蛇。这在整个中国文学史上都是不多见的，对后世散文的发展产生了重要影响。又如《孟子·滕文公上》“有为神农之言许行”章，既是一篇与农家论战的辩论文，又是我国古典散文从章到篇的划时代的作品。孟子娴熟地运用了诱问、诘难、铺叙、对比、比喻、引证、训诂等辩论方法，使本章显示出结构完整、论说透彻、语言生动、气势奔放的特征。再如《孟子·滕文公下》“外人皆称夫子好辩”章，这是一篇具有整体构思、层次清晰的论辩文章。孟子以充沛的情感，歌颂了古代圣贤的功绩，严厉抨击了杨墨学派。它是孟子在学术思想上讨伐杨墨、批驳异端的一篇宣言。文章语言精练，文笔生动，突出地表现了孟子激越的情感。孟子一方面揭示了乱世自然环境险恶、暴君无道、仁义衰落、邪说横行、百姓苦难的社会状况；另一方面，又怀着对圣贤的崇尚之情，歌颂了他们战胜洪水、诛伐暴虐、驱逐猛兽、弘扬仁义、忧民疾苦、安定天下的功绩。在抨击杨墨学派时，孟子言辞犀利，出口成章，不可遏止，文势壮阔，揭示了儒家与杨墨学派的尖锐对立；在阐述自己的志向时，抒发了捍卫先圣之道、继承圣人业绩、端正人心、忧虑民苦、济世救民的情怀。孟子在篇末概括说：“昔者禹抑洪水而天下平，周公兼夷狄，驱猛兽而百姓宁，孔子成《春秋》而乱臣贼子惧……我亦欲正人心，息邪说，距诐行，放淫辞，以承三圣者，岂好辩哉？予不得已也。能言距杨墨者，圣人之徒也。”这一结论，既与本章开头“予岂好辩哉？予不得已也”相照应，显示出情韵无穷、思想连贯的特色，又表现出孟子坚守信念、刚正不阿、疾恶如仇、以天下为己任的宏大志向，从而使孟子血肉丰满的形象跃然纸上。

总之，孟子的文学思想丰富了中华优秀传统文化的思想理念、传统美德、人文精神，后世许多思想家、文学家无不受到孟子文学思想的熏陶和影响。

第九章　孟学流传、影响研究

孟学是由若干子系统、层次、因素构成的系统整体，既对先秦儒学、先秦思想文化的发展做出了重要贡献，又对后世产生了自反律己、修身养性、陶冶情操、完善人格、事亲敬长、老老幼幼、夫妇协调、家庭亲睦、君仁臣义、治国安邦、化民成俗、安定社会、顺从自然、爱惜万物、天人和谐等多种功能和影响。这些影响往往紧密相连、相互交织在一起，它主要划分为政治影响、思想影响两个方面。政治影响，“主要指封建统治者对孟子的尊崇、褒奖、封祀和《孟子》一书地位的升高”；思想影响，“主要指历代思想家对孟子思想的注疏、释解、继承和发展”。[①] 在这里，孟学的流传、影响研究，主要包括中外著名思想家、政治家、学者对孟子思想的注疏、诠释、继承、发展、改造、研究以及孟学在国外的流传和影响。

从 20 世纪 90 年代起，学界日趋重视孟学的流传、影响研究。其中，许多孟学论著对孟学的流传、影响做了深入的探讨。在这里，我们将孟学的流传、影响研究划分为以下五个方面：一是孟学流传、影响的整体研究概述；二是汉唐时期的孟学流传、影响研究；三是宋元明清时期的孟学流传、影响研究；四是近代的孟学流传、影响及当代价值研究；五是孟学在国外的流传、影响研究。

第一节　孟学流传、影响的整体研究概述

本书从孟学专著和孟学论文两个方面，将当代孟学的流传、影响研究做一整体概述。

---

① 参见王其俊:《亚圣智慧——孟子新论》,山东人民出版社 1996 年版,第 455～463 页。

一、孟学专著的整体研究

许多专著概述了孟学的流传、影响。这些专著主要有：拙作《亚圣智慧——孟子新论》、董洪利《孟子研究》、杨泽波《孟子评传》、刘培桂《孟子林庙历代题咏集》《孟子林庙历代石刻集》等。

（一）拙作《亚圣智慧——孟子新论》

该书全面概述了孟子思想在封建社会的政治影响、思想影响。

该书指出：所谓政治影响，“主要指封建统治者对孟子的尊崇、褒奖、封祀和《孟子》一书地位的升高”。该书概述了孟子在后世的政治影响，指出：“孟子这位重要的思想家，生前其学说被视为‘迂阔’而不见用，然而在其死后的2000多年的封建社会中，从战国时代《孟子》被列为子书，到汉代被立为传记博士，宋朝被列入‘十三经’，元代孟子被封为‘亚圣’，至明、清时期政治地位的不断提高，孟子的政治影响呈现了不断提高的趋向。孟子本人不仅受到封建统治者的颂扬、祭祀，而且其后裔承蒙祖荫和享受到各种优厚待遇。”①

该书概述了两汉至清代著名思想家、政治家、学者“对《孟子》一书的注疏、诠释和对孟子思想的继承、丰富、发展、引申或改造”。这些著名思想家、政治家主要有董仲舒、司马迁、赵岐、韩愈、孙奭、二程、朱熹、陆九渊、王阳明、孙奇逢、黄宗羲、李颙、顾炎武、王夫之、戴震、崔述、周广业、焦循等，述评了中国历史上的尊孟与非孟思潮。

该书概述了旧民主主义革命时期孟学对龚自珍、魏源、洪秀全、孙中山等思想家、政治家的影响，概述了新民主主义革命时期新文化运动倡导者陈独秀、李大钊，新儒家代表人物梁漱溟、熊十力、冯友兰、贺麟、钱穆，以毛泽东、刘少奇等为代表的中国共产党人，杜国庠、郭沫若、范文澜、吕振羽、侯外庐等马克思主义理论家及史学工作者对孟学的继承、发挥、评价和研究。笔者指出：孟学对后世的影响具有共同性和差异性，“这种共同性和差异性表明，在人类历史上作出贡献的思想家，对后世社会生活的各个方面都要产生潜移默化的影响。正确地对待和评价古人，是一个重要的课题”②。

董洪利《孟子研究》，列入国家教委高校古籍整理研究工作委员会“中国古文献研究丛书”。“下编”概述了汉代的孟子研究、魏晋隋唐的孟

① 王其俊：《亚圣智慧——孟子新论》，山东人民出版社1996年版，第463页。
② 王其俊：《亚圣智慧——孟子新论》，山东人民出版社1996年版，第519页。

子研究、元明两代的孟子研究和清代的孟子研究。杨泽波《孟子评传》，在“影响篇”中概述了孟子思想的历史影响和孟子历史地位的变迁。笔者曾经述评了这两部著作关于孟子思想在后世的流传、影响。①

（二）刘培桂《孟子林庙历代题咏集》《孟子林庙历代石刻集》

1.《孟子林庙历代题咏集》

该书由齐鲁书社2001年出版，共收题咏371篇，分别录自“孟子林墓、孟府，孟母林墓祠庙，孟母三迁处、断机堂、子思书院”等处的历史石刻；明代成化本《孔颜孟三氏志》、嘉靖本《三迁志》、万历本《孟志》、天启本《三迁志》，清代雍正本《三迁志》、光绪本《重纂三迁志》，以及历代《邹县志》等有关书籍。该书收录题咏的时限，起自汉代，截至清末。在这一时限内，上述石刻与史籍所载之关于孟子或与孟子有密切关系的孟母、子思的题咏，凡能见到者均收入。本书在收集有关资料时，坚持采用原始出处的原则。凡既有石刻又有刊印者，一律采用石刻，或石刻已毁而刊印又有多种版本者，一律采用最早版本。该书内容包括孟母颂、孟母赞、孟子赞、子思子赞、拜谒亚圣邹国公墓留题、敬谒先师邹国公祠、邹公坟庙之碑铭、孟母墓碑铭、郕国公祠堂记诗、宣献夫人新像记祀神乐三章、太师右丞相过邹孟子之碑颂、首谒亚圣公题诗等。

2.《孟子林庙历代石刻集》

该书系韩国孟子学会会长赵骏河主编《孟子研究文库》第一辑。该书前载20余幅关于孟子林庙的彩色照片。正文划分为宋代、金代、元代、明代、清代、民国六卷。书末有后记和40余幅碑文拓片及石刻图像拓片，收录有万章墓等处的现存石刻，以及历史上曾存而现已亡佚，但仍可查到旧拓、刊于文献的石刻。留存于孟庙、孟府与孟子无关的石刻，亦收录其中，列入附录。

该书在前言中概述了孟子林庙石刻的产生与发展、孟子林庙历代石刻的内容与形式、孟子林庙石刻的现状与价值。

关于孟子林庙石刻的产生与发展。该书认为，孟子林庙是“一个广义的地域概念，它包括孟子故里境内所有与孟子有关的遗址、墓葬、纪念性建筑等。具体包括孟子林墓、孟子庙、孟府、孟母林墓、孟母三迁处、孟母断机处、子思书院、子思祠、万章墓等……在孟子故里，至今还没有发

① 参见王其俊:《中国大陆当代孟学研究述评》,《孔孟学报》2011年总第89期。

现唐代及唐代以前有关孟子的石刻。北宋景祐四年（1037），孔子四十五代孙孔道辅为孟子修墓建庙，泰山孙复撰《新建孟子庙记》，刻石立于孟子墓侧新建孟子庙内。这是孟子林庙的第一块石刻”，“到目前为止，孟子林庙等共留存 1949 年以前的历代石刻 404 块，其中与孟子有关的 359 块”。①

关于孟子林庙历代石刻的内容与形式。该书指出：“孟子林庙石刻的主要内容有三大类：一是由创建、重修而产生的庙记、墓记等；二是由祭祀、拜谒而产生的祭文、题咏、谒记等；三是由对孟子的封赠和对孟子后裔的优免而产生的诏敕牓牒等。”其中，“庙记，主要记述了孟庙的创建、迁建、扩建、重修等过程，同时记述了对孟子的评价与赞誉，还有对主事者的表彰”；“墓记，主要记述了历代对孟子墓、孟母墓的维修，对享堂等祭祀设施的创建、重修，祭田的增置以及林木的栽种等，同时记述了对孟子、孟母的赞誉与评议”；“祭文，是祭祀孟子时宣读的祷祝之辞……题咏、题名、题记、谒记等，是来孟庙拜谒者留下的诗歌与记述。题名、题记、谒记，内容一般比较简单，主要记述了拜谒的时间，拜谒者的姓名、身份，拜谒的经过，以及简洁的祷祝。题咏的内容则丰富多彩，并情深意切”，等等。关于孟子林庙石刻的现状与价值。该书概述了这些石刻遭受重大损坏或被保护的过程，认为“孟子林庙石刻的价值是珍贵的和多方面的。首先，它是研究孟子必不可少的资料。这些石刻，涉及孟子的里籍、家族世系、母教、师承、弟子、生平、学说、安葬地、奉祀林庙，以及历代封谥、尊崇、思想影响等……具有原始性与权威性，非一般方志史书所能相比……其次，它是研究我国封建社会特别是北宋至清末政治、经济、军事、文化的资料……再次，它是历代书法、绘画、雕刻等艺术的宝库。在孟子林庙石刻中，真、行、草、隶、篆各种书体应有尽有，展示了自秦汉、魏晋直至明清的书法演变过程……孟子林庙石刻是积淀于孟子故里的珍贵历史文化遗产，有着重要的、多方面的价值，它等待我们去保护，去开发，去利用”。②

除上述外，朱松美《孟府文化研究》（中华书局 2013 年版）一书，列入王志民主编“山东文化世家研究书系”。该书划分为六章，约 35 万字。第一章，孟氏家族源流；第二章，孟子“升格”与“亚圣”确立；第三章，多方扶植与家族崛起；第四章，孟庙林墓及其文化内涵；第五章，府务管理与外交关系；第六章，家学教育与母教文化。该书从文化世家的角

① 参见刘培桂：《孟子林庙历代石刻集·前言》，齐鲁书社 2005 年版，第 1～5 页。
② 参见刘培桂：《孟子林庙历代石刻集·前言》，齐鲁书社 2005 年版，第 6～13 页。

度展现了孟学在后世的流传、影响。

二、孟学论文的整体研究

许多论文从整体上论述了孟学在后世的流传和影响。刘培桂论述了历代对孟子的封赐与尊崇，认为“纵观历代对孟子的封赐与尊崇，大致可分为以下三个阶段”：一是“汉、唐初倡。赵岐首称孟子为亚圣，韩愈立‘道统’论，谓孟子‘功不在禹下’”；二是“宋元定制。孔道辅访墓建庙，王安石提议以《孟子》命题取士，宋神宗赐爵‘邹国公’，诏配享孔子，元文宗加赠‘邹国亚圣公’”；三是“明、清因袭。朱元璋先‘罢’后尊，明世宗宣称‘亚圣’，康熙帝树巨碑盛赞，乾隆帝两谒孟庙”。①

笔者依据邹县方志刊载的诏书与祭文、修建孟庙等记文、县志序跋等历史资料，全面、系统考察了宋、金以来孟子形象之变迁，指出：“《邹县志》记载了宋、金、元、明、清等封建王朝兴建修葺孟子林庙、祠堂和儒学学宫、书院等大量记文，既反映了当时社会的政治、经济、人物、风俗，又从一个侧面表现了近900年来的孟子形象。其中，清代的记文和诗作，热情歌颂了孟子继承先圣、弘扬仁义、抨击异端、尊王贱霸、知言养气、端正人心的功绩，抒发了作者崇尚孟子、效法圣贤、遵循遗教、导化百姓的情怀……清王朝将思想上与实践上的尊孟紧密结合在一起，不仅反映了孟子在清代的重要影响，而且对促进清代社会的稳定和发展产生了积极作用”，“综合上述《邹县志》之序跋，其主要内容大致划分四个方面：其一，记述了当时稳定的社会环境；其二，描述了邹县灵秀的山川；其三，歌颂孟子继承先圣、距诐放淫、功侔神禹、德配素王的功绩，‘上以绍千百世圣哲之心传，下以开亿万年生民之学术’，使儒家的纲常道统赖以长存；其四，孟子影响深远，流风余韵犹存”。该文通过对邹县志所载诏书与祭文、孟子林庙等记文和序跋的简要考察，认为“随着宋代对孟子的诏封、尊崇和思想界尊孟思潮的兴起，至清王朝推行的尊儒崇孟的文化政策，在其间的900多年间，孟子受到历代封建王朝的褒奖和思想家的尊崇，‘亚圣’的形象随着时代的发展而发生一定的变迁”。②

从上述可以看出，学界关于孟学流传、影响的整体研究显示出两个特点：

第一，凸显孟学流传、影响是孟学整体研究的一个重要组成部分。从

---

① 参见刘培桂：《历代对孟子的封赐与尊崇》，《齐鲁学刊》1992年第4期。

② 参见王其俊：《山东方志中的孟子形象——以〈邹县志〉为中心》，《孔孟学报》2000年总第78期。

笔者《亚圣智慧——孟子新论》，到董洪利《孟子研究》，再到杨泽波《孟子评传》，这些孟学研究专著，将孟学在后世的流传、影响视为孟学整体研究的一个重要组成部分，并做了系统的梳理和探讨，这对于正确评价孟学在中国儒学史、中国古代思想史上的地位和贡献，具有积极的意义。

第二，凸显地方史志、孟子林庙石刻对孟学流传、影响研究的重要意义。从笔者《山东方志中的孟子形象——以〈邹县志〉为中心》，到刘培桂《孟子林庙历代题咏集》《孟子林庙历代石刻集》，上述论著充分利用宋、金至清代邹县方志刊载的诏书与祭文、修建孟庙等记文、县志序跋、孟子林庙石刻等具有原始性、权威性的历史资料，生动、形象地展现了孟学在后世的流传、影响。有的学者指出："历代志书是不可逆的文化财富，佚失了也就永远从地球上消失了，不可挽回。"① 这些被刻在石头上的孟学文献，为人们从各个层面研究孟学的流传、影响提供了丰富的资料。

第二节　汉唐时期孟学的流传、影响研究

笔者将这一时期孟学的流传、影响研究划分为整体研究和专题研究两个方面。

一、断代史专著的整体研究

自20世纪80年代以来，学界出版的金春峰《汉代思想史》、李峻岫《汉唐孟子学述论》、兰翠《唐代孟子学研究》等断代史专著对汉唐时期的孟学流传、影响做了全面、系统的研究。

（一）金春峰《汉代思想史》

该书第八章概述了"孟子思想的崛起"。该书认为，"盐铁会议以后，孟子的思想不断扩大影响。孟子讲民贵君轻，保民而王，与民同乐，强调民是重心和政治好坏的尺度，等等。孟子的思想极富古代人道民主色彩。盐铁会议中，贤良文学基本上发挥孟子的观点。和孟子一样，贤良文学对战争给人民造成的苦难，发出了强烈的抗议和控诉。文学的抗议和控诉，确实喊出了人民的不平和愤懑。文学揭露当时统治者身居高位，安富尊荣，完全不了解下层的苦难。汉代法治严酷，文学以孟子的仁政、德治思

① 王家范：《地方史志有"脑补"功能》，澎湃新闻，2016年4月21日。

想为武器，对此进行了猛烈的攻击，要求完全除刑而尚德，甚至对匈奴，也要实行感化政策。文学的这种除刑而尚德的思想以及对汉代法治严酷、株连九族的控诉，既突出表现出孟子人道王政思想的特征，也表现出儒家特有的极其强烈的宗法情感。针对当时土地兼并的严重情况，文学重新提出了孟子的井田主张以为社会改革的方案，主张一切经济措施建筑在农民自给自足的自然经济之上，为封建社会的安定树立牢固的基础。《盐铁论》中，文学不断征引孔子、曾子、孟子的话作为自己立论的根据，而以孟子的话最多。孟子思想取得了主导的地位。这是汉代儒家思想值得注意的变化”①。

（二）李峻岫《汉唐孟子学述论》

该书论述了西汉孟子学的沉浮、东汉孟学的勃兴、魏晋南北朝孟学变迁及其影响、隋唐孟子地位的上升及孟学发展的新动向。

该书考察了西汉孟子学的沉浮，认为“孟子学在西汉经历了一个抬升到衰歇的过程”，就其在汉代的学术地位而言，《孟子》“作为经‘传’的地位尚未得到很好的确立，直至东汉才被普遍认可”；“孟子学在西汉有一个先盛后衰的转折……盐铁会议之后，孟子之学又逐渐衰歇……《孟子》作为子学而被冷落”，扬雄是汉代“首位明确提出扬孟抑荀、自比孟子的学者，其对孟子的推尊为此后孔孟道统说的确立有开创之功”。②

该书认为，东汉孟子学勃兴的“主要原因可大致归结为学风及士风的转向”，“孟子学勃兴的一个最主要表现，就是首次出现了专门的注《孟》之作……多家注本相继涌现……赵岐的《孟子章句》是现存于世的唯一一部完整的汉代《孟子》注本，唐宋以及清代的《孟子》注本大多受其影响……孟子对两汉经学，尤其是《春秋》学、礼学和《诗》学有着深远的影响”。③

关于魏晋南北朝时期孟学变迁及其影响。该书指出：这一时期，“尤其是魏晋时期，适应其时政治环境与伦理现状的需要，孟子的政治伦理学说，如仁政说、权变说、心性修养论以及汤武革命论等等，在一些儒家学者中仍有所继承和发展……孟子的地位因儒佛之互动而逐渐凸显。孔孟并称说逐渐取代孟荀并称说而盛行的状况恰恰反映了孟子地位的逐渐上升……孟学仍然绵延不息地影响着士人思想和观念，在儒、玄、释各种思

① 金春峰：《汉代思想史》，中国社会科学出版社 1987 年版，第 86～89 页。

② 参见李峻岫：《汉唐孟子学述论》，齐鲁书社 2010 年版，第 121～122 页。

③ 参见李峻岫：《汉唐孟子学述论》，齐鲁书社 2010 年版，第 181～182 页。

潮的发展及其互动的过程中，发挥着持久的影响力”①。

该书考察了“隋唐孟子地位的上升及孟学发展的新动向”，概述了隋唐孟子学发展的基本脉络，认为“隋代及初唐时期孟学大致处于被冷落状态……中唐时期，孟子的学术地位随着当时整个的学术文化变革思想发生了重要的变迁……中晚唐时期是孟子学史上一个重要转折期。孟子的学术地位在此期呈上升趋势，逐渐从诸子中凸显出来，并被抬升为直承孔圣之宗的地位，肇宋代孟子升经之端”②。

该书在结语中指出：汉唐孟子学的发展、演变及研究状况可归结为三个方面：一是“汉唐间孟子虽然一直位列诸子，但其学术地位逐步上升”；二是“从孟子思想的影响流衍来看，汉唐儒者皆对孟子思想有所吸收和阐发”；三是“汉唐间有关《孟子》的研究专著以及注本虽然不及有宋以降那么丰富，但也有不少成果”，“汉唐孟子学在孟学史上的意义是不可忽视的。它为其后宋代孟学之兴盛奠定了基础，可视为《孟子》由子升经的前期酝酿阶段”。③

总之，该书梳理了汉唐孟子学的发展、演变及研究状况，描述了该时期孟学流传、影响的历史轨迹，这对深化中国孟学史研究无疑具有积极的意义。当然，该书的某些论述还有值得推敲之处。譬如该书在论述王充的“刺孟”与尊孟时认为，“王充的《问孔》、《刺孟》均是本着一贯认知实证的态度，指出孔孟言行中的一些不当不实之处……《刺孟》篇主要是就《孟子》中一些失实之处或孟子言行的不当之处提出诘难”④。笔者认为，王充从政治、思想斗争的现实需要出发而激烈地抨击孟子，其目的是斥责董仲舒以来今文经学家神化孔孟和儒学的倾向，抨击当时的谶纬迷信恶劣风气，反对把儒家经典神秘化，这在谶纬神学盛行的东汉，无疑具有不同流俗和解放思想的作用。但是，王充并没有正确审视孟子义利、天命等范畴的真实含义，他的《刺孟》十五事，有不少陷于片面、肤浅或误解。此外，东汉思想家王符、仲长统继承了孟子“爱民”“利民”“保民”的民本思想和社会批判精神，摆脱了经学权威的束缚，深刻揭露、批判了当时的各种社会弊端和阴暗，对汉代孟学史的发展做出了一定贡献。该书对此未做论述，不能不说是一种缺憾。从该书的整体布局来看，有的学者指出：该书“考察的眼光是自汉至唐，因此，整个隋唐部分只占四章架构之一，

① 李峻岫：《汉唐孟子学述论》，齐鲁书社2010年版，第222～223页。
② 李峻岫：《汉唐孟子学述论》，齐鲁书社2010年版，第315～316页。
③ 参见李峻岫：《汉唐孟子学述论》，齐鲁书社2010年版，第317～319页。
④ 李峻岫：《汉唐孟子学述论》，齐鲁书社2010年版，第135页。

内容不足全书的三分之一，作者所用力的重点明显在两汉的孟子学考察，唐代孟子学中的许多问题特别是初唐时期并未触及，也就留下了许多须待研究的空间”[①]。这一评说是公允的。

（三）兰翠《唐代孟子学研究》

该书正文划分五章：第一章，初唐孟子学——以征引为主的初始阶段；第二章，盛唐孟子学——以实践为主的发展阶段；第三章，中唐孟子学——韩愈尊孟带动下的鼎盛阶段；第四章，晚唐孟子学——皮日休尊孟的延续阶段；第五章，唐代《孟子》注本。书末有结语、主要参考及征引文献。

该书在导言中提出，“孟子学是指以《孟子》为文献基础，对孟子的理论学说予以关注、阐释、研究或继承的论说或学术活动”，并简要概述了20世纪的孟子学研究，认为“近十年来，孟子学在断代研究方面又有新的突破……人们更多着眼于宋代以后，即孟子地位升迁以后的孟子学。事实上，孟子地位的升迁变化肇始于唐代，然而，因为唐代有影响的孟子研究专著较少，学界对于唐代孟子学的关注就相对不够，甚至于有些忽视和遮蔽”。[②]

该书认为，以往关于唐代孟子学的研究成果具有下列特点：“其一是体现在一些思想史、哲学史等著作中……其二是包含在一些通论和通史性研究孟子的论著中……其三是一些研究唐代孟子学的专篇论文”，“而迄今为止，学界还没有产生系统地对唐代孟子学进行断代研究的学术成果，这对于整个孟子学的发展史而言，无疑造成了一个断代的缺憾”。

作者指出：“本书以唐代士人特别是文人关于孟子的引述、评价、阐释、继承等内容作为研究对象，较全面系统地收集与梳理了散见于唐代文献中涉及孟子的资料，较细致地分析了在不同时代学术背景下，唐代士人对孟子思想的继承、发挥乃至批判，总结他们对孟子的态度，较详细地揭示了唐代孟子学的面貌。”

作者概述了该书的主要内容：“第一，初唐时期的孟子学。这一时期把它视为起步阶段，主要表现特征就是对孟子理论的征引……这些征引，一方面显示了孟子思想传播的广泛性，另一方面也为后代的士人接受孟子思想提供了辅助载体的方便”；“第二，盛唐时期的孟子学。这一时期我们把它视为以实践为主的发展阶段”；“第三，中唐时期的孟子学。中唐是唐

① 兰翠：《唐代孟子学研究·导言》，北京大学出版社2014年版，第1页。

② 参见兰翠：《唐代孟子学研究·导言》，北京大学出版社2014年版，第1～3页。

代孟子学发展的鼎盛时期，其表现是多方面的。首先，这一时期对《孟子》一书的注解诠释比前期明显增多……其次，在哲学与思想领域，以韩愈为代表的中唐士人开始对孟子的一些重要思想进行广泛的专题讨论"；"第四，晚唐时期的孟子学。晚唐是对中唐孟子学的延续。这一时期士人对孟子的研究，上承中唐韩愈发起的尊孟运动，下启北宋政治变革所带来的孟子升格运动，是孟子在唐宋时期地位提升过程中重要的一环"；"第五，唐代的《孟子》注本"。这三种注本是陆善经《孟子注》、张镒《孟子音义》、丁公著《孟子手音》。①

笔者认为，该书具有以下几个特点：一是较全面系统地梳理探讨了20余位唐代思想家、学者及士人对孟子思想的继承、发展、诠释、注解以及质疑和批评。其中，既重点论述了在中国儒学史、经学史、思想史上占重要地位的孔颖达、李善、刘知幾、杨绾、韩愈、李翱、林慎思等对孟学的继承、诠释、发挥、征引和传播，又论述了中国古代著名文学家、诗人王勃、卢照邻、李白、杜甫、杜牧、皮日休等对孟学的继承、发挥和运用，还论述了著名政治家魏徵、张九龄等对孟学的继承和实践。该书论述的内容包括孟子的仁政、民本、君臣关系、社会分工、心性学说、性善论、修身养性、浩然之气、独立人格、文学思想等若干方面。二是"以时代为线索，构筑唐代孟子学的整体架构"②。该书以历史的时间发展顺序为线索，将唐代的孟子学研究划分为：初唐孟子学，它是对孟子理论征引为主的初始阶段；盛唐孟子学，它是以践行孟子理论为主的发展阶段；中唐孟子学，它是韩愈等思想家对孟子理论注解、诠释和广泛讨论的鼎盛阶段；晚唐孟子学，它是中唐韩愈尊孟的延续阶段。这一划分，符合整个唐代发展的历史实际。该书将四个阶段的孟学研究视为一个紧密联系的整体，这四个阶段的孟学研究具有前后相承的延续性。这样有利于论述不同历史阶段孟学研究的发展过程、历史轨迹、主要成绩、基本特征，从而有利于揭示唐代孟子学发展的态势和构筑唐代孟子学的整体架构。三是"打破学术史与文学史的界限，将唐代的孟子学与文学联系起来，探讨二者之间的内在关联"。该书认为，以往的孟子或断代孟学研究"多拘于儒学一端，相对孤立地看待孟子学。孟子学作为一个朝代的文化表现之一，它无法脱离与其他文化现象的关联"③。该书将唐代的孟子学与文学紧密结合在一起，论述了中国古代著名文学家、诗人王勃、卢照邻、李白、杜甫、

① 参见兰翠：《唐代孟子学研究·导言》，北京大学出版社2014年版，第3～7页。
② 兰翠：《唐代孟子学研究·导言》，北京大学出版社2014年版，第7页。
③ 兰翠：《唐代孟子学研究·导言》，北京大学出版社2014年版，第9页。

杜牧、皮日休等对孟学的继承、发挥和运用。这就消除了以往唐代孟学研究中多拘于儒学史、经学史而忽视文学史、文化史的弊端。

总之，该书对唐代孟学多视角的审视，深化了唐代孟学研究。有的学者评论该书是“独出机杼的孟子学研究力作”①，并非过誉。

二、孟学论文的专题研究

20世纪80年代以来，几十篇孟学论文深入探讨了汉唐时期的孟学流传、影响。其主要内容包括：汉唐孟学史的内涵和发展过程、帛书《五行》和汉代诗学与孟学、孟学对汉唐思想家的影响。

（一）汉唐孟学史的内涵、发展过程及特点

丁原明认为，“两汉的孟学研究可分为三个阶段：一是汉初《孟子》被置为传记博士的时期；二是盐铁会议时期孟学得以复起；三是东汉时期王充撰《刺孟》和诸儒为《孟子》作注。两汉治孟的思想价值张扬了一种人道思想和理性政治精神，从而对打破经学独尊和促进儒、道两家思想的整合，起着推波助澜的作用”②。

徐国荣概述了孟子在两汉的地位，认为“孟子在汉代一直等同诸子，但却经过了两次复兴和升格，第一次是盐铁会议上孟子思想的崛起；第二次以东汉末年注孟风潮为标志，尤其以赵岐《孟子章句》为极致……赵氏之后孟学的不兴，又与汉魏之际士人中盛行的‘通脱’之风相关联，特别是当时的社会思潮与孟子思想中突出的社会批判精神和‘大丈夫’精神无法相融。因此，汉魏之际孟子地位的沉浮具有深刻的文化意蕴”③。

（二）帛书《五行》、汉代诗学与孟学

1.《五行》与孟学

高正伟认为，“帛书《五行》篇有经文、说文两部分，经文与战国早期的郭店竹简《五行》篇基本相同……‘说文’在经文的基础上，首先继承了孟子的身心观……对孟子身心观中身与心的关系有所发挥。明确指出二者不是主次关系或并列关系，而是主从关系”④；“孟子力主‘仁义内

① 张倩倩、何志钧：《独出机杼的孟子学研究力作——评兰翠教授新作〈唐代孟子学研究〉》，《廊坊师范学院学报》（社科版）2016年第1期。

② 丁原明：《两汉的孟学研究及其思想价值》，《文史哲》2000年第2期。

③ 徐国荣：《名士精神与汉魏之际孟子地位之沉浮》，《孔子研究》2002年第5期。

④ 高正伟：《帛书〈五行〉对孟子身心观的继承与发挥》，《文艺评论》2011年第6期。

在'说。《五行》说文用这一思想对经文大加阐发。说文继承孟子扩充仁义端绪的思想，发挥了经文'进'、'遂'等概念"[①]。

2. 汉代诗学与孟学

学界通常认为，汉代诗学作为当时意识形态的一个重要组成部分而受到汉儒的高度重视。汉代诗学秉承先秦儒家的传统，而发展成为"儒者解诗"。李华系统探讨了孟子与汉代《诗》学渊源、孟子与汉《诗》政教诠释体系的构建、孟子《诗》说在汉代的影响等。

李华认为，"先秦时期至汉代初年，孟子的活动场所与影响所及，主要集中在齐鲁和南楚地区，而这两大区域恰恰是春秋以来《诗》的主要传播地与保存地，共同的地域文化倾向与共同的传承者……从地域文化角度来看，汉代《诗》学导源于孟子的倾向明显"[②]。关于孟子《诗》说在汉代的影响。李华认为，"《韩诗外传》在士人的独立意识建构、人格诉求和不同境遇下的选择三个问题上完全继承了孟子的观点。可见，早在汉初，学者就已经开始了对孟子士人精神建构问题的系统性关注"[③]。此外，他指出"《韩诗外传》正是汉《诗》践行孟子'以意逆志'观的突出代表。《韩诗外传》对孟子'以意逆志'观的传承，不仅展现了《诗》学发展至汉代的一次飞跃，同时也证明了汉诗通过《诗》义阐释传达经世意图的经学化倾向正是由孟子导夫先路的"[④]。他还提出，"通过对'四始'说与孟子诗学观的比较会发现，鲁诗'四始'说源于对孟子'王者之迹熄而诗亡'说的继承。这一发现不仅有助于我们理解鲁诗'四始'说的真正内涵，也有助于理清孟子与鲁诗乃至整个汉代四家诗之间的诗学渊源"[⑤]。

（三）孟学对汉唐思想家的影响

孟学对汉唐思想家的影响，主要是指西汉今文经学、董仲舒、司马迁、扬雄、王充、赵岐、刘勰、韩愈、皮日休、林慎思等汉唐思想家、学者对孟学的继承、发展、阐释和引申。

---

① 高正伟:《论〈五行〉说文对孟子仁义观的发展》,《孔子研究》2012 年第 5 期。

② 李华:《汉代〈诗〉学渊源新论——孟子与汉代〈诗〉学渊源的地域性考察》,《山东师范大学学报》(人文社科版)2011 年第 5 期。

③ 李华:《论孟子士人精神在汉代的影响——以〈韩诗外传〉对孟子士人精神的继承为例》,《沈阳大学学报》2011 年第 1 期。

④ 李华:《"以意逆志,得孟子之一体"——以〈韩诗外传〉为例看孟子对汉〈诗〉经学化的影响》,《管子学刊》2011 年第 1 期。

⑤ 李华:《孟子〈诗〉说与汉代〈诗〉的经学化——以鲁诗"四始"说为例》,《宁夏社会科学》2011 年第 1 期。

1. 孟学对两汉思想家的影响

许多学者论述了孟学对西汉今文经学、董仲舒、司马迁、扬雄、王充、赵岐等思想家的影响。陈桐生认为，“孟子对西汉今文经学的兴起做出了特殊的贡献：孟子关于孔子作《春秋》说奠定了经学独尊的理论基础”，“孟子关于‘王者之迹熄而《诗》亡’的说法推动汉代《诗》学走向体系化”，“从西汉今文经学兴起的理论依据到今文经学体系的建立，从汉儒通经致用到说经方法，乃至于某些今文经学观点的提出，西汉今文经学都极大地受惠于孟子，从中可见孟子对西汉今文经学所作出的特殊贡献”。[①] 高正伟认为，“孟子的天命观、人性论、仁义观、修身论成为汉初思想融合并尝试重建官学的重要组成部分”，《淮南子》“把孟子的从先天端绪经由后天扩充而实现仁义礼智的修养路径，作为其治国的理论基础之一。《淮南子》既视儒家的仁义观为救世的补救手段……对孟子的‘反求诸己’说及民本思想则有继承也有改造”。[②] 刘昱认为，“儒家人性论从孟子到董仲舒经过了一个由高到低的思想转向过程，这一转向在一定程度上影响了儒家学说从魏晋南北朝到隋唐时期的发展过程，直到唐朝的思想家李翱提出复性论思想，儒家思想才被提升上来并在宋元明清时期获得了重大发展”[③]。时国强认为，“司马迁对孟子的推崇，不仅因为孟子继承和发扬了孔子的思想学说，更有以下几个因素：其一，孟子对个体意志的弘扬给了司马迁以巨大鼓舞，为其在逆境中完成《史记》的创作提供了精神动力。其二，司马迁直接继承了孟子的批判精神，有着与孟子相似的心胸气度与宏伟抱负。其三，孟子对‘义’的阐释与追求，深深地影响了司马迁，成了司马迁为人物立传的标准之一”[④]。丁光泮认为，扬雄尊崇孟子“以孟子为法，力辟异端，维护儒学传统。在思想内涵上，扬雄重仁厚义，追孟继孔，并精体实践，切实履行，将孟子学说发扬光大”，“扬雄的尊孟思想在孟学史上占据着重要的地位，对儒学的发展作出了突出的贡献”。[⑤] 唐明贵认为，王充对孟子“既贬又褒，且重在褒，这不仅开单篇非难孟子之先河，而且提高了孟子的地位，促进了汉代孟子学的发展，在孟学史上

---

① 参见陈桐生:《论孟子对西汉今文经学的特殊贡献》,《孔子研究》2001 年第 2 期。

② 参见高正伟:《汉初官学重建下的孟子学——论〈淮南子〉对孟子学说的继承与发展》,《中南大学学报》(社科版)2014 年第 3 期。

③ 刘昱:《从孟子性善论到董仲舒人性三品说的思想转向》,《齐齐哈尔大学学报》(哲社版)2013 年第 5 期。

④ 时国强:《司马迁推崇孟子的精神因素》,《宝鸡文理学院学报》(社科版)2007 年第 2 期。

⑤ 参见丁光泮:《扬雄尊孟思想浅论》,《西华师范大学学报》(哲社版)2006 年第 5 期。

和儒学史上都产生了重要影响"[1]。郜积意考察了赵岐《孟子注》的学术方法及思想理念，认为"赵岐在研究《孟子》时，首先对汉代经学的治学体例作了变动，其次又以人情作为阐释的基础，并具体解析了《孟子注》的章句特点，并对人情的理论内涵作了辨析"[2]。朱松美认为，赵岐的《孟子章句》"奠基了中国源远流长的方法论诠释与哲学诠释统一的诠释传统"[3]。杨海文论述了《牟子理惑论》，认为它"文献学指标高……思想史分量重。孟子的许多思想及语句，尤其是距杨墨、辨夷夏、权时地等核心观点，得到《牟子理惑论》智慧的理论阐释与有效的实际运用，并藉以服务于佛教的自立及其中国化；牟子不仅以孟援佛，还多次并称孔孟，试图在大思想史上提升孟子的地位。《牟子理惑论》既是东汉重要的孟子学作品，也是交州孟子学的代表作，更是中国佛教史上第一篇孟子学文献，其在孟学史上的地位举足轻重"[4]。

2. 孟学对魏晋隋唐思想家的影响

袁济喜认为，"《文心雕龙》受孟子思想学说，特别是文论思想的浸润与影响是巨大而深刻的……孟子的忧患精神、批评精神，以及知言养气、以意逆志、知人论世的思想学说，深入到《文心雕龙》的文学批评语境中，融入到刘勰的文学批评体系之中，成为刘勰从事文学批评的内在精神动力与思维方式"[5]。郭畑指出："唐代《孟子》研究的复兴与其时经学风气的转变、古文运动的展开紧密相连。'孟子升格运动'肇始于中唐，这不仅体现在开始出现将《孟子》升格为'经'的议论，也体现在对于《孟子》的具体研究之中……《孟子》研究在唐代的复兴，是经学变古和文学转向共同交织的结果。"[6] 兰翠认为，"韩愈崇孟最具推动力"，其"崇孟的根本原因，在于孟子的思想可以为中唐存在的各种社会问题提供疗救的药方。韩愈以孟子的君臣之论反对藩镇分裂，以孟子的心性说为排佛的思想武器，其目的都是为了巩固大一统的封建君主秩序，维护国家的统一"[7]。

---

① 唐明贵：《论王充对孟子的非难与褒扬》，《江苏师范大学学报》（哲社版）2015 年第 5 期。

② 郜积意：《赵岐〈孟子注〉：章句学的运用与突破》，《孔子研究》2001 年第 1 期。

③ 朱松美：《赵岐〈孟子章句〉的诠释学意义》，《山东大学学报》（哲社版）2005 年第 3 期。

④ 杨海文：《中国佛教史上第一篇孟子学文献——〈牟子理惑论〉新探》，《湖南大学学报》（社科版）2013 年第 5 期。

⑤ 袁济喜：《〈文心雕龙〉与孟子学说论析》，《国学学刊》2013 年第 3 期。

⑥ 郭畑：《唐代古文运动视域下的〈孟子〉研究》，《四川文理学院学报》2014 年第 4 期。

⑦ 兰翠：《韩愈尊崇孟子探因——兼论唐人对孟子的接受》，《烟台大学学报》（哲社版）2011 年第 2 期。

张云博辨析了“李翱‘性本善’与孟子‘性向善’思想之同与异”①。刘美涛认为，皮日休“对《孟子》的继承表现在形式和思想两个方面，前者借鉴了《孟子》的某些创作手法，后者表现在对孟子尊儒重道、民本思想以及‘养气’说的弘扬”；同时，皮日休“又根据晚唐的时代特点对孟子的思想加以突破，主张‘仕非君’、‘仕非民’，为其参加农民起义做了理论上的准备”。② 李葆华认为，“《续孟子》为唐代见于著录的除注本外仅存的一部孟子研究专著。虽然所表达的思想与孟子文本出入较大，但反映了唐代孟子研究的基本面貌，其中一些很有价值的章节，是唐代孟子研究的重要史料”③，等等。

总之，汉唐时期孟学的流传、影响研究取得了显著的成绩。这主要表现于下述两个层面：

第一，凸显了汉唐时期孟学流传、影响的整体研究。从金春峰论“孟子思想的崛起”，到李峻岫《汉唐孟子学述论》，再到兰翠《唐代孟子学研究》，这几部断代史专著对汉唐时期孟学的流传、影响做了系统的探讨，突出的特色是具有全面性、系统性、创新性。这主要表现为以下三个方面：其一，全面、系统论述了汉唐孟子学的发展、演变、研究状况及特点。李峻岫将汉唐孟学的发展划分为“西汉孟子学的沉浮”“东汉孟学的勃兴”“魏晋南北朝孟学变迁及其影响”“隋唐孟子地位的上升及孟学发展的新动向”四个时期，对汉唐孟子学的发展、演变、研究状况及特点做了系统的梳理和归纳。兰翠《唐代孟子学研究》将唐代孟学的发展划分为“初唐孟子学”“盛唐孟子学”“中唐孟子学”“晚唐孟子学”紧密相连的四个阶段，这四个阶段分别是“以征引为主的初始阶段”“以实践为主的发展阶段”“韩愈尊孟带动下的鼎盛阶段”“皮日休尊孟的延续阶段”。该书以历史的时间发展顺序为线索，坚持历史与逻辑相统一的原则，认为四个阶段的孟学研究具有前后相承的延续性，并将它们视为一个紧密联系的整体，这样在论述不同阶段孟学研究的发展过程、历史轨迹、主要成绩、基本特征的基础上，揭示唐代孟子学发展的态势和构筑唐代孟子学的整体架构。其二，全面、系统论述了汉唐众多思想家对孟学的阐释、继承和发展。几部孟学断代史专著论述了几十位汉唐思想家、学者的孟学研究。从

---

① 张云博：《试论李翱在〈复性书〉中对孟子“性向善”思想的继承与偏离》，《牡丹江大学学报》2012年第9期。

② 参见刘美涛：《论皮日休杂文对〈孟子〉的继承与突破》，《邵阳学院学报》（社科版）2013年第1期。

③ 李葆华：《林慎思〈续孟子〉对孟子的解读》，《北方论丛》2005年第3期。

总体上看，凡是与孟学有关的思想家、学者都在探讨、论述之列。其三，方法的创新性。譬如兰翠《唐代孟子学研究》“以学科交叉的基本思路和研究方法”，“构筑唐代孟子学的整体架构”。作者认为，唐代孟子学的发展，与唐代儒学、学术史、文学的发展都有着紧密的联系，并将唐代孟子学的发展置于唐代儒学、唐代学术思想史等更高一级的大系统中探寻孟学发展的轨迹。这一“以学科交叉的基本思路和研究方法”，“打破学术史与文学史的界限”①，探寻唐代孟学与文学的内在关联，论述了十余位唐代著名文学家、诗人对孟学的继承、发挥和运用。这一多学科交叉研究的方法具有较大的创新性。多年来，学界多偏重于从中国儒学发展史的层面探讨孟学在后世的流传、影响，孟学与中国文化史、中国文学史的内在联系尚未引起足够的重视。兰翠等学者将唐代孟学研究与唐代文化史、文学史结合起来，对唐代孟学予以多角度、多层面的审视，这不仅对深化唐代孟学研究具有积极意义，而且对深化中国孟学史研究亦具有积极启示。

第二，专题研究获得新的进展。许多论文深入探讨了汉唐孟学史的内涵和发展过程、帛书《五行》、汉代《诗》学与孟学、孟学对汉唐思想家的影响，提出了许多深刻的见解。有的将汉代孟学史的内涵划分为三个层面；有的将两汉的孟学研究划分为三个阶段；有的认为孟子在汉代经过了两次复兴和升格。上述探讨，以广阔的视野勾画了孟学在汉唐时期的地位和影响，较清晰勾勒了汉唐孟学的发展、演变、流传过程。有的论述了帛书《五行》说文对孟子身心观、仁义观的继承和发展；有的探讨了赵岐《孟子章句》的重要贡献和在汉唐孟学史上的重要地位，认为它“开启了中国诠释史上方法论诠释与哲学诠释相统一的诠释之路”；有的全面论述了孟子与汉代《诗》学渊源、孟子与汉《诗》政教诠释体系的构建、孟子《诗》说在汉代的影响等。许多论文探讨了西汉今文经学兴起的理论依据、经学体系的建立、汉儒通经致用及说经方法、西汉今文经学，以及董仲舒、司马迁、赵岐、韩愈等汉唐思想家、学者对孟学的继承、发展等。

总之，这些专题研究与上述断代史专著的整体研究交相辉映，多层面、多角度地展现了汉唐时期孟学之发展、流传、影响的历史轨迹，对深化中国孟学史、儒学史、文化史研究也具有积极意义。

---

① 兰翠:《唐代孟子学研究·导言》,北京大学出版社2014年版,第9页。

第三节　宋元明清时期孟学的流传、影响研究

自20世纪90年代以来，学界出版的许多部学术专著和几十篇学术论文深入探讨了宋、元、明、清时期孟学的流传、影响。

一、两宋时期的孟学流传、影响研究

本书将这一问题划分为孟学流传、影响的整体研究和专题研究两个方面。

（一）两宋时期孟学流传、影响的整体研究

这一整体研究主要包括：一是断代史专著的整体研究；二是学术论文的整体研究。

1. 断代史专著的整体研究

周淑萍《两宋孟学研究》，全书34万字。该书前置导论，正文划分七章，依次是：《两宋以前孟学的演进》《两宋时期孟子的升格运动》《两宋孟子升格的内外缘由》《两宋非孟思潮》《孟子人性论在宋代的走向》《孟子“浩然之气”论在宋代的走向》《王道回响》。书末有结束语、附录、后记。

该书在导论中概述了古今两宋孟学的研究状况，总结了其成就、得失，阐述了作者的写作动机、目的、指导思想、写作方法等。该书的主要内容划分为以下几个方面：

（1）两宋以前孟学的演进。该书概述了先秦至唐代不同历史时期内孟学的演进过程，认为两宋之前《孟子》一直被列为子书，“由汉至唐末，孟学的演进可以概括为：民间少数个人自发的推崇与官方的普遍冷落，同时，伴随有非孟者的指责和非议；尊孟者多致力于孟子其人其书地位的提高而疏于对孟子思想的诠释”，“推尊孟子的方式则是：呼吁立《孟子》于学官，争取官方的认可；为《孟子》作注，以宣扬孟子，争取更多的认同；解构孟荀齐号的范式，促成孔孟齐尊的模式”。①

（2）两宋时期孟子的升格运动和孟子升格的内外缘由。该书考察了两宋时期孟子道统地位的确立、孟子受封袭爵、《孟子》立于学宫升为“兼经”、合入“四书”和“十三经”、两宋帝王与孟子，认为“两宋孟学的发

① 参见周淑萍：《两宋孟学研究》，人民出版社2007年版，第46～47页。

展与之前孟学的演进有了很大的不同：一、孟子其人其书获得了朝野上下的普遍推崇，而不是民间个别人的推尊；二、孟子其人其书的升格不再停留在人们口头的呼吁，而是见于行动，落在实处，从而确立了孟子在中国儒学史上的地位”，进而概述了孟子在宋代升格运动的特点，认为“孟子的升格运动实际上是朝野上下合力共举的结果”。①

该书论述了两宋孟子升格的内外缘由，认为孟子其人其书引起了两宋学人普遍的关注，“以孟子思想作为振兴儒学、抗衡佛老的重要的理论支撑，并以孟子的思想和方法作为重要依据，完成对原始儒学从方法到理论形态的改造和转型；又以孟子伦理思想作为维护封建统治秩序的理论根据，还以孟子的井田论、以小事大的交邻之道作为消解土地兼并、应对边境危机的妙策良方，由此带来了两宋孟学的兴盛”，“孟子在两宋时期的升格”和孟学勃兴的“更主要的原因是孟子思想契合了时代的需要，是时代发展的必然选择”。②

（3）两宋非孟思潮。该书考察了两宋非孟的主要论点及原因，认为“孟子在理论思维上存在一些不足”和“一些值得推敲的地方”，“这对于不断升温的尊孟思潮无疑也是一味清醒剂”。两宋非孟“却又提不出更好的振兴儒学的思想理论、方法和措施……没有建立更为完善的理论体系，也就不能主宰思想潮流的发展……‘只能成为暂时出现的逆流而已’”。胡宏、张九成、余允文对非孟的回应，“在两宋孟学史上的地位和作用还是不容忽视的”，“通过他们争辩，更加确定了孟子思想与孔子思想的血脉相承的关系，彰显出孟子思想的历史价值，对于巩固孟子的历史地位是有一定作用的”，他们“提出的一些解读《孟子》的方法，对于后人如何正确把握《孟子》文本的真义也是有启示作用的”。③

（4）孟子人性论在宋代的走向、浩然之气论在宋代的走向。该书概述了孟子的人性论，探讨了两宋学者对孟子人性论的评说和诠释，指出北宋“尊孟者中尚有人认为孟子的性善论是一种错误的人性论”，“南宋时期的尊孟学者都坚定地肯定历史上最为合理的人性论就是孟子的性善论，彻底确立和巩固了孟子人性论在儒家思想中的地位”。“北宋时期开创了宋代诠释孟子人性论的方式，在这个进程中，张载、二程的影响最巨，南宋时期是在北宋时期开辟的道路上继续拓展，朱熹是其中的集大成者。”他们所表现出的共同性有三个方面：“一方面，从本体的角度进行诠释，非常明

---

① 参见周淑萍：《两宋孟学研究》，人民出版社 2007 年版，第 68 页。

② 参见周淑萍：《两宋孟学研究》，人民出版社 2007 年版，第 137～138 页。

③ 参见周淑萍：《两宋孟学研究》，人民出版社 2007 年版，第 199～200 页。

确和理性地认识到对于人性的把握不能滞着于‘迹’，即滞着于现象和具体的行为，而应透过现象和纷繁复杂的世间万物去寻求性的本然状态……另一方面，极力弥补孟子人性论不能合理解释‘恶’的来源的理论缺陷，创造性地在人性论中加入一个物质‘气’，以‘气禀’之异为‘恶’之源……此外，充分发挥孟子‘以意逆志’的方法论，不拘泥于孟子言辞，以己意解孟，因而出现了对孟子相同文辞的解释却歧说迭出的现象”；两宋时期对孟子人性的诠释“理论水平参差不齐”，“呈现出多元并存的态势”。①

该书论述了孟子浩然之气的内涵及其在宋代的走向，认为它经过宋代理学家的发挥“获得了孟子‘浩然之气’本不具有的内涵，具备了较为完备而严密的理论架构”。这表现为以下四个方面：一是“他们从发生论的角度阐释了‘浩然之气’的始基来源，认为‘浩然之气’来源于天地正气”；二是理学家认为孟子的集义养气、持志养气、知言养气“最终目的都是积善去恶，化却气质之性，回归天地之性，实现道德对血气生命的转化”；三是“通过理学家的诠释，孟子的‘养气’论还具有回击佛教生命解脱论与回应道家‘养生’论的作用”；四是“把养气的方法条理化、理论化。主要表现在强调要处理好志气、知言与养气的关系”。经过上述诠释，“所谓‘养浩然之气’就是主体经过‘知言’、‘集义’、‘志气交相养’诸环节，最后攻克物欲、战胜私己，与天地精神相往来，与宇宙本体相融合”。②

该书阐述了孟子的王道思想，认为它是中国思想宝库一笔不可多得的珍贵遗产，述评了两宋学者对孟子王霸之辨、井田思想、民本思想、君臣思想的诠释及其特点。作者在结束语中概括了两宋孟学演进及思想走向的特点、两宋孟学在中国思想史上的地位和影响，阐述了来自两宋孟学的启示。

总之，该书是对两宋时期孟学的流传、影响做出全面、系统研究的专著之一，较全面、系统地述评了两宋以前孟学的演进，考察了两宋时期孟子升格运动的过程、内外缘由，探讨了两宋非孟思潮产生的原因、主要观点和结果，论述了两宋学者对孟子人性论、浩然之气、王道论的诠释，提出了许多深刻的见解。这是近年来一部有较高学术价值的两宋孟学研究专著。

当然，该书评价孟子思想的某些观点是值得推敲的。譬如该书认为，

---

① 参见周淑萍：《两宋孟学研究》，人民出版社 2007 年版，第 267～268 页。

② 参见周淑萍：《两宋孟学研究》，人民出版社 2007 年版，第 319～320 页。

在认识论上，孟子注重思维认识的作用，而轻视感官认识。他以“心之官”为“大体”，“耳目之官”为“小体”；片面夸大了思维认识的作用，割裂了感官认识与思维认识的对立统一关系。这一评说是不符合孟子本意的。笔者认为，实际上，孟子并没有轻视感官认识，也没有割裂感官认识与思维认识的对立统一关系，而是将心之官与耳目之官视为一个既有区别又有联系的统一体。尽管孟子将耳目之官与心之官分为贵贱、大小和将心视为思维的器官是欠科学的，但他将耳目感官与认识对象相区别，主张人的认识来源于感官对外物的接触，这不能不说是唯物主义的感觉论。[①] 又如该书在述评孟子的人性论时认为，孟子的“‘四心’是生而具有的”，人人生而具有“四心”是其他物所不具备的。在孟子那里，“唯一能显示人的独有特性的就是人所具有的‘四心’，即人的道德潜质，这是其他动物所不具备的”。[②] 在这里，该书认为孟子的“四心”是人生而具有的这一认识并不符合孟子的本意。“事实上，孟子认为：‘所以谓人皆有不忍人之心者，今人乍见孺子将入于井，皆有怵惕恻隐之心。’（《孟子·公孙丑上》）王夫之释云：‘当乍见孺子入井之时，则恻隐之心，因目而动。若其当未见孺子入井之时，君子之思以存夫仁者，岂如思食者之幻立一美味于前，思色者之幻立一美色于前，而一幻立一孺子入井之事，而作往救之观耶？’（《读四书大全说》卷十）这说明，在孟子那里，恻隐之心或不忍人之心的产生是‘因目而动’，即孺子将入于井此外界客观事物作用于人的感官，在‘乍见’的基础上而产生的一种心理情感，而不是‘幻立一孺子入井之事’的无中生有或主观心灵的玄想。这与把心理情感说成脱离客观存在的主体自我感受的先验唯心论是不同的。”[③] 至于该书称“孟子所说的人是一种只有道德理性的片面的人，抽象的人，而‘不是活生生的、感性的人’”[④]，未免失之偏颇。实际上，“孟子的所谓‘人’，是指具有饮食、男女等自然属性，又与犬马‘不同类’的具有一定社会属性、道德观念和理性思维活动的人”[⑤]，它具有自然性、社会性、伦理性和理智性。

2. 孟学论文的整体研究

许多论文从整体上探讨了宋儒的孟子观、孟子思想对宋明理学和宋代政治文化的影响。

---

① 参见王其俊：《亚圣智慧——孟子新论》，山东人民出版社 1996 年版，第 348～350 页。

② 参见周淑萍：《两宋孟学研究》，人民出版社 2007 年版，第 204～205 页。

③ 王其俊：《试论孟子认识论的基本倾向》，《齐鲁学刊》1987 年第 5 期。

④ 周淑萍：《两宋孟学研究》，人民出版社 2007 年版，第 206 页。

⑤ 王其俊：《论孟子的个体需要》，《东岳论丛》1989 年第 4 期。

陈寒鸣认为，“宋儒之孟子观可谓类型繁多……构成宗孟与非孟二大思潮”；“宋代的宗孟者好从‘道统’角度论断孟子的历史地位，这除了表达出其对孟子的尊崇之意外，还有其要自续‘道统’的含义在内”；“宗孟与非孟二大思潮相互对立、斗争地存在着。二者间的激烈交锋构成有宋一代儒学史的重要内容之一”；“宗孟思潮不仅是主流，而且，二大思潮的角逐是以宗孟思潮的胜利而告终结的。其后，与理学影响日大，并成为中国后期封建社会的官方哲学相适应，孟子的‘亚圣’地位也终于愈益稳定地确立了下来。这种权威地位是很难撼动的”。①

周淑萍以宋人奏议为中心探讨了孟子对宋代政治文化的影响，认为“与宋代思想家大力张扬孟子‘内圣’不同的是，宋臣积极致力于孟子‘外王’事功的实践。孟子学说既是激发宋代士大夫强烈的政治主体意识和涵育其基本政治素质的理论源泉，也是宋代士大夫坚持政治正义的思想灵魂，还是规谏和约束宋代帝王养成教育和立身处世的权威性依据。孟子仁政王道成为宋人经世治政的理想，他们将其作为推行内政的基本理念和应对边患的重要依据，以之评判和制衡现实政治，从而使孟子对宋代政治文化产生了广泛而持久的影响”②。

杨权论述了孟子升格运动中宋明理学对佛教的吸取，认为孟子升格运动与“宋明理学的形成过程相始终。在这一过程中，以抬升孟子地位为基轴，儒学受佛教的影响出现了学术旨趣由宗法伦理向心性论的转移；通过义疏之学融摄佛教思想于无形，重构其心性本体论；受佛教法统说的影响而提出自己的道统说；接续孟子成圣之说，并吸纳佛教佛性理论发展了自己的圣人观，开出与佛教相匹敌的终极关怀思想，最终形成了熔儒释道思想于一炉的新儒学”③。

（二）两宋时期孟学流传、影响的专题研究

两宋时期，随着孟子升格运动的进展和孟子道统地位的确立，孟子的政治地位日趋提高，孟子思想越来越受到两宋王朝和学人的尊崇、宣扬与提倡，许多思想家对《孟子》一书的考辨、诠释和研究达到了一个前所未有的繁荣阶段。孟学在两宋时期的流传、影响，是当代学界关注的一个重要课题。许多论文对此进行了深入探讨，主要内容包括下述两个层面：一是孟子道统地位的确立，二是两宋学者对孟学的诠释、继承和发展。

---

① 参见陈寒鸣：《宋儒孟子观述论》，《中国哲学史》1997 年第 1 期。

② 周淑萍：《孟子与宋代政治文化——宋人奏议为中心》，《孔子研究》2014 年第 3 期。

③ 杨权：《从孟子升格看佛教对宋明理学的影响》，《湖南大学学报》（社科版）2013 年第 4 期。

1. 孟子道统地位的确立

两宋孟子道统地位的确立主要包括三个层面，即两宋孟子升格运动、两宋的“非孟”思潮、《孟子》由子学到经学的变迁。许多学者对此予以深入的探讨。

第一，两宋的孟子升格运动。徐洪兴考察了唐宋间“孟子升格运动”的历史过程，认为在唐宋以前，孟子其人其书的地位不高，而伴随唐宋间儒学思潮的复兴，出现了“孟子升格运动”。此后，孟子其人被尊为仅次于孔子的“亚圣”，受到官方封爵，准许配享孔庙；“孟子其书也由‘子’升‘经’，悬为科举功令，进而超越‘五经’而入‘四书’之列”。[①] 武勇采取宋型文化范式对宋代孟子升格运动做了新的探讨，认为“孟子在宋型文化背景下经历了从政治地位到学术思想、治学方法的全方位变革，即孟子升格运动。正是宋型文化民族化、政治化的趋势及其理性、精纯的精神，选择了孟子作为精神资源，决定了孟子在两宋的地位及其基本学术路向。孟子地位与学术的升格，也推动了宋型文化的衍生及其意识、精神体系的建构”[②]。郭畑指出：“随着庆历之后新儒学的不断发展，其对于孟子之‘道’的探讨日益深入，孟子在‘治道’上的贡献和在性命之学上的巨大诠释潜能都不断得以凸显，孟子精于治道和善说性命的两面在庆历以至于宋神宗的这段时期内呈现出一段时间的分裂，直到王安石新学和理学都努力连接‘内圣’和‘外王’，孟子的这两面形象才逐渐绾合。此时，孟子之于‘文’的启发性、《孟子》乃六经之羽翼的看法逐渐淡出士人的视野，且士人对孟子排辟异端之功的评价也有所转变，孟子逐步趋于全面圣人化，并最终取代颜子成为‘亚圣’。”[③]

第二，两宋的“非孟”思潮。孟学在两宋时期的流传、影响，一方面表现为两宋王朝对孟子的提倡、尊崇和两宋学人对孟学的阐释、继承、发展和弘扬；另一方面，不少学者对孟学采取了质疑、贬斥和批判。当然，这一“贬孟”“非孟”并不是绝对的，往往是与“尊孟”交织进行的。由于不同学者的个人经历、所处社会环境的不同，对孟学贬斥的程度亦有一定的差别。陈寒鸣认为，两宋不少学者“对孟子的怀疑、贬抑、批判以至否定，从另一个侧面（非正面的）推动着儒学的发展……不仅非孟思想自身对儒学发展有其独特贡献，而且其所形成的强烈挑战，亦促使并深化着

---

① 参见徐洪兴：《唐宋间的孟子升格运动》，《中国社会科学》1993 年第 5 期。

② 武勇：《宋型文化背景下的宋代孟子升格运动》，《现代哲学》2016 年第 2 期。

③ 郭畑：《唐宋孟子诠释之演进与孟子升格运动》，《孔子研究》2016 年第 5 期。

宗孟者的理论思考，对以理学为主体的正宗儒学的发展有刺激之功”①。张富祥认为，“宋人疑《孟》、诋《孟》诸家每出于党争意气，解《孟》多有不实之词，然亦可反映宋代辨伪思潮的一个侧面。其间不无新学与理学的对立因素，但正宗的程朱派学者少有非议《孟子》之言。南宋初年的尊《孟》为政治权力所左右，已不同于新学的尊《孟》。此后随着理学道统的高涨，《论》、《孟》并驾之势成，《孟》学的研究也逐渐全体纳入了经学的范畴”②。吴汉平认为，两宋时期“‘非孟’思潮出现的原因极为复杂，与当时学人的疑古思潮、政治态度、思想倾向都密切相关”③。

第三，《孟子》由子学到经学的变迁。尉利工认为，《孟子》“地位的变迁，从政治层面看，是后儒息邪说、尊孔子、立道统的需要；从学理方面看，是由于其和后儒的诸多理论观点颇有相合之处”④。程苏东从政治史、科举制度史的角度论述了《孟子》由子部升经的问题。作者从“特别关注熙宁四年（1071）变法以后的历次政治变革中《孟子》地位的升降及其背后的影响因素”，进而“梳理两宋科举正经、兼经制度的演变”，考证了“南宋绍兴六年（1136）始实行的以‘六经’为正经、以《论语》、《孟子》等为兼经的制度”，认为“《孟子》上升为兼经影响到其他诸经的沉浮，而经学结构的调整与变化，自汉武帝以来至两宋，总是与政治、改革相关联的”。⑤

武勇以宋型文化视角探讨了孟子道统地位的确立历程，认为大致经历“理论准备”“道统基本确立”“最终确立与巩固”三个阶段，“在宋型文化背景下，道统体系逐步确立，其中又以孟子道统地位的确立历程最为典型……孟子在道统体系中的地位有了极大提升，被尊为宋以前道统的最后传承者。随着孟子道统地位的日益稳固，又推动了宋型文化的衍生、发展及其道德精神与内敛、理性特征的形成”⑥。

要之，孟子道统地位确立的三个层面是紧密相连、相互作用、相互影响的，三者的合力促进了两宋孟子道统地位的确立。有的论述了“宋代孟

① 陈寒鸣：《宋儒孟子观述论》，《中国哲学史》1997 年第 1 期。

② 张富祥：《宋人疑〈孟〉略述》，庞朴主编：《儒林》第 3 辑，山东大学出版社 2006 年版，第 298～303 页。

③ 吴汉平：《两宋“孟子升格运动”过程中“非孟”思潮论析》，《三峡大学学报》（人文社科版）2011 年第 6 期。

④ 尉利工：《〈孟子〉由子学到经学的变迁》，《安徽师范大学学报》（社科版）2006 年第 4 期。

⑤ 参见程苏东：《〈孟子〉升经考——并论两宋正经与兼经制度》，《中华文史论丛》2010 年第 3 期。

⑥ 武勇：《宋型文化背景下宋代道统论之发展——以孟子道统地位的确立历程为中心》，《湖北社会科学》2016 年第 8 期。

子升格运动中的四种关键力量”[1]。有的指出：“不仅非孟思想自身对儒学发展有其独特贡献，而且其所形成的强烈挑战，亦促使并深化着宗孟者的理论思考，对以理学为主体的正宗儒学的发展有刺激之功。”[2] 有的从政治层面、学理方面探讨了《孟子》由子学到经学的变迁；有的从政治史、科举制度史的角度论述了《孟子》由子升经的问题。上述学者将孟子道统地位的确立视为由孟子升格运动、“非孟”思潮、由子升经的变迁三者合力作用的结果，这是客观的、公允的。

2. 两宋学者对孟学的诠释、继承和发展

许多学者论述了孙奭、张载、二程、朱熹、陆九渊等思想家对孟学的诠释、继承和发展。

（1）孙奭与《孟子》正义。《十三经注疏·孟子注疏》旧题为孙奭所作。自宋以来，关于《孟子注疏》的作者存在着激烈的争论。目前，学术界对这一问题的认识主要存在着三种不同的观点：其一，《孟子》正义为孙奭所作。高丁国针对朱熹和一些清代学者断定《孟子》正义非孙奭所作的观点，考订了孙奭与《孟子》正义的关系，认为“北宋著名的经学家孙奭，奉诏校勘《孟子》一书，并为之正义。与以往的章句之学不同，孙奭正义《孟子》，疏于名物制度解说，注重经学大义……认为孙奭确曾正义《孟子》”[3]。其二，《孟子注疏》非孙奭所作。俞林波从《孟子注疏》本身的内涵和《崇文总目》的成书时间两个方面对《孟子注疏》“非孙奭作”一说提出了新的证据，认为“《孟子注疏》非孙奭所作”[4]。其三，《孟子注疏》在宋代孟学史上具有不容低估的地位和价值。董洪利认为，“此书在学术上的价值是不可抹杀的，其在孟学史上的地位也是不容低估的”，它是“经学史上第一部以‘疏’的形式出现的《孟子》注本”，“尽管《孟子注疏》有这样或那样的缺陷，算不上历代《孟子》研究著作中的精品佳作，但它也绝不像前辈学者批评的那样浅陋不堪。无论是体例、内容还是历史影响等方面都有其不可替代的价值”。[5]

比较上述关于《孟子注疏》的几种观点，笔者认为第三种观点持论比较公允。当然，《孟子注疏》是否为孙奭所作是一个需要探究的问题。但同时还要客观认识《孟子注疏》对孟子思想的正确阐释，这对正确评价孟

① 周淑萍：《宋代孟子升格运动中的四种关键力量》，《史学理论研究》2006 年第 4 期。
② 陈寒鸣：《宋儒孟子观述论》，《中国哲学史》1997 年第 1 期。
③ 高丁国：《北宋孙奭与〈孟子〉正义关系考订》，《社会科学论坛》2006 年第 5 期。
④ 俞林波：《〈孟子注疏〉作者考论》，《文学遗产》2011 年第 6 期。
⑤ 参见董洪利：《〈孟子注疏〉与孙奭〈孟子〉学》，《北京大学学报》（哲社版）2006 年第 6 期。

学在两宋时期的流传、影响将有积极意义。譬如学界的一个传统观点依据《孟子·告子下》“耳目之官不思”章判定“孟轲认为一切感官的认识都是不可靠的”和“否认感官对认识的作用”[①]。《十三经注疏·孟子注疏》对此做了颇精当的阐释，指出：“从事于大体而以仁义养其心，是从其大体，故谓之大人也；从其小体以利欲养其耳目之官，是从其小体，故谓之小人也……孟子又答之曰：人有耳目之官不以心思主之而遂蔽于耆欲之物，既蔽于物，则己亦已失矣。己已失，则是亦为物而已。是则物交接其物，终为物引之丧其所得矣。惟心之官则为主于思。如心之所思，则有所得而无所丧；如不思，则失其所得而有以丧之耳。”（《十三经注疏·孟子注疏》卷十一下）笔者认为，这一阐释“肯定了孟子关于心官对耳目之官的统帅和制约，即耳目感官若‘不以心思主之’……就会为外物所蔽而被引向迷途；只有以心官主乎耳目感官，才能成为具有仁义而不为利欲所蔽的大人”[②]。当然，该书对《孟子》的精当诠释还有多处，对其做出客观评价当是深化宋代孟学史研究不可缺少的一项重要工作。

（2）张载、二程与孟学。被列入“北宋五子”的张载、二程继承、发展了孟子思想，对北宋理学的建立、发展发挥了重要作用。

张载是北宋关学的创始人。刘平中论述了张载融合六经、推本论孟而建立的思想体系，认为“张载表彰孔孟道统，提炼孟子的天道观‘为天地立心’，阐发性善论‘为生民立道’，推崇孔孟道统‘为去圣继绝学’，主张均平政治‘为万世开太平’，重构儒家思想理论体系并创立了关学。孟子思想是关学体系建构的主要思想资料和重要理论，孟子学是关学不可或缺的重要组成部分。张载思想体系与孟子思想体系一脉相承，在‘性与天道’核心问题上本质相同，关学体系的建构与张载对孟子思想理论的继承阐发密不可分”[③]。王振华认为，“张载的心性论思想在很大程度上是在阐释孟子心性论的基础上发展而来的。从儒家心性之学的角度看，孟子可以说是儒家心性论的确立者，张载则是儒家心性论的完善者；孟子的功绩在于使儒家的心性论初具规模，张载的功绩则在于对儒家心性论进行了总结与发展，并合理地解决了人性善恶及其冲突问题，从而使儒家心性论在理论与实践方面都趋于丰富和完善”[④]。李敬峰指出：“张载的《孟子说》以

---

① 钟肇鹏：《孟轲》，辛冠洁、李曦编：《中国古代著名哲学家评传》第一卷，齐鲁书社 1980 年版，第 298～299 页。

② 王其俊：《亚圣智慧——孟子新论》，山东人民出版社 1996 年版，第 347～348 页。

③ 刘平中：《孟子学与关学思想学术体系建构探论》，《求索》2010 年第 1 期。

④ 王振华：《张载对孟子心性论思想的继承与发展》，《陕西师范大学学报》（哲社版）2011 年第 5 期。

推阐孟子的心性思想为重点，以建构心性本体为诉求，将孟子的单一‘性善’说区分为‘天地之性’与‘气质之性’的两层性论，心性工夫‘尽心’思想发展为‘大其心’，‘养浩然之气’转换为‘变化气质’。从经学史的视角来看，《孟子说》呈现出舍弃注疏、崇尚义理；以‘心解’代‘注疏’；以《易》《论》诠释《孟》等新的经学特质，推动和确立孟子其人其书在儒家道统以及经典谱系中的地位，它所揭示和显豁出来的思想为朱子建构孟子学提供直接的思想来源。”①

世称“二程”的程颢、程颐兄弟，是北宋理学的奠基人和洛学的创始者。他们全面继承、发挥了孟子思想，对孟子的天、命、心、性和“万物皆备于我”“尽心、知性、知天”“浩然之气”等概念、命题做了阐释、引申和发挥，极力崇尚孟子的精神境界和高尚人格，自谓得到孟子的真传且是道统的正宗继承人。葛莱、田汉云探讨了程颐对孟学的继承和发展，指出“程颐深刻、系统地阐发孟子的道德性命之学，揭示孟子对于儒学的独特贡献，为《孟子》升格为经提供了学理依据，使之成为理学不可或缺的根基。他学习先秦儒家宗师的经验，摈弃沉溺章句训诂的旧习，以独抒心得的‘讲习’方式贯彻‘明道’优先的原则，开创了以义理说经的新学风”②。彭耀光论述了二程对孟子性论的诠释，认为“二程的‘道学’核心在于揭示‘圣人之道’。二程通过对孟子性论的诠释，凸显了性的两重维度”，即性具有“超越性”“内在性”，“揭示了‘圣人之道’的内涵和特征”，二程宣称“在孟子之后重新发现了‘圣人之道’，接续了已经中断一千四百年的‘道统’。这并非是一种狂妄的自负，而是基于其特有的义理系统而形成的道统观所做的判断”。③

（3）王安石推崇孟学。王安石是北宋著名思想家、政治家，北宋新学的创立者。孙先英探讨了《孟子》升经与王安石变法，认为“王安石的尊孟与变法和司马光等人的疑孟与他们的反变法在精神上是契合的。尊孟与疑孟之争，并不单纯是学术之争，而是带有浓厚的政治色彩和深刻的思想分歧”，“当时的尊孟疑孟的争论，牵涉到在这场变革中，各个不同阶级阶层的利益重组和分配问题。司马光等人的贬孟疑孟，是借《孟子》向王安石进行政治和思想发难，质疑变法的合法性和合理性。因而，学术上的尊孟与疑孟的争论，实质上是变法斗争的一个反映，也是在统一思想问题上

---

① 李敬峰：《张载对〈孟子〉的诠释及朱子对其的扬弃》，《兰州学刊》2016 年第 5 期。

② 葛莱、田汉云：《程颐〈孟子〉学探析》，《江苏社会科学》2012 年第 1 期。

③ 参见彭耀光：《二程的“道学”与道统观——以二程对孟子性论的诠释为中心》，《东岳论丛》2015 年第 12 期。

分歧斗争的结果。此时，学术被沦为了政治的附庸”。[①]

（4）朱熹对孟学的继承和发展。朱熹是南宋理学集大成者。他综合前人和当代人之说，全面阐发了孟子的学说。曾编撰《孟子集义》《孟子或问》《孟子要略》，倾毕生精力作《四书章句集注》。他的《孟子集注》是自汉代赵岐以来较好的注本之一，既为后世学者所重视，又为后世帝王所推崇。许多论文论述了朱熹对孟学的继承、发展，主要内容包括朱熹《孟子集注》的诠释特色、朱熹对孟子心性哲学、仁学的继承和发展等方面。

朱松美认为，朱熹对《孟子》的创造性哲学诠释包括“对人性问题的创造性诠释”“对孟子理欲观的发挥——理欲分立”“对孟子认识论的创造性发挥——格物致知”三个方面。[②] 赵庆伟认为，朱熹《孟子序说》引司马迁、韩愈、二程等人的言论，“揭示孟子性善论、养气论的价值……将孟子思想的核心价值归结到心性论上，而这正是实现儒学的自我更新、自我完善，与佛、老由势若水火走向互相交融的关键思想资源。这既符合历史的逻辑，也彰显出思想学说自身的发展特点”[③]。金春峰认为，“朱熹《孟子集注》并非照着孟子讲，而系对孟子思想的诠释、发挥，贯穿着朱熹在心性观上的心学立场和心学表述，是一极具朱学特色的‘心学’文献。牟宗三先生认为《孟子集注》是以告子、荀子理在心外，以认知心向外穷理解孟子‘尽心知性’等心性思想，实是对朱熹的误解、曲解”[④]。

龚群论述了朱熹对孟子心性哲学的继承和发展，认为“孟子对于中国心性哲学的开创，主要在于他提出了一个尽心知性而知天的模式”，“朱熹则进一步发挥了张载的命题……将孟子的心性之心转换成主体性心的概念”。[⑤] 乐爱国指出：朱熹推崇、诠释了孟子的“仁民而爱物”，“强调‘爱有差等’，并且以‘理一分殊’为依据”，朱熹认为“爱物与爱人是不同的。同时，朱熹又不是主张以人为中心，一切服从于人的需要，而是吸取了贾谊《新书》的观点，把‘爱物’与对自然物的合理开发和利用结合起来”。[⑥]

---

① 参见孙先英：《〈孟子〉升经与王安石变法——兼论尊孟疑孟的争论及实质》，《求索》2004年第5期。

② 参见朱松美：《经典诠释与体系建构——朱熹〈孟子集注〉的诠释特色及其时代性分析》，《孔子研究》2005年第4期。

③ 赵庆伟：《朱熹〈孟子序说〉文本溯源与义理发微》，《中南民族大学学报》（人文社科版）2014年第4期。

④ 金春峰：《朱熹〈孟子集注〉所反映的哲学思想》，《陕西师范大学学报》（哲社版）2014年第1期。

⑤ 参见龚群：《从孟子到朱熹的心性哲学》，《南昌大学学报》（社科版）2002年第3期。

⑥ 参见乐爱国：《朱熹对〈孟子〉“仁民而爱物”的诠释——一种以人与自然和谐为中心的生态观》，《中国地质大学学报》（社科版）2012年第2期。

白奚论述了从孟子到程、朱——儒家仁学的诠释与历史发展过程，认为“孟子以心性论仁，对孔子的仁学思想作出了最重要的诠释和发展，在儒学思想发展史上具有极为重要的地位。二程、朱熹沿着孟子开辟的心性论的路向继续诠释，使仁学在广度和深度上都得到了重大的推进，获得了完备的理论内容和成熟的理论形态，并由此构成了宋代理学思想体系的极重要的组成部分……使得儒学在整体水平上获得了划时代的发展”①。

王治伟从儒、佛关系的角度论述了朱熹诠释《孟子》的转向，认为“从儒佛关系来看朱熹对《孟子》的解释，可以发现朱熹的解释重心已经转移”，这体现在“从重视心到重视性，从批杨、墨转向批佛，从向内尽心转向外在格物”② 等方面。

（5）张栻、陆九渊与孟学。世称“东南三贤”之一的张栻，继承、发展了孟子的性善说、心性论、辟异端等思想，对传播孟学产生了一定影响。郭美华论述了张栻《癸巳孟子说》对孟子道德哲学的诠释，认为“围绕本心和善，张栻对孟子道德哲学的理解，突出了整体性和力行两个方面，强调本心是源初绽放与觉悟的统一，避免了生物主义和理智主义的抽象。他从心物一体、心身一体和人己一体来说明孟子哲学中的整体性，尤其从‘可欲之谓善’——由基于力行的动之端来理解善，将善理解为人整体存在过程的本质，给出了一种富于启发性的阐释”③。

南宋心学的创始者陆九渊，曾自述其学说直接承受孟子，“因读《孟子》而自得之”（《陆九渊集·语录下》卷三十五）。他继承、改造了孟子关于心的学说，在南宋理学界独树一帜。肖雄认为，陆九渊“藉助《孟子》中的‘本心’概念来作为其心学的本体性范畴”，“藉助孟子的‘四端’来指示‘本心’”，“藉助《孟子》中的‘仁义礼智我所固有’、‘理义同然之心’说直接提出‘心即理’的命题，确立了本心的道德法则的面向”，“提出‘万象森然于方寸之间’的观点与孟子‘万物皆备于我矣’说互证，完成了本心作为本体宇宙论的范畴之建构”，“与其他理学家相比，象山是最大程度地回到孟子者”。④ 高建立认为，“孟子心性思想初步构建了心学基本框架，为陆九渊心学体系的形成奠定了基础。陆九渊不仅继

① 白奚：《从孟子到程、朱——儒家仁学的诠释与历史发展》，《首都师范大学学报》（社科版）2003 年第 6 期。

② 王治伟：《从儒、佛关系看朱熹诠释〈孟子〉的转向》，《聊城大学学报》（社科版）2016 年第 4 期。

③ 郭美华：《无蔽之心与善的意蕴——论张栻〈癸巳孟子说〉对孟子道德哲学的诠释》，《社会科学》2014 年第 3 期。

④ 参见肖雄：《陆象山对孟子“本心”概念的诠释》，《国学学刊》2014 年第 3 期。

承、发展了孟子心性思想，而且又兼取程颢和佛教禅宗关于心性的论述，从而又大大超越了孟子思想，形成了自己的心学思想体系”①。

有的学者还论述了孟子“仁术”对北宋儒医文化的影响。徐仪明认为，孟子的“仁术”说其“对‘为仁之道’的阐发。随着孟子地位在北宋的不断升格，孟子学术思想的影响范围不断扩大，医学逐渐被定名为‘仁术’。孟子‘仁术’说促进了官方对医学的重视，北宋诸帝无不提倡医学，使之成为行‘仁政’的重要措施。另外，北宋尊孟一派的儒者，无不医儒互参，这也是孟子‘仁术’说重要影响的一个具体体现”②。

（三）《孟子》在西夏的传播、影响研究

多年来，学界论述孟学对后世的流传、影响，往往偏重于汉族地区，《孟子》等儒家典籍在古代少数民族政权中的传播影响仍是一个薄弱环节。彭向前《西夏文〈孟子〉整理研究》恰恰弥补了孟学在西夏传播、影响的空白，对人们全面评价孟学在后世的流传、影响当有积极的启示意义。

该书内容简介指出：“用西夏文翻译的汉文典籍，是西夏文献的重要组成部分，彭向前编著的《西夏文〈孟子〉整理研究》以西夏文翻译的《孟子》为研究对象，探讨《孟子》一书在西夏的传播以及其版本、翻译风格、译写年代、颠倒译法、夏汉对音字、所反映的西夏社会等问题，并对其西夏文进行校对、译注等工作”。

该书划分为三章。第一章导论，划分11节，内容依次是“《孟子》一书在西夏的传播”、“西夏文《孟子》现存叶数及其错乱情况”、“西夏文《孟子》部分西夏字行书偏旁的变异”、“夏译者采用的标点符号”、“西夏文《孟子》的翻译风格”等；第二章《〈孟子〉西夏文校读》，划分为3节“西夏文《孟子》校读卷四《公孙丑章句下》”、“西夏文《孟子》校读卷六《滕文公章句上》”、“西夏文《孟子》校读卷六《滕文公章句下》”；第三章《西夏文译〈孟子〉译注》，划分3节“西夏文《孟子》译注卷四《公孙丑章句下》”、“西夏文《孟子》译注卷五《滕文公章句上》”、“西夏文《孟子》译注卷六《滕文公章句下》；书末附参考文献、附录、索引、后记。

该书导论中概述了“《孟子》一书在西夏的传播”，指出：“立国西陲，抗衡宋、辽、金三大国的西夏王朝，对流行于汉族地区的儒家文化倍加青睐。”宋嘉祐八年（1063），宋对西夏“在诏赐《九经》的同时，连《孟

---

① 高建立：《论陆九渊心学与孟子心性思想之关系——陆九渊“读〈孟子〉而自得之”释读》，《河南师范大学学报》（哲社版）2015年第1期。

② 徐仪明：《论孟子“仁术”说对北宋儒医文化发展的影响》，《史学月刊》2002年第11期。

子》也一并赐予。这是《孟子》一书首次传入西夏……总的看来，西夏王朝是儒佛并重，以儒治国，以佛治心，即在利用佛教净化人民思想的同时，也大力汲取汉民族的儒家文化如三纲五常、圣人名教等，以维护其封建统治……《孟子》一书传入西夏后，同样受到统治者的重视。西夏人在对宋交往中，就曾不止一次地引用孟子的话以维护本国的利益”，“综观上述夏人在官方文书中对《孟子》一书的征引，可谓娴熟而贴切”。“西夏文译《孟子》有多种写本，除本文整理研究的对象蝴蝶装西夏文《孟子》译本外，还有另外两种：一为夏译《孟子传》……一为卷装《孟子章句》”，“在法藏敦煌西夏文献中还有汉文写本《孟子》”，“不同出土地点，不同文本，不同装帧形式，足见《孟子》一书在西夏传播之广，西夏人重视《孟子》之一斑。对儒家典籍的重视，实际上是对汉族传统文化认同的一种体现。这种文化认同，是中国之所以成为一个历史悠久的、统一的多民族国家的思想基础，也是中华民族凝聚力的内在底蕴。10～13世纪是中国历史由分裂割据重新走向统一的过渡时期……此一时期西夏，还有辽、金等少数民族政权所表现出的这种文化认同具有十分重要的意义，为后来的元朝实现统一的中国、中华创造了条件。儒家典籍在少数民族政权中的传播，值得学界深入研究”。①

有的学者在评介该书时指出：该书的撰写有其独到之处，主要有“辨字准确，整理规范”“探幽索隐，考证详尽”“匠心独运，编排合理”三大特点；认为“对西夏文献进行整理研究的难度，要远远超出人们的想象……学科属性的内因决定了西夏学的开展必须立足于出土文献研究，回首百余年的风雨历程，西夏学正是依靠一部部像《西夏文〈孟子〉整理研究》这样细致而又认真的专著，逐渐发展起来的”②。这一评价是公允的，从一个侧面反映出该书对深化孟学在少数民族政权中传播的重要意义。

总之，上述两宋时期孟学之流传、影响的整体、专题研究取得了丰硕的成果，呈现出新的新局面。这主要表现于以下几个方面：

第一，深化了两宋孟学流传、影响的整体研究。从周淑萍《两宋孟学研究》的系统论述，到许多论文的整体研究，学界对两宋孟学做出了全面、系统的探讨，其主要内容包括两宋以前孟学的演进，两宋时期孟子升格运动的过程和内外缘由，“非孟”思潮产生的原因、主要观点和结果，两宋学者对孟子人性论、浩然之气、王道论的诠释，宋儒的孟子观，孟子思想对宋明理学、宋代政治文化的影响，等等。这样，两宋孟学的演进、

① 参见彭向前：《西夏文〈孟子〉整理研究》，上海古籍出版社2012年版，第3～8页。

② 汤君、尤丽亚：《〈西夏文《孟子》整理研究〉评介》，《西夏研究》2014年第3期。

发展、主要内容、代表人物、历史地位、理论价值等都得到深入的探究和论述，全面、清晰地展现了孟学在两宋时期流传、影响的历史轨迹和全貌。

第二，孟学的流传、影响的专题研究获得新的进展。许多论文深入探讨了两宋孟子道统地位的确立和思想家对孟学的诠释、继承和发展。其中，值得关注的是：其一，有的学者采取宋型文化范式对宋代孟子道统地位的确立做了新的探讨，指出宋型文化与孟子地位与学术的升格是相互联系、相互促进的结果。[①] 其二，深化了"宗孟"与"非孟"两大思潮的研究。以往学界对这一问题的研究，往往偏重于肯定尊孟、宗孟思潮对扩大孟学流传、影响的积极意义，对"非孟"思潮多予以贬斥。实际上，"宗孟"与"非孟"两大思潮相互对立、斗争构成宋代儒学史的重要内容之一。有不少思想家既有尊孟的一面，又有对孟子的质疑和批评。这表明，孟学在两宋的流传、影响与"宗孟""非孟"两大思潮的斗争是紧密相连的。两大思潮的对立、斗争对扩大孟学在两宋的流传、影响有不可磨灭之功。其三，深化了两宋思想家对孟学的诠释、继承、发展研究。许多论文探讨了孟学对孙奭、王安石、二程、朱熹等思想家的重要影响。其中，值得关注的，一是肯定了《孟子注疏》在孟学史上的地位、价值和影响，其体例、内容、历史影响等都有不可替代的价值；二是凸显朱熹对孟学的继承和发展，肯定《孟子集注》的诠释特色，认为它是两宋研究孟子的最高学术成就，论述了朱熹对孟子心性哲学的继承和发展，肯定了朱熹对孟学予以创造性的理解和诠释，促进"儒学在整体水平上获得了划时代的发展"[②]。

二、金、元、明时期的孟学流传、影响研究

（一）金、元时期的孟学流传、影响研究

在中国历史上，不仅汉族封建帝王尊崇孟子，金、元少数民族统治者进入中原后，为了维护其统治地位，亦极力尊崇孟子及儒家思想。与南宋对立的金王朝，沿袭宋神宗所封孟子为"邹国公"。金世宗大定十四年（1174），将孔庙中的孟子塑像由后堂移至正殿，位于孔子塑像之右。金大定二十三年（1183），将《孟子》等儒家经典译成女真文。周春健认为，

① 武勇：《宋型文化背景下的宋代孟子升格运动》，《现代哲学》2016年第2期。

② 白奚：《从孟子到程、朱——儒家仁学的诠释与历史发展》，《首都师范大学学报》（社科版）2003年第6期。

《孟子》“在辽、金二朝都得到了不同程度的传播”，“由于汉化程度更高，《孟子》也在国子监、国语译经、科举考试等领域得到更广范围的流传，孟学著述亦更丰富……《孟子》在辽、金的传播，对于二朝教化的广施和器度的涵养，对于推进二朝儒学化的进程，都发挥了重要作用”①。金人王若虚的《孟子辨惑》是“金代孟学史上的代表著作。全书计十四条，针对汉宋诸儒的解《孟》之语作出辨说批判意识甚强，体现出王若虚作为纯粹‘金源学者’的独特学术风貌”，王若虚的解经趣向表现为：一是“汉宋兼驳，汉宋兼采超越汉宋”；二是“以意逆志，知人论世，追求经文本义”；三是“传承汉唐经学，重视文字训诂与通经致用”。②

元朝作为中国历史上的一个重要朝代，在中国古代文化史上发挥了承上启下的重要作用，促进了中华民族传统文化的发展，揭开了中国古代各地域、民族文化交融的新篇章，对中国传统文化的繁荣和发展做出了重要的贡献。至顺元年（1330），颁诰封孟子为“邹国亚圣公”（《元史·文宗本纪三》）。次年，在邹县孟庙建《御制圣旨碑》。孟子首次被元代帝王尊封为“亚圣”，与孟学在元代的政治影响相适应，在思想上亦产生重要影响。

（二）明代的孟学流传、影响研究

明王朝建立后，沿袭前代崇儒尊孟的风尚。洪武初年，明太祖诏天下府、州、县立学，定科举制度，仿宋朝经义，一场各试本经义一道，四书义一道。后又将四书义增二道、三道，规定“国家明经取士，说经者以宋儒传注为宗，行文者以典实纯正为主。今后务须颁降四书、五经”（《松下杂钞》卷下）。尽管明初朱元璋曾罢孟子配享孔庙和命刘三吾等人修《孟子节文》，但不久便恢复孟子配享，《孟子节文》亦流行不久。明永乐十五年（1417），朱棣为《四书大全》作序，并颁行全国，成为官方规定的教科书，科举取士以此书为准。在此之前，四书的地位低于五经。经明代统治者的尊崇、提倡，四书的地位日益提高，“所研究者惟四书，所辨订者亦惟四书”（《四库提要·经部·四书类二》）。明代帝王尊崇孟子，多次派官吏修建孟庙、儒学学宫等，颁降孟庙春秋二祭告文。从中央到地方的各级官吏备牲帛醴斋粢盛庶品虔祭孟子，或撰祭文，或刻碑记，极力颂扬孟子的功德。学界关于孟学在明代的流传、影响研究，主要内容划分为朱元璋与《孟子节文》、明代思想家对孟学的继承和发展两个层面。

---

① 周春健：《〈孟子〉在辽金时期的传播与影响》，《中国哲学史》2013年第1期。

② 参见周春健：《金人王若虚〈孟子辨惑〉考论》，《国学学刊》2013年第3期。

1. 朱元璋与《孟子节文》

洪武五年（1372），朱元璋见《孟子》一书有“草芥寇仇”等语，认为“非人臣所宜言”，令罢孟子配享孔庙，“诏有谏者以大不敬论。唐（指刑部尚书钱唐——引者注）抗疏入谏曰：‘臣为孟轲死，死有余荣。’时廷臣无不为唐危。帝鉴其诚恳，不之罪。孟子配享亦旋复”（《明史·钱唐传》）。朱元璋命刘三吾编定的《孟子节文》在明代流行了17年（1394～1411），这是明代孟学史上的一件大事。贾乃谦指出：“从明初朱元璋下令删《孟》，编《孟子节文》，到明亡，唐甄‘宗孟’，著《潜书》，恰好形成政治思想上首尾两极的界标。《孟子节文》是君主专制绝对化理论表现上一个标志，《潜书》是总结明亡教训，对明朝君主专制绝对化的猛烈抨击，在这首尾之间可以看出明代270多年封建地主阶级两种思想的对立和斗争，可归结为君贵民轻与民贵君轻两个体系。”① 杨海文认为，“朱元璋之所以还敢于以政治强权去强暴孟子及其经典，关键原因在于传统儒家以‘道德相’制衡‘政治王’的激进理想，根本不利于他通过废除固有的宰相制度和营造明代的集权政治模式。尽管《孟子》文本的复原，仿佛表明传统儒家在‘道德王国’与‘权力王国’的较量中取得了最后的胜利，但是，‘道德王国’的思想者们在集权政治模式下的‘真实命运’，乃至一代代知识分子置身于‘政治’与‘学术’之间的坎坷经历，却是意味深长的”②。余敏娟认为，“中国古代君主专制至明朝达到一个新的高峰。君权专制对思想文化领域的钳制，对士人精神风貌的摧辱尤为突出。朱元璋首创‘寰中士大夫不为君用’罪、颁行《孟子》节文、禁止生员议论政事，以达到禁锢士人思想、精神自由的目的，维系朱氏家天下的万世基业”③。张佳佳系统、全面考辨了《孟子节文》事件的本末，认为“到永乐九年时势发生较大变化之后，孙芝上疏倡议恢复全本《孟子》。至此，在学校通行17年的《孟子节文》正式废止。与《孟子节文》事件紧密相连的钱唐、游义生与孙芝三人，应当在孟学史上留下浓重的一笔”④。谢景芳认为，与孔、荀相比，“孟子思想更切近社会和政治，更强调民生和民本，虽具理想主义色彩，却有更鲜明的入世精神，且不乏核心价值的坚定性，从而才使中国古代社会有了制约权力放纵的理念和被广泛认可的政治、社会正义，有了得以追求的理想人格和值得向往的家给人足的幸福期待……孟子

① 贾乃谦：《从〈孟子节文〉到〈潜书〉》，《东北师大学报》（哲社版）1987年第2期。

② 杨海文：《〈孟子节文〉的文化省思》，《中国哲学史》2002年第2期。

③ 余敏娟：《试析朱元璋文化专制政策》，《台州学院学报》2007年第2期。

④ 张佳佳：《〈孟子节文〉事件本末考辨》，《中国文化研究》2006年第3期。

思想的遭遇证明了儒家思想的内在矛盾，证明其民本思想的伟大及其制约权力放纵因为缺少可操作性制度建构而软弱无力。然而其‘仁政’思想，对于理解‘中国特色’，无论是古代还是现代，都具有非常重要的价值和意义”[①]。

2. 明代思想家对孟学的继承和发展

许多论文论述了王阳明、王夫之等思想家对孟学的继承和发展：第一，王阳明与孟学。明朝中期，社会开始由稳定转入危机、衰落时期。心学的集大成者王阳明继承、发展、改造了孟子的“良知”说，并将它与《大学》的“致知”结合起来，将“良知”视为最高的本体和判定一切是非的标准。明中期以后，孔孟儒家思想在下层劳动者中得到广泛、深入的传播，与王阳明对儒家思想简略通俗的解说、宣扬有着密切的联系。郭美华认为，王阳明深化了孟子道德哲学中的几个基本论题：一是“将致良知与必有事焉统一起来，突出了具体行事活动本身是道德生存之基”；二是“通过见性与说性的区分，在心学立场上肯定了‘生之谓性’作为见性的真义”；三是“以整体性的至善融摄彼此二分的善恶”，“阳明强调了具体行事活动是道德生存的基石，并以‘见性’消解‘说性’，用至善论来融摄性善与性恶”。[②] 康宇认为，“孟子的‘以意逆志’命题确立了儒家心学解经纲领……阳明‘致良知’则集儒释道三家心性学说之大成，彻底改造了儒家诠释学。综观儒家‘以心释经’方法发展史，高扬诠释者主体性与无法摆脱解经‘历史性’问题纠缠，是其最为重要的两个特质”[③]。

第二，王夫之对孟学的继承和发展。王夫之《读四书大全说》在阐释《孟子》一书中，以《孟子》篇章为标题，下置若干篇论说，力图正确阐释孟子思想的本旨。他对孟子思想既有继承和正确阐释的一面，又有改造和发展的一面，为扩大孟学在明代的流传、影响做出了重要贡献。学界关于王夫之对孟学继承和发展的论述，主要集中于“民贵君轻”的政治思想、哲学思想两个方面。陈明论述了王夫之对孟子民本思想做出的“独特的诠释与阐发”，指出“回顾孟学诠释的历史，在对孟子的阐扬与贬抑背后，往往隐含着经学与史学立场的不同”，“王夫之对于孟子民本思想的诠释，显然是对此两种思想立场加以调和的结果……王夫之在标举孟子的民

---

① 谢景芳：《专制与“民本”——兼论明清时期〈孟子〉的地位沉浮》，《孔子研究》2014 年第 1 期。

② 参见郭美华：《致良知与性善——阳明〈传习录〉对孟子道德哲学的深化》，《江南大学学报》（人文社科版）2015 年第 5 期。

③ 康宇：《论儒家“以心释经”方法的确立与变迁——以孟子、象山、阳明之学为中心》，《华侨大学学报》（哲社版）2016 年第 4 期。

本思想，并以之作为政治正当性根源的同时，又强调君臣伦理秩序的重要性。由此，王夫之以历史分析的诠释方法，将孟子有关汤武放伐的议论与其对民意与民情的强调，都在一定程度上加以约限。从而，使其民本思想具有较为保守的性格与倾向”。①

刘梁剑探讨了王夫之的孟子学及其当代意蕴，认为“王夫之在《读四书大全说》中的《孟子说》部分着力于心性问题，抉发孟学精义。同时在此过程中发展出一种高严的道德哲学。以孟子思想为依托，王夫之驳告子，批释老，辨正程朱陆王之失，提出气无不善而情可为恶说，进而突显道心对于成性的意义。王夫之的孟子学蕴含了一种基于心气概念的道德哲学，涉及道德形上学、道德生存论、道德工夫论和道德心理学等多个层次”②。

除上述外，有的学者还论述了吕柟与孟学、明代《孟子》考据学。李敬峰认为，吕柟是明代“关学集大成者，以‘取法程朱，辨乎阳明’为宗旨对《孟子》展开创造性诠释……吕柟的《孟子》学折射出秉承张载关学重视践履、批驳阳明心学、羽翼、修正朱子学的诠释特质，有力推动张载关学、朱子学的深化与发展，对于探究张载关学、朱子学在明代的流变具有重要的思想意义”③。

总之，学界关于金、元、明时期的孟学流传、影响研究，获得了一定的进展。主要表现于下述两点：第一，金、元时期的孟学流传、影响研究获得一定成果。从总体上看，这一时期的研究远不及两宋时期研究的深刻和广泛。尽管如此，金、元时期孟学流传、影响的研究仍获得一定进展。有的学者论述了金代孟学史上的代表著作——王若虚《孟子辨惑》；有的概述了元代的《孟子》学研究，认为“元代有关《孟子》的著作几乎都集中在以《四书》为名的书籍中，其中不少颇有价值的孟学著述”。④ 上述研究起到了初开其端的作用。实际上，金、元时期的不少思想家对传播孟学做出了重要贡献。譬如在金代思想界有较大影响的代表人物赵秉文，曾撰《孟子解》十卷，以孔孟学说为宗，崇尚孔孟的仁义道德性命之学，扩大了理学在我国北方的传播和发展。元初，被称为“北方两大儒”的许衡、刘因，曾受到孟学的熏陶和影响，继承、发展了孟子的性善论，在北

---

① 参见陈明：《王夫之对孟子民本思想的诠释与阐发》，《中国典籍与文化》2010 年第 1 期。

② 刘梁剑：《一种基于心气论的道德哲学：王夫之的孟子学及其当代意蕴》，《学术月刊》2016 年第 7 期。

③ 李敬峰：《取法程朱，辨乎阳明——吕柟的〈孟子〉学及其思想意义》，《中国哲学史》2016 年第 3 期。

④ 参见张进：《元代〈孟子〉学研究》，《朱子学刊》2008 年第 1 辑。

方积极传播儒学。元初经学家张䇓精研六经、《孟子》等儒家经典，从学者甚众。这些思想家为扩大孟学在金、元时期的流传、影响做出了重要贡献。随着孟学研究的深化，上述思想家与孟学的关系必将得到学界的重视。

第二，凸显朱元璋与《孟子节文》及王阳明、王夫之等思想家对孟学的继承、发展研究。其一，学界对《孟子节文》事件已形成共识。有的认为这是“君主专制绝对化理论表现上一个标志”；有的对《孟子节文》事件予以人文省察，认为“关键原因就在于传统儒家以‘道德相’制衡‘政治王’的激进理想，根本不利于他通过废除固有的宰相制度从而营造明代的集权政治模式”。[①] 有的学者提出一个值得深思的问题：孟学强调民生、民本，具有鲜明的入世精神，孟学提出的“制约权力放纵的理念和被广泛认可的政治、社会正义”固然给予中国古代社会民众一定的“幸福期待”和鼓舞，但“孟子思想的遭遇证明了儒家思想的内在矛盾，证明其民本思想的伟大及其制约权力放纵因为缺少可操作性制度建构而软弱无力”。[②] 这一事件无论古今，都具有深刻的启示意义。其二，深入探讨了王阳明、王夫之等思想家对孟学的继承和发展。有的学者指出王阳明深化了孟子道德哲学中的几个基本论题，如王阳明“‘致良知’则集儒释道三家心性学说之大成，彻底改造了儒家诠释学”[③]。有的揭示了王夫之着力于心性问题而彰显的当代意蕴，对于当代道德哲学中“人为什么要成为有道德的人”等重要问题，王夫之基于心气论的道德哲学给出了自己独特的回答。这些探讨深化了王夫之对孟学的独特诠释与阐发，对当代道德建设亦有深刻的启示意义。

三、清代的孟学流传、影响研究

清朝是我国历史上的最后一个封建王朝，政权维持近 270 年。中国传统儒学的发展历经先秦子学、汉代经学、魏晋玄学、隋唐佛学、宋明理学，至清代进入了历史性的总结阶段，即以整理文献为主要标志的考证之学。清代思想家、学者对孟学的考证、诠释、辑录、疏解等达到了鼎盛，孟学在清代流传、影响的深度、广度都是前所未有的。学术界对孟学在清

---

① 参见杨海文：《〈孟子节文〉的文化省思》，《中国哲学史》2002 年第 2 期。

② 参见谢景芳：《专制与“民本”——兼论明清时期〈孟子〉的地位沉浮》，《孔子研究》2014 年第 1 期。

③ 康宇：《论儒家“以心释经”方法的确立与变迁——以孟子、象山、阳明之学为中心》，《华侨大学学报》（哲社版）2016 年第 4 期。

代的流传、影响研究，主要划分为孟学断代史专著的整体研究、孟学论文的专题研究两个层面。

（一）断代史专著的整体研究

1. 刘瑾辉《清代〈孟子〉学研究》

全书约 26 万字。该书划分《绪论》《清代〈孟子〉义理诠释》《清代〈孟子〉之考据》三章，书末有主要参考文献、后记。

(1) 清代《孟子》学的学术背景及《孟子》学概况。该书概述了清代以前历代学者、思想家对《孟子》的诠释、继承和发展，认为孟子地位的变化、《孟子》入经、《孟子》学的发展为清代《孟子》学的兴盛奠定了坚实的学术基础；清代《孟子》学的兴盛得力于清代经学思潮之推动。该书指出：清代《孟子》研究的论著主要有两部分构成，一部分寓于四书学之中，另一部分独立于四书学之外。本书考察对象主要是独立于四书学之外的《孟子》学，辑录了清代《孟子》学专著、专论等，认为清代《孟子》学的特色有二。其一，清代《孟子》学与汉唐宋明《孟子》学相比具有以下特色：一是治学队伍庞大；二是著述丰，质量高，集大成；三是《孟子》的汉注研究成果影响大；四是辑佚工作富有成效；五是专题研究蔚然成风；六是博征详考，治学态度严谨，方法缜密。其二，清代《孟子》学在确定经学中具有的特色：一是清代《孟子》学义理类名著的出现，殊于清代经学发展的一般规律；二是出现了专门从文学角度研究《孟子》的著作。

(2) 清代《孟子》义理诠释。该书认为，清代《孟子》义理研究重点关注人性论、理气论、理欲论、仁政论，这四个问题是《孟子》的核心问题，也是清代学者释孟时关注的重点问题。该书论述了黄宗羲《孟子师说》；概述了戴震撰写《孟子字义疏证》的背景、过程，述评了其基本思想、学术风格、历史评价；论述了焦循《孟子正义》的时代背景、学术主旨；概述了康有为《孟子微》的撰著动因、学术发明、诠释特点等。

该书概述了清儒《孟子》义理诠释的特点：其一，“作而不述”，即其“学术目的和宗旨不是阐明、申发《孟子》思想，而是侧重于借《孟子》言事”。其代表是戴震的《孟子字义疏证》和康有为的《孟子微》。其二，“主驳程朱。清儒释孟，主驳程朱。但对程朱理学的态度，又可分为两类：一是全面批驳、否定程朱理学；二是对程朱理学既有肯定又有否定”。其三，关注现实。“清代学者在释孟时，对程朱理学的态度和对现实关注的程度，既可折射出当时的社会政治清明程度，也可清晰透视各个学者的学术价值取向和社会政治价值取向。”①

（3）清代《孟子》之考据。该书指出：在清代《孟子》学146种考据类专著中，“辑、考、注、补、正、辨、校等应有尽有，门类齐全”。考据涉及的范围有《孟子》七篇、《孟子》外篇、孟子生卒年月、游历时地、游事之君、弟子、思想主张、名物训诂、典章制度，等等。清代《孟子》考据之成就具有“全面考证”“研治深入”“成果丰硕”② 的特点。该书依次述评了阎若璩的《孟子》学、周广业《孟子四考》、崔述《孟子事实录》、焦循《孟子正义》、宋翔凤《孟子赵注补正》等。

该书评价了清儒的《孟子》考据。其一，从考据学的角度观察，“赵注、朱注《孟子》，在清代皆受推重，似乎平分秋色”；其二，清代《孟子》之考据极为兴盛，但留下的“悬案”太多，“历代学者关注的主要问题大部分均为不定之考”；其三，“繁琐重复。繁琐重复是清代经学的一大特点，尤以四书学为甚”。清代《孟子》学的考证“不仅重复极为严重，繁琐也令人皱眉”。③

总之，该书全面、系统探讨清代《孟子》学的勃兴的原因、成就、得失、特点等，论述了黄宗羲、戴震、焦循等对《孟子》的义理诠释，探讨了阎若璩的《孟子》学、周广业《孟子四考》、崔述《孟子事实录》、焦循《孟子正义》、宋翔凤《孟子赵注补正》等对《孟子》的考据。笔者认为，该书提出了许多新见，是近年来全面、系统探讨清代孟学的专著之一，对促进清代孟学研究当有积极意义。譬如该书在评论孟子的性善论时指出：“孟子言人性善之‘人’，是指能进行复杂思维的高级动物，‘性’是指人所具有的本质属性。”④ 这一评说是切合孟子本意的。当然，该书对清代思想家戴震《孟子字义疏证》义理的挖掘尚有可深化之处。怎样理解《孟子·尽心下》“口之于味”章“性”“命”的内涵，学界多年来存在较大争议，不少学者将“命”视为决定人生祸福、社会治乱的主宰。戴震在阐释孟子的这段话时指出：“孟子曰‘性也’，继之曰‘有命焉’。命者，限制之名，如命之东则不得而西，言性之欲之不可无节也”（《孟子字义疏证》卷上），“性者，有于己者也；命者，听于限制也。‘谓性’，犹云借口于性耳，君子不借口于性之自然以求遂其欲，不借口于命之限之而不尽其材……不谓性，非不谓之性；不谓命，非不谓之命”（《绪言》卷上）。笔者

① 参见刘瑾辉：《清代〈孟子〉学研究》，社会科学文献出版社2007年版，第185、192、201页。

② 参见刘瑾辉：《清代〈孟子〉学研究》，社会科学文献出版社2007年版，第203页

③ 参见刘瑾辉：《清代〈孟子〉学研究》，社会科学文献出版社2007年版，第311～313页。

④ 刘瑾辉：《清代〈孟子〉学研究》，社会科学文献出版社2007年版，第158页。

曾经指出："戴震的阐释告诉我们，他将孟子的'性'区分为追求声、色、臭、味、安佚自然生理欲望的本能之'性'和'举仁义礼智以言性'的人性善之'性'即人善的本性两种含义，明确指出'命'是仁义礼智对声色臭味等自然生理欲望的限制和制约，批判了宋儒对孟子'性'、'命'的曲解。他的阐释甚合孟子的本义。"① 该书对此未做论述，不能不说是一个缺憾。

2. 李畅然《清代〈孟子〉学史大纲》（北京大学出版社2011年版）

该书第一章，研究清代《孟子》学的意义，前人的研究模式和研究现状，本书的定位、基本思路和材料断限；第二章，清代有关《孟子》学的官方背景；第三章，清代《孟子》学著作总说；第四章，清代《孟子》学著作分期详述；第五章，有关清代《孟子》学的四个问题。书末有附录、后记。

学界几位学者评述了该书的特点、范式、价值等。综合来看，主要包括以下两点：其一，新的写作范式和论述架构。有的认为，该书"最大特色在于其独特的论述架构"，采用了不同于同类著作的写作范式，"由宏观而微观，由整体而具体，即整体地宏观地叙述清代某一历史时期《孟子》学著作的数量、体式进而具体到某一类，再进一步是各时期重要的学者或者著述。这样一种写作范式的基础是对于清代《孟子》学著作的全面的调查"，"这是对于传统学术史写作的一种超越，对于当前盲目求新而反失根本的浮泛学风的一种嘲讽，对于新的学术史写作的一种成功尝试"。② 其二，全面性、系统性。这主要体现在三个方面：一是全书的结构显示出全面性、系统性。该书系统论述了清代《孟子》学的分期、著作类别（著作的数量、版本和存佚、典藏）、特征、主要代表人物等，在此基础上，对有关清代《孟子》学的四个问题做出理论升华。其中，"尤其是对戴震、焦循等在理、道、性、良知等概念上反宋儒的训诂工作加以考虑，平议清人诠释技术和方法的效度和历史地位，探讨了朱熹《四书集注》仍然占据清代孟学研究主导地位的原因，具有重要的理论价值"③。二是清代《孟子》学分期的全面性、系统性。该书将清代《孟子》学的发展划分为前后相承的六个阶段，进而把各个阶段的著作划分为"偏义理、偏考据和偏文学三大类"，"在整体上分析各类著作的体式源流和共同特征的同时又凸显

① 王其俊：《亚圣智慧——孟子新论》，山东人民出版社1996年版，第324页。

② 参见王耐刚：《学术史写作的新范式——〈清代《孟子》学史大纲〉评介》，《管子学刊》2011年第4期。

③ 陈培荣：《略谈〈清代《孟子》学史大纲〉的几点价值》，《古籍整理研究学刊》2011年第6期。

清代每一时期《孟子》学著作的特点，对于一些重要学者和著作……也有简要而独到的介绍和述评”。三是资料丰富，具有全面性、系统性。该书“首次呈现了清代《孟子》学文献资料的全貌，对《孟子》学、四书学史均具有重要的目录学价值”。①

上述学者在肯定该书成绩的同时，也指出了其不足，认为该书长于宏观论证而缺乏对微观问题的细致论述，有时论述过于分散，“全书篇幅安排有欠合理”，第二章和第五章篇幅将近正文一半，第三章、第四章的“论述反而显得单薄。有些内容述之过详……其中对清代各时期文字狱的叙述竟多达20页，对一些与《孟子》学并无关联的具体案件也都加以详述”，“对外部现象和宏观趋势关注较多，对具体著作的微观分析明显不足”。②

要之，该书对清代孟学做了全面、系统的探讨，是一部具有较高学术价值的断代史专著，对深化清代孟学及中国孟学史研究产生积极影响。

（二）孟学论文的专题研究

许多论文论述了黄宗羲、陆世仪、戴震、焦循等清代著名思想家对孟学的继承、发展、诠释、改造。

1. 黄宗羲、陆世仪、戴震与孟学

孙宝山认为，“在君主论、革命论、国家论方面，黄宗羲与孟子的政治思想存在很大差异”，“以‘职能’说突破了孟子的‘天命’说”；“在恢复孟子的‘王朝革命’思想的正当性的同时，去除了其‘天命’色彩，揭示了‘革命’的功利性一面，扩大了革命主体的范围”；“根据孟子的‘民贵君轻’说，提出了‘天下为主，君为客’的论题。突破了‘君国一体论’的框架”，“以黄宗羲为代表的中国的政治传统与西方的近代政治思想具有相通因素，二者交汇在一起，形成了中国近代的政治思潮”。③

蒋国保、黄小波认为，陆世仪《思辨录辑要》对孟子及其学说的独特阐释与发挥，“主要涉及放心说、养气说、性善说、言语特征说、作用与地位说这五个方面”，并基于该阐述揭示陆氏在学术上所十分坚持的三个倾向：一是“朱子学与阳明学相较，他更认同朱子学的立场”；二是“一元人性论与二元人性论相比，他更倾向于一元人性论”；三是“周敦颐与

---

① 参见王耐刚：《学术史写作的新范式——〈清代《孟子》学史大纲〉评介》，《管子学刊》2011年第4期。

② 参见马昕：《评〈清代孟子学史大纲〉》，《光明日报》2012年5月25日。

③ 参见孙宝山：《黄宗羲与孟子的政治思想辨析》，《孔子研究》2006年第4期。

程朱相较，他更肯定周敦颐的地位”。①

苏正道认为，戴震“采用经学训诂的形式对义理内容进行建构，在学术思想史上产生了巨大影响”，戴震的“过度目的性阐释导致了《疏证》在接受方面的诸多困局。戴震义理学表面上对程朱理学持批判立场，但双方在动机、旨趣和义理内容的建构上不具同源性，戴震把程朱理学瑕疵当成程朱理学本身加以攻击，对原始儒意的理解并没有超越宋儒而进行。戴震对于《孟子》的把握仍有未达，但《疏证》所展现出来的批判精神却影响深远”。② 张允熠论述了从孟子到朱熹、戴震的发展历程，探讨了孟学发展的心路，认为“戴震认定朱熹把孔孟之学讲成‘异学’，违反了孔孟的平实之论，他通过对《孟子》一书的研究，力图以‘实’拒‘虚’，打出的旗号实为‘回到孔孟那里去’……戴震恰是站在最后一个制高点上的‘复古求解放’的思想家”，他“试图恢复原始儒学的本真面貌。但戴震的研究也并没有真正回到孟子的始点，而是完成了对孟子原典的‘否定之否定’历程”。③ 郭美华认为，“戴震则抽勒出‘一本论’与‘性善论’来深化孟子的道德本体论”，在三个方面做了富有意义的展开：“其一，在道德存在论的视野下，人的道德存在与自然存在之间常相背离”；“其二，对于孟子的性善论……戴震则在道德与自然、‘一本’于‘行事’的基础上，强调道德主体经由自觉行动实现自然与必然之间的连续性展开，即继继不已之展开为善的根本所在，从而用‘以善为性’取代了简单的‘人之性善’”；“其三，孟子对道德主体性的高扬，突出了道德行动的个体性担当，但他又以‘心之所同然’强调了道德原则的普遍性，故在孟子哲学中，个体性与普遍性具有一定的模糊性和紧张关系……戴震则明确强调，现实的差异性与多样性本身就是本体论性的，他悬置了本体的普遍性，鲜明地突出了道德生存活动的个体性”。④

总之，戴震对孟子思想的继承和发展是多方面的，在中国古代思想史上占有重要的地位。

2. 焦循《孟子正义》

笔者曾撰文指出：“在清代乾嘉学派中，研究孟子影响最大、集前人研究成果之大成的当数焦循的《孟子正义》”，“焦循著《孟子正义》，深

① 参见蒋国保、黄小波：《陆世仪孟子观述评》，《中国社会科学院研究生院学报》2015 年第 1 期。

② 参见苏正道：《〈孟子字义疏证〉对〈孟子〉的阐释和创新——兼论戴震义理学和程朱理学的关系》，《朱子学刊》2014 年第 1 辑。

③ 参见张允熠：《从孟子到朱熹、戴震——试析孟学发展的心路》，《哲学研究》2015 年第 8 期。

④ 参见郭美华：《“一本”与“性善”——论戴震对孟子道德本体论的圆融与展开》，《哲学研究》2013 年第 12 期。

受孟子思想及人格的熏陶和影响。他指出：'孟子道性善，称尧舜，实发明羲、文、周、孔之学，其言通于《易》，而与《论语》、《中庸》、《大学》相表里'（《孟子篇叙正义》），'孟子之学，通变神化，以时为中，易地皆然，能包容乎百家，故能识持一家之说之为害也"（《孟子正义》卷一）。他赞扬孟子以道援天下溺的思想，'孟子不枉道以见诸侯，正所以挽回世道，矫正人心，此即孟子援天下之权也'（《孟子正义》卷十五）。焦循对孟子的尊崇不同于以往有的学者的褒奖之辞，而是建立在囊括诸家成果、精义和对孟子辨析、研究、探讨的基础上。他的《孟子正义》是清代第一部用一家之注的新疏，集清代研究孟子成果之大成，是我国古代研究孟子的一部较高水平的学术专著。它不仅对推动清代和后世的孟子研究产生了重要影响，而且对扩大孟子在当时的影响亦产生了不可忽视的作用"。①

王玲娟认为，"《孟子正义》是清代考证学的代表作之一，取得了较高的学术成就，由此可以窥见清学作为'中国的文艺复兴'的概貌及其兴起、繁盛的原因"，其主要成就包括"重视声音训诂，把它看作治经的门户"，"训诂内容十分丰富，具有整体观和科学性"，"训诂方法的运用十分灵活，具有综合性"。② 朱松美论述了《孟子正义》的诠释风格，认为"《孟子正义》把朱熹、戴震'经世致用'的诠释理念提升到'自觉'的理论高度，在理论与实践层面上一并实现了实证与创新并重、理论与经世并重的学术路线，使清初顾炎武、黄宗羲的穷经、明道、救世观，在诠释理论和诠释实践中得到双重落实，也由此而使之以既不乏创新与发挥，更注重实证与贯通的兼容并蓄、博大会通的学术特色，成为超越一般补苴拾掇的纯粹考据的典范之作"③。顾迁认为焦循《孟子正义》特色表现为：一是"通释《孟子》一书的章法宗旨"；二是"指明赵注体例及优劣短长"；三是"追随时代精神，坚持以训诂明义理，提倡读书学习，斥责空疏，深重对经文涵咏，强调会通"；四是"以《周易》'通变神化'之旨来诠释《孟子》之学"。④ 有的考察了《孟子正义》的撰著缘由及过程，论述了焦循《孟子正义》对孟学的贡献：一是"诠释孟子的人性论"；二是"纠正赵氏之误，深化赵氏之说"。焦循认为性善就是神明之德，它是人与禽兽区别的根本标准。《孟子正义》把清代的孟学研究提升到一个新的高度。

① 参见王其俊：《亚圣智慧——孟子新论》，山东人民出版社 1996 年版，第 487～488 页。

② 参见王玲娟：《从焦循〈孟子正义〉看清学研究及其现实意义》，《西南师范大学学报》（社科版）2003 年第 4 期。

③ 朱松美：《焦循〈孟子正义〉的诠释风格》，《齐鲁学刊》2005 年第 4 期。

④ 参见顾迁：《论焦循〈孟子正义〉的注释方法和精神特色》，《船山学刊》2007 年第 1 期。

“从整体上看，《孟子正义》是清代孟学研究集大成之作，在中国孟学发展史上占有重要地位。”① 魏忠强论述了焦循以易释孟，认为“焦循重视经义的贯通，是他得以形成以易释孟思想体系的基础。焦循《孟子正义》以易释孟，突出体现在他以《易》学思想对孟子所论的‘道’、‘性善’、‘经权’等思想概念的诠释上。焦循对孟子思想的诠释，使得孟学呈现易学化色彩，拓宽并深化了后人对孟子思想的理解。然而其中也有牵强之处，偏离了孟子本意。焦循以易释孟背后的依据，应源于他对理学的抵触，反对空疏，试图寻求一条新的途径来诠释《孟子》，尤其体现在他以《易》学之‘通变’思想来诠释孟子的‘性善’论上”②。

除上述外，有的学者论述了清代考据孟学的演变与成就、清初孟学研究的方法论转型。王雪梅认为，“考据的孟学并非孟学发展的终极目的，戴震《孟子字义疏证》、焦循《孟子正义》是考据风潮的产物，同时超越了考据，标志着孟学思想的演进和发展”③。杨华论述了清初孟学研究的方法论转型，认为“‘尊德性’、‘道问学’的讨论关涉传统学术的方法论和目的论……在实学思潮的影响下，清初学风由‘尊德性’而‘道问学’的推身移步隐含了清代学风的新走向，同时在方法论和目的论上影响着中国传统学术的近代转型”④。

总之，清代孟学的流传、影响研究，取得了丰硕的成果，主要成绩表现于下述两个层面：

第一，深化了孟学在清代流传、影响的全面、系统研究。刘瑾辉《清代〈孟子〉学研究》一书，对清代《孟子》学勃兴的原因、成就、得失、特点等都做了系统、全面的探讨。李畅然《清代〈孟子〉学史大纲》概述了研究清代《孟子》学的意义、前人的研究模式和研究现状，以及清代《孟子》学著作的种数、内容分布、分期等，阐述有关清代《孟子》学的四个问题等。有的论者肯定了该书“重要的目录学价值”“重要的方法论价值”“在写作范式上给人以智慧的启迪”“重要的理论价值”⑤ 等。这两部清代孟学断代史，将孟学在清代流传、影响的整体研究推向一个新的高度，对促进中国孟学史研究将产生积极作用。

第二，凸显黄宗羲、戴震、焦循等清代思想家对孟学的继承、发展、

① 王其俊：《略论焦循的〈孟子正义〉》，《孔孟学报》2009 年总第 87 期。

② 魏忠强：《焦循〈孟子正义〉以易释孟平议》，《燕山大学学报》（哲社版）2014 年第 1 期。

③ 王雪梅：《考据孟学的演变与成就》，《殷都学刊》2007 年第 4 期。

④ 杨华：《由“尊德性”而“道问学”——清初孟学研究的方法论转型》，《中华文化论坛》2013 年第 1 期。

⑤ 参见陈培荣：《略谈〈清代《孟子》学史大纲〉的几点价值》，《古籍整理研究学刊》2011 年第 6 期。

诠释或改造。有的论述了黄宗羲在君主论、革命论、国家论上对《孟子》七篇的突破和发展。许多论文探讨了焦循《孟子正义》的诠释方法和特点，认为焦循力辨人性之善，打破传统思维的桎梏，独辟蹊径，用人物对比的方式，辨明人性善、物性不善等，层层推进，思维独到，理论自成体系，影响深远。有的认为，《孟子正义》把朱熹、戴震经世致用的诠释理念提升到自觉的理论高度，在理论与实践层面上一并实现了实证与创新并重、理论与经世并重的学术路线，使清初顾炎武、黄宗羲的穷经、明道、救世观，在诠释理论和诠释实践中得到双重落实。有的指出：《孟子正义》是清代孟学研究集大成之作，标志着孟学思想的演进和发展，在中国孟学发展史上占有重要地位。

第四节 近代孟学的流传、影响及当代价值研究

一、近代孟学的流传、影响研究

关于中国近代史的上限和下限，学界存有不同的观点。笔者采用近代是指 1840 年鸦片战争至 1949 年中华人民共和国成立说。

康有为是中国近代史上的著名思想家。他撰写的《孟子微》继承、引申、发挥、改造了孟子思想，打破了《孟子》七篇原来的章次顺序，重新改编为以类相从的《总论》《性命》《身心》《仁义》等 18 篇，每篇后皆加按语和评述。许多论者探讨了《孟子微》对孟学的的诠释、改造和发展。其主要内容涉及政治、经济、道德等方面。

魏义霞探讨了康有为对孟子思想的阐发和现代转换，其“具体表现为对《春秋》微言大义的阐发，弘扬仁和不忍人之心，提倡民主政治，传承大同之教等等……以发挥微言大义为主，融合了多种思想要素，如自由、平等和大同学说、心学和民主思想等等……推动了孟子以及儒家思想的现代转化，是孟子走向近代、面向世界的最初尝试”①。朱松美论述了《孟子微》的价值和历史意义，认为“以诠释《孟子》为契机，呼应时代，吸纳‘西学’，既努力尝试复归原典，更积极致力于哲学创新，引领中国哲学乃至中国文化冲出封建循环怪圈而迈向近代，在古今递嬗的转折时期具

① 魏义霞:《康有为对孟子思想的阐发和现代转换》,《学术探索》2012 年第 10 期。

有特殊的历史意义”①。陈寒鸣认为，“康有为通过重新诠释孟子，将儒家传统的‘民本’论转化成为了近代民主政治思想，并将近代西方的平等观念引入中国政治思想范畴”②。

王玉彬论述了康有为对孟子性善论的阐释，认为《孟子微》中的人性思想具有独特价值，“成熟而深入”，“包含对性善论的三维阐释：一是在三世说的视野中将性善称为‘太平之基’，二是在人类品性的差等视野中把性善视为‘为上根人语’，三是在生命个体的构造视野中认性善为‘以魂统魄’。康有为还创造性地以‘性善’为‘平世之法’，并将‘平等’、‘民主’等现代政治观念与之凑泊……在‘致广大’的层面蕴示着儒学发展的未来”③。

除上述外，有的还探讨了康有为关于孟子与荀子思想的比较及其意义，认为康有为“开启了孟子与荀子比较的话题，引领了中国近代哲学的致思方向”④。有的论述了胡适、唐文治、王恩洋的孟子观，指出：“胡适的孟子观中蕴涵着三对矛盾：历史判断与价值判断、外在价值与内在价值、理智与情感，这从一个侧面反映了儒学传统与现代关系的复杂性”⑤；唐文治“埋首儒家经典，笺注《论》《孟》，阐发大义，倡言读经救国，而对《孟子》一书尤三致意焉。前后四十年，先后撰成《孟子大义》《孟子新读本》《孟子分类简明读本》《孟子救世编》，奔走呼号，殷殷不已，体现出一位从帝制阵营走向新时代的士大夫浩荡无私的胸襟、忧国忧民的情怀、反战敦俗的决心和以孔孟仁义礼智之德教化成天下的理想”⑥；近代著名唯识学家王恩洋“继承以佛摄儒传统，运用佛学原理解释孔孟等儒家经典。王氏对孟子的阐释，运用百姓化的佛教术语，重新解读了《孟子》一书中的一些重要命题和重大历史事件，其借用佛学种性说对孟子人性本善的解释尤其令人瞩目。王氏解释成功的原因，缘于其于‘五四’反传统的语境中成功使用了大众话语，对传统儒学进行了合乎百姓口味的解读”⑦。

---

① 朱松美：《创新以经世：康有为对〈孟子微〉的诠释》，《山东师范大学学报》（社科版）2005年第2期。

② 陈寒鸣：《〈孟子微〉与康有为对中西政治思想的调融》，《燕山大学学报》（哲社版）2006年第4期。

③ 王玉彬：《康有为对孟子性善论的阐释》，《哲学动态》2016年第4期。

④ 魏义霞：《康有为关于孟子与荀子思想的比较及其意义》，《理论探索》2015年第1期。

⑤ 张朝松：《儒学传统观辨析——以胡适的孟子观为例》，《人民论坛》2012年第29期。

⑥ 虞万里：《唐文治〈孟子〉研究管窥》，《史林》》2016年第2期。

⑦ 王公山：《略论王恩洋孟子学的佛理阐释》，《井冈山大学学报》（社科版）2010年第6期。

二、孟学的当代价值研究

众所周知，价值是一个“反映主体对客体的肯定关系的范畴”[①]。在主、客体的相互关系中，客体满足主体的需要和对主体的发展所具有的肯定、积极作用就称为价值。在这里，主体是指广义上的人，客体则是与人相对应的外部世界。价值是一个关系范畴，它存在于主体与客体的关系之中，离开二者的关系就无所谓价值。单独的个体需要或外部事物都不能构成价值。目前，有些学者将孟学的价值又称为“现代价值”“时代价值”“社会价值”。按照通常的理解，孟学的现代价值、时代价值、当代价值、社会价值是指从1949年中华人民共和国成立以来孟学对当今社会各领域的借鉴、启示和影响。我们梳理、总结孟学当代价值研究就是在这一意义上而言的。

孟学的当代价值是孟学的流传、影响研究的一项重要内容。20世纪80年代以来，大陆学界举办了各种类型的孟学、儒学、中国传统文化研讨会。其中，孟子思想的当代价值是学者们普遍关心、探讨的一个重要问题。笔者在本书绪论中对上述各类学术会议做了一定概述。20世纪90年代以来，学界发表的几十篇论文对孟学的当代价值做了深入的探讨。本书在孟学专题研究的有关章节中评述了孟子政治、哲学、教育等思想的当代价值。为避免重复，笔者在此主要从孟学当代价值整体研究和孟子道德思想的当代价值两个层面做一梳理和总结。

（一）孟学当代价值的整体研究

许多学者从整体上论述了孟子思想的当代价值。有的认为，“孟子思想可以用‘法先王’、‘行仁政’、‘反霸道’、‘民为贵’、‘重义轻利’来概括……批判地继承孟子的政治思想对于建设有中国特色的社会主义的今天，在文化环境建设、廉政建设、民主与法制建设、富民政策的制定与实施，建设社会主义的政治文明和民族新文化有所裨益”[②]。有的论述了孟子思想的现代价值，指出“孟子思想体系的核心是追求个体人格完善、社会协调、天人和谐”，“孟子突出强调追求高尚独立自主人格，树立不被他人所予夺的人格尊严，推崇威武不屈的高尚气节和刚健有为、自强不息的进取精神。这对我们树立正确的人生观具有积极的借鉴意义”，“孟子的社

① 贾兰玲：《人的价值与人生理想》，《河北学刊》1990年第3期。

② 徐德斌、张玉龙：《试论孟子思想及其对现代社会的借鉴意义》，《长春大学学报》（社科版）1996年第1期。

会和谐思想，不仅促进了古代封建社会的繁荣和发展，而且深刻地影响着中华民族的共同精神、心理状态、思维方式、价值取向，至今对我们维护安定和谐的社会环境和建立良好的人际关系仍具有积极的意义”，“孟子的天人和谐思想对我们有下列启示：一是有利于我们维护生态平衡和治理污染；二是有利于我们关心、爱护自然；三是有利于保护生态环境”。“总之，在现代社会中，孟子追求人格完善、社会和谐、天人协调的思想给我们提供了许多有益的借鉴和启示，继承这份宝贵的历史遗产，对中华民族的振兴是不可缺少的。”① 有的指出：“孟子所提倡的‘与民同乐’的博爱大众精神、‘舍生取义’的英勇献身精神、‘反求诸己’的严于律己精神，以及‘身死而不受’的以义制利精神、‘生于忧患而死于安乐’的民族忧患精神、‘苦其心志，劳其筋骨，饿其体肤’的自强不息精神……对今天的社会主义精神文明建设仍具有重大的现实价值。”② 有的认为，孟子思想有利于当今和谐社会构建的三个方面，即关于“人的本质”“人与人交往原则”“治国方略”均有启迪作用。③ 有的指出：“孟子思想的时代价值，就是孟子思想对于我们涵养这个社会主义核心价值，能够提供一个最直接、最重要的基础。”④

（二）孟子道德思想的当代价值

综合学界关于孟子道德思想的当代价值研究，主要内容包括孟子道德主体、道德教化、五伦、诚信思想的当代价值等几个方面。

李卓文指出：“孟子的性本善、忧患意识、和谐意识、节义意识、修养意识、爱国意识等思想培育了中华民族的伦理道德、民族性格和民族精神。现阶段，我们必须对孟子的伦理哲学思想及其现代价值有一个客观的认识和全面的把握，以提升全民族的道德水准，提高民族素质和重塑民族精神。”⑤ 王立云认为，“孟子的道德主体思想在中国传统伦理思想中具有深刻影响。孟子认为人的道德本性即善性是道德主体，道德本性在原初状态是平等的，人类本性中先天具有善的萌芽，但要真正由此形成高尚的品德，还要靠道德主体的自身修养，而修养的关键在于善性的弘扬和内在超

① 参见琪峻、陈建军：《略谈孟子思想的现代价值》，山东邹城市孟子学术研究会编：《孟学研究》，山东人民出版社 1998 年版，第251～262 页。

② 崔华前：《论孟子思想对构建中华民族精神的重大贡献》，《嘉应学院学报》2004 年第 5 期。

③ 参见张照华：《孟子思想之当代价值》，《天府新论》2009 年第 6 期。

④ 陈来：《孟子思想的时代价值》，《文史知识》2014 年第 8 期。

⑤ 李卓文：《孟子伦理思想及其价值的现代透视》，《三峡大学学报》（人文社科版）2004 年第 1 期。

越。这些思想对于今天的思想道德教育和个体道德修养仍具有借鉴价值”①。有的认为，孟子的道德教化思想“包含着超越时代的合理因素，这尤其表现在其道德教化方法上”，“在现代社会，经济伦理的视角对于我们审视、思考社会道德建设问题尤为重要”，“孟子看到了道德教化的实施应考虑对象职业的特点和规律。这在现代道德建设中也不容忽视”，“孟子注重从对象的心理情感入手进行道德教化……这种强调合情合理的道德教化方式可为我们的社会道德建设所借鉴”。②

关于五伦、诚信思想的当代价值。周兴茂认为，“孟子的五伦基本上比较客观地概括了人与人之间的五种具有典型意义的社会关系，它完善了人伦建构和伦理实体的设计，解决了客观伦理的主观内化问题，建立了中国伦理的基本结构和体系，它是中国伦理精神的典范”。它的现代价值是有利于“社会的稳定与和谐”“社会主义精神文明和思想道德建设”“提高人伦价值和增强人们的道德义务以及道德责任感”。③ 唐贤秋指出：“孟子诚信思想的主要内容表现在四个方面，即把‘朋友有信’上升到‘五伦’之一的高度；对‘诚’作出道德意义上的规定，并提出了‘思诚’的命题。孟子系统阐述了如何取信于民，对后世直至当代社会产生了深刻的影响。”④

总之，学界对近代孟学的流传、影响及当代价值研究，取得了丰硕的成果。概括起来，主要表现于下述三个方面：

第一，深化了孟学在近代的流传、影响研究。许多学者论述了康有为《孟子微》为适应社会发展的需要，突破和超越了孟学，以西方的进化论、平等、民主等思想重新诠释《孟子》，并使之具有近代意义的新内容，论证君主立宪制度及以资产阶级制度取代封建制度的合理性，宣扬西方自由、平等、博爱的人道主义，根本目的是借助孟子学说来阐发自己的观点和主张。这样，康有为将西学纳入儒学，并尽力以西方的观点来解释孟子，从而将二者机械结合在一起，为解决现实的社会问题服务。康有为对孟子思想既有继承的一面，又有改造的一面，极力赋予孟学以新的时代气息，是“孟子走向近代、面向世界的最初尝试”⑤。

---

① 王立云:《论孟子的道德主体思想及其现代价值》,《学术交流》2003年第7期。

② 参见阮航:《孟子的道德教化思想及其现代价值》,《光明日报》2003年12月2日。

③ 参见周兴茂:《孟子“五伦”的历史演变与现代价值》,《湖北民族学院学报》(哲社版)1999年第1期。

④ 唐贤秋:《论孟子的诚信思想及其对当代社会的影响》,《石油大学学报》(社科版)2004年第5期。

⑤ 魏义霞:《康有为对孟子思想的阐发和现代转换》,《学术探索》2012年第10期。

第二，凸显了孟学的当代价值研究。其主要内容包括两个方面：一是孟子的和谐思想给我们提供了有益的启示；二是孟子所提倡的博爱大众、英勇献身、严于律己、以义制利、民族忧患、自强不息和人格独立精神等，对当今社会主义精神文明建设具有重大的现实价值。

第三，凸显孟子道德主体、道德教化、五伦、诚信等伦理思想的当代价值研究。许多论者从孟子的伦理思想中汲取传统文化的精华，针砭时弊，抨击道德滑坡、唯利是图、尔虞我诈、缺失信仰等各种社会丑恶现象，认为孟子道德主体、道德教化、五伦、诚信等思想的当代价值将给我们提供有益的借鉴和启示。

第五节　孟学在国外的流传、影响研究

孟学不仅对丰富中国古代文化宝库做出了宝贵贡献，而且对世界人类文化宝库做出了积极贡献，对东西方国家都产生了一定的影响。梳理孟学在国外的流传、影响研究，对深化当代孟学研究当是一项必不可少的工作。

20 世纪 90 年代以来，许多学者论述了孟学在东西方国家的流传、影响，阐述了国外著名思想家对《孟子》的阐释、继承和发展。其主要内容包括两个层面：一是孟学在东方国家的流传、影响研究；二是孟学在西方国家的流传、影响研究。

一、孟学在东方国家的流传、影响研究

笔者曾撰文论述了古代朝鲜从三国鼎立到 19 世纪初赵光祖、李洱、尹镌、丁若墉等学者对《孟子》的阐释和发展，概述了“孟子思想对日本政治、文化、习俗、心理等方面的影响”，认为这一影响“经历了从初步传播到直接引进，再到融会消化、发展和被视为世界区域性文化一部分的漫长发展过程。在时间上，亦相应地经历了四个时期”，论述了藤原惺窝、林罗山、室鸠巢、山鹿素行、伊藤仁斋、中江藤树、吉田松阴等日本学者对《孟子》的阐释、继承及发展。① 李保林、丁素论述了李退溪对《孟子》基本思想的继承与发展，认为“李退溪注释‘民贵君轻’贯穿的一个基本观点，就是国君要爱民、仁民”，他继承、发展孟子“舍生取义”思

① 参见王其俊：《亚圣智慧——孟子新论》，山东人民出版社 1996 年版，第 520～532 页。

想，“对朝鲜民族理想、道德、价值的教育起了极其巨大的作用”，“从历史的发展轨迹来看，儒学对东方文化乃至世界文化的影响，正是与各国学者对儒学基本思想的研究和宣扬分不开的”。① 丁冠之认为，丁茶山“结合时代的要求，主张恢复和发展儒家的经世传统，统一内圣外王，在学术思想史上作出了杰出的贡献”②。赵宗正认为，“孟子提出的‘父子有亲，君臣有义，夫妇有别，长幼有叙，朋友有信’等伦理行为规范，几千年来也深深地影响了日本、韩国、越南”③。鲁霞论述了吉田松阴对《孟子》一书的读解，认为他“从孟子的人性善入手，将忠、诚、孝学说融入到日本的传统思想中，以儒学观念为媒介来把握日本，观察世界，唤醒民众”，“他在全盘采纳了《孟子》‘人性善’、‘心为本’思想的基础之上，提出了至诚的为人之道、大忠的为士之道，以及开国、攘夷、尊皇三位一体的救国之道”。④ 廖晓炜论述了伊藤仁斋孟子学的特点及局限，认为“他对孟子学的解释，具有鲜明的反朱子学或去形上学的特点。仁斋突出人伦之道在孔孟之学中的基础性地位，反对宋明儒以‘复性’为根本的工夫进路；认为性善不可恃，后天修为不可废，对孟子性善说给出弱性善论的诠释；仁斋对孟子哲学中仁的诠释，同样具有显著的经验性格。从当代的视角来看，仁斋的孟子诠释与英语世界美德伦理学的孟子诠释，颇多契合之处。而衡之于孟子人伦、心性、天道三位一体的思想架构，仁斋对孟子的解释，无法凸显心性相对于人伦的主宰性和超越性，实有其弊”⑤。

二、孟学在西方国家的流传、影响研究

学界对这一问题的研究，主要集中于《孟子》英译研究、西方汉学界的《孟子》研究两个方面。

（一）《孟子》英译研究

近几十年来，随着中国国际地位的日益提高和中外文化交流的扩大，中国优秀传统文化扩大了在国外的影响，孟学在西方的流传、影响研究亦获得了前所未有的进展。其中，《孟子》英译在西方的传播是学者们关注

---

① 参见李保林、丁素：《李退溪对〈孟子〉基本思想的继承与发展》，《中州学刊》1996年第6期。

② 丁冠之：《戴震、丁茶山对〈孟子〉的阐释》，丁冠之主编：《孟子研究论文集》，山东大学出版社1997年版，第171～181页。

③ 赵宗正：《孔孟儒家伦理对日、韩、越的影响》，丁冠之主编：《孟子研究论文集》，山东大学出版社1997年版，第182～186页。

④ 参见鲁霞：《论吉田松阴对〈孟子〉的读解》，《日本研究》2004年第4期。

⑤ 廖晓炜：《人伦、性善与仁爱：伊藤仁斋孟子学的特点及其局限》，《中国哲学史》2016年第2期。

的一个重点，它是孟学在西方国家的流传、影响的一项重要内容。

1.《孟子》英译的整体研究

杨颖育《英语世界的〈孟子〉研究》一书，前置绪论，正文共五章。第一章《西游的孟子：〈孟子〉西传的历时研究》，包括《孟子》译本的历时回顾、《孟子》英译与传播的历史分期、《孟子》英译的国外译本与论文研究；第二章《忠实与叛逆：〈孟子〉英译的译介学研究》，包括理雅各、刘殿爵、赵甄陶英译《孟子》研究；第三章《想象与变形：〈孟子〉英译的文化翻译学研究》，包括《孟子》中儒家术语英译研究（“性善论”、“仁政”学说、“知言养气”）、《孟子》文化负载词英译研究；第四章《译经与意境：〈孟子〉的文学翻译学研究》，包括《孟子》辩辞、取譬设喻修辞和文学风格英译研究；第五章《自我与他者：〈孟子〉英译与西方学者的孟学研究》，包括瑞恰兹及其《孟子论心——多重定义的试验》、安乐哲《孟子》英译与儒家文化的价值重现、杜维明儒家思想及《孟子》生态伦理探析。书末有结语、附录、参考文献、索引、后记。

该书内容简介指出：“本书研究对象为英语世界的《孟子》研究，包括一切以《孟子》的译本及其作者孟子为研究对象的译作、专著、论文、书评，等等。以比较的眼光对英语世界的《孟子》研究状况进行分析，对英语世界《孟子》研究的特点进行阐释，通过比较和对比研究的方法对英语世界的《孟子》研究做全景式描述。单纯的国内《孟子》研究，作为一种单一的价值自我认定，极有可能导致一种自我禁锢。从他者视角，对英语世界《孟子》的多个译本以及各种《孟子》研究专题著作的研究，追溯变化发展的历史语境和不同时代的学科研究范式，凸显文本接受过程中文化基因的差异性冲突与妥协，实现互为镜像式的文化对话，从而实现真正意义上的文学对话与共同发展，这种动态文化生成观是比较文化与比较文学视角下的研究意义和价值。”① 该书对《孟子》英译做了全面、系统的探讨和研究，是目前国内学界对《孟子》英译研究做出全面系统的梳理、研究的学术专著之一，有利于国内学者全面了解西方《孟子》英译的历程、分期、特点、代表人物、主要贡献等，对促进中西文化的交流具有积极意义。

2.《孟子》英译的专题研究

这一研究主要内容包括西方《孟子》英译的分期、特点、价值、意义、不足等。

---

① 杨颖育：《英语世界的〈孟子〉研究》，人民出版社 2014 年版。

西方《孟子》英译的分期、特点。杨颖育综述了百年《孟子》英译研究状况，概括了《孟子》英译研究的特点：一是“文本翻译，其内涵是对东方典籍的译介，以及基督教与儒教的互阐互释”；二是“对比研究，孟子与中、西方哲学家的比较研究”；三是“孟子哲学思想和诗学概念的专项研究。近年来，孟子研究与女性主义、生态批评相结合的跨学科视域已成为英语世界孟子研究的又一新动态”。① 陈琳琳将西方的《孟子》英译划分为三个阶段，即16～18世纪《孟子》的外译、19世纪《孟子》的外译、20～21世纪《孟子》的外译三个阶段。其中，第一阶段是外译的工作初始阶段；第二阶段《孟子》在西方的译介与传播有了显著的发展，主要是由传教士来完成的，其中理雅各的译本最被推崇；第三阶段是《孟子》外译工作发展的鼎盛时期，其间涌现许多优秀的译本，对《孟子》在西方的传播起到了举足轻重的作用。作者认为《孟子》外译本以英语为主，译者译本主要具有以下特点：“具有极高的语言天赋，精通汉语，对中国儒学文化有浓厚的兴趣和深入了解”，“早期传教士的译文具有浓厚的宗教气息，推动了中国儒学在西方的传播”，“近代外国学者多为汉学家，治学严谨”，“评论较为客观”，“各具特色，语言通俗流畅，适合现代读者”，“通常都有详尽的绪论，并附有注释、索引和各种附录，学术性极强，研究价值高”，等等。②

第二，西方《孟子》英译的价值、意义及不足。许多学者肯定了《孟子》英译在英语世界具有积极的价值和意义。张华认为，“理雅各英译《孟子》是儒学经典《孟子》向西方世界传播过程中的重要环节。从生态翻译学的视角来看，里雅各英译《孟子》，不仅是自身能力和兴趣选择的结果，而且也迎合了其传教的使命。译本的成功体现了译者在特定的翻译生态环境下，作出了最佳的适应与选择”③。刘单平认为，明末清初传教士们翻译《孟子》的目的是为其传教服务，其“译本具有明显的宗教倾向”，“外国学者受本国文化传统和自身知识构成的制约，在翻译时通常会出现误读和理解偏差”。④ 有的学者通过比较詹姆斯·理雅各、赖发洛、大卫·亨顿、刘殿爵等主译的《孟子》英文版，论述了其优劣，指出英译《孟子》的几种误区，认为“典籍外译本担当着传承、宣扬中国民族文化，

① 参见杨颖育：《百年〈孟子〉英译研究综述》，《西昌师院学报》（社科版）2010年第3期。
② 参见陈琳琳：《〈孟子〉外译本概况探析》，《重庆三峡学院学报》2013年第2期。
③ 张华：《译者的适应与选择——理雅各〈孟子〉英译本的生态翻译学解读》，《西南科技大学学报》（哲社版）2014年第3期。
④ 参见刘单平：《〈孟子〉西译史述评》，《理论学刊》2010年第8期。

为西方汉学界提供研究资料的重任。译者必须重视典籍外译本的质量，如实、准确地传递中国传统文化和思想。通过比较当前流行的几个《孟子》英译本，可以发现译者在翻译《孟子》时存在三大误区：利用西方概念和经典教义简单‘反向格义’孟子思想的误区；忽视语义的不确定性，机械翻译的误区；不重视训诂，错解原文的误区。上述三个误区各有其显著的表现和危害，制约了典籍外译本的准确性和忠实度”①。

由上可以看出，西方学者的《孟子》英译是梳理、考察孟学在西方国家流传、影响的一个重要方面和主要途径。与西方学者的《孟子》英译相比，国内学者的《孟子》英译有哪些优劣得失？有的学者对此做了一定的论述和探讨。刘单平认为，“与外国学者相比，华人学者翻译的《孟子》在准确性上更胜一筹”②。杨颖育认为，国内学者对《孟子》在英语世界的接受和传播明显研究不足，“国内目前《孟子》英译主要的特点：其一，注重语言学层面的翻译研究；其二，译本研究多为理雅各英译本研究，对其它译本关注不够。因此，多译本流传学研究以及典籍英译的跨学科、跨文化研究应成为《孟子》英译研究的发展方向”③。

（二）西方汉学界的《孟子》研究

20 世纪 90 年代以来，学界日趋关注西方汉学界的《孟子》研究。其中，韩振华对西方汉学界的《孟子》研究做了系统、全面的梳理、评析和研究④，主要内容包括下述两点。

1. 西方汉学界对孟学的争论和审视

西方汉学界对孟学的争论、审视主要包括下述三个方面：

第一，关于孟子性善说的争论。“19 世纪末的传教士汉学时代和20 世纪末的专业汉学时代，汉学家们围绕《孟子》的人性论展开了两场针锋相对的论争。在第一场论争中，理雅各借道巴特勒主教的良心论来说明孟子性善论的价值，并将孟子的‘性善’解释成‘性向善’，但谢卫楼却抨击孟子和理雅各双双否弃了上帝恩典。第二场论争的焦点在于安乐哲的文化主义与华霭仁的共同人性论之间的分歧，而产生这种分歧的深层原因则是辩论双方对于民主和人权的不同态度。两场论争尽管表现形态各异，但论

① 刘单平、曾振宇：《英译〈孟子〉的三种误区分析》，《东岳论丛》2011 年第 3 期。

② 刘单平：《〈孟子〉西译史述评》，《理论学刊》2010 年第 8 期。

③ 杨颖育：《百年〈孟子〉英译研究综述》，《西昌师院学报》（社科版）2010 年第 3 期。

④ 下述几篇论文是其承担的教育部人文社会科学研究一般项目“他乡有夫子：欧美的《孟子》译介与诠释研究”（10YJC720013）、国家社会科学基金后期资助项目“西方《孟子》研究与儒家伦理建构”（13FZX016）的阶段性成果。

争的核心观念却高度相关，在理论脉络上可以追溯至四百多年前天主教各修会理解《孟子》人性论的不同态度。”①

第二，20 世纪 90 年代以来的三次争论。韩振华指出：“西方汉学家诠释《孟子》时，在‘孟子与现代民主、人权’、‘孟子人性论的文化性与生物性’、‘孟子与德性伦理、角色伦理’等问题上形成了三次较有影响的争论……《孟子》成为西方各种思潮相互碰撞、激荡的‘战场’，这在一定程度上重新激活了《孟子》，使它有可能成为西方乃至现代中国自身思想建构的构成性力量。”②

第三，西方汉学界对孟子“好辩”的审视。孟子在宣扬儒家学说和与先秦诸子的争辩中是否讲求逻辑？学界众说纷纭，莫衷一是。19 世纪上半叶以来，西方汉学界的雷慕沙、理雅各、瑞恰慈等汉学家都围绕这一问题的论述，“在不同程度上推进了对于孟子思维特征的认识”③。

2. 新教传教士对《孟子》的诠释

韩振华评析了新教传教士柯大卫、理雅各、花之安等人对《孟子》的诠释，认为英国传教士柯大卫“《孟子》译本是《孟子》的第一个英语译本……在英语学界产生了一些影响”；理雅各译本“广为传播，迅速成为英语世界的标准译本”；德国传教士花之安译本“堪称理雅各之后的《孟子》译介代表作”，“十九世纪欧洲新教传教士的《孟子》译介展现出更具学理性的面向……初步具有了比较宗教学、比较哲学或比较伦理学的理论水平”，“十九、二十世纪之交，西方汉学完成了从传教士汉学向学院派汉学的华丽转身，在孟子研究领域，研究的专业化倾向日益显著……学术的发展和进步迫切需要细致的对话和交流。了解《孟子》西传的文脉历程和各个阶段的问题意识，不仅能够丰富我们对于《孟子》、对于西学的认识，加强中国学人与国际学界交流、对话的针对性和有效性，也能促进我们自身的理论反思和方法自觉，对我们自身哲学、思想和学术的建构与创新发挥镜鉴和启示之功”。④

除上述外，近年来国外许多汉学家关注、研究孟学的热情与日俱增，

---

① 韩振华：《从宗教辩难到哲学论争——西方汉学界围绕孟子“性善”说的两场论战》，《中山大学学报》(社科版)2012 年第 6 期。

② 韩振华：《20 世纪 90 年代以来西方汉学界关于孟学的三次争论》，《中南大学学报》(社科版)2014 年第 2 期。

③ 韩振华：《孟子是个讲“逻辑”的人吗？——基于对西方汉学视角的考察》，《复旦学报》(社科版)2014 年第 1 期。

④ 参见韩振华：《“他乡有夫子”——十九世纪新教传教士的〈孟子〉诠释》，《浙江工商大学学报》2014 年第 3 期。

加强了与中国学者关于孟学的对话、交流。《孟子研究新视野》一书，就是这一对话、交流成果的结晶。该书收录了2013年“首届孟子文化国际学术研讨会”的20余篇论文。中外学者从语言学、哲学、文艺理论等方面，深入探讨了《孟子》的以意逆志、恻隐之心、仁政说、逻辑学、天人之道及其当代价值、孟子和保罗思想中的“成圣观”、气论在文学思想史上的意义、性善论、浩然之气与人格修养等。该书前言指出：“新中国成立以来，关于东西方文化的接受和认同的讨论始终甚嚣尘上，莫衷一是。客观地说，西方学者理解东方文化最便捷的方式就是双方学者直接对话，对话的首要条件是要有双方都能理解和接受、可以达成沟通的话语。然而，长期以来，发达世界习惯于西方中心的思维方式和行为模式，要以平等的心态去理解他种文化的陌生的话语，并不是一件轻而易举的事……对于孟子的研究，不同文化体系的人们会根据他们不同的生活和思维方式作出自己的回答。这些回答回响着悠久的历史传统的回声，又同时受到当代人和当代语境的取舍与诠释。”①

要之，学界对孟学在国外的流传、影响研究，取得了新的进展。概括起来，主要成绩表现于下述两个层面：

第一，深化了孟学在东方国家的流传、影响研究。古代的朝鲜、日本等东方国家的治国者、思想家对中国孔孟儒学和传统文化予以借鉴、吸取、发展和改造，促进了孟学在东方国家的流传和影响。从总体上看，20世纪学界在探讨这一问题时，往往较多地看到孟学在上述国家的流传、影响的一面，而忽视了东方国家学者的孟学研究对中国学界影响的一面。值得欣喜的是21世纪以来，许多学者日趋重视孟学在国外影响的双向性。譬如有的学者论述了伊藤仁斋孟子学的特点及其局限时指出：“仁斋对孟子思想给出了迥异于宋明诸儒的、且具一贯性的诠释。这无疑可以丰富、拓展我们对孟子思想的了解……仁斋突出人伦在孔孟之学中的重要地位，对于纠正我们对孟子思想的一般了解也有重要意义。”② 笔者认为，上述学者提出的这一问题是值得重视的，对促进中外孟学研究当有积极意义。

第二，凸显孟学在西方国家的流传、影响研究。对这一问题的研究主要集中于《孟子》英译研究、西方汉学界的《孟子》研究两个层面。

其一，《孟子》英译的整体研究和专题研究获得一定进展。近几年来，《孟子》英译研究引起了学界的关注。许多学者对西方《孟子》英译的分期、特点、价值、意义、不足等作了多层次、多角度的探讨。有的认为

---

① 臧克和、顾彬、舒忠主编：《孟子研究新视野》，华龄出版社2013年版，第1页。

② 廖晓炜：《人伦、性善与仁爱：伊藤仁斋孟子学的特点及其局限》，《中国哲学史》2016年第2期。

《孟子》的外译经历了三个不同阶段①；有的将《孟子》英译的特点概括为文本翻译、对比研究、哲学思想专项研究和跨学科视域等方面②；有的将其概括为精通汉语、宗教气息、评论客观、语言流畅、学术性极强、表层翻译、误译而歪曲原意等方面③。这些特点涉及语言运用、学术理论深度、中西比较、多学科交叉、宗教倾向等方面。学者们普遍肯定了《孟子》英译的价值和意义，认为它有利于促进《孟子》和中国优秀传统文化在西方的影响和传播，促进中西方文化的交流，有利于借鉴西方学者之长审视《孟子》和儒学，等等。有的学者还客观审视了西方《孟子》英译的不足及误区。概括起来主要有：宗教倾向、理解偏差和"反向格义"孟子思想、机械翻译、错解原文等误区。④

其二，西方汉学界的《孟子》研究。许多学者论述了西方汉学界对孟学的争论和审视、新教传教士对《孟子》的诠释，出版了中外学者关于孟学的对话、交流的《孟子研究新视野》。其中，值得关注的有下列两点：

一是西方汉学界的争论激活了《孟子》。西方汉学界围绕孟子性善论、孟子人性论的文化性与生物性、孟子好辩等问题的争论与探讨，"一批卓有影响的汉学家参与其中，《孟子》成为西方各种思潮相互碰撞、激荡的'战场'，这在一定程度上重新激活了《孟子》，使它有可能成为西方乃至现代中国自身思想建构的构成性力量"⑤。由此看来，一方面作为中华优秀传统文化瑰宝之一的孟学之所以"成为西方各种思潮相互碰撞、激荡的'战场'"，就是因为它蕴含着中华民族的丰富智慧而对西方汉学界产生深刻启迪，为西方文化建设提供可资借鉴的资源。这一事实告诉我们，随着中西文化交流的扩大，孟学对西方国家的影响不是单一的，而是多层面的；不是短暂的，而是长久的。另一方面，西方汉学家的孟学研究对我们具有深刻启示。诚如有的学者指出的那样，"考察西方学者如何从自身理论视角出发探析孟子的思维、论辩方法，并辨析其工拙得失，可以从一个特别的角度揭示《孟子》文本的复杂性，丰富我们对于《孟子》、对于西学的认识，也能促进我们自身的理论反思和方法自觉，对我们自身哲学、

---

① 参见陈琳琳：《〈孟子〉外译本概况探析》，《重庆三峡学院学报》2013年第2期。

② 参见杨颖育：《百年〈孟子〉英译研究综述》，《西昌师院学报》（社科版）2010年第3期。

③ 参见陈琳琳：《〈孟子〉外译本概况探析》，《重庆三峡学院学报》2013年第2期。

④ 参见刘单平、曾振宇：《英译〈孟子〉的三种误区分析》，《东岳论丛》2011年第3期。

⑤ 韩振华：《20世纪90年代以来西方汉学界关于孟学的三次争论》，《中南大学学报》（社科版）2014年第2期。

思想和学术的建构与创新发挥镜鉴和启示之功”①。譬如国内学界对孟子好辩是否具有逻辑性存在不同的认识。有的认为，在孟子的逻辑方法里，“虽然貌似‘模拟’，而实则全然为一种‘无故’、‘乱类’的恣意推论”②。刘坚承针对这一观点指出：“孟子对类的认识与其应用是统一的。不能把孟子论辩中的譬喻等同于模拟推理而后加以无类逻辑的责难。”③ 赖志明认为，“孟子的逻辑思想整体上可以称之为伦理的、政治的逻辑。孟子的辩论有很多出色的表现，也必然会因逻辑推理欠严谨而出现一些逻辑错误。但我们不要因为这些逻辑错误而忽视对孟子逻辑思想的研究，甚至将孟子的逻辑思想贬称为‘无类逻辑’或‘好辩逻辑’，视为一钱不值”④。有的学者在评述西方汉学界关于孟子好辩的争论时指出：“孟子在中国思想史上的价值与地位并非全由其论辩的逻辑性来决定。其思想有其精微之处……相较于西方意义上的‘哲学’与‘信仰’，孟子继承并发扬光大的是一个界乎‘哲学’与‘信仰’之间的人文传统。他对‘性善’、‘良知’、‘仁政’的推阐，既是‘论证’，又是‘弘扬’。故而，要理解孟子论辩的真意，必须同时参以逻辑原则和历史思想语境，而取一种‘同情之理解’的态度。就此而言，刘殿爵结合逻辑原则与思想语境来解说孟子式论辩，仍是最值得肯定的一种致思路径。”⑤ 作者提出的“孟子继承并发扬光大的是一个界乎‘哲学’与‘信仰’之间的人文传统”，这一评说颇有新意。笔者认为，只有参以逻辑原则和历史思想语境，而取一种“同情之理解”的态度，才能正确审视孟子与先秦诸子的相互争辩和相互吸取。上述学者提出的“刘殿爵结合逻辑原则与思想语境来解说孟子式论辩”，对我们正确评价和深入探讨孟子的逻辑思想当有深刻启示。

二是对于西方汉学界的《孟子》研究，我们应“坚持交流互鉴、开放包容。以我为主、为我所用，取长补短、择善而从，既不简单拿来，也不盲目排外，吸收借鉴国外优秀文明成果，积极参与世界文化的对话交流，不断丰富和发展中华文化”⑥ 的重要原则。有的学者指出：“长期以来，

---

① 韩振华：《“他乡有夫子”——十九世纪新教传教士的〈孟子〉诠释》，《浙江工商大学学报》2014年第3期。

② 侯外庐、赵纪彬、杜国庠：《中国思想通史》第一卷，人民出版社1957年版，第399页。

③ 刘坚承：《驳“孟子‘僻违无类’”说》，《重庆师院学报》（哲社版）1984年第1期。

④ 赖志明：《从孟子“好辩”看其逻辑观》，《湛江师范学院学报》（哲社版）1999年第4期。

⑤ 韩振华：《孟子是个讲“逻辑”的人吗？——基于对西方汉学视角的考察》，《复旦学报》（社科版）2014年第1期。

⑥ 中共中央办公厅、国务院办公厅印发：《关于实施中华优秀传统文化传承发展工程的意见》，《人民日报》2017年1月26日。

发达世界习惯于西方中心的思维方式和行为模式，要以平等的心态去理解他种文化的陌生的话语，并不是一件轻而易举的事……对于孟子的研究，不同文化体系的人们会根据他们不同的生活和思维方式作出自己的回答。这些回答回响着悠久的历史传统的回声，又同时受到当代人和当代语境的取舍与诠释。”① 我们应吸收借鉴西方汉学界的优秀成果，而抛弃其不足及误区。在与国外文化的对话交流中，不断提升中国文化的话语权和影响力，促进中华文化对世界文化做出应有之贡献。

综上所述，学界对孟学的流传、影响做了全面、系统的研究，取得了丰硕成果，促进了当代孟学研究的深化和兴盛，主要成绩表现于下述几个方面：

第一，孟学之流传、影响的整体研究获得丰硕成果。许多论著对孟学的流传、影响做了全面的梳理和总结。从笔者所撰《亚圣智慧——孟子新论》概述孟子在后世的政治影响和思想影响，董洪利《孟子研究》对汉代、魏晋隋唐、元明、清代孟子研究的梳理，到杨泽波《孟子评传》概述孟子思想的历史影响、孟子历史地位的变迁，刘培桂《孟子林庙历代题咏集》《孟子林庙历代石刻集》所辑录、记载的孟子在后世影响的各类珍贵石刻，再到许多论文对孟子在后世的流传、影响的论述，较全面、系统勾画出孟学流传、影响的历史轨迹。

第二，深化了汉唐时期孟学的流传、影响研究。从金春峰论孟子思想的崛起和李峻岫《汉唐孟子学述论》，到兰翠《唐代孟子学研究》，再到许多论文对汉唐孟学史的内涵、发展过程及孟学对汉唐思想家的影响等问题的研究，取得了丰硕成果。这主要表现于三个方面：一是许多论著深入探讨了汉唐孟学史的内涵，以广阔的视野勾画了孟学在汉唐时期的地位和影响，较清晰勾勒了汉唐孟学的发展、演变、流传过程。二是深入探讨了帛书《五行》与孟学、赵岐《孟子章句》、汉代诗学与孟学。许多论著论述了帛书《五行》说文对孟子身心观、仁义观的继承和发展，探讨了赵岐《孟子章句》的重要贡献和在汉唐孟学史上的重要地位，论述了赵岐《孟子章句》的学术方法、思想理念、章句特点、诠释学意义等，探讨了孟子与汉代《诗》学渊源、孟子与汉《诗》政教诠释体系的构建、孟子《诗》说在汉代的影响等。三是探讨了孟子对西汉今文经学的特殊贡献及董仲舒、司马迁等思想家、学者对孟学的继承和发展。

第三，深化了宋元明清时期孟学的流传、影响研究。这主要表现于下

① 臧克和、顾彬、舒忠主编：《孟子研究新视野·前言》，华龄出版社2013年版，第1页。

述几个方面：一是周淑萍《两宋孟学研究》全面、系统地述评了两宋以前孟学的演进，考察了两宋时期孟子升格运动的过程、内外缘由，探讨了两宋非孟思潮产生的原因、主要观点和结果，论述了两宋学者对孟子人性论、浩然之气、王道论的诠释等。二是许多论文论述了孙奭、张载、二程、王安石、朱熹、陆九渊等思想家对孟学的诠释、继承、发展。其中，关注较多的是孙奭与《孟子注疏》、朱熹与孟学。有的论者探讨了《孟子注疏》在孟学史上的地位、价值和影响，认为尽管其存有一定的缺陷，但其体例、内容、历史影响等都有不可替代的价值；有的论者探讨了朱熹《孟子集注》的诠释特色，认为它是两宋研究孟子的最高学术成就，将朱熹对《孟子》的创造性哲学诠释概括为对人性问题的创造性诠释、“理欲分立”“格物致知”三个方面。其诠释特色是既借助经典诠释创新哲学体系，又尽量重视古注，追求本义。三是深化了孟学在明代流传、影响的研究。有的对《孟子节文》事件予以人文省察，有的对《孟子节文》事件的始末做了系统的辨析梳理。四是深化了孟学在清代的流传、影响研究。刘瑾辉《清代〈孟子〉学研究》、李畅然《清代〈孟子〉学史大纲》等断代史专著对清代《孟子》学勃兴的原因、成就、得失、特点、重要代表人物及其著作等做了系统、全面的整体探讨。许多论文深入论述了黄宗羲、戴震、焦循等著名思想家对孟学的继承、发展、诠释或改造，其中较突出的是深入探讨了黄宗羲《孟子师说》、焦循《孟子正义》、戴震《孟子字义疏证》对孟学的诠释、解读、丰富和发展。

第四，深化了近代孟学的流传、影响及当代价值研究。就前者来看，许多论文探讨了康有为等近代思想家、学者对孟学的继承、发展、改造和诠释。其中，凸显了康有为《孟子微》研究。许多学者论述了康有为阐释《孟子》的主要内容、方法、价值、意义等，认为他对孟学既有继承的一面，又有改造的一面，赋予了孟学以新的时代气息。就后者来看，有的认为，孟子追求的个体人格完善、社会协调、天人和谐有利于我们树立正确的人生观，有利于我们实现社会稳定、发展经济、爱护自然、保护生态环境、维护民族团结和实现国家统一。弘扬孟子道德主体、道德教化、五伦、诚信等思想的当代价值，有利于批判、矫正各种社会丑恶现象，促进社会主义核心价值观的确立。

第五，梳理、探讨了孟学在国外的流传、影响。20 世纪 90 年代以来，随着中外交流的日益扩大，学界进一步探讨了孟学在朝鲜、日本等东方国家的流传、影响。21 世纪以来，许多学者对西方《孟子》英译的历程、分期、特点、代表人物、价值、意义、不足等做了多层次、多角度的论述和探讨，论述了西方汉学界对孟学的争论和审视、新教传教士对《孟子》的诠释，加强了中外学者关于孟学的对话、交流。近几年来，学界既重视孟学在国外的流传、影响，又重视国外学者的孟学研究对我们的借鉴和启示。有的指出："考察西方学者如何从自身理论视角出发探析孟子的思维、论辩方法，并辨析其工拙得失，可以从一个特别的角度揭示《孟子》文本的复杂性，丰富我们对于《孟子》、对于西学的认识，也能促进我们自身的理论反思和方法自觉，对我们自身哲学、思想和学术的建构与创新发挥镜鉴和启示之功。"①

要之，学界将孟学置于中国古代思想史、中国当代思想史、世界思想史等不同层次的大系统中，多角度、多层面审视孟学的影响和贡献，对于弘扬中华民族优秀传统文化，促进中外文化的交流，提升中国文化的话语权和影响力，都具有积极意义。

① 韩振华：《"他乡有夫子"——十九世纪新教传教士的〈孟子〉诠释》，《浙江工商大学学报》2014年第3期。

第十章　孟学中外比较研究

所谓比较研究，就是将孟子与中外思想家加以对比，论述他们之间的相似性与差异性，以探讨他们在人类文化发展史上各自做出的贡献。按照通常的理解，根据属性、目标、性质、范围、时空等不同的标准，可以把比较研究划分为不同的类别。这些不同类别的划分是相对的，而不是绝对的。各种类别有时是相互交叉的。学界关于孟学的比较研究多是按时空的区别，将孟子与中外思想家进行横向比较和纵向比较。横向比较就是将孟子与同时代的中外思想家进行比较，以考察他们在大致相同的社会环境下对人类文化发展做出的贡献。所谓纵向比较，就是将孟子与后世中外不同时代的思想家做一比较，以探讨孟学在后世的流传、影响以及思想家对孟学的继承、发展、诠释或改造，以揭示孟学发展的历程和轨迹。

自 20 世纪 80 年代以来，学界越来越重视孟学与中外思想家的比较研究，将孟学置于中国古代思想史、世界思想史的更高一级的大系统中探讨孟学与中外思想家的异同、得失及对人类文化发展的贡献。笔者将这一比较研究划分为两个部分：一是孟子与中国思想家的比较；二是孟子与外国思想家的比较。

第一节　孟子与中国思想家的比较研究

孟子与中国思想家的比较研究，主要包括两方面的内容：一是孟子与先秦诸子的比较研究；二是孟子与后世思想家的比较研究。

一、孟子与先秦诸子的比较研究

中国古代思想发展的历史告诉我们，任何一个著名思想家学说的产生，既不能脱离当时的社会政治、经济条件，也不能脱离当时的社会文化环境、学术环境。孟子在与先秦墨家、道家、法家、农家等先秦诸家的激烈辩难论争中，继承、捍卫、发展了孔子创立的儒家学说，将先秦儒学推向一个新的阶段。孟子与先秦墨、道、法、农诸家之间，既有相互冲突、对立的一面，又存在相互吸取、相互渗透的一面。孟子与先秦诸子的比较研究，既包括孟子与先秦儒家孔子、曾子、子思、荀子等同一学派中不同人物的比较，又包括孟学与墨家、道家、法家、农家、兵家、名辩家等不同派别的比较研究。比较的形式和范围涉及同一学派中某一人物与另一人物之间、不同学派的某一人物与另一人物之间的比较。从类别上划分，比较研究包括两种：一是思想整体的比较；二是概念、命题和专题的比较。透过这些不同的视角和层面，能够审视不同思想家的同中之异与异中之同，深入揭示、挖掘异同背后的思维方式和价值取向，从而使人们更全面地认识先秦诸家各自具有的不同特色的理论体系、思维方式、价值旨趣。既揭示先秦诸家之间的矛盾性、对立性，又把握他们之间的相通性、相融性。

孟子与先秦诸子的比较研究，从类别上划分大致包括两个方面：一是孟子与先秦诸子思想的整体比较；二是孟子与先秦诸子思想的专题比较。就前者来看，笔者全面考察了孟子与孔子、荀子等先秦儒家代表人物的关系，探讨了孟子与墨、道、法、农诸家的关系，认为先秦诸子从不同的侧面反映了当时的社会现实，对各种理论问题作了不同的探讨，在中国古代思想史上，各自做出了独特的贡献。[①] 在这里，我们主要梳理、考察孟子与先秦诸子的专题比较研究。

（一）孟子与先秦儒家的比较研究

孟子与先秦儒家的比较研究，主要包括孟子与孔子、孟子与郭店楚墓儒简、孟子与荀子等的比较研究。

1. 孟子与孔子的比较研究

孟子与孔子的比较研究，主要是指孟子对孔子的继承、捍卫、发展以及二者的异同。自20世纪80年代以来，学术界逐渐重视孟子与孔子的比较研究。其主要内容包括孔孟仁学、政治、伦理、教育思想比较。

第一，孔孟仁学比较。白奚从以心性论仁、求仁的历程、仁的层次递进性三个方面，探讨了孟子对孔子仁学的推进及其思想史意义，认为“孟子从心、性、仁三者的关系论仁，视仁为人心的本质属性和人性的基本内容，这不仅解决了仁的来源和根据这一孔子遗留下来的问题，而且把孔子的仁学推进到心性论的深度和本体论的高度，使儒家的仁学向前发展了一

---

① 参见王其俊：《亚圣智慧——孟子新论》，山东人民出版社1996年版，第392～454页。

大步”①。张彦修认为，“孟子的仁政是一个内涵丰富的政治思想体系，而‘爱人’则是这个体系的核心。孟子使‘仁’跨越过了伦理道德的藩篱，直接延伸到了政治领域，使‘仁’从精神层面的道德修养，扩充为执政者的政治指导思想和实际政治举措……使先秦儒学产生了一个飞跃性的发展”②。陈来认为， “孟子的思想比起孔子，更加向政治思想的方面发展……孔子主要把仁作为德行的概念，而孟子则注重仁政的概念”，“仁义等概念在孟子哲学中仍有德行的意义，这些概念一方面继承了孔子的思想，一方面也有新的发展和深化。从德行和德性的角度看，传统的主要德目在孟子思想中已经从德行条目渐渐发展出德性的意义”。③

第二，孔孟政治思想比较。黄健认为，孔孟民本主义思想的差异“主要表现在：对君、民两者本质认识上的差异；君、社稷、民三者之间地位安排上的差异；君、民之间关系处理上的差异；对仁政具体实施方案上的差异。形成这种差异的根本原因是由于两人所处的历史时代不同，所要解决的社会主要矛盾不同”④。程梅花认为，“孔、孟治道观的纲领可分别用‘为政以德’和‘发政施仁’两个命题来表示。孔孟都把仁德视为‘为政’的根本要素，这是二者之同；孔子的立足点是以德为‘为政’主体的行为准则，孟子所侧重的则是以‘施仁’为为政者所‘发政’内容的标准，此是二者之异；孟子仁政与孔子德政之异不是修正而是发展。孟子认为在德政的前提下施行仁政，两者结合才能切实‘保民而王’”⑤。谢树放认为，“孟子继承并发挥了孔子仁学德治及西周以来的民本思想，以民贵君轻、保民而王的民本思想为核心的系统的仁民安民、平治天下的仁政学说，是对孔子仁学德治思想的极大超越，在儒家思想史乃至中国古代政治思想史上具突破性意义”⑥。刘宗棠论述了孟子对孔子仕文化理念的继承与发展，认为“孔子和孟子都积极主张用世，各自提出关于出仕为官的主张。孟子的出仕观既有对孔子的继承和发展，也随着时代变迁而有所改变。孟子主张出仕为行道、出仕为保民以及道不同不相为谋等出仕观，深刻影响着我国封建社会知识分子的仕途观”⑦。

---

① 白奚：《孟子对孔子仁学的推进及其思想史意义》，《哲学研究》2005年第3期。

② 张彦修：《孟子对孔子“仁”的推演、事迹的述评与圣化》，《河南大学学报》（社科版）2007年第3期。

③ 参见陈来：《孟子的德性论》，《哲学研究》2010年第5期。

④ 黄健：《孔孟民本主义思想差异探微》，《西南师范大学学报》（人文社科版）2000年第4期。

⑤ 程梅花：《试论孟子仁政与孔子德政之异同》，《孔子研究》2003年第6期。

⑥ 谢树放：《孟子仁政思想对孔子德治思想的超越》，《贵州社会科学》2011年第12期。

⑦ 刘宗棠：《论孟子对孔子仕文化理念的继承与发展》，《广西社会科学》2010年第4期。

第三，孔孟伦理思想比较。刘坚承将孟子对孔子伦理思想的继承和发展概括为三个方面：一是"完善了儒家伦理思想的哲学基础"，回答了道德与天道的关系问题，"把儒家的伦理学说建立在天人合一的唯心主义思想基础上"；二是"发展了孔子'仁'的道德思想"，"以'仁'为四德之首，提出了较为完整而明确的道德原则"，并"提出了仁政的学说"；三是扬弃了孔子关于"礼"的道德学说。①

许多论文还比较了孔孟道德起源、道德修养、理想人格、人道观、人性论、孝道等异同。汪建华论述了孔孟"在道德起源、理想的道德人格和道德修养等方面"的异同，认为"孔子的道德学说为孟子的道德学说的阐发提供了理论原型，而孟子的道德学说则极大地发展和丰富了孔子的道德学说。两者之间的差异反映了儒家道德学说的发展演变"。② 黄大路将两者理想人格观的不同概括为三：一是"孟子降低了'圣人'之规格……圣人已不再是高不可攀，而是人皆可为、学有楷模，具有'清'、'任'、'和'等不同的特点而具体化"；二是孟子主张"圣人能为，则我亦能为"；三是"在如何成就理想人格的问题上，孟子沿袭了孔子的观点，但有所损益"。③ 李凤鸣从理想人格的理论核心、主体和培养方法三个方面论述了孟子对孔子理想人格的承变。④ 苏军帅、苏文帅将孟子对孔子人道观的扩展概括为人性观的深化、仁义观的扩充、人格观的发展三个方面。⑤ 王琦认为，孟子"对孔子的人性论进行了拓展与重构，建构了性善论，并以之为基点，确立'存心养性'的人性修养理论与仁政学说"，"使孔子所开创的儒学初步系统化、理论化，体现了孔学之学修己'安人'、'安百姓'的一贯思路，奠定了后世儒学修身、齐家、治国、平天下的基调，对中国文化影响深远"⑥。曾振宇探讨了孟子论孝对孔子思想的发展与偏离，认为"在家庭伦理层面上……孔子、曾子'以正致谏'的谏亲原则被孟子完全地移植到社会政治伦理中，泛伦理化的倾向有增无减……'君臣相责以善'施行的前提是将君臣关系重新论证为以德相交的'友'，而非传统意义上的以势利相交，'返祖'化现象的背后是为其民本主义政治立场张

① 参见刘坚承：《论孟子对孔子伦理思想的继承和发展》，《徐州师范学院学报》(哲社版)1982 年第 2 期。

② 参见汪建华：《孔孟道德学说比较研究》，《吉首大学学报》(社科版)2004 年第 4 期。

③ 参见黄大路：《孟子理想人格观之管窥》，《学术月刊》1991 年第 2 期。

④ 参见李凤鸣：《从〈论语〉和〈孟子〉看孔孟理想人格的承变》，《鸡西大学学报》2010 年第 2 期。

⑤ 参见苏军帅、苏文帅：《先秦时期儒家对孔子人道观的发展——以孟子、荀子为代表》，《河北理工大学学报》(社科版)2010 年第 5 期。

⑥ 王琦：《孟子对孔子人性论的拓展与重构》，《华南农业大学学报》(社科版)2007 年第 2 期。

目”，“孟子‘父子不责善’思想已经有别于孔子、曾子与子思在家庭伦理语境中倡导的以义辅亲的伦理精神”。[①]

除上述外，有的学者论述了孟子对孔子教育思想的继承和发展、《论语》与《孟子》文学思想的异同等。

2. 孟学与郭店楚墓儒简的比较研究

自1993年郭店楚墓儒简出土以来，学界凸显了孟学与郭店楚墓儒简的关系研究。这主要存在着两种不同观点：一是郭店楚墓儒简属于思孟学派；二是将郭店楚墓儒简视为孔孟之间的重要环节和阶段。

第一，郭店楚墓儒简属于思孟学派。李亚彬认为，“子思及其后学的思想为孔孟之间的过渡环节，其中包含了性善论所有必要的前提和观点。孟子只是在此基础上向前迈了一小步，把各个环节串联起来，他以人的道德属性（实际上是道德意识）为人性，并在此基础上得出了明确的性善论……然而这一小步对于先秦儒学的发展却是一大步，它为仁学体系的建立奠定了基础”[②]。欧阳祯人认为，“荀子把子思与孟子归为一个哲学流派，是完全正确的”，“在郭店楚简《鲁穆公问子思》与《孟子》的比较研究中，可以探讨思孟学派理想人格何以建立的哲学要义”。[③] 朱松美认为，郭店竹简的出土“为我们探寻二者之间思想的转承和发展提供了契机：从‘五行’到‘四端’，从‘性自命出’到性善论，从‘仁内义外’到‘仁义内在’，从‘抗志’到‘民贵君轻’，从‘轻心重情’到‘尽心知性’，从‘反己’、‘诚’到‘反身而诚’，展现了思、孟之间的思想转承，铺陈了孔、孟百年间思想变革的清晰画卷，进而也从一个侧面证实了‘思孟学派’的真实性”[④]。

第二，将郭店楚墓儒简视为孔孟之间的重要环节和阶段。郭齐勇指出：“郭店儒家简诸篇并不属于一家一派，将其全部或大部视作《子思子》似难以令人信服。笔者不是把它作为某一学派的资料，而是把它视作孔子、七十子及其后学的部分言论与论文的汇编、集合，亦即某一时段（孔子与孟子之间）的思想史料来处理的。”[⑤] 冯国超指出：“一些学者提出，最好的办法是不要把这些儒简先看作某一学派的资料，而是把它们看作孔子、七十子及其后学的思想资料来处理。看来，当把这些儒简归入某一学

① 参见曾振宇：《孟子论孝对孔子思想的发展与偏离》，《史学月刊》2007年第11期。

② 李亚彬：《子思为孔孟之间的过渡环节——以孟子性善论的形成为例》，《哲学研究》2007年第4期。

③ 参见欧阳祯人：《从〈鲁穆公问子思〉到〈孟子〉》，《武汉大学学报》（人文科学版）2001年第2期。

④ 朱松美：《论子思与孟子之思想统续》，《东岳论丛》2015年第5期。

⑤ 郭齐勇：《郭店儒家简与孟子心性论》，《武汉大学学报》（哲社版）1999年第5期。

派缺乏令人信服的依据时，退而求其次，亦可算是一种明智之举。”① 许抗生认为，“《性自命出》、《中庸》、《孟子》三者都讨论了性、命问题……《性自命出》以情释性，提出了‘喜怒哀悲之气，性也’的思想。《中庸》则受其影响，也以情释性，以喜怒哀乐的情之未发，处于不偏不倚的中态为性。而《孟子》与《性自命出》、《中庸》不同，主张以社会道德观念（道德心）释性，提出了天赋道德观念的人性善思想。这一思想直接来自于《五行篇》。《性自命出》、告子的以生理心理情感欲望释性，最后为荀子所发挥，提出了人性恶的思想，从而形成了战国时期在人性论上的两条不同的发展路向”②。笔者“对思孟学派的成立提出质疑，认为孟子虽然对孔子和子思都崇拜，但他直接表述对孔子思想的传承，而没有表述对子思思想的传承。孟子在四个方面发展了郭店竹简《五行》：一是孟子强调了‘五行’的内在性与外在性统一、超越性与现实性统一；二是以仁义为本，用仁义来统摄‘五行’；三是将‘五行’放在天人贯通的道德境界讲；四是从心官与耳目口鼻的关系讲仁义礼智圣”③。刘聪认为，“郭店竹简儒家篇是孟子天道观转型的理论前提。竹简儒家篇以‘德者，天之道’为理论起点，以‘圣人知天道’为逻辑归宿，开启了先秦儒家天人相通的天道观。孟子在此基础上，进一步探讨了人道何以可能和何以知天道的问题，形成了一套以‘天’为终极根据，以‘仁义礼智’为主要规范，通过天人双向沟通来论证人道的合理性和神圣性的庞大理论体系，从而将孔子的‘主宰之天’转化为‘心性义理之天’，完成了先秦儒学天道观的转型”④。

笔者曾与李燕共同撰文论述孟子与郭店儒简的个体和谐，指出“郭店儒简认为人具有多种生理情感、欲望，承认人之情感、欲望的多样性、合理性，强调调节人的情感和欲望，即以理制情、性情和谐、身心合一。孟子继承、发展了儒简个体和谐的思想，承认人具有饮食、男女的自然生理欲望、人际交往欲求和精神生活欲求的必要性及合理性，将儒简的身心合一发展到一个新的理论高度”⑤。

① 冯国超：《郭店楚墓竹简研究述评（下）》，《哲学研究》2001年第4期。

② 许抗生：《〈性自命出〉、〈中庸〉、〈孟子〉思想的比较研究》，《孔子研究》2002年第1期。

③ 王其俊、李燕：《孟子与郭店儒简的个体和谐——兼论思孟学派》，山东师范大学齐鲁文化研究中心、美国哈佛大学燕京学社编：《儒家思孟学派论集》，齐鲁书社2008年版，第305～320页。

④ 刘聪：《郭店竹简与孟子天道观的转型》，《内蒙古社会科学》（汉文版）2007年第3期。

⑤ 王其俊、李燕：《孟子与郭店儒简的个体和谐——兼论思孟学派》，山东师范大学齐鲁文化研究中心、美国哈佛大学燕京学社编：《儒家思孟学派论集》，齐鲁书社2008年版，第305页。

曹峰将《孔子诗论》、马王堆帛书《五行》和《孟子·告子下》关于“色”与“礼”的关系做了比较，认为“它们均有关于‘色’和‘礼’的论述。《孔子诗论》、马王堆帛书《五行》两者同”，“《孟子·告子下》则不讨论这些问题。对情欲和礼之关系的认识，《孔子诗论》、马王堆帛书《五行》的思想倾向更接近《荀子》。用诗来改变人的情性之观念，《孔子诗论》和《毛诗序》一脉相承”。①

王钧林将孟子与曾子做了比较，论述了从孔子到孟子的儒家“修己”思想和曾子承先启后的中介性作用，认为“曾子上承孔子，下启孟子，起到了一种很关键的中介性作用”，“曾子从不同角度不同层次抬高了心的地位，强调了心的重要性，表现出十分鲜明的向心这一路发展的倾向”②。

3. 孟子与荀子的比较研究

20 世纪 80 年代以来，学界深入探讨了孟、荀关于人性论、哲学、刑法、教育思想等方面的异同

第一，孟、荀人性论比较。许多学者初步探讨了孟、荀人性论的异同。王棣棠将两者的不同概括为：“孟子道性善，荀子言性恶”，“孟子主张存心、养性、尽心、知性来保持与发扬人的善性”，“荀子主张‘化性起伪’”。两者的异中之同表现为：一是“二者的人性论都是对孔子的‘性相近也，习相远也’思想的发挥”；二是“孟子的性善论要人们自觉攀登所要达到的道德境界，荀子的性恶论用做人的规范，鼓励人们去努力追求”；三是“他们都从人的生理官能上讲人性”，“他们都从人的生活需求上谈人欲”。两者“都对人类认识的发展有所贡献，但也有不可克服的历史局限性”。③

梁宗华论述了孟荀人性论之争及其历史意义，指出人们“往往认为他们的人性论是水火不兼容的”，“对他们的人性之争应作具体分析，不能笼统地说他们是对立的”。这主要表现为：一是“孟荀对‘人性’内涵的理解是不同的”。孟荀对人性双重义蕴实际都有所认识，“他们只承认其中的一部分为‘人性’。孟子肯定的是一种具有自然性质的社会属性，而荀子则抓住人的自然属性不放，各执其一端，作为自己人性学说的出发点”。二是两者“都自觉不自觉地探讨了人性可变的问题”。三是两者“用以衡

① 参见曹峰：《“色”与“礼”的关系——〈孔子诗论〉、马王堆帛书〈五行〉、〈孟子·告子下〉之比较》，《孔子研究》2006 年第 6 期。

② 王钧林：《从孔子到孟子的儒家“修己”思想——兼论曾子承先启后的中介性作用》，《孔子研究》1994 年第 4 期。

③ 参见王棣棠：《孟子荀子人性论的比较观》，《齐鲁学刊》1985 年第 2 期。

量人性善恶的标准是相同的，均为社会性的道德伦理”。[①]

20 世纪 90 年代，许多学者对孟、荀人性论的异同做了深入的探讨。其主要观点有二：一是两者同大于异；二是两者存在着根本分歧。

杨正馨认为，“孟荀二人的人性理论不是异大于同，而是同大于异，并不存在根本上的对立”，两者都“承认人性中有善恶两种成分，都论述了人性的自然和社会两个方面，都认为通过人的社会属性对人的自然属性的节制才能表现出人的善良品质”，“都主张抽象的人性论……在一定程度上承认了人们的现实利益”，“在强调外部环境对人性培养的作用的同时，他们也都重视个人自觉能动性的发挥”，等等。[②]

关于两者的根本分歧。张玲认为，“两人的分歧主要体现在：‘性善’与‘性恶’中‘性’的所指有所不同；对性本源的认识不同；孟子强调先天的道德观，荀子强调后天的积伪而成；在道德观培养途径上存在分歧”[③]。李晓春从内在超越的角度论述了孟子与荀子人性论的分歧，认为“内在超越与‘性’从‘生’而‘性’的演化过程息息相关。孟子继承子思的思想，以性为枢纽，将天内化于心，又将心提升而超越地达于天。荀子则沿着告子的思路发展了‘生之谓性’的思想，反对先天的道德性”[④]。

21 世纪以来，许多论者认为孟、荀人性论看似对立，实则互补，既有对立，又有融通之处。郭婧认为，孟子的性善论和荀子的性恶论，“一个立足于人的道德属性，主张道德修养是对人先天具有的内在的道德意识的开发，强调了道德修养的可能性和主动性；一个则立足于人的自然属性，主张道德修养是通过主体的学习达到对外在的礼法制度的遵从，强调了道德修养的必要性和被动性。两种理论形态看似对立，实则互补”[⑤]。叶金宝认为，“孟、荀二人在人性善恶问题上的对立，从思想和逻辑的层面来看，又有其融通之处：从‘人性’含义看，二者相互发明；从思想体系看，二者同归礼义；从人的本质看，二者皆尊‘人心’；从价值追求看，二者殊途同归；从实践能力看，二者皆言能善。孟、荀人性论的实质都是‘人能为善’、‘人能弘道’”[⑥]。陈孝勇认为，“孟子、荀子都是围绕人性

---

① 参见梁宗华：《孟荀人性论之争及其历史意义》，赵宗正、谢祥皓、高晨阳编：《孔孟荀比较研究》，山东大学出版社 1989 年版，第 131～135 页。

② 参见杨正馨：《也谈孟子荀子人性理论之同异》，《郑州大学学报》（哲社版）1991 年第 1 期

③ 张玲：《评孟子与荀子的人性观》，《贵州大学学报》（社科版）1995 年第 4 期。

④ 李晓春：《从“内在超越”的角度看孟子与荀子的人性论分歧》，《华东师范大学学报》（哲社版）2000 年第 6 期。

⑤ 郭婧：《孟子和荀子人性论的比较》，《中共南京市委党校学报》2006 年第 6 期。

⑥ 叶金宝：《论孟子和荀子人性思想的融通》，《河北学刊》2008 年第 5 期。

本质的善恶来讨论人性。两位先哲论性的目的都是主张加强后天的道德教育，以不断提高内在修养，完善人的自身”，二者“在人性善恶的界定和实现向善的途径和方法上……存在着诸多差异”。这主要表现为：一是“‘性善’与‘性恶’——人生向善的人性基础不同”；二是“‘内省’与‘外求’——人性向善的修养功夫各异”；三是“‘扩充善端’与‘化性起伪’——善的形成与发扬过程相别”。“孟荀在向善的方法和途径上存在着差异，但论人性的目的都是想通过教育加强道德修养，成就理想人格。”①

储昭华借鉴海德格尔的时间观念，探讨了孟子的性善论与荀子的性恶论的差异，认为“人的非现成性，构成孟子性善论的境域或源泉的正是海德格尔所谓源始的时间性”，“所谓人之性的特殊含义就体现在这种超越能在性上。人作为自然生命生来所具有的自然本性在孟子看来并不是真正的人性，尤其不构成人之区分于一般生物的本质特性”。他还指出，荀子人性论的特征是“立足当前与人的现成性”，“荀子将人的自然生命本性视为人性的思想，蕴涵着一种迥然不同于孟子的致思方向或方式”。孟子人性论理路的负面效应表现为“以精神的超越遮蔽自然本性的欲求：对权利内涵的悬置”等方面。“所谓‘人皆可以为尧舜’只是一种抽象的可能而已……相形之下，荀子虽然在文本上似乎更强调差异、不平等的一面，但其对人（性）的普遍的现成性的肯定，理论上反而更有利于开出平等的价值原则并落实为对现实平等的追求。”② 王鑫指出，孟荀虽“在人性、修身与政治等问题的理解上却截然不同，其思想展开之理路也迥然有别”③。王进认为，“孟荀关于性之善恶的争论，其实质是古典政治哲学的问题。荀子对性善论的批评，深刻反映了哲学与政治、思想与现实、理论与实践之间的冲突和矛盾，我们只有从古典政治哲学的角度才能认识到这一点”④。

第二，孟荀哲学、刑法思想比较。天人关系是孟荀哲学思想的一个重要组成部分。许多学者比较了孟荀的天人关系。笔者认为，孟子的天具有自然性、社会性、伦理性，人具有自然性、社会性、伦理性和理智性，进而考察了先秦儒家天人物质生活、社会生活、精神生活的和谐及其异同，认为孔孟从天人的统一性原则出发，重点强调了以人法天、顺天的天人合一；荀子从天人之间的差别性出发，重点强调了以人制天的天人相分。孔

① 参见陈孝勇：《论孟子与荀子殊途同归的向善路径》，《学理论》2012年第3期。

② 参见储昭华：《朝向未来与立足当前——孟子与荀子人性论及其效应的比较考察》，《哲学研究》2006年第10期。

③ 王鑫：《孟子与修身——兼论孟荀异同》，《中国哲学史》2014年第3期。

④ 王进：《孟子之罪——荀子“性恶”论的政治—哲学研究》，《深圳大学学报》（人文社科版）2014年第5期。

孟荀的天人和谐思想既有同，又有异。他们的天人和谐观就是在这种异中有同、同中有异的过程中不断得到深化和发展的。①

暴庆刚认为，“孟荀的天人合一理论涉及本体论、人性论、修养论等方面的内容。在孟荀的天人理论中，由于对‘天’的界定不同，所以其天人合一理论存在很大的差异”，“孟子的天人合一是通过内在的自我提升而达到的一种崇高精神境界……荀子的天人合一是在人天各自具有不同本质规定性的前提下寻求天人合一的途径，使人的行为与自然界的必然规律协调一致。所以其天人合一理论是以分求合，合中含分，分合互为表里，人的作用的发挥必须在与天相和谐的条件下才积极有效”。②

刘柱彬论述了孟荀刑法思想的冲突与融合，认为“性善论与性恶论的对立，实为孟子与荀子刑法思想理论冲突的根源”，“荀子的以性恶为理论基础、以礼法并施为基本内容的刑法思想比孟子的以性善为理论基础、以仁政理想为基本内容的刑法思想要周全一些……其内容却较孟子的刑法思想更为丰富，其结构也较孟子的刑法思想更臻于完善……对中国古代法制产生的影响，较之孟子仁政理想的刑法思想要深刻得多，久远得多”。③

第三，孟荀教育、美学思想比较。杨钊认为，孟荀的教育思想相异之处表现为：“‘天人相应’与‘天人相分’”“性善论与性恶论”“称道先王与法后王”“仁政、民贵君轻与‘隆礼重法’”。④ 谢遐龄比较了二者的美学思想，认为孟、荀“同样主张美、善同根：感性判断力；荀说更细致、完整。分析《荀子·性恶篇》对孟子性本善的批判，其失误在于‘性’这一概念所指相异，孟子指四端，荀子指好利、疾恶、耳目之欲、声色之好”⑤。

除上述外，罗翔通过梳理思想史和分析政治经济背景的方法，比较孟、荀差异，认为“荀子和孟子的不同，主要体现对修身和治国理论理解上的差异。孟子学说本质是一种修身之学，一旦用于治国，则迂阔难通，充满了道德理想主义。荀子对孟子的批评就在于此。他的性恶、礼乐等学说，主要针对社会大众，是一种社会、政治理论”，“二者不是对立的不

① 参见王其俊：《试论先秦儒家天人和谐观》，赵宗正、谢祥皓、高晨阳编：《孔孟荀比较研究》，山东大学出版社1989年版，第14～25页。

② 参见暴庆刚：《孟子、荀子天人合一理论异同新探》，《贵州社会科学》2002年第2期。

③ 参见刘柱彬：《仁政理想与礼法并施的冲突与融合——孟子与荀子刑法思想之比较》，《法学评论》2001年第3期。

④ 参见杨钊：《孟子和荀子的教育思想——兼述孟、荀思想的异同》，《史学集刊》1991年第2期。

⑤ 谢遐龄：《〈孟子〉〈荀子〉感学初步比较——儒学之美学的可能性探讨》，《云南大学学报》(社科版)2012年第1期。

同，而是互为补充的不同。缺孟儒家人格不张，缺荀国家治理无方，只有两者结合一起，我们才可以说，儒家既能治国，又可以治心，治身”。①

总之，学界关于孟子与孔子、郭店楚墓儒简、荀子的比较研究，获得了许多新的进展，其主要成绩表现于下述几个方面：

第一，孟子与孔子的比较研究。主要包括仁学、政治、伦理思想比较三个方面。

关于仁学思想比较。有的从“以心性论仁”“求仁的历程”“仁的层次递进性”等方面，探讨了孟子对孔子仁学的推进及其思想史意义；有的论述了孟子捍卫、发扬孔子的仁学主张的原因、方式及仁学概念的内涵、等次、结构、作用等。其中，学者们肯定了孟子开启仁学新领域、新范畴的重要价值和意义。其主要表现为：一是孟子“亲亲仁民爱物”的仁爱观将“亲亲”的血缘亲情扩展到人类社会和天地万物，展现了孟子的爱人的广阔胸怀，凸显了对孔子仁学的重要推进；二是孟子将孔子的仁发展为以仁政为核心的政治思想体系，促进了先秦儒学获得飞跃性发展；三是孟子将孔子的仁、礼对照发展为仁义并举，仁义具有道德规范、道德行为、道德品质等内涵。这表明，孟子将孔子偏重于道德意义的仁发展为具有道德、政治、哲学等内涵的新范畴，将仁学推广应用于道德、政治、哲学诸领域，从而呈现出多样性、多重性的统一。譬如从道德层面来看，孟子的仁既是约束人的道德行为的道德原则、规范，又是指人追求践行善的道德行为，还指人内在的道德品质。有的学者指出：“在孟子的德论中可以看到，古典儒家的德目概念往往兼指德行、德性、原则等……做什么样的人和做什么行为是合为一体的”，没有“品质与行为”“品质与原则”“感情与原则”的割裂，“这一点足以为当代伦理学的争论提供有益的借鉴”。②

关于政治思想比较。孔孟政治思想的异同主要有：一是民本思想的异同。包括对君、民的本质、关系、地位等认识的不同和施行仁政方案的异同。二是治道观的异同。二者之同表现为都把仁德视为“为政”的根本要素；二者之异表现为是立足于以德为“为政”主体的行为准则，还是侧重于以“施仁”为为政者所“发政”内容的标准。三是孟子的仁政学说是对孔子德治思想的极大超越和发展，在儒家思想史、中国古代政治思想史上具突破性意义。通观学界关于孔孟政治思想比较的论述，我们可以看到，孟子抛弃了孔子政治思想的保守方面，以民贵君轻、仁政为核心的政治思想将先秦时代的民本思想发展到前人所未有的高度，显示出激进的民本主

① 参见罗翔：《“修身”和“治国”的论辩——荀子对孟子学说的批评》，《兰州学刊》2012年第1期。

② 参见陈来：《孟子的德性论》，《哲学研究》2010年第5期。

义色彩而富有革命性。有的学者称其在儒家思想史、中国古代政治思想史上具有突破性意义，这一评论是十分公允的。

关于伦理思想比较。许多学者论述了孔孟道德起源、道德修养、理想人格、人道观、人性论、孝道等思想的异同，认为孟子对孔子的伦理思想做了全面的继承和发展。其中，凸显了二者理想人格的比较研究。有的将二者理想人格观的不同概括为三个方面①，有的概括了孟子对儒家理想人格完善的三种表现②，涉及二者理想人格的内涵、逻辑基础、特点、等级层次、培养方法等问题。这表明，学界从系统的整体性上审视二者的理想人格，凸显了孟子对孔子的继承和发展，认为孟子"突出了人的文化特性、社会特性……重精神修养、重人的主体精神"③。总之，孟子舍弃了孔子理想人格的保守方面，将先秦儒家的理想人格学说发展到一个新的高度。

第二，孟子与郭店楚墓儒简的比较研究。学界肯定了孟子对郭店楚墓儒简的继承和发展。主要内容包括下述几个方面：一是郭店竹简中的儒家作品和《中庸》共同为孟子的性善论提供了几乎全部直接的思想材料。二是通过比较《鲁穆公问子思》与《孟子》探讨思孟学派理想人格何以建立的哲学要义。三是孟子在内圣外王两方面将《中庸》向前推进了一步。四是孟子全面继承、发展了楚简《五行》的五行二重性、五行之和、身心合一等思想，主张"'身心合一'是生理形体构造、心官与耳目等感官、物质生活需求与精神生活需求的多样性的协调统一"，"将《五行》的思想发展到一个新的理论阶段，极大地促进了先秦儒学的深化和发展"。④ 五是郭店竹简儒家篇是孟子天道观转型的理论前提，孟子完成了先秦儒学天道观的转型。六是《性自命出》《中庸》《孟子》都认为"性"来自天命，但对"性"各有不同的解释和思想特点。

1993年湖北郭店楚墓竹简的出土，引起中外学界的轰动和研究。其中，《缁衣》《鲁穆公问子思》《五行》等儒简，"正是由孔子向孟子过渡时期的学术史料，儒家早期心性说的轮廓，便隐约显现其中，实在是一份天

① 参见黄大路：《孟子理想人格观之管窥》，《学术月刊》1991年第2期。

② 参见石磊：《孟子对孔子的理想人格学说之继承与发展》，《中南民族大学学报》（社科版）1992年第1期。

③ 苏军帅、苏文帅：《先秦时期儒家对孔子人道观的发展——以孟子、荀子为代表》，《河北理工大学学报》（社科版）2010年第5期。

④ 参见王其俊：《〈孟子〉与楚简〈五行〉》，庞朴主编：《儒林》第2辑，山东大学出版社2006年版，第75页。

赐的珍宝”[1]。近十几年来，上述学者对孟子与郭店楚墓儒简的比较研究，既进一步凸显了先秦儒学从孔子向孟子过渡环节的重要学术地位，又凸显了孟子对郭店楚墓儒简的继承和发展，这对厘清先秦儒学发展、变化的历史轨迹无疑具有积极意义。

第三，孟子与荀子的比较研究。主要内容包括二者人性论、哲学、刑法、教育思想的异同。

其一，二者人性论比较。许多学者将二者的相异之处概括为：人性善恶命题的不同、性善与性恶中“性”的含义不同、道德观念和道德行为形成的不同、道德观念培养途径的不同、理想主义的人性论与现实主义人性论的不同、唯心论的先验论与唯物论的反映论的对立等。二者的相同、相通之处主要表现为：都是对孔子“性相近也，习相远”思想的发挥，都激励人们攀登高尚的道德境界，承认人性可变，衡量人性善恶的标准均是社会性的道德伦理，皆承认由恶向善转化的可能，终极目标和立论目的都是促使人们改恶向善或复归于善，等等。学界对孟荀人性论异同的认识，经历了一个逐步变化的过程。在20世纪80年代，有的学者往往偏重于认为二者对立和差异是主要方面。20世纪90年代，有的从人性构成、人性后天培养的可能性和必要性、善恶起源、个人自觉能动性、人性平等方面做了论述，认为二者人性论不是异大于同，而是同大于异，并不存在根本上的对立。[2] 21世纪以来，许多学者从新的角度、层面将孟荀的人性论做了比较，认为孟荀人性论看似对立，实则互补，既有对立，又有融通之处。有的指出：二者在人性含义、思想体系、人的本质、价值追求、实践能力、人性论实质等方面的融通之处分别表现为相互发明、同归礼义、皆尊“人心”、殊途同归、皆言能善、主张“人能为善”“人能弘道”。[3] 有的从内在超越的角度论述了二者人性论的分歧。[4] 有的借鉴海德格尔的时间观念，探讨了孟子性善论与荀子性恶论的差异。[5] 有的比较了孟荀交互主体性思想，认为两者相辅相成，使我国先秦的交互主体性思想达到一个令人赞叹的高峰。[6] 总之，学界对二者人性论的比较研究，从论述内容到比较

---

① 庞朴：《孔孟之间——郭店竹简的思想史地位》，《中国社会科学》1998年第5期。

② 参见杨正馨：《也谈孟子荀子人性理论之同异》，《郑州大学学报》（哲社版）1991年第1期。

③ 参见叶金宝：《论孟子和荀子人性思想的融通》，《河北学刊》2008年第5期。

④ 参见李晓春：《从“内在超越”的角度看孟子与荀子的人性论分歧》，《华东师范大学学报》（哲社版）2000年第6期。

⑤ 参见储昭华：《朝向未来与立足当前——孟子与荀子人性论及其效应的比较考察》，《哲学研究》2006年第10期。

⑥ 参见周宏：《孟荀交互主体性思想初探》，《东南大学学报》（哲社版）2001年第3期。

的角度、层面，都呈现出逐步深化、丰富的趋向。笔者认为，上述关于孟荀人性论看似对立，实则互补，既有对立，又有融通之处的观点是切合孟荀人性论本意的。孟荀对先秦儒家的人性论各自做出了不同的贡献。

其二，二者哲学、刑法、美学思想比较。关于哲学思想比较。天人关系是孟荀哲学思想的一个重要组成部分。许多学者比较了孟荀的天道自然、天命、宇宙本体等层面的异同，认为二者对天人关系的认识异中有同，同中有异。笔者认为，“孟荀的天人和谐思想既有同，又有异。他们的天人和谐观就是在这种异中有同、同中有异的过程中不断得到深化和发展的”①。有的认为，“对‘天’的界定不同，二者天人合一理论存在很大的差异”②。关于刑法思想比较。有的认为，孟子以仁政为其刑法理想基础，倡导省刑慎刑；荀子“较孟子的刑法思想更为丰富，其结构也较孟子的刑法思想更臻于完善。荀子礼法并施的刑法思想对中国古代法制产生的影响，较之孟子仁政理想的刑法思想要深刻得多，久远得多”③。关于美学思想比较。有的认为，二者的美和善建基于同样的哲学基础上，孟子、荀子的美学思想一致，善学思想也相当接近，“孔、孟皆持美、善同根论，美、善皆源于感性判断力之活动”；并且指出，“荀子后于孟子百年，孟子没有机会为自己辩解。所以，荀子对孟子的理解是否准确是可以怀疑的。或许，荀子所驳者为孟子后学的学说，未必是孟子本人的学说”。④ 笔者认为，上述论者对荀子批判孟子的言论提出怀疑，是值得赞赏的，为我们评判孟学得失提供了有益启示。

除上述外，有的论者比较了二者教育思想的异同；有的提出孟荀“不是对立的不同，而是互为补充的不同。缺孟儒家人格不张，缺荀国家治理无方，只有两者结合一起，我们才可以说，儒家既能治国，又可以治心，治身”⑤。

总之，孔子创立的先秦儒学，后经曾子、子思、郭店楚墓儒简、孟子、荀子等儒家代表人物的捍卫、继承和发展，奠定了中国儒学的理论基础和基本形态，先秦儒学表现出逐步丰富和完善的发展趋向。上述比较研究，从先秦儒学发展的历史轨迹中探讨孟子与孔子、郭店楚墓儒简、荀子

---

① 王其俊：《试论先秦儒家天人和谐观》，赵宗正、谢祥皓、高晨阳编：《孔孟荀比较研究》，山东大学出版社 1989 年版，第 14～25 页。

② 暴庆刚：《孟子、荀子天人合一理论异同新探》，《贵州社会科学》2002 年第 2 期。

③ 刘柱彬：《仁政理想与礼法并施的冲突与融合——孟子与荀子刑法思想之比较》，《法学评论》2001 年第 3 期。

④ 参见谢遐龄：《〈孟子〉〈荀子〉感学初步比较——儒学之美学的可能性探讨》，《云南大学学报》（社科版）2012 年第 1 期。

⑤ 罗翔：《“修身”和“治国”的论辩——荀子对孟子学说的批评》，《兰州学刊》2012 年第 1 期。

的异同及相互联系，有利于人们深入地认识孟学在先秦儒学发展过程中的地位、作用。这一比较研究表明，在先秦儒家思想系统中，孟子思想是上承孔子、曾子、子思、郭店楚墓儒简和下启荀子的一个重要发展阶段。孟子对孔子等人的思想既有继承、吸取、改造和发展，又对荀子产生了重要影响。如果说，孔子初步奠定了儒学的总体发展方向，孟荀则从不同的方面发展、完善了先秦儒家思想体系。在先秦思想发展史上，儒家得以不断丰富、发展和在诸子百家中占有重要地位，与孟子的重要贡献是分不开的。

（二）孟子与墨家、道家、法家的比较研究

高华平从整体上论述了孟子对先秦诸子的学术批评，认为“孟子对先秦诸子批评的对象主要是道家杨朱学派和墨家的‘兼爱’、‘节葬’、‘非命’等观点，而其批评的锋芒还涉及纵横家、农家、法家、阴阳家、杂家、小说家以及所谓‘兵家’。孟子对于道家杨朱学派的批评虽抓住了杨朱思想中最重要的主张，且切中了其可能产生的流弊，但未能‘同情’地理解杨朱学说的立论目的和宗旨，存在强人从己的偏颇。孟子对墨家‘兼爱’、‘节葬’、‘非命’等观点的批评，既可见出其儒家思想与墨家的歧异和对立，也反映出其明显的独断论倾向。而孟子对纵横家、农家、法家、阴阳家、杂家、小说家以及‘兵家’的批评，也并非对它们进行全面的分析评判，而多是抓住一点，不及其他。孟子先秦诸子批评的特点，既与其以儒家卫道士自居的立场有关，同时也是当时学术发展的现实情形使然”①。

自20世纪80年代以来，学界关于孟学与墨家、道家、法家等先秦学派的比较研究不断得到深化和提高。

1. 孟子与墨家

二者的比较研究主要包括两个方面：一是孟子对墨子思想的吸收、改造、批判和超越；二是关于孟子批判杨墨“无父无君，是禽兽也”主张的争论。

第一，孟子对墨子思想的吸收、改造、批判和超越。孙以楷认为，“孟子批判墨家又吸取了墨家有价值的观点，丰富和发展了儒家学说”，对墨子思想的吸收与改造主要表现为颠倒了义与利在统一体中的地位、尚贤禅让说、非攻三个方面。孟子“吸收各家思想（包括墨家思想）的结果。

① 高华平：《拒斥·卫道·好辩——论孟子对先秦诸子的学术批评》，《北京师范大学学报》（社科版）2016年第6期。

排斥百家与吸取百家，这两种看来是相反的现象，实际上又是相成的。其目的都是为了建立一种适应统一天下需要的政治哲学理论”①。丁为祥认为，孟子“辟杨墨”的根源主要在于“墨子对儒家的批评”，孟子“不同于墨家，主要在于其相互绝对意识与超越精神两种不同的思想谱系。在这一基础上，所谓‘辟杨墨’实际上也就是站在更高的角度，并从更为现实的立场以及人之更为深远的关怀出发，对杨墨两家的一种双向继承、双向批判与双向扬弃”。②

第二，对孟子批判杨墨“无父无君，是禽兽也”的争论。怎样理解孟子对杨墨的批判？学界存在着两种不同的观点：一是判定孟子“丧失理智的攻击”和“道德辱骂”；二是孟子“人禽之辩”的重要思想和学理的阐释。

其一，有的论者认为，孟子的批判“近于丧失理智的攻击，活脱脱地表现了他那偏激的宗派情绪”③。有的指出：“墨家讲兼爱，孟子斥之为无父无母，是禽兽，这种辩论，已近乎人身攻击，而缺乏一种宽容的雅量。”④ 有的认为，“在诸多非儒学派中，通过横向与纵向比较，孟子认为墨家与杨朱是自己面对的最主要论敌；按照孟子的逻辑，墨氏兼爱、无父是害仁，杨朱为我、无君是害义，无父无君就是害仁害义，这威胁到孟子的核心思想（仁义），所以孟子称之为禽兽；孟子虽然希望驳倒墨家，但由于孟子实际上处于墨家与杨朱（告子）的中间，孟子不能在理论上完全驳倒墨家，所以加上了道德辱骂”⑤。

关于后一种观点。有的指出：“有人认为孟子指责杨墨之学为‘无父无君’乃是有意造说……有人则把孟子所说的‘禽兽’单纯地理解为辱骂，认为孟子对墨家的这种辱骂只是因为墨家代表劳动群众要求一些政治上的利益。其实，这些说法都没能触及问题的实质，曲解了孟子的思想”，“孟子与杨墨的论争，从理论上讲是一个涉及要不要已有的社会文明的重大问题。从实践上说，杨墨的主张都是不可能变为现实的”。⑥

苗润田列举了抨击孟子“无父无君，是禽兽也”的论述是“歇斯底里地以禽兽论杨、墨”等观点并做了辨析，认为“孟子在批判杨、墨之学的

---

① 孙以楷：《孟子对墨子思想的吸收与改造》，《齐鲁学刊》1985年第2期。

② 参见丁为祥：《从绝对意识到超越精神——孟子对墨家思想的继承、批判与超越》，《人文杂志》2007年第2期。

③ 孙以楷：《孟子对墨子思想的吸收与改造》，《齐鲁学刊》1985年第2期。

④ 杨国荣：《孟子评传》，广西教育出版社1994年版，第16页。

⑤ 万光军：《孟子辟墨杨纵横论》，《泰山学院学报》2010年第2期。

⑥ 梁韦弦、李春生：《孟子与杨墨两家的论争》，《河北师范大学学报》（哲社版）1994年第1期。

基础上多方面地发展和深化了孔子之学。孟子之‘距杨、墨’不限于他对杨、墨的直接批判，其全部思想学说都是以‘正人心，息邪说’为指归的。‘无父无君，是禽兽’是孟子‘人禽之辩’的一个重要思想。孟子之论是一个学理的阐释，是对‘非儒’说的理论回应，并非以禽兽喻杨、墨”①。

2. 孟子与道家

道家是战国百家争鸣中与儒家激烈辩争的一个重要学派，老子、庄子是其主要代表人物。许多学者比较了孟子与道家的天人观、认识论、理想人格、思想倾向、思维方式等。

第一，二者的天人观、认识论比较。李智会认为，二者天人观的相同处是“认可‘天’的主宰性……认为天与人之间最终能达到‘天人合一’”；二者差异性表现为对“天”的意义有不同的阐释、对“天人合一”的理解不同、达到“天人合一”的方法不同三个方面。②

邱环认为，二者“各自代表儒家的理想主义和道家的浪漫主义，在超越现实这一基点上，体现了两者哲学的异曲同工之妙”。他还提出，二者的认识论都“强调了内观自省的认识方法；在认识的最高境界上，两者都追求主客体合一的绝对自由境界（孟子的圣人境界与庄子的真人境界）。他们的认识论分别透出了中国哲学在思维上的共同特点，也即强调内省直观的心性修养方法，而不重视向外探求的方法……力图从现实出发而超越现实，体现了中国哲学的浪漫主义的特点”。③

第二，二者的理想人格比较。姚俭建比较了二者理想人格、理想境界、实现理想人格方式的异同，认为二者“设计了二种既互相对立又互相渗透、补充的理想人格模式”，孟子“描述和追求的是仁且智的完满道德人格以及精神境界；庄子则着墨渲染具有‘逍遥游’精神气质的理想人格”；二者“不是追求某种人格神，而是展现一种崇高的理想境界，一种人格个体的情感体验”。二者理想境界的差异表现为“思维背景不同”“情感体验的效果不同”；“在通达理想人格的具体途径和方法上，两者表现出相互对立”，儒家与道家的理想人格学说是互相对立、互相补充的。④

第三，二者的思想倾向、思维方式比较。胡家祥比较了二者的思想倾

① 苗润田：《孟子非以禽兽喻杨墨》，《文史哲》2007 年第 3 期。

② 参见李智会：《孟子与庄子的天人观比较》，《淮海工学院学报》(社科版)2006 年第 3 期。

③ 参见邱环：《孟子与庄子的认识论比较》，《玉溪师范高等专科学校学报》1999 年第 1 期。

④ 参见姚俭建：《孟子、庄子理想人格之比较》，《学术月刊》1988 年第 1 期。

向，认为他们都“关注个体的生存问题”和“意识到人类心灵具有三个层面”。但是“孟子着眼于在道德领域实现自我，注重于尊德性，思维是由‘一’到‘多’向外发散，洋溢着乾健精神；庄子则着眼于心灵的逍遥自得，思维通过摒弃感性、知性因素之‘多’而内敛于‘一’，显现了坤顺之性。二者在中国文化史上各领千秋”。[①] 朱莎认为，“以孟子为代表的先秦儒家思维方式主要表现为直觉思维和类比性逻辑思维；以庄子为代表的先秦道家思维方式主要表现为形象思维和辩证思维”[②]。

3. 孟子与法家

战国时代的法家是先秦诸子中的一个重要学派。商鞅、韩非是法家的重要代表人物。法家急功近利，反对以仁义治国，强调法治等。学界关于二者的比较主要涉及孟子改良思想与商鞅变法主张、民众学说、论辩艺术三个方面。

彭秀礼比较了孟子改良思想与商鞅变法主张，认为“以孟子为代表的儒家主张‘王道’，因其保守的改良思想与当时封建制代替奴隶制的历史潮流不相适应，故未被统治者采纳。而以商鞅为代表的法家主张‘霸道’，适应新兴地主阶级的要求，为时代所接受，但其‘严刑峻法’大失民心，却不利于统治者。如果统治者兼采儒法之长，刚柔相济，或许对立国安邦大有益处”[③]。

曲文比较了孟子与韩非关于民众学说的对立，认为“韩非学说体现了对先前诸子学术的总结……二者在民心、民产、教民三个论题内呈现思想对立的特点。这种对立的本质，是仁政论的‘贵民’思想与君主专制论的‘用民’思想的对立”[④]。万光军认为，“三纲在学派上主要涉及儒学与法家，在内容上涉及两纲还是三纲、君臣父子还是父子君臣，在立场上涉及国优于家还是家优于国，在结构上涉及双向互动还是单向僵化”[⑤]。

除上述外，有些论文还探讨了孟子与五经，邹鲁文化、战国文化以及稷下学宫的关系，孟子在先秦名辩思潮中的地位和作用，等等。譬如有的论述了《孟子》中各种人物之间的关系，认为“把《孟子》中的人物放在‘百家争鸣’的关系中看待，从而可以了解到《孟子》一书及孟子本人的地

① 参见胡家祥：《〈孟子〉与〈庄子〉思想倾向之比较》，《黄冈师范学院学报》2004年第1期。

② 朱莎：《从〈孟子〉〈庄子〉中的寓言故事看先秦儒道两家的思维方式——以孟子、庄子思维方式为代表》，《西南农业大学学报》（社科版）2011年第10期。

③ 彭秀礼：《孟子改良思想与商鞅变法主张的比较分析》，《辽宁师范大学学报》（社科版）1992年第5期。

④ 曲文：《孟子、韩非民众学说的三点对立》，《西华大学学报》（哲社版）2010年第1期。

⑤ 万光军：《儒法歧义与合流：以孟子三纲为中心》，《贵州大学学报》（社科版）2010年第4期。

位与政治主张”[①]。有的论述了孟子与稷下学宫的关系，“孟子一生游说诸侯，前后两次到齐国……事实证明，孟子不列稷下之说是难以成立的”[②]。有的论述了孟子在先秦名辩思潮中的地位和作用，认为“孟子在先秦的名辩思潮中，是一位从孔子、邓析和墨子之后到战国时的名家、后期墨家和荀子之前的过渡人物，并在一定程度上起了承前启后的作用”[③]。

总之，学界对孟子与先秦墨家、道家、法家等比较研究，获得了许多新的进展，这主要表现于下述几个方面：

第一，孟子与墨家。有的认为孟子对墨子思想的吸收、改造主要表现于义、尚贤禅让说、非攻三个问题上。[④] 有的指出：“所谓‘辟杨墨’实际上也就是站在更高的角度，并从更为现实的立场以及人之更为深远的关怀出发，对杨墨两家的一种双向继承、双向批判与双向扬弃。”[⑤] 关于对孟子批判杨墨“无父无君，是禽兽也”的争论。有的判定这是孟子“丧失理智的攻击”和“道德辱骂”；有的辩称这是“孟子‘人禽之辩’的重要思想和学理的阐释”[⑥]，这一争论从理论上看是“一个涉及要不要已有的社会文明的重大问题。从实践上说，杨墨的主张都是不可能变为现实的”[⑦]。笔者赞同后一种观点。上述比较研究表明，孟子与墨家既有对立、冲突的一面，又有相互吸取、融合的一面，凸显了孟子对墨家的批判性和超越性。

第二，孟子与道家。学界探讨了孟子与道家的异同，有的认为二者天人观的同一性在于都认可“天”的主宰性，主张天与人之间的“天人合一”，并将天人观的差异概括为对“天”含义的阐释和对“天人合一”的理解、方法的不同三个方面。[⑧] 有的比较了孟子与庄子理想人格、理想境界、实现理想人格方式的异同，认为二者“设计了二种既互相对立又互相渗透、补充的理想人格模式”[⑨]，儒道互补的理想人格在2000余年的封建社会中对中华民族普遍人格产生了深远的影响。

---

① 李文炳：《试谈〈孟子〉中人物之间的关系——兼论孟子在“诸子百家”争鸣中的主张》，《齐齐哈尔大学学报》（哲社版）1983年第4期。

② 孙开太：《孟子与稷下学宫的关系》，《齐鲁学刊》1983年第3期。

③ 翟廷晋：《孟子在先秦名辩思潮中的地位和作用》，《学术月刊》1992年第7期。

④ 参见孙以楷：《孟子对墨子思想的吸收与改造》，《齐鲁学刊》1985年第2期。

⑤ 丁为祥：《从绝对意识到超越精神——孟子对墨家思想的继承、批判与超越》，《人文杂志》2007年第2期。

⑥ 苗润田：《孟子非以禽兽喻杨墨》，《文史哲》2007年第3期。

⑦ 梁韦弦、李春生：《孟子与杨墨两家的论争》，《河北师范大学学报》（哲社版）1994年第1期。

⑧ 参见李智会：《孟子与庄子的天人观比较》，《淮海工学院学报》（社科版）2006年第3期。

⑨ 姚俭建：《孟子、庄子理想人格之比较》，《学术月刊》1988年第1期。

第三，孟子与法家。有的比较了孟子的改良思想与商鞅变法主张的异同；有的比较了孟子与韩非在民众学说、论辩艺术等方面的异同，指出二者政治思想的对立是“仁政论的‘贵民’思想与君主专制论的‘用民’思想的对立”①；有的指出，二者的“艺术风格根源于不同的文化性格，而这又都注入中华民族的整体文化性格之中”②。

总之，上述比较研究表明，学界从先秦诸子相互对立、斗争和相互融合、吸取的更高级的学术层面上，审视孟子与先秦诸子的关系，这有利于客观、正确地评价孟子及先秦诸子对中国优秀传统文化的贡献。孟子与先秦诸子之间，一方面存有对立和冲突，另一方面又存有包容和相通。在战国时代士阶层的日益崛起和诸子百家争鸣的社会环境、学术环境中，孟子与先秦诸家的辩难论争和包容、相通、吸取，促进了当时的学术繁荣。笔者认为，“孟子思想正是在与战国诸家外部环境冲撞、对立、相通、包容的相互作用中不断发展起来的。在这里，如果说孟子与战国诸家的对立、冲突表现出一定的改造环境的功能，那么，它与各家的包容和相通，则表现出一定的适应环境的能力。孟子与战国诸家的对立、冲突和包容、相通告诉我们，战国诸家由于代表了不同阶级的利益，认识问题的立足点不同，因而产生了不同的学说和主张，从总体上看，他们从不同的侧面反映了当时的社会现实，对各种理论问题作了一定的探讨。在中国古代思想史上，各自做出了独特的贡献”③。

当然，我们也要看到，上述比较还存在着一定的不足。譬如有的认为，孟子与荀子都从人的生理官能上讲人性；有的认为“孟子与荀子‘性善’论和‘性恶’论在道德观念和道德行为的形成问题上，表现了唯心论的先验论与唯物论的反映论的对立”④。有的认为孟子主张实现人的善性必须“限制耳目之官的活动，遏制欲望的产生”。这些观点，并不符合孟子的本意。笔者认为，孟子是从人禽的区别上即人之所以为人上讲人性，而不是从人的生理官能上讲人性。为了保持人的善性，孟子主张以心之官制约耳目之官，以仁义礼智制约人的欲望，而不是“限制耳目之官的活动，遏制欲望的产生”。有的斥责孟子坚持“唯心主义的先验论”，亦是沿袭了贬斥孟子的偏颇观点，是值得商榷的。

---

① 曲文:《孟子、韩非民众学说的三点对立》,《西华大学学报》(哲社版)2010年第1期。

② 杨福生:《安世以道易天下,文敏飞动自纵横——〈孟子〉、〈韩非子〉论辩艺术比较》,《安徽大学学报》(哲社版)1998年第4期。

③ 王其俊:《亚圣智慧——孟子新论》,山东人民出版社1996年版,第454页。

④ 杨文芬、林皇珍:《孟子荀子人性论异同浅析》,《福建师大福清分校学报》1988年第2期。

二、孟子与后世思想家的比较研究

许多论文将孟子与后世的曹丕、刘勰、韩愈、王阳明等做了比较。

谢丹萍、吴建民比较了孟子与曹丕、刘勰的"文气"观的理论内涵、功能作用、价值意义，认为孟子所论"气""具有道德精神之内涵，属于道德学范畴"；"曹丕所论之'气'是作家先天的气质个性才能等，属于文艺心理学范畴，具有更纯粹的文艺学性质"；"刘勰所论之'气'的内涵是作家的生命之元气，属文艺生态学范畴"。他们指出，孟子"文气"观的功能主要体现在对"作家论的影响""作品内容和思想价值的影响""作家之'言'的影响"三个方面；曹丕所论的功能体现在"影响到文学风格论""影响到作家对作品文体样式的选择运用"两个方面；刘勰的"文气"论的功能能"保养作家的生命元气"。孟子、曹丕、刘勰三者"文气"观的价值意义分别体现在"作家论和作品论方面""风格论"和"天生之气质个性才能""对作家生命的保养和创作效率的提高上"。①

王连弟论述了孟子与韩愈的论辩艺术，认为孟子与韩愈为宣传自己的政治主张在立言的过程中体现出鲜明的承继关系。这表现在三个方面：一是"把握时代的脉搏，居高临下，论点深刻，论据富于雄辩力"；二是"具有充乎天地的浩然之气，情思汹涌澎湃，奔放激烈"；三是"善于运用各种修辞手段、语言简洁明快，论据透彻，具有'闳其中而肆其外'的风格"。王氏还提出，"从孟子与韩愈在论辩艺术方面承继关系中可见唐宋古文家对汉秦散文传统的宏扬，也可窥探秦汉至唐宋散文发展的溪径"。② 冯杰比较了孟子"知言养气"说与韩愈"气盛言宜"说的异同，认为"孟子的养气说表现出高度推崇理性的自觉与坚定志向的作用"；"韩愈的'气盛言宜'既是一种精神气质，又是一种人格境界……这是对孟子'养气'理论和曹丕'文以气为主'理论的继承和发展，为后代文学家开辟了一个为文论'气'、'养气'的传统，是韩愈对中国古代文气论的发展所作出的独特贡献"，"韩愈的创新之处在于将道德之气与艺术表现的行文之气完美的结合"，孟、韩的文章风格不同，"孟子的文章平易中显示锋芒，韩愈的文章婉转中显示锋芒。总之，养气造就了孟、韩之文思想的深度和气势，对后世有重要意义及影响"。③

---

① 参见谢丹萍、吴建民：《孟子、曹丕、刘勰的"文气"观比较》，《南阳师范学院学报》2005 年第 5 期。

② 参见王连弟：《孟子与韩愈的论辩艺术浅析》，《齐齐哈尔师范学院学报》1994 年第 2 期。

③ 参见冯杰：《试比较孟子的"养气"说和韩愈的"气盛言宜"说》，《沈阳大学学报》2010 年第 2 期。

蔡新法比较了王阳明与孟子的心本体论，认为“孟子在我国历史上首次对心的问题进行哲学层次的思考，并提出良知、良能、良心说。王阳明则从哲学本体论高度探讨心的问题，并从良知范畴综合孟子的良知、良能、良心概念。从王阳明与孟子的心本体论比较中可以看出他们具有渊源与超越的关系”①。

要之，学界关于孟子与曹丕、刘勰、韩愈、朱熹、王阳明等后世思想家的比较研究，提出了许多新的观点和认识。有的比较了孟子与曹丕、刘勰“文气”观的内涵、功能作用及不同意义和价值；有的比较了孟子与韩愈的论辩艺术，论述了二者“知言养气”说与“气盛言宜”说的异同；有的比较了王阳明与孟子的心本体论。上述比较研究，既能在中国古代思想发展史这一更高层次的大系统中揭示孟学在后世的流传和影响，又能有利于考察后世思想家对孟学的继承、发展、改造和诠释。这将从一个侧面展示中国古代优秀传统文化在历史发展长河中的魅力。

第二节　孟子与外国思想家的比较研究

孟子思想与东、西方思想家相比有哪些异同？对人类文化发展做出了哪些贡献？只有通过比较研究，才能对上述问题做出正确回答。自 20 世纪 90 年代以来，学界凸显了孟子与普罗泰戈拉、苏格拉底、柏拉图、亚里士多德、莱布尼茨、康德、尼采、海德格尔、弗洛姆、拉康、列维纳斯、罗哲海等西方思想家及基督教的异同，论述了他们对人类文化发展的贡献，促进了当代中国孟学研究的兴盛。

一、孟子与普罗泰戈拉、“古希腊三贤”

苏格拉底、柏拉图、亚里士多德被称为“古希腊三贤”，学界普遍认为他们是西方哲学的奠基者。20 世纪 90 年代以来，学界凸显了孟子与普罗泰戈拉、“古希腊三贤”的比较研究。其中，重点关注的是孟子与柏拉图、亚里士多德的比较研究。

（一）孟子与普罗泰戈拉

普罗泰戈拉（Protagoras，约前 490 或前 480～前 420 或前 410），他

① 蔡新法:《王阳明与孟子的心本体论比较》,《绍兴文理学院学报》(社科版)2006 年第 6 期。

是“古希腊三贤”之前的古希腊思想家，智者派的主要代表人物。高康比较了孟子与普罗泰戈拉“万物皆备于我”与“人是万物的尺度”两个哲学命题，认为前者是描述，后者是判断。他提出，“前者的‘万物’特指道德伦理，后者的‘万物’则指人之外的一切事物；前者的‘我’即‘心’，后者的‘人’指具体的个人或人类……前者是直觉主义的，后者是感觉主义的；前者是人文主义的，后者是人本主义的”，“这两个哲学命题，都是以确立人的主体性地位为主旨的。但是，由于孟子仅从道德伦理的角度探索人的本质，并且致思途径又是直觉式的体验；更由于没有独立的自我意识，因此，‘万物皆备于我’所确立的主体性原则，仅仅是道德的主体性。而普罗泰戈拉，在从自然回到人自身的时候，看到了人的伟大之处；更由于批判理性的兴起，确立了以人为本的中心地位，奠定了西方人本主义和科学的基础”。① 莫放春比较了孟子与普罗泰戈拉的人学思想，指出“在以往中西哲学的比较研究中，人们多往往注意研究他们之间的差异，而忽视其共通融会之处”，认为二者“人性皆善”与“人皆有美德”之会通的表现为具有“相近似的人学视角”“相同的人学路径”“相同的人学内容”。二者“万物皆备于我”和“人是万物的尺度”之会通表现为“‘皆备’与‘尺度’之会通，都凸现了人是万物之主的地位”，“他们的思维都进入了反思的阶段。人之不同于动物……还在于动物不知有主体和客体之别，不能把自己从大自然中区分出来”。②

（二）孟子与“古希腊三贤”

1. 孟子与苏格拉底

苏格拉底（Sokrats，前469～前399）。罗曼予、秦楚比较了孟子与苏格拉底的德性与人性之学，认为“孟子和苏格拉底关于德性与人性的思想有其差异更有其共同之处：孟子主张人性皆善，他的‘性善论’与苏格拉底的人性论相会通。深入研究这些差异与会通，可以加深对中西哲学互补互助、融合贯通的理解”③。

2. 孟子与柏拉图

柏拉图（Platon，前427～前347），学界关于二者的比较研究主要内

---

① 参见高康：《“万物皆备于我”与“人是万物的尺度”——兼比较普罗泰戈拉与孟子的哲学思想》，《中州学刊》1989年第5期。

② 参见莫放春：《孟子与普罗泰戈拉人学思想之会通》，《湖北社会科学》2006年第9期。

③ 罗曼予、秦楚：《孟子与苏格拉底的德性与人性之学管窥》，《西昌学院学报》（社科版）2009年第1期。

容包括：政治、哲学、伦理、美学、教育、财富思想等。

（1）政治思想比较。二者政治思想比较的主要内容包括：理想政治、伦理政治观、社会分层结构等。

关于理想政治。周春生认为，“我国学术界在对孟子与柏拉图理想政治作比较时，识其相同者多，而窥其相异者稀”，“同乃表面现象，相异才是本质所在”。二者相异处具体表现于“人间一维境地的理想政治与天人两难境地的理想政治”“理想政治的心理学基础与理想政治的逻辑学基础”“理想的孝道主义与理想的法制主义”三个方面。[①] 仲崇盛比较了孟子与柏拉图政治价值取向、治国之道、政治体性质及其对各自民族政治文化影响的差异，认为“孟子与柏拉图的政治观都是伦理政治观，具有相似性。但是，由于具体政治环境和政治文化的影响，二者的伦理政治观存有一定的差异。孟子致力于政治的伦理性解释，以仁义为价值取向，主张王道反对霸道，建构的政治体是伦理国家；柏拉图致力于政治的道德性解释，以正义为价值取向，重视人治轻视法治，建构的政治体是道德城邦”[②]。王显峰、高剑平比较了孟子与柏拉图的善、伦理国家与道德城邦、以民为本与国家第一三个方面的异同，认为孟子“性善论中的‘善’是从人的本性这个角度出发的”，柏拉图的“‘善’是从理念这个角度来说的……‘善’是理念世界中的最高理念”，“相同的是两者都属唯心主义范畴，孟子是主观唯心的‘善’，柏拉图则是客观唯心的‘善’”。二者伦理国家与道德城邦相同之处主要表现在：“‘善’是两者的理论基础”，“两者都十分强调道德在政治生活中的作用，把政治秩序的建立和维护看作是伦理秩序的维护”，“两者都将国家统治的最高权力赋予集权力与道德于一身的圣人、贤者，具有明显的人治主义色彩”；差异之处主要表现在：“政治观所赖以建立的伦理关系基础不同”，“阶级分工不同”，“所提倡的财产所有制不同”，孟子的君主“更具贤能特点”而柏拉图的哲学王“所侧重的是理性和智慧”，“道德教育的内容不同”五个方面。[③]

关于伦理政治观。段元秀认为，二者“理想政治的蓝图分别是王道政治与正义城邦，二人的政治思想有颇多相似之处，但是二人思想的逻辑理路、价值诉求、理想政治模式、历史影响却又截然两分。体现在：性善论和‘美德即知识’的逻辑起点；仁义与正义——情理两分的价值诉求；王

---

① 参见周春生：《孟子与柏拉图理想政治的区别》，《上海师范大学学报》1997 年第 4 期。

② 仲崇盛：《孟子与柏拉图伦理政治观比较》，《孝感学院学报》2003 年第 4 期。

③ 参见王显峰、高剑平：《孟子与柏拉图政治思想之比较》，《学术论坛》2004 年第 3 期。

道仁政与正义城邦的政治理想；德治传统与理性主义政治传统”①。关于社会分层结构。张超、万江红认为，二者“在社会分层结构的起源、实质及平衡机制等方面既有着惊人的相似之处，又有着各自独特的旨趣”，“在社会分层结构的起源上”，二者“都将它归结为社会分工”；“在社会分层结构的实质上”，二者都“力图构建一个统一协调的有机的社会等级结构体系”；“在社会分层结构平衡机制上”，二者分别提出了“‘性善’论和‘正义’说，作为社会分层结构的平衡维持机制”。② 方高峰比较了孟子与柏拉图分工思想，认为二者“都强调了分工的必要性，论述了分工的效益；都很重视商品交换，并对商品价值价格理论有所认识；都将社会成员按其职业分为统治阶级与被统治阶级。但二者命运却极不相同”③。

（2）哲学思想比较。这一比较的主要内容包括：“求放心”与“回忆说”、“善和真理”与“善和本性”、“身心观”与“灵肉观”等。

张君梅比较了孟子与柏拉图“求放心”与“回忆说”两个命题，将二者的相似之处概括为五个方面：一是“他们都是先验主义者”；二是“良知和理念俱为本有，那么获得它便不须外求”；三是“崇尚心灵的最高认识作用，追求精神的无上快乐”；四是“贬斥感官欲望，认为肉体情欲是达到真理之地的障碍，感觉器官不能提供真正的知识”；五是“他们都认为只有少数人能达到理想人格……最后他们都走向了神秘主义”。二者的不同之处表现在三个方面：一是“孟子认为良知乃天命之性，柏拉图以为理念是创造神置入灵魂中并通过灵魂轮回传递的”；二是“孟子的‘求放心’是道德认识—修养论”，“柏拉图的‘回忆说’则主要是认识论”；三是“孟子是此岸的神秘主义，柏拉图是彼岸的神秘主义”。④

张合宜比较了孟子身心观与柏拉图灵肉观，认为“孟子身心观是心统帅身、支配身，而身则是心进行道德修行的场域，气是心身之间的联络，上受心之统帅，但也可反作用于心，下可充盈身，从而达到‘践形’，完成道德的培养。而柏拉图灵肉观则认为人是有灵魂和肉体两个各自独立的实体构成，灵魂在本性上是善的，肉体却阻碍灵魂向善，灵魂只有通过‘回忆’走向理念世界，获得善知识。孟子和柏拉图尽管有不同的理解维

---

① 段元秀：《王道政治与正义城邦——孟子与柏拉图伦理政治观比较》，《中国石油大学学报》（社科版）2011 年第 3 期。

② 参见张超、万江红：《孟轲与柏拉图的社会分层结构思想比较》，《华中农业大学学报》（社科版）2003 年第 2 期。

③ 方高峰：《孟子与柏拉图分工思想比较》，《湖南城市学院学报》2004 年第 2 期。

④ 参见张君梅：《关于孟子与柏拉图的两个命题之比较》，《华南理工大学学报》（社科版）2002 年第 1 期。

度，但都体现了哲人探索如何进行德性修养的终极关怀”①。

（3）伦理、美学、教育、财富思想比较。覃筱曼从时代背景、“四德说”的主要内容、异同三个方面比较了孟子与柏拉图的“四德说”，认为柏拉图的“四德说”主要内容有“智慧、勇敢、节制、正义四种美德……这些美德又主要分属于国家里不同的阶级”；“孟子的‘四德说’，第一次将‘仁义礼智’并提，并将这四种道德意识建立在人的情感基础之上，使之成为中国传统的伦理道德模式”。二者“都认为人可以并应具有美德，认识到道德是人类生活的特征之一”。“德政统一”“以德制欲”“义、勇一致”是二者的异中之同；“尚理与尚情”“尚知与尚识”“勇敢与礼让”是二者的同中之异。②

关于美学比较。陈光宇认为，柏拉图“从个别的美的事物开始，逐渐‘循阶上升’，最后达到‘涵盖一切的’‘最高境界的美’的探索程序，是一条认识美的正确途径”；孟子将个体人格划分为善、信、美、大、圣、神六个等级，他的“区分和阐释，极大地拓展和丰富了美的本质的内涵，在中国美学史上产生了极为深远的影响”。作者从根本目的、思维方式、美与善的关系三个方面比较了柏拉图与孟子的差异。在根本目的上，前者“科学主义色彩十分鲜明”，后者“人文主义倾向是十分明显的”。在思维方式上，前者“主要是一种抽象的思辨分析”，“孟子则更擅长于直觉体悟”。在美与善的关系上，二者的观点同中有异。他们“均认为善是构成美的不可缺少的重要内容。但这个‘善’在他们各自的美论中所处的位置是有着明显差异的”。二者的相似之点，“均深邃地洞见了美的复杂内涵之间存在着固有的‘等级次序’……孟子……建构了一个六层宝塔式的严谨的内在结构……鲜明地揭示了人格美所固有的内在层次，成了后世的人们用以衡量人格精神美的重要标尺”，柏拉图谓“世界将各种美的现象梳理整合出一个‘等级次序’”。二者在“探讨美的本质时所用的‘分层梳理’的方法，留给后人良多的启示”。③

刘红星比较了孟子与柏拉图的国家教育理想，认为“孟子的教育强调内化，把人性善—以善养人—服天下直接挂钩；柏拉图认为人性贪欲，教育注重外化，从教养灵魂—个人正义—到国家正义，以法律规定对公民监控教育。王权专制下的孟子其教育思想是开放的，希望以教育王天下；民

① 张合宜：《孟子身心观与柏拉图灵肉观之比较》，《平顶山学院学报》2008年第6期。

② 参见覃筱曼：《柏拉图的“四德说”和孟子的“四德说”之比较》，《广西师范大学学报》（哲社版）1989年第1期。

③ 参见陈光宇：《柏拉图与孟子美论之比较》，《南京社会科学》1999年第10期。

主制度下的柏拉图主张封闭式的愚民教育。孟子和柏拉图的国家教育理想具有互补性，对当代教育乃至治国都有启发”①。翟广顺认为，二者“秉持着‘人性善’理念，将建构美好与善良的精神家园作为教育的终极目的。他们分别以孔子、苏格拉底为楷模，满怀强烈的政治抱负，试图通过道德教育建立和谐稳定的社会……孟子强调精神内化，柏拉图主张道德外烁”②。

关于财富思想比较。方高峰、张晓连认为，二者“都强调物质财富的基础地位，反对贫富两极分化，主张追求财富必须受伦理道德的约束，反对贪图物质享受”。二者的相左之处表现为：“孟子致力于富民，而柏拉图认为过多的财富是灾难”；“孟子认为统治者的欲望可适度满足，而柏拉图主张理想的统治者应生活清贫”；“孟子主张救助穷人，而柏拉图主张驱逐穷人”。二者的“财富观基本上是相似的，二者都强调伦理因素，可以说是一种伦理财富观，但二者的命运却不相同。”③

3．孟子与亚里士多德

亚里士多德（Aristotles，前 384～前 322），古希腊著名思想家。许多学者比较了孟子与亚里士多德的早期国家观和伦理思想。

（1）早期国家观。邵东方从四个方面比较了二者的早期国家观。一是早期国家的概念和起源。亚里士多德认为，“城邦的产生是从家庭开始的”；孟子“把家和国、天下视为一个有机的整体……是人们血缘关系和地域关系的统一”。二是公民在早期国家中的地位和作用。孟子提出民贵君轻，认为国人对于选拔官吏、惩罚犯罪、国君废立、王位继承等具有重要作用；亚里士多德提出“轮番为治”的思想，具体阐述了公民参政的各种形式。三是早期国家的小所有制问题。孟子的“小农经济的特点是男耕女织的自给自足经济，它是以数口之家为基本生产单位的”；“在古希腊，城邦的所有制是以小所有制为主要内容的”。四是早期国家的政体问题。亚里士多德对“城邦国家的组织形式进行了系统的分类，提出了区分政体形式的两条标准……概括出政体的三种基本形式及派生形式”；“孟子没有对政体进行分类，这是因为古代中国的各邦国都是实行君主制……但是代表这三种政体形式的三个等级——君主、贵族、平民，却是孟子在阐述国家结构中提出的三个基本层次”。孟子的“君主与臣下的关系是一种相互的权利与义务的关系”，亚里士多德“同孟子一样，认为君主和臣下应该

① 刘红星：《孟子与柏拉图的国家教育理想比较》，《云南财经大学学报》2006 年第 6 期。

② 翟广顺：《孟子和柏拉图：痴迷于善与美的精神家园》，《当代教育科学》2006 年第 23 期。

③ 参见方高峰、张晓连：《孟子与柏拉图财富观比较初探》，《管子学刊》2004 年第 1 期。

是一种朋友式的关系”。[①]

（2）伦理思想。戴兆国认为，“作为伦理思想的源头，孟子和亚里士多德的伦理理论都表现为典型的德性伦理形态，二者既存在着共通的思想内容，也有差异。在德性与存在、德性与规范、德性与德行、德与福的统一方面，都作出了相近的阐述，表现了共通的理论旨趣。但是在具体的理论解释构架以及致思的方向上又存在差异。对二者异同的比较，可以为现代伦理理论的建设提供借鉴”[②]。吴先伍指出：“二者的差异实际上预示着中西伦理思想后来发展的不同路向。亚里士多德以理性作为至善追求的核心概念，理性不但构成了亚里士多德追求至善的逻辑起点和最终的检验标准，并将至善本身看成理性的自我展开，而情感作为低级的情欲被排除在至善追求之外。孟子以人类天生的爱亲敬长的道德情感为核心，展开了一个情感伦理系统，使道德的培养变成一个自然而然的过程。”[③] 孙业成认为，二者的人性论“各自以不同的方式奠定了两大传统文化的基础。其中，他们对人性问题的思索，有助于我们对两大文化源头的探寻”。二者的共同点是：“亚里士多德赞成少数哲学家为王，大多数人则是少数统治者达到目的的手段或工具。孟子认为少数统治者是人性完美者，是圣人……两人均维护等级制度”；“二者对张扬个性均持积极态度。亚里士多德珍惜人对自己生命的选择……孟子则推崇‘富贵不能淫，贫贱不能移，威武不能屈’的独立人格精神”；“亚里士多德的人性论以理性为原则，而理性在孟子人性论中所起的作用也不可忽视”；“二者同植中道之伦纲”。二者的差异表现为：“在知识学结构上，亚里士多德的知识学是由形而上学、物理学、政治学及伦理学构成，其人性论、伦理学是其完整的知识学体系中的一个分支。其人性论、伦理学可视为知识型。孟子的人性论涵盖人事、天道的方方面面……可将孟子的知识学视为伦理型”；“行政方法有别”；“都有着超越现实的精神追求，但追求的目标各异”；“义利关系有所区别”。[④]

陈治国认为，“正义”“仁义”分别构成了亚里士多德和孟子“优秀政治社会秩序的基本原理，同时也被看作政治共同体成员所应培养的与他人相关的总体德性或伦理德性整体”，他们“都把城邦政治的首要功能限定

---

① 参见邵东方：《孟子和亚里士多德的早期国家观》，《江淮论坛》1987 年第 1 期。

② 戴兆国：《孟子与亚里士多德德性理论之比较》，《安徽师范大学学报》（社科版）2003 年第 2 期。

③ 吴先伍：《理性与情感：亚里士多德与孟子伦理思想的差异》，《安徽师范大学学报》（社科版）2005 年第 1 期。

④ 参见孙业成：《亚里士多德与孟子的人性论比较》，《南京政治学院学报》2004 年第 2 期。

于主要促进每一个体伦理德性的实现或发展以及优秀公民人格的培养，因为这更多地涉及一个人类存在者的本性和福祉”。“在伦理德性的形成路径上，亚里士多德主张要由伦理德性之公民的、政治的向度推进到人性向度、道德向度，孟子则更倾向于一种相反的培养程序……二者虽然都为哲学家或者圣贤在正义城邦或仁义之治发展中的恰当角色提供了两种选项，即政治顾问和伦理教师，但是，真正支撑着这两种角色的深层理由并不完全一致。”①

二、孟子与莱布尼茨、康德

有的学者比较了孟子与莱布尼茨的异同。莱布尼茨（Leibniz，1646～1716），德国著名哲学家。张佳珣认为，二者道德学说的相似性表现为：一是“道德观念先天地存在于人类的本能之中”。在道德原则产生的源头问题上，“莱布尼茨与孟子提供了相近的思路，即普遍道德原则来源于人类本能中的‘天赋’的道德观念”，“在孟子的学说中，道德观念也同样存在于人类本能之中，并且同样具有‘天赋’的特征，孟子称之为‘良知’、‘良能’”。二是“人类本能中道德观念的存在方式”。二者都认为“这些道德观念正是人类普遍道德原则的来源，但他们又不约而同地认为，这些道德观念只依靠本能的力量是不足以发展为普遍而完善的道德原则的，因为道德观念虽然内在于人类本能，其自身却一方面并不显而易见并且具有某种秩序上或程度上的不完善，另一方面也经常受到外在感官、欲望等因素的模糊与蒙蔽”；“但中西文化、尤其是中西哲学的巨大思想差异又使二人的道德学说朝向不同的方向发展，为我们提供了建构人类普遍道德原则的两种不同思路”。②

康德（Immanuel Kant，1724～1804），德国著名哲学家。21世纪以来，学界凸显了孟子与康德伦理思想的比较研究。其主要内容划分为：伦理思想的整体比较、人性观比较、伦理范畴和命题比较。

（一）伦理思想的整体比较

蒋九愚、占林光认为，康德与孟子在若干方面存在明显分歧，又“有着诸多相似、相通的思路和见解”。二者“都肯定道德价值的绝对性与人

① 参见陈治国：《作为政治秩序原理的正义与仁义：亚里士多德与孟子之间的一种互诠》，《现代哲学》2015年第6期。

② 参见张佳珣：《莱布尼茨与孟子道德哲学中的“本能”问题对比研究》，《齐齐哈尔大学学报》（哲社版）2015年第10期。

格尊严。康德认为在一切价值中，惟有道德价值是最高的、最尊贵的，非其他任何价值如智能、勇敢、健康、财富、荣誉等所能比拟……孟子在伦理学上与康德一样同属于理性主义伦理学，肯定道德价值的绝对性”；“康德认为道德与幸福是对立的，道德属于纯粹的形式法则，而幸福属于质料的‘经验原则’……道德与幸福的二元对立源于人是感性和理性的双重存在”，“孟子坚持儒家重义轻利的伦理精神，在道德上并不肯定追求个人利益或幸福的行为，并未自觉反思道德与幸福何以能统一的问题”。① 有的认为，孟子与康德道德哲学的差异性主要表现为：“从道德哲学立足点上看，一为根于人心与人性，一为根于社会与历史”；“从道德哲学思考的进路看，一为依据情感理性而展开，一为依据实践理性而展开”；“从道德哲学理论创制的模式看，一为整体呈现，一为分别创制”；“从道德哲学理论特质上看，一为德性的实质的，一为规范的形式的”；“从道德哲学理论的走向来看，孟子和康德的道德哲学分属于德性论和规范论”。“孟子和康德道德哲学在各自理论的现实追求、理论目的实现的统序以及二者在道德生活的终极信仰依托等方面，也存在差异。”②

吴海文比较了康德与孟子的道德教化观及其人文价值，认为“道德教化的基础：康德认为人是有限理性的存在者；孟子认为人性善是道德教化的基础”；“道德教化的实质：康德认为要摆脱理性的不成熟状态，就需要理性的教化和道德的陶冶；孟子认为道德教化就是将德性存养扩充”；二者“道德教化的方法有相同也有不同之处”；二者“道德教化观的人文价值”表现为道德教育要与社会生活环境相结合、与个人成长环境相结合、与个人和社会心理特点相结合、与法制教育相结合几个方面。③

（二）人性观比较

雷武峰认为，“孟子认为人性本善，是先天规定好了的；通过对先天本心的养护就可以实现人的道德化；康德则认为人性是由自由意志决定的，是善恶相互调和的历史过程，人性的实现是善对恶的拯救过程。这两种人性观造成了中西人格特征的基本差异”④。颜青山对孟子的本心原则与康德的人性公式做了比较，论述了孟子对舍生取义的论证，分析了孟子

---

① 参见蒋九愚、占林光：《孟子与康德伦理思想之比较》，《江西社会科学》2009 年第 5 期。

② 参见戴兆国：《中西道德哲学的差异性——以孟子和康德为中心的考察》，《安徽师范大学学报》（社科版）2012 年第 4 期。

③ 参见吴海文：《康德与孟子的道德教化观之比较及其人文价值》，《湖南社会科学》2013 年第 5 期。

④ 雷武峰：《孟子与康德人性观比较》，《西藏民族学院学报》（哲社版）2002 年第 4 期。

的“本心”与“本心原则”，从孟子的本心原则到康德的人性公式“‘本心’与‘人性’”，认为“孟子在‘舍生取义’的论证中为我们提供了一个重建中国古代哲学中‘薄’的伦理学的有力启示，他实际上提出了一个基于其‘本心’概念的价值道义论原则，从‘本心原则’出发可以逻辑地推出康德绝对律令的‘人性公式’。‘本心’与‘人性’具有高度的形式相似性”①。费艳颖、曹广宇认为，“孟子与荀子人性论的差别在于是否看到人性有两个层面，荀子只看到人性的经验层面，而孟子更洞察到人性有超越层面。康德也认为人性有两个层面，人具有双重性格，孟子性善说所指的人性属于康德‘理性性格’这一层面，荀子性恶说所指的人性属于康德‘经验性格’这一层面。康德对于人性恶有着更为精妙的阐释。三者比较的结论是康德人性论含有孟子、荀子人性论的要素”②。

（三）伦理范畴、命题比较

二者的伦理范畴、命题比较主要包括：“欲”与“善”、“仁”与“至善”等。周海春比较了康德和孟子的“欲”与“善”，指出二者“都认为低级的‘欲’关系到感官的愉快、幸福、自爱，高级的‘欲’才和‘善’有关。康德伦理思想的落脚点是要为持续的生命本身负责，为上帝负责，具有宗教精神……康德伦理思想具有理性主义精神，不能开辟出一条通过人的情志内容内在超越的道路。孟子把‘善’落实到血缘亲情之中，缺乏外在超越的精神，往往把感官王国的内容混入超越的世界”③。张群、赵婷婷比较了孟子的“仁”和康德的“至善”，认为“从表面上看，二者在背景、出发点、基本立足点、理论方法具有很大不同。但二者有许多相似之处。首先，他们的目的都是通过寻求人性的基本特征，揭示‘善’的必要性，并极力否定‘恶’；其次，仁与至善都被赋予了完满性的含义，人类对完满的境界的追求都被视为是一个过程。在追求理想境界的道路上两者又具有一致性。它们同样都给予我们人类的精神以巨大的财富”④。

除上述外，谢晓东比较了二者的政治哲学。他提出，“孟子政治哲学的一个基本特点是尊崇王道而贬斥霸道”，孟子“内在的心性与外在的政治之间具有密切关系，这就从道德过渡到了政治。这种政治就是王道政治”；“康德把自律观念贯通道德哲学和政治哲学两个领域，于是就有了自

① 颜青山：《孟子的本心原则与康德的人性公式》，《湖南师范大学社会科学学报》2014年第5期。
② 费艳颖、曹广宇：《康德、孟子与荀子人性论之比较》，《社会科学家》2016年第4期。
③ 周海春：《“欲”与“善”：康德和孟子的比较》，《江汉大学学报》（人文科学版）2009年第5期。
④ 张群、赵婷婷：《孟子之“仁”与康德之“至善”的比较》，《鸡西大学学报》2011年第5期。

律与自由民主制度之间的内在一致性”，“孟子哲学内部的局限也不容忽视，这在一定程度上导向了王道而不是民主”。这主要表现在三个方面：一是“过于实用化的思维方式”；二是“平等主义的不彻底性”；三是“个体主义的缺失”。“立足于孟子的自律伦理学，并予以创造性转化，或许可以为实现儒家政治哲学的现代重构提供一个理论原点，从而使得民主政治成为儒学的内在要求和理论归宿。”①

三、孟子与尼采、海德格尔、弗洛姆

尼采（Friedrich Nietzsche，1844～1900），德国哲学家。朱岚、王维平比较了孟子与尼采的人论，认为“孟子的‘圣人’与尼采的‘超人’都是他们的理想人格”，“他们在各自所处的特殊历史条件下，密切关注着人类的命运……并试图通过‘圣人’‘超人’的伟力来改造现实”。就“圣人”“超人”的产生而言，“孟子和尼采从不同角度肯定了人之间的差别，肯定了有上等人与下等人，从而也就肯定了‘圣人’、‘超人’存在的可能性”；就如何超越自身而成为“圣人”“超人”来看，孟子主张，经过一番痛苦磨难的人才是大丈夫、英雄，才能担负起天降大任、人化而为圣贤。尼采“明确地提出‘超人’产生于恶劣环境中”。二者都以一种舍我其谁的历史责任感，塑造着自己的理想人格——“圣人”和“超人”，并试图通过他们来实现自己改造社会的宏伟抱负。“这两个有同有异的人物形象是时代、历史的产物，同时也体现了中西文化的不同。”②

白彤东论述了恻隐之心的现代性本质，指出：“尼采认为，在（西方）古典（古希腊和古罗马）时代，怜悯不被重视，在犹太教乃至基督教中它才开始被当作道德，而在（欧洲）现代得以滥觞。对于此种变化，尼采用主人道德与奴隶道德以及奴隶的反叛来加以解释。但这一解释却无法说明为什么恻隐之心会在中国的《孟子》中成为道德之根本，并成为传统中国主流价值的一部分。而如果将中国周秦之变也看作是与欧洲平行同步的一种现代化过程，那么中国的先秦哲学就同样可以被看作是一种现代哲学了。以此视角观之，同情心的地位的变化来自于中国周秦之变与西方现代化所面对的一个共同问题，即作为现代化的特征之一的广土众民的大国的内在凝聚力的问题。中国传统哲学比起欧洲古典哲学，要更与现

① 参见谢晓东：《理想政治的四种类型——兼论孟子政治哲学的理论归宿》，《武汉大学学报》（人文科学版）2012年第6期。

② 参见朱岚、王维平：《孟子与尼采人论比较》，《兰州大学学报》（社科版）1991年第3期。

代相关。"①

海德格尔（Heidegger，1889～1976），德国哲学家。李腾将孟子"夭寿不贰"与海德格尔《存在与时间》中的生存论思想做了比较，认为"孟子云'夭寿不贰，修身以俟之，所以立命也'，其中包含着'夭寿（生死）与命之间的关系'以及'修身立命'这两方面的问题。海德格尔《存在与时间》在时间的视域下，将此在解读为'向死而在'，与言说'生生之大德'的儒者形成一种互补关系。命定的偶然性（个体的人必然有具体的实质限定）、必死性（有限个体必有其死）和使命义（人禀受善性而有道德使命）这三者构成了《孟子》中的'命'义。孟子反求诸己，追求人的本然善性和生之尊严；海德格尔则认为面对死亡的决断，是个体成为本真存在的关键，而儒者的生活方式可视作本真存在的一种可能性"②。

弗洛姆（Erich Fromm，1900～1980），美籍德国犹太人，人本主义哲学家。王元明比较了孟子与弗洛姆的性善论，指出"虽然弗洛姆和孟子都主张性善论，但两者却有着根本的区别：前者把自我意识、自发的爱和自发创造性说成人的本性，是对人的基本精神需要探索的结果，后者把仁、义、礼、智及忠、孝说成是人的本性，迎合了封建统治的需要；前者高扬人的独立自主、爱己爱人、创造性，后者抹煞人的独立自主和创造性，反对爱己爱人，只讲亲亲、敬长；前者要求社会必须满足人的基本精神需要，后者要求人必须服从专制的等级制度"③。

四、孟子与拉康、列维纳斯、罗哲海

拉康（Jacques Lacan，1901～1981），法国心理学家。严和来、姜余"以拉康对《孟子》'天下之言性也'一句的'误读'为起因，讨论精神分析的几个核心概念：言在、无意识、陈述与陈述的内容、意义与意思、歧义性，发现拉康是有意做出这种'误读'的。作为精神分析家的拉康对《孟子》的阅读，更多的是在做精神分析式的解析，而不是翻译"④。

列维纳斯（Emmanues Levinas，1906～1995），法国著名哲学家。李凯将孟子与列维纳斯伦理学做了新的比较，指出"列维纳斯认为，在意志

① 白彤东：《恻隐之心的现代性本质——从尼采与孟子谈起》，《世界哲学》2014年第1期。

② 李腾：《对孟子"夭寿不贰"句之解读——以海德格尔〈存在与时间〉中的生存论思想为参照》，《北方论丛》2016年第1期。

③ 王元明：《弗洛姆的性善论及其与孟子性善论的比较》，《天津师范大学学报》（社科版）2007年第5期。

④ 严和来、姜余：《"天下之言性也"——拉康对〈孟子〉的误读?》，《华南师范大学学报》（社科版）2016年第6期。

自由的状态下，自我不可避免地会将其意志施之于他人，列维纳斯称这种情况为‘杀人’。‘杀人’的现象也鲜明地体现在孟子的思想和言行中。不过，孟子陷入‘杀人’的误区，却并非缘于他所主张的道德意志的自由，而是由于他轻率地断定人与人之间存在着相同的人性……只要排除对人性共通的轻信，孟子乃至儒家不仅不会‘杀人’，反倒可以建构出一种既合理、又现实的‘自我—他人’关系”①。李凯《孟子伦理思想研究——以列维纳斯伦理学为参照》一书，是近年来学界关于孟子与外国思想家列维纳斯全面、系统比较的专著之一。该书“在以列维纳斯伦理学为参照标准之下，通过详细地比较、分析、总结孟子的伦理思想后，阐释了孟子伦理思想在中国传统文化中的重要作用，以及在现代视野下，孟子伦理思想的优劣之处。同时，通过庄子、荀子、戴震等人对自由意志问题的思考，展现了中国先哲们对同一问题不同角度的思考与解读。这对我们理解、分析、传承传统文化，特别是在传统文化的现代传承与阐释上，都有着积极的意义”②。

罗哲海（Heiner Roetz，1950～　），当代德国汉学家。韩振华认为，“20 世纪 90 年代以来，德国汉学家罗哲海在对轴心时期《孟子》和儒学的诠释中，旗帜鲜明地张扬启蒙话语，主张以一种‘重构或调适的诠释学’来启动轴心时期儒家伦理的潜能，重提注重民主和人权等普适价值的‘现代性方案’，倡导‘现代性儒家’而非‘儒家现代性’。本文以罗哲海对《孟子》的现代重构为例，分析其法兰克福批判哲学背景与包括孟子在内的儒学相互结合的一种可能，兼与法国汉学家朱利安以‘道德奠基’为话题对孟子与启蒙哲人的比较研究为对照，藉以突显罗哲海《孟子》诠释对于当代中国思想的独特意义”③。

五、孟子与基督教的比较

胡卫青论述了近代来华传教士与孟子性善论的冲突，认为“近代来华传教士以基督教教义为评判尺度，对儒学人性论尤其是孟子的性善论进行了广泛的讨论。他们认为，性善论主张人只能依靠自身进行道德完善，这种典型的人文主义思想不仅排斥宗教信仰，而且容易导致对道德真理采取

① 李凯：《真实世界中的自我与他人：孟子何以应当借鉴列维纳斯》，《伦理学研究》2014 年第 5 期。

② 李凯：《孟子伦理思想研究——以列维纳斯伦理学为参照》，“内容简介”，人民出版社 2016 年版。

③ 韩振华：《“批判理论”如何穿越孟子伦理学——罗哲海的儒家伦理重构》，《国学学刊》2014 年第 3 期。

实用理性的态度。传教士们的批评意见既表现了一种宗教偏见，也展示了中西思想在此问题上的实质性的歧异与冲突”①。

贺璋瑢比较了孟子与基督教的人性、道德论，认为“孟子明确地举起‘人性本善’的旗帜。其人性其实就是指人的德性”，“基督教对于人性的大致看法，即人性实质上就是人的罪性。对人性是德性或罪性的不同看法，导致了以孟子为代表的儒家伦理和基督教神学关于人的道德实践与道德追求的目标的不同。将孟子的人性、道德论与基督教的人性、道德论作一比较，对于我们理解人的本质以及人究竟应怎样提升自己的生命，过一种有意义的生活，或许有所启发”。② 赵杰认为，“孟子与保罗代表着两个性质迥异的文化传统，一个是以人为本的儒家哲学传统，一个是以神为中心的基督教信仰传统；在这两种异质的文化传统中，存在着儒学与基督教两种不同性质的真理言说”，“如果保罗是忠于上帝所交托使命的信仰着的使徒，那么孟子则是一位自觉学效孔子的思考着的哲人。孟子与保罗二人这种职分的区别，对于我们理解儒学与基督教两种话语系统中的不同真理言说，具有重要价值”。③

总之，上述关于孟子与普罗泰戈拉、苏格拉底、柏拉图、亚里士多德、莱布尼茨、康德、尼采、海德格尔、弗洛姆、拉康、列维纳斯、罗哲海等思想家和基督教的异同比较研究，获得了许多新的进展，主要成绩表现于下述几个方面：

第一，孟子与普罗泰戈拉、“古希腊三贤”。有的学者比较了孟子与普罗泰戈拉“万物皆备于我”与“人是万物的尺度”两个哲学命题，认为二者都是“以确立人的主体性地位为主旨”，同时具有直觉主义与感觉主义、人文主义与人本主义的差异④；有的指出二者的人学思想具有相近似的人学视角、相同的人学路径和人学内容，“凸现了人是万物之主的地位”⑤。

孟子与“古希腊三贤”比较。其一，孟子与柏拉图的比较，涉及二者的政治、哲学、伦理、美学、教育思想的异同等。概括起来，其主要内容包括如下几方面。二者政治思想的相异之处表现为：人间一维境地的理想

---

① 胡卫青：《中西人性论的冲突：近代来华传教士与孟子性善论》，《复旦学报》（社科版）2000年第3期。

② 参见贺璋瑢：《孟子与基督教人性、道德论之比较》，《哲学研究》2003年第5期。

③ 参见赵杰：《从保罗与孟子的不同职分看基督教与儒学两种不同性质的真理》，《文史哲》2007年第1期。

④ 参见高康：《“万物皆备于我”与“人是万物的尺度”——兼比较普罗泰戈拉与孟子的哲学思想》，《中州学刊》1989年第5期。

⑤ 莫放春：《孟子与普罗泰戈拉人学思想之会通》，《湖北社会科学》2006年第9期。

政治与天人两难境地的理想政治，理想政治的心理学基础与理想政治的逻辑学基础，理想的孝道主义与理想、政治价值取向，治国之道的王霸之争与人法之辨，政治体性质、影响和借鉴，政治观的伦理关系基础、阶级分工、财产所有制，道德教育的内容，伦理政治观的逻辑起点，以及理想政治模式等若干方面。二者政治思想相同之处主要包括：主张以民为本和抨击暴政，伦理国家与道德城邦模式具有相同的性质和“善”是两者的理论基础，理想政治模式的设计均以社会等级、社会分工为基础和强调分工的必要性以及重视商品交换，追求理想的政治经济制度、重视教化，以及社会分层结构的起源、实质及平衡机制等方面。二者哲学思想的相似、相同之处包括：二者的良知和理念俱为本有、崇尚心灵的最高认识作用、追求精神的无上快乐、希望建立一个有秩序的社会、主张生存即善等方面。二者的不同之处包括：未使天命人格化与相信创造神的存在，道德理性与知识理性理想人格是此岸的神秘主义与彼岸的神秘主义，善走向认识论与本性之善走向功夫论。二者伦理思想的不同主要包括：所处时代、地理背景、阶级属性的不同，“四德说”具有尚理与尚情、尚知与尚识、勇敢与礼让的差异，以“正义”统帅智能、勇敢和节制与以“仁”德贯穿义、礼、智三德而属于不同的模式。其相同之处包括德政统一、以德制欲、义勇一致等方面。二者美学思想相异之处包括：科学主义色彩鲜明与人文主义倾向明显、思维方式的抽象思辨分析与擅长直觉体悟、“善”在美论中所处位置不同等方面；其相同之处都认为美的内涵之间存在着固有的“等级次序”。除上述外，二者的教育思想在教育目的、教育对象、教育方法等方面，也具有许多异同。其二，孟子与亚里士多德的比较。二者早期国家观的不同之处主要包括：早期国家的概念和起源，公民在早期国家中的地位和作用，公民是城邦的社会基础与诸侯国实行君主制等方面。其相同之处包括：孟子的君臣关系是相对待的关系，亚里士多德认为君臣是朋友式的关系。二者伦理思想的不同主要包括：两者理论的解释架构，重情意倾向与重理智致思倾向的致思方向，以理性作为至善追求的核心概念与以爱亲敬长的道德情感为核心等方面。二者的相同之处主要包括：内在德性品质是人的存在的基础，外在的道德规范源于德性的内在要求，自觉自愿的道德行为合乎内在的德性质量，德福统一是德性理论的逻辑旨归，德性之“心性”根源上都在寻找规定人的带有根本意义的东西，道德行为必须建筑在行为者本性之上的信念等方面。二者人性论的不同主要包括：知识型与伦理型、行政方法、超越现实的精神追求的目标、义利关系等方面。二者的相同之处包括：主张维护等级制度，对张扬个性均持积极态度，重视理性和中道思想三个方面。

第二，孟子与康德。其一，伦理思想的整体比较。有的将二者的相同之处概括为肯定道德价值的绝对性与人格尊严而属于理性主义伦理学、道德与幸福是对立的，将不同之处概括为理性与情感二分的义理架构与理性与情感合一的义理架构①；有的将二者道德哲学的差异性概括为根于人心和人性与根于社会与历史、道德哲学思考进路是依据情感理性而展开与依据实践理性而展开、道德哲学理论创制的模式的整体呈现与分别创制、道德哲学理论特质属于德性论与规范论②。其二，人性观比较。有的将二者差异概括为先天规定的与自由意志决定的③；有的认为二者的"本心"与"人性"具有高度的形式相似性④。其三，伦理范畴、命题比较。有的指出二者"都认为低级的'欲'关系到感官的愉快、幸福、自爱，高级的'欲'才和'善'有关"，二者的"落脚点是具有宗教精神"还是"把'善'落实到血缘亲情之中"⑤。有的将二者"仁"与"至善"相似之处概括为其目的都是"通过寻求人性的基本特征，揭示'善'的必要性，并极力否定'恶'"、追求理想境界的道路具有一致性，等等。⑥

除上述外，有的将二者政治哲学的不同之处归纳为：康德具有自律与自由民主制度的内在一致性与孟子导向王道而不是民主，孟子难以达到民主政治的层次与康德自律的道德哲学与自由民主之间得以自然沟通。有的还比较了二者的道德教化观及其人文价值。

第三，孟子与尼采、海德格尔、弗洛姆。其一，孟子与尼采。有的将二者人论的相同之处概括为：都试图通过"圣人""超人"理想人格的伟力来改造现实，肯定"圣人""超人"的存在，"圣人"和"超人"都需要经过艰苦环境的磨炼等几个方面。⑦ 有的比较了孟子与尼采对恻隐之心的诠释。其二，孟子与海德格尔。有的比较了孟子的"夭寿不贰"与海德格尔的生存论，认为"孟子反求诸已，追求人的本然善性和生之尊严；海德格尔则认为面对死亡的决断，是个体成为本真存在的关键"，二者"学说

① 参见蒋九愚、占林光：《孟子与康德伦理思想之比较》，《江西社会科学》2009年第5期。

② 参见戴兆国：《中西道德哲学的差异性——以孟子和康德为中心的考察》，《安徽师范大学学报》（社科版）2012年第4期。

③ 参见雷武峰：《孟子与康德人性观比较》，《西藏民族学院学报》（哲社版）2002年第4期。

④ 参见颜青山：《孟子的本心原则与康德的人性公式》，《湖南师范大学社会科学学报》2014年第5期。

⑤ 参见周海春：《"欲"与"善"：康德和孟子的比较》，《江汉大学学报》（人文科学版）2009年第5期。

⑥ 参见张群、赵婷婷：《孟子之"仁"与康德之"至善"的比较》，《鸡西大学学报》2011年第5期。

⑦ 参见朱岚、王维平：《孟子与尼采人论比较》，《兰州大学学报》（社科版）1991年第3期。

构成一种互相补充的关系”。[①] 其三，孟子与弗洛姆。有的论者将二者性善论的相同之处概括为从人与动物相区别的角度论述人性、主张性善论而反对性恶论两个方面；将其不同之处概括为弗洛姆把人的基本精神需要视为人的本性与孟子把道德观念视为人的本性而主张先天道德论等。[②]

第四，孟子与拉康、列维纳斯、罗哲海。其一，孟子与拉康。有的论述了拉康对《孟子》“天下之言性也”的阐释，认为拉康的“悟读”为我们传统的“断章取义”现象提供了一个精神分析的视角和“为我们理解自身的传统打开了一个新的领域”。[③] 其二，孟子与列维纳斯。李凯《孟子伦理思想研究——以列维纳斯伦理学为参照》一书，是近年来将孟子与列维纳斯做全面、系统比较的专著之一，通过详细地比较、分析、总结孟子的伦理思想后，阐释了孟子伦理思想在中国传统文化中的重要作用及优劣。[④] 其三，孟子与罗哲海。有的论述了罗哲海对《孟子》的现代重构，凸显了罗哲海《孟子》诠释对于当代中国思想的独特意义。[⑤]

第五，孟子与基督教。有的比较了近代来华传教士与孟子性善论的冲突，将传教士对儒学人性论批评的错误概括为“充满了宗教偏见”“很少运用联系和发展的观点”“相信基督教教义是绝对正确的”[⑥] 等几个方面。有的比较了孟子与基督教人性、道德论，认为二者“对人性是德性或罪性的不同看法”，导致了二者“关于人的道德实践与道德追求的目标的不同”。[⑦] 有的比较了孟子与保罗，认为二者代表着“以人为本的儒家哲学传统”与“以神为中心的基督教信仰传统”两个性质迥异的文化传统，孟子是有独立学术传承、坚持儒家道统，“可与世界史上任何学术传统相媲美的伟大的思想史传统”[⑧]。

---

① 参见李腾：《对孟子“夭寿不贰”句之解读——以海德格尔〈存在与时间〉中的生存论思想为参照》，《北方论丛》2016 年第 1 期。

② 王元明：《弗洛姆的性善论及其与孟子性善论的比较》，《天津师范大学学报》（社科版）2007 年第 5 期。

③ 参见严和来、姜余：《“天下之言性也”——拉康对〈孟子〉的误读？》，《华南师范大学学报》（社科版）2016 年第 6 期。

④ 参见李凯：《孟子伦理思想研究——以列维纳斯伦理学为参照》，“内容简介”，人民出版社 2016 年版。

⑤ 参见韩振华：《“批判理论”如何穿越孟子伦理学——罗哲海的儒家伦理重构》，《国学学刊》2014 年第 3 期。

⑥ 参见胡卫青：《中西人性论的冲突：近代来华传教士与孟子性善论》，《复旦学报》（社科版）2000 年第 3 期。

⑦ 参见贺璋瑢：《孟子与基督教人性、道德论之比较》，《哲学研究》2003 年第 5 期。

⑧ 赵杰：《从保罗与孟子的不同职分看基督教与儒学两种不同性质的真理》，《文史哲》2007 年第 1 期。

除上述外，有的比较了孟子“万物皆备于我”与普罗泰戈拉“人是万物的尺度”两个哲学命题的异同、孟子与莱布尼茨道德学说的异同。

总之，学界关于孟子与外国思想家的比较研究，涵盖了政治、经济、哲学、伦理、社会、美学、教育、心理思想等若干领域，探讨角度新颖，层面丰富，方法多样，从中西文化发展的广阔视野上审视孟子与外国思想家的异同，探讨他们对中西文化发展所做出的贡献。这既有利于人们了解外国学者诠释《孟子》的状况，又有利于中西文化的相互交流、借鉴和吸取。笔者认为，上述比较研究给予我们下列深刻的理论启示：

第一，积极肯定孟子和外国思想家各自对中西文化发展的贡献。譬如有的论者在比较孟子与柏拉图伦理政治观时指出：“孟子关注政治生活中人伦关系建构的伦理政治思想，把政治与伦理相统一，整合政治为伦理政治。这是一种较为现实的政治致思路向。仁政、王道等政治理念作为民族传统政治文化的鲜活成分经久不衰，激励政治变革和政治完善。柏拉图关注城邦道德价值实现的伦理政治思想对西方传统政治文化的演变也有着深远的影响。”① 有的认为，柏拉图的《法律篇》确立了法律的至上地位，“从人治转向法治，要求无论统治者还是臣民必须遵守法律，还提出了混合政体的想法，权力制约的思想已经显露端倪，在西方思想史上奠定了法理型统治模式的可能预设”②。有的指出，孟子与柏拉图社会分层结构思想中的许多观点“在一定程度上奠定了当今中西方社会分层结构思想及结构功能的理论基础”③。有的指出，“孟子和柏拉图的国家教育理想具有互补性，对当代教育乃至治国都有启发”④。有的比较了孟子与柏拉图的“四德说”，认为“我国古代伦理学说和西方伦理哲学一样，都发展到了相当的高度，在世界认识史上和伦理史上都有同样重要的地位”⑤。有的指出，孟子与亚里士多德“代表两种不同的文化气质，不可抑此扬彼，他们都从各自的致思角度为人类的伦理思考提供了借鉴”⑥，“亚里士多德和孟子各自以不同的方式奠定了两大传统文化的基础”⑦；“康德和孟子都肯定

---

① 仲崇盛：《孟子与柏拉图伦理政治观比较》，《孝感学院学报》2003 年第 4 期。

② 段元秀：《王道政治与正义城邦——孟子与柏拉图伦理政治观比较》，《中国石油大学学报》(社科版)2011 年第 3 期。

③ 张超、万江红：《孟轲与柏拉图的社会分层结构思想比较》，《华中农业大学学报》(社科版)2003 年第 2 期。

④ 刘红星：《孟子与柏拉图的国家教育理想比较》，《云南财经大学学报》2006 年第 6 期。

⑤ 覃筱曼：《柏拉图的“四德说”和孟子的“四德说”之比较》，《广西师范大学学报》(哲社版)1989 年第 1 期。

⑥ 戴兆国：《孟子与亚里士多德德性理论之比较》，《安徽师范大学学报》(社科版)2003 年第 2 期。

⑦ 孙业成：《亚里士多德与孟子的人性论比较》，《南京政治学院学报》2004 年第 2 期。

道德价值的绝对性与人格尊严”①，“在追求理想境界的道路上两者又具有一致性。它们同样都给予我们人类的精神以巨大的财富”②，“孟子以及儒家所阐发的道德自律观念和王道政治理论具有比较正面的历史和理论价值，至少是否定了法家的赤裸裸的暴力原则，同时，作为一种规范性的社会理想，还减轻了君主专制政体的毒害”③。有的认为，孟子是一位有独立学术传承、坚持儒家道统，“可与世界史上任何学术传统相媲美的伟大的思想史传统”④。如此等等，不胜枚举。上述评说，从不同角度、层面肯定了孟子与外国思想家的历史地位和贡献，显示出论述深刻、角度新颖、结论公允的特点。

第二，孟子与外国思想家具有互补性。中外思想家的比较研究，不是简单地判定二者的高下优劣，而是要吸取对方之长，补己之短。有的学者指出：“对中西哲学进行比较研究，并不仅仅是为了简单罗列中西哲学的特点（中国哲学如何，西方哲学如何，什么是共通之处，什么是差异之点，如此等等），中西哲学之间的比较参照，其更重要的意义在于为我们今天的理论思考和理论建构工作提供一种重要的资源。在这个意义上，关于中西哲学的关系问题我们可以从两个方面来加以考虑：其一，如前所述，以西方哲学作为一个参照背景来反观我们自己的传统，并深入地理解中国传统哲学有关命题的意义……其二，我们可以以中国哲学发展所形成的思维成果来回应西方哲学所面临的一些问题……中西哲学互动的以上两个方面，也是中国哲学走向世界，与国际哲学对话并融入到世界哲学的一个很重要的环节。”⑤ 有的认为，“对于从事中国传统思想研究的学者来说，西方思想体系依然是一个最为重要的参照系，如何充分利用这个参照系来挖掘、传承和发展传统思想，是一个十分现实的问题”⑥。有的指出：“尼采认为，在（西方）古典（古希腊和古罗马）时代，怜悯不被重视，在犹太教乃至基督教中它才开始被当作道德，而在（欧洲）现代得以滥觞。对于此种变化，尼采用主人道德与奴隶道德以及奴隶的反叛来加以解

① 蒋九愚、占林光:《孟子与康德伦理思想之比较》,《江西社会科学》2009 年第 5 期。

② 张群、赵婷婷:《孟子之“仁”与康德之“至善”的比较》,《鸡西大学学报》2011 年第 5 期。

③ 谢晓东:《理想政治的四种类型——兼论孟子政治哲学的理论归宿》,《武汉大学学报》(人文科学版)2012 年第 6 期。

④ 赵杰:《从保罗与孟子的不同职分看基督教与儒学两种不同性质的真理》,《文史哲》2007 年第 1 期。

⑤ 杨国荣:《中国哲学研究的四大问题》,《哲学动态》2003 年第 3 期。

⑥ 李腾:《对孟子“夭寿不贰”句之解读——以海德格尔〈存在与时间〉中的生存论思想为参照》,《北方论丛》2016 年第 1 期。

释。但这一解释却无法说明为什么恻隐之心会在中国的孟子中成为道德之根本，并成为传统中国主流价值的一部分。而如果将中国周秦之变也看作是与欧洲平行同步的一种现代化过程，那么中国的先秦哲学就同样可以被看作是一种现代哲学了。以此视角观之，同情心的地位的变化来自于中国周秦之变与西方现代化所面对的一个共同问题，即作为现代化的特征之一的广土众民的大国的内在凝聚力的问题。中国传统哲学比起欧洲古典哲学，要更与现代相关。"① 笔者认为，上述论者提出的中西比较研究中的两个方面是紧密相连、相互作用的，对中西比较研究具有普遍意义。在比较研究中，许多学者强调恰当处理中西哲学互动的两个方面的关系，认为孟子与外国思想家具有互补性，这一评说切合中西哲学发展的情势。上述学者提出的西方思想体系是从事中国传统文化研究的"重要的参照系"与西方学者和受其影响的中国学者对于现代社会的许多问题应从中国古代寻找资源，无疑是中西文化双向交流、影响的同一个问题的两个层面。对于这两个层面，不可顾此失彼，偏于一端。许多学者在比较研究中，正确处理两个层面之间的关系，凸显了孟子与外国思想家的互补性。诸如孟子与柏拉图的"国家教育理想具有互补性，对当代教育乃至治国都有启发"②，"中西伦理的健康发展，不能局限于各自狭隘传统，而需要从对方的传统中寻找并吸收自身缺乏并具有重要价值的成分，只有这样，才能真正地建立起符合自然人性的伦理规范，达到人与社会之间的高度和谐，而新时期中国所出现的伦理制度建设的尝试，无疑是对如何吸收西方伦理资源的一次重要的探索"③，"在中西哲学的比较研究中，除了重视差异研究之外也不应忽视研究其共通融会之处……分析其差异的同时试图找到其会通之处，以此来研究中西哲学的互补互助，望能融合贯通"④，等等。这些论述对深化孟子与外国学者的比较研究无疑会产生积极作用。

第三，对孟子思想予以创造性转化。有的学者指出，在比较研究中，"孟子的自律伦理所确立的积极自由原则是非常难能可贵的。立足于孟子的自律伦理学，并予以创造性转化，或许可以为实现儒家政治哲学的现代

---

① 白彤东:《恻隐之心的现代性本质——从尼采与孟子谈起》,《世界哲学》2014 年第 1 期。

② 刘红星:《孟子与柏拉图的国家教育理想比较》,《云南财经大学学报》2006 年第 6 期。

③ 吴先伍:《理性与情感:亚里士多德与孟子伦理思想的差异》,《安徽师范大学学报》(社科版)2005 年第 1 期。

④ 罗曼予、秦楚:《孟子与苏格拉底的德性与人性之学管窥》,《西昌学院学报》(社科版)2009 年第 1 期。

重构提供一个理论原点，从而使得民主政治成为儒学的内在要求和理论归宿”①。有的指出：“与保罗不同，孟子则属于一个有独立学术传承的尧舜禹文武周孔薪火相传的儒家道统。这是一个可与世界史上任何学术传统相媲美的伟大的思想史传统。”② 笔者认为，在比较研究中，对孟子思想的合理因素和积极主张予以创造性转化，挖掘这一“伟大的思想史传统”的优秀成果是凸显中国优秀传统文化自信力的重要表现，将积极促进社会主义新文化和核心价值观的建设。

总之，上述比较研究，较全面考察了孟子与外国思想家的异同及共通融会，肯定了他们对中外文化的贡献，既有利于中外文化的交流和从不同的文化传统中寻找吸收自身缺乏且具有重要价值的成分，又有利于人们在广阔的视野上审视孟子对中华民族传统文化的贡献。诚如有的学者所说，“文化是以多样化的形式存在的，不同国家、不同民族、不同时代的文化各有其形态、内涵和特点。当前，中国特色社会主义进入了新时代。随着不同文明交流互鉴广度、深度的拓展和文化自信的提升，文化多样化的特点更为明显”③。学界关于孟子与外国思想家的比较研究，是中外文化交流的一项重要内容。这一交流互鉴的深化，既是弘扬中国优秀传统文化的过程，又是汲取外国优秀文化的过程。

当然，中外思想家比较研究的前提是要较准确地把握他们的思想体系，对其思想、主张、命题等做出准确的判断，得出的结论才能公正、客观，否则，其结论就经不起推敲。在这里，对比较研究中曲解孟子思想的几种观点有必要稍做辨析。

其一，有的认为孟子是“复古主义理想政治的代表”，“孟子理想中的维系现实社会结构的手段或准则就是孝道，其内容就是以君、父为最高尊奉对象的伦理等级制”。④ 笔者认为，孟子对三代理想政治的称颂，目的是借鉴古代的经验教训，以服务于行仁政、王天下的社会现实，未可简单斥之为“复古主义”。孟子维系现实社会结构的手段或准则包括政治、经济、思想意识约制等若干方面，孝道只是其思想意识约制的一项内容。上述观点，不能不说是以偏概全。

其二，有的论者认为“孟子和柏拉图都是先验主义者，都主张知识不

---

① 谢晓东：《理想政治的四种类型——兼论孟子政治哲学的理论归宿》，《武汉大学学报》（人文科学版）2012 年第 6 期。

② 赵杰：《从保罗与孟子的不同职分看基督教与儒学两种不同性质的真理》，《文史哲》2007 年第 1 期。

③ 陈金龙：《文化多样化新特点探源》，《人民日报》2019 年 3 月 22 日。

④ 参见周春生：《孟子与柏拉图理想政治的区别》，《上海师范大学学报》1997 年第 4 期。

假外求，贬斥感官认识和欲望，崇尚心灵的最高认识作用，追求精神的无上快乐”[①]。显而易见，这一观点曲解了孟子的认识论。笔者曾辨析孟子的认识论，提出“孟子认识过程中将耳目感官与心官视为一个既有区别、又有联系的统一体。就它们的区别而言，二者有着不同的职能和作用”，“能否首先发挥心官的思维和对耳目感官的制约作用，是耳目感官是否为外物所蔽的前提条件。它们不是有此无彼的根本对立的关系，而是有主次之别、先后之分的制约与被制约的关系”，“孟子不但没有否认感官对认识的作用，反而主张人的认识来源于感觉经验。首先，耳目感官丧失正常的生理职能就不能获得感性认识……只有以感官接触外物才能获得认识”，“依靠感觉经验可获得新的知识”，“尽管孟子对耳目感官作用的认识是朴素的、直观的……但他将耳目与认识客体相区别，主张来源于感官对外物的接触，不能不说是唯物主义的感觉论”，孟子认识论的基本倾向“并不是有的同志判定的唯心主义先验论，而是既重视感官作用，又强调理性思维的朴素唯物主义反映论”。[②] 本书认为判定孟子“主张知识不假外求，贬斥感官认识和欲望”的观点是不妥的。

其三，有的论者认为孟子“根本排斥刑罚”[③]。笔者认为，孟子强调国君在社会政治管理中要实行仁政，以民为本，“省刑罚”（《孟子·梁惠王上》），将善心与善法结合起来，“徒善不足以为政，徒法不能以自行”（《孟子·离娄上》）。诸侯国家在对社会成员加强道德教化的同时，还要以法律惩罚犯罪者。显而易见，孟子主张省刑慎罚，而不是“根本排斥刑罚”。

其四，有的论者认为孟子“既反对爱己，又反对爱人，而只讲孝亲、忠君之类的狭隘的仁爱”[④]。这一观点是对孟子的曲解。孟子为了捍卫儒家学说，曾激烈抨击杨墨学派，他说：“杨氏为我，是无君也；墨氏兼爱，是无父也；无父无君，是禽兽也。”（《孟子·滕文公下》）由此就判定孟子“既反对爱己，又反对爱人”，这无疑是不妥的。孟子批评“杨氏为我”，并不能与孟子“反对爱己”画上等号。孟子抨击“杨氏为我，是无君也”。这说明，在孟子看来，否认现实社会中的上下君臣关系等“人伦”，就会无异于禽兽。在这里，孟子批评杨朱的“为我”，并不意味着孟子“反对爱己”。实际上，孟子既承认个体的食色自然生理需要、社会交

---

① 张君梅:《关于孟子与柏拉图的两个命题之比较》,《华南理工大学学报》(社科版)2002 年第 1 期。

② 参见王其俊:《试论孟子认识论的基本倾向》,《齐鲁学刊》1987 年第 5 期。

③ 孙业成:《亚里士多德与孟子的人性论比较》,《南京政治学院学报》2004 年第 2 期。

④ 王元明:《弗洛姆的性善论及其与孟子性善论的比较》,《天津师范大学学报》(社科版)2007 年第 5 期。

往需要，又重视追求真善美的精神生活需要。孟子说："人之于身也，兼所爱。兼所爱，则兼所养也。无尺寸之肤不爱焉，则无尽寸之肤不养也。所以考其善不善者，岂有他哉？于己取之而已"，"从其小体为小人，从其大体为大人"（《孟子·告子上》）。在调节个体的多种需要中，保持"心之官"与"耳目之官"、仁义忠信之"天爵"与公卿大夫之"人爵"的协调统一，就能维持个体的和谐和促进人的健康发展。有的学者指出，孟子"完善、确立自我，就是为了齐家而治国，治国而平天下。……他并不排斥作为完美人格物质基础的必要的'欲'和'利'。……对'为我'的批判，并非反对'为我'；为什么两者如此对立呢？我想原因不外乎两个：一是乐观主义者与悲观主义者人生态度不同的对立，二是对肯定自我所采取的方式不同"①。就孟子的"爱人"来看，他反对墨家的"爱无差等"，主张"爱有差等"，强调为政者要爱民、富民、保民、救民、恤民，"仁者爱人"，"亲亲而仁民，仁民而爱物"（《孟子·尽心上》），"老吾老以及人之老，幼吾幼以及人之幼"（《孟子·梁惠王上》）。笔者曾撰文指出："孟子的爱人，在整体上是一个以'亲亲'为基础，到爱人之老，爱人之幼，仁民、爱物的由近及远、推己及人的过程，其中包括了亲亲、仁民、爱物的不同等级和层次。"② 显而易见，上述论者判定孟子"既反对爱己，又反对爱人"，是没有根据的。孟子的爱民、仁民、惠民、富民、安民、为民和体恤百姓苦难、救民出于水火的爱民情感和使命感，岂能以孟子"只讲孝亲、忠君之类的狭隘的仁爱"一语而否认呢？在中外思想家的比较中，对思想家要力求做出客观、正确的评价，才能增强比较研究的可信度和客观性。反之，就会失去比较研究的意义。

综上所述，学界将孟子思想置于中国古代思想史、世界思想史等不同等级的大系统中，考察、探讨孟子与中外思想家的异同，提出了许多深刻的见解，取得了新的进展。

第一，孟子与中国思想家的比较研究，包括孟子与先秦诸子、与后世思想家的比较两个方面。就孟子与先秦诸子的比较研究来看，既包括孟子与先秦儒家孔子、曾子、子思、郭店楚墓儒简、荀子等同一学派中不同人物的比较，又包括孟子与告子、墨家、道家、法家、农家、兵家、名辩家等不同派别的比较研究。其中，既有思想整体的比较，又有概念、命题和专题的比较。许多学者探讨了孟子对孔子的继承、捍卫、发展，论述了孟学与郭店楚墓儒简的关系，认为楚墓儒家经典是先秦儒学从孔子发展到孟

① 李双译注：《〈孟子〉白话今译·导言》，中国书店 1992 年版，第 9 页。

② 王其俊：《亚圣智慧——孟子新论》，山东人民出版社 1996 年版，第 423 页。

子的一个重要环节和阶段，是孟子思想产生的一个重要思想根源；论述了孟、荀人性论的异同及融通，认为孟、荀的两种人性论看似对立，实则互补，相互发明；论述了孟子与墨家的社会理想、社会整合方案的异同，认为墨家重视外在的社会地位和社会环境的安排，孟子则重视内心境界的修养与提高，这是二者社会思想最大的分野，他们的社会思想各有各的合理性；论述了孟子与庄子的异同，认为他们在中国文化史上各领千秋。许多学者还将孟子与后世曹丕、刘勰、韩愈、王阳明、戴震等做比较。这就将孟子置于先秦思想史、中国思想史等不同等级的大系统中考察孟子对后世的影响和贡献。这些不同的视角和层面，能够审视不同思想家的同中之异与异中之同，深入揭示、挖掘异同背后的思维方式和价值取向，从而使人们更全面地认识先秦诸家各自具有的不同特色的理论体系、思维方式、价值旨趣。既揭示先秦诸家之间的矛盾性、对立性，又把握他们之间的相通性、相融性，有利于客观审视孟学在中国古代思想文化史上的地位和对中国优秀传统文化的独特贡献。

第二，孟子与外国思想家的比较。学界深入探讨了孟子与普罗泰戈拉、苏格拉底、柏拉图、亚里士多德、莱布尼茨、康德、尼采、海德格尔、弗洛姆、列维纳斯、罗哲海等思想家和基督教的异同。其主要内容包括：孟子与苏格拉底的德性与人性之学比较，孟子与柏拉图政治思想、“四德”思想、美学思想、国家教育理想比较，孟子与亚里士多德的早期国家观和政体、德性理论、人性论、伦理思想比较，孟子与康德伦理思想的整体比较、人性观比较、伦理范畴和命题比较，孟子与尼采的人论思想比较，孟子与普罗泰戈拉人学思想比较，孟子与基督教人性和道德论比较，孟子与弗洛姆人性论比较，探讨了列维纳斯、罗哲海等外国学者对《孟子》的诠释和解读，等等。在比较孟子与外国思想家异同的基础上，又深入探讨了造成这些异同的社会原因、个体原因，评析了他们对中西文化传统的各自贡献。从总体上看，许多学者既将西方文化作为“一种理论的参照系统”，又将孟学视为矫正现代社会弊端的有意义的宝贵资源，“坚持交流互鉴、开放包容。以我为主、为我所用，取长补短、择善而从，既不简单拿来，也不盲目排外，吸收借鉴外国优秀文明成果，积极参与世界文化的对话交流，不断丰富和发展中华文化”① 的原则，从若干层面、角度上展示孟学的丰富多彩性，促进了当代中国孟学研究的兴盛。

---

① 中共中央办公厅、国务院办公厅印发：《关于实施中华优秀传统文化传承发展工程的意见》，《人民日报》2017年1月26日。

第十一章 孟学普及研究

孟学普及研究，就是指为了向广大人民群众广泛地传播孟学基本知识和中华优秀传统文化而编著的通俗著作。当代中国社会的政治、经济、思想文化领域发生了前所未有的深刻变化，社会主义建设事业取得了伟大成就，世界范围内的文化日益交融，社会成员的文化素养日益提高。为了适应广大民众日益高涨的学习孟学基本知识、中华传统文化的要求和传承几千年来的中华民族精神支柱的强烈愿望，当代学者走出书斋，以极大的热情编著为广大人民群众喜闻乐见的通俗著作。自新中国成立以来，学界出版的几十部关于《孟子》的译注、解读、说解、通说、选注、读本、语录、讲座、名言录、故事、妙语、必读、旁通、他说、一百句、图解、入门、问答、快读、现代读、点评、经典百句、人生箴言录等，都属于孟学普及研究的范围。这些普及著作大多采用通俗易懂、生动形象的语言和为广大读者喜闻乐见的形式，深入浅出地介绍了孟子的事迹、思想、传播、影响以及《孟子》一书的篇章、结构、主旨、特色等，具有鲜明的说服力、感染力，为普及、传播孟学基本知识和中华优秀传统文化做出了重要贡献。

第一节 1949年至20世纪80年代的孟学普及研究

一、1949～1976年的孟学普及研究

在1949～1976年的近30年间，学界出版了几部《孟子》译注著作。其中，在学界有较大影响和具有代表性的是杨伯峻的《孟子译注》。

杨伯峻《孟子译注》由原文、译文、注释三部分所组成，书末附有《孟子词典》，与译注相辅相成。该书将《孟子》一书的“字音词义、语法规律、修辞方式，历史知识、地理沿革、名物制度、风俗习惯及生僻字、

破读和易生歧义以及晦涩费解的词句做了详细的注解和简要考证，并译为白话文”，“能帮助一般读者读懂《孟子》一书，还能给研究者提供一些线索和参考”。该书依赵岐《孟子章句》题例，将《孟子》一书划分为十四卷。“译文在尽可能不走失原意并保持原来风格下力求其流畅明白。”该书的注释“包括字音词义、语法规律、修辞方式、历史知识、地理沿革、名物制度和风俗习惯等等”。《孟子译注》之后附有《孟子词典》，依据笔画排列。每词每义都标注出现次数。例句中标出该句在《孟子》一书中的篇章数字，便于读者查阅原文。作者概述了孟子的名字、生卒、著作、师承、游历等，考察了《孟子》一书的作者，辨析了古今关于《孟子》作者的三种不同看法，认为太史公在《史记·孟子荀卿列传》中所说“退而与万章之徒序《诗》、《书》，述仲尼之意，作《孟子》七篇”的论述是可信的；辨析了《孟子外书》的真伪，指出“现在所传的《孟子外书》四篇，则是明人姚士粦所伪撰”①，概述了《孟子》在后世的流传过程和影响。

该书指出：“孟子对孔子学说不但有所取舍，而且有所发展。”《孟子》的“天”有自然之天、义理之天，“却没有主宰之天”。孟子“命”或者“天命”是指“命运”，它是“一种无形而巨大的力量，却没有主宰者或指使者”；“孔子讲‘仁’，孟子则经常‘仁义’并言……孟子更重视人民生存的权利”，主张“民贵君轻”，“‘贵戚之卿’可以废掉坏君，改立好君。这种思想，是孔子仁的学说大发展，在先秦诸子中是绝无仅有的”；“孟子‘道性善’”，主张“万物皆备于我矣”，“由于这类的话，孟子便被某些人加上主观唯心主义者的帽子……是不符合他思想实际的”；“孟子的政治主张，是保守的，有的甚至是倒退的……司马迁述评孟轲‘则见以为迂远而阔于事情’，一点也没有冤枉他”。②

总之，《孟子译注》是当代著名的译注本，1960年初版，以后多次再版，为普及孟学知识和中华优秀传统文化发挥了重要作用，其影响远及海外。该书在评价孟子哲学思想时，提出了许多深刻的见解，指出“孟子便被某些人加上主观唯心主义者的帽子”是不符合孟子思想实际的，“并没有透澈了解孟子思想”③。判定孟子坚持主观唯心主义是学界在20世纪50～60年代的一个偏颇观点，曾风靡多年，有较大的影响。该书的上述见解，无疑是对这一观点的批评，对深化孟子思想研究具有积极的意义。

---

① 参见杨伯峻译注:《孟子译注·导言》,中华书局1960年版,第8页。

② 参见杨伯峻译注:《孟子译注·导言》,中华书局1960年版,第10～14页。

③ 参见杨伯峻译注:《孟子译注·导言》,中华书局1960年版,第12页。

当然，该书将《孟子·尽心上》“莫非命”译为“无一不是命运”①，这自然可成一说。清代的焦循对此之释甚精，他说：“非命二字相连，即下非正命……莫非命，禁戒之辞，谓不可非命而死也。顺受其正，乃为知命。不知命，或死于岩墙之下，或桎梏而死，是即死于非命。死于非命，即不能顺受其正，即是不知命。如是则通章一气贯注”，“非命二字相连，莫字不与非字连也”（《孟子正义》卷二十六）。因此，孟子这段话的意思是说，不要非命而死，遵循仁义之道而行，顺从自然规律而死，接受的便是正命。笔者认为，只有这样理解，才能更切合孟子的本意。又如《孟子·离娄下》说：“大人者，言不必信，行不必果，惟义所在。”该书的译文说：“有德行的人，说话不一定句句守信，行为不一定贯彻始终，与义同在，依义而行。”② 朱熹释曰：“必，犹期也。大人言行，不先期于信果，但义之所在，则必从之，卒亦未尝不信果也。尹氏云：‘主于义，则信果在其中矣；主于信果，则未必合义。’王勉曰：‘若不合于义而不信不果，则妄人尔。’”（《孟子集注》卷八）在这里，朱熹的阐述切合孟子的本义。仁义是孟子道德规范体系的核心和根本。他强调人们的言行只有符合义理，才能取信于人，做事才能获得预想的结果。只有这样理解，才能与孟子强调的说话守信、做事始终如一的主张保持一致。近年来出版的许多《孟子》注释、选注等，多沿袭了该书的这一观点。对此，有必要辨析清楚。

二、20 世纪 80 年代的孟学普及研究

20 世纪 80 年代，学界出版了几部孟学普及著作。主要有：杨伯峻《孟子导读》（巴蜀书社 1987 年版）、《孟子选译》（人民文学出版社 1988 年版）及陈器之《孟子通译》（湖南大学出版社 1989 年版）等。在学界影响较大的是杨伯峻的《孟子导读》。

杨伯峻《孟子导读》，全书约 14 万字，列入《中华文化要籍导读丛书》。该书前置导言，采用通俗易懂的语言概述了孟子的生平、时代、著作、思想、影响等。该书认为，《孟子》一书中的性，有两个不同的意义。一个是“食色，性也”和“形色，天性也”的性。求食和生育不但是人的本能，也是一切动物的本能。求食是为本身的生存，生育是为种族的延续。这两个“性”字，和性善性恶的性概念，实有不同。孟子的天，有自

① 杨伯峻译注：《孟子译注》，中华书局 1960 年版，第 301～302 页。

② 杨伯峻译注：《孟子译注》，中华书局 1960 年版，第 189 页。

然之天、义理之天、命运之天、民即天几种不同的意义。至于命运之天，并不是宿命论的天命，更不是有主宰的天意。孟子说“莫之为而为者，天也；莫之致而至者，命也”，这里的天和命是偶然性。孟子把社会事物分为两种，第一种是本身内在的事物，第二种是身外的事物。本身内在的事物，即孟子的仁义礼智，是“求则得之，舍则失之”的，“是求有益于得也”；至于富贵利达，这是身外的事物，“求之有道，得之有命，是求无益于得也”。孟子认为他能尽力依仁义礼智而行，能够于内在的事物全部得到；至于外在之物，就求之有道。不但求之有道，而且受之也有道。孟子的政治主张是保守的，甚至是倒退的，至少是不合当时形势的。孟子重视民心，这是正确的。但在战争中，民心不是决定战争胜负的唯一因素。孟子所反对的，正是诸侯所希望的。孟子主张君臣关系是互相变动的，也是较为平等的。孟子反对“汤放桀，武王伐纣”是弑君的说法，认为诛杀桀纣是诛杀独夫。这种思想，对后代大有影响。从文学的角度讲，《孟子》的文章读起来很有气魄，善于辩论，自信极强。《孟子》文章表现他的气盛，具有行文利落，善用譬喻，善于运用疑问句或感叹句、否定句来结尾，善于运用顿挫跌宕法，利用“曰”字的有无表示问答对话时的缓急等几个特点。该书还介绍了《孟子》的一些基本词法和句法。

该书从《孟子》全书 261 章中选出 80 章，加以分析探讨，对《孟子》一书做了深入浅出的评说和概括，言简意赅，发人深省，对深化孟学研究和普及孟学知识无疑具有积极的意义。譬如该书认为，《孟子》书中的性，有两个不同的意义：一是人的食色、形色本能之性；二是人性善之性。孟子的命运之天，并不是宿命论的天命，更不是有主宰的天意。孟子把社会事物分为内在的仁义礼智与外在的富贵利达。尽力依仁义礼智而行，内在的事物就能全部得到；外在之物，就求之有道，受之也有道。该书的评说对深化孟学研究和纠正对孟子的误解，无疑具有积极的意义。

第二节　20 世纪 90 年代的孟学普及研究

20 世纪 90 年代，孟学普及研究呈现出欣欣向荣的景象，出版了十几部《孟子》译注、解读等孟学普及研究著作。这些著作大致划分为两类：一是对《孟子》一书的翻译、注释，简称为“译注类”；二是介绍解说孟子的思想和事迹，简称“介绍解说类”。

一、译注类

李双《〈孟子〉白话今译》，前置“先秦诸子今译”丛书序和作者导言。作者认为，孟子的思想“从渊源上讲是从曾子而子思，子思而孟子的”，孟子思想的主体是伦理学思想。他的政治思想和哲学思想，都是根植于伦理学思想的沃土的。伦理学是属于“善”的范畴，它是立足于现实，真切而直接地关注现世人生的。至于现世社会之外的问题，它总是采取自欺欺人的方法，假设一种结果，树立一个偶像，却并不以哲学的认真精神给人们一个科学的解释。

该书指出：“孟子的伦理思想，表现在他对仁义的推崇和对利、欲的鄙薄上”，“孟子的仁、义，是与其礼、乐相融和而存在的，仁、义、礼、乐等构成一个完整不可分割的伦理思想体系。孟子的伦理思想有一个重要支柱，即以人为本的精神”，“孟子的人本思想表现在对个体的人的主体性地位的肯定上……他的人本思想也影响到其人生价值观念的确立”。他并不排斥作为完美人格物质基础的必要的“欲”和“利”，对“为我”的批判，并非反对“为我”。两者对立的原因是乐观主义者与悲观主义者人生态度不同的对立和对肯定自我所采取的方式不同。他认为人的优良品质是与生俱来的，采用概念上偷梁换柱的诡辩术，诬告子人性后天形成的说法是戕贼人性。“孟子伦理思想中的人本精神运用到政治理论中去，就形成了以民为本的‘仁政’理想”；其性善论和天道论运用到政治理论中去，就形成复古的“王政”理想。“孟子的‘仁政’说也有弊端和漏洞。这种道德自我完善式的政治理论，从历史的角度看，无疑揭示了人民作为历史主体最终决定历史的真理”，“孟子的‘王政’从政治制度上是具体的，而‘仁政’却并未具体化。这也表现了孟子政治思想‘主观上幻想公社，而客观上又像憧憬隶农的形态’的特点”。①

该书对孟子思想做了一定的论述，提出了许多深刻的见解。譬如认为“孟子的伦理思想，表现在他对仁义的推崇和对利、欲的鄙薄上”。孟子并不绝对地否定欲和利，欲和利只要合乎仁、义，也未尝不可。孟子的伦理思想有一个重要支柱，即以人为本的精神。“他肯定自强不息、勇于进取、敢为天下先的人生，推崇战胜苦难、终有所为的人生。”该书肯定了孟子伦理思想的重要意义，对人们正确评价孟学的贡献当有深刻启示作用。但是，该书认为孟子思想的主体是伦理学思想。这一观点，有失偏颇。笔者

---

①　参见李双译注：《〈孟子〉白话今译·导言》，中国书店1992年版，第1～16页。

认为，孟子思想的主体、核心是发政施仁、“民贵君轻”、以民为本、治平天下的政治思想。古今许多学者对此多有论述。韩愈称：孟子“所以正心诚意者，欲将以有为也”（《韩昌黎集·原道》）。章学诚说：“夫子为东周，而孟子王齐梁。”（《文史通义·内篇·辨似》）罗根泽指出：“孟子之学，修身治国经世致用之学也，非空谈心性之学也。其论心性体相，为修齐治平之资助焉尔。”① 通观孟子一生的主要活动不难看出，治国平天下的政治思想是其思想体系的主体和核心，孟子道性善，谈心性，讲修身，都是为“有为”“王齐梁”、经世致用、治国平天下的主体和核心服务的。又如该书以《孟子·尽心上》“君子所性”章为据，判定孟子主张“人的优良品质是与生俱来的”。这一观点曲解了孟子的本意。笔者曾指出，实际上，孟子“通过比较君子的希望、乐趣和本性，强调人内在的道德精神不因富贵、贫贱而转移”，人“内在的道德精神，能使人超脱利害、贵贱、贫富的得失，不为富贵所淫、贫贱所移、威武所屈，是激励人们奋发向上的精神支柱”②，判定孟子主张“人的优良品质是与生俱来的”观点与孟子本意是风马牛不相及的。

二、介绍解说类

这类普及著作多采用生动通俗的语言，深入浅出地介绍解说孟子的思想和事迹。

（一）唐志龙编著《内圣外王：孟子谋略纵横》

该书划分为治政之策、保民之谋、修养之道、教育之方四个部分。其中，“治政之策”包括“行仁政而王，莫之能御”“国君好仁，天下无敌”等 20 个条目；“保民之谋”包括“诸侯三宝，民为重”“保民而王，莫之能御”“民贵君轻”“仁民爱物，民必爱之”等 14 个条目；“修养之道”包括“尚志明仁义”“反求诸己”“富贵不能淫，贫贱不能移，威武不能屈”等 16 个条目；“教学之方”包括“善教得民心”“教者必以正”“言近指远”“博学反约”等 19 个条目。该书指出：孟子的政治主张是实行仁政王道，其所有论述几乎都密切联系着仁政学说进行阐发。长期以来世人曾以为孟子“迂远而阔于事情”，难合时宜，似乎无谋略可言，其实不然。《孟子》处处闪烁着哲人思维的智慧之光。孟子的谋略智慧，恰恰正潜存于他关于治政之策、保民之谋、修养之道、教育之方等诸种言论之中。孟子的

① 罗根泽：《孟子评传》，商务印书馆 1932 年版，第 86～87 页。

② 王其俊：《孟子品读》，山东大学出版社 2016 年版，第 248 页。

谋略，是指智谋、策略与方法的统称。从整体上看，正面阐述大道理的谋略是其主流。该书围绕孟子仁政学说中这一中心内容，阐释孟子的聪明睿智。所列条目尽量顾及诸方，撮其重要之主旨。尤其对广泛流传于人民群众中的格言等，基本保留了原貌。各条目的名称，尽量利用原文词句，或稍做斟酌提炼而成，以增加全书的可读性与科学性。该书指出："仁政思想，是孟子全部学说的核心内容，它渗透于政治、经济、文化、军事、教育以及修身处世等各个方面"，"他反对封建统治者对庶民采取暴政，进行过度的压迫与剥削，或反对国与国之间的不义战争给人民带来的巨大灾难时，便鲜明地指责这都是不仁不义之举……就当时的历史阶段来说，对于在一定程度上缓和阶级矛盾，发展社会生产力，有着积极而进步的作用。历史上许多进步的思想家，都很赞赏孟子的仁政思想，甚至不少无产阶级革命家也常引用他的一些治国格言，其原因盖在于此"。①

笔者认为，该书的特色有二：一是从广义上把握孟子的谋略思想，紧密围绕孟子思想的核心——仁政学说，深入浅出、生动具体地阐释孟子的聪明睿智。这是一个新的角度，确乎超越长谈，给人耳目一新之感。二是该书所列条目多采用《孟子》书中家喻户晓、流传广泛、寓意深刻的名言、格言、警句、命题等，并从历史与现实的结合上阐述深刻的道理，从而增加了全书的可读性、科学性。当然，该书有的观点是值得商榷的。譬如作者在阐释《孟子·离娄下》"言不必信，行不必果，惟义所在"条目时，将此语解释为："作为有道德修养的君子，讲的话不一定句句守信，做的事不一定件件果决彻底，只看怎么说怎么做较为合义。"② 显然，这一说法并不切合孟子的本意。

（二）蒋国保、余秉颐、李季林《孟子外传·孟子百问》

该书由安徽人民出版社 1997 年出版，划分为两个部分：孟子外传和孟子百问。作者在后记中说明了写作动机和方法，指出研究中国哲学的专业工作者在长期的研究工作中习惯于写作学术探讨和理论分析的文章，而缺乏写作通俗读物的经验。为了帮助非专业的普通读者阅读《孟子》，作者力求以简明易懂、通俗易晓的文字准确全面地表达孟子的思想。

该书《孟子外传》划分为"争社稷七雄动武，逢乱世百姓遭殃""继儒学访师游鲁，通圣道欲匡天下""怀大志初次游齐，交匡章不畏流言""助滕国推行仁义，驳许行卫护分工""诲弟子力阐人性，撰巨著永传后世"等

---

① 参见唐志龙编著：《内圣外王：孟子谋略纵横》，蓝天出版社 1997 年版，第 1 页。

② 唐志龙编著：《内圣外王：孟子谋略纵横》，蓝天出版社 1997 年版，第 195 页。

12 个专题。《孟子百问》列出 100 个问题，并逐一做了解答。这些问题包括孟子的名字、父母、生平、时代、著作，孟子对孔子思想的继承和发展，孟子的政治、经济、伦理、美学等思想及有关命题，孟子对后世的影响，等等。

该书的《孟子外传》采用通俗易懂的语言和依据可信的史料，大略地描绘了孟子的生平经历；《孟子百问》阐明、论述了孟子的思想及有关理论问题。前者偏重于描述，具有浓厚的文学色彩；后者偏重于论说，具有理论性和学术性。作者提出了许多深刻的见解，指出孟子从人的社会属性着眼，认为人之所以为人、人区别于动物就在于人有仁义等道德观念或道德意识。孟子所关注并用以反驳告子的是人的社会属性。相比较而言，孟子的认识更具有社会价值和理论意义；孟子反对法家、兵家，虽有悖当时的时势，但不能就此简单地评价孟子的思想是保守、落后的。他们的思想、学说在本质上都是为新兴的封建地主阶级服务的，只是在方法上存在着分歧甚至矛盾而已。孟子的思想、学说较适合于和平时期或太平盛世封建统治阶级的统治。孟子虽然热心政治、游说诸侯，但并不卑躬屈膝，而是以“浩然之气”行“大丈夫”之礼，不卑不亢，把他的人格平等思想付诸实践。孟子的权变思想接触到了原则性与灵活性的关系问题，这在认识及思维发展史上是应该肯定的，等等。笔者认为，上述评述是公允的，切合孟子思想原义的。

当然，该书的某些观点是值得推敲的。譬如认为孟子主张把义与利对立起来，根本否定利益存在的合理性，他的义利观更精细，也更有欺骗性；又如认为孟子的社会分工是以此论证社会剥削现象的合理性，他把脑力劳动同等于统治者，把社会分工同等于社会剥削现象，是有意的歪曲；等等。该书的《孟子百问》形式灵活，生动活泼，题目及问答通俗易懂，有利于读者理解孟子思想。但是，在论述孟子为什么主张性善、孟子“四端”的基本内容是什么、“四端”与“四德”是怎样联系起来的、《孟子》的伦理思想有哪些等问题时，存在着一定重复。实际上，“四端”“四德”是孟子人性论的重要内容。分别阐述上述问题，有利于读者理解孟子人性论的一面，但又存在着割裂孟子人性论内在联系的弊端。

第三节　21 世纪以来的孟学普及研究

21 世纪以来，学界出版了 40 余部孟学普及研究著作，包括《孟子》解读、说解、通说、精读、直解、讲座、必读、他说、名言录、故事、传记、妙语、一百句、一日一谈、图解、图说、词典、入门、问答、快读、现代读、点评、经典百句、人生箴言录、译注、选注、读本等，种类繁多，风格各异。孟学普及研究呈现出前所未有的兴盛局面。

上述普及研究著作大致划分为三类：一是对《孟子》的解读、通说、精读、直解、讲座等，主要是解读、解说孟子的思想，简称解读类；二是偏重于介绍孟子的生平事迹等，简称生平传记类；三是对《孟子》全书进行翻译和注释，简称译注类。

一、解读类

这类普及研究著作主要包括两个层面：一是主要依据《孟子》原书编排和偏重于从学术上解读、阐释孟学精义；二是将孟学归纳为若干专题，紧密联系当代社会实际问题，对孟学予以现代诠释。当然，这两个层面的划分是在比较意义上相对而言的，学术解读与现代诠释侧重点有所不同，有的则是两者兼而有之。笔者主要对这两个层面予以梳理和评析。

（一）学术解读

这类普及研究著作主要有：王成儒、李静、李香奇《〈孟子〉之谜》、余国庆解读《孟子解读》、徐洪兴撰《孟子直解》、王其俊《孟子解读》、么峻洲《孟子说解》、乌恩溥《名家讲解孟子》、梁涛编著《孟子解读》、何铁山《汉字学视域下的〈孟子〉》等。

王成儒、李静、李香奇《〈孟子〉之谜》，全书划分为四部分：一是孟子其人，包括孟子家世、父母、姓名、生卒、故里、师承、弟子、出游次序等；二是《孟子》其书，包括《孟子》作者、流传版本等；三是孟子思想，包括圣人观、人性论、义利观、王霸之辨、天人关系等；四是孟子评价，包括如何评价孟子的天道观、认识论、历史观、教育思想、君臣观、道德学说、历史评价等。

余国庆解读《孟子解读》一书的导言指出：“《孟子》一书，语言凝练，准确生动，后代作为成语，达几十条之多，如拔苗助长、五十步笑百步、以邻为壑、专心致志、出尔反尔、独夫民贼、事半功倍、舍我其谁、水深火热、一曝十寒、自暴自弃、由博返约、舍生取义、引而不发等等，书中俯拾皆是”，作者从《孟子》中“选取了107章能代表其思想、风格的段落，予以注释、今译，并作导读式的分析，意在让读者以较少的时间而接触到《孟子》的精髓，从而对传统文化加深理解，为自己的安身立命提供参考。历代对《孟子》一书注释有较大影响的，有东汉赵岐的《孟子章句》、南宋朱熹的《孟子集注》、清代焦循的《孟子正义》，今人的《孟子》今注今译类的书也不在少数，读者有意深入，可择善而取之”①。

徐洪兴撰《孟子直解》一书的内容提要指出：“《孟子直解》是中国文化名著《孟子》全本的今注、今译及评析。内容包括：（1）解题。勾勒《孟子》七篇中每一篇的主题思想及主要内容。（2）原文。分章摘录，并加以标点。（3）今译。在忠于原文的前提下，将每章用现代汉语加以直译。（4）注释。用简洁的语言，对原文中难以理解的字、词、句进行解释。（5）评析。在综合古今注家的基础上，对各章的意旨做出评析。”②

笔者所撰《孟子解读》，40 余万字。该书概述了孟子的生卒、家世、游历顺序、《孟子》篇章、孟子思想产生的思想根源、孟子思想体系、《孟子》的文学价值等。笔者指出为了帮助中等文化程度以上的读者读懂《孟子》，有利于读者重视中华文化元典，继承中华民族优秀传统文化，作者在多年研究孟子思想的基础上，借鉴、吸取历代治孟大家的有关研究成果，对《孟子》全书 261 章逐一做了全面、通俗的解读。作者在解读每一章时，先对原文中的生僻字词标出汉语拼音，并用汉字注明读音，接着做出简要注释，继而用简练的语言概括出该章的主旨，进而简述其背景，解读其义理（包括政治、经济、哲学、社会、心理、美学等若干侧面），分析其篇章结构和文学特色，指出其现代价值和启示。③

么峻洲《孟子说解》全书 32 万余字，列入“中国经典解读丛书”。作者概述了孟子的生平、著作等，认为“孟子的心性论……奠定了儒家内圣之学的基础”，孟子“道性善”，“但是否人人都会成为好人呢？理论上可能，事实上不可能。因为人除了有道德心之外，还有受感性欲求所驱使的私欲。私欲极易接受周围不良因素的影响，从而把道德心（本心）蒙蔽。所以，为了克服私欲，恢复本心的纯洁，必须加强修养”，“进而通向国家、天下，通向文化传统，扩充到‘万物皆备于我’，扩充到‘上下与天地同流’。这就是所谓的外王事业的开展与最后完成”。④

乌恩溥《名家讲解孟子》一书的内容简介指出：该书是作者“在长期研究儒家思想和准确把握《孟子》精髓的基础上，花数十年心血撰写而成。采用通行版本，注释详尽明晰，翻译准确达意，讲解中心突出，言简意赅，深入浅出。该书既有相当高的学术价值，又有很强的可读性，是一

① 参见余国庆解读:《孟子解读·导言》,黄山书社 2007 年版。

② 徐洪兴撰:《孟子直解》,“内容提要”,复旦大学出版社 2004 年版。

③ 参见王其俊:《孟子解读》,泰山出版社 2004 年版,第 15 页。

④ 参见么峻洲:《孟子说解·序言》,齐鲁书社 2006 年版,第 1～4 页。

部很好的儒学入门读物”①。

梁涛编著《孟子解读》，全书 44 万字，列入“国学经典解读系列教材”。该书概述了孟子其人、《孟子》其书、思想学术，指出：“《孟子》一书的思想较为丰富，包含了孟子性善论、义利之辨、王霸之辨、民本、仁政等诸多思想内容。……这里主要对孟子的性善论、‘民贵君轻’以及仁政、王道思想做一介绍。”该书论述了善与性、以善为性之理据等，指出“孟子‘道性善’，实际包括了孟子对人性的内容与作用、人的价值与意义、人的终极关怀等一系列问题的思考”；“孟子的‘民贵’说，不仅是对政权来源的认识、理解，同时也是对政权合法性的思考，认为人民的利益构成君主权力的基础，人民的生命、财产是最为珍贵的，是设立国家、君主的唯一理由与根据，君主应尽职保障人民的生命与财产，否则便不具有合法性”，“孟子的‘民贵君轻’说将古代的民本思想发展到一个高峰，代表了当时的最高成就，不过仍具有一些时代的局限”；“孟子由‘民为贵’进一步提出了‘仁政’说，对孔子‘仁者爱人’、‘为政以德’的思想作了进一步发展。孟子‘仁政’说的思想基础是民本论，其根据则是性善论”，“孟子提倡仁政，其根本原因并不在于相信君王的不忍人之心，而在于坚信‘民为贵’……对于孟子而言，性善论只是实行仁政的可能条件，民本论才是其根本原因”。② 总之，作者对《孟子》全书做了全面、深入的解读，提出了许多新的观点和见解。譬如学界一种传统观点认为，孟子的性善论是唯心主义先验论，它是孟子仁政、王道政治思想的理论基础。有的论者正是基于这一认识，对孟子的政治思想予以不合理的抨击和否定。该书提出“对于孟子而言，性善论只是实行仁政的可能条件，民本论才是其根本原因”的观点，对纠正上述模糊认识当有积极意义。

曾振宇校注《孟子诠解》，总计 30 余万字。该书对《孟子》全书 14 卷做了通释，每一卷首做一“概说”，概括该卷的主旨，以下依次是“原文”“注释”“解读”。作者指出：“为兼顾社会各阶层人士阅读之需要，本书的注释侧重于难解字词、历史人物与事件、典章制度、历史地名等内容。对个别难读之句子加以串讲，并通释全句”，“注释力求深入浅出、通俗易懂，凡训诂等方面涉及各家意见分歧之处，或择善而从或出于己识”，“对生僻字词，加注汉语拼音”。③ 作者概述了孟子生平，从天论、人性论、仁义论、孝论四个方面评论了孟子思想。作者认为，“孟子侧重于站在民

① 乌恩溥：《名家讲解孟子》，“内容简介”，长春出版社 2007 年版。

② 参见梁涛编著：《孟子解读·导论》，中国人民大学出版社 2010 年版，第 1～32 页。

③ 参见曾振宇校注：《孟子诠解·例言》，山东友谊出版社 2012 年版，第 51～52 页。

本主义立场上论‘天’……‘天视’的本质是‘民视’，‘天听’的本质是‘民听’”，孟子的“运命之天是一种神秘的外在力量”；“孟子在儒学史上的最大贡献就在于他开始对儒家思想存在正当性如何可能进行自觉地论证。天道既超越又内在。天道高高在上，天道超越；另一方面天道又是内在的，天道彰显于人心时，又内在于人而为人性”①；“需梳理的一个观点为：孟子并未否定性有恶端，也未否定‘恶’源自心性。‘恶’是与‘善’相对之恶，恶不是一抽象的，绝对的存有，也并非仅仅具有形式义。‘恶’是心性中一客观存在之事实，人性有恶端是真理，恶具有实质义”②；“在儒学发展史上，孟子的贡献表现于：从哲学形而上学高度为儒家仁义思想存在正当性进行论证与辩护”，“孟子并没有停留在以心性论证仁义思维阶段……以‘天’论仁义，这恰恰正是孟子思想卓然高标之处”，“孟子以‘天’论仁义的实质，在于从形上学高度为人性中仁义诸善端存在正当性进行辩护”③；“孔子、曾子儒家孝论演变至孟子，发生了一些转折。这主要表现于两个方面：其一，‘父子之间不责善’，其二，君臣之间‘相责以善’”，“在儒家孝论的演变历程中，一个值得注意的倾向是：孔子、曾子当年在家庭伦理语境中论证的‘以正致谏’等‘谏亲’的原则却被孟子完全移植到了社会政治伦理领域……在家庭伦理层面上，儒家孝论演变至孟子出现了一些新的变化”④。总之，该书对《孟子》一书做了全面、深入的论说、解读，深入探讨了孟子的天论、人性论、仁义论、孝论等，提出了许多不同于以往的见解。该书一个突出特点是将孟子思想的重要概念、范畴置于先秦儒学、中国儒学以及中国古代思想史等不同层次的系统中，对这些概念、范畴的起源、特点、演变轨迹进行细致的梳理和辨析，探寻历代思想家、学者对孟学的诠释、继承、发展或改造。譬如作者广征博引，阐释了董仲舒、二程、朱熹、王夫之、焦循、任继愈、冯友兰、张岱年、徐复观等20余位学者对孟子人性论的解说，论述了孟子的性、人性善、君子所性、人之性等。经过辨析，择善而从或阐释自己的观点。笔者赞同该书“孟子人性学说‘鼓舞激励’之社会教化意义，远远超过纯粹的形而上理论建构。‘《孟子》一书，只是要正人心。’明乎此，方能体悟孟子‘立命’之旨趣”⑤ 的观点，但对该书“在‘人之性’层面，孟子并没

① 参见曾振宇校注：《孟子诠解·例言》，山东友谊出版社2012年版，第2～13页。

② 曾振宇校注：《孟子诠解·例言》，山东友谊出版社2012年版，第24页。

③ 参见曾振宇校注：《孟子诠解·例言》，山东友谊出版社2012年版，第36～37页。

④ 参见曾振宇校注：《孟子诠解·例言》，山东友谊出版社2012年版，第41～50页。

⑤ 曾振宇校注：《孟子诠解·例言》，山东友谊出版社2012年版，第24页。

有否定‘性’或‘人性’有恶端，‘大体’与‘小体’同在于人心”的观点，持有疑义。笔者认为，孟子所谓“人性”，是区别于动物之性的类概念，是人之所以为人的本质所在，“人性是人所特有的东西，这也是人能够确立自己独特性的关键”①。孟子说“人之所以异于禽兽者几希”（《孟子・离娄下》），“故凡同类者，举相似也，何独至于人而疑之？圣人与我同类者”（《孟子・告子上》），“人皆有不忍人之心……所以谓人皆有不忍人之心者，今人乍见孺子将入于井，皆有怵惕恻隐之心”（《孟子・公孙丑上》）。上述孟子所说的人，是与犬马不同类的人类之人，是具有仁义礼智等道德观念、以心思考的理性思维能力和君臣、父子、夫妇等人伦之人。有的学者亦指出：“孟子言人性善之‘人’，是指能进行复杂思维的高级动物，‘性’是指人所具有的本质属性。”② 孟子所谓人性善是指“人类”“性善”，这区别于“兽相食”的兽性恶而言。这说明，“孟子道性善，言必称尧舜”（《孟子・滕文公上》），人的本性是善而不是恶。“在‘人之性’层面，孟子并没有否定‘性’或‘人性’有恶端”的观点，恐难成立。

何铁山、施杏姑《汉字学视域下的〈孟子〉》，总计 47 万字。该书“在前人成就的基础上，以‘汉字学’为切入点，以‘普遍怀疑’为基本治学态度……对《孟子》十四篇给予字字细读，且对其中每一个略有疑问的汉字，都进行了近乎愚蠢的查阅、比较、探究，从而得出不少新解”③。作者在《孟子及其思想简介》中，概述了孟子的生平事迹，简要介绍了孟子思想，认为“孟子思想，如果用两个字加以概括，便是‘复古’”，“如果用四个字加以概括，便是‘内圣外王’”，“如果用 16 个字概括，便是‘仁义礼智，求则得之’，‘贤士治国，民贵君轻’”。④

该书从“曲辞异说，缺乏逻辑性”“故弄玄虚，偷换概念”“前后矛盾”等几个方面批评孟子的“好辩”。作者指出：“以‘汉字学’入手研读古代经典，其本质是对以往经典研读普遍怀疑。这种怀疑是有充分依据的。古今悬隔，汉字的多义性、想象性、哲理性及其发展变化，让没有耐心的今人无法实现与古人完全意义上的交流与对话，在所难免。但是，愚拙的‘汉字学’及其思想或可给予我们对于古代经典研读以最为坚实的启

① 王博：《中国儒学史・先秦卷》，北京大学出版社 2011 年版，第 326 页。

② 刘瑾辉：《清代〈孟子〉学研究》，社会科学文献出版社 2007 年版，第 158 页。

③ 何铁山、施杏姑：《汉字学视域下的〈孟子〉・前言》，浙江大学出版社 2015 年版，第 2 页。

④ 参见何铁山、施杏姑：《汉字学视域下的〈孟子〉・前言》，浙江大学出版社 2015 年版，第 3～4 页。

示或帮助”，“选择以‘汉字学’入手研读古代经典，就是选择一条愚拙、朴实、曲折的研究之路，没有相当的‘吃得苦，耐得烦，蛮得霸’的‘衰隆平精神’是肯定不行的”。① 作者指出有的论者阐释《孟子》的失误，主张解读古代经典要“避免臆测、想当然、先入为主”，论述了“汉字初形特点与相关经典的‘形上’联系”，认为“汉字‘初形’，即指汉字我们今天能见到的最初形象、形态、结构或构形。这种构形往往具有象形性、直观性、想象性、多义性、抽象性等特点”，进而以“道”“德”为例，进行深入的探讨。作者认为，“此处‘别样的解读’并非反传统意义的‘演义’或‘穿越’，而是‘站在前人的肩膀上’所得出的细节上的或更合乎事理、逻辑的认知”。

该书以“‘汉字学’为切入点”，对《孟子》全书 261 章逐一予以评析、诠释、解读。其顺序依次是：原文、“本章大意”。本章大意包括两个方面：一是译文；二是对人名、地名、存有疑问的字词、概念逐一予以探究，进而联系存在的各种社会问题做出评析，申明《孟子》的思想价值、借鉴意义及得失。

笔者认为，该书具有以下几个特点：一是独辟蹊径，视角新颖。作者以“汉字学”为切入点，对《孟子》全书逐字逐句予以诠释、解读、评析。所谓汉字学，就是以汉字的形体、产生、演变及发展规律为研究对象。作者将《孟子》全书每一个略有疑问的汉字、词语、概念都予以查阅、比较、探究，得出不少新见。自新中国成立以来，学界多采用哲学、政治学、经济学、伦理学、社会学、美学、历史学、文化学等学科的研究方法探讨孟子思想，取得了丰硕成果。但以“汉字学”为切入点研究孟学，似不多见。该书对孟学研究中许多存有争议的问题做了新的探讨，提出了不同于以往的新见。二是立足说理，积极争鸣。在孟学研究中，存在着许多争议或不同认识，这当是学界的一种正常现象。该书对不同观点和认识，立足说理，积极争鸣，在论述“汉字初形特点与相关经典的‘形上’联系”中，探寻孟子的本意，提出解读古代经典要“避免臆测、想当然、先入为主”。譬如有些学者解读《孟子·离娄下》“大人者，言不必信，行不必果，惟义所在”时，通常采用杨伯峻先生“有德行的人，说话不一定句句守信，行为不一定贯彻始终，与义同在，依义而行”②。该书阐释了孔子关于“言必信，行必果”的论述和引用朱熹的诠释，认为“孔子孟子在此，既不是不要‘信’，也不是不要‘果’，而是反对‘必’。因

① 参见何铁山、施杏姑：《汉字学视域下的〈孟子〉·前言》，浙江大学出版社 2015 年版，第21 页。

② 杨伯峻译注：《孟子译注》，中华书局 1960 年版，第 189 页。

为'必'有很大的局限性"，将这段话翻译为"真正的伟大人物，其所说的话，不一定有预期的诚信，其所采取的行动，也不一定有预期的结果，他只是依据道义行事而已"。[①] 该书赞同朱熹将"必"视为期望的观点，将孟子的话做了新的诠释。又如阐释《孟子·尽心上》"莫非命"章时指出："学者对本章'非'字之理解，多有不同。一般释'莫非命也，顺受其正'为'没有什么不是天命所决定的，顺理做人，接受正常的天命'。既然'没有什么不是天命所决定的'，那么，'立乎岩墙之下'，又何必逃离？任由天命决定不就行了？其实，孟子此章是要告诉我们：'命'或'天命'，并不一定都神秘莫测，而是也有可知的……'命'既是指天道自然之规律性，也是日常事理。"作者将"非"解说为"怨恨或违背、违抗"，将这一章翻译为："不要怨恨命运，只需顺从接受它的决定即可。所以，对命运有深刻认知的人，不会站在危墙之下。尽力认知天道自然规律的人，就是死了，也是符合命运法则的；而那些犯罪坐牢受刑而死的人，便是不符合命运法则的。"[②] 该书的这一解说既不同于将"莫非命"解说为"没有什么不是天命所决定的"的观点，也不同于焦循所说的"非命二字相连，莫字不与非字连也"，"非命二字相连，即下非正命……莫非命，禁戒之辞，谓不可非命而死也"（《孟子正义》卷二十六）。作者的上述观点，持之有故，自备一说。

总之，该书对《孟子》全书进行了深入的评析、诠释、解读，新意迭出，是近年来"以'汉字学'为切入点"对《孟子》做出深入、独特诠释的力作。当然，笔者难以赞同该书的某些观点。譬如该书认为，对孟子思想可分别以"复古""内圣外王""仁义礼智，求则得之""贤士治国，民贵君轻"予以概括。我们认为，笼统地将孟子思想概括为"复古"是不妥的。表面上看，孟子称颂尧舜禹三代和古代圣贤，看似恢复往古的社会秩序、习俗、制度、文化风尚等。实际上，孟子是借鉴历史经验以服务于行仁政、王天下的社会现实。有的学者指出："率由旧章，或者遵先王之法，并不就是回到过去，而是回到道本身。效法尧舜，其本质是效法体现在尧舜生命中的道……历史和道已经合二为一。"[③] 这一评说是公允的。又如该书评论"西子蒙不洁，则人皆掩鼻而过之"（《孟子·离娄下》），认为孟子举例不当，这"既不合人性，也不通事理。第一，西子亲人肯定不会；第二，甚爱西子之人不会；第三，正常男人不会……故无有因身体的

---

① 参见何铁山、施杏姑：《汉字学视域下的〈孟子〉》，浙江大学出版社2015年版，第279～280页。

② 何铁山、施杏姑：《汉字学视域下的〈孟子〉》，浙江大学出版社2015年版，第418～419页。

③ 王博：《中国儒学史·先秦卷》，北京大学出版社2011年版，第315页。

'不洁'而弃极美者"[1]。怎样理解孟子这段话的含义呢？笔者认为，"孟子把个体的人格精神美视为内在的人格精神与外在形体的统一，譬如人的心地纯正善良，眼睛就会明亮。但有时两者会发生矛盾。在这种情况下，人们不应以貌取人，而应重视人内心是否善良。孟子指出：西施的相貌、形体虽然很美，但如果她心地不善别人就会厌恶她；相反，即使相貌丑陋的人，只要心地纯正善良，整洁身心，就能去祭祀上帝。在这里，孟子阐述了一个重要原则：判断一个人，不能只看他相貌的美丑，而是要看他内心的善恶"[2]。该书对孟子的论述予以主观引申，结果就违背了孟子的本意。

（二）现代诠释

这类著作主要有：张铁民编著《人世大关怀：〈孟子〉今读》，徐克谦《孟子现代版》，孙通海编著《孟子精粹解读》，周德波编著《孟子一日一谈》，姜城《那一个孟子：在执着与圆通中创新的实践经典》，夏传才《孟子讲座》，周淑萍《孟子——大家精要》，蒙培元《蒙培元讲孟子》，吴小如《吴小如讲孟子》，巩玉峰、盛勇编著《孟子研读》，陈清华《孟子智慧》，姚淦铭《孟子智慧》，王蒙《得民心得天下：王蒙说〈孟子〉》等。

1. 张铁民编著《人世大关怀：〈孟子〉今读》

作者概述了孟子的生平，指出"孟子深切体验着平民生活的艰难，他的言语由此而发。否则，他不会高呼'制民恒产'、'民贵君轻'、'与民同乐'。性善论，在某种程度上可以说是他对平民的发现。争权夺利，尔虞我诈，人心叵测，似乎在贵族大人们之间是家常便饭。所以，他敢平视一切王公贵族，如君主有大过，谏而不听可以易其位，臣民可以起来诛灭暴君。民心的力量，只有出身于平民的孟子才能感知其排山倒海般的伟力。'人皆可以为尧舜'，这就是孟子的平民文化立场"[3]。

该书列出"不可后义而先利""有恒产者有恒心""仁民爱物""上行下效""言无实不祥""生于忧患死于安乐"等23个专题，深入浅出地介绍了孟子思想的各个方面，以新的视角谋篇立意，寻求发掘对我们当今有启迪、裨益的人生智慧和思想财富。该书选取《孟子》中有关章句进行注释讲析，以期能对当代人思考关注的社会热点和人生中遇到的实际问题有所启发，有助于解决现代生活中遇到的烦恼与矛盾，这对普及传统文化知识具有积极的意义。当然，该书称孟子是"孔子之孙子思的学生"，这一

① 何铁山、施杏姑：《汉字学视域下的〈孟子〉》，浙江大学出版社2015年版，第17～18页。

② 王其俊：《孟子品读》，山东大学出版社2016年版，第163页。

③ 张铁民编著：《人世大关怀：〈孟子〉今读·导言》，百花文艺出版社2001年版，第1页。

说法是没有根据的。江永认为，“孟子与子思年不相接”（《群经补义》）。崔述认为，“孟子必无受业于子思之事”（《孟子事实录》卷上）。前人对“孟子受业于子思”的观点辩之甚详，该书此说缺乏根据。

2. 孙通海编著《孟子精粹解读》、周德波编著《孟子一日一谈》

孙通海编著《孟子精粹解读》，列入“中学生文化素质提高丛书”。该书内容提要指出：“本书是为适应当代中学生的阅读需要，特别编写的一部图文并茂的历史文化名著课外读物。《孟子》一书给中华民族留下丰富而深刻的文化遗产，是中国优秀的传统文化源头之一。本书精选37篇文字，内容涵盖孟子思想中的仁政学说、育人学说和以意逆志说及散文上的成就，对原文作了简要、通俗的注释和白话翻译，同时还从现代角度给予精当点评。尤其独到的是，每篇后面都结合社会人生提出了问题，请读者自答，以活跃创造性思维。”①

周德波编著《孟子一日一谈》，全书划分为34篇，以《孟子》书中的名言、警句、典故等为篇名，譬如义利之辩、与民偕乐、仁者无敌、“乐以天下，忧以天下”、乘势待时、善养浩然之气、四端之心、“得道多助，失道寡助”、舍生取义、“生于忧患，死于安乐”、民贵君轻，等等。该书前言指出：“《孟子》一书千百年来被奉为儒家的经典，是学子修身的必要教材。梁启超认为‘为修养受用起见，《论语》如饭，最宜滋养；《孟子》如药，最宜祓除及兴奋’。那么，祓除什么呢？当然是我们自身的人性弱点。我们是否在‘进退辞让取与’之间游离不定呢？我们是否光明磊落，无私无偏呢？我们是否意志坚强，百折不回呢？我们是否愿意为天下苍生计，愿意济世救人呢”，孟子“为我们所描绘的理想国，那里充满了丰实、和谐、体谅和眷顾”，“他为我们描述的美政图景，那里统治者宽容、尊贤、使能和仁爱”，“他为我们描述的理想境界，那里只有善意、宽容、克制和关怀”，“在孟子的言行里，我们可以对这位智者的政治观、人生观、价值观、伦理道德观等作诸多方面的考虑”。② 该书以通俗生动的语言，深入浅出地阐述了孟子的政治观、人生观、价值观、伦理道德观等，又结合各种社会现象予以深入的剖析，给人深刻的启示。

3. 姜城《那一个孟子：在执着与圆通中创新的实践经典》、夏传才《孟子讲座》

姜城《那一个孟子：在执着与圆通中创新的实践经典》，全书划分为13章：孔子思想的传承旗手、浩然正气的谦谦君子、大德至纯的肝胆赤

---

① 孙通海编著：《孟子精粹解读》，“内容提要”，中华书局2005年版。

② 参见周德波编著：《孟子一日一谈·前言》，哈尔滨出版社2006年版，第1页。

子、阐发善端的知性大儒、省心炼脑的仁德宗师、内圣外王的激情歌者、忧民之忧的仁厚圣主、血浓于水的仁政先驱、机智雄辩的道义诗人、通灵务实的帝王之师、遁出豪门的叛逆之子、脚踏实地的儒家亚圣、独善其身的今古大家。书末附孟子年表。

该书内容简介指出："孟子的学说就像是一道犀利的闪电划破了历史那浩瀚的长夜，给我们带来了一种光明的力量。这力量代表着漫长封建时代中的一丝民主精神，代表了不计其数的中国知识分子内心刚正不阿的正气，代表了对于种种世俗保守势力的抗争。试图通过对孟子一生及其著作的评说与思考，挖掘出孟子对今天的人们在人生中有着积极指导和鼓舞意义的精神，以帮助人们在今天商品社会的复杂环境中，找到自我创新、自我发展、变通而不流俗、坚韧而不放弃的人生定位。"①

夏传才《孟子讲座》，"全书共十三讲，力求以较少的文字，对孟子的生平及学说的精华，作简明、扼要的现代诠释。每一讲，都从阅读原文入手，附有译文，分别各个门类，作系统科学的讲解，是学习《孟子》理想的入门读物和普及性读本"。当然，该书认为"孟子出生在鲁国的邹地（今山东邹县）"②，孟子主张"人之所以异于禽兽，就在于人是有天赋的仁义礼智等道德理性"③。这些观点是值得推敲的。我们知道，学界普遍认为孟子出生于战国中期的邹国。邹国是个诸侯国，而不是"鲁国的邹地"。所谓孟子主张"人是有天赋的仁义礼智等道德理性"，似有偏颇。实际上，孟子的仁义礼智并不是"天赋"的，而是人接受后天的教化而逐步形成的。

4. 周淑萍《孟子——大家精要》、蒙培元《蒙培元讲孟子》

周淑萍《孟子——大家精要》，由云南教育出版社 2009 年出版。该书内容简介指出："本书在吸取前人及今人研究成果的基础上，回归《孟子》原典，以简洁明快的形式，生动形象的语言，勾勒了孟子一生主要的社会活动。以孟子社会活动为线索，展开孟子思想学说的介绍，直观、清晰地把孟子思想的精要及其产生的时代环境呈现给读者。"④

《蒙培元讲孟子》一书以简洁明快、生动通俗的语言，深入浅出地概述了孟子的身世、母教、受业、授徒、游历、著述，讲述了孟子的政治、

---

① 姜城：《那一个孟子：在执着与圆通中创新的实践经典》，"内容简介"，中国华侨出版社 2007 年版。

② 夏传才：《孟子讲座》，清华大学出版社 2008 年版，第 2 页。

③ 夏传才：《孟子讲座》，清华大学出版社 2008 年版，第 119 页。

④ 周淑萍：《孟子——大家精要》，"内容简介"，云南教育出版社 2009 年版。

社会、经济、天人、生态、人性等学说，论述了孟子的人格修养与境界、历史地位等，提出了许多独到的见解。其中，突出的有下述几个方面：其一，肯定孟子政治思想的贡献和积极意义。作者认为，孟子的王道是以仁义为根本内容的，有人说孟子反对利，其实，孟子并不反对利，但是，利不能成为唯一原则，一定要和义结合起来，由义来指导，先义而后利，不是先利而后义，二者并不总是矛盾的，应当求得二者的统一。在评论孟子“窃父而逃”说时认为，有人批评孟子所说的“窃父而逃”是为腐败提供理论根据。这是大错而特错的。在这个假设的事例中，舜为了救他的父亲，只能以不做天子为代价，这完全是个人选择的问题，不是以权谋私的问题。这确实表现出情与法的冲突，但孟子绝不是以法徇情，而是以情逃“法”。孟子的民贵君轻主要是从价值上说的，“轻”与“贵”都属价值词汇，说明在价值上人民高于君主。人民的价值就在于它自身就是目的，而不是工具，君主则是为人民办事的。君主是为人们存在的，而不是人民为君主存在的。人民是真正的社会主体。其二，客观评价了孟子的劳心劳力说。该书认为，“劳动分工是必要的，是经济发展的前提条件……是提高社会文明程度之所必需”，“孟子提出了一种价值理论，批判了绝对平均主义”。① 劳心与劳力的关系是“‘治’与‘被治’的关系，又是‘食于人’与‘食人’的关系”，“孟子认为社会分工是‘天下之通义’，即文明社会必须遵守的普遍原则，这无疑是正确的”，“孟子对‘劳心者’的社会作用给予了充分肯定和高度评价，认为一个社会的文明程度以及治理的好坏，主要是由这些精英决定的。孟子的社会思想可说是一种精英思想。不仅在政治上如此，在社会经济、文化上也是如此”。② 其三，深入剖析了孟子的天人学说。孟子的天具有物理、目的、价值意义，孟子的“天之高也”之“天”，“无疑是自然界，确切地说，是自然界的一部分。自然界有其运行规律或秩序，是可以认识的”，孟子的“莫之为而为者，天也”，“是说没有一个什么目的支配它，也没有什么力量推动它，它自己就这样‘为’了。这再明显不过的说明，孟子是反对超自然的神学目的论”，“天的目的决定了人类的历史活动，以及人的贤否，但天确实不是上帝，而是自然界本身”，“孟子否定了上帝，以自然界为最高存在，人的德性、伦理就只能开源于自然界”。③ 作者分析了“命”的二重性，认为“天是从‘存在’上说，命则是从功能、作用上说。其实，天的‘存在’意义是通过命而实

① 参见《蒙培元讲孟子》，北京大学出版社 2006 年版，第 76～82 页。

② 参见《蒙培元讲孟子》，北京大学出版社 2006 年版，第 79～80 页。

③ 参见《蒙培元讲孟子》，北京大学出版社 2006 年版，第 88～100 页。

现的，命的作用则是以天的‘存在’为前提”，孟子“物理层面的命，是一种客观因果性，是命定论，人力无法改变，只能接受。其目的和价值层面的命，则是天所授予人的内在本性，即义理之性，是目的性的，可成为人的意志自由，人是可以得到的，是属于自己的”。① 除上述外，该书还述评了孟子的生态学说、人性学说、人格修养与境界、历史地位，提出了不少新见。总之，上述新见深化了人们对孟学的认识，是值得称道的。当然，该书有的看法并不符合孟子的本意，是值得推敲的。譬如该书将孟子所说“可欲之谓善”（《孟子·尽心下》）解释为：“善即目的，人的目的追求也就是善。这句话是说，善是可以达到的，它就在我自身的目的追求之中。”这一观点，可自备一说。但笔者认为，这种解释脱离了孟子评价“乐正子，二之中、四之下”的语言环境，并不符合孟子的本意。

5.《吴小如讲孟子》

吴小如逐章讲解、评析了《孟子》全书，认为《孟子》“应该是儒家经典中在文字上障碍比较少的一本读物。于是我便重新阅读《孟子》，且边读边记下自己的点滴感受。这只是即兴发言，不敢吹嘘是什么‘心得’。但要声明，这点滴感受是供成年读者参考的，并设想这些读者已经根据传世的各家注释和译本（如朱熹的《孟子集注》、焦循的《孟子正义》[其中包括了东汉赵岐的旧注]、近人姚永概的《孟子讲义》[黄山书社出版] 和杨伯峻的《孟子译注》等）基本上读懂了原文”②。高书文指出：吴小如先生“几十年如一日，醉心于国学的研究与传授……他坚决要求学术的规范性和精确性……强调学术规范应坚持‘守正’。据此，他呼吁以严谨的态度治学，恪守‘守正’精神”③。笔者赞同上述评说，认为该书具有两个突出特点：一是紧密结合社会现实，对社会生活中的不健康习气和一些社会弊端予以针砭，告诫人们借鉴孟子为政等思想中的积极因素，这无疑是值得称道和学习的；二是该书论述严谨，表现出严谨的学术规范性、精确性、严肃性。

6. 巩玉峰和盛勇编著《孟子研读》、陈清华《孟子智慧》

巩玉峰、盛勇编著《孟子研读》是山东省邹城市实验中学语文学科校本教材。全书划分为三章，第一章概述了孟子的生平事迹、游历过程、思想学说、后世影响；第二章以《孟子》中的名言、成语为标题，对《孟

① 参见《蒙培元讲孟子》，北京大学出版社 2006 年版，第 100～101 页。

② 《吴小如讲孟子·自序》，天津古籍出版社 2008 年版，第 1 页。

③ 高书文：《“猪跑学”的弘扬与“守正”精神的操守——读〈吴小如讲孟子〉》，《学习月刊》2010 年第 11 期。

子》全书做了生动通俗的解读；第三章概述了孟庙、孟林、孟府“三孟”关于孟子的文物、古迹等。该书适应青年学生学习传统文化的需要，较全面、生动、通俗地介绍了孟子思想学说，引导青年学生学习、借鉴古代经典的精华，树立正确的人生观、价值观，以造福于社会。

陈清华《孟子智慧》，全书划分十章。内容简介指出：“作者以研究中西哲学数十年的积累……用深入浅出的语言和丰富的历史掌故来解读孟子其人、齐家之道、孝顺之道、养生之道、丈夫之道、生于忧患、交友之道、幸福密码、处世之道、教育之道等。书中既有对孟子的解析，更有对现实的关怀；解读的是孟子，关注的是当下。读《孟子智慧》，可以寻得人生的幸福密码，更可以在喧嚣的尘世中找回自己，并以乐观积极的态度，创造和谐美满的人生。”①

7. 姚淦铭《孟子智慧》、韩非《孟子全解》

姚淦铭《孟子智慧》，列入“姚淦铭国学智能系列”。全书划分为12篇，包括心性智慧、处世智慧、正能量智慧、政军智慧、财政智慧、科技智慧、育人智慧、历史智慧、思辨智慧、境界智慧等。内容简介指出：孟子思想“不仅深刻影响了数千年中国的社会、政治、文化、家国、心性等，而且早已享誉世界。孟子的智慧之所以被人赞誉，是因为其始终激励着人们去做一个大丈夫，秉持浩然正气，挺立在人世！他铮铮勉励人们忍受艰苦的磨练，在‘苦其心志，劳其筋骨，饿其体肤，行拂乱其所为’中去前行！他竭力雕塑人的‘富贵不能淫，贫贱不能移，威武不能屈’的巍岸人格！他传播‘老吾老以及人之老，幼吾幼以及人之幼’的崇高理念！他在政治、管理、经济、财政、军事、教育、养生等诸多方面，都给出了睿智的指导与忠告。生活在新时代的人们，若是能够与孟子的大智大慧沟通默契，汲其智慧之甘泉来汩汩滋养一己之心田，从而以其智立己之根，以其慧润己之柢，踔厉风发，精进不已，那么或可试想，将会卓立人世，花果飘香”②。该书以通俗、生动的语言，既深入浅出地诠释了孟子的哲学、政治、经济、社会、伦理、教育、文学等范畴、概念、命题，又紧密联系当代社会的治国为政、经济管理、生态环境、道德修养、立身处世等问题，引导读者从《孟子》中汲取智慧，给读者以新的启迪。

韩非《孟子全解》一书指出：“《孟子》一书思想十分丰富，涉及政治、哲学、教育、文艺、军事等各个方面，其中很多方面是孟子对孔子思

---

① 陈清华：《孟子智慧》，“内容简介”，中央广播电视大学出版社2011年版。

② 姚淦铭：《孟子智慧》，“内容简介”，山东人民出版社2013年版。

想的进一步发挥，比之孔子重周礼的思想更加富有民主精神，更加重视人文精神”，“孟子善辩，故其文章中处处可见气势磅礴的雄辩智慧”，“孟子好仁，故其文章中处处闪耀着以民为本、仁爱慈和的人性光芒”，“《孟子》便是一部好的增强人们道德修养、丰富人们学识、开拓人们思想境界的中华文化经典”，“全书设有‘原文’、‘注释’、‘译文’、‘经典解读’等栏目，力求原文准确、注释详尽、译文优美、解读符合孟子原意又联系当今社会。书中大量引用老子、孔子、荀子、朱子等思想家的思想见解，对孟子论点进行印证，与孟子思想进行对比；例举历史事件、哲理故事，让读者理解得更加深刻，从而更全面地了解我国传统文化，了解《孟子》的博大精深”。①

二、生平传记类

这一类的孟学普及研究著作主要有：刘培桂《孟子与孟子故里》、《孟子大略》和孟祥才《孟子传》等。

（一）刘培桂《孟子与孟子故里》、《孟子大略》

刘培桂《孟子与孟子故里》，全书20万字。该书刊载关于孟子画像、故里、孟林、孟庙、孟府的22幅彩色照片，收入了作者在中外学术刊物和会议上发表的23篇论文。大致划分为六组，涉及依次论述了“邹”的历史沿革、孟子先祖、孟子周游列国年代、弟子、历代对孟子的封谥与尊崇、孟庙建制沿革、孟庙配享从祀、孟子林庙历代题咏、孔孟经济思想之比较、孟子仁政思想与企业管理等，书末附有12幅汉画像石拓片的照片。

该书“介绍了孟子的生平、思想学说、后世影响，概述了孟子故里的悠久历史、灿烂文化、文物古迹，对历史上长期存疑或争论不休的问题，如孟子先祖、周游列国年代、弟子等，都提出了自己的看法；对留存于孟子故里的孟子林庙、祠庙、孟母三迁处、断机堂、子思书院、子思祠等做了详尽的考察与记述；对孔子及其弟子在汉代画像石刻中的形象做了独到的探讨”②。本书引用资料大部分采自石刻、方志，许多观点独树一帜，并得到学术界的认可。该书的特色是资料原始，记述翔实，论证严密，观点新颖，图文并茂，雅俗共赏。

刘培桂《孟子大略》，全书26万字，收入韩国学者赵骏河主编《孟子研究文库》第二辑。全书分为上、中、下三篇，探讨了孟子家世及生活时

---

① 参见韩非：《孟子全解·前言》，中国华侨出版社2016年版，第1页。

② 刘培桂：《孟子与孟子故里》，中国文史出版社2001年版。

代、生平活动、后世尊崇，《孟子》七篇、流传与影响，《孟子》外书、佚文与节文，论述了孟子的“道性善”“言必称尧舜”“仁政、王道”“得天下英才而教育之”“仁义、孝悌”“知言”“养浩然之气”等，对孟子研究中的重点、难点和存有争议的问题，做了言之有据的辨析和回答。该书的特色是内容丰富、结构紧凑，引用数据翔实，集学术性、资料性、可读性于一体。

（二）孟祥才《孟子传》

该书总计22万字。全书包括：前言、正文、孟子年表、后记。全书划分三十章，即公族苗裔、孟母三迁、战国风云、私淑弟子、诲人不倦、首次入齐、稷下交游、回鲁葬母、宋国之行、返回故乡、失意鲁国、滕国论政、驳斥许行、距墨辟杨、惠王问政、雄辩大梁、再次入齐、初见宣王、侃侃而谈、浩然之气、伐燕之议、去齐归邹、弟子如林、文章千古、落叶归根、天道性命、人性本善、仁政理想、君子人格、道存古今。

该书的主要内容大致划分为三部分：其一，第一章至第五章运用生动、丰富的历史文献资料概述、描绘了孟子的名字、祖先、家世、师承、生卒、著作、弟子、思想渊源、时代背景等；其二，第六章至第二十五章记述了孟子游历齐、宋、鲁、滕、梁等诸侯国和从事政治、学术、教育活动的曲折历程；其三，第二十六章至第三十章论述了孟子的天道性命、人性本善、仁政理想、君子人格等学术思想和后世影响等。

该书具有以下几个特点：其一，各章标题以历史发展为线索，寓意深刻、结构紧凑、简洁明快、连贯一致，有利于深刻揭示各章的主旨。其二，作者以生动通俗的语言，深入浅出地介绍、描述了孟子的生平、游历、著作、思想、历史地位及对后世的影响等。作者熟练地运用丰富的历史文献知识，多角度、多层面地描述了孟子血肉丰满的形象。诚如作者所说：“孟子高扬孔子的学说，高举儒学的旗子，以锐不可当的气势、凌厉无比的词锋，辟杨、墨，斥农家，贬纵横，继孔子之后，再次占领当时中国思想领域的制高点，推动了儒学又一次辉煌的崛起。”[①] 这一生动描述凸显了孟子的高大形象。其三，全面评价了孟子思想及其贡献。该书以五章的篇幅论述了孟子的天道性命、人性本善、仁政理想、君子人格等思想和后世影响等。作者指出：“孟子和他的思想具有不朽的意义和永恒的价值。请读者随着作者的笔触，仔细品味中国的历史如何孕育了孟子，而孟子和他的思想

---

① 孟祥才：《孟子传·前言》，齐鲁书社2013年版，第3页。

又是如何影响了当时和以后的中国和世界。”① 读毕该书，掩卷深思，深切体会到作者对孟子的崇尚和对读者的期望。总之，该书是一部集学术性、通俗性、生动性于一体，具有较高学术价值、普及价值的孟子传记。

除上述外，曹尧德《孟子传》一书，“以通俗的语言，丰富的历史情节，分三十五章篇幅，记叙了我国古代最富盛名的儒家学者孟子生活的时代以及其一生不平凡的经历。书后还附有孟子年谱和孟子名言选译，供爱好者参考”②。

三、译注类

学界出版的译注类的普及研究著作主要有：金良年撰《孟子译注》、鲁国尧和马智强《孟子注评》等。

金良年撰《孟子译注》，总计 19 万余字。作者概述了孟子的生平事迹、著作、后世影响，评析了赵岐《孟子章句》、朱熹《孟子集注》、焦循《孟子正义》，认为该书“是为适合中等水平读者阅读而编著的一个普及读本，对经文的解释大体参考赵岐、朱熹、焦循三家的注释而断以己意。每章经文除译、注外，还设有‘段意’，对该章的要点略作提示，其说法基本折衷前人的成说”③。

鲁国尧、马智强《孟子注评》，总计 20 余万字。作者概述了孟子的生平、著作等，简要评析了孟子的政治思想、性善论、人格论、教学思想等，“选出编者认为最能表达原文的解释，最恰当的词语、句式，着力于译，全书以直译为主，少用意译，以便尽可能减少译文失误，避免以己意掺入文意，同时给初学文言者提供方便。语言力求符合语境、人物、文章风格等，注重简洁晓畅。在注译的过程中参考了《十三经注疏》中的《孟子注疏》，朱熹的《孟子集注》，焦循的《孟子正义》，戴震的《孟子字义疏证》，今人杨伯峻的《孟子译注》等。每一章包括原文、注释、译文、评析，希望能为读者提供一部可读性较强的《孟子》读本”④。

在这类孟学普及研究著作中，郑训佐、靳永《孟子译注》、王刚《孟子译注》等，对《孟子》一书做了雅俗共赏的译注。

除上述外，学界还出版了《孟子学院：孟子的仁政思想》《孟子的智慧》等普及著作。秦榆《孟子学院：孟子的仁政思想》“以《孟子》为基

---

① 孟祥才：《孟子传·前言》，齐鲁书社 2013 年版，第 6 页。

② 曹尧德：《孟子传》，“内容简介”，国际文化出版公司 2007 年版。

③ 金良年撰：《孟子译注·前言》，上海古籍出版社 2004 年版，第 5 页。

④ 鲁国尧、马智强注评：《孟子注评·前言》，凤凰出版社 2006 年版，第 1 页。

础去观察孟子的管理思想，融注着真实感，文笔挥洒，是一部可读之书，对大家提升自己管理能力大有益处。《孟子》向我们昭示了人类最高管理智慧的结晶。古今中外许多的管理者，都在《孟子》中汲取了精华”①。蔡希勤编注《孟子说》指出：“本书为‘老人家说系列丛书’之一，将孟子老人家的至理名言收录其中，加以注释并译成英文，采取汉英对照出版，以飨海内外有心有意于中国传统文化的广大读者。将孟子充满智慧和哲理的、至今仍然熠熠发光的至理名言编辑成册，加以注释并译成英文，采取汉英对照的形式，以飨海内外有心有意于中国传统文化的广大读者。”② 刘长江《孟子的智慧》指出：“本书重点阐释了《孟子》著作和文章中包含的哲学内涵。孟子认为，道德是人之为人的本质特征，也是人区别于禽兽的本质所在。道德实践本于天道之所必然和人道之所当然，它具有既内在又超越的绝对价值。一个人实现了道德圆满，他便实现了人生的最高理想。”③ 刘淑丽《仁义的修为——体味〈孟子〉》指出：“《孟子》作为儒家文化经典，记录了孟子的治国思想和政治策略。本册书便是将孟子的思想置于文化复兴的今天进行重新解读，重拾儒家思想倡导的仁义礼智信的重要理念，并在现实生活中发挥引导与教化的作用，因而具有相当的阅读价值。”④

总之，学界出版的几十部种类繁多、风格各异、通俗易懂、文笔流畅的孟学普及研究著作，深入浅出地介绍、解读、诠释了《孟子》一书及孟学的各个方面。概括起来，当代中国孟学普及研究的主要成就表现于下述几个方面：

第一，1949 年至 20 世纪 80 年代凸显了《孟子》一书的译注。其中，杨伯峻《孟子译注》和《孟子导读》是当代中国学界《孟子》译著的突出代表，在学界具有重大影响。该书精于训诂、校勘、考证，“作为一部通俗的古典名著读本，不但能帮助一般读者读懂《孟子》一书，还能给研究者提供一些线索和参考”。该书 1960 年出版，后多次再版。《孟子导读》从《孟子》一书 261 章中选出 80 章，加以分析探讨，对《孟子》一书做了深入浅出的评说和概括，言简意赅，发人深省。当代学界出版的其他各类译注、选注、解读等普及研究著作无不将这两部著作视为必备重要参考文献。这两部著作的基本学术观点已成为学界的共识，为普及孟学知识、深化孟学

① 秦榆：《孟子学院：孟子的仁政思想》，“内容简介”，中国长安出版社 2006 年版。
② 蔡希勤编注：《孟子说》，“内容简介”，华语教学出版社 2006 年版。
③ 刘长江：《孟子的智慧》，“内容简介”，远方出版社 2009 年版。
④ 刘淑丽：《仁义的修为——体味〈孟子〉》，“内容简介”，海燕出版社 2014 年版。

研究和弘扬中华优秀传统文化发挥了重要作用，其影响及于海外。

第二，20世纪90年代，介绍、解说《孟子》的普及研究著作日趋增多。1949年至20世纪80年代的孟学普及研究著作多偏重于对《孟子》一书的译注，20世纪90年代学界在重视《孟子》译注的基础上，日趋凸显了对《孟子》的介绍解说，呈现出将译注与介绍解说相互融合的趋向。介绍、解说类的普及研究著作多采用生动通俗的语言，深入浅出地介绍孟子的思想和事迹。有的紧密围绕孟子思想的核心——仁政学说，对《孟子》中家喻户晓、流传广泛、寓意深刻的名言、格言、警句、命题等，从历史与现实的结合上深入浅出、生动具体地阐释孟子的聪明睿智，增加了可读性、通俗性、科学性①；有的采用通俗易懂的语言和依据可信的史料，生动地描绘了孟子的生平经历，论述了孟子的思想及有关理论问题，既有浓厚的文学色彩，又有理论性和学术性②。

第三，21世纪以来的孟学普及研究著作种类繁多，风格各异，呈现出欣欣向荣的兴盛局面，将当代孟学普及研究推向一个前所未有的新阶段。

这一阶段出版的30余部孟学普及著作大致包括以下几类：

其一，解读类。这类普及研究又划分为两个方面：一是依《孟子》原书编排和偏重于从学术上解读、阐释孟学；二是将孟学归纳为若干专题，紧密联系当代社会实际问题，对孟学予以现代诠释。学术解读与现代诠释二者侧重点有所不同，前者侧重于阐释孟学理论、学说；后者侧重于结合当代社会实际问题阐释孟学的当代价值、意义。

就前者来看，有的对《孟子》全书逐一做了全面、通俗的解读，用简洁的语言概括出每一章的主旨，简述其背景，解读其义理，分析其篇章结构和文学特色，指出其现代价值和启示；有的勾勒、概述《孟子》七篇中每一篇的主题思想及主要内容，将每章用现代汉语加以直译，用简洁的语言，对原文中难以理解的字、词、句进行解释，进而做出评析；有的对孟子的性善论、民贵君轻、仁政和王道思想做了深入的分析和客观的评价，进而对《孟子》全书做了全面、深入的解读，提出了许多新的观点和见解；等等。

就后者来看，主要形式包括讲解、通说、选讲、划分专题等。譬如讲解、通说，有的对孟子的生平及学说的精华，做简明、扼要的讲解、诠释。有的以简洁明快、生动通俗的语言，深入浅出地概述了孟子的身世、母教、受业、授徒、游历、著述，讲述了孟子的政治思想、社会经济思

---

① 参见唐志龙编著：《内圣外王：孟子谋略纵横》，蓝天出版社1997年版。

② 参见蒋国保、余秉颐、李季林：《孟子外传·孟子百问》，安徽人民出版社1997年版。

想、天人学说、生态学说、人性学说、人格修养与境界、历史地位等；有的深入浅出地阐述了孟子的政治观、人生观、价值观、伦理道德观等，又结合各种社会现象予以深入的剖析，给人深刻的启示。又如选讲，有的选取《孟子》中有关章节进行注释讲析，以能对当代人思考关注的社会热点和人生中遇到的实际问题有所启发，有助于解决现代生活中遇到的烦恼与矛盾；有的选取《孟子》中语言凝练、准确生动的名言、警句、成语，予以分析和诠释，有利于读者读懂《孟子》；有的从《孟子》中选取107章能代表其思想、风格的段落，每段据文意重拟了标题，予以注释、今译，并做导读式的分析，意在让读者以较少的时间而接触到《孟子》的精髓；有的精选《孟子》中涵盖孟子仁政、育人学说和以意逆志等思想的37篇文字，对原文做简要、通俗的注释、翻译，从现代角度给予精当点评；等等。再如划分专题，有的打破《孟子》语录体章句结构，对原书做了一番切割分类，按照内容重新编排，冠以大小标题，将《孟子》原书的内容，以现代的形式表述出来。在不改变原书基本思想的前提下，适当加以增益、补充、引申、联系，力求为现代读者的阅读与理解提供更大的方便；有的将《孟子》全文划分若干门类，做出系统讲解；有的划分为孟子其人、《孟子》其书、孟子思想三个部分，予以系统梳理；有的以儒家“修齐治平”的理想为经，按专题设纲目，对孟子思想中的“人性与人心”“修身与养性”等方面进行深入论述和探讨。

其二，生平传记类。有的以孟子社会活动为线索，以简洁明快的形式、生动形象的语言，勾勒孟子主要的社会活动，进而介绍孟子思想学说，将孟子思想的精要及其时代环境直观、清晰地呈现给读者；有的凸显丰富多彩的地方原始史料，概述孟子故里的悠久历史、灿烂文化、文物古迹，将孟子故里、孟林、孟庙、孟府的几十幅彩色照片呈现给读者，充分利用孟子故里的石刻、方志，多方面展现孟子的事迹、思想及后世影响。

其三，译注类。这类著作普遍吸取、借鉴古今著名思想家、学者赵岐、朱熹、戴震、焦循、杨伯峻等人的有关成果，力求对《孟子》原文做出准确、客观、科学的注释、翻译和评析。

综上所述，当代中国孟学普及研究呈现出鲜明的特点：一则全面把握孟学的整体性、系统性。上述著作在前言、导论或序言、绪论中，大都全面概述了孟子的生平事迹、著作、思想体系、后世影响等，进而对孟学做出整体评价，从而有利于读者全面认识、了解孟学全貌。二则融学术性、实用性、可读性于一体。上述著作对孟学做了多层次、多角度、多层面的梳理、探讨和研究，大都采用生动形象、通俗易懂的语言和灵活多样的形式，为读者提供众多富有学术性、知识性、趣味性的普及读本。三则具有鲜明的时代性。上述孟学普及研究著作与当代中国孟学研究的四个阶段（初始阶段、过渡阶段、发展阶段、兴盛阶段）的社会环境、学术环境是相适应的。学者们紧密联系广大社会成员关注的社会问题和人生中遇到的各种实际问题，努力寻求发掘孟学中对当代社会富有启迪、裨益的人生智慧和思想财富，引导读者汲取古圣先贤的智慧，颂扬真、善、美，批评假、恶、丑，给广大读者提供健康的精神食粮，为继承、弘扬中华优秀传统文化，促进中华民族的伟大复兴，做出了积极贡献。

当然，当代孟学的普及研究还存在一定的不足，主要表现于两个方面：一是史实错误，观点偏颇。诸如有的称孟子“名轲，字子舆”①，“孟子是子思的学生”，“孟子出生在鲁国的邹地”；孟子倡仁义与利的对立，重视道义，轻视功利；“孟子赞成告子‘食色，性也’的见解”②，“告子认为，人的本性是饮食、男女，是求生，不是仁义之类的东西。对此，孟子似不持异议”③；等等。对于这些观点，笔者在有关章节中已提出了商榷意见，认为这些说法并不符合孟子本意，应当纠正，以免以讹传讹。二是论述重复，缺乏创新。早在20世纪80年代有的学者就指出学界孟子研究的不足，“重复劳动多。一些研究论文不纠谬、无创新，泛泛重复一下别人的或五六十年代早有的东西，题目、内容大同小异，读来令人乏味”④。通观当代孟学普及研究的三类著作（解读类、生平传记类、译注类），都不同程度地存在着论述重复。这主要集中于孟子其人、孟子其书两个方面。笔者认为，在撰写一部孟学著作时，概述孟子其人、孟子其书当是不可缺少的。但这一概述应是以借鉴、吸取前人正确的研究成果为基础。这是因为学界对孟子的名字、里居、家世、父母、生卒、游历、《孟子》作者、《孟子外书》等问题的探讨，基本形成了共识。从总体上看，不少孟学普及著作在没有新材料、新发现的情况下，对孟子其人、孟子其书的概述往往是泛泛而谈，缺乏新见。笔者认为，随着当代孟学研究的不断深化，上述不足将会得到纠正和改变，孟学普及研究将会迎来更加美好的明天。

---

① 郑训佐、靳永《孟子译注·前言》（齐鲁书社2009年版）、王刚《孟子译注·前言》（上海三联书店2013年版）等皆主此说。

② 吴天明、程继松：《评析〈孟子〉·前言》，崇文书局2015年版，第1页。

③ 吴天明、程继松：《评析〈孟子〉》，崇文书局2015年版，第207～208页。

④ 傅永聚：《孟子研究四十年（1949～1989）》，《齐鲁学刊》1989年第6期。

第十二章　当代中国孟学研究的主要成就、存在的问题及启示

第一节　当代中国孟学研究的主要成就

1949～2016年的近70年间，孟学研究经历了一个从初始阶段，到过渡阶段，历经发展阶段，再到兴盛阶段的发展过程，取得了显著的成就。这些成就主要表现于孟学整体研究、专题研究、流传和影响研究、中外比较研究、普及研究等方面。

一、孟学整体研究

孟学整体研究，即是对孟学体系的全面、系统、综合研究。当代几十部中国思想通史、断代思想史、孟学专著①及许多论文，从不同的角度和

① 这些孟学研究著作主要有刘及辰《先秦诸子的思想方法与思想体系》(新潮书店1951年版)，杨荣国《中国古代思想史》(人民出版社1954年版)，杜国庠《先秦诸子思想概要》(生活·读书·新知三联书店1955年版)，杨宽《战国史》(上海人民出版社1955年版)，侯外庐、赵纪彬、杜国庠《中国思想通史》(人民出版社1957年版)，赵吉惠、赵馥洁、郭厚安、潘策主编《中国儒学史》(中州古籍出版社1991年版)，赵宗正主编《中国儒家学术思想史》(山东教育出版社1996年版)，姜林祥主编《中国儒学史·先秦卷》(广东教育出版社1998年版)，崔大华《儒学引论》(人民出版社2001年版)，陆玉林《中国学术通史·先秦卷》(人民出版社2004年版)，黄宣民、陈寒鸣主编《中国儒学发展史》(中国文史出版社2009年版)，王博《中国儒学史·先秦卷》(人民出版社2004年版)，童书业《先秦七子思想研究》(齐鲁书社1982年版)，魏义霞《七子视界——先秦哲学研究》(中国社会科学出版社2005年版)，翟廷晋《孟子思想评析与探源》(上海社会科学院出版社1992年版)，杨国荣《孟子评传——走向内圣之境》(广西教育出版社1994年版)，王成儒《亚圣风范——孟子的智慧》(四川教育出版社1996年版)，王其俊《亚圣智慧——孟子新论》(山东人民出版社1996年版)，董洪利《孟子研究》(江苏古籍出版社1997年版)，刘鄂培《孟子大传》(清华大学出版社1998年版)，杨泽波《孟子评传》(南京大学出版社1998年版)，杨海文《浩然正气——孟子》(江西教育出版社2008年版)，刘培桂主编《孟子志》(山东人民出版社2009年版)，等等。

层面全面、系统、深入地探讨了孟子的生平事迹、著作、思想渊源、孟学产生的普遍及特殊原因，孟学体系的内涵、构成要素、内在结构、基本特征及在后世的演变、发展和影响，历代著名思想家对孟学的继承、发展、诠释和改造，孟学在中外的传播和影响等，呈现出全面性、系统性的特点。这一整体研究的成就主要集中在以下四个方面：

第一，孟学史事研究。学界在借鉴、吸取前人研究成果的基础上，对孟子的名字、里居、家世、父母、生卒、弟子、生平、游历顺序、时代、著作、思想渊源、学派归属等，都予以细致、深入的梳理和探讨，取得大致相同的认识。学界普遍认为：孟子，名轲，战国时期邹人，鲁公族孟孙之后。其父母的名字难以详考，生卒年约为公元前 372～前 289 年，享年 83 岁；“受业子思之门人”（《史记·孟子荀卿列传》）；《孟子》一书由孟子本人和万章、公孙丑等弟子共同记述而成，主要作者是孟子本人；今传《孟子外书》是明代姚士粦所伪造，梁启超斥之为“伪中出伪”（《〈汉书·艺文志·诸子略〉考释》）。孟子的政治、学术活动大致划分为居邹为士、首次游齐、出游宋滕、出游魏国、再次适齐、晚年居邹从事讲学和著述等几个阶段，等等。

第二，孟学体系研究。学界对这一问题的研究不断得到深化和提高，主要有七种代表性的观点：一是孟学体系由政治、经济、哲学、伦理、教育、美学、文学、教育等思想所构成①；二是“通过对孟子天人之辨、主体自由与超验之命、群己关系、义利之辨、人格理想等问题的探讨，勾勒了孟子思想走向内圣之境的历程，从而使儒家的内圣走向获得了其历史的源头”②；三是认为“孟子思想是由个体论、社会论、天人论三个相互联系、相互作用的子系统构成的系统整体。这三个组成部分分别回答了人与自身、人与社会、人与天的关系问题。孟子致力追求的个体的和谐、社会

---

① 1949 年至 20 世纪 90 年代出版的谭承耕《〈论语〉、〈孟子〉研究》、童书业《先秦七子思想研究》、赵吉惠等主编《中国儒学史》论述了孟子的天命观、性善论、伦理观、仁政学说、辟杨墨、斥许行；姜林祥主编《中国儒学史》论述了孟子的仁政、性善论、修心论、道德人格论；翟廷晋《孟子思想评析与探源》探讨了孟子的天道观、认识论、人性论、历史观、伦理观、仁政论、审美观、价值观、名实观；王成儒《亚圣风范——孟子的智慧》探讨了孟子的譬喻哲学、王道政治、经济思想、民本思想、性善法则、修养原理、天道哲学、知论程序、中庸方法、价值判断、教育构想、美学识见；刘鄂培《孟子大传》论述了孟子的性善论与良贵说、民本思想、国家、社会学说和经济学说、道德观及精神境界说、心、性、天、命、天人合一观、认识论、教育和美学思想等；尚斌、李明珠《中国儒学发展史》认为孟子的儒学思想包括天命观、人性论、德治思想、历史观等。这些论著对孟学体系的整体认识基本相近而大致属于同一类型。

② 王其俊：《中国大陆当代孟学研究述评》，《孔孟学报》2011 年总第 89 期。

的和谐、天人的和谐以及三者之间的和谐，构成了其思想的主要内容”①；四是将孟子思想列为王霸、经权、义利、舜跖、人性五辨，以把握孟子思想的特色和原貌②；五是从君主、历史人物、告子等对手、公孙丑等弟子等方面论述孟子的思想世界③；六是孟子思想体系由道德形上学、实践伦理学、王道政治学三部分构成，立性善之旨、倡五伦之序、行仁政之道分别是这三个部分的主题思想④；七是孟子思想划分为人生和政治两大部分，人性学说是两者之间的枢纽⑤；等等。其中，从 1949 年至 20 世纪 80 年代，许多论著对孟学体系的探讨多属于第一种观点；20 世纪 90 年代以来，随着孟学研究的深化，许多论著对孟学体系做了新的论证和探讨，这主要表现为第二至第七种观点。这表明，随着社会的发展，学界从新的角度、层面审视孟学体系构成，不断揭示孟学体系的丰富内涵，促使孟学研究不断深化，从而使孟学整体研究呈现出鲜明的开拓性、创新性。

第三，孟学在中国儒学史、思想史上的地位和贡献研究。孟子对孔子儒学理论的发展、贡献是确立孟学在中国儒学史、思想史上的地位、贡献的一项重要内容。20 世纪 80 年代，有的将孟子对孔子思想的发展、改造概括为从“用田赋”到“制民之产”、由鼓吹礼治到宣扬仁政、从尊君到轻君、从“畏天命，重人事”到“尽心、知性、知天”等四个方面。⑥ 20 世纪 90 年代，有的将孟子对孔子学说的继承和发展归纳为天命观、性善论、伦理观、仁政学说四个方面，将孟子在中国儒学史上的地位概括为建立系统的儒学体系、排斥异端使儒学成为显学、阐发性与天道、提出仁政主张、强调理想人格的培养等五个方面。⑦ 有的将孟子对孔子思想的继承、发展概括为个体、社会、天人三个方面。⑧ 21 世纪以来，有的从道德根源的追溯与修养实践的转变、行法俟命、仁政的原则等方面，概述了孟子的贡献。⑨ 有的认为孟子的学术贡献主要将孔子的德政提升为王道仁政，将

---

① 王其俊：《亚圣智慧——孟子新论》，山东人民出版社 1996 年版，第 3 页。

② 参见杨泽波：《孟子评传》，南京大学出版社 1998 年版。

③ 参见王博：《中国儒学史·先秦卷》，北京大学出版社 2011 年版。

④ 参见杨海文：《孟子文化精神的整体通观》，《学术研究》2000 年第 2 期。

⑤ 参见李葆华：《孟子思想体系构成纲要》，《辽宁师范大学学报》（社科版）2005 年第 4 期。

⑥ 参见刘蔚华：《孟子思想研究》（上、下），《齐鲁学刊》1985 年第 2、3 期。

⑦ 参见赵吉惠、赵馥洁、郭厚安、潘策主编：《中国儒学史》，中州古籍出版社 1991 年版，第 111～149 页。

⑧ 参见刘蔚华、赵宗正主编：《中国儒家学术思想史》，山东教育出版社 1996 年版，第 206～210 页。

⑨ 参见崔大华：《儒学引论》，人民出版社 2001 年版，第 48～57 页；陆玉林：《中国学术通史·先秦卷》，人民出版社 2004 年版，第 132 页。

仁义安置于内在心性，发挥“士志于道”的精神而将其提升为“至大至刚”的理想人格。有的从仁礼学说和中庸思想、“天人”之学等方面论述了孟子对孔子的继承、发展。有的依次论述了孟子的思想世界、良心的发现与性善论的提出、与告子的辩论、养心养气与尽心、论天道与圣人、仁政、经典之学。上述论著全面、深入地探讨了孟学在中国儒学史、思想史上的地位和贡献，可谓视角独特，新意迭出，肯定了孟子高扬人禽区别和人之主体性的性善论、崇尚仁义的理想人格、“塞于天地之间”的浩然之气，及以民为本的仁政论、尊王贱霸的王道论、民贵君轻的君民关系、心性与天命、“尽心、知性、知天”的天人合一、尧舜之道历代相传的道统说等方面的积极意义和价值。学界普遍认为，孟子为中国古代儒学的发展做出了重要贡献，在中国学术史上占有重要地位。

第四，研究范式的转换。1949～1976 年是孟学研究的初始阶段，学界多坚持唯物主义与唯心主义的“两军对战”研究范式；在 20 世纪80 年代的过渡阶段，学界逐渐从“两军对战”研究范式转换到客观评价孟学、努力吸取孟学精华的新研究范式。但新旧研究范式的转换处于过渡之中，在一定程度上尚未脱离“两军对战”研究范式的影响。20 世纪90 年代以来，孟学研究范式发生了重要变化，许多论著摆脱了“两军对战”的研究范式，从新的角度、层面探讨孟学的整体结构，诠释孟子思想的内涵，论述孟学在后世的影响，挖掘孟学对当代社会的启示和价值等。在孟学研究范式转换和研究领域扩大的过程中，学界将哲学、政治学、文献学、历史学、系统论、社会学、诠释学、训诂学、汉字学、文化学、方志学等学科结合起来的交叉研究日趋增多，出现了一批新的成果。譬如将哲学与文化学方法结合在一起，深入探讨了孟子文化精神，认为它是“孟子思想体系之所以形成与发展的内在动力”，“既蕴涵于孟子思想体系之中，又跟孟子思想体系相对独立”。孟子文化精神的实质性内涵是以“道”为中心的道德理想主义和以“文”为主题的文化守成主义。① 又如刘培桂主编的《孟子志》，将哲学与方志学研究方法结合起来，既论述了孟子的思想学说，又采用了孟子林墓、孟庙、孟母林墓、孟府、孟母三迁遗址、孟子周游列国遗迹地方史志、碑刻等资料，生动、形象地再现了孟学在后世的影响。

二、孟学专题研究

当代孟学的专题研究，主要包括哲学、政治、社会、经济、伦理、教

---

① 参见杨海文:《孟子文化精神的整体通观》,《学术研究》2000 年第 2 期。

育、美学、心理、文学等思想研究。学界发表的几十部专题思想史（哲学史、政治史、社会史、经济史、伦理史、心理史、教育史、美学史、文学史等）著作、学术专著和2000多篇学术论文，从多种角度、层面对上述专题做了系统、深入的探讨和研究。特别是20世纪90年代以来，学界凸显了孟子哲学思想、政治思想、伦理思想、文学思想等专题研究，不断拓展了研究的广度和深度，坚持研究方法的多样性、创新性，涌现出一批具有新观点、新结论、新方法的论著，取得了显著的成就。此言广度，就是指开阔研究视野，不断更新研究课题和拓宽研究范围。在当代孟学研究的四个阶段内，学界对孟学各专题研究所关注、探讨的问题发生了深刻变化，不断更新、拓展新的研究领域。所谓深度，就是指对孟学各专题思想的内涵、逻辑结构、基本特征、范畴命题、历史意义、现代价值等内在本质、规律的认识程度和运用新的研究方法，不断提出新见解、新观点、新结论。笔者从拓展孟学专题研究的广度、深度两个方面，简要概述各专题研究的主要成就。

（一）孟子哲学思想研究

1. 拓展孟子哲学思想研究的广度

在1949～1976年，学界对孟子哲学思想的研究主要围绕着其阶级属性、天道观、认识论、历史观等几大块进行。其中，对孟子哲学思想的性质、认识论等问题展开了一定的争论，提出了不同的观点和认识①；20世纪80年代初，许多学者围绕严北溟《从评价孟子谈哲学的党性问题》一文就孟子哲学思想的性质展开了激烈争论②。当时，关于中国哲学范畴、概念和思潮发展规律研究的方法论问题是学界讨论的一个重要问题。许多学者探讨了孟子的天命、心性、“尽心、知性、知天”、耳目之官、心之官、势、时、穷达、中权、人和、“万物皆备于我”等哲学范畴和命题的内涵，不断厘清孟子认识论主要范畴的基本含义、诸范畴间的内在联系及其发展的逻辑进程。20世纪90年代，学界凸显了对孟子主体哲学、哲学时代价值、哲学结构、文化精神、心性论、天人关系等问题的研究；21世纪以来，学界对孟子德性论的思维理路、实践哲学及其特征、心性学说的内涵和逻辑架构，以及现代意义、天人关系、“万物皆备于我”等哲学命题、经权观、通变观等做了深入的探讨。上述研究，既有前后相承

---

① 对孟子哲学思想性质的评价存在四种不同的观点，对其认识论性质的评价存在着唯心主义认识论与朴素唯物主义认识论观点的对立（参见本书第三章第一节）。

② 参见本书第三章第二节。

的一面，又有变化发展、扩展的一面。许多学者既关注孟子的认识论、天人关系研究，又不断扩展孟子主体哲学、哲学结构及基本特征、文化精神、心性学说的内涵和逻辑架构、经权观、通变观等及其现代价值的研究。由上可以看出，学界不断扩大孟子哲学思想研究的范围，不断更新研究课题，使孟子哲学思想研究的广度得到前所未有的扩展和提升。

2. 拓展孟子哲学思想研究的深度

学界拓展孟子哲学思想研究的深度，主要表现于下述两个层面。

第一，孟子哲学体系的基本内容、逻辑结构、基本特征研究的深化。1949 年至 20 世纪 80 年代，学界出版的十余部中国哲学思想通史①对孟子哲学体系的基本内容、逻辑结构等做了一定的整体探讨。其中，虽然对孟子哲学思想的理论贡献、积极意义的肯定呈现出日趋提高的倾向，但对孟子哲学思想的否定和不合理的评判没有得到根本改变。其中，“孟轲哲学思想的主要内容是性善论和主观唯心主义的哲学体系”②，孟子坚持历史循环论、英雄史观、“以人性、人心解释一切社会和政治现象”的人性决定论、“天主宰人类社会”的天命观、“夸大主观精神的作用”等，都是当时颇为流行的观点。许多学者对上述观点予以严肃批评和提出质疑，有的认为“在其哲学思想体系中，突出地表现在社会政治观方面闪耀着朴素唯物主义的光彩，其他自然观、认识论、人性论等方面，至少也并不就是主观唯心主义的”③。

20 世纪 90 年代以来，学界摒弃了“两军对战”的研究范式，对孟子哲学思想做了新的探讨和概括。其主要观点划分为以下几个方面：一是由“‘心性天合一’的本体论、‘存心养性’的伦理论和‘仁心仁政’的管理论”所构成。每一组成部分又包括不同的层次。譬如“孟子推出‘得心得民’的管理基础论、‘先义后利’的管理价值论和‘劳心劳力’的管理分工论，形成了独特的管理哲学思想”④。二是由“依‘不忍人之心’确立

---

① 这些著作主要有冯友兰《中国哲学史新编》(人民出版社 1962 年版)，任继愈主编《中国哲学史》(人民出版社 1963 年版)，孙叔平《中国哲学史稿》(上海人民出版社 1980 年版)，北京大学哲学系中国哲学史教研室编《中国哲学史》上册(中华书局 1980 年版)，辛冠洁、李曦编《中国古代著名哲学家评传》第一卷(齐鲁书社 1980 年版)，肖萐父、李锦全主编《中国哲学史》上卷(人民出版社 1982 年版)，任继愈主编《中国哲学发展史・先秦》(人民出版社 1983 年版)，冯契《中国古代哲学的逻辑发展》上册(上海人民出版社 1983 年版)，方克《中国辩证法思想史・先秦》(人民出版社 1985 年版)，杨宪邦主编《中国哲学通史》第一卷(中国人民大学出版社 1987 年版)，等等。

② 杨向奎：《孟子的思想》，《文史哲》1957 年第 9 期。

③ 严北溟：《再谈孟子评价与哲学党性问题》，《哲学研究》1981 年第 7 期。

④ 参见黎红雷：《本体・伦理・管理——孟子哲学结构新探》，《中国哲学史》1998 年第 2 期。

的性善论”“‘存心养性’的道德修养学说”“以‘仁心’行‘仁政’的治国理想”① 所构成。三是包括“价值与人道”“本体的性及人性论的悖论”“仁内义内说：语言的陈述性与价值性” “本体、感通与推恩”②。四是“孟子主要在仁学（或称内圣学）的维度上，发展了儒家思想，可以说是第一个关切安身立命之道的儒家先师。行仁政、人性善、天道诚、求放心，这四点构成孟子关于安身立命之道的基本架构”③。这些表述虽有一定差异，但其基本内容却是相互渗透、相互贯通的。由此看来，“心性天合一”的本体论、人性本善的性善论、“存心养性”的修养论、实行仁政的治国论是构成孟子哲学思想的基本内容，涉及孟子的本体哲学、人性哲学、道德哲学、政治哲学，多角度地展现了孟子哲学思想的丰富内涵，深化了人们对孟子哲学结构的认识。

关于孟子哲学思想的基本特征。学界对这一问题的认识亦经历了一个由浅入深的过程。从 1949 年至 20 世纪 80 年代，学界占主导地位的观点是将孟子哲学的基本特征视为重视理性的“先验论的唯理论”④。20 世纪 80 年代末，笔者撰文指出：孟子的“个体、社会及天人和谐是一个具有多层次、多因素的彼此相连的系统整体。在孟子那里，欲求天人和谐要从社会和谐始；欲求社会和谐要从个体和谐始。换言之，个体和谐是社会和谐的基础，而社会和谐又是天人和谐的基础；天人和谐促进、影响社会和谐，社会和谐又促进、影响个体和谐”⑤。这就在一定意义上将孟子哲学视为和谐哲学。20 世纪 90 年代以来，学界陆续以主体哲学、实践哲学、战斗儒学等概括孟子哲学思想的基本特征。有的认为，孟子是历史上较早探讨主体性的哲学家，他“将外在的孔学内化，通过这种内化再外化，达到天与人、内与外的统一”⑥，“对主体意识的高度重视，是孟子哲学的一个重要特色”⑦。有的指出：孟子的实践哲学包括“人是实践的主体，仁政王天下为宏伟实践目标，道德实践为核心内容”，“始终充盈着立足于现实世界的实践精神”，具有“高扬主体价值、主体与客体高度统一、人性与实践有机结合等鲜明的特征”。⑧ 有的认为，孟子“高举起复兴儒学的

---

① 参见冯达文、郭齐勇主编：《新编中国哲学史》上册，人民出版社 2004 年版，第 91～102 页。
② 参见沈顺福：《论孟子哲学及其贡献》，《管子学刊》2007 年第 1 期。
③ 宋志明：《中国古代哲学通史》，中国青年出版社 2016 年版，第 145 页。
④ 魏宗禹：《论孟子哲学思想的特点》，《山西大学学报》（哲社版）1985 年第 2 期。
⑤ 王其俊：《孟子的和谐观》，《孟学新探》，济南出版社 1989 年版，第 172～173 页。
⑥ 颜炳罡：《论孟子的主体哲学》，《孔子研究》1994 年第 1 期。
⑦ 史炳军：《从主体意识的觉醒看孟子哲学的时代价值》，《西北大学学报》（哲社版）1995 年第 2 期。
⑧ 参见张彦修：《孟子的实践哲学及其特征》，《史学月刊》2007 年第 8 期。

战旗，拒杨朱、斥墨翟，批驳张仪、公孙衍之流，在不断论战中建立起一种富有斗争精神的新儒学。孟子的战斗儒学以‘仁者无敌’为思想核心与最高境界，通过修习知言、养气、具情性、正心这四个层次的功夫，历经相应的四种无敌举措而达于至仁之境”，“孟子毕生宣扬推广战斗儒学，期冀人们通过不断地奋斗，复归于美好的世界”。①

由上可以看出，从判定孟子哲学是唯心论的唯理论，到评析孟子哲学为和谐哲学、主体哲学，再到探讨孟子哲学为实践哲学和战斗儒学，展现了学界对孟子哲学基本特征认识深化的历程。这既是时代发展的必然产物，又是凸显中国哲学研究民族性的产物。它多角度地展现了孟子哲学思想的和谐性、主体性、实践性、战斗性等民族性特征。这些深刻的认识，一方面对改变判定孟子哲学是脱离实际、空谈心性的主观唯心主义的偏颇观点，当有积极启示意义；另一方面，有利于人们全面审视孟子哲学思想的特征，既看到它具有理想化的一面，又看到它具有批判社会弊端、邪恶而追求真善美世界的战斗性、批判性、进步性的一面。

第二，哲学范畴、命题的内涵、逻辑架构、现代价值等研究得到深化和发展。孟子提出的心、性、天、人、命、知行、势、时、理、义、执中有权、良知、良能、“尽心、知性、知天”、知言、“万物皆备于我”（《孟子·尽心上》）、“耳目之官不思，而蔽于物……心之官则思”（《孟子·告子上》）等哲学范畴、命题，是其哲学思想体系不可缺少的重要组成部分，反映了孟子对于人自身、人类社会、自然万物的本质属性及内在联系、规律的深刻认识。学界对孟子的上述哲学范畴、命题的认识经历了一个由简单到复杂、由低级到高级、由肤浅到深刻的发展过程。这主要表现在心性论、天人论两个层面：

其一，心性论的内涵、逻辑架构、现代价值。有些论者将孟子的心性论视为或等同于其性善论。笔者认为，心性论与性善论具有一定区别，并不能简单地将二者之间画上等号。二者的区别表现于定义、内涵、逻辑结构、研究内容、所属学科不同等几个方面。②

关于心性的内涵。从新中国成立至20世纪80年代，学界对孟子“尽心、知性、知天”的心性论命题做了初步的论述。当时颇为流行的观点是判定它为神秘主义和主观唯心主义的天人合一论，是将主观的先验的道德律转化为宇宙的普遍法则而已，是一套唯心主义原则和体系等，孟子的心性论受到不公正的否定和批判，当是“两军对战”研究范式的产物。20世

---

① 参见陈学凯、鲁建辉：《孟子新识：战斗的儒学》，《南开学报》（哲社版）2013年第3期。

② 参见本书第三章第四节。

纪 90 年代，对孟子“心”内涵的认识，或认为包括思维认知之心、道德之心、心理情感之心，或认为包括思维性、道德性、形上性[①]三个层面；“性”的内涵主要指人内在的善的本性（“四心”“四端”“四德”）和生色臭味等自然欲望之性。21 世纪以来，对“心”内涵的认识除上述诸义外，又提出“心”的内涵还包括：主体与本体合一之心、人心与本心之心、心智之心、心灵之心诸义。这些多角度、多层次的探讨，拓展、丰富了孟子之“心”的内涵。普遍认为，孟子的“心”范畴是多种含义的统一，包括哲学层面的认知之心、道德层面的仁义礼智之心、心理学层面的心理意识活动情感之心、政治学层面的“不忍人之心”、文化学层面的心智之心等。上述多层含义彼此相通、蕴含和包容。

关于心性论的逻辑架构和现代价值。20 世纪 90 年代，有的认为，它是一个逻辑严密、结构宏大、内涵丰富的理论体系，包括心的思维功能、内涵（仁义礼智“四端”）、“存心养性”之道、天人合一于“诚”最高理论境界、“万物皆备于我”的人生自由感等层面。[②] 21 世纪以来，学界拓展了心性论逻辑架构研究的深度。其主要内容包括知识论、宇宙论、人生论、理论起点、终极目标、实践途径、天道依据、超越指向、历史积淀等层面。在此基础上，又进而探讨了逻辑架构各个层面之间的关系。有的论者还深入论述了孟子心性之学的信仰维度，指出孟子的心性之学还需要以“一定的信仰蕴涵来作为其天人合德之最后弥合”[③]。这一观点，颇有新意。实际上，孟子的理性信仰是其对人格完善、社会和谐、天人合一孜孜追求的重要动力，在孟子心性论及整个思想体系中具有重要作用。在此基础上，学界还探讨了孟子心性论的现代价值，认为它有利于确立人的道德主体性，提高人的精神价值，探讨人的全面发展，激励人们追求真、善、美的精神境界。

总之，学界采用新的研究范式，将孟子心性学说的内涵、逻辑架构、现代价值视为一个紧密联系的整体而予以深入的诠释和探讨，极大提升了孟子心性之学的研究深度。

其二，天人论的内涵、逻辑架构、现代价值研究的深化。孟子的天人关系包括天命范畴与天人合一两个紧密相连的层面。

就天命范畴的内涵来看，从 1949 年至 20 世纪 80 年代，不少学者将

---

① 参见黎红雷：《本体·伦理·管理——孟子哲学结构新探》，《中国哲学史》1998 年第 2 期。

② 参见何晓明：《孟子“心性”论剖析》，《桂林市教育学院学报》1995 年第 1 期。

③ 丁为祥：《孟子心性之学的信仰维度——儒家道德善性的追根溯源与深层检讨》，《人文杂志》2015 年第 9 期。

孟子的天命视为决定人的富贵贫贱、生死寿夭、社会治乱、政权转移、天下得失的最高主宰。这一观点在当时影响甚大。尽管如此，笔者认为："孟子在前人基础上通过对自然、社会和伦理观念的考察，赋予天命以新的含义，用它表示自然界、人类社会、伦理观念存在的自然过程及其发展的必然性，进而将天命视为人们认识、利用、掌握的对象，而不是顶礼膜拜的主宰。"① 20 世纪 90 年代，学界进一步深化了对孟子"天""命"内涵的认识，主要划分为天"是一个既自然又必然、既现实又理想、既此岸又彼岸、既内在又外在的复合体"，否定了天的主宰性和不可知性等五种不同的观点。21 世纪以来，许多学者从不同角度、层面拓展了对于孟子天命内涵的认识，或称天命具有自然之天、感叹之天等多重含义，或言天具有物理、目的、价值三个层面的意义，或认为天反映出孟子思想的唯物主义本质等七种不同的观点。② 上述观点虽有不同，但学界普遍认为，孟子的天命具有多重含义，其多层内涵是一个相互联系、相互区别的系统整体，表现出孟子对于人类物质生活、社会生活、精神生活等方面的理论阐释和概括。上述探讨，全面展示了孟子天命内涵的多层次性、丰富性，为拓展其天人关系研究的深度奠定了坚实的理论基础。

就天人合一来看，对天命范畴认识的深化，必然促进和提升对天人合一的深刻认识。从新中国成立至 20 世纪 80 年代，有的论著初步论述了孟子的天人合一。其中，一个有代表性的观点认为孟子把天命决定一切的传统的天命论发展为天人合一论，"孟子的本体论是神学的客观唯心主义"，"其主导方面是主观唯心主义的。天人合一本质上是合一于人、合一于自我的"。③ 20 世纪 90 年代，学界深入探讨了天人合一思想的来源、内涵、实质、历史价值、现代意义及局限性，认为天人合一观是以人为本的天人和谐、均衡、统一的宇宙观，它提高了人的地位，突出了人的主体性。21 世纪以来，凸显了对孟子关于人与自然之天、人与道德之天关系的探讨。就前者而言，孟子的人与自然外物是一个和谐共生的有机体，其中包括自然环境变迁、"爱物"与"时养"、生态美、以人为本、生态伦理、生态和谐等内容。许多学者从当代人类面临全球性生态危机和维护人与自然和谐统一以利于人类自身全面发展的角度，充分肯定了孟子关于人与自然之天思想的现代价值。就后者而言，孟子追求的人与道德之天的天人合一，就是激励人们加强道德修养践履，追求"上下与天地同流"（《孟子·

① 王其俊：《试论孟子的天命范畴》，《东岳论丛》1985 年第 4 期。

② 参见本书第三章第三节。

③ 参见刘蔚华：《孟子思想研究》（下），《齐鲁学刊》1985 年第 3 期。

尽心上》）的高尚道德理想境界。学界对孟子天人关系研究深度的拓展，显示了学者们与时俱进的时代意识和关注中华民族持续发展的强烈的社会责任感、使命感。

除上述外，孟子的认识论曾是学界争论、探讨的一个重要问题。从新中国成立至20世纪80年代，学界对孟子认识论的评价主要存在着两种对立的观点：一是唯心主义认识论，二是朴素唯物主义认识论。判定孟子的认识论是一种先验主义的唯理论、唯心主义先验论、“万物皆备于我”是荒谬的唯我论等观点，在当时颇有影响。20世纪90年代以来，随着时代发展和学术环境的新变化，学界注重研究范式的转换，凸显了对孟子哲学结构、基本特征、心性论和天人论的内涵、逻辑架构、现代价值等问题的研究。其中，有的论者从知识论、道德哲学、形而上学层面对孟子“万物皆备于我”等重要哲学命题做了新的诠释，彰显了这一命题的真实内涵和价值；有的辨析了该命题的“我”“万物”“备”三个要素的内涵及相互关系，超脱了以往只从主客体关系论述“我”与“万物”关系而判定其为唯我论的局限，为重新认识这一命题提供了新的视角。

由上可以看出，学界厘清、探讨孟子哲学范畴、命题的内涵、基本要素，揭示其内在逻辑构架和内在联系，评价其现代价值和民族性特色，为弘扬中华民族优秀传统文化做出了重要贡献。

（二）孟子政治思想研究

拓展孟子政治思想研究的广度和深度，主要表现于政治思想的整体研究、仁政、民本思想研究三个方面。

1. 政治思想的整体研究

就拓展孟子政治思想整体研究的广度来看，从新中国成立至20世纪80年代对孟子政治思想的阶级属性、基本内涵、理论基础、主要特征的初步研究，到20世纪90年代对孟子君臣、君民关系、王道、霸道与统一的探讨，再到21世纪以来对孟子政治思想二重性、历史作用以及孟子道德与政治、德治与法律等思想的交叉研究，学界不断更新孟子政治思想的研究课题和拓宽研究范围，从初始阶段的主要关注孟子政治思想的阶级属性研究，不断扩展到孟子政治思想的各个方面，凸显了孟子政治思想的全面性、系统性。

就拓展孟子政治思想整体研究的深度来看，主要表现于下述几个方面：其一，对孟子政治思想阶级属性的认识经历了一个逐步深化的过程。从新中国成立以来判定孟子是奴隶主阶级思想家，到认为他代表由奴隶主阶级转化而来的地主阶级的改良派，再到认为孟子是新兴地主阶级的思想家和战国士阶层的突出代表，肯定孟子是顺乎历史潮流的进步思想家，这一认识的变化反映了学界对孟子由片面否定到肯定其积极贡献的曲折历程。其二，深化了孟子政治思想的内涵、主要特征、后世影响和重要贡献研究。孟子政治思想的基本内涵包括“效法尧舜、遵‘先圣之道’”“政权转移、天下得失、社会治乱、为政治国、君臣君民关系、与邻国关系、统一天下等思想的各个方面”。[①] 特别是21世纪以来，学界凸显了道德与政治、德治与法律思想的交叉研究，对孟子政治思想做了新的概括而称为“求善的政治”[②]；有的对判定孟子政治法律思想是“颇为弱智的文化遗产”的观点提出批评。学界普遍肯定了孟子政治思想具有宪法思想的萌芽，对于积极总结历史经验教训、肯定民众积极作用、限制君主权力、反对君主专制等方面有重要贡献。

2. 拓展仁政思想研究的广度和深度

当代学界拓展孟子仁政思想研究的广度和深度，主要表现于下述几个方面：一是全面概括了孟子仁政的基本内涵。二是从新的角度、层面探讨了孟子仁政的模式和内在结构，认为它是一个包括理想图式、理论基础、理论核心、实施机制、人伦秩序、王化效果等层面的系统整体。三是凸显孟子仁政的目的、实质、历史意义、现代价值的探索，普遍肯定了仁政的历史意义和现代价值，认为它闪烁着民主思想的光芒，主张人民有举行革命的权利，社会成员人格平等，在儒家思想史和古代政治思想史上具有突破性意义。孟子的仁政说与现代民主既有本质上相悖的内涵，又有许多相通的精神。四是凸显了仁政思想现代重构和现代转换的研究。

3. 拓展民本思想研究的广度和深度

拓展民本思想研究的广度和深度主要表现于下述几个方面：一是深化了孟子民本思想基本内涵的研究。学界对其概括愈加全面和系统，特别是21世纪以来，学界对其概括主要有：“贵民说”是孟子民本思想的核心，孟子的民本思想赋予庶民许多基本权利，孟子的使民“心服”思想具有社会契约属性，君民同乐互利和实现惠民利君的社会等八种不同的表述，它涉及政治、经济、社会、道德、军事、教育、心理等若干方面。学界普遍认为，孟子的民本思想是对历史经验教训的概括和总结，反映了人民的愿

---

① 参见本书第四章第一节。

② 张再林、肖向龙：《求善的政治——现代情境下的孟子政治思想解读》，《西北大学学报》（哲社版）2005年第3期。

望和要求，符合历史发展的必然趋势，具有深刻的人民性。[①] 笔者认为，“孟子的君与民是一体的，二者互不可缺，君民同乐、共利、互利、‘民本君主’的观点，无疑是对孟子民本思想认识的深化……孤立地将孟子视为民本主义者或君本主义者都会偏于一端”[②]。二是深化了其思想渊源、历史意义、现代价值研究。学界普遍认为，孟子的民本思想是关于古代国家安危、社会治乱、政权得失、天下兴亡的历史经验教训的概括和总结，它充分肯定了民众在国家中的地位和作用，反映了人民的愿望和要求，具有反对独裁暴政的民主因素，符合历史发展的必然趋势，对促进社会经济发展、稳定人民生活、建立和谐的社会秩序等，具有积极意义。三是凸显孟子民本思想的现代诠释和现代转换。有的提出孟子的民本之学“绝非帝王之术”，不能简单地将它视为维护统治者利益的学说；有的指出：孟子赋予“民”生命权、生存权、受教育权、政治权、与君主平等的身份权、维护人格尊严等多种基本权利，“孟子的使民‘心服’思想具有社会契约属性”[③]。学界以新的视野审视孟子的民本思想，既是弘扬中华优秀传统文化的必然要求，又是文化复兴与文化建设新局面出现的必然结果。

（三）孟子社会、经济思想研究

1. 孟子社会思想研究

第一，拓展了孟子社会思想研究的广度。当代十余部社会思想通史[④]和几十篇学术论文对孟子社会思想做了全面、系统的整体探讨。其中，孟子社会交往准则、社会分工、理想社会、社会历史观等，皆是当代学界一直探讨的主要问题。20世纪80年代以来，学界不断更新孟子社会思想的研究课题，拓宽了研究范围，不断探讨孟子社会整合方案、小康社会模式、社会批判论、社会结构论、社会变迁、社会控制、社会稳定、社会和谐、社会福利、社会等级、社会角色、为人处世准则、家庭观与国家观等。这些研究涉及孟子社会思想的各个方面，孟子社会思想研究的广度得

---

① 参见本书第四章第三节。

② 王其俊：《三十年来孟子民本思想研究述评》，《海岱学刊》2015年第1期。

③ 王公山：《孟子使民“心服”思想的社会契约属性及其文化意蕴》，《江西社会科学》2008年第7期。

④ 这些社会思想通史主要有王处辉主编《中国社会思想史》（中国人民大学出版社2002年版）、陈定闳《中国社会思想史》（北京大学出版社1996年版）、吴根友《中国社会思想史》（武汉大学出版社1997年版）、田毅鹏《中国社会福利思想史》（吉林大学出版社1999年版）、谢遐龄主编《中国社会思想史》（高等教育出版社2003年版）、万江红《中国历代社会思想史》（社会科学文献出版社2005年版）、孟天运《先秦社会思想研究》（上、下）（人民出版社2012年版）等。

到前所未有的拓展。

第二，拓展了孟子社会思想研究的深度。这主要表现于下述两个方面：

其一，孟子社会思想整体研究的深化。当代出版的十余部中国社会思想通史、社会思想专题研究史、社会思想断代研究史，全面地梳理、探讨了孟子的社会交往准则、社会分工、社会整合方案、社会模式、社会批判、理想社会、社会结构、社会历史观、社会变迁、社会福利、社会道德、社会等级、社会角色、理想角色模式、社会控制等。其中，在20世纪80年代，从王处辉《中国社会思想史》对孟子的社会交往准则、社会分工、社会整合方案、小康社会模式的初步探讨，到陈定闳《中国社会思想史》对孟子的社会批判论、理想社会、人性论——实现仁政的理论基础、社会结构论以及历史循环论等问题的论述，肯定了孟子社会批判、理想社会、社会分工等思想的积极意义，认为《孟子》一书充满了批判战斗的精神，反映了新兴地主阶级的活力，孟子的社会思想在中国社会思想史上占有重要历史地位。由于这是孟学研究的过渡阶段，许多论著延续了新中国成立以来不合理的贬斥孟子的传统观点，指责孟子的社会分工是论证剥削制度、阶级压迫的合理性和永恒性。从总体上看，上述论著没有脱离“两军对战”研究范式的影响，对孟子社会思想的论述还存在许多不足。在20世纪90年代，吴根友《中国社会思想史》论述了孟子的社会理想、社会构成要素、社会分工、社会变迁等思想，提出了许多新的见解，认为孟子的理想社会有一定的具体生活指标，其社会理想具有历史的合理性，独到地阐发了经济利益在维护社会安定方面所发挥的政治功能的思想，阐发了社会组织的各要素之间的关系，民在社会各构成要素中占据最基本的位置，孟子在许多方面使儒家的社会思想丰富化、具体化，等等。田毅鹏《中国社会福利思想史》一书，对孟子的社会福利思想做了开创性的探讨和全新的评价，是一部填补该研究领域空白的学术专著。21世纪以来，几部通史、断代史深化了孟子社会思想研究。王处辉主编《中国社会思想史》论述了孟子的性善论、社会交往准则、社会分工、社会整合方案等社会思想，认为人性问题是中国社会思想史的核心问题之一，性善论是从人文历史演进的角度立论的，它包含着人文历史演化的思想；孟子为劳心活动的辩护，肯定了社会政治活动或管理性劳动的社会价值和阐扬学术文化活动的意义；他的社会整合方案显示出以民为本、上下兼顾而彼此相通的主要特点。孟天运《先秦社会思想研究》（列入“国家哲学社会科学成果文库”）一书，采用多学科交叉的研究方法，融合历史学、社会学、考古学、哲学等多学科理论，以新的视角将孟子的社会思想置于先秦儒家社会思想产生、发展的整体脉络中予以考察，厘清了孟子对孔子、郭店楚简等社会思想的继承和发展，清晰揭示了儒家社会思想发展的历史轨迹和全貌。作者剖析了各种否定孟子社会思想的偏颇观点（譬如认为孟子主张实行井田制和王道仁政是复古倒退，孟子设计的方案根本就是乌托邦），认为“孟子仅把国君看作一种社会角色，而不是不可侵犯的神圣……他主张民贵君轻，对于残酷的暴君，对独夫民贼，人人可得而诛之”[①]，等等。该书的许多新见，发前人所未发。该书是拓展孟子社会思想整体研究深度方面具有突出代表性的成果之一。

其二，深化了孟子社会思想各个专题的基本内涵研究。当代学界全面探讨了孟子社会思想的基本内涵，认为孟子的社会思想是由众多部分、层次构成的系统整体，每一部分、层次又包括许多内容。在这里，我们将各部分、层次的研究称为专题研究。通观学界的论述，孟子社会思想的专题研究包括：理想社会、社会构成要素、家庭观、国家观、天下观、社会模式、社会结构、社会分工、社会交往、社会整合、社会控制、社会稳定、社会和谐、社会福利、社会等级、社会角色、处世准则、社会批判、社会变迁等。这些内容，相互联系，相互作用。学界普遍认为，孟子追求和致力实现的理想社会是：政治清明，天下统一、君民同乐，君仁臣义、省刑慎罚，实行分工，制民之产、不违农时，风尚淳朴、百姓亲睦，天下士商农“皆悦”。这显然是自给自足的封建自然经济的理想画图。在此基础上，进而探讨了孟子的社会分工、社会交往、社会整合、社会控制、社会稳定、社会和谐、社会福利、社会等级、社会角色、处世准则、社会批判、社会变迁等。孟子的这些主张都是为实现美好理想社会服务的。孟子社会思想的每一部分、层次的研究，都得到进一步拓展和深化。譬如孟子的社会分工，在1949～1976年，视孟子的社会分工论是“为统治阶级服务的，是反动的”的观点，在当时颇为流行。20世纪80年代，许多学者对否定孟子社会分工的各种观点提出质疑，认为孟子肯定社会分工的必要性、合理性，完全符合历史实际和具有时代的普遍意义。20世纪90年代以来，学界普遍肯定了孟子社会分工论具有重要的历史价值、现代意义，从而反映了孟子社会分工论研究日趋深化的历史进程。近年来，学界又从社会分工的角度对孟子的知识分子论、君臣关系做了新的诠释，认为“孟子从知识分子脑力劳动观入手，从社会分工合理论、‘劳心’劳动论、知识分子工作职业论和知识分子精神论等角度，在中国历史上第一次创立了知识分

① 孟天运：《先秦社会思想研究》（下），人民出版社2012年版，第406页。

子论，为知识分子在中国古代的理论存在和社会存在作出了巨大贡献”①，孟子“对君臣关系进行了重新定位，提出了君贤臣良型的崭新模式并设定了君臣之间各自的分工和职能范围。君臣在国家政治架构中的不同职能实际上就是一种社会分工的不同”②。又如孟子的社会变迁研究。20 世纪 90 年代以来，许多学者对判定孟子坚持历史循环论和英雄史观的传统观点提出质疑，深入探讨了孟子社会变迁的内容、原因、方式，认为孟子关于物质生活的变迁包括自然环境、人口、社会生产状况、物质生活条件的变化，精神生活的变化、发展主要包括朝代更替、政权转移，制度、习俗、道德的变化，对孟子“天下之生久矣，一治一乱”（《孟子·滕文公下》）和“五百年必有王者兴”（《孟子·公孙丑下》）两个著名命题做了新的诠释，“孟子的社会变迁思想是一个由若干层次、侧面构成且有一定内在联系的思想整体”③，“孟子‘一治一乱’的社会变迁理论，是对中国社会思想史的一个巨大贡献，对中国社会思想产生了极为巨大的影响”④。这些新见，推动了孟子社会思想研究向深度拓展。

除上述外，孟子社会思想研究的突出成就还表现为将孟子社会思想研究与当代社会和谐、当代文化建设视为一个紧密联系的整体，充分肯定孟子社会思想的现代价值和借鉴意义。这对拓展孟子社会思想研究的深度发挥了积极作用。

2. 孟子经济思想研究

第一，拓展孟子经济思想研究的广度。从 20 世纪 60 年代胡寄窗《中国经济思想史》对孟子的恒产论、分工与劳动、价格与垄断、财政、井田等经济思想的初步论述，到 20 世纪 80 年代几部中国经济思想史、财政专题思想史对孟子义利论、恒产论、赋税论、分工论、价格论、租税和俸禄等思想的研究，再到 20 世纪 90 年代以来几部经济思想通史、断代经济思想史对孟子恒产论、井地方案、赋役论、通功易事论、“民贵君轻”的贵民观、分田制禄理论、消费等经济思想的深入探讨，将孟子经济思想的产生、发展与中国古代经济思想史、先秦经济思想史产生、发展的历史进程统一起来，全面考察孟子经济思想的内涵、历史地位和贡献，不断开拓孟子经济思想研究的新课题、新领域。

第二，拓展孟子经济思想研究的深度。这主要表现于两个层面：

---

① 谢友祥：《孟子的知识分子论》，《中国文化研究》2001 年第 3 期。

② 王杰：《孟子的社会分工说：以君臣关系为例的个案分析》，《人文杂志》2006 年第 4 期。

③ 王其俊：《论孟子的社会变迁思想》，《孔子研究》1995 年第 3 期。

④ 谢遐龄主编：《中国社会思想史》，高等教育出版社 2003 年版，第 25～36 页。

其一，经济思想通史、断代史著作不断深化孟子经济思想的整体研究。胡寄窗《中国经济思想史》对孟子经济思想做了一定的初步探讨，20世纪80年代的《中国经济思想简史》《中国财政思想史》等著作表现出“中国经济思想史研究的继承拓荒阶段”的基本特征①，20世纪90年代赵靖主编《中国经济思想通史》标志着“通史性研究达到新高度”，巫宝三《先秦经济思想史》则是“断代史研究填补空白”② 的著作之一。这些著作反映了孟子经济思想整体研究不断深化、提高的历程。

其二，孟子经济思想专题研究日趋深化。20世纪80年代，许多论文论述了孟子的恒产制、井田制、重农重商、财政赋税等经济思想，尽管有的认为“孟子的经济思想是建立在唯心主义的哲学基础上”，其社会分工论“被历代统治者用来作为统治、压迫、剥削劳动人民的理论根据”③，但是，许多学者肯定了孟子经济思想的贡献，认为孟子“农、商并重”④，他的“禄足代耕”理论具有“理论方法上的重要价值”和“节制封建食禄阶级无限掠夺贪欲的进步意义”⑤，等等。从总体上看，对孟子经济思想的价值、贡献的评价呈现出日趋提高的倾向。20世纪90年代以来，学界全面、深入地探讨了孟子经济思想的基本内容、积极意义及重要影响。其基本内容包括：社会经济活动中的生产、交换、分配、消费各个环节和封建社会国家的各种经济政策、法令、土地制度、分配制度、税收制度、工商业制度和环境保护制度等。学界普遍肯定了孟子经济思想的积极意义和重要影响，认为他是一个最重视经济问题、尊重民愿、讲究富民的思想家，他的制民恒产、轻徭薄赋、不违农时、遵循自然规律种植捕捞采伐等，对当今农业生产仍具有借鉴意义。⑥

（四）孟子伦理思想研究

1. 拓展孟子伦理思想研究的广度

从20世纪60年代对孟子性善论、义利观、道德论、人生观等问题的初步论述，中经20世纪80年代对孟子的仁义道德规范、人道、性善论、

---

① 有的学者指出：这些经济思想通史“研究方法上具有典型的时代特征，仍以阶级分析为主，在研究对象上也没有突破以往的历史人物范围”（张亚光：《建国60年中国经济思想史学科的发展》，《贵州财经学院学报》2009年第6期）。

② 张亚光：《建国60年中国经济思想史学科的发展》，《贵州财经学院学报》2009年第6期。

③ 张寿彭：《孟子经济思想初探》，《兰州大学学报》（社科版）1982年第2期。

④ 丁原明：《重农又重商是孟子经济思想的基本特点》，《山东大学学报》（哲社版）1989年第3期。

⑤ 参见李林森：《孟子“禄足代耕”制禄思想刍议》，《中州学刊》1987年第2期。

⑥ 参见本书第五章第二节。

人生价值观、道德理想、理想人格、道德评价、道德修养等问题的研究和20世纪90年代对孟子伦理思想的基本性质、内容、特点、与其他思想的交叉、仁义礼智道德规范的内涵、性善论、理想人格、义利观、道德修养的研究，再到21世纪以来对孟子伦理思想整体研究、人学、性善论、义利观、理想人格、道德修养研究以及美德与腐败的争论，不断丰富和扩大了孟子伦理思想研究的新课题、新范围、新领域。其中，仁义礼智道德规范、性善论、义利观、理想人格、道德修养等问题的研究，是20世纪80年代以来学界持续关注的问题。孟子伦理思想研究广度的拓展主要表现于两个层面：一则不同阶段的研究范围的扩大。与前一阶段相比，后一阶段又提出了新的研究课题。譬如与20世纪80年代相比，20世纪90年代学界拓展了仁义礼智等道德规范、命题研究、伦理思想与其他思想的交叉研究、孔孟理想人格的区别研究；21世纪以来拓展了孟子人学的内涵、主要特征的研究。二则拓展对同一个问题研究的广度。譬如对孟子性善论的研究，20世纪80年代多偏重于对其内涵与性质的研究，判定孟子坚持先验人性论是当时的流行观点；20世纪90年代拓展了性善论内涵研究的范围，提出“性可善论”“性本善论”、蕴含“人性本善”与“人性向善”等说，扩大了性善论研究的视域。21世纪以来，学界拓展了性善论的内涵、逻辑结构、形上根据的研究范围。

2. 拓展孟子伦理思想研究的深度

这一问题主要包括下述两个层面：

第一，深化了孟子伦理思想的整体研究。这一整体研究主要包括孟子伦理思想的基本性质、内容、特点，与政治、经济、军事、文化等思想的交叉研究等方面。在1949～1976年的初始阶段，有些论著从整体上初步论述了孟子伦理思想。20世纪80年代的“过渡阶段”，朱伯崑《先秦伦理学概论》、沈善洪和王凤贤《中国伦理学说史》、朱贻庭主编《中国传统伦理思想史》等伦理思想通史、断代史著作，从整体上论述了孟子伦理思想，在一定程度上和某些方面肯定了孟子伦理思想的积极因素。从总体上看，肯定孟子伦理思想的积极价值和贡献呈现出逐步提高的趋向。在20世纪90年代的发展阶段，姜法曾《中国伦理学史略》、李书有主编《中国儒家伦理思想发展史》、焦国成《中国伦理学通论》等论著，深化了孟子伦理思想整体研究。这主要表现于两点：一是深化了孟子伦理思想基本性质、内容、特点的研究；二是深化了孟子伦理思想与政治、经济、军事等思想的交叉研究。[①] 譬如有的提出孟子军

① 参见本书第六章第二节。

事伦理思想的基本特征是“民本君主”，君与民是一体的，二者互不可缺，君民同乐、共利互利。这一观点，富有新意。在21世纪的繁荣阶段，学界深入探讨孟子道德形上学思想、德性伦理的逻辑层次、仁学思想体系的理论基础、公共理性思想、道德意识的起源、道德哲学的性质、道德理由、自由理念、责任伦理意识、伦理思想的现代价值及对中国文化的影响、伦理与其他学科的交叉等，提出了许多新的观点，将当代孟子伦理思想的整体研究推向一个新的高度。

第二，深化孟子伦理思想的专题研究。孟子伦理思想的专题研究主要指对性善论、理想人格、义利观、道德修养等问题的研究。通观当代孟子伦理思想的专题研究，性善论一直是学界关注的一个重要问题。孟子伦理思想的理想人格、义利观、道德修养等专题研究的成就，笔者在本书第六章已做了简要概括。为节省篇幅，笔者在此主要概括学界对性善论研究深度的拓展。这主要表现于下述三个方面：

其一，性善论的性质和贡献。在当代孟学研究的四个阶段，学界对这一问题的认识逐步深化。在1949～1976年的初始阶段，孟子的性善论被判定为唯心主义先验人性论占据主导地位的传统观点，对性善论往往采取否定、批判的态度。20世纪80年代，不少学者逐步摆脱了“两军对战”模式，对上述观点提出质疑和商榷，肯定了性善论在孟子思想中的重要地位、积极意义及价值，认为它是人的自我反思和礼赞，具有积极的社会意义。20世纪90年代以来，学界对性善论的基本性质展开了争论和探讨，主要有唯心主义的道德起源论与唯物主义性善论两种对立的观点，越来越多的学者对前一观点提出质疑，深入探讨了性善论的理论价值、文化价值、道德价值、社会价值、全球性价值等，认为性善说影响着中国人的精神追求、心理状态、思维方式、价值观念，是一个具有理论的体系性、逻辑的一致性的有机体系，对儒学发展和当代社会产生了极其深远的影响。

其二，性善论的内涵。探讨性善论之“性”的含义是深化性善论内涵研究的前提。20世纪80年代，学界探讨了孟子的人禽之辨，认为性善之“性”是指人之所以为人的特性，是人之异于禽兽的特殊本质；20世纪90年代，对性善之“性”含义提出了十余种不同的表述①。学界普遍认

① 这十余种不同的表述主要有：人与生俱来的具有道德规范和伦理价值的一种社会属性，先天赋之而有“四德”，人天赋之中可以有自我做主的成分，人之为人的特性和人内在具有的能动主体性，人生来具有的食色欲望之性和仁义道德之性，人性具有动物性和文化性的双重性，人能自主掌控的欲求和心性代表了整个人性，人性中异于禽兽的部分和能够为善的动机，人生而具有的一切才质禀赋既是实然者又是应然者，人之所以为人和区别于其他事物的独特属性（参见本书第六章第三节）。

为，孟子性善之“性”是指“人之所以异于禽兽者”、人之所以为人区别于动物的独特本质属性。关于性善论的内涵。学界对此提出了“性可善论”“性本善论”、蕴含“人性本善”与“人性向善”三种观点；21世纪以来，又提出十余种不同的观点①。这些研究表明，学界从不同角度、层面对孟子性善之性的含义、性善论内涵的争论和探讨，尽管立论不同，但都力求持之有故，言之成理，极大地拓展了性善论研究的深度。

其三，多学科的交叉研究。20世纪90年代以来，学界凸显了性善论与政治学、进化论伦理学、道德心理学、法学、文化学、教育学、美学、军事学等学科的交叉研究。这些交叉研究从不同的角度审视孟子的性善论，得出了许多新的认识。譬如性善论与法学。有人指责孟子的伦理、政治思想是“海市蜃楼式的政治幻景”“充斥迂腐与漏洞”“颇为弱智的文化遗产”，“中国人对‘性善’的完美人格信奉只能造就出成批的伪君子，许多‘伟人’、‘明君’表面上无限风光，背地里却男盗女娼。中国传统的‘性善论’人格理想导致人的虚伪，也造就政治、法律的虚伪”。② 有的学者对这一观点提出质疑，认为“以孟子人性论为基础的法律价值论将美德看作法律追求的根本目标之一”，提请人们客观审视“孟子式美德法理学的法律价值”，这对矫正曲解性善论的偏颇观点是有积极意义的。笔者认为，这一观点“误读了孟子的性善论”，“难免有历史虚无主义之嫌”。③又如多年来学界流行的一个偏颇观点判定孟子的仁义是生而具有的和“良知”“良能”是先天先验的。有的学者通过辨析认为“良知”“良能”只是感物而知、触物而能的能力，孟子将人感物而知、触物而能的能力的先天性因素与后天人为结合起来，深化了对人之所以为人的本质特性的认识。有的诠释了“良知”的先天性、超越性、内在性，认为“完满的道德应当是良知的超越性与经验内容相结合的既内在又超越的模式”，“良知”的先天性是指历史文化等影响和已有的道德训诫与礼义知识都是先于“良知”主体的人而存在。有的借鉴当代进化论伦理学的研究成果，对孟子的性善论做了新的诠释，提出“当代进化论伦理学的研究表明，灵长类动物学和进化生物学中的一些发现为孟子的性善论和对同情心的强调提供了经验上的支持”。有的将性善论与人类的文化实践紧密联系在一起，认为仁义礼

---

① 这十余种不同的观点主要有：“向善”与“为善”，对“以情才代性”和“以故言性”的批判，“以才论性”与“因情定性”，性本善，“性善、向善、为善和致善”的有机整体，“人性有善”与“人性无恶”，超越人性观，以心善言性善，常情善性，“生之谓性”，自然主义性善论，人性是个好东西，性善不是现成的而是有待去实现的（参见本书第六章第三节）。

② 参见杨师群：《孟子政治法律思想批判》，《中国政法大学学报》2010年第1期。

③ 参见王其俊：《大陆当代孟子仁政思想研究述评》，《中原文化研究》2014年第5期。

智之心是在人类的文化实践中形成的，因而又是经验的，等等。上述交叉研究多是国家社会科学各类基金项目的阶段性成果，许多认识发前人所未发，将孟子的性善论研究提升到一个新的高度。

（五）孟子教育、美学、心理思想研究

孟子教育、美学、心理思想研究的广度、深度得到进一步拓展和提高。学界深入探讨了孟子教育理论基础、教育目的、作用、原则、方法、意义等。21世纪以来，凸显了孟子道德教育方法、理路、现代价值和启示、中道教育、和谐教育等问题的研究。在美学研究上，全面、深入探讨了孟子的个体人格美、乐舞起源、接受美学、阳刚美、审美观点、审美理想、审美意识等美学思想。21世纪以来凸显了孟子人格美及现代价值等问题的研究，普遍肯定了孟子对古代人类美学的积极贡献。在心理研究上，全面、深入探讨了孟子的智能观、学习说、个体心理、社会心理、道德心理、教育心理等。近年来，凸显了孟子心理思想现代价值研究。总之，学界将继承古代优秀传统文化与关注社会现实问题紧密结合起来，将孟子的教育、美学、心理思想作为矫正社会不良风气的宝贵资源和借鉴，这对于弘扬中华民族优秀传统文化，提高社会成员的道德修养、文化素质，树立社会主义核心价值观，都将产生积极作用。

（六）孟子文学思想研究

主要表现在拓展孟子文学思想研究的广度和深度两个方面。

第一，拓展孟子文学思想研究的广度。在20世纪80年代，学界初步论述了孟子“以意逆志”“知人论世”的文学鉴赏、批评方法，从散文的气势、譬喻、语言、论辩技巧、修辞格、逻辑方法等方面论述了孟子散文的艺术特色和丰富多彩的写作方法。在20世纪90年代，扩展了孟子文学批评、鉴赏的原则、方法的研究范围，提出了新的研究课题，探讨了孟子“以意逆志”“知人论世”的内涵、基本特征及二者的联系以及形式多样的论辩艺术。21世纪以来，学界对孟子文学思想研究广度的拓展主要表现于两个方面：一是更新、拓展新的研究领域。这主要表现为扩展孟子的诗学研究，探讨了孟子诗学的内涵和结构、《诗》与《春秋》的关系、读诗方法——文学批评鉴赏的原则和方法、诗学的价值和影响、诗学研究的方法论等。二是从新的角度论述了孟子的论辩所展示出的语言、气势、形象、技巧等艺术特色。

第二，拓展孟子文学思想研究的深度。这主要表现于下述三个方面：

一是深化“以意逆志”“知人论世”的文学鉴赏、批评方法的研究；二是深化孟子散文的艺术特色和写作方法的研究；三是深化孟子的诗学体系研究。

其一，深化“以意逆志”“知人论世”的文学鉴赏、批评方法的研究。20世纪80年代，主要存在着两种对立的观点：一是肯定这一文学鉴赏、批评方法的积极意义和贡献，二是判定它是一个主观唯心的方法。对“以意逆志”之“意”的诠释往往停留于说诗者之“意”还是作者之“意”的争论。学界对这一问题的论述尚处于初始阶段。20世纪90年代，凸显了对“以意逆志”“知人论世”的内涵、基本特征及二者的联系的研究，将“以意逆志”的内涵做了多层面的概括，认为主体性与理性认知性是这一方法的基本特征，主张将二者视为文学鉴赏、文学批评的理论。这一方法论蕴含着“注重历史经验的还原”，“旨在超越文本的误区”，以及“追求两种视域的融合”三个层面。21世纪以来，许多学者将这一方法视为孟子诗学体系的一个子系统，强调在与诗学体系其他要素的紧密联系上考察其内涵、价值和作用，这就避免了孤立地泛泛论述孟子文学批评鉴赏的原则、方法的局限，将其置于更高级的系统中评判其价值和贡献。这既拓展孟子文学批评鉴赏的原则、方法研究的深度，又丰富了孟子诗学体系的内涵。

其二，深化孟子散文的艺术特色和写作方法的研究。20世纪80年代，学界从孟子散文的气势、譬喻、语言、论辩技巧、逻辑方法等方面探讨了其艺术特色，并将其主要内容概括为“气势充沛”“善于取譬设喻”“语言精炼”、善于运用逻辑方法等五个方面；论述了其善于运用对话、譬喻、民间文艺等丰富多彩的写作方法。20世纪90年代，学界从修辞艺术手段、论辩方法、论辩战略、逻辑与非逻辑方法等角度、层面探讨、概括了孟子形式多样的论辩艺术。由于采取了新的研究角度和层面，因而对孟子散文的艺术特色、写作方法概括更加丰富和全面。21世纪以来，凸显、深化了孟子散文艺术特色的研究。许多论文从不同角度、层面论述了孟子的论辩艺术特色，主要内容表现于语言、气势、形象化、论辩技巧等方面。[①]

其三，深化了孟子的诗学体系研究。21世纪以来，学界深入探讨了孟子诗学的内涵和结构、《诗》与《春秋》的关系、读诗方法——文学批评鉴赏的原则和方法、诗学的价值和影响、诗学研究的方法论等，主张将孟子的诗学体系视为由说诗者、作者、作品和世界四个要素构成的系统整

① 参见本书第八章。

体。深入分析了“《诗》亡”的内涵及其与《春秋》的关系，认为“以意逆志”之“意”是“统摄整篇作品的主旨”，具有“作品之意”“解释者心灵中先在的‘意’”和“读者主体的观念、意识”，“诗人之意”和“解诗人之意”，“人之常情、心之常理”，“丰厚的史学意涵”等多种含义，肯定孟子诗学为文学批评提供理论范式、教化功能、弘扬儒家诗教传统的价值和影响，梳理了孟子诗学对中国古代文论、《毛诗传笺》的影响，等等。总之，上述研究拓展了孟子文学思想研究的深度，促进了当代孟学研究的日趋发展和兴盛。

三、孟学流传、影响研究

当代学界拓展了孟学流传、影响研究的广度和深度，取得了前所未有的显著成绩。

第一，拓展孟学流传、影响研究的广度。这主要表现于三个方面：

其一，孟学流传、影响的整体研究。从 1949 年至 20 世纪 80 年代，只有零星的文章涉及这一课题。20 世纪 90 年代以来，笔者所著《亚圣智慧——孟子新论》、董洪利《孟子研究》、杨泽波《孟子评传》、刘鄂培《孟子大传》、刘培桂《孟子林庙历代题咏集》《孟子林庙历代石刻集》等孟学专著和许多论文对孟学在后世的流传、影响做了全面、系统的梳理和探讨①，勾画出孟学流传、影响的历史轨迹。这一整体研究具有两个显著特点：一是注重宏观的系统梳理与微观的细致论述相结合，以凸显孟学流传、影响的主要历程和轨迹；二是利用地方史志、孟子林庙石刻等具有原始性、权威性的历史资料，生动、形象地展现了孟学在后世的流传、影响和孟子形象的变迁。

其二，汉唐至近代的流传、影响和当代价值的专题研究。学界不断更新、拓展了孟学流传、影响的研究课题、范围和领域。20 世纪 80 年代，金春峰《汉代思想史》初步论述了汉代孟子思想的崛起，论述汉代以后孟学流传、影响的断代史专著还没有问世。20 世纪 90 年代以来，李峻岫《汉唐孟子学述论》、兰翠《唐代孟子学研究》、周淑萍《两宋孟学研究》、刘瑾辉《清代〈孟子〉学研究》、李畅然《清代〈孟子〉学史大纲》等断代史专著和许多论文，开辟了孟学在汉唐、两宋、清代流传影响的新领

---

① 除上述外，赵吉惠等主编《中国儒学史》，刘蔚华、赵宗正主编《中国儒家学术思想史》，姜林祥主编《中国儒学史》，崔大华《儒学引论》，尚斌、任鹏、李明珠《中国儒学发展史》，黄宣民、陈寒鸣主编《中国儒学发展史》，王博《中国儒学史·先秦卷》，杨海文《浩然正气——孟子》，刘培桂主编《孟子志》等儒学通史和论著，对孟学的流传、影响亦做了一定论述。

域，将孟学的流传、影响的范围扩展到整个中国古代、近代、当代社会。上述论著全面系统地探讨了孟学发展、演变、流传的过程、背景、原因、成就、得失、特点，论述了董仲舒、司马迁、赵岐、孙奭、张载、二程、王安石、朱熹、陆九渊、黄宗羲、戴震、焦循、康有为等著名思想家、学者对孟学的诠释、继承、发展、引申或改造，紧密联系社会实际问题，深入探讨了孟子追求的个体人格完善、社会协调、天人和谐以及道德主体、道德教化、五伦、诚信等思想对促进社会主义文化建设的价值和意义，展现了孟学流传、影响的全面性、系统性。

拓展孟学流传、影响研究的广度，还有一个重要表现就是彭向前《西夏文〈孟子〉整理研究》的出版弥补了孟学在西夏传播、影响的空白。近二十多年来，许多学者探讨孟学的流传、影响多局限于汉族地区，孟学在古代少数民族政权中的传播影响鲜有文章论及。彭向前《西夏文〈孟子〉整理研究》以古代西夏文翻译的《孟子》为研究对象，论述了在西夏的传播及影响。这对探讨孟学在少数民族地区的流传、影响和深化中国孟学史研究当有积极意义。

其三，孟学在外国的流传、影响研究。从 1949 年至 20 世纪 80 年代，这一问题尚未引起学界的关注。20 世纪 90 年代以来，中外文化交流日益增多，许多论著对孟学在朝鲜、日本等东方国家的流传、影响做了初步探讨。21 世纪以来，学界日益凸显了孟学在西方国家的流传、影响研究。许多学者深入地探讨了西方《孟子》英译的历程、分期、特点、代表人物、价值、意义、不足等，论述了西方汉学界对孟学的诠释、研究以及对我们的借鉴和启示。

第二，拓展孟学流传、影响研究的深度。这主要表现于下述三个方面：

其一，深化孟学流传、影响的整体研究。这主要表现于两个方面：一则，宏观的整体梳理与微观的细致探讨日趋结合。通观 20 世纪 90 年代的孟学研究专著，笔者所著《亚圣智慧——孟子新论》论述了孟学对后世的政治影响、思想影响，概述了两汉至近代几十位著名思想家、政治家、学者对《孟子》一书的注疏、诠释和对孟子思想的继承、发展、引申或改造。董洪利《孟子研究》概述了两汉、魏晋隋唐、宋元明清的孟子研究。两书多偏于宏观的整体梳理和论述，缺乏微观问题的细致论述。杨泽波《孟子评传》在拓展孟学流传、影响研究的深度上向前跨进了一步。该书的“影响篇”划分为王霸之辨、经权之辨、义利之辨、舜跖之辨、人性之辨，论述了孟子思想的历史影响、历史地位的变迁，将宏观的整体梳理与微观问题的细致探讨结合起来。二则，将历史典籍与地方史志、孟子林庙石刻等结合起来研究孟学。在20世纪80～90年代，学界论述孟学的流传和影响多偏重于利用各类历史典籍的有关记载，对山东及邹城地方史志、孟子林庙石刻等历史资料缺乏足够的关注。21世纪以来，刘培桂《孟子林庙历代题咏集》《孟子林庙历代石刻集》的出版，促进了历史典籍与地方史志、孟子林庙石刻的日益结合，为人们从各个层面探讨孟学的流传、影响提供了丰富的资料。

其二，深化孟学在汉唐至近代的流传、影响研究。这主要表现于下述四个方面：一是深化了汉唐时期孟学的流传、影响研究。金春峰《两汉思想史》、李峻岫《汉唐孟子学述论》、兰翠《唐代孟子学研究》和许多论文探讨了汉唐孟学史的内涵、发展、演变、流传过程，论述了汉唐思想家、学者对孟学的继承、发展。二是深化了两宋时期孟学的流传、影响研究。周淑萍《两宋孟学研究》和许多论文全面、系统地论述了两宋时期孟子升格运动的原因、过程、“非孟”和“疑孟”思潮产生的缘由、主要代表人物及观点，论述了孙奭、张载、二程、王安石、朱熹、陆九渊等思想家、学者对孟子人性论、浩然之气、王道论等思想的诠释、继承、发展。其中，凸显了对朱熹《孟子注疏》的探讨，肯定了它在两宋孟学史上的地位、成就、价值和影响。三是深化了明清时期孟学的流传、影响研究。许多论文考察、剖析了明初《孟子节文》事件的原因、过程、教训，论述了王阳明、王夫之等思想家对孟学的继承、引申和发展。刘瑾辉《清代〈孟子〉学研究》、李畅然《清代〈孟子〉学史大纲》等断代史专著和许多论文，全面、系统论述了清代孟学勃兴的原因、历程、成就、得失、特点，论述了黄宗羲《孟子师说》、焦循《孟子正义》、戴震《孟子字义疏证》对孟学的诠释、解读、丰富和发展。这两部清代孟学断代史，将孟学在清代的流传、影响研究提高到一个新的水平，对促进清代孟学史研究将会产生积极作用。四是深化了近代的孟学流传、影响研究及当代价值研究。譬如关于孟学的当代价值研究，学者们肯定了孟子追求的个体人格完善、社会协调、天人和谐思想对我们加强修养而追求高尚人格、维护社会稳定、实现人与自然和谐统一及和谐共生，都具有深刻的启示意义。

其三，深化孟学在外国的流传、影响研究。20世纪90年代，许多论著论述了孟学在朝鲜、日本等东方国家的流传、影响。21世纪以来，学界凸显了孟学在西方国家的流传、影响研究。许多论著多角度、多层面地探讨了西方《孟子》英译的历程、分期、特点、主要代表人物、价值、意义和存在的问题，论述了西方汉学界的《孟子》研究。学界普遍认为，一方面应吸取、借鉴西方汉学界关于孟学研究的优秀成果，另一方面要抛弃其“宗教倾向”“理解偏差”和“‘反向格义’孟子思想”① 等对孟学的误读，在中外文化的双向交流中，努力提升中国文化的话语权和影响力。

四、中外比较研究

学界不断拓展孟学中外比较研究的广度和深度，取得了显著的成绩。这主要表现于两个层面：

第一，拓展了孟子与中国思想家的比较研究的广度和深度。一则孟子与先秦儒家的孔子、曾子、子思、郭店楚墓儒简、荀子等比较。许多学者探讨了孟子在仁学、政治、伦理思想等方面对孔子的继承、捍卫、发展，论述了孟子关于仁学的内涵、结构、作用等；探讨了孔孟民本思想、治道观的异同，论述了孔孟道德起源、道德修养、理想人格、人道观、人性论、孝道等思想的异同等。1993 年出土的湖北郭店楚墓儒简，引起中外学界的轰动和研究。学界拓展了孟子与郭店楚墓儒简比较研究的广度和深度，认为郭店楚墓儒家经典是先秦儒学从孔子发展到孟子的一个重要环节和阶段，是孟子思想产生的一个重要思想根源，深入探讨了孟子对郭店楚墓儒简的继承和发展；比较了孟子与荀子的人性论、哲学、刑法、教育思想的异同。二则孟子与墨家、道家、法家的比较研究。学界探讨了孟子对墨子思想的吸收、改造、批判和超越，围绕孟子批判杨墨“无父无君，是禽兽也”（《孟子·滕文公下》）的主张展开争论，论述了二者的社会交往准则、理想社会、社会整合方案等社会思想的异同。比较了孟子与道家在天人观、认识论、理想人格、思想倾向和思维方式等方面的异同，认为二者在中国文化史上各领千秋。论述了孟子的政治思想与商鞅变法、孟子与韩非在民众学说和论辩艺术等方面的异同等。学界普遍认为，孟子与先秦诸子一方面相互对立、相互斗争，另一方面又相互融合、包容、相通和吸取。从总体上看，1949 年至 20 世纪 80 年代的孟子与先秦诸子的比较，多偏重于二者的对立和差异。20 世纪 90 年代以来，二者比较研究深化的主要表现是凸显了研究的全面性、客观性，认为先秦诸子对丰富中国古代文化宝库各自做出了独特的贡献。三则孟子与后世思想家的比较研究。许多学者比较了孟子与曹丕、刘勰、韩愈、王阳明等后世思想家的异同。论述了孟子与曹丕、刘勰文气观内涵、功能、价值的异同；探讨了孟子与韩愈关于知言养气说与气盛言宜说的异同；比较了王阳明与孟子的心本体

① 参见刘单平、曾振宇：《英译〈孟子〉的三种误区分析》，《东岳论丛》2011 年第 3 期。

论。这从一个侧面说明中华民族优秀传统文化的丰富和发展，与孟子及其后世思想家的贡献是紧密相连、密不可分的，皆为丰富中华文化宝库做出了贡献。

第二，拓展了孟子与外国思想家比较研究的广度和深度。从1949年至20世纪80年代，鲜有论者涉及这一课题。20世纪90年代以来，随着中外文化交流的扩大，学界凸显了孟学与西方思想家、基督教异同的比较研究。主要内容包括：孟子与苏格拉底的人性、德性比较，与柏拉图政治思想、“四德”、美学、国家教育理想比较，与亚里士多德的早期国家观、政体、德性理论、人性论、伦理思想比较，与康德伦理思想、人性观、伦理范畴和命题比较，与尼采的人论比较，与普罗泰戈拉人学比较，与基督教人性、道德论比较，与弗洛姆与人性论比较，评析了拉康、列维纳斯、罗哲海等外国学者对孟学的诠释和解读，等等。[①] 通过比较，进而探寻造成二者异同的各种原因，客观评价他们对中西文化的重要贡献。许多学者指出：孟子与外国思想家具有互补性，通过比较以吸取对方之长，补己之短，将孟学予以创造性转化，凸显中国优秀传统文化自信力、影响力，对促进社会主义新文化建设将有积极意义。

五、孟学普及研究

学界逐步拓展了孟学普及研究的广度和深度。当代中国学界出版了几十部孟学普及研究著作，包括《孟子》译注、解读、说解、通说、选注、读本、选讲、故事、讲座等，如雨后春笋，琳琅满目，种类繁多，风格各异。

第一，拓展孟学普及研究的广度。在当代孟学研究的初始、过渡、发展、兴盛四个不同的阶段内，孟学普及研究所关注、探讨的问题发生了深刻变化，不断更新、拓展新的研究领域。从1949年至20世纪80年代，学界出版、流行的主要是杨伯峻先生的《孟子译注》。从总体上看，孟学普及研究并未引起学界的重视。20世纪90年代是中国改革开放的第二个十年，介绍、解说《孟子》的普及研究著作日趋增多，对《孟子》的译注与介绍解说，得到了较快的发展，拓展出新的研究领域，即将《孟子》译注与介绍解说逐步结合起来。这类孟学普及研究著作多采用生动通俗的语言，深入浅出地介绍孟子的思想和事迹，受到读者的欢迎。21世纪以来，出版的30余部孟学普及著作种类繁多，风格各异。其中，解读类、生平

① 参见本书第十章第二节。

传记类、译注类，交相辉映，精彩纷呈。譬如解读类，有的侧重于从学术上解读、阐释孟学。有的将孟学归纳为若干专题，紧密联系读者关注的各种社会实际问题，对孟学予以深入浅出的现代诠释，凸显孟学对社会主义文化建设的借鉴、启示意义。

第二，拓展孟学普及研究的深度。这主要表现于下述两个方面：

其一，生动、通俗、形象地阐释了孟学体系及组成部分或专题（政治、哲学、社会、经济、伦理、教育、美学、文学、心理思想等）的内涵、逻辑结构、基本特征、范畴命题、历史意义、现代价值等。我们知道，孟学普及研究与孟学整体、专题研究是紧密相连、相互促进、相得益彰的。孟学普及研究的显著特点是具有生动性、通俗性，孟学整体研究及各项专题研究的显著特点是具有学术性、理论性。在这里，生动性、通俗性与学术性、理论性是在相对意义上而言的，二者是互补的。孟学整体研究及各项专题研究中所涉及的概念、范畴、命题、体系的内涵及逻辑结构等，欲使广大读者深刻理解其含义，是有一定难度的。上述各类孟学普及研究著作恰恰为解决这一难题提供了有利条件，将《孟子》中家喻户晓、流传广泛、寓意深刻的名言、格言、寓言、故事、警句、命题等，从历史与现实的紧密结合上予以深入浅出、生动具体的阐释、解说，显示出较强的可读性、通俗性，有利于广大读者对孟学精义的理解和把握。因此，孟学普及研究对继承、弘扬中华优秀传统文化的贡献，当是不应低估的。

其二，孟学普及研究中的解读、生平传记、译注等各类著作，采用通俗易懂、生动形象的语言，多层次、多侧面地刻画、描述了孟子血肉丰满的形象，展现了孟子崇尚仁义、坚守信念、济世救民、兼善天下、仇视暴政、同情民苦、刚直不阿、藐视权贵、不畏艰难、积极进取、教书育人、循循善诱的形象、性格、气质和特征，再现了孟子崇尚的“富贵不能淫，贫贱不能移，威武不能屈”的“大丈夫”（《孟子·滕文公下》）气概和人格。通观当代孟学普及研究，几十部《孟子》译注、解读、必读、精读、他说、讲座等普及著作，日趋将解读、生平传记、译注等融为一体，深入浅出、全面、系统地介绍孟子的事迹、思想、传播、影响等若干方面，具有较强的说服力、感染力，展现了富有中国特色、风格、气派的普及著作和文化产品的魅力，对深化孟学研究做出了重要贡献。

六、孟学研究方法的多样性和创新性

当代中国孟学研究获得的显著成就，还表现在坚持研究方法的多样性和创新性。学界采用多样、科学、合理的研究方法，不断提出新见解、新

观点、新结论，拓展孟学研究的广度和深度，促使其日趋呈现出兴盛繁荣的局面。

20世纪50～80年代，学界多采用唯物主义与唯心主义“两军对战”的研究范式。20世纪90年代以来，孟学研究范式发生了重要转换。学界普遍认为，要拓展孟学研究的广度和深度，必须坚持马克思主义辩证唯物主义和历史唯物主义的世界观和方法论，同时，还要坚持研究方法的多样性、创新性。学界将哲学、政治学、系统论、诠释学、文化学、社会学、经济学、军事学、比较学、文献学、考据学、训诂学、历史学、方志学、汉字学、生态学等方法结合起来的交叉研究日趋增多，从新的角度、层面对孟学做了新的探讨，揭示了孟学的新特点、新内涵、新特质，出现了一批新的成果。这主要表现于下述几个方面：

第一，孟学整体研究。笔者借鉴系统方法，认为“孟学是由从小到大的个体论、社会论、天人论三个相互联系、相互作用的子系统构成的系统整体。这三个组成部分分别回答人与自身、人与社会、人与天的关系问题。孟子致力追求的个体的和谐、社会的协调、天人的和谐以及三者之间的和谐，构成了其思想的主要内容”①。杨泽波从“王霸之辨、经权之辨、义利之辨、舜跖之辨、人性之辨”等方面，论述了孟子思想。杨国荣“以‘走向内圣之境’为主线，将孟子的天人论、认识论、义利观、社会批判论、人性论等贯通起来，在广阔的视野上揭示描述了孟子走向内圣的历史轨迹”②。有的将哲学与文化学方法结合起来，深入探讨了孟子文化精神。有的将哲学与方志学研究方法结合起来，既论述了孟子的思想学说，又采用了孟子林墓、孟庙、孟母林墓、孟府、孟母三迁遗址、孟子周游列国遗迹地方史志、碑刻等资料，生动、形象地再现了孟学在后世的影响，等等。

第二，孟学的专题研究。一则许多学者参照、借鉴西方诠释学的理论方法，将孟子的心性学说视为一个紧密联系的整体，深入诠释了它的内涵、逻辑架构、现代价值，认为其内涵除思维认知之心、道德之心、心理情感之心等诸义外，还包括主体与本体合一之心、人心与本心之心、心智之心、心灵之心等，孟子的“心”是多种含义的统一，多层含义之间是彼此相通、蕴含和包容的。在上述诠释的基础上，学界充分肯定了孟子心性学说对促进人的全面发展、提升人的精神境界、激励人们追求真善美的现代价值和意义。二则从孟子政治思想与伦理、军事等思想的相互渗透、交叉上，进一步审视其政治思想体系。21世纪以来，学界凸显了对孟子政

① 王其俊：《亚圣智慧——孟子新论·前言》，山东人民出版社1996年版，第5页。

② 王其俊：《中国大陆当代孟学研究述评》，《孔孟学报》2011年总第89期。

治伦理化与伦理政治化的诠释，深入挖掘、诠释孟子政治思想的内涵、主要特征等，有的认为孟子的民本之学“绝非帝王之术”，不能简单地将它视为维护统治者利益的学说；有的指出孟子民贵思想包含着“由民有、民享向民有、民享、民治、民权”“由‘顺民’向‘公民’”“由‘民贵’向‘有序民贵’”的转变。① 这就以新的视野审视孟子的民本思想，对其做出现代诠释和现代转换，有利于客观、科学地评价孟子的政治思想。三则运用跨学科的综合方法探讨孟子的社会思想。其中，孟天运《先秦社会思想研究》融合了历史学、社会学、考古学、哲学等多学科理论，从新的视角全面、系统地论述了孟子的社会思想，提出了许多新的观点和认识。四则运用多学科的交叉研究审视孟子的性善论。近年来，学界注重了性善论与法学、文化学、教育学、美学等学科的交叉研究，从不同的方向、层面、角度审视孟子的性善论，从而产生很多新的认识。有的从性善论与法学的交叉上对判定孟子的道德和政治学说是“海市蜃楼式的政治幻景”“充斥迂腐与漏洞”“颇为弱智的文化遗产”② 的观点提出质疑，认为“以当代伦理学、法理学的视角来解读孟子的人性学说，从自然主义的角度捍卫其浪漫主义的人性观，并在此基础上提请法理学者思考孟子人性论的法理意义”，“以孟子人性论为基础的法律价值论将美德看作法律追求的根本目标之一，但又尊重每个人的基本自由，保障每个公民的基本权利”。③ 这一新见，对纠正曲解性善论的偏颇观点无疑具有积极意义。有的从文化学与人性的关系，对孟子的人性做了新的解释，认为“孟子所说的仁义礼智之心指的就是这种文化学习能力和道德倾向性，它意味着没有独立于文化的人性”④，从而将性善论与人类的文化实践紧密联系在一起，认为仁义礼智之心是在人类的文化实践中形成的，因而又是经验的。

第三，以多学科的交叉研究审视孟学的流传、影响和普及研究。譬如有的学者“打破学术史与文学史的界限，将唐代的孟子学与文学联系起来，探讨二者之间的内在关联”⑤。作者将唐代的孟子学与文学紧密结合在一起，论述了中国古代著名文学家、诗人王勃、卢照邻、李白、杜甫等对孟学的继承、发挥和运用。这就消除了以往唐代孟学研究中多拘泥于儒学史、经学史而忽视文学史、文化史的弊端。又如有的学者以“汉字学”

---

① 参见陈迎年、胡飞宇：《从“民贵”走向“新民贵”——孟子民贵思想的现代诠释》，《石河子大学学报》（哲社版）2016 年第 5 期。

② 杨师群：《孟子政治法律思想批判》，《中国政法大学学报》2010 年第 1 期。

③ 参见王凌皞：《孟子人性发展观及其法理意义》，《法学研究》2013 年第 1 期。

④ 王小健：《文化与人性：再论孟子的心性论》，《齐鲁学刊》2016 年第 2 期。

⑤ 兰翠：《唐代孟子学研究·导言》，北京大学出版社 2014 年版，第 9 页。

为切入点，对《孟子》一书予以全面的诠释、解读、评析，对孟学研究中许多存有争议的问题做了新的探讨，立足说理，积极争鸣，提出了不同于以往的新见，申明孟子思想价值、借鉴意义及得失。

总之，学界采取的多样、科学的研究方法，内容丰富，并不仅限于笔者列举的上述内容。随着当代社会的不断发展和孟学研究的深化，学界越来越重视研究方法的多样性和创新性，坚持历史与逻辑相一致的基本原则，采用多学科的交叉研究等方法，对孟学做了多层次、多角度、多侧面的探讨和研究，促进当代孟学研究呈现出繁荣兴盛的局面。

第二节　当代中国孟学研究存在的问题

当代孟学研究取得了显著的成就，许多论文对此做了系统的论述、评析和总结，实事求是地评价了孟学对中华优秀传统文化的贡献。① 学界普遍认为，孟子的弘扬仁义、崇尚高尚人格、以义制利、义利统一、舍生取义、仁民爱民、利民富民、以民为本、济世救民、刚直不阿、抨击暴政、追求个体、社会及天人和谐等思想，日益成为人们关注的重点。学界深入挖掘孟学的价值内涵，这对提高社会成员的道德素质，促进社会和谐，增强文化自觉、文化自信和中华优秀传统文化的生命力、影响力，越来越发挥出积极的作用。但我们也应看到，有些论著泛泛而论，缺少新见，因袭、重复一些背离孟学本意的偏颇观点。笔者在本书有关章节对这些偏颇观点和不足做了一定评析。在此，笔者将孟学研究中存在的问题和不足归纳为下述四个方面：

第一，有的史料失真，有的观点偏颇。譬如史料失真，有的称孟子“字子舆”②，“鲁国邹邑人”，“孟子出生在鲁国的邹地”，“三岁丧父”，“孟子是子思的学生”等。又如观点偏颇，有的评价孟子哲学思想时，认

---

① 这些论文主要有傅永聚：《孟子研究四十年(1949～1989)》，《齐鲁学刊》1989 年第 6 期；张奇伟：《建国以来孟子研究回顾》，《哲学动态》1989 年第 11 期；谷方：《中国哲学史研究的四十年》，《中国哲学史研究》1989 年第 4 期；杨泽波：《20 世纪孟子研究中“西学化倾向”的发展和趋势》，《传统文化与现代化》1999 年第 3 期；聂永华：《20 世纪〈孟子〉散文艺术研究述论》，《齐鲁学刊》2002 年第 6 期；聂永华：《百年〈孟子〉散文艺术研究之回顾与前瞻》，《郑州大学学报》(哲社版)2002 年第 3 期；杨江涛：《从孟子看中国古典美学的研究方式》，《中州大学学报》2005 年第 2 期；焦国成、郭忻：《改革开放三十年来中国伦理思想史研究》，《道德与文明》2008 年第 5 期；肖群忠：《中国伦理思想史研究的回顾与展望》，《道德与文明》2011 年第1 期；梁涛、杨海文：《20 世纪以来的孟学史研究》，《文史哲》2012 年第 6 期；等等。

② 杨宪邦主编：《中国哲学通史》第一卷，中国人民大学出版社 1987 年版，第 220 页。

为孟子提倡禁欲主义而否定人的感性经验，摈弃闻见之知，禁绝耳目之欲，“割裂了思维器官与感觉器官的关系，强调思维器官要脱离感觉器官而独立发挥思维的作用”，坚持唯心主义世界观和先验的认识论。在孟子政治思想研究中，存在的偏颇观点主要有：孟子最终把“天命”看成最高主宰，孟子的“得乎丘民而为天子”，实际上是在更高的层次上肯定了君主专制制度，“他谈及历史时所表述的观点，几乎一无可取”①；“在长期封建社会中，统治者总是把‘仁政’思想作为欺骗人民，掩盖统治的阶级本质的工具”②；孟子的仁政民本思想“半属空想，半属欺骗”③；孟子的“仁政”是错误的，荒谬的。它的四大根据都是纯粹虚构，是中国政治思想史上最容易使人上当受骗误入歧途的错误概念，是一个虚假的道德范畴和虚幻的道德境界。将“仁政”视为真理去追求更是荒谬至极，不可救药。④ 中国人对“性善”的完美人格信奉只能造就出成批的伪君子，“性善论”导致人的虚伪和造就政治、法律的虚伪。孟子的仁政理论麻醉着中华民族的中枢神经，阻碍着中华社会的行进步伐，是“颇为弱智的文化遗产”⑤。在孟子的社会、经济思想研究中，有的斥责孟子“赤裸裸地宣扬奴隶主阶级统治和剥削的合理性”，孟子“把‘劳心者’与‘上层统治者’不加区别地混为一谈，犯了混淆概念、偷换概念的错误，并把‘劳心’与‘劳力’之间的关系和百工与农民间的交换关系相提并论……孟子的剥削阶级立场昭然若揭”⑥，孟子的“劳心劳力”说是一种剥削有理、剥削有功的谬论。孟子的经济思想是建立在唯心主义的哲学基础上的，是唯心论的产物。关于孟子伦理思想研究。孟子的性善说是地道的唯心主义见解，其仁义礼智是根据封建统治的需要杜撰出来的，是一种唯心主义的先天道德论。在中外比较研究中，有的认为孟子是“复古主义理想政治的代表”⑦；“孟子和柏拉图都是先验主义者，都主张知识不假外求，贬斥感官认识和欲望，崇尚心灵的最高认识作用，追求精神的无上快乐”⑧；孟子

---

① 朱日耀主编：《中国古代政治思想史》，吉林大学出版社 1988 年版，第 72 页。

② 徐大同、陈哲夫、谢庆奎、朱一涛编著：《中国古代政治思想史》，吉林人民出版社 1981 年版，第 133 页。

③ 钟肇鹏：《孟轲》，辛冠洁、李曦编：《中国古代著名哲学家评传》第一卷，齐鲁书社 1980 年版，第 287 页。

④ 参见雷戈：《仁与政——孟子思想批判》，《孔子研究》1996 年第 4 期。

⑤ 杨师群：《孟子政治法律思想批判》，《中国政法大学学报》2010 年第 1 期。

⑥ 王福利：《也谈孟子的“劳心”与“劳力”说》，《徐州师范大学学报》（哲社版）1991 年第 4 期。

⑦ 周春生：《孟子与柏拉图理想政治的区别》，《上海师范大学学报》1997 年第 4 期。

⑧ 张君梅：《关于孟子与柏拉图的两个命题之比较》，《华南理工大学学报》（社科版）2002 年第 1 期。

“根本排斥刑罚”①；孟子“既反对爱己，又反对爱人，而只讲孝亲、忠君之类的狭隘的仁爱”②；等等。

上述各种偏颇观点，曾在学界产生了不少消极影响。近十几年来，许多学者对上述观点提出了质疑或商榷。随着孟学研究的深化，这些背离孟学本意的观点将会得到改变。

第二，照搬孟子哲学思想研究的现成结论。孟学各专题研究之间，是相互联系、相互影响的。在研究孟学某一专题时，借鉴、吸取其他专题、领域的研究成果，无疑是必要的。但这一借鉴和吸取，不是照抄照搬其他专题研究的现成结论。巫宝三先生曾指出：“哲学有一种指导其他学科的作用，许多经济思想史的研究者接受哲学方面的现成结论，异口同声地把孟轲的经济思想也视为唯心论的产物，我认为对此还有加以申述的必要。”③ 巫宝三先生指出的这一现象，并不仅仅存在于孟子经济思想史的研究中。长期以来，在孟子政治、社会、经济、伦理、美学、心理、教育、文学等思想研究中，不少论者往往照抄照搬孟子哲学思想研究的现成结论。譬如孟子坚持主观唯心主义、先验人性论、先验认识论、唯心史观、历史循环论等，其中许多结论多是违背孟子本意的。不少论者以此为据而否定了孟学的积极意义和重要价值。20 世纪 90 年代以来，许多学者对这种现象提出质疑和批评，对深化孟学研究产生了积极作用。

第三，缺少中国的特色和风格。在当代孟学研究中，不少学者多依赖西方学者建构的范畴、命题、概念、范式和框架来比附孟学，缺少符合中国特色的思维方式、理论架构。有的学者认为，“所谓‘西学化倾向’是以西方为标准，用西方思想比附中国思想，而不能充分重视中国思想特质的一种学术倾向”④。有的认为“百年对《孟子》散文艺术性的确认，所使用的评判标准和术语基本上是用欧美移植来的，并不完全符合其实际”⑤。有的指出：“学术界多从孟子的‘与民同乐’、‘浩然之气’、‘充实之谓美’等言论中研究其美学思想，更多是用西方美学的框架来整理孟子的一些寻章摘句的言论，而缺乏整体性的观照和对中国美学自身独特性的思考。这就不可避免地造成对孟子美学某种程度的遮蔽。”⑥ 由此看来，

---

① 孙业成：《亚里士多德与孟子的人性论比较》，《南京政治学院学报》2004 年第 2 期。

② 王元明：《弗洛姆的性善论及其与孟子性善论的比较》，《天津师范大学学报》(社科版)2007 年第 5 期。

③ 巫宝三主编：《先秦经济思想史》，中国社会科学出版社 1996 年版，第 315 页。

④ 杨泽波：《20 世纪孟子研究西学化倾向的发展和趋势》，《传统文化与现代化》1999 年第 3 期。

⑤ 聂永华：《百年〈孟子〉散文艺术研究之回顾与前瞻》，《郑州大学学报》(哲社版)2002 年第 3 期。

⑥ 杨江涛：《从孟子看中国古典美学的研究方式》，《中州大学学报》2005 年第 2 期。

要深化当代孟学研究，就必须“坚持交流互鉴、开放包容。以我为主、为我所用，取长补短、择善而从，既不简单拿来，也不盲目排外，吸收借鉴国外优秀文明成果，积极参与世界文化的对话交流，不断丰富和发展中华文化”①。我们应当从中华优秀传统文化的实际出发，综合运用哲学、政治学、社会学、经济学、伦理学、教育学、美学、心理学、比较学等多学科的理论和方法，努力挖掘孟学中的积极因素，才能展现富有中国特色、风格、气派的学术成果的魅力。

第四，论述重复，缺乏创新。有的学者认为，在孟子研究中“重复劳动多，一些研究论文不纠谬、无创新，泛泛重复一下别人的或五六十年代早有的东西，题目、内容大同小异，读来令人乏味”②。通观当代孟学普及研究的三类著作（解读类、生平传记类、译注类），都不同程度地存在着论述重复。这主要集中于孟子其人、孟子其书两个方面。笔者认为，在普及研究中概述孟子其人、孟子其书，当是不可缺少的。但这一概述应是以借鉴、吸取前人正确的研究成果为基础。这是因为学界对孟子的名字、里居、家世、父母、生卒、游历、《孟子》作者、《孟子外书》等问题的探讨，基本形成了共识。从总体上看，不少孟学普及著作在没有运用新材料、新发现的情况下，对孟子其人、孟子其书的概述往往是泛泛而谈，缺乏新见，浪费了人力、财力，应当纠正。

除上述外，有的学者指出：“孟学史研究也存在一些不足，如相关研究大多寓于经学史（四书史）、哲学史、思想史研究之中，专门成果相对较少；文献与义理二者较好结合的成果较少，一些断代还没有孟学研究专著；研究义理性著作的较多，关注考据性著作的较少”③，等等。

第三节　当代中国孟学研究的启示

当代中国孟学研究获得了前所未有、令人瞩目的显著成就，它给予人们哪些深刻启示呢？笔者认为以下几点值得我们深思。

一、孟学研究与时代主潮和政治、经济等社会环境紧密相连

自古以来，中国学术思想的产生、发展都是与一定时代主潮及政治、

---

① 中共中央办公厅、国务院办公厅印发：《关于实施中华优秀传统文化传承发展工程的意见》，《人民日报》2017 年 1 月 26 日。

② 傅永聚：《孟子研究四十年（1949～1989）》，《齐鲁学刊》1989 年第 6 期。

③ 梁涛、杨海文：《20 世纪以来的孟学史研究》，《文史哲》2012 年第 6 期。

经济、意识形态等社会环境、社会条件紧密相连的。这是古代学术思想发展的规律，也是我国孟学研究的基本规律。通观当代中国孟学研究，一定历史阶段的社会政治、经济、意识形态等社会环境和社会条件都对当时的孟学研究产生深刻的影响。譬如在 1949～1966 年近 20 年的时间内，学界的孟学研究在马克思主义原则指导下取得了一定的成就。这一阶段的孟学研究初步探讨了孟子的生平、时代、著作，孟子思想的阶级属性、政治、经济、哲学、伦理、社会、逻辑等思想，与先秦诸子的关系、对后世的影响等若干方面，初步提出了不同的观点和认识。从总体上看，该时期的孟学研究虽取得了一定的成绩，但由于当时历史条件的限制，“学术界存在着将马克思主义教条化、庸俗化、简单化的倾向。在孟学研究上，简单的条块分割、贴标签式地对孟学进行唯物与唯心、辩证法与形而上学的定性，往往限制了人们的眼界和思维”①。有的学者肯定了孟子思想的某些积极因素，提出“《孟子》书中反映出的认识论见解是具有朴素唯物主义思想的”② 观点，却受到了他人的激烈抨击，指责作者“把孟子现代化的做法，只会模糊孟子思想的本来面目，贬低马克思主义哲学的革命意义，并使关于孟子的研究工作陷于混乱境地”③。这一阶段对孟子思想的贬斥、批判和否定占据主导地位。

从 1977 年特别是 1978 党的十一届三中全会召开以来，我国的社会形势发生了根本的变化，陆续实行了搞活经济、改革开放的政策，中外学术交流日益增多。21 世纪以来，党中央提出坚持和完善繁荣发展社会主义先进文化的战略决策，给社会科学研究和孟学研究提供了理论武器、实践指南和优越的社会环境。在新的社会条件下，孟学研究获得了长足的发展。孟学学术团体、研究机构相继成立，不断加强与外国学术团体的交流与合作，各种类型的孟学研讨会相继召开，学界出版的 200 余部思想通史著作、儒学史著作、孟学论著、孟学论集、孟学普及著作和 2000 余篇论文，对孟学做了全面、系统、深入的探讨、研究和诠释。2017 年 1 月 26 日，中共中央办公厅、国务院办公厅印发《关于实施中华优秀传统文化传承发展工程的意见》。中共中央宣传部负责同志就《关于实施中华优秀传统文化传承发展工程的意见》答记者问时指出：“党的十八大以来，以习近平同志为核心的党中央高度重视弘扬中华优秀传统文化。习总书记发表了一系

---

① 王其俊：《中国大陆当代孟学研究述评》，《孔孟学报》2011 年总第 89 期。

② 张德钧：《孟子的认识论》，《文汇报》1962 年 2 月 15～16 日。

③ 王之榜、冯贵贤：《孟子认识论的唯心主义本质——谈哲学史的方法论兼与张德钧先生商榷》，《文汇报》1964 年 4 月 23 日。

列重要讲话，其中包含了传承弘扬发展中华优秀传统文化的新思想新观点新论断，明确了指导思想、方针原则、目标任务”，第一次“以中央文件形式专题阐述中华优秀传统文化传承发展工作”，“吸收了大量专家学者的研究成果，听取了文化名家、两院院士、学部委员，以及教育、文化、文物、城乡建设、旅游、体育工作者和各界基层群众的意见建议，使意见制定更具广泛代表性和社会共识度”。① 这表明，重视社会科学研究和弘扬中华优秀传统文化是党和国家的重要战略决策，它促进了社会主义文化的繁荣兴盛。正是由于安定和谐的社会环境和社会科学研究日益繁荣的学术环境，当代孟学研究才能呈现出前所未有的兴盛的局面。

二、挖掘孟学有益的思想资源，弘扬中华优秀传统文化

新中国成立以来，我国的社会主义建设事业取得了前所未有的伟大成就。但随着社会的发展和进步，亦出现一些社会问题和弊端，如贫富差距扩大、道德滑坡、权钱权色交易、贪污腐败、唯利是图、尔虞我诈、缺失信仰等，社会生活面临着过度物质化、功利化和外向化的问题。多年来，学界凸显了对孟子心性学说、理想人格、道德修养、“民贵君轻”、以民为本、社会和谐、“尽心知天”、“仁民爱物”、天人合一等问题的研究，努力挖掘孟学有益的思想资源，为弘扬中华优秀传统文化做出了重要贡献。

许多学者对中国传统文化的内涵做了深入的探讨。钱穆先生指出：“中国传统文化，以人文精神为中心”，“注重历史精神……看重历史经验”，“注重融合合一精神”，“注重教育精神”，“注重对人文社会与历史演进之实际贡献”，“中国文化传统，注重人文实用，注重历史经验，注重会通综合”②。张岱年先生说：“中国文化的优秀传统有丰富的内容，其中最主要的是两个基本思想观点：一是人际和谐，二是天人协调。”③ 楼宇烈说：“与西方文化相比，以人为本的人文主义精神是中国文化最根本的精神，也是一个最重要的特征”，“中国传统文化强调人的主体性、独立性、能动性”。④ 李宗桂辨析了中国文化、中华文化、中国传统文化、中华优秀传统文化的内涵及差异，认为中华优秀传统文化“就是中华民族长期发展过程中形成的、有着积极的历史作用、至今具有重要价值的思想文化”，

① 参见《〈关于实施中华优秀传统文化传承发展工程的意见〉答记者问》，http://www.gov.cn/xinwen/2017-02/06/content_5165873.htm#1，2017-02-06。

② 参见钱穆：《中国学术通义》，台湾学生书局1975年版，第3～6、24页。

③ 张岱年：《传统文化的发展与转变》，《光明日报》1996年5月4日。

④ 参见楼宇烈：《中国文化的根本精神》，中华书局2016年版，第46页。

是“生生不息代代传承的中华民族价值观的正能量”。[①] 学界有时将中国优秀传统文化称为中华优秀传统文化、中国文化、中华文化、中国传统文化。笔者认为，中国文化、中华文化、中国传统文化、中华优秀传统文化四者的概念和内涵尽管具有一定区别，但其包括的主要内容是基本相通的。2017 年 1 月，中共中央办公厅、国务院办公厅印发的《关于实施中华优秀传统文化传承发展工程的意见》指出：中华优秀传统文化价值内涵的主要内容包括“讲仁爱、重民本、守诚信、崇正义、尚和合、求大同等核心思想理念”，“自强不息、敬业乐群、扶危济困、见义勇为、孝老爱亲等中华传统美德”，“求同存异、和而不同的处世方法，文以载道、以文化人的教化思想，形神兼备、情景交融的美学追求，俭约自守、中和泰和的生活理念等”，“中华人文精神”，“可以为人们认识和改造世界提供有益启迪，可以为治国理政提供有益借鉴”。[②] 这表明，弘扬中华优秀传统文化是实现中华民族伟大复兴的重要战略举措。《关于实施中华优秀传统文化传承发展工程的意见》从历史与现实的结合上，系统深刻地阐述了中华优秀传统文化蕴含的“核心思想理念”“中华传统美德”“中华人文精神”等丰富内涵，从而为我们阐述当代中国孟学研究的启示提供了准则。

《孟子》一书论述了人与自身、人与社会、人与天的关系问题。孟子指出：“人有恒言，皆曰天下国家。天下之本在国，国之本在家，家之本在身”，“人人亲其亲，长其长，而天下平”，“居下位而不获于上，民不可得而治也。获于上有道：不信于友，弗获于上矣。信于友有道：事亲弗悦，弗信于友矣。悦亲有道：反身不诚，不悦于亲矣。诚身有道：不明乎善，不诚其身矣。是故，诚者，天之道也；思诚者，人之道也。至诚而不动者，未之有也；不诚，未有能动者也”（《孟子·离娄上》），“老吾老，以及人之老；幼吾幼，以及人之幼。天下可运于掌……故推恩足以保四海，不推恩无以保妻子”，“入以事其父兄，出以事其长上”（《孟子·梁惠王上》），“君子之守，修其身而天下平”（《孟子·尽心下》），“不违农时，谷不可胜食也；数罟不入洿池，鱼鳖不可胜食也；斧斤以时入山林，材木不可胜用也。谷与鱼鳖不可胜食，材木不可胜用，是使民养生丧死无憾也。养生丧死无憾，王道之始也”（《孟子·梁惠王上》），“顺天者存，逆天者亡”（《孟子·离娄上》），“尽其心者，知其性也。知其性，则知天矣。存其心，养其性，所以事天也。夭寿不贰，修身以俟之，所以立命

① 参见李宗桂：《论中国优秀传统文化的内涵》，《学术研究》2013 年第 11 期。

② 中共中央办公厅、国务院办公厅印发：《关于实施中华优秀传统文化传承发展工程的意见》，《人民日报》2017 年 1 月 26 日。

也”（《孟子·尽心上》），等等。从孟子的上述论述不难看出，所言“明善”“诚身”“修其身”是属于个体和谐的范围；“事亲”“悦亲”“亲其亲，长其长”“老吾老”“幼吾幼”“入以事其父兄”是保持家庭和谐的关键；“保四海”“天下平”是追求社会和谐的过程；“不违农时”“数罟不入洿池”“斧斤以时入山林”，是为了保持人与自然之天协调；“尽心知性知天”，就是为了实现人与道德之天的和谐而追求高尚道德境界的过程。笔者认为，孟子的“个体、社会及天人和谐是一个多层次、多因素的彼此相联的系统整体。在此系统整体中，个体和谐是社会和谐的基础，社会和谐又是天人和谐的基础；天人和谐促进、影响社会和谐，社会和谐又促进、影响个体和谐”①。在这里，孟子思想将为当代社会提供有益的借鉴和启示，主要包括下述三个方面。

（一）解决人与自身的关系

笔者认为，“所谓和谐，就是指同一事物的不同方面或不同事物之间的和合相配、协调统一，是事物存在、发展的相对稳定状态”②，“按照通常的理解，所谓个体是与人类群体相对应的、具有人的全部固有特点的单个具体的人。在孟子那里，个体是指既具有饮食、男女自然属性，又与犬马‘不同类’的具有一定社会属性、道德观念和理性思维活动的人”③。孟子将个体多称为“予”“我”“人”“身”或“士”“君子”“圣人”等。孟子的个体和谐思想为人们正确处理人与自身的关系提供了有益的借鉴和启示，主要包括下述三个方面。

1. 正确调节个体的各种需要，促进人的健康成长和发展

笔者认为，“孟子全面继承、发展了楚简《五行》的五行二重性、五行之和、身心合一等思想，深入论述了仁、义、礼、智、圣‘五行’内在性与外在性、超越性与制约性的协调统一，探讨了‘五行之和’是仁义为本、善与美之和及天人合一”④。孟子认为，个体的需要包括三个方面：一是具有口、目、耳、鼻、四肢追求味、色、声、臭、安佚和“好色，人之所欲”，“男女居室，人之大伦”（《孟子·万章上》）等饮食、男女的自然生理需要；二是“父子有亲，君臣有义，夫妇有别，长幼有叙，朋友有

① 王其俊：《孟子和谐观初探》，《兰州大学学报》（社科版）1989年第2期。

② 王其俊：《孟子和谐观初探》，《兰州大学学报》（社科版）1989年第2期。

③ 王其俊：《试论孟子个体需要》，《东岳论丛》1989年第4期。

④ 王其俊：《〈孟子〉与楚简〈五行〉》，庞朴主编：《儒林》第2辑，山东大学出版社2006年版，第61～75页。

信”（《孟子·滕文公上》）之人际交往的社会需要；三是“理义之悦我心，犹刍豢之悦我口”（《孟子·告子上》）之追求善、信、美的精神生活需要。此谓“理义”既指自然、社会事物的道理、条理、法则、规律和必然性，又指仁义礼智等道德观念和道德精神。心悦理义的过程，就是理义满足个体理性思维、道德追求、审美愉悦的精神生活需要的过程。为了促进人的健康成长和发展，就要不断协调各种需要之间的关系，以高级需要制约低级需要，以心官制约耳目等感官，“善心莫善于寡欲”（《孟子·尽心下》），“体有贵贱，有小大。无以小害大，无以贱害贵，养其小者为小人，养其大者为大人”，“先立乎其大者，则其小者不能夺也”（《孟子·告子上》）。以仁义忠信之“天爵”制约公卿大夫之“人爵”，就能实现各种需要之间的协调统一，保持自身的和谐。这一个体和谐的过程，亦是身心合一的过程。

2. 孟子的性善论是个体和谐的人性根据

孟子的性善论探讨了人与禽兽的根本区别，他说：“人之所以异于禽兽者几希”（《孟子·离娄下》），“犬马之与我不同类”（《孟子·告子上》）。这表明人是不同于禽兽的“类”存在，人区别于禽兽的根本即人之所以为人的根本属性在于人具有仁义礼智等道德观念，以及父子君臣夫妇长幼朋友等“人伦”和“心之官则思”（《孟子·告子上》）的理性思维能力。孟子将个体和谐建立在性善论的基础上，高扬了人类道德自觉、理性自觉和人性善的普遍性，强调人的主体性、独立性、能动性，激励人们追求善的本性，批评了失去善性而为恶的各种表现，表现出孟子抑恶扬善积极进取的精神状态，促进了古代对人之本性认识的深化，“启迪吾人向上之自信”，“鞭促吾人向上之努力”①。孟子的性善论蕴含着丰富的向上向善的思想文化内容，为人们保持个体和谐提供了有益启迪。

3. 追求高尚人格和道德理想境界

追求高尚人格和道德理想境界是孟子个体和谐思想的重要理念。孟子追求高尚人格和道德理想境界的过程，就是高扬主体价值“良贵”的过程。他说：“欲贵者，人之同心也。人人有贵于己者，弗思耳矣。人之所贵者，非良贵也。赵孟之所贵，赵孟能贱之。《诗》云：‘既醉以酒，既饱以德。’言饱乎仁义也，所以不愿人之膏粱之味也；令闻广誉施于身，所以不愿人之文绣也。”（《孟子·告子上》）所谓“良贵”，是指个体内在的仁义道德之贵，即不是由他人所予夺的独立自主人格尊严之贵。孟子认

① 参见钱穆：《孟子研究》，开明书店1948年版，第80页。

为，希望尊贵是人们的共同心理，每个人都有自己最可尊贵、珍贵的东西“良贵”即仁义。孟子充分肯定了个体内在的仁义道德的精神价值高于他人所予夺的富贵权势的物质价值。孟子鄙视、批判了公孙衍、张仪之流追逐利欲、攀附权贵、“以顺为正”、“妾妇之道”的奴性人格，认为只有“饱和仁义”，坚持“良贵”“仁义忠信”之“天爵”，加强修养，严己宽人，反求诸己，改过从善，经历艰苦环境磨炼，才能“说大人则藐之，勿视其巍巍然”（《孟子·尽心下》），得志之时，“与民由之”，“兼善天下”，成为“富贵不能淫，贫贱不能移，威武不能屈”的“大丈夫”（《孟子·滕文公下》），进而攀登“人皆可以为尧舜”（《孟子·告子下》）的圣贤境界。孟子又认为，生与义即人的生命价值与追求高尚情操的精神价值，对人的生存、发展都是不可缺少的，但“二者不可兼得”之时，就要为坚持仁义节操而献身。孟子杀身成仁、舍生取义的思想，高扬了个体的高尚人格尊严，积淀为中华民族刚健有为、自强不息、奋发进取的精神，对人们正确处理人与自身的关系和树立社会主义核心价值将有积极启示意义。但我们也应看到，有的论者将以人为本与舍生取义对立起来，认为“孟子的‘舍生取义’思想虽然对后世起了较为积极的作用，但这一理论付诸实践就不是一件容易的事，不符合现代社会发展的实际，具有时代局限性和明显的理想主义色彩……不要一味地在任何时候都舍生取义，要视情况来做选择。尤其在提倡‘以人为本’的今天，把人的生命价值提到了很重要的地位，如果人连生命都没有了，那么又怎么去讲义呢？孟子的这个观点在现代社会中是否适用值得思考”①。笔者认为，“按照上述‘如果人连生命都没有了，那么又怎么去讲义呢’的观点推论，不能不得出‘为了保存生命而不要讲义’的结论。这恐怕与现代社会的道德观是格格不入的”②。

（二）解决人与社会的关系

孟子继承、发展了孔子天下有道、四海统一、近悦远来、老安少怀的社会和谐思想和郭店楚墓儒简“民有欢心”“四方顺之”（《缁衣》）的社会和谐主张，极力追求一个政治清明、天下统一、君仁臣义、君民同乐、任贤使能、士商旅农民“皆悦”（《孟子·公孙丑上》）、百姓亲睦的美好和谐社会。他说：“如欲平治天下，当今之世，舍我其谁也。”（《孟子·公孙丑下》）这一豪言壮语，高扬了以天下为己任的高度理性自觉，代表

---

① 李雁平：《浅析孟子义利观及其对现代利益观的影响》，《重庆科技学院学报》（社科版）2008年第9期。

② 王其俊：《近十几年来孟子义利观与理想人格研究述评》，《国际儒学论丛》2016年第1期。

了先秦先进士阶层的历史使命感、责任感及担当意识。为了实现美好的理想社会，孟子提出了一套政治控制、经济控制、思想意识控制方案。在政治控制上，孟子提出效法先王、尊王贱霸、任贤使能、君仁臣义、民贵君轻、上行下效、省刑慎罚的爱民仁民的仁政主张。在经济控制上，要实行社会分工、产品交换、“制民之产”、顺从农时、“薄其税敛”和优先抚恤社会上穷困无依靠的鳏、寡、独、孤的生活。总之，要以民为本，富民利民安民，满足百姓基本的物质生活需要，使其“乐岁终身饱，凶年免于死亡”，“养生丧死无憾”（《孟子·梁惠王上》）。在思想意识控制上，以“先圣之道”或仁义之道教化社会成员，“以德服人者，中心悦而诚服也”（《孟子·公孙丑上》）。对社会成员实行教化，其主要内容包括：一是人际交往的人伦教化和仁民爱物教化，“父子有亲，父子有亲，君臣有义，夫妇有别，长幼有序，朋友有信”（《孟子·滕文公上》），“仁者爱人，有礼者敬人。爱人者，人恒爱之；敬人者，人恒敬之”（《孟子·离娄下》），“亲亲而仁民，仁民而爱物”（《孟子·尽心上》）；二是尊亲孝亲的道德教化，对于父母不能只养其“口体”，而是注重“养志”，使其获得精神愉悦，“悦亲有道”（《孟子·离娄上》）；三是“知耻”“明善”律己的修身教育。孟子认为，人们要具有“知耻”“为仁”的自我控制能力和“居仁由义”的自觉的道德行动，就必须具备羞耻之心而知耻改过，克服自暴自弃，严于责己，努力“自反”，“反求诸己”，不断坚定去恶扬善、积极奋发、居仁由义的自觉性，自觉地控制自己的道德行为而“非仁无为”和“非礼无行”（《孟子·离娄下》），就能达致高尚的道德境界，成为具有高尚道德的君子。孟子突出强调了修身的重要性，将修身视为治国平天下的基础，主张人人“修其身，而天下平”，诚身有道：只有“明乎善”，“诚其身”，才能进而“悦于亲”，“信于友”，“获于上”（《孟子·离娄上》）。孟子曾经总结历史经验教训说：“桀纣之失天下也，失其民也；失其民者，失其心也。得天下有道：得其民，斯得天下矣；得其民有道：得其心，斯得民矣；得其心有道：所欲与之聚之，所恶勿施，尔也。”（《孟子·离娄上》）这表明，民心向背关系到国家安危、社会治乱、天下得失。治国者以民为本，“得其心”，“得其民”，“斯民亲其上，死其长矣”（《孟子·梁惠王下》），进而就能“得天下”；反之，百姓喜好的而不去聚积，厌恶的反而施行，他们就会产生厌恶、反感的社会心理和“疾视其长上之死而不救”的报复心理，统治者就会“失其心”“失其民”以致“失天下”。

这表明，中华民族在治国平天下的社会实践中形成的修身、齐家、治国、平天下、以民为本、顺从民心的优良传统，与孟子的贡献是密不可分的。要之，孟子的发政施仁、任贤使能、省刑薄敛、制民之产、施行教化、顺从民心的治国、平天下的社会和谐思想，丰富了中华民族优良传统的宝库。其不仅促进了中国古代社会的发展，而且深刻地影响着中华民族的核心思想理念、共同精神、心理状态、思维方式及价值取向。汲取孟子的社会和谐思想，有利于全面促进当代社会的稳定、发展，有利于培养广大社会成员关心他人、热爱集体、热爱人民、贡献社会的思想情感，有利于维护各兄弟民族的团结和维护国家的统一。这对促进中华民族的伟大复兴，无疑具有积极意义。

（三）实现人与自然互利共生、和谐健康发展

天人关系是中国古代思想家探讨的一个重要问题。郭店楚墓儒简提出“天人有分”（《穷达以时》）的主张，认为天人有着不同的职守和行为方式，主张天人和谐、天人相通、天人合一。孟子继承、发展了这一思想，主张天人的和合相配及协调统一。孟子的天人和谐包括两个层面：一是人与自然之天的物质生活和谐；二是“上下与天地同流”的精神生活和谐。

1. 人与自然之天的物质生活和谐

孟子关于人与自然之天的物质生活和谐包括彼此相连的几个层面：其一，禾苗、草木与雨露，大麦的生息与土地等自然万物之间，存在着一种相互影响、相互制约的关系。自然万物之间只有处于和谐的状态，才能得到正常的生息和发展。这一认识为其进而论述人类适应自然万物的自然性及其变化的规律性奠定了一定的基础。其二，五谷、树木、鱼鳖、鸡豚狗彘等自然万物的生息、成熟、繁殖皆有一定时节和规律。孟子认为，水的流行有其“道”，五谷、草木、鱼鳖生息有其“时”，人类的种谷、植桑、捕捞、采伐等物质生产活动，必须遵循自然万物生息的时节和规律即“不违农时”，“数罟不入洿池”，“斧斤以时入山林”，“无失其时”，“勿夺其时”，才能获得充裕的物质生活资料而“衣帛”“食肉”“不饥不寒”“养生丧死无憾”（《孟子·梁惠王上》）。其三，保持天人物质生活的协调，有利于百姓的生息安居、社会的稳定和“王道”的实现。孟子主张，要将爱人爱民之心推及爱护自然万物，“亲亲而仁民，仁民而爱物”（《孟子·尽心上》）。显而易见，保持人与自然之天的物质生活和谐是维持人类社会存在发展的必要条件。在孟子那里，上述三个层次是不可分割、紧密相连的。如果说第一层次为天人物质生活的和谐提供了一定的客观前提条件，第二层次展现了人类顺应自然万物自然规律性的客观过程，那么，第三层次则表明了天人物质生活协调的结果和作用。上述三个层次构成了孟子天

人物质生活和谐的内涵。

孟子天人物质生活协调的思想，突出强调了“不违农时”、满足百姓基本物质生活需要而有利于治国平天下的重要作用，从而将天人物质生活的协调与百姓的物质生活、治国平天下的社会协调紧密结合起来，从而反映出孟子重视经济民生和发展生产的强烈愿望与进取精神。其中，他的“不违农时，谷不可胜食也；数罟不入洿池，鱼鳖不可胜食也；斧斤以时入山林，材木不可胜用也”（《孟子·梁惠王上》）的主张，还蕴含着合理利用和保护自然资源而维护生态平衡的积极因素，至今对我们仍有一定的启示作用。

2.“上下与天地同流”的精神生活和谐

孟子追求“上下与天地同流”（《孟子·尽心上》）的精神生活和谐，就是为了追求高尚的道德理想境界。他说：“尽其心者，知其性也。知其性，则知天矣。存其心，养其性，所以事天也。夭寿不贰，修身以俟之，所以立命也。”（《孟子·尽心上》）这表明，充分发挥心的理性思维能力和修养心性，就能达到“知天”、“立命”、沟通天人、天人合一的境界。

道德理想境界，就是指人们在道德修养中所达到的觉悟程度和形成的精神情操。孟子天人协调的道德理想境界的内涵包括彼此相连的三个层次：一是天人协调的道德理想境界是人生境界的最高层次。孟子将人生道德理想境界划分为善、信、美、大、圣、神六个相互联系、相互区别的层次。其中，“神”是指高尚的品质、节操对他人感化、影响至大、至高、至妙，如日月之明、江河经地，“所过者化，所存者神，上下与天地同流”（《孟子·公孙丑上》），表现出上下与天地同时运转和相匹配、协调的特征。二是浩然之气是最高道德理想境界的体现。这一浩然之气是激励人一往无前的巨大精神力量，表现出与天地协调、匹配的特征。三是加强修养和践履是达到天人协调道德境界的主要途径。为了达到高尚的道德理想境界，孟子主张，人们要加强道德修养，严以责己，反求诸己，宽以待人，善于“寡欲”，以义制利，以“天爵”制“人爵”，力行践履，“服尧之服，诵尧之言，行尧之行”（《孟子·尽心下》），就能攀登圣贤的境界，达到“人皆可以为尧舜”（《孟子·告子下》）的最高境界。总之，孟子的天人和谐思想，一方面可以为我们正确处理人与自然的关系提供有益的思想资源，有利于我们关心、爱护自然，维护生态平衡，保护生态环境，实现人与自然和谐共生的健康发展；另一方面，有利于人们崇尚正义光明、自强不息、奋发有为、追求真理、高尚境界和精神价值，培养中华民族的核心思想理念，继承中华传统美德，弘扬中华人文精神。近年来，学界凸显了孟子天人和谐思想研究，汲取孟子的“爱物”思想以利于维护生态平衡，这是一件很有意义的工作，未可以“属于以今证古，其思想价值不大”①，“不能仅仅根据时下流行的生态观念去比附古代思想”② 等言论而否定其积极意义。

要之，孟子的个体、社会、天人和谐思想为我们正确处理人与自身、人与社会、人与自然的关系提供了宝贵的思想资源，对弘扬中华优秀传统文化和建设社会主义新文化，都将产生积极作用。

三、孟学的人文精神

人文精神是中华优秀传统文化的一个有机组成部分，它主张以人为本，关注人的尊严、价值和命运。《易经·贲卦·彖辞》说：“文明以止，人文也。观乎天文，以察时变；观乎人文，以化成天下。”就是说，文理灿明而止于礼仪，形成人类的斑斓文采。仰观日月星辰的变化，可以通晓四季变化的规律；俯察人间的伦常秩序，可以施行教化以达到天下大治。这里的“天文”，指自然万物的运行规律和法则，“人文”指与自然相对应的人和文化，具体而言，指人类社会的伦常秩序、道德、教育、文化等。

通观当代的孟学研究，孟学中所蕴含的人文精神主要体现在注重整体思维、主体价值、天人合一、躬行践履、以史为鉴五个方面。其中，关于主体价值，主要表现于追求高尚人格和道德理想境界。关于天人合一，主要指人与自然之天的物质生活和谐、人与道德之天的精神生活和谐两个方面。笔者在前面对主体价值、天人合一已做了分析。在这里，主要分析注重整体思维、躬行践履、以史为鉴三个方面。

（一）注重整体思维

注重整体思维是孟学人文精神的第一个重要表现。这一思维方式将世间万物视为一个相互联系、相互制约的系统整体，注重从整体上审视、把握事物的发展变化。譬如孟学的整体构成。孟子说：“天下之本在国，国之本在家，家之本在身”（《孟子·离娄下》），“君子之守，修其身而天下平”（《孟子·尽心下》），“尽其心者，知其性也。知其性，则知天矣。存其心，养其性，所以事天也。夭寿不贰，修身以俟之，所以立命也”（《孟子·尽心上》）。在孟子看来，“明善”“诚身”“悦亲”“信友”“获于上”

---

① 夏增民：《“仁民而爱物”：孟子对“物我关系”的探讨——兼论环保主义者对孟子思想的误读》，《华中科技大学学报》（社科版）2004 年第 3 期。

② 斯洪桥：《论孟子天人观及其境界意蕴》，《社会科学家》2013 年第 3 期。

“治民”“保四海”“天下平”是一个紧密联系的整体。笔者认为，孟子“将个体、家庭、国家、天下视为一个紧密相连、层层递进的有机统一的整体……孟学是由从小到大的个体论、社会论、天人论三个相互联系、相互作用的子系统构成的系统整体。这三个组成部分分别回答人与自身、人与社会、人与天的关系问题。孟子致力追求的个体的和谐、社会的和谐、天人的和谐以及三者之间的和谐，构成了其思想的主要内容”①。又如孟子的个体和谐。它是一个由个体发展、个体需要、个体心理、个体本性和价值构成的系统整体。孟子从个体的发展、需要、心理、本性、价值的紧密联系上去考察个体的和谐。他将个体的生理形体构成视为一个和谐的整体，认为人既有耳目口鼻四肢等感官，又具有理性思维能力的“心之官”。人具有生色臭味等自然生理需要、父子君臣夫妇长幼朋友等人际交往需要、追求真善美精神生活需要，“人之于身也，兼所爱”，“兼所养”，但不能“以小害大”，“以贱害贵”，应“先立乎其大者”，即以仁义忠信之“天爵”制约公卿大夫之“人爵”，效法古人，“修其天爵，而人爵从之”(《孟子·告子上》)，从而成为具有高尚道德品质的君子。再如孟子的社会和谐。在孟子那里，家、国、天下是其社会论的三个重要层次，每一层次由不同的方面所构成。孟子论述了家、国、天下的结构和功能，阐述了社会的政治控制、经济控制、思想意识控制，论述了社会变迁的基本内容、原因、方式，等等。孟子的这一整体思维方式，涵盖了政治、经济、哲学、社会、伦理、美学、教育等众多方面。

（二）注重躬行践履

中华民族在修齐治平的实践中培育和形成了注重躬行践履的优良传统，孟子继承发展了这一优良传统。罗根泽说：“孟子之学，修身治国经世致用之学也，非空谈心性之学也。其论心性体相，为修齐治平之资助焉耳。”② 有的认为，“孟子的哲学思想自始至终充盈着立足于现实世界的实践精神”，“孟子的实践哲学凝练出高扬主体价值、主体与客体高度统一、人性与实践有机结合等鲜明的特征”。③ 上述关于“修身治国经世致用之学”之实践哲学的概括，表现了孟学注重躬行践履的人文精神。

在孟子那里，躬行践履主要指人们的生产实际活动、社会实际活动和道德践履三个方面：

---

① 王其俊：《孟子思想体系新论》，《孔孟学报》1994 年总第 68 期。

② 罗根泽：《孟子评传》，商务印书馆 1932 年版，第 86～87 页。

③ 参见张彦修：《孟子的实践哲学及其特征》，《史学月刊》2007 年第 8 期。

第一，生产实际活动。孟子认为，大禹治理水患，“掘地而注之海”，“疏九河，瀹济漯而注诸海，决汝汉，排淮泗而注之江，然后中国得而食也”（《孟子·滕文公上》），“险阻既远，鸟兽之害人者消，然后人得平土而居之”（《孟子·滕文公下》）。这说明，人类通过治理水患的生产实践活动，才能改变人类的生活条件和居住环境；在生产活动中，人们依时捕捞鱼鳖，采伐树木，种谷植桑，饲养家畜，即“数罟不入洿池”，“斧斤以时入山林”，“树墙下以桑，匹妇蚕之”，“百亩之田，匹夫耕之”，才能获取较多的物质生活资料，“仰足以事父母，俯足以畜妻子；乐岁终身饱，凶年免于死亡”（《孟子·梁惠王上》）。由此看来，只有通过种谷植桑等生产实际活动才能获得较多的物质生活资料。

第二，治国平天下的社会实际活动。孟子将从事各种社会实际活动称为“行”“治”“施”“为”“用”等，认为治国者实行效法先王、尊王贱霸、任贤使能、省刑慎罚、实行分工、产品交换、“制民之产”、顺从农时、“薄其税敛”、以民为本、富民利民，加强教化、“以德服人”等爱民富民的政治控制、经济控制、思想意识控制，就能“保社稷”“保其国”“保天下”“保四海”。

第三，道德践履。孟子认为，人们在道德实践活动中经历艰苦环境的锻炼，“苦其心志，劳其筋骨，饿其体肤，空乏其身，行拂乱其所为，所以动心忍性，曾益其所不能。人恒过，然后能改；困于心，衡于虑，而后作；征于色，发于声，而后喻”（《孟子·告子下》）。这表明，一方面在形体上劳累筋骨，饥饿肠胃，穷困躯体，增强形体对外部艰难环境的忍耐力和承受力；另一方面，艰苦环境能震动心志，坚韧性情，增强能力，激励人奋发振作。在孟子看来，人们“服尧之服，诵尧之言，行尧之行，是尧而已矣”，严于责己，努力“自反”，“反求诸己”，不断坚定去恶扬善、积极奋发、居仁由义的自觉性，“非仁无为”和“非礼无行”，就能攀登“人皆可以为尧舜”（《孟子·告子下》）的圣贤境界。总之，孟子的躬行践履，既指种谷植桑、耕耘土地、捕捞鱼鳖、砍伐树木、饲养家畜、养蚕纺织、掘土引水、筑台挖池等生产实际活动，又指治国为政、任用贤才、制定制度、爱民富民等社会实际活动，还指居仁由义、改正错误、效法圣贤、为善去恶等道德践履活动。

（三）注重以史为鉴

以史为鉴是中华文化的又一个优秀传统。古代许多著名思想家、政治家在修齐治平的躬行践履中都注重借鉴历史经验教训，凸显了理性的重要作用。孟子注重以史为鉴的人文精神主要表现在下述两个层面：

第一，效法圣贤，完善自我、追求高尚道德境界。孟子认为，圣人是“百世之师”（《孟子·尽心下》），他们的高尚节操和品质是激励人们趋仁向善、完善自我、追求高尚道德境界的楷模。尧、舜、禹经历艰苦环境的磨炼而拥有超群的智勇才能，“舜之居深山之中，与木石居，与鹿豕游，其所以异于深山之野人者几希；及其闻一善言，见一善行，若决江河，沛然莫之能御也”（《孟子·尽心上》），他们虚心学习，严以律己，接纳谏言，改过从善，舜“善与人同，舍己从人，乐取于人以为善”，“禹闻善言，则拜”（《孟子·公孙丑上》），“禹恶旨酒而好善言”（《孟子·离娄下》）。在孟子看来，古圣先贤经历艰苦环境的磨炼，具有虚心学习、严以律己、克己自省、改过从善的高尚品质。人们以圣贤为榜样，不断完善自我，修己自省，责己改过，陶冶性情，保持内心平静和自身和谐，就能达致“人皆可以为尧舜”（《孟子·告子下》）的圣贤境界。

第二，借鉴历史经验教训而治国平天下。孟子总结夏商周三代天下得失的历史经验教训说：“三代之得天下也以仁，其失天下也以不仁。国之所以废兴存亡者亦然”，“暴其民甚，则身弑国亡；不甚，则身危国削。名之曰‘幽、厉’，虽孝子慈孙，百世不能改也。诗云：‘殷鉴不远，在夏后之世。’此之谓也”，“桀纣之失天下也，失其民也；失其民者，失其心也”（《孟子·离娄上》），“贼仁者谓之贼，贼义者谓之残，残贼之人谓之一夫。闻诛一夫纣矣，未闻弑君也”（《孟子·梁惠王下》）。这表明，民心向背关系到国家安危、社会治乱、天下得失。治国者以民为本，“得其心”，“得其民”，“斯民亲其上，死其长矣”，进而就能“得天下”；反之，百姓喜好的而不去聚积，厌恶的反而施行，他们就会产生厌恶、反感的社会心理和“疾视其长上之死而不救”（《孟子·梁惠王下》）的报复心理，统治者就会“失其心”“失其民”以致“失天下”。

孟子还告诫当时的诸侯国君要效法先王的任贤使能，指出在用人制度上，先王“尊德乐道”和“好善而忘势”（《孟子·尽心上》），“禹恶旨酒而好善言。汤执中，立贤无方……武王不泄迩，不忘远”，汤对于伊尹“学焉而后臣之，故不劳而王”，桓公对于管仲“学焉而后臣之，故不劳而霸”，“虞不用百里奚而亡，秦穆公用之而霸。不用贤则亡，削何可得与”。春秋时，五霸订立盟约“尊贤育才，以彰有德”，“士无世官，官事无摄，取士必得，无专杀大夫”（《孟子·告子下》）。总之，古代贤王及诸侯亲近贤德，任贤使能，就能获得称霸诸侯、统一天下之功业。在这里，孟子借鉴历史上王朝兴衰、社会治乱、天下得失的正反两方面经验教训，是为其治国平天下的政治思想服务的。孟子批评齐宣王“无亲臣矣，昔者所进，今日不知其亡也”，要贤能之士改变、放弃自己的主张而取悦其上即“姑舍女所学而从我”（《孟子·梁惠王下》）。在孟子看来，今时君世主不以历史经验为鉴，亲近谗谄之人而疏远贤能，结果就会陷入危亡。孟子注重历史的经验和理性的作用，做到既“知古”，又“察今”，凸显了以史为鉴的人文精神。

总之，孟学关于注重整体思维、躬行践履、以史为鉴的人文精神丰富了中华优秀传统文化的宝库，为当代社会提供了有益借鉴和积极启示。

四、百花齐放、百家争鸣促进了孟学研究

学界关于孟学体系、整体结构、内在联系、基本特征、与先秦诸子的关系、诠释方法、中外比较、在后世的流传演变和发展、历代思想家对孟学的诠释和疏证、孟学与现代社会的关系等研究，都取得了丰硕的成果和显著成就，这与坚持学术上百花齐放、百家争鸣的原则是紧密相连的。通观当代的孟学研究，较大的学术争论有下列几次：一是1961～1962年前后，李荫农《关于孟子的阶级划分论——与杨荣国同志商榷》、彭殷雒《论“民氓”、“野人”、“草莽之臣”的阶级地位及孟子政治思想——与李荫农同志商榷》、王德裕《孟子思想的阶级实质》等论文关于孟子思想的阶级属性的争论。二是1961～1964年前后，汤一介《孟子的哲学思想》、张德钧《孟子的认识论》、王之榜和冯贵贤《孟子认识论的唯心主义本质——谈哲学史的方法论兼与张德钧先生商榷》、包遵信《孟子认识论的唯心主义本质》等论文关于孟子哲学思想和认识论基本性质的争论。三是1980年前后，《历史教学》《哲学研究》《光明日报》等20余家报刊发表的20多篇有关孟子的阶级属性、哲学思想、人性论、仁政学说争论的论文。其中，严北溟《从评价孟子谈哲学的党性问题》、束景南《也谈孟子哲学的评价问题——与严北溟先生商榷》、严北溟《再谈孟子评价与哲学党性问题》等论文关于孟子哲学思想性质的争论在学术界产生了较大反响。四是21世纪初关于儒家伦理是腐败之源还是德性之端争论。其中，刘清平《论孔孟儒学的血亲团体性特征》《美德还是腐败？——析〈孟子〉中有关舜的两个案例》《无根的仁爱——论孔孟儒学的深度悖论》《论孟子恻隐说的深度悖论》等论文提出“儒家腐败说”和“儒学深度悖论说”的观点。许多学者撰文对刘清平的观点提出商榷和质疑。这场争论实质上涉及对于本民族传统，特别是儒家传统的认识和评价问题。五是近年来关于孟子性善论是“本善”还是“向善”，孟子性善论的形上根据是“心”还

是“天”，孟子性善论是对“以故言性”“以情才代性”的批判还是主张“以才论性”“因情定性”，等等。总之，学界对孟学的体系、基本性质、整体结构、内在联系、基本特征、与先秦诸子的关系、诠释方法、中外比较，孟学在后世的流传、演变和发展，历代思想家对孟学的诠释疏证、孟学与现代社会的关系等诸多问题上，都存在不同的观点和认识。这些争论有力促进了孟学研究的深化，对弘扬中华民族优秀传统文化和促进社会主义新文化的建设都发挥了积极作用。

主要参考及征引文献

一、著作

蔡方鹿：《中国道统思想发展史》，四川人民出版社 2003 年版。

蔡景仙主编：《孟子慷慨人生》，内蒙古人民出版社 2008 年版。

陈定闳：《中国社会思想史》，北京大学出版社 1990 年版。

陈飞：《孟子素描：王宫里的思索》，中州古籍出版社 1997 年版。

戴兆国：《心性与德性——孟子伦理思想的现代阐释》，安徽人民出版社 2005 年版。

丁冠之主编：《孟子研究论文集》，山东大学出版社 1997 年版。

董洪利：《孟子研究》，江苏古籍出版社 1997 年版。

杜国庠：《先秦诸子思想概要》，生活·读书·新知三联书店 1955 年版。

方克：《中国辩证法思想史·先秦》，人民出版社 1985 年版。

冯达文、郭齐勇主编：《新编中国哲学史》上册，人民出版社 2004 年版。

冯契：《中国古代哲学的逻辑发展》上册，上海人民出版社 1983 年版。

冯友兰：《中国哲学史新编》第二册，人民出版社 1964 年版。

高觉敷主编：《中国心理学史》，人民教育出版社 1985 年版。

高专诚：《孟子通说》，山西人民出版社 2004 年版。

郭墨兰主编：《齐鲁文化》，华艺出版社 1997 年版。

何铁山、施杏姑：《汉字学视域下的〈孟子〉》，浙江大学出版社 2015 年版。

侯外庐、赵纪彬、杜国庠：《中国思想通史》，人民出版社 1957 年版。

胡寄窗：《中国经济思想史》上卷，上海财经大学出版社 1998 年版。

黄宣民、陈寒鸣主编：《中国儒学发展史》（上），中国文史出版社 2009 年版。

姜林祥主编：《中国儒学史·先秦卷》，广东教育出版社 1998 年版。

蒋国保、余秉颐、李季林：《孟子外传·孟子百问》，安徽人民出版社 1997 年版。

焦国成、龚群主编：《儒门亚圣——孟子》，中国华侨出版社 1996 年版。
金春峰：《汉代思想史》，中国社会科学出版社 1987 年版。
金良年撰：《孟子译注》，上海古籍出版社 2004 年版。
兰翠：《唐代孟子学研究》，北京大学出版社 2014 年版。
李畅然：《清代〈孟子〉学史大纲》，北京大学出版社 2011 年版。
李峻岫：《汉唐孟子学述论》，齐鲁书社 2010 年版。
李申译著：《孟子全译》，巴蜀书社 2001 年版。
李书有主编：《中国儒家伦理思想发展史》，江苏古籍出版社 1992 年版。
李双译注：《孟子白话今译》，中国书店 1992 年版。
李泽厚、刘纲纪主编：《中国美学史》第一卷，中国社会科学出版社 1984 年版。
李振纲：《孟子的智慧》，河北人民出版社 1997 年版。
李中华主编：《中国人学思想史》，北京出版社 2005 年版。
刘鄂培：《孟子大传》，清华大学出版社 1998 年版。
刘及辰：《先秦诸子的思想方法与思想体系》，新潮书店 1951 年版。
刘瑾辉：《清代〈孟子〉学研究》，社会科学文献出版社 2007 年版。
刘培桂：《孟子大略》，泰山出版社 2007 年版。
刘培桂主编：《孟子志》，山东人民出版社 2009 年版。
刘蔚华、赵宗正主编：《山东古代思想家》，山东人民出版社 1985 年版。
刘蔚华、赵宗正主编：《中国儒家学术思想史》，山东教育出版社1996 年版。
鲁国尧、马智强注评：《孟子注评》，凤凰出版社 2006 年版。
陆玉林：《中国学术通史·先秦卷》，人民出版社 2001 年版。
毛礼锐、沈灌群主编：《中国教育通史》，山东教育出版社 1985 年版。
么峻洲：《孟子说解》，齐鲁书社 2006 年版。
蒙培元：《蒙培元讲孟子》，北京大学出版社 2006 年版。
孟天运：《先秦社会思想研究》（上、下），人民出版社 2012 年版。
孟祥才：《孟子传》，齐鲁书社 2013 年版。
敏泽：《中国美学思想史》第一卷，齐鲁书社 1987 年版。
潘新国、余文军直解：《孟子直解》，浙江文艺出版社 2000 年版。
彭向前：《西夏文〈孟子〉整理研究》，上海古籍出版社 2012 年版。
秦榆编著：《孟子学院：孟子的仁政思想》，中国长安出版社 2006 年版。
任继愈主编：《中国哲学发展史·先秦》，人民出版社 1983 年版。
任继愈主编：《中国哲学史》第一册，人民出版社 1963 年版。

山东孔孟学研究丛书编辑委员会主编：《孟子思想研究》，山东大学出版社 1986 年版。

尚明：《中国古代人学史》，中国人民大学出版社 2004 年版。

沈善洪、王凤贤：《中国伦理学说史》上卷，浙江人民出版社 1985 年版。

孙叔平：《中国哲学史稿》（上），上海人民出版社 1980 年版。

孙通海编著：《孟子精粹解读》，中华书局 2005 年版。

唐志龙编著：《内圣外王：孟子谋略纵横》，蓝天出版社 1997 年版。

万光军：《孟子仁义思想研究》，山东大学出版社 2009 年版。

王博：《中国儒学史·先秦卷》，北京大学出版社 2011 年版。

王成儒等：《〈孟子〉之谜》，四川教育出版社 2001 年版。

王成儒：《亚圣风范——孟子的智慧》，四川教育出版社 1996 年版。

王其俊：《孟子解读》，泰山出版社 2004 年版。

王其俊：《孟子品读》，山东大学出版社 2016 年版。

王其俊：《亚圣智慧——孟子新论》，山东人民出版社 1996 年版。

王其俊主编：《民本·概论篇》，齐鲁书社 2000 年版。

王兴业编：《孟子研究论文集》，山东大学出版社 1984 年版。

魏义霞：《七子视界——先秦哲学研究》，中国社会科学出版社 2005 年版。

乌恩溥：《名家讲解孟子》，长春出版社 2007 年版。

吴小如：《吴小如讲孟子》，天津古籍出版社 2008 年版。

夏传才：《孟子讲座》，清华大学出版社 2008 年版。

肖萐父、李锦全主编：《中国哲学史》上卷，人民出版社 1982 年版。

辛冠洁、李曦编：《中国古代著名哲学家评传》第一卷，齐鲁书社 1980 年版。

熊逸：《孟子他说：用历史擦亮思想》，陕西师范大学出版社 2006 年版。

徐大同、陈哲夫、谢庆奎、朱一涛编著：《中国古代政治思想史》，吉林人民出版社 1981 年版。

徐洪兴：《〈孟子〉精读》，复旦大学出版社 2010 年版。

徐洪兴撰：《孟子直解》，复旦大学出版社 2004 年版。

徐克谦、曾业桃：《孟子入门》，上海古籍出版社 2006 年版。

徐克谦：《孟子现代版》，上海古籍出版社 2001 年版。

牙含章、王友三主编：《中国无神论史》（上），中国社会科学出版社 1992 年版。

杨伯峻：《孟子导读》，巴蜀书社 1987 年版。

杨伯峻译注：《孟子译注》，中华书局 1960 年版。

杨国荣：《孟子评传——走向内圣之境》，广西教育出版社 1994 年版。

杨海文：《浩然正气——孟子》，江西教育出版社 2008 年版。

杨宽：《战国史》，上海人民出版社 1955 年版。

杨荣国：《中国古代思想史》，人民出版社 1954 年版。

杨宪邦主编：《中国哲学通史》第一卷，中国人民大学出版社 1987 年版。

杨泽波：《孟子评传》，南京大学出版社 1998 年版。

杨泽波：《孟子性善论研究》，中国社会科学出版社 1995 年版。

杨泽波：《孟子与中国文化》，贵州人民出版社 2000 年版。

余国庆解读：《孟子解读》，黄山书社 2007 年版。

翟廷晋：《孟子思想评析与探源》，上海社会科学院出版社 1992 年版。

张国风编著：《孟子·仁者思辨》，中国社会出版社 2004 年版。

张铁民编著：《人世大关怀：〈孟子〉今读》，百花文艺出版社 2001 年版。

赵昌平：《〈孟子〉：匡世的真言》，上海古籍出版社 1997 年版。

赵吉惠、赵馥洁、郭厚安、潘策主编：《中国儒学史》，中州古籍出版社 1991 年版。

赵靖主编：《中国经济思想通史》第一卷，北京大学出版社 1991 年版。

赵宗正、谢祥皓、高晨阳编：《孔孟荀比较研究》，山东大学出版社 1989 年版。

周德波编著：《孟子一日一谈》，哈尔滨出版社 2006 年版。

周淑萍：《大家精要——孟子》，云南教育出版社 2009 年版。

周淑萍：《两宋孟学研究》，人民出版社 2007 年版。

朱日耀主编：《中国古代政治思想史》，吉林大学出版社 1988 年版。

朱义禄：《孟子答客问》，上海人民出版社 1999 年版。

二、论文

白彤东：《恻隐之心的现代性本质——从尼采与孟子谈起》，《世界哲学》2014 年第 1 期。

白彤东：《仁权高于主权——孟子的正义战争观》，《社会科学》2013 年第 1 期。

白奚：《孟子对孔子仁学的推进及其思想史意义》，《哲学研究》2005 年第 3 期。

鲍青燕：《〈孟子〉与思孟五行说》，《武汉理工大学学报》（社科版）2005 年第 5 期。

鲍宇：《孟子人学的价值诉求及其现代意蕴》，《沈阳工程学院学报》（社科版）2006 年第 3 期。

暴庆刚：《孟子、荀子天人合一理论异同新探》，《贵州社会科学》2002 年第 2 期。

毕世响：《孟子心理历程探析——孟子人格论》，《徐州师范大学学报》（哲社版）1995 年第 4 期。

蔡新法：《王阳明与孟子的心本体论比较》，《绍兴文理学院学报》（社科版）2005 年第 6 期

蔡蓁、赵研妍：《从当代道德心理学的视角看孟子的恻隐之心》，《社会科学》2016 年第 12 期。

蔡蓁：《进化论伦理学视野下的孟子》，《复旦学报》（社科版）2014 年第 3 期。

曹峰：《“色”与“礼”的关系——〈孔子诗论〉、马王堆帛书〈五行〉、〈孟子·告子下〉之比较》，《孔子研究》2006 年第 6 期。

曾建平、杨宽情：《德治视野下的法治：以孟子为视角》，《齐鲁学刊》2015 年第 6 期。

曾振宇：《“遇人便道性善”：孟子“性善”献疑》，《文史哲》2014 年第 3 期。

常为群：《孟子、庄子比较研究三题》，《中国哲学史》1995 年第 3 期。

晁福林：《孟子“浩然之气”说探论》，《文史哲》2004 年第 2 期。

陈代波：《试论孟子的天人相分思想》，《华侨大学学报》（哲社版）2004 年第 2 期。

陈德述：《论孟子的民本主义思想》，《天府新论》1985 年第 3 期。

陈富权：《孟子对个体人格美的认识过程初探》，《内蒙古大学学报》（社科版）1984 年第 4 期。

陈光宇：《柏拉图与孟子美论之比较》，《南京社会科学》1999 年第 10 期。

陈寒鸣：《〈孟子微〉与康有为对中西政治思想的调融》，《燕山大学学报》（哲社版）2006 年第 4 期。

陈洪杏：《“孟告之辩”再读解——辅以语言学角度论证孟子逻辑的一以贯之》，《哲学动态》2013 年第 8 期。

陈华：《论孟子的民本主义思想》，《吉林师范大学学报》（社科版）1988 年第 2 期。

陈徽：《“以才论性”与“因情定性”——孟子性善论之致思理路》，

《安徽大学学报》（哲社版）2004 年第 6 期。

陈来：《孟子的德性论》，《哲学研究》2010 年第 5 期。

陈林：《“性善”与“性本善”：孟子朱熹人性论的两条理路》，《哲学论丛》2014 年第 2 期。

陈明：《王船山对〈孟子〉“知言养气”章的诠释与其对孟子为学工夫的阐发》，《湖北师范学院学报》（哲社版）2011 年第 6 期。

陈明：《王夫之对孟子民本思想的诠释与阐发》，《中国典籍与文化》2010 年第 1 期。

陈鹏：《论孟子义利观的内圣走向》，《南昌大学学报》（人文社科版）2016 年第 3 期。

陈宪猷：《孟子的“义利”观》，《船山学刊》1996 年第 2 期。

陈延斌：《孟子政治伦理观初探》，《江苏社会科学》1991 年第 5 期。

陈永革：《人心向善与人性本善——孟子心性论的伦理诠释》，《中国哲学史》1996 年第 4 期。

陈永杰：《孟子的人生哲学及其现代价值管窥》，《江南大学学报》（社科版）2002 年第 5 期。

陈玉荣：《以“浩然之气”修养完美人格——孟子心目中士人的理想人格论析》，《西南农业大学学报》（社科版）2011 年第 8 期。

程培学：《论孟子的社会和谐思想》，《武汉大学学报》（哲社版）2006 年第 4 期。

程培学：《孟子民心观的社会学哲理》，《华中科技大学学报》（社科版）第 3 期。

程强：《孟子人性说的特异处》，《船山学刊》2011 年第 3 期。

迟成勇：《略论孟子的人生价值观》，《船山学刊》2004 年第 2 期。

储昭华：《朝向未来与立足当前——孟子与荀子人性论及其效应的比较考察》，《哲学研究》2006 年第 10 期。

崔海亮：《浅析孟子性善论的形上根据》，《河南科技大学学报》（社科版）2008 年第 1 期。

崔丽萍：《德性伦理还是角色伦理——以〈孟子〉为中心进行的考察》，《西北大学学报》（哲社版）2011 年第 4 期。

崔雪茹、习勇生：《孟子的智德思想探析》，《南昌大学学报》（人文社科版）2016 年第 6 期。

崔雪茹、周国强：《孟子论“乐”》，《河北师范大学学报》（哲社版）2012 年第 3 期。

崔宜明：《孟子义利学说辨正》，《道德与文明》2014 年第 1 期。

戴兆国：《孟子与亚里士多德德性理论之比较》，《安徽师范大学学报》（社科版）2003 年第 2 期。

邓国光：《〈孟子〉“性善”原论》，《国学学刊》2014 年第 3 期。

邓习议：《论孟子义利观的困境和出路》，《船山学刊》2006 年第 1 期。

邓易难：《谈〈孟子〉的仁政思想》，《吉林师范大学学报》（社科版）2007 年第 4 期。

丁成际：《浅析孟子性善说的三个维度》，《石河子大学学报》（哲社版）2006 年第 5 期。

丁为祥：《孔子“父子互隐”与孟子论舜三个案例的再辨析——邓晓芒〈再议“亲亲相隐”的腐败倾向〉一文简评》，《学海》2007 年第 2 期。

丁为祥：《孟子“乃若其情”章试解》，《人文杂志》2013 年第 9 期。

丁为祥：《孟子心性之学的信仰维度——儒家道德善性的追根溯源与深层检讨》，《人文杂志》2015 年第 9 期。

丁原明：《重农又重商是孟子经济思想的基本特点》，《山东大学学报》（哲社版）1989 年第 3 期。

董洪利：《〈孟子注疏〉与孙奭〈孟子〉学》，《北京大学学报》（哲社版）2006 年第 6 期。

董洪利：《孟子散文的艺术特色》，《新闻战线》1986 年第 2 期。

董平：《孟子对现实的批判及其人文主义精神——兼与刘毓璜、夏甄陶先生商榷》，《人文杂志》1985 年第 6 期。

段元秀：《王道政治与正义城邦——孟子与柏拉图伦理政治观比较》，《中国石油大学学报》（社科版）2011 年第 3 期。

方尔加：《论孟子“万物皆备于我”》，《燕山大学学报》（哲社版）2006 年第 2 期。

方高峰、张晓连：《孟子与柏拉图财富观比较初探》，《管子学刊》2004 年第 1 期。

方旭东：《服从还是不服从？——孟子论人臣的政治义务》，《文史哲》2010 年第 2 期。

方旭东：《为何儒家不禁止杀生——从孟子的辩护谈起》，《哲学动态》2011 年第 11 期。

费艳颖、曹广宇：《康德、孟子与荀子人性论之比较》，《社会科学家》2016 年第 4 期。

傅建增：《孟子思想教育理论初探》，《南开学报》（哲社版）1994 年第 1 期。

傅琳凯、王立仁：《论孟子的理想人格理论》，《东北师大学报》（哲社版）2010 年第 5 期。

高兵：《〈孟子〉治国平天下与中庸思想》，《船山学刊》2015 年第 5 期。

高积顺：《孟子义利思想新诠》，《管子学刊》1997 年第 1 期。

高建立：《论陆九渊心学与孟子心性思想之关系——陆九渊“读〈孟子〉而自得之”释读》，《河南师范大学学报》（哲社版）2015 年第 1 期。

高旺：《孟子人性论、人本精神与中国德治主义传统》，《河北学刊》1996 年第 4 期。

高晓成：《孟子“仁义礼智”伦理观之再考查》，《中国文化研究》2013 年第 2 期。

高正伟：《帛书〈五行〉对孟子身心观的继承与发挥》，《文艺评论》2011 年第 6 期。

高正伟：《汉初官学重建下的孟子学——论〈淮南子〉对孟子学说的继承与发展》，《中南大学学报》（社科版）2014 年第 3 期。

高正伟：《论〈五行〉说文对孟子仁义观的发展》，《孔子研究》2012 年第 5 期。

葛莱、田汉云：《程颐〈孟子〉学探析》，《江苏社会科学》2012 年第 1 期。

龚维英：《〈孟子〉“民贵君轻”的确释》，《东岳论丛》1988 年第 4 期。

顾红亮：《孟子人格学说的现代诠释》，《齐鲁学刊》2004 年第 1 期。

顾易生：《孟子的文艺思想》，《复旦学报》（社科版）1985 年第 2 期。

关桐：《论孟子的民本主义》，《管子学刊》1996 年第 2 期。

郭锋：《〈孟子〉“不动心”章发微》，《南京师范大学文学院学报》2005 年第 1 期。

郭红明、王永灿：《孟子的民本思想及其当代启示》，《齐齐哈尔大学学报》（哲社版）2007 年第 2 期。

郭杰：《仁政·性善·浩然之气——孟子精神世界的再认识》，《深圳大学学报》（社科版）2005 年第 3 期。

郭美华：《“一本”与“性善”——论戴震对孟子道德本体论的圆融与展开》，《哲学研究》2013 年第 12 期。

郭美华：《道德与生命之择——〈孟子·告子上〉“鱼与熊掌”章疏释》，《现代哲学》2013 年第 6 期。

郭美华：《境界的整体性及其展开——孟子“不动心”的意蕴重析》，《中国哲学史》2011 年第 3 期。

郭美华：《湍水之喻与善的必然性——孟子与告子“湍水之辩”释

义》，《学海》2012年第2期。

郭美华：《无蔽之心与善的意蕴——论张栻〈癸巳孟子说〉对孟子道德哲学的诠释》，《社会科学》2014年第3期。

郭桥：《孟子谈辩中的若干谬误》，《人文杂志》2001年第2期。

郭淑新：《孟子“知言”说考析》，《中国哲学史》2013年第2期。

郭畑：《唐宋孟子诠释之演进与孟子升格运动》，《孔子研究》2016年第5期。

郭文、李凯：《孟子“仁者得位”思想发微》，《江西社会科学》2015年第1期。

郭振香：《由“端”析孟子心性论的逻辑进路》，《安庆师范学院学报》（社科版）2015年第3期。

韩林德：《试论孟子的美学思想》，《思想战线》1981年第3期。

韩铁林：《再评孟子“性善论”》，《道德与文明》1983年第5期。

韩振华：《“批判理论”如何穿越孟子伦理学——罗哲海的儒家伦理重构》，《国学学刊》2014年第3期。

韩振华：《“他乡有夫子”——十九世纪新教传教士的〈孟子〉诠释》，《浙江工商大学学报》2014年第3期。

韩振华：《孟子是个讲“逻辑”的人吗？——基于对西方汉学视角的考察》，《复旦学报》（社科版）2014年第1期。

何丽艳：《〈孟子〉良心诠解》，《兰州学刊》2010年第1期。

何丽艳：《尧舜典范化与孟子性善论证成》，《玉溪师范学院学报》2009年第3期。

何平：《孟子的仁学、性修与伦理王》，《天津师大学报》（社科版）1994年第5期。

何晓明：《孟子“天”论剖析》，《齐鲁学刊》1995年第1期。

何中华：《孟子“万物皆备于我”章臆解》，《孔子研究》2003年第5期。

胡发贵：《“好辩”与良知：孟子“好辩”诠解》，《江海学刊》2006年第6期。

胡发贵：《论孟子“能”与“不能”的哲学主张及其政治诉求》，《南京师大学报》（社科版）2015年第5期。

胡发贵：《论孟子伦理思想的务实精神》，《道德与文明》2006年第4期。

胡发贵：《孟子忧世论》，《河北学刊》1995年第5期。

胡发贵：《千年误读：驳孟子“迂阔”论》，《现代哲学》2007年第3期。

胡发贵：《善待生命——孟子“人学”发凡》，《中国文化研究》1994

年第1期。

胡菊英：《孟子“劳心劳力”分工说是孔子思想的继承与发展》，《中州学刊》1991年第4期。

胡卫青：《中西人性论的冲突：近代来华传教士与孟子性善论》，《复旦学报》（社科版）2000年第3期。

胡占光：《“定于一”与“不嗜杀”——孟子“王天下”思想的现实基础》，《齐齐哈尔大学学报》（哲社版）2013年第2期。

华蔼仁、蔡世昌：《〈孟子〉的实践性和精神性》，《中国哲学史》2004年第2期。

黄必庄：《孟子论辩的修辞艺术》，《广西师范大学学报》（哲社版）1992年第1期。

黄大路：《孟子理想人格观之管窥》，《学术月刊》1991年第2期。

黄德昌：《孟子的仁战思想发微》，《四川大学学报》（哲社版）1994年第4期。

黄朴民：《略论孟子政治思想的历史地位》，《杭州大学学报》（哲社版）1986年第1期。

黄朴民：《孟子“仁政”思想新探》，《杭州大学学报》（哲社版）1984年第2期。

黄朴民：《孟子学说的内在论证体系初探》，《齐鲁学刊》1987年第4期。

黄亚娟：《孟子“性善论”思想探究》，《长春工程学院学报》（社科版）2010年第4期。

黄亚娟：《孟子理想人格再认识》，《河北理工大学学报》（社科版）2011年第4期。

黄岩：《孟子的“荣辱观”及其当代启示》，《河北学刊》2006年第5期。

黄云明：《论孟子的立法伦理思想》，《河北大学学报》（哲社版）2008年第1期。

霍光：《论孟子伦理思想中的道德理由问题》，《甘肃社会科学》2015年第2期。

姜国柱：《孟子的富民思想及其影响》，《甘肃社会科学》1992年第4期。

姜国柱：《文化专制的一例——朱元璋的〈孟子节文〉》，《辽宁大学学报》（哲社版）1981年第3期。

姜涛：《论孟子的议论文》，《辽宁大学学报》（哲社版）1990年第6期。

姜元奎：《孟子“存心养气”“反省自爱”的修身之道》，《东岳论丛》

2002 年第 4 期。

蒋寄红：《孟子散文艺术特色浅析》，《求索》2001 年第 3 期。

蒋重跃：《孟子荀卿韩非子对人的本质的认识》，《社会科学辑刊》1999 年第 6 期。

金立、余月秋：《对话、类比和隐喻——〈孟子〉散文的论辩特性探究》，《浙江社会科学》2014 年第 10 期。

金银润：《道德的价值与诉求——孟子的一种道德视角及对它的一点省思》，《社会科学论坛》2010 年第 13 期。

凯南：《从义利之辩到什么是幸福——对孟子人生论的一种解释》，《高校理论战线》2000 年第 4 期。

康明轩：《孟子的民本主义思想管见》，《山西大学学报》（哲社版）1986 年第 3 期。

赖志明：《从孟子“好辩”看其逻辑观》，《湛江师范学院学报》（社科版）1999 提第 4 期。

黎红雷：《本体·伦理·管理——孟子哲学结构新探》，《中国哲学史》1998 年第 2 期。

李保林、丁素：《李退溪对〈孟子〉基本思想的继承与发展》，《中州学刊》1996 年第 6 期。

李葆华：《孟子思想体系构成纲要》，《辽宁师范大学学报》（社科版）2005 年第 4 期。

李畅然：《孟子的民本思想和平等倾向在晚清的凸显与局限》，《北京大学学报》（哲社版）2006 年第 6 期。

李春青：《谈谈孟子的“仁政”思想》，《河北师范大学学报》（哲社版）1980 年第 2 期。

李定文、余艳红：《试论孟子与士人精神》，《管子学刊》2008 年第 2 期。

李国春：《理解的动态性与阐释的无限性——孟子诗学再解析》，《湖北社会科学》2006 年第 1 期。

李鸿才：《民本视野下孟子“贵民说”辨析》，《郑州大学学报》（哲社版）2007 年第 5 期。

李华：《韩婴诗学的宗孟倾向——论〈韩诗外传〉对孟子诗学的接受》，《东岳论丛》2010 年第 9 期。

李华：《汉代〈诗〉学渊源新论——孟子与汉代〈诗〉学渊源的地域性考察》，《山东师范大学学报》（人文社科版）2011 年第 5 期。

李华：《孟子〈诗〉说与汉代〈诗〉的经学化——以鲁诗“四始”说

为例》，《宁夏社会科学》2011 年第 1 期。

李建国：《孟子“以意逆志”说评议》，《贵州社会科学》1988 年第 2 期。

李建钊：《论孟子“好辩”》，《徐州师范大学学报》（哲社版）1980 年第 4 期。

李景林：《孟子的“辟杨墨”与儒家仁爱观念的理论内涵》，《哲学研究》2009 年第 2 期。

李景林：《孟子的仁政思想——一种道义至上的精神》，《黑龙江社会科学》2014 年第 1 期。

李敬峰：《张载对〈孟子〉的诠释及朱子对其的扬弃》，《兰州学刊》2016 年第 5 期。

李利、刘丰：《孟子内圣之道探赜》，《兰州大学学报》（社科版）2011 年第 2 期。

李林森：《孟子“禄足代耕”制禄思想争议》，《中州学刊》1987 年第 2 期。

李娜：《孟子民本思想中的“以人为本”理念探析》，《长春理工大学学报》（社科版）2012 年第 11 期。

李仁群：《仁人之心与丈夫之气——孟子对士大夫阶层人生抉择的思考》，《安徽大学学报》（哲社版）1997 年第 2 期。

李山、唐巧美：《“往圣”的一段“绝学”——论孟子“浩然之气”的宗教属性》，《中国文化研究》2005 年第 2 期。

李世阳：《论孟子的“浩然之气”》，《湘潭大学学报》（哲社版）2005 年第 2 期。

李韬、杨雪云：《论孟子的德政思想》，《云南民族大学学报》（哲社版）2003 年第 4 期。

李腾：《对孟子“夭寿不贰”句之解读——以海德格尔〈存在与时间〉中的生存论思想为参照》，《北方论丛》2016 年第 1 期。

李巍：《“甚僻违而无类”：从荀子对孟子的批评看先秦儒家的“知类”观》，《哲学研究》2011 年第 8 期。

李巍：《“性”指什么？——孟子人性论的起点》，《现代哲学》2016 年第 5 期。

李文娟：《比较哲学视野下的孟子人性论研究——以安乐哲的孟学思想发展为主线》，《现代哲学》2015 年第 3 期。

李友广：《经与权的统一：孟子之礼再考察》，《中南大学学报》（社科版）2010 年第 4 期。

李栅栅、何善蒙：《性本善非向善或者可善——再论孟子的性善论》，《管子学刊》2014 年第 1 期。

李智会：《孟子与庄子的天人观比较》，《淮海工学院学报》（社科版）2006 年第 3 期。

李竹君：《〈孟子〉散文的艺术特色》，《河北大学学报》（哲社版）1982 年第 2 期。

梁道礼：《接受视野中的孟子诗学》，《陕西师范大学学报》（哲社版）2003 年第 6 期。

梁韦弦、李春生：《孟子与杨墨两家的论争》，《河北师范大学学报》（哲社版）1994 年第 1 期。

梁韦弦：《孟子论道德修养方法》，《松辽学刊》（社科版）1994 年第 2 期。

梁韦弦：《孟子认识论的基本倾向》，《吉林大学社会科学学报》1991 年第 3 期。

梁韦弦：《孟子天命观新论》，《松辽学刊》（社科版）1992 年第 4 期。

梁韦弦：《孟子义利观的再认识》，《人文杂志》1994 年第 3 期。

廖显满：《略论孟子的“性善论”》，《湖南科技大学学报》（社科版）1993 年第 4 期。

廖晓炜：《人伦、性善与仁爱：伊藤仁斋孟子学的特点及其局限》，《中国哲学史》2016 年第 2 期。

廖晓炜：《如何理解孟子的“四端之心”——兼与周海春先生商榷》，《道德与文明》2014 年第 1 期。

林存光：《“民惟邦本”：政治的民本含义——孟子民本之学的政治哲学阐释》，《四川大学学报》（哲社版）2014 年第 5 期。

林桂榛：《〈孟子〉“天下之言性也”章辨正》，《孔子研究》2014 年第 4 期。

林桂榛：《论孟子的义利观——〈孟子〉义利学说考察》，《合肥联合大学学报》2001 年第 1 期。

刘斌：《孟子“善辩”论》，《人文杂志》1985 年第 5 期。

刘聪：《郭店竹简与孟子天道观的转型》，《内蒙古社会科学》（汉文版）2007 年第 3 期。

刘鄂培：《论孟子的“天人合一”观与后工业社会》，《湖南社会科学》1992 年第 1 期。

刘鄂培：《论孟子的认识论：反映论、可知论——兼论从孟子到王夫之中国古代认识论的唯物传统》，《船山学刊》1996 年第 2 期。

刘怀荣：《孟子“迹熄〈诗〉亡”说学术价值重诂》，《齐鲁学刊》1996年第1期。

刘坚承：《驳“孟子僻违无类”说》，《重庆师范大学学报》（哲社版）1984年第1期。

刘坚承：《论孟子对孔子伦理思想的继承和发展》，《徐州师范大学学报》（哲社版）1982年第2期。

刘坚承：《论孟子法律思想中的人民性因素》，《甘肃社会科学》1987年第1期。

刘坚承：《论孟子民本主义的教育思想》，《东北师大学报》（哲社版）1983年第5期。

刘坚承：《孟子重商思想应予肯定》，《东岳论丛》1982年第2期。

刘瑾辉：《清代〈孟子〉考据学综论》，《北京大学学报》（哲社版）2006年第6期。

刘瑾辉：《善的宣言——焦循〈孟子正义〉研究之一》，《苏州大学学报》（哲社版）2005年第2期。

刘梁剑：《一种基于心气论的道德哲学：王夫之的孟子学及其当代意蕴》，《学术月刊》2016年第7期。

刘旻娇：《论〈孟子〉德性修养过程中的道德失败》，《道德与文明》2016年第6期。

刘能杰：《孟子“劳力劳心”论新辩》，《齐鲁学刊》1990年第3期。

刘培桂：《历代对孟子的封赐与尊崇》，《齐鲁学刊》1992年第4期。

刘平中：《孟子学与关学思想学术体系建构探论》，《求索》2010年第1期。

刘清平：《论孟子恻隐说的深度悖论》，《齐鲁学刊》2004年第2期。

刘清平：《美德还是腐败？——析〈孟子〉中有关舜的两个案例》，《哲学研究》2002年第2期。

刘生良：《〈孟子〉论辩艺术技巧探微》，《兰州大学学报》（社科版）2005年第2期。

刘伟：《论政治生活的有限性——以孟子“窃负而逃”为核心的考察》，《现代哲学》2014年第5期。

刘伟：《孟子的宗教生态思想——从宗教生态学之视角》，《孔子研究》2015年第5期。

刘蔚华：《孟子思想研究》（上、下），《齐鲁学刊》1985年第2、3期。

刘小红：《孟子“权”思想解析》，《孔子研究》2015年第5期。

刘亚峰：《比较哲学视域下的〈孟子〉之“乐”刍议——以〈尼各马

可伦理学〉为对读文本》，《中华文化论坛》2013年第6期。

刘玉娥：《浩然之气：孟子人生最高精神境界》，《河南师范大学学报》（哲社版）2002年第3期。

刘玉娥：《论孟子的雄辩艺术》，《船山学刊》2001年第1期。

刘忠阳：《论孟子的“人权”思想》，《湘潭师范学院学报》（社科版）1999年第4期。

刘周堂：《孟子人生哲学榷论》，《求索》1991年第3期。

龙光沛：《孟子“民贵君轻”说及其历史价值》，《贵州大学学报》（社科版）1996年第4期。

鲁建辉、陈学凯：《“常情善性”：孟子人道思想的本根》，《思想战线》2014年第3期。

鲁建辉、陈学凯：《爵齿德中孟子分权与抗衡的逻辑》，《云南社会科学》2014年第2期。

陆保良：《孟子伦理政治哲学及其现代价值》，《社会科学战线》2013年第3期。

陆畅、白欲晓：《道德先天性及其在经验知识层面的展开——孟子“良知”理论的内在逻辑》，《南昌大学学报》（人文社科版）2014年第4期。

路德斌、赵杰：《孟子人性论再评价》，《齐鲁学刊》1990年第3期。

罗炳良：《孟子政治思想述评》，《北方工业大学学报》1990年第4期。

罗曼予、秦楚：《孟子与苏格拉底的德性与人性之学管窥》，《西昌学院学报》（社科版）2009年第1期。

罗诗钿：《羞何以能成为人之德性生存方式？——孟子之“羞”的“情—性”架构考察》，《学术论坛》2010年第9期。

骆扬：《试论孟子说〈春秋〉——关于〈诗〉与〈春秋〉的关系及〈春秋〉的三重内涵》，《南京大学学报》（哲社版）2012年第4期。

雒海宁：《“性善论”与孟子的美学思想》，《青海民族大学学报》（社科版）2010年第3期。

闾海燕：《孟子“今之乐犹古之乐”辨正》，《江苏社会科学》2013年第2期。

吕绍纲：《谈孟子历史观的评价问题》，《辽宁师范大学学报》（社科版）1985年第4期。

吕艺：《孟子“以意逆志”、“知人论世”辨析》，《北京大学学报》（哲社版）1985年第2期。

马迅、杨宏声：《亚里士多德“德性伦理学”的理解问题——基于孟子哲学立场的一种比较视野及其现代启示》，《上海行政学院学报》2006年第6期。

马育良：《先秦儒家对于“情”的理论探索》，《安徽大学学报》（哲社版）2001年第1期。

马振铎：《孟子的“自为”之学和心说》，《孔子研究》1995年第4期。

马振铎：《孟子关于“德慧”、“术知”之区分及二者相统一思想》，《齐鲁学刊》1995年第5期。

梅珍生：《论礼的文化本性及其先验本性——以孟子的礼学观为中心》，《江汉大学学报》（人文科学版）2004年第6期。

孟祥今、李国榕：《孟子社会心理思想探析》，《东岳论丛》1990年第5期。

缪军：《试论孟子的“以意逆志”和“知人论世”》，《广西师范学院学报》（哲社版）1992年第1期。

莫放春：《孟子与普罗泰戈拉人学思想之会通》，《湖北社会科学》2006年第9期。

聂文渊：《孟子政治观中的民本思想》，《贵州社会科学》1993年第1期。

聂永华：《百年〈孟子〉散文艺术研究之回顾与前瞻》，《郑州大学学报》（哲社版）2002年第3期。

牛增辉：《孟子治乱史观探析》，《廊坊师范学院学报》2005年第3期。

欧阳祯人：《孟子的人格自由论研究》，《武汉大学学报》（哲社版）2004年第5期。

裴大洋：《孟子的哲学是客观唯心论》，《陕西师范大学学报》（哲社版）1984年第2期。

彭锋：《孟子论牛羊之别新解》，《孔子研究》2004年第6期。

彭富春：《论孟子的心性论》，《清华大学学报》（哲社版）2010年第4期。

彭高翔：《孟子“万物皆备于我”章释义》，《中国哲学史》1997年第3期。

彭建军：《浅谈孟子思想中的唯物论因素》，《湖湘论坛》1994年第5期。

祈斌斌：《一种超越论的人性观——孟子人性论新解》，《温州大学学报》（社科版）2008年第3期。

钱逊：《关于孟子的“制民之产”》，《中国哲学史》2004年第3期。

乔根锁：《孟子性善论发微》，《西藏民族学院学报》（哲社版）1990年第2期。

乔健：《孔孟“义命分立说”的价值与局限》，《史学集刊》2008年第1期。

任慧：《孟子的民本思想及其现代意义》，《中国矿业大学学报》（社科版）2005 年第 3 期。

任建东：《论〈孟子〉的唯物史观思想》，《渤海大学学报》（哲社版）1991 年第 4 期。

任剑涛：《经典解读中的原创思想负载——从〈孟子字义疏证〉与〈孟子微〉看》，《中国哲学史》2002 年第 1 期。

阮忠：《韩愈与孟子的仁义、人性及养气说》，《海南师范学院学报》（社科版）2006 年第 2 期。

商聚德：《孟子哲学思想十题》（上、下），《河北大学学报》（哲社版）1980 年第 3、4 期。

商聚德：《谈谈孟子的精神世界》，《河北大学学报》（哲社版）1988 年第 3 期。

韶泉、姬建萍：《孟子的“知言养气”说及其对古代文论的影响》，《齐鲁学刊》1991 年第 6 期。

邵东方：《孟子和亚里士多德的早期国家观》，《江淮论坛》1987 年第 1 期。

申鹏宇：《孟子性善论的缘起、论证及其意义》，《东方论坛》2012 年第 2 期。

沈萍霞：《孟子德育思想的人性基础解析》，《青海社会科学》2009 年第 1 期。

沈淑芳：《论文学批评的主体性原则——孟子“以意逆志”说的现代诠释》，《海南师范学院学报》（社科版）1994 年第 3 期。

沈顺福：《论孟子哲学及其贡献》，《管子学刊》2007 年第 1 期。

沈顺福：《人心与本心——孟子心灵哲学研究》，《现代哲学》2014 年第 5 期。

施蕾芬：《尽其心，知其性——〈孟子〉视域下的价值观建构新路径》，《浙江社会科学》2014 年第 2 期。

施伟青：《孟子个体为本的价值观》，《厦门大学学报》（哲社版）1990 年第 1 期。

束景南：《也谈孟子哲学的评价问题——与严北溟先生商榷》，《哲学研究》1981 年第 4 期。

斯洪桥：《论孟子天人观及其境界意蕴》，《社会科学家》2013 年第 3 期。

宋红霞、张凌云：《孟子的人格意识与士节》，《齐鲁学刊》2006 年第 4 期。

宋绍光：《论孟子经济思想的三个问题》，《学海》1992 年第 1 期。

宋绍光：《试论孟子的尊贤使能思想》，《中州学刊》1990 年第 6 期。

宋显昌：《试论孟子的“浩然之气”》，《杭州大学学报》（哲社版）1988 年第 4 期。

孙开太：《孟子与稷下学宫的关系》，《齐鲁学刊》1983 年第 3 期。

孙开太：《试论孟子的“仁政”学说》，《思想战线》1979 年第 4 期。

孙开太：《试评孟子的天道观》，《思想战线》1985 年第 1 期。

孙实明：《孟子政治思想简论》，《辽宁大学学报》（哲社版）1992 年第 4 期。

孙业成：《亚里士多德与孟子的人性论比较》，《南京政治学院学报》2004 年第 2 期。

谭承耕：《关于孟子性善论及恻隐之心新探》，《湖南社会科学》2007 年第 4 期。

汤浩：《论孟子行政思想的内在逻辑冲突》，《求索》2006 年第 11 期。

唐代兴：《孟子“仁道”理想中的普遍利益精神》，《北京大学学报》（哲社版）2001 年第 1 期。

唐明贵：《康有为对〈论语〉和〈孟子〉的创造性解释》，《阴山学刊》2004 年第 1 期。

唐娜：《主体与本体的合一——孟子“尽心”说新诠》，《武汉大学学报》（人文科学版）2008 年第 4 期。

田大庆：《孟子民本主义的经济思想》，《江淮论坛》1992 年第 1 期。

田启波：《“仁民而爱物”——孟子生态伦理思想新探》，《湖北社会科学》2010 年第 1 期。

田正利：《也谈孟子的人性论》，《西北大学学报》（哲社版）1981 年第 2 期。

万昌华：《论孔孟的国家政治体制思想》，《齐鲁学刊》2007 年第 2 期。

万光军：《孟子大丈夫人格的多维考察》，《船山学刊》2010 年第 4 期。

万光军：《儒法歧义与合流：以孟子三纲为中心》，《贵州大学学报》（社科版）2010 年第 4 期。

万海英：《孟子“先立乎其大”的哲学方法论——从“大体”、“小体”之辨谈起》，《孔子研究》2014 年第 1 期。

王德裕：《再论孟子》，《西南师范大学学报》（社科版）1980 年第 2 期。

王棣棠：《略论孟子对认识论的贡献》，《东岳论丛》1980 年第 4 期。

王棣棠：《孟子的圣人观浅析》，《兰州大学学报》（社科版）1982 年第 3 期。

王棣棠：《试论孟子的历史观》，《兰州大学学报》（社科版）1981 年第 4 期。

王福利：《也谈孟子的“劳心”与“劳力”说》，《徐州师范大学学报》（哲社版）1991 年第 4 期。

王公山：《孟子使民心服思想的社会契约属性》，《江西社会科学》2008 第 7 期。

王国金、娄正前：《孟子民本思想考》，《求索》2005 年第 9 期。

王建疆：《孟子的“性善论”与人格修养美学》，《西北民族学院学报》（哲社版）2002 年第 4 期。

王杰：《超凡入圣：孟子的自我道德修养及理想人格塑造》，单纯主编：《国际儒学研究》第 17 辑，九州出版社 2010 年版。

王钧林：《从孔子到孟子的儒家“修己”思想——兼论曾子承先启后的中介性作用》，《孔子研究》1994 年第 4 期。

王魁田：《孟子的“劳心”与“劳力”说小议》，《人文杂志》1981 年第 5 期。

王磊：《孟子义利思想辨析》，《齐鲁学刊》2005 年第 5 期。

王连弟：《孟子与韩愈的论辩艺术浅析》，《齐齐哈尔大学学报》（哲社版）1994 年第 2 期。

王玲娟：《从焦循〈孟子正义〉看清学研究及其现实意义》，《西南师范大学学报》（社科版）2003 年第 4 期。

王凌皞：《孟子人性发展观及其法理意义》，《法学研究》2013 年第 1 期。

王其俊：《充塞天地的浩然正气——“夫子加齐之卿相”章赏析》，山东邹城市孟子学术研究会编：《孟学研究》，山东人民出版社 1998 年版。

王其俊：《〈孟子〉与楚简〈五行〉》，庞朴主编：《儒林》第 2 辑，山东大学出版社 2006 年版。

王其俊：《波澜壮阔的论辩——“齐桓晋文之事”章赏析》，《孔孟月刊》1998 年第 2 期。

王其俊：《大陆当代孟学史实研究述评》，《中原文化研究》2013 年第 3 期。

王其俊：《大陆当代孟子性善论研究述评》，《孔孟学报》2014 年总第 92 期。

王其俊：《关于孟子哲学的几个问题——与裴大洋同志商榷》，谢祥皓编：《孟子思想研究》，山东大学出版社 1987 年版。

王其俊：《郭店楚墓儒简和谐观初探》，《孔孟学报》2007 年总第 85 期。

王其俊：《近十几年年来孟子伦理思想研究述评》，《孔孟学报》2016年总第94期。

王其俊：《论孟子的国与天下观》，《东岳论丛》1992年第4期。

王其俊：《论孟子的社会控制思想》，《东岳论丛》1991年第1期。

王其俊：《论孟子认识论范畴体系》，《湖南师大学报》（哲社版）1985年第4期。

王其俊：《略论孟子与先秦诸子的争鸣》，（韩）《孟子研究》1997年第1辑。

王其俊：《孟子和谐观初探》，《兰州大学学报》（社科版）1989年第2期。

王其俊：《孟子理想初探》，《东岳论丛》1986年第5期。

王其俊：《孟子思想产生的特殊原因》，《鹅湖月刊》1996年第11期。

王其俊：《孟子思想体系新论》，《孔孟学报》1994年总第68期。

王其俊：《孟子在封建社会的影响》，丁冠之主编：《孟子研究论文集》，山东大学出版社1997年版。

王其俊：《三十年来孟子民本思想研究述评》，《海岱学刊》2015年第1期。

王其俊：《山东方志中的孟子形象——以〈邹县志〉为中心》，《孔孟学报》2000年总第78期。

王其俊：《试论焦循的〈孟子正义〉》，《孔孟学报》2009年总第87期。

王其俊：《试论孟子的个体需要》，《东岳论丛》1989年第4期。

王其俊：《试论孟子的天命范畴》，《东岳论丛》1985年第4期。

王其俊：《试论孟子认识论的基本倾向》，《齐鲁学刊》1987年第5期。

王其俊：《中国大陆当代孟学研究述评》，《孔孟学报》2011年总第89期。

王其俊：《中国古典散文的名篇——“神农之言者许行”章赏析》，《孔孟月刊》1998年第10期。

王秋生：《孟子的“万物皆备于我”是本体论的命题吗?》，《东岳论丛》1987年第6期。

王守和：《孟子道德思想中的唯物主义因素》，《道德与文明》1990年第1期。

王淑琴、曾振宇：《“友，君臣之道”：郭店楚简与孟子友朋观互证》，《陕西师范大学学报》（哲社版）2015年第6期。

王苏：《孟子的中道思想》，《孔子研究》1990年第2期。

王伟凯：《论〈孔丛子〉中之孟子思想读释》，《兰州学刊》2014 年第 9 期。

王伟凯：《论孟子“利”思想之辨》，《社会科学论坛》2013 年第 1 期。

王文钦：《主体精神的后天涵养——论孟子的养气说》，《文史哲》1995 年第 6 期。

王向峰：《间性理论的原生态——从孟子的“以意逆志”说起》，《辽宁大学学报》（哲社版）2004 年第 4 期。

王小健：《文化与人性：再论孟子的心性论》，《齐鲁学刊》2016 年第 2 期。

王筱芸：《试论孟子的“性善”论》，《广西师范大学学报》（哲社版）1983 年第 2 期。

王心竹：《以尊王贱霸倡王道理想——孟子王霸论探析》，《河北学刊》2012 年第 1 期。

王鑫：《孟子与修身——兼论孟荀异同》，《中国哲学史》2014 年第 3 期。

王兴国：《孟子“知言养气”章义解——兼论孟子与告子的不动心之道》，《深圳大学学报》（人文社科版）2012 年第 5 期。

王兴业：《论孟子历史观中的唯物主义因素》，《东岳论丛》1984 年第 3 期。

王以宪：《论孟子的“执中行权”思想》，《江西师范大学学报》（哲社版）1992 年第 4 期。

王永灿：《论孟子之“义”的三重哲学意蕴》，《内蒙古师范大学学报》（哲社版）2013 年第 5 期。

王玉彬：《“良心”与“虚心”——孟子、庄子心论之比较》，《中州学刊》2012 年第 4 期。

王玉彬：《处境与心境——孟子之“见”的伦理意蕴》，《道德与文明》2016 年第 6 期。

王玉彬：《康有为对孟子性善论的阐释》，《哲学动态》2016 年第 4 期。

王元明：《弗洛姆的性善论及其与孟子性善论的比较》，《天津师范大学学报》（社科版）2007 年第 5 期。

王正：《心、性、气、形：十字打开的孟子工夫论》，《中州学刊》2016 年第 6 期。

王之榜、冯贵贤：《孟子认识论的唯心主义本质——谈哲学史的方法论兼与张德钧先生商榷》，《文汇报》1964年4月23日。

王志东：《浅论孟子“仁政”理想中“民”的地位》，《湖南大学学报》（社科版）2007年第5期。

王志民、王则远：《〈孟子〉中的譬喻概说》，《内蒙古师范大学学报》（哲社版）1984年第4期。

危磊、林蔚轩：《孟子和罗近溪对“赤子之心”认识异同探略》，《学习与探索》2014年第5期。

韦茂繁：《〈孟子〉比喻的主要特色》，《广西民族学院学报》（哲社版）1995年第1期。

尉利工：《〈孟子〉由子学到经学的变迁》，《安徽师范大学学报》（社科版）2006年第5期。

魏衍华：《孟子“〈诗〉亡然后〈春秋〉作”发微》，《理论学刊》2010年第4期。

魏晔：《试论孟子“民贵”思想的被动性》，《西南农业大学学报》（社科版）2011年第7期。

魏义霞：《孟子心学与宋明理学》，《烟台大学学报》（哲社版）2014年第1期。

魏义霞：《孟子性善说新释》，《齐齐哈尔大学学报》（哲社版）1996年第6期。

魏忠强：《孟子的通变观研究》，《广西社会科学》2015年第6期。

文敏、杨文宇：《论孟子德性思想之情理精神对中国文化的影响》，《沈阳大学学报》（社科版）2014年第1期。

邬智、刘良华、孙侠：《孟子的“明心论”与荀子的“博学论”的比较》，《西南大学学报》（社科版）2010年第4期

吴蓓蓓：《论孟子的系统人格思想》，《南京理工大学学报》（社科版）2002年第3期。

吴丹：《从孟子“三乐”管窥儒家伦理观的道德价值及现代意义》，《长春工业大学学报》（社科版）2010年第6期。

吴国武：《〈五臣解孟子〉与宋代孟子学》，《国学学刊》2013年第3期。

吴海文：《康德与孟子的道德教化观之比较及其人文价值》，《湖南社会科学》2013年第5期。

吴磊：《孟子的“善治”思想研究》，《求索》2014年第4期。

吴全兰：《试论孟子的道德修养观》，《河北学刊》1998年第6期。

吴瑞霞：《“以意逆志”与“知人论世”——孟子文学批评方法试析》，《湖北师范学院学报》（哲社版）1999年第2期。

吴先伍：《理性与情感：亚里士多德与孟子伦理思想的差异》，《安徽师范大学学报》（社科版）2005年第1期。

吴晓明：《孟子关于人性的论辩》，《学术月刊》1994年第10期。

吴昕春：《“定于一”命题与孟子的政治思想》，《学术界》1995年第3期。

吴振晖、张先昌：《试论〈管子〉与孟子德治思想之异同》，《船山学刊》2010年第2期。

夏当英、陆建华：《孟子之礼学》，《社会科学战线》2006年第2期。

夏辉：《孟子对传统天命报应论的创造性转化——兼论性善论的价值合理性》，《现代哲学》2003年第1期。

夏静：《文气诠释中的“隧道效应”问题——以孟子、曹丕、刘勰为例》，《中国社会科学院研究生院学报》2015年第12期。

向万成：《孟子乐舞起源观新探》，《四川师范大学学报》（社科版）1986年第6期。

肖雁：《论孟子的道德形上学思想》，《理论学刊》2006年第6期。

萧仕平：《孟子“不动心”思想探析》，《齐鲁学刊》1995年第3期。

晓言：《“仁”的逻辑程序及孟子的阐发》，《齐鲁学刊》1994年第1期。

谢景芳：《专制与“民本”——兼论明清时期〈孟子〉的地位沉浮》，《孔子研究》2014年第1期。

谢遐龄：《〈孟子〉〈荀子〉感学初步比较——儒学之美学的可能性探讨》，《云南大学学报》（社科版）2012年第1期。

谢永鑫：《中西比较视域中的孟子勇论及其当代价值》，《江汉学术》2013年第3期。

邢靖懿、刘建如：《浅谈孟子的道德绝对主义》，《中南民族大学学报》（社科版）2004年第1期。

熊凯：《先秦儒学道德形而上的转进——由〈中庸〉到孟子》，《宝鸡文理学院学报》（社科版）2006年第4期。

徐柏青：《孟子的人格理论及其实践》，《湖北师范学院学报》（哲社版）1992年第2期。

徐华龙：《孟子对民间文艺的运用和认识》，《思想战线》1982年第5期。

徐进：《“民贵君轻”论辨析——兼论孟子的民本思想和民主思想》，《齐鲁学刊》1994年第2期。

徐克谦：《〈孟子〉“天下之言性也”章探微》，《南京师大学报》（社科版）2011年第2期。

徐克谦：《孟子“义内”说发微》，《孔子研究》1998年第4期。

徐人忠：《孟子对教育理论的贡献》，《东岳论丛》1996年第3期。

徐儒宗：《论孟子的中庸思想》，《东岳论丛》1990年第4期。

徐晓宇：《孟子经权思想探微》，《哈尔滨学院学报》2005年第11期。

许抗生：《〈性自命出〉、〈中庸〉、〈孟子〉思想的比较研究》，《孔子研究》2002年第1期。

许梦瀛：《孟子对孔子教育思想的继承与发展》，《河南师范大学学报》（哲社版）2000年第1期。

许梦瀛：《孟子论教育的意义和作用》，《河南师范大学学报》（哲社版）1985年第1期。

严北溟：《从评价孟子谈哲学的党性问题》，《哲学研究》1980年第9期。

严北溟：《再谈孟子评价与哲学党性问题》，《哲学研究》1981年第7期。

严和来、姜余：《“天下之言性也”——拉康对〈孟子〉的误读?》，《华南师范大学学报》（社科版）2016年第6期。

颜青山：《孟子的本心原则与康德的人性公式》，《湖南师范大学社会科学学报》2014年第5期。

燕国材：《孟子的心理学思想研究》，《心理学报》1993年第4期。

羊涤生：《关于孟子哲学的几个问题》，《文史哲》1986年第6期。

阳正太：《评孟子的道德观》，《天府新论》1986年第3期。

杨朝明：《孟子的〈春秋〉观与儒学“道脉”》，《管子学刊》2011年第3期。

杨冬梅：《孟子心性学说的逻辑构架及理论蕴藉》，《阴山学刊》2014年第1期。

杨栋、曹书杰：《孟子“〈诗〉亡然后〈春秋〉作”新释》，《中南大学学报》（社科版）2013年第5期。

杨福生：《安世以道易天下，文敏飞动自纵横——〈孟子〉、〈韩非子〉论辩艺术比较》，《安徽大学学报》（哲社版）1998年第4期。

杨国荣：《人格之境与成人之道——从孟子看儒家人格学说》，《南京社会科学》1994 年第 6 期。

杨海文：《“距杨墨”与孟子的异端批判意识》，《北京师范大学学报》（社科版）2014 年第 2 期。

杨海文：《〈孟子〉传记博士问题的学术史考察》，《中国哲学史》2006 年第 4 期。

杨海文：《〈孟子〉与〈诗〉〈书〉的相互权威性》，《甘肃社会科学》1996 年第 6 期。

杨海文：《〈孟子节文〉的文化省思》，《中国哲学史》2002 年第 2 期。

杨海文：《〈诗〉〈书〉传统与孟子民本思想的文化阐释》，《河北学刊》1998 年第 6 期。

杨海文：《对抗与合作：孟子对君臣关系的新建构》，《江南大学学报》（人文社科版）2011 年第 6 期。

杨海文：《激进权智与温和权慧：孟子经权观新论》，《中山大学学报》（社科版）2011 年第 4 期。

杨海文：《略论孟子的义利之辨与德福一致》，《中国哲学史》1996 年第 1 期。

杨海文：《孟子的性命之辨及其内圣走向》，《河北学刊》2001 年第 2 期。

杨海文：《试析孟子解〈诗〉读〈书〉方法论》，《孔子研究》1997 年第 1 期。

杨恒源：《孟子政治思想辨析》，《阜阳师范学院学报》（社科版）1984 年第 4 期。

杨红旗：《以意逆志说〈诗〉与诗教传统》，《广州大学学报》（社科版）2008 年第 6 期。

杨江涛、王伟：《论性善之根据——兼评孟子的性善说》，《广西社会科学》2008 年第 4 期。

杨经伟：《孟子人性论思想及当代价值》，《华北水利水电大学学报》（社科版）2016 年第 5 期。

杨九诠：《孟子道德精神新论》，《山东大学学报》（哲社版）1990 年第 4 期。

杨立华：《价值与秩序：从孟子出发的思考》，《江苏社会科学》2015 年第 6 期。

杨师群：《孟子政治法律思想批判》，《中国政法大学学报》2010 年第 1 期。

杨世钰：《孟子民本思想浅议》，《云南师范大学学报》（哲社版）1983年第1期。

杨淑明：《试论孟子的独立人格意识》，《理论学刊》2001年第3期。

杨向奎：《孟子的思想》，《文史哲》1957年第9期。

杨逊：《孟子学说由“显”而“隐”的政治背景——〈孟子流变刍议〉之一》，《湘潭大学学报》（哲社版）1986年第3期。

杨阳：《试论孟子的人道主义思想》，《齐鲁学刊》1986年第2期。

杨泽波：《〈孟子〉，是不该这样糟蹋的——〈孟子〉中与所谓腐败案例相关的几个文本问题》，《复旦学报》（社科版）2004年第4期。

杨泽波：《〈孟子〉的误读——与〈美德还是腐败〉一文商榷》，《江海学刊》2003年第2期。

杨泽波：《孟子经权思想探微》，《学术论坛》1997年第6期。

杨泽波：《孟子气论难点辨疑》，《中国哲学史》2001年第1期。

杨泽波：《孟子天人合一思想中值得注意的两个问题》，《浙江社会科学》2001年第4期。

杨泽波：《孟子义利观的三重向度》，《东岳论丛》1993年第4期。

杨泽波：《孟子之乐的层级性质及其意义》，《云南大学学报》（社科版）2003年第1期。

杨钊：《孟子的历史观》，《史学史研究》1983年第4期。

杨钊：《孟子和荀子的教育思想——兼述孟、荀思想的异同》，《史学集刊》1991年第2期。

杨正馨：《也谈孟子荀子人性理论之同异》，《郑州大学学报》（哲社版）1991年第1期。

杨姿芳：《试析孟子的人生价值观》，《武汉大学学报》（人文科学版）2006年第2期。

姚宝元：《〈孟子〉论辩艺术略论》，《河北大学学报》（哲社版）1987年第4期。

叶飞：《论孟子伦理思想中的自由理念》，《道德与文明》2016年第3期。

叶飞：《论孟子人格教育思想的主体精神》，《华东师范大学学报》（教育科学版）2016年第1期。

叶金宝：《论孟子和荀子人性思想的融通》，《河北学刊》2008年第5期。

尹建章：《怎样评价孟子的“劳心劳力”说》，《郑州大学学报》（哲社版）1981 年第 1 期。

应杭：《孟子理想人格论及其对民族人格心态的影响》，《浙江大学学报》（社科版）1987 年第 2 期。

余开亮：《孟子身心论与人格美学》，《云南师范大学学报》（哲社版）2009 年第 2 期。

余新华：《论孟子以心证性的修养方法——兼解“养浩然之气”》，《东北师大学报》（哲社版）2001 年第 5 期。

虞万里：《唐文治〈孟子〉研究管窥》，《史林》2016 年第 2 期。

禹兰：《孟子的性善论和养气说》，《船山学刊》2001 年第 2 期。

袁济喜：《〈文心雕龙〉与孟子学说论析》，《国学学刊》2013 年第 3 期。

岳国先：《试论孟子的“民本君末”思想》，《辽宁大学学报》（哲社版）1990 年第 3 期。

允春喜、金田野：《价值理性的自觉与优良秩序的基点——孟子人性学说的方法论意义》，《道德与文明》2016 年第 3 期。

翟广顺：《孟子和柏拉图：痴迷于善与美的精神家园》，《当代教育科学》2006 年第 23 期。

翟廷晋：《孟子的审美思想》，《文史哲》1989 年第 5 期。

翟廷晋：《孟子价值观评析》，《上海社会科学院学术季刊》1992 年第 2 期。

翟廷晋：《孟子历史观评析》，《齐鲁学刊》1990 年第 1 期。

翟廷晋：《孟子天道观若干问题初探》，《学术月刊》1962 年第 4 期。

翟廷晋：《孟子在先秦名辩思潮中的地位和作用》，《学术月刊》1992 年第 7 期。

张邦卫：《孟子的礼乐思想及其美学意义》，《长沙理工大学学报》（社科版）2006 年第 4 期。

张炳尉：《孟子与先秦儒家性命思想》，《北方论丛》2008 年第 1 期。

张朝松：《儒学传统观辨析——以胡适的孟子观为例》，《人民论坛》2012 年 29 期。

张德钧：《孟子的认识论》，《文汇报》1962 年 2 月 15～16 日。

张恩普：《孟子文学批评思想探讨》，《东北师大学报》（哲社版）2005 年第 5 期。

张方玉：《从“孔颜之乐”到“君子之乐”——孟子幸福观的四重向度》，《齐鲁学刊》2014 年第 4 期。

张方玉：《论孟子德性幸福的理想境界》，《南昌大学学报》（人文社科版）2013 年第 6 期。

张分田：《从命题组合看〈孟子〉民本思想的本质属性》，《天津师范大学学报》（社科版）2009 年第 1 期。

张光成：《孟子“浩然之气”说再考论》，《河北师范大学学报》（哲社版）2003 年第 2 期。

张光成：《孟子四端说再评》，《河北师范大学学报》（哲社版）1996 年第 2 期。

张光成：《孟子遗留的三个哲学问题》，《社会科学》2000 年第 6 期。

张红珍、郭德静：《论孟子的“人禽之辨”、“圣我之辨”与人格价值》，《齐鲁学刊》2010 年第 2 期。

张节末：《论孟子的情感理论与狂者气质》，《哲学研究》1997 年第 5 期。

张君梅：《关于孟子与柏拉图的两个命题之比较》，《华南理工大学学报》（社科版）2002 年第 1 期。

张美宏：《孟子仁政说的正己去治化基质》，《中州学刊》2008 年第 3 期。

张美宏：《孟子王道理想的心性向度》，《管子学刊》2007 年第 1 期。

张涅：《〈孟子〉“性本善”的天道契合和外化践履》，《浙江海洋学院学报》（人文科学版）1996 年第 2 期。

张鹏伟、郭齐勇：《孟子性善论新探》，《齐鲁学刊》2006 年第 4 期。

张奇伟：《“莫之为而为者，天也”——孟子“天”范畴新解》，《中国哲学史》1999 年第 4 期。

张奇伟：《道德价值是“可欲”的——孟子“可欲之谓善”命题发微》，《人文杂志》1992 年第 6 期。

张奇伟：《孟子“义”范畴初探》，《甘肃社会科学》1993 年第 2 期。

张奇伟：《孟子的军事哲学思想初探》，《齐鲁学刊》1989 年第 4 期。

张奇伟：《孟子义利观新解》，《北京师范大学学报》（社科版）1995 年第 4 期。

张奇伟：《仁义礼智四位一体——论孟子伦理哲学思想》，《吉林大学社会科学学报》2001 年第 3 期。

张群、赵婷婷：《孟子之“仁”与康德之“至善”的比较》，《鸡西大学学报》2011 年第 5 期。

张蕊：《孟子、荀子思想的生态伦理价值》，《齐鲁文化研究》2010 年第一辑。

张实龙：《文化生成意义上的孟子仁政模式》，《孔子研究》2001年第2期。

张寿彭：《孟子经济思想初探》，《兰州大学学报》（社科版）1982年第2期。

张松辉：《重评孟子的义利观》，《湖南师范大学教育科学学报》1989年第6期。

张献忠：《孟子和荀子人性论比较研究》，《郑州大学学报》（哲社版）1987年第1期。

张彦修：《孟子的实践哲学及其特征》，《史学月刊》2007年第8期。

张义宾：《孟子“浩然之气”新解》，《山东大学学报》（哲社版）1999年第2期。

张玉安：《孟子的精神气象及其现代启示》，《辽宁大学学报》（哲社版）2010年第4期。

张允熠：《从孟子到朱熹、戴震——试析孟学发展的心路》，《哲学研究》2015年第8期。

张志宏：《论孟子之平等理念与等差实践》，《人文杂志》2012年第3期。

赵海英：《孟子浩然之气思想的逻辑架构》，《社会科学战线》2013年第12期。

赵先启：《孟子性善论探幽》，《理论探讨》1990年第6期。

赵新、何发苏：《孟子诗学的研究路径与走势》，《湖北社会科学》2009年第2期。

赵一强：《孟子“伦理之心”的当代思考》，《东岳论丛》2008年第1期。

郑臣：《道德与政治的统一——孟子政治哲学思想初探》，《西南农业大学学报》（社科版）2012年第11期。

郑臣：《性善论与仁政说——孟子的内圣外王之道》，《长春理工大学学报》（社科版）2013年第1期。

郑晨寅：《孟子知〈易〉说综论》，《孔子研究》2016年第3期。

郑明璋：《养与学：孟子修德成圣的两个维度》，《吉林师范大学学报》（人文社科版）2016年第1期。

郑维伟：《从儒之起源看孟子的政治哲学》，《武汉大学学报》（哲社版）2009年第1期。

郑晓江、程林辉：《孟子的人生理论》，《江西社会科学》1991 年第 1 期。

衷尔巨：《孟子论人格的自我价值》，《孔子研究》1997 年第 1 期。

仲崇盛：《孟子与柏拉图伦理政治观比较》，《孝感学院学报》2003 年第 4 期。

周常生、柴文华：《孟子的理想人格述评》，《理论探讨》1989 年第 6 期。

周春健：《〈孟子〉在辽金时期的传播与影响》，《中国哲学史》2013 年第 1 期。

周乾溁：《孟子“不动心”论剖解》，《天津师范大学学报》（社科版）2001 年第 5 期。

周光庆：《孟子“以意逆志”说考论》，《孔子研究》2004 年第 3 期。

周海春：《从康德和孟子看中西伦理的超越精神》，《湖北经济学院学报》2006 年第 6 期。

周海春：《孟子“四端”思想的伦理价值》，《道德与文明》2013 年第 1 期。

周继旨：《论宋明新儒学中的哲理化与神学化的双重趋向与孟子的心性学说》，《中州学刊》1985 年第 6 期。

周建波：《孟子“迂远而阔于事情”的经济学解析》，《北京大学学报》（哲社版）2011 年第 4 期

周锦文：《孟子圣贤史观中的唯物主义因素》，《首都师范大学学报》（社科版）1985 年第 4 期。

周淑萍：《论孟子自然观及其现代价值》，《兰州大学学报》（社科版）2001 年第 6 期。

周淑萍：《孟子与宋代政治文化——以宋人奏议为中心》，《孔子研究》2014 年第 3 期。

周新永：《从〈孟子〉看孟子的论辩艺术》，《理论观察》2005 年第 5 期。

朱承：《儒家的“如何是好”——以孟子为中心的考察》，《中国哲学史》2010 年第 4 期。

朱岚、王维平：《孟子与尼采人论比较》，《兰州大学学报》（社科版）1991 年第 3 期。

朱林：《孟子“天人合一”思想述论》，《江西社会科学》1992 年第 5 期。

朱林：《孟子道德心理学思想剖析》，《齐鲁学刊》1990 年第 6 期。

朱松美：《〈孟子〉诠释与中国经典诠释特质》，《学术界》2006 年第 4 期。

朱松美：《创新以经世：康有为对〈孟子微〉的诠释》，《山东师范大学学报》（社科版）2005 年第 2 期。

朱松美：《戴震〈孟子字义疏证〉的创新性哲学诠释》，《济南大学学报》（社科版）2005 年第 2 期。

朱松美：《焦循〈孟子正义〉的诠释风格》，《齐鲁学刊》2005 年第 4 期。

后　记

为了全面、系统地总结当代中国不同历史阶段孟学研究的主要成绩和特点，述评孟学研究的历史沿革，全面、客观、公正述评孟学研究的各类成果，述评不同的学术观点，介绍新的学术观点和方法，概述孟学研究的基本规律、经验教训，从学术史的角度对中国当代孟学研究的成就特点、经验教训、基本规律、新观点、新方法等做全面、系统、科学的梳理、回顾和总结，无疑是必要的。笔者从2007年底开始设计《当代中国孟学研究》的框架，拟定章节大纲，并开始了紧张的撰写，历经10余个寒暑春秋，完成了初稿。

在该书的撰写过程中，许多专家、学者给予热情帮助和支持。山东社会科学院国际儒学研究与交流中心李玉副研究员帮助笔者搜集、整理了大陆1979～2016年发表的2000余篇孟学论文，为本书的写作提供了丰富的资料。在本书的申报过程中，山东社会科学院原副院长郑贵斌研究员、山东社会科学院原副院长王志东研究员、山东社会科学院科研处处长张凤莲研究员、山东社会科学院哲学研究所所长孙聚友研究员、山东社会科学院国际儒学研究与交流中心主任涂可国研究员给予热情的支持、帮助和指导；中山大学杨海文教授、黑龙江大学魏义霞教授、青岛大学孟天运教授、华中农业大学万江红教授、吉林大学田毅鹏教授应请求将其著作惠赠于笔者。在此，笔者向评审、指导、帮助本书写作的所有专家、学者、朋友表示衷心感谢！向山东大学出版社表示诚挚的谢意！国家社会科学规划办公室批准本书的结题和出版，是对笔者的极大鼓舞和鞭策，将进一步激励笔者在孟学研究中不断前行。

本书尚存许多不足，恳请读者批评指正！

王其俊

2021年6月30日